KB034365

맹자,

시대를 찌르다

고전오디세이 05

맹자, 시대를 찌르다

아름다운 순우리말 번역의 새로운 주석서

정천구

산지니

서문

"나는 『맹자』라는 책을 읽다가 양(梁)나라 혜왕이 맹자에게 '무엇으로써 내 나라를 이롭게 할 수 있겠소?'라고 묻는 구절에 이를 때마다 책을 덮고 '아, 이익이란 참으로 혼란의 시작이로구나!'라고 탄식하지 않은 적이 없었다. 공자는 이익에 대해 거의 말하지 않았는데, 이는 혼란의 원천을 막기 위함이었다. 그래서 '이끗에 따라 행동하면 많이 응등그러진다'고 말했던 것이다. 천자로부터 백성에 이르기까지 이익을 좋아하는 데서 생긴 폐단이 어찌 다르겠는가?"

이는 사마천(司馬遷)이 『사기(史記)』의 〈맹자순경열전(孟子荀卿列傳)〉에서 쓴 글이다. 대체로 사마천이 '태사공왈(太史公曰)'이라고 해서 인물에 대해 평가할 때는 열전의 끝에서 정리하듯이 하는데, 이 글은 첫머리에 나온다. 더구나 그가 인용한 부분은 지금 전하는 『맹자』의 맨 앞에 나온다. 그만큼 그에게 『맹자』라는 책은 처음부터 강렬하게 와 닿았던 것임을 알 수가 있다. 아마도 이는 그가 무제(武帝)에게 직언을 했다가 아무런 비호도 받지 못하고 도리어 궁형(宮刑)을 받았던 사실, 게다가 돈이 없어서 궁형을 피하지 못했던 뼈아픈 경험 등을 통해 인간의 속물 근성을 직접 겪었던 데에서 말미암은 것으로 여겨진다.

아무튼 이 짤막한 언급에도 『맹자(孟子)』가 무엇을 문제로 삼고 있으며, 왜 그런 문제 의식을 갖게 되었는지에 대한 정보가 압축되어 있다. 맹자의 대표적인 사상으로는 인의(仁義)와 사단(四端), 성선(性善) 등을 꼽는데, 그 모두 이익만을 좇던 시대적 상황과 밀접한 관련이 있다. 또한 바로 이 점에서 자본주의를 당연한 사조로 여기고 탐욕을 조장하는 오늘날에도 더없이 긴요한 고전으로서 가치와 의미를 갖는다.

맹자는 대략 기원전 372년에 태어나 기원전 289년에 세상을 떠났다. 그는 전국시대 추(鄒)나라 사람으로, 이름은 가(軻)다. 80여 년의 그 생애를 속속들이 알게 해주는 자료는 없지만, 그 행적이 공자와 비슷하다는 점은 분명하다. 세상에 도가 행해지지 않자 도를 행할 수 있는 군주를 찾아서 여러 나라들을 떠돌다가 마침내 뜻을 얻지 못해 만장(萬章) 등의 제자들과 책을 쓰는 것으로 말년을 보냈다.

맹자가 활동하기 직전에 서쪽 진(秦)나라에서는 상앙(商鞅)을 등용해서 나라를 부유하게 하고 군대를 강화하며 동쪽으로 진출하려고 호시탐탐 기회를 노리고 있었으며, 초나라와 위(魏)나라는 오기(吳起)를 등용해서 다른 나라와 싸워 이겨 적국을 약화시켰으며, 제나라에서도 손빈(孫臏)과 전기(田忌) 같은 인물을 기용해서 세력을 넓혔다. 천하의 제후들은 그야말로 합종과 연횡 사이에서 저울질하며 침략과 정벌을 통해 세력을 넓히는 데에 혈안이 되어 있었다. 〈맹자순경열전〉의 바로 앞에 법가의 상앙, 합종가인 소진, 종횡가인 장의 등의 열전이 나오는 것도 이러한 시대 상황을 잘 보여준다.

바로 그러한 때였으니, 양나라 혜왕이 "무엇으로써 내 나라를 이롭게 할 수 있겠소?"라고 물은 것도 전혀 이상하지 않다. 오히려 "왕께서는 어찌 꼭 이로움을 말씀하십니까?"라며 "오로지 어짊과 올바름이 있을 따름입니다"라고 되받아친 맹자가 당시에는 세상 물정을 모르는 자, 현실과 동떨어진 자로 간주되었을 법하다. 맹자가 정치의 요체는 어짊과 올바름이라고 한 데 대해 어떤 제후도 부정하지는 않았으나, 동시에 어떤 제후도 받아들여서 실행하려 하지 않았다. 겨우 명맥을 유지하던 아주 약소한 등(滕)나라에서만 잠깐 실행했을 뿐이니, 결국 맹자의 주장은 공리공담(空理空談)으로 치부되었다고 할 수 있다. 그럼에도 평생을 한결같이 어짊과 올바름을 앞세우며 제후들을 비롯한 권세가들 앞에서 굽힘이 없이 당당했던 이가 맹자다. 그리하여 공자가 한날 성문지기에게서 들었던 '안 될 줄 알면서도 하려는 사람'이라는 비아냥을 그 또한 듣게 되었다. 물론 맹자는 그런 비아냥을 더없는 찬사로 여겼을 테지만.

끊이지 않는 전쟁으로도 사지에 내몰렸던 백성들은 전쟁이 없어도 편안할 수가 없었다. 가혹한 세금으로 풍년에는 간신히 목숨을 이어갔고, 흉년이 들면 굶어 죽거나 온 가족이 뿔뿔이 흩어져야 했다. 백성들은 살아남기 위해서 차마 못할 짓들도 서슴없이 했을 것이다. 부유한 자들은 또 그들대로 더 부유해지려고 온갖 술수를 다 부렸다. 그런 살풍경을 연출해낸 군주와 신하들은 도리어 아랑곳하지 않고 호의호식하며, 어떻게 하면 내 나라를 더 이롭게 할까, 어떻게 하면 내 집안을 더 부유하게 할까, 어떻게 하면 이 권세를 두고두고 누릴 수 있을까만 생각했다. 지배층에 사람다운 사람을 찾기 어려웠으니, 백성들이 사람답게 살 수 있도록 하는 정치는 어디에서도 찾을 수 없었다. 한마디로 암울하기 그지없던 난세(亂世)였다. 맹자가 "산 사람을 먹여 살리고 죽은 사람을 장사지낼 때 섭섭함이 없는 것"이 바로 왕도의 시작이라고 한 까닭이 여기에 있다.

왜 맹자는 그러한 시대에 그러한 군신들에게 왕도를 끊임없이 주장했을까? 그들이 귓등으로도 듣지 않는다는 것을 눈치채지 못한 것일까? 아니다. 맹자는 그들이 생각을 바꾸고 마음만 연다면, 얼마든지 왕도를 실행할 수 있다고 믿었다. 사람은 누구나 어짊과 올바름, 예의와 지혜의 싹을 지니고 있다고 믿었기 때문이다. 군주와 그 신하들은 백성들과 달리 교양을 갖추고 학문을 한 자들이 아닌가. 그러니 알맞은 말로써 깨우쳐주기만 하면, 가려져 있던 싹을 틔우는 일은 결코 어렵지만은 않다고 여겼던 것이다. 물론 그 시대와 군신들은 맹자의 믿음을 저버렸다. 그렇다고 실망하고 좌절할 맹자도 아니었다. 사람이 어찌하지 못하는 일도 있음을 알고 있었기 때문이다. 아직 '때'가 아니었음을 알고 있었다.

역사적 추세는 상앙이 말했던 '전쟁으로써 전쟁을 그치게 하는 이전거전(以戰去戰)'만이 유일무이한 길임을 보여주려는 듯했다. 갈수록 전쟁은 격화되고 군신들과 백성들은 물불을 가리지 않고 이끗을 좇으며 예의 따위는 돌보지 않으니, 당연히 사람은 '이끗을 좋아하는 성품'을 타고난 것처럼 보였다. 맹자가 '본성은 착하다'고 말한 것과는 사뭇 대비되는 풍경이 펼쳐지고 있었던 것이다. 그리하여 교화로써 백성을 이끄는 어진 정치는 시대에 뒤떨어진 것으로 간주되었고, 법과 형벌로써 통제하고 억압하는 정치라야 시대에 맞는 대응이라는 인식이 일반화되었다.

맹자 또한 그러한 현실을 잘 알고 있었다. 그러나 법가의 방식은 임시방편에 지나지 않는다는 것 또한 잘 알고 있었다. 서로 이끗을 붙좇다가는 결국 함께 몰락하게 되리라는 것도 알고 있었다. 그래서 지금의 '이 때'는 한때이며, '이 때'가 지나면 유가의 정치가 반드시 필요해지는 '그 때'가 올 것임을 확신했다. 법치(法治)와 상반되는 인치(仁治)로써 그 시대를 그토록 집요하게 찔러댄 까닭도, 군신들의 그릇된 판단과 행동에 대해 서슬이 퍼런 칼날을 들이댄 까닭도 이 때문이다. 다가올 '그 때'를 예비하려던 것이었다.

맹자는 개인적 양생만을 추구하는 양주(楊朱)와 겸애를 주장하는 묵가(墨家)에 대해 삿된 학설을 퍼뜨리는 학파라며 싸잡아 비판을 하면서도 정작 법가에 대해서는 언급한 적이 없다. 이는 법가가 당시에는 학파로서 인식되지 않았기 때문이다. 상앙이나 이사(李斯)를 통해 알 수 있듯이 법가 사상가로 일컬어지는 이들은 대개 학자라기보다는 정치가요 행정가였다. 그래서 학파로서는 비판하지 않았다. 그러나 맹자가 시대를 찌르는 말의 칼날을 세울 때면 그 표적은 언제나 법가의 정치였다. 법가에서 사람의 본성은 '이끗을 좋아한다'고 보았을 때, 맹자는 '본성은 착하다'고 했다. 이 상반된 주장은 오래도록 논란거리가 되고 있는데, 그것은 사람들이 늘 이 두 가지 성향을 다 보여주기 때문이리라.

사람의 본성이 착하므로 어짊과 올바름을 통한 교화를 펴더라도 다스려진다는 것이 맹자의 인식이었다. 이는 사람들이 스스로 잡도리할 수 있다는 것, 즉 인간의 자율성을 확신한 것이다. 반면, 사람의 본성이 이끗을 좋아한다고 보게 되면, 포상으로써 격려하고 형벌로써 두려움을 갖게 만드는 것이 적절한 조치가 된다. 그러나 이는 인간이 본질적으로 타율적이라고 본 것이다.

자율성은 자발성을 전제로 한다. 따라서 사람들이 스스로 그러한 성향을 이끌어내도록 기다리므로 처음에는 정치적 · 도덕적 효과가 미미했다가 차츰차츰 뚜렷해지고 커진다. 어짊과 올바름을 바탕으로 한 정치에는 '가속도의 법칙'이 작용하는 셈이다. 반면에 타율성은 외부의 강제에 의해서만 정치가 이루어지고 도덕적으로 행동한다고 보므로 당장에 그 효과가 드러나지만, 이는 결국 인간을 길들여서 소극적인 존재로 만들기 때문에 그 실질적인 효과는 차츰차츰 약해진다. 법과 형벌을 통한 통제에는 '관성의 법칙'이 작용하는 셈이다. 이리하여 인치와 법치는 상반된 결과에 이른다. 자율성을 중시하는 어짊과 올바름은 조화를 이루는 데로 나아가지만, 타율성을 중시하는 법과 형벌은 그 사회를 통제 속에 가둔다. 이쯤 되면, 어디에 인간의 참된 삶이 있을 수 있는지는 확연해진다. 무엇이 일시적인 계책이고, 무엇이 장구한 계책인지도 분명해진다.

맹자의 도덕은 구태의연한 것이 아니다. 그가 옛 성인을 끌어오고 그들의 가르침을 운운한다고 인습적인 사고에 머물고 있다고 여겨서는 곤란하다. 옛 성인은 제자백가의 모든 학파들이 한결같이 높이고 받드는 존재들일 뿐이다. 그들에게서 역사적 전환의 근거와 계기를 찾으려고 했을 뿐이다. 맹자는 그 자신이 지고한 성인으로 추앙했던 공자의 사상조차 답습하지 않았던 인물임을 잊어서는 안 된다.

맹자 사상의 가장 큰 특징은 사람의 본성에 대한 믿음이다. 누구나 착한 본성을 타고났고 그 본성을 스스로 기르면 군자가 되고 현자가 되며 끝내 성인의 경지에 이를 수 있다는 확신은 그 암울하고 혼란스럽기만 했던 시대 속에서 자신을 갈고 다듬으며 얻은 통찰력에서 자연스럽게 나온 것이다. 저 아득히 먼 곳에 있는 어떤 초월적인 존재에 전혀 기대지 않고서 여기 이 땅의 깊고 오랜 병증을 치유할 길을 찾아내려 고군분투한 이가 바로 맹자다. 그의 통찰력과 한결같은 행보는 시대와 공간을 뛰어넘어, 모든 지식인에게 하나의 본보기가 된다. 그래서 맹자가 그의 시대를 찔렀던 칼은 오늘날 지식인으로 자처하는 이들에게는 새로운 의미로 다가온다.

시대를 찌르려 하기 전에 먼저 자신을 찌를 수 있어야 한다. 그래야만 참된 지식인이다. 먼저 자신을 찌르지 못하고 시대를 찌르려 하는 자는 결국 그 자신이 그 칼에 찔려 쓰러진다. 맹자가 자기 시대를 찌르고 군신들을 찌를 수 있었던 것은 그 자신이 떳떳했기 때문이다. 오늘날 과연 이 시대와 대중들을 향해 외치는 자들은 맹자만큼 떳떳한 자들인가? 자신을 찌르는 데 써야 할 칼을 남들에게 들이대고 있지 않은가? 수많은 외침과 주장들에도 세상이 나아지지 않는 것은 깊은 병증을 가진 자들이 도리어 의사 노릇이나 스승 노릇을 하려는 데에 있다.

자신의 병증을 돌아보려 하지 않는 것보다 큰 병집은 없다. 『맹자』를 비롯한 고전은 그런 병집을 돌아보게 해주는 실마리요, 그 병증을 파헤쳐서 치유법을 스스로 찾아가게 해주는 길라잡이다. 『맹자』를 읽다 보면, 먼저 내가 아프다. 스스로 몰랐던, 몰랐으면 했던 그 병집을 마주하는 것만으로도 아프다. 그러나 아프기 때문에, 아픈 줄 알기 때문에 고칠 수 있다. 내 병증을 고칠 수 있다면, 다른 이의 병증에 대해서도 무관심할 수 없게 되고 그들에게 따뜻한 손을 내밀지 않을 수 없게 된다. 그때, 맹자가 왜 "측은지심이 곧 어짊의 실마리다"라고 말했는지를 깊이 느끼리라.

그러나 잊지 말아야 할 것이 있다. "『상서』를 곧이곧대로 믿는다면, 『상서』가 없느니만 못하다"고 맹자가 말했듯이 이 『맹자』를 곧이곧대로 믿기만 해서는 안 된다는 점이다. 지금 독자는 전혀 다른 시간과 공간 속에서 살고 있다. 그러므로 한 구절 한 단락을 꼭꼭 씹으며 그 맛을 음미해야만 그 속에 담긴 뜻을 알 수 있을 뿐만 아니라 제 것으로 삼아 지금 여기서 쓸 수가 있다.

맹자는 『맹자』를 남겼을 뿐이고, 고전이 될 길만 열어두었을 뿐이다. 『맹자』를 진정한 고전으로 만드는 것은 독자에게 남겨져 있다. 독자 스스로 쓸모를 찾아내고 써먹어야만 고전이 된다. 쓸모를 찾아내지 못하고 써먹지 못한다면, 『맹자』는 고전이 아니라 한낱 고물이다. 이에 대해서는 『맹자독설』에서도 말한 바 있는데, 그 책을 통해 나는 『맹자』가 오늘날 얼마나 쓸모가 있는지를 보여주었다. 그 책도 함께 읽는다면, 도움이 될 것이다.

이 주석서는 내가 찾아낸 『맹자』의 쓸모를 보여줄 것인데, 먼저 내가 그 쓸모를 누렸다. 나는 신명이 나서 썼고, 쓰는 내내 즐거웠다. 내 몫은 여기까지다. 자, 이제 나의 번역과 주석, 사족은 『맹자』를 요리하는 데 쓰일 또 다른 재료가 되었다. 내가 『맹자』를 가지고 요리해서 주석서를 써내며 내내 맛보고 즐거움을 만끽했듯이, 이제는 독자 여러분께서 이 주석서를 재료로 삼아 또 다른 요리, 즉 '살아 있는 고전으로서 『맹자』'라는 요리를 만들어 맛있게 드시기를 바란다.

1월의 봄 같은 겨울 어느 날
금정산 아래 낙서재에서 정천구 쓰다

차례

일러두기

1. 이 주석서는 『맹자주소(孟子注疏)』(十三經注疏整理本), 북경대학출판사, 1999를 저본으로 삼았다.
2. 『맹자』에 대한 주석서는 옛부터 매우 많았고, 그 가운데는 오래도록 권위를 누리는 것들도 있다. 그들 주석서를 일일이 다 참조하는 것은 번거로울 뿐만 아니라, 반드시 그래야만 할 까닭을 나 자신이 찾지 못했다. 무엇보다도 현재 우리나라에서 주희의 『맹자집주(孟子集注)』를 주로 읽고 있다는 것, 성리학을 하나의 학문으로 대하며 공정하고 객관적으로 보려는 시선이 부족할 뿐만 아니라 맹목적으로 옹호하는 풍조가 여전하다는 것이 이 주석서를 쓰게 된 가장 큰 계기요 이유이므로 주희의 해석도 참조하지 않았다. 해석에서 가장 중시한 것은 맹자가 활동했던 그 시대, 그 역사적 상황이었다. 그래서 그 시대를 알게 해주는 이야기들을 많이 끌어왔다. 이를 위해서 『사기』와 『전국책』을 특히 참조했다.
3. 나의 사족에서는 자연스럽게 상앙(商鞅)의 『상군서(相君書)』가 자주 등장한다. 상앙은 맹자와 동시대를 살았으면서 서로 상대 학문을 비판했다는 공통점이 있다. 그 시대를 난세로 보았다는 점은 같으나, 난세를 치세로 전환하기 위해 선택한 방도에서는 아주 달랐다. 그래서 『맹자』를 이해하는 데 있어 상앙은 매우 유용한 인물이라 할 수 있어 그의 저술을 대거 인용했음을 밝혀둔다.

1장

양혜왕 상(梁惠王上)

1.1

孟子見梁惠王, 王曰: "叟不遠千里而來, 亦將有以利吾國乎?" 孟子對曰: "王何必曰利? 亦有仁義而已矣. 王曰, '何以利吾國?' 大夫曰, '何以利吾家?' 士庶人曰, '何以利吾身?' 上下交征利而國危矣. 萬乘之國, 弑其君者, 必千乘之家; 千乘之國, 弑其君者, 必百乘之家. 萬取千焉, 千取百焉, 不爲不多矣. 苟爲後義而先利, 不奪不饜. 未有仁而遺其親者也, 未有義而後其君者也. 王亦曰仁義而已矣, 何必曰利!"

맹자가 양나라 혜왕을 만나자, 왕이 말했다.

"선생께서는 천 리를 멀다 않고 오셨는데, 분명히 내 나라를 이롭게 할 방도가 있으시겠지요?"

맹자가 대답했다.

"왕께서는 어찌 꼭 이로움을 말씀하십니까? 오로지 어짊과 올바름이 있을 따름입니다. 왕께서 '무엇으로 내 나라를 이롭게 하지?'라고 말씀하시면, 대부는 '무엇으로 내 집안을 이롭게 하지?'라고 말하고, 뭇 선비들은 '무엇으로 나를 이롭게 하지?'라고 말할 것입니다. 이렇게 위와 아래가 서로 다투어 이로움을 구한다면 그 나라는 위태로워집니다. 만 대의 전차를 가진 나라에서 그 임금을 죽이는 자는 반드시 천 대의 전차를 가진 집안에서 나오고, 천 대의 전차를 가진 나라에서 그 임금을 죽이는 자는 반드시 백 대의 전차를 가진 집안에서 나옵니다. 만 대 가운데서 천 대를 가지고 천 대 가운데서 백 대를 가지는 건 많지 않은 게 아닙니다만, 참으로 올바름을 뒤로하고 이로움을 앞세운다면 빼앗지 않고서는 만족하지 않습니다. 어질면서 그 어버이를 버린 자 없었고, 올바르면서 그 임금을 뒤로 제쳐둔 자 없었습니다. 왕이라면 어짊과 올바름만을 말씀하셔야지, 어찌 꼭 이로움을 말씀하십니까!"

注釋 양혜왕(梁惠王)은 곧 위혜왕(魏惠王, 기원전 370~319 재위)으로, 이름은 앵(罃)이며 '혜왕(惠王)'은 시호다. 본래 위나라는 주(周)나라와 동성(同姓)으로, 희씨(姬氏)였다. 그 시조는 주나라 문왕(文王)의 아들인 필공(畢公)이었는데, 그 후손 가운데 필만(畢萬)이 진(晋)나라를 섬겨 위(魏) 땅에 봉해지면서 위씨(魏氏)라 불리었다. 그 후 필만의 7대 손인 환자(桓子) 때에 조씨(趙氏) · 한씨(韓氏)와 힘을 합쳐 지백씨(知伯氏)를 멸망시키고 나라를 셋으로 나누어 가지면서 독립하여 나라를 이루었다. 그러나 혜왕이 진(秦)나라에 압박당하여 도읍을 대량(大梁)으로 옮겼기 때문에 양왕(梁王)으로도 불리었다. 또 위나라는 전국시대에 가장 먼저 칠웅 가운데 하나가 되었으며, 기원전 334년에 혜왕이 처음으로 왕을 참칭한 것으로 알려져 있다. 그 전까지는 제후에 대해 '공(公)'이라 일컬었다. 맹자가 위나라로 가서 혜왕을 만난 때는 혜왕이 세상을 떠나기 전 해인 기원전 320년 즈음으로 보인다. 수(叟)는 늙은이를 일컬어 하는 말인데, 여기에는 존중의 뜻이 담겨 있다. 역(亦)은 역장(亦將), 역유(亦有), 역왈(亦曰) 등 세 차례 나오는데, '분명히, 당연히, 오로지' 등의 말맛을 담고 있다. 유이(有以)의 이(以)는 방안, 방도를 뜻한다. 정(征)은 얻다, 구하다는 뜻이다. 대부(大夫)는 경(卿) · 사(士)와 더불어 천자 및 제후의 밑에서 지배층을 이루던 신분이었는데, 당시에 대부는 경을 아울러 일컫었던 말이다. 이이(而已)는 강조를 나타낸다. 서인(庶人)은 백성들이 아니라 사(士) 계층의 사람들을 두루 가리킨다. 백성들을 뜻하는 '서민(庶民)'과 다르다. 오늘날에는 인민(人民)을 하나로 뭉뚱그려서 쓰지만, 전국시대에는 지배층 사람들을 인(人), 피지배층 사람들을 민(民)이라 하여 구분했다. 시(弑)는 아랫사람이 윗사람을 죽이는 것, 특히 신하가 임금을 죽이거나 자식이 어버이를 죽이는 것을 뜻한다. 승(乘)은 병거(兵車) 또는 전차를 뜻한다. 고대 중국에서는 이

것의 많고 적음으로 국가의 대소를 헤아렸다. 한 대의 전차에는 대략 25명의 병사들이 따른다고 한다. 본래 천자라야 만승을 낼 수 있었는데, 주 왕실이 유명무실해지고 봉건제가 무너진 전국시대에는 한(韓)·위(魏)·조(趙)·연(燕)·제(齊)·초(楚)·진(秦) 일곱 나라가 만승의 나라였다. 가(家)는 식읍이나 채지(采地)가 있는 신하로, 대부의 가문이 이에 해당한다. 만승의 나라에는 천승의 가문이, 천승의 나라에는 백승의 가문이 있었다. 천자는 천하(天下), 제후는 국(國), 대부는 가(家)를 각기 다스렸는데, 제후의 국과 대부의 가가 합쳐서 국가(國家)라는 말이 생겼다. 사(士)는 대부와 달리 물려받은 영지가 없었으므로 이롭게 할 만한 것이 자기 몸인 '신(身)'뿐이었다. 널리 쓰이는 '수신제가치국평천하(修身齊家治國平天下)'라는 구절에는 이러한 주 왕조의 봉건적 질서가 반영되어 있다. 탈(奪)은 빼앗다는 뜻이다. 염(饜)은 흐뭇하다, 만족하다는 뜻이다. 유(遺)는 버리다는 뜻이다. 후(後)는 뒤로 미루다, 제쳐두다는 뜻이다.

蛇足 위나라 혜왕이 말한 '이로움'이란 부국강병(富國强兵)을 가리킨다. 전국시대에 제후국들은 대체로 부국강병을 추구하면서 패업(霸業)을 이루고자 했다. 그러나 뜻한 대로 나라를 다스린 제후는 거의 없고, 오로지 진(秦)나라 효공(孝公)이 착실하게 부국강병의 기틀을 다지면서 백년 뒤에 있을 진시황이 천하를 통일할 수 있는 토대를 닦았다. 효공이 그렇게 할 수 있었던 데에는 상앙(商鞅)의 힘이 컸다. 그를 전격적으로 기용하고 그의 정책을 철저하게 믿고 실행했기 때문이다. 상앙은 한비(韓非)와 쌍벽을 이루는 법가 사상가이자 행정가라 할 수 있는데, 이 상앙은 혜왕과도 밀접한 관련이 있으므로 그에 관한 이야기를 덧붙인다.

상앙은 위(衛)나라 출신으로, 본래 성은 공손(公孫)이었다. 그는 법가의 학문을 즐겨 익혔고 먼저 위(魏)나라 재상인 공숙좌(公叔座)를 섬겼다. 공숙좌는 그가 남다른 재능을 지닌 줄 알고서 대부의 집안일을 맡아 하는 중서자(中庶子)로 삼았다. 공숙좌는 중요한 일마다 그와 상의했고, 혜왕에게는 천거하지 않았다. 공숙좌가 병에 걸리자 혜왕이 문병을 와서 물었다.

"공숙은 병이 났소. 만약 죽게 된다면 이 사직을 어찌해야 한단 말이오?"

"저에게 중서자 공손앙이 있습니다. 왕께서는 그에게 나랏일을 물으시기 바랍니다. 만일 그에게 묻지 않으시려거든 국경 밖으로 내보내지 마십시오."

혜왕은 대답하지 않은 채 밖으로 나와서 좌우 사람들에게 말했다.

"이 어찌 슬픈 일이 아닌가! 공숙과 같은 현자가 과인에게 나랏일을 공손앙에게 들으라고 하니, 어찌 이토록 사리에 어긋날 수 있단 말인가!"

공숙좌가 죽은 뒤, 혜왕은 끝내 상앙을 쓰지 않았다. 결국 상앙은 천하의 인재를 뽑아 쓰겠다는 포고령을 내린 진(秦)나라로 가서 대부인 경감(景監)을 통해 효공(孝公)을 만났다. 상앙은 법령을 바꾸고 형벌을 정비하며 안으로는 농사에 힘쓰고 밖으로는 전쟁에서 목숨을 걸고 싸우는 자들에 대한 상벌을 철저하고 분명하게 해야 한다는 등의 변법(變法)으로써 효공의 마음을 사로잡았다. 상앙의 변법은 당시로서는 부국강병을 지향하는 최상의 방도였다. 상앙의 변법으로 진나라는 날로 강성해졌다. 효공 10년(기원전 352)에 일종의 군정대신인 대량조(大良造)에 임명된 상앙은 위나라를 쳤다. 그때 상앙이 효공에게 건의한 내용은 다음과 같다.

"위나라는 진나라에게는 뱃속에 난 병과 같습니다. 위나라가 진나라를 삼키지 않으면 진나라가 곧 위나라를 삼켜야 합니다. 왜 그렇겠습니까? 안읍(安邑)에 도읍한 위나라는 진나라와 황하를 경계로 삼고 있으면서 동쪽으로는 교역 등을 통해 이익을 독차지하고 있습니다. 이로울 때는 서쪽으로 향해 진나라를 치고, 불리하면 동쪽으로 나아갑니다. 지금 진나라는 군주의 현명함과 덕으로 말미암아 강성해졌습니다. 그러나 지금 위나라는 제나라에 크게 졌고 제후들도 등을 돌리고 있으니, 이때야말로 위나라를 칠 수 있는 기회입니다. 그러면 위나라는 틀림없이 동쪽으로 옮겨 갈 것입니다. 이렇게 되면 진나라는 동쪽으로 나아가 제후국들을 억누를 수 있게 되고 제왕의 대업을 이룰 수 있습니다."

상앙이 군사 5만 명을 이끌고 위나라로 쳐들어오자 혜왕은 공자 앙(卬)에게 5만 명의 군사를 주어 맞서게 했다. 그러나 상앙의 꾀에 넘어간 공자 앙이 사로잡히면서 진나라 군대는 위나라 도성인 안읍까지 들이닥쳤다. 결국 혜왕은 서하(西河)의 땅을 내주고 강화하였다. 이로써 진나라는 동쪽으로 진출할 수 있는 교두보를 마련했고, 반면에 서하를 빼앗긴 위나라는 더 이상 안읍에 머물 수 없어서 도성을 대량(大梁)으로 옮겨야 했다. 위나라가 양나라로 불리게 된 까닭이 여기에 있다. 그때 혜왕은 이렇게 탄식했다.

"내가 전에 공숙좌의 말을 듣지 않은 것이 참으로 한스럽구나!"

위나라가 양(梁)나라로 불리게 된 것은 바로 혜왕이 인물을 알아보지 못한 데서 비롯되었다. 뼈아픈 경험을 한 혜왕은 뒤늦게 진나라 효공을 본떠서 인재를 구하려 애썼다. 바로 그 때, 맹자가 혜왕을 찾아갔던 것이다. 그러니 혜왕이 맹자를 만나자마자 부국강병의 비책을 물었던 것은 어쩌면 당연한 일이다. 다만, 부국강병을 향한 열망과 의지에 비해 인재를 알아보는 눈이 형편없었다고 해야겠다. 맹자가 어떤 인물인지 알지 못하고 부국강병의 책략을 물은 것에서도 확인된다.

그런데 맹자 또한 혜왕을 알아보지 못했던 것일까? 당시의 모든 제후들이 혜왕과 같은 의중과 열망을 지니고 있었음을 모르지 않았다. 그러한 추세가 군신들로 하여금 탐욕을 당연한 것처럼 여기게 하여 탐욕을 잡도리해야 할 정치까지 혼탁하게 만들고 있었다는 인식에서 어짊과 올바름을 내세웠던 것이다.

1.2

孟子見梁惠王, 王立於沼上, 顧鴻鴈麋鹿, 曰: "賢者亦樂此乎?" 孟子對曰: "賢者而後樂此, 不賢者雖有此, 不樂也. 詩云, '經始靈臺, 經之營之, 庶民攻之, 不日成之. 經始勿亟, 庶民子來. 王在靈囿, 麀鹿攸伏. 麀鹿濯濯, 白鳥鶴鶴. 王在靈沼, 於牣魚躍.' 文王以民力爲臺爲沼, 而民歡樂之. 謂其臺曰靈臺, 謂其沼曰靈沼, 樂其有麋鹿魚鼈. 古之人與民偕樂, 故能樂也. 湯誓曰, '時日害喪? 予及女偕亡!' 民欲與之偕亡, 雖有臺池鳥獸, 豈能獨樂哉?"

맹자가 양나라 혜왕을 만나러 갔더니, 왕이 못가에 서 있다가 큰 기러기와 작은 기러기, 고라니와 사슴 따위를 돌아보며 말했다.

"현자들도 이런 걸 즐기오?"

맹자가 대답했다.

"현자가 된 뒤에야 이런 걸 즐기니, 현자가 아니라면 이런 게 있어도 즐기지 못합니다. 『시경』「대아(大雅)」의 〈영대(靈臺)〉에, '처음에 신령한 둔덕을 쌓으려고 터를 재고 다지니, 백성들이 힘써 일하여 며칠만에 이루었구나. 쌓으면서 서둘지 말라 했으나, 백성들이 자식들처럼 왔도다. 왕께서 신령한 동산에 계시니, 암사슴과 수사슴 들이 엎드리는구나. 암사슴과 수사슴 들은 포동포동 살지고, 백조들은 하얗게 윤기가 흐르도다. 왕께서 신령한 못에 계시니, 물고기가 한가득 뛰어오르네'라고 했습니다. 문왕은 백성들의 힘으로 둔덕을 쌓고 연못을 팠으나, 백성들은 기뻐하고 즐거워했습니다. 그리하여 그 둔덕을 '신령한 둔덕'이라 하고 그 못을 '신령한 못'이라 했으며, 거기에 있는 큰 사슴과 작은 사슴, 물고기와 자라 따위를 즐겼습니다. 이렇게 옛사람은 백성들과 함께 즐겼기 때문에 즐길 수 있었습니다. 『상서(尙書)』〈탕서(湯書)〉에서 '저 해는 언제 없어질꼬? 나는 너와 함께 망하리라!'라고 했습니다. 백성들이 함께 망하고자 한다면, 비록 둔덕과 못이 있고 날짐승과 길짐승 따위가 있다 한들 어찌 홀로 즐길 수 있겠습니까?"

注釋 홍(鴻)은 큰 기러기를 뜻하고, 안(鴈)은 안(雁)과 같으며 작은 기러기를 뜻한다. 미(麋)는 큰 사슴이다. 경(經)은 재다, 측량하다는 뜻으로, 일을 꾀하고 해나가다는 뜻으로도 쓰인다. 영(營)은 짓다, 다스리다는 뜻이다. 공(攻)은 짓다, 만들다는 뜻이다. 불일(不日)은 "하루가 걸리지 않았다"는 뜻으로도 풀지만, 여기서는 "며칠 걸리지 않았다"로 풀었다. 물(勿)은 하지 말라는 뜻이다. 극(亟)은 서두르다는 뜻이다. 유(囿)는 담을 친 동산이다. 우(麀)는 암사슴이다. 유(攸)는 소(所)와 같으며, 곳이나 장소를 뜻한다. 복(伏)은 엎드리다는 뜻으로, 여기서는 편안하게 엎드린 것을 가리킨다. 탁탁(濯濯)은 살져서 윤기가 흐르는 모양이다. 학학(鶴鶴)은 깃털이 희고 깨끗한 모양이다. 오(於)는 의미가 없는 말이다. 인(牣)은 가득하다, 한가득을 뜻한다. 별(鼈)은 자라를 뜻한다. 해(偕)는 함께, 함께하다는 뜻이다. 〈탕서(湯誓)〉는 『상서(尙書)』(흔히 '서경(書經)'으로 일컫는다)의 편명으로, 상(商) 또는 은(殷)의 탕왕이 하(夏)의 마지막 왕인 걸(桀)을 칠 때 한 맹세가 기록되어 있다. 시(時)는 시(是)와 같다. 할(害)은 하(何)와 같은데, 여기서는 언제를 뜻한다. 여(女)는 여(汝)와 같다. 여지(與之)의 지(之)는 백성의 안위를 돌아보지 않는 왕, 포악한 왕을 가리킨다.

蛇足 상앙을 기용해서 진나라를 부강하게 만든 효공을 비롯해서 혜왕이나 다른 제후들도 현명한 인재를 중시했다. 그러나 대체로 그 인재들은 오로지 자신의 개인적인 영달을 위해서 제후들에게 계책을 건

의하고 유세를 하면서 부국강병을 역설했을 뿐, 백성들의 안위를 우선하고 천하를 태평하게 만들려고 하는 현자는 아니었다. 물론 제후들이 바라는 현자는 이른바 법가나 종횡가들로 불리는 책사(策士) 또는 세객(說客)들이었지만 말이다. 어쨌든 유자들이 말하는 현자와는 꽤 거리가 있었다. 다만 혜왕이 맹자에게 물었던 현자는 그 자신이 얻으려 했던 현자가 아니라 전통적으로 높이 일컬어졌던 현자다.

그런데 당시 제후들이 일반적으로 현자라고 여겼던 이들을 과연 현자라고 할 수 있을까? 현자라면 지혜로운 자일 것이 분명한데, 그렇다면 참으로 즐길 줄도 알아야 하는 것이 당연하다. 제대로 즐길 줄을 모른다면, 현자라고 할 수 있을까? 제대로 즐긴다는 것은 저 홀로 즐기는 것이 아니다. 남들과 그 즐거움을 함께 누리는 것이다. 더구나 정치를 맡아서 하는 자라면 뭇 사람들과 더불어 즐길 수 있어야 한다. 그러나 혜왕이나 당시의 제후들은 그러한 이치를 몰랐다.

"성왕(聖王)은 올바름을 중시하지 않고 법을 중시한다"고 말한 상앙에게는 법을 잘 알고 실행하는 사람이 현자로 간주되었는데, 그렇다면 그 자신의 표현을 빌리면 상앙도 현자일 것이다. 그런데 상앙은 효공의 절대적인 신임을 받으면서 과감하게 변법을 시행하여 진나라를 강성하게 만들기는 했지만, 그로 말미암아 기득권 세력인 세족(世族)을 적으로 만들고 있었음을 미처 깨닫지 못했다. 법령 집행의 엄격함과 가혹함 또한 백성들로부터 원망을 사는 일이었다. 결국 효공 사후에 그 자신이 권력에서 배제될 것이라는 사실을 깨닫지 못했다. 『사기』 〈상군열전(商君列傳)〉을 보면, 상앙이 스스로 현명하다고 여겼다는 사실을 알게 해주는 일화가 나온다. 물론 후대 사람들이 지어낸 것일 가능성이 높으나, 일화에 담긴 의미만큼은 진실을 말해주고 있다고 할 수 있으므로 소개한다.

진나라의 선비 조량(趙良)이 상앙을 찾아오자 상앙이 말했다.

"내가 맹란고(孟蘭皐)의 소개로 선생을 만나게 되었습니다. 나는 선생과 사귀고 싶은데, 되겠습니까?"

조량이 대답했다.

"나는 구태여 사귀고 싶지 않습니다. 나는 모자란 사람이기 때문에 감히 명을 받아들일 수 없습니다. 내가 듣기에, 그 자리에 맞지 않은 사람이 그 자리에 있는 것을 '자리를 탐한다(貪位)'고 하고, 누릴 명성이 아닌데 그 명성을 누리는 것을 '이름을 탐한다(貪名)'고 했습니다. 내가 당신의 뜻을 받아들인다면, 그것은 자리를 탐하고 이름을 탐하는 것이 될 겁니다. 그래서 나는 감히 당신의 명을 따를 수 없습니다."

상앙이 물었다.

"선생은 내가 진나라를 다스리는 방법이 마뜩잖으십니까?"

"돌이켜 제 마음에 귀 기울이는 것을 귀밝음(聰)이라 하고, 안으로 자신을 살피는 것을 눈밝음(明)이라 하며, 자신을 이기는 것을 굳셈(强)이라 합니다. 순 임금도 '스스로 낮추면 더욱 높아진다'고 했습니다. 그대도 순의 도를 따라야 합니다. 나에게 물을 것은 없습니다."

상앙이 다시 물었다.

"선생이 보기에 내가 진나라를 다스리는 것과 옛날 진나라의 오고대부(五羖大夫)였던 백리해(百里奚)와 견주면 누가 더 현명합니까?"

"백리해는 진나라 상국이 된 지 6, 7년 만에 동쪽으로 정(鄭)나라를 치고, 진(晉)나라 군주를 세 번이나 세웠으며, 초나라의 환란을 한 차례 구해주었습니다. 재상이 된 뒤로 아무리 피곤해도 수레에 걸터앉지 않았고 더워도 수레 덮개를 덮지 않았습니다. 나라 안을 돌아다닐 때에도 호위하는 수레를 거느리지 않고 무장한 병사들도 없었습니다. 그러나 이제 당신은 진나라의 상국이 되어서 백성을 위해 일하지 않고 거대한 궁궐을 세웠으니, 이는 공적이라 할 수 없습니다. 태자의 사부들을 이마에 먹물을 들이는 묵형에 처하고 무서운 형벌로 백성들을 잔인하게 대했으니, 이는 원한을 사고 재앙을 쌓는 일입니다. 그래서 밖으로 나갈 때에는 무장한 병사들이 탄 수레 수십 대가 뒤따르고, 힘세고 건장한 장사가 옆에 타고 수행하며, 창을 든 병사들이 수레 옆에서 호위합니다. 어느 하나라도 갖추어지지 않으면 그대는 집을 나서지 않습니다. 지금 그대의 처지는 아침 이슬과 같이 위태롭습니다. 그래도 아직 목숨을 더 이어가기를 바랍니까? 그대는 상어(商於)의 부를 탐하면서 진나라 정치를 멋대로 행하여 백성들의 원성을 쌓아가고 있습니다. 진나라 군주가 하루아침에 세상을 떠나 조정에 설 자리를 잃게 되면 진나라에서 그대를 제거하려는 이가 어찌 적겠습니까? 그대가 망할 날은 발꿈치를 들고 서서도 기다릴 수 있습니다."

그러나 상앙은 그 말을 따르지 않았다. 이윽고 효공이 세상을 떠나자 그에게 앙심을 품고 있던 태자가 즉위하여 혜문왕(惠文王)이 되었다. 상앙은 스스로 물러나지 않고 있다가 혜문왕의 명을 받아서 상국의 인(印)을 반납하였고, 이어 기득권 세력에 의해 반란을 획책한다는 모함을 받아서 달아나게 되었다. 식읍으로 받은 상어 땅에서 반기를 들었다가 붙잡혀 머리와 사지를 다섯 마리 말로 끌어당겨 찢어 죽이는 거열형(車裂刑)에 처해졌고, 그 일족도 모두 죽임을 당했다.

과연 상앙을 현명하다고 할 수 있을까? 재주나 재능만 뛰어나서는 현명하다고 할 수 없다. 어진 마음을 지니고 올바른 판단을 할 줄 알아야만 현명하다고 할 수 있다. 어짊과 올바름을 갖춘 자라면 남에게 잔혹하게 굴지 않을 것이니, 어찌 비참하게 죽는 일을 겪겠는가? 상앙과 같은 책사만이 아니다. 권력의 정점에 있는 제후라도 마찬가지다. 백성의 안위를 돌보지 않고 탐욕에 이끌려 시도 때도 없이 전쟁을 일으키고 자신의 즐거움을 위해 사치와 낭비를 일삼는다면, 가까이에서는 탐욕스런 신하들이 에워싸서 호시탐탐 하극상을 일으킬 때를 노릴 것이고 멀리서는 "저 해는 언제 없어질꼬? 나는 너와 함께 망하리라!"는 원성 섞인 노래가 백성들 사이에서 불려질 것이다.

1.3

梁惠王曰: "寡人之於國也, 盡心焉耳矣. 河內凶, 則移其民於河東, 移其粟於河內. 河東凶亦然. 察鄰國之政, 無如寡人之用心者. 鄰國之民不加少, 寡人之民不加多, 何也?"

孟子對曰: "王好戰, 請以戰喩. 塡然鼓之, 兵刃旣接, 棄甲曳兵而走, 或百步而後止, 或五十步而後止. 以五十步笑百步, 則何如?"

曰: "不可. 直不百步耳, 是亦走也."

曰: "王如知此, 則無望民之多於鄰國也. 不違農時, 穀不可勝食也; 數罟不入洿池, 魚鼈不可勝食也; 斧斤以時入山林, 材木不可勝用也. 穀與魚鼈不可勝食, 材木不可勝用, 是使民養生喪死無憾也. 養生喪死無憾, 王道之始也. 五畝之宅, 樹之以桑, 五十者可以衣帛矣. 雞豚狗彘之畜, 無失其時, 七十者可以食肉矣. 百畝之田, 勿奪其時, 數口之家可以無飢矣. 謹庠序之敎, 申之以孝悌之義, 頒白者不負戴於道路矣. 七十者衣帛食肉, 黎民不飢不寒, 然而不王者, 未之有也. 狗彘食人食而不知檢, 塗有餓莩而不知發, 人死, 則曰, '非我也, 歲也.' 是何異於刺人而殺之, 曰, '非我也, 兵也.' 王無罪歲, 斯天下之民至焉."

양나라 혜왕이 물었다.

"과인은 나랏일을 하면서 마음을 오롯이 다했소. 황하 이쪽에 흉년이 들면 이쪽 백성들을 황하 동쪽으로 옮기고 그곳 곡식을 황하 이쪽으로 옮겼으며, 황하 동쪽에 흉년이 들면 역시 그렇게 했소. 그런데 이웃 나라의 정치를 살펴보면, 과인이 마음을 쓰는 것만 못하오. 그런데도 이웃 나라의 백성들은 더 줄지 않고 과인의 백성들은 더 늘지가 않으니, 무슨 까닭이오?"

맹자가 대답했다.

"왕께서 전쟁을 좋아하시니, 전쟁으로써 비유하겠습니다. 둥둥둥 북소리가 울리고 병기의 날이 맞부딪친 뒤에 갑옷을 벗어버리고 병기를 끌면서 달아나는 자들이 있는데, 어떤 자는 백 걸음을 달아난 뒤에 멈추고 어떤 자는 오십 걸음을 달아난 뒤에 멈추었습니다. 그런데 오십 걸음을 달아난 자가 백 걸음 달아난 자를 비웃는다면, 어떻겠습니까?"

"옳지 못하오. 백 걸음이 아니었을 뿐, 그 또한 달아난 것이오."

"왕께서 이를 아신다면, 이웃 나라보다 백성들이 더 많아지기를 바라지 마십시오. 농사지을 때를 어기지 않으면 곡식은 이루 다 먹을 수 없을 정도가 될 것이고, 촘촘한 그물을 아무 때나 방죽과 못에 던지지 않으면 물고기와 자라는 이루 다 먹을 수 없을 정도가 될 것이며, 때에 맞게 도끼를 들고 산과 숲에 들어간다면 재목은 이루 다 쓸 수 없을 정도가 될 것입니다. 곡식과 물고기와 자라가 이루 다 먹을 수 없을 만큼 넉넉해지고, 재목이 이루 다 쓸 수 없을 만큼 많아지도록 한다면, 백성들이 산 사람을 먹여 살리고 죽은 사람을 장사지낼 때 섭섭함이 없게 될 것입니다. 산 사람을 먹여 살리고 죽은 사람을 장사지낼 때 섭섭함이 없는 것, 이것이 왕도(王道)의 시작입니다.

다섯 무의 집에 뽕나무를 심으면 나이 쉰이 된 자가 비단옷을 입을 수 있고, 닭과 돼지와 개를 기르면서 때를 놓치지 않으면 나이 일흔이 된 자가 고기를 먹을 수 있으며, 백 무의 밭을 갈 때를 빼앗지 않으면 식구가 여럿인 집이 굶주리지 않을 수 있고, 학교 교육에 삼가 힘써서 효도와 깍듯함의 올바른 뜻을 거듭 가르치면 머리털이 반쯤 흰 노인이 길에서 짐을 이거나 지지 않게 됩니다. 일흔이 된 자가 비단옷을 입고 고기를 먹으며 뭇 백성이 굶주리지 않고 추위에 떨지 않는데도 왕노릇하지 못한 자는 여태껏 없었습니다.

개나 돼지가 사람이 먹을 것을 먹는데도 잡도리할 줄 모르고, 길에 굶어 죽은 주검이 널려 있어도 곳간을 열 줄 모르면서 사람이 죽으면 '내 탓이 아니다, 흉년 탓이다'고 말하니, 이것이 사람을 찔러 죽이고는 '내 탓이 아니다, 칼 탓이다'고 말하는 것과 무엇이 다르겠습니까? 왕께서 흉년을 탓하지 않으신다면, 곧바로 천하의 백성들이 왕께로 올 것입니다."

注釋 어(於)는 ~에 대해서, ~에 있어서, ~보다 등을 뜻한다. 이의(耳矣)는 강조의 뜻을 갖는다. 하내(河內)는 황하의 북쪽 기슭에 있는 땅으로, 지금의 하남성(河南省) 제원현(濟源縣) 일대다. 하동(河東)은 지금의 산서성(山西省) 안읍현(安邑縣) 일대다. 무여(無如)는 ~와 같은 게 없다, ~보다 못하다는 뜻이다. 가소(加少)는 더 줄어들다를, 가다(加多)는 더 많아지다를 뜻한다. 청(請)은 ~하겠습니다라는 뜻이다. 전연(塡然)은 북소리가 둥둥 울리는 것을 형용한 말이다. 고(鼓)는 두드리다는 뜻인데, 이에 덧붙은 지(之)는 목적어는 아니지만 앞 글자와 연관을 가져서 두드림의 대상인 북을 넌지시 가리킨다. 병(兵)은 병장기를, 인(刃)은 칼날을 뜻한다. 기(棄)는 내버리다는 뜻이다. 갑(甲)은 갑옷이다. 예(曳)는 끌다는 뜻이다. 주(走)는 달아나다는 뜻이다. 직(直)은 다만, 오직을 뜻한다. 위(違)는 어기다는 뜻이다. 곡(穀)은 곡식이다. 승(勝)은 이루, 모두를 뜻한다. 촉고(數罟)는 촘촘한 그물이다. 수(數)는 자주, 자꾸를 뜻할 때는 '삭'으로 읽고, 촘촘하다는 뜻일 때는 '촉'으로 읽는다. 오(洿)는 깊은 못이고, 지(池)는 크고 넓은 못이다. 별(鼈)은 자라를 뜻한다. 부(斧)는 도끼를 뜻한다. 시(時)는 때맞게라는 뜻인데, 여기서는 초목이 다 시든 뒤를 가리킨다. 감(憾)은 서운하다, 섭섭하다는 뜻이다. 무(畝)는 논밭의 면적 단위로, 대략 30평이다. 수(樹)는 심다는 뜻이다. 백(帛)은 비단이다. 체(彘)는 돼지를 뜻한다. 탈(奪)은 빼앗다는 뜻이다. 기(飢)는 주리다, 주리게 하다는 뜻이다. 근(謹)은 삼가다, 엄하게

하다는 뜻이다. 상(庠)과 서(序)는 고대의 지방에 있던 학교다. 신(申)은 거듭하다, 되풀이하다는 뜻이다. 제(悌)는 아우가 형에게 갖는 마음으로, 깍듯하다는 뜻이다. 반백(頒白)은 반백(班白)과 같으며, 수염이나 머리칼이 반쯤 흰 것을 이른다. 부(負)는 짐을 등에 지다는 뜻이고, 대(戴)는 머리에 이다는 뜻이다. 려(黎)는 검다, 많다는 뜻이다. 려민(黎民)은 뭇 백성을 뜻하는데, 백성들은 머리에 아무 것도 쓰지 않고 검은 머리를 드러낸 채 다녔기 때문에 이렇게 일컬었다. 검(檢)은 다잡다, 잡도리하다는 뜻이다. 아(餓)는 굶주리다는 뜻이다. 표(莩)는 표(殍)와 같으며, 주려 죽다, 주려 죽은 주검을 뜻한다. 세(歲)는 흉년을 뜻한다. 자(刺)는 찌르다는 뜻이다.

蛇足 혜왕은 나랏일을 오롯이 다했다고 하지만, 고작 한두 가지를 잘 했을 뿐이다. 그러고서도 자기 나라의 백성이 늘지 않은 것에 대해 의아하게 생각했다. 당시는 봉건제가 무너진 시대이므로 백성이 어느 나라든 자기 삶을 보장해주는 곳으로 옮겨갈 수 있었다. 백성이 많아지는 것은 곧 국력이 강대해짐을 의미했으므로 제후들마다 이웃나라보다 더 백성이 많아지기를 갈구했다. 문제는 어떤 방식으로 그 일을 이룰 것이냐였다.

"이제 왕께서는 특혜를 주는 정책을 분명하게 선포해야 합니다. 제후국들의 선비들이 와서 귀순하면 3대까지 세금과 부역을 면제해주고 전쟁에도 동원되지 않게 합니다. 진나라 땅 사방 국경 안에 있는 구릉, 비탈진 곳, 언덕, 습지 등에 대해 10년 동안 세금을 거두지 않습니다. 이런 내용을 법률로 명시해두면 1백만 명의 농민을 충분히 불러들일 수 있습니다."(『상군서』「내민(徠民)」)

상앙이 다른 나라의 선비들과 백성들이 진나라에 찾아와서 살도록 하기 위한 계책으로 제시한 것이다. 당장에 피부에 와 닿는 정책을 통해서 유인해야 한다는 것인데, 그래서는 또 다른 제후가 제시하는 정책에 이끌려서 떠날 수 있다. 또 이는 백성을 이용하고 착취하기 위한 꼼수이므로 언젠가는 그 한계를 드러낼 수밖에 없어 항구적인 계책으로 보기 어렵다. 그래서 맹자는 어진 정치야말로 최상의 방책이라고 보았다. 이는 당장에 드러나는 효과는 기대하기 어렵지만, 대신에 은근하게 백성들의 마음속으로 파고들어 믿음을 얻기 때문에 한번 효과가 나면 오래도록 지속한다는 것이다. 이런 이치를 몰랐던 혜왕으로서는 당장에 한두 가지 조처를 한 것으로 왕노릇을 한 듯이 여겼다. 그러나 이는 했어도 하지 않은 것과 다름이 없었으므로 맹자가 '오십보백보(五十步百步)'라고 말한 것이다.

"왕께서 전쟁을 좋아하시니, 전쟁으로써 비유하겠습니다"라고 한 말에서는 맹자의 기질을 읽을 수 있다. 비록 상대가 지고의 권좌에 앉아서 생살여탈권을 마음대로 휘두르는 제후라 할지라도 그 인식의 얄팍함과 어리석음을 그냥 두고 볼 수만은 없다는 듯한 심사가 깔려 있다. 대담하다고 해야 할지 저돌적이라고 해야 할지 분간이 잘 되지 않는다. 어쩌면 둘 다라고 해야 할 것이다. 이는 그 시대와 백성에 대한 우환의식이 깊었기 때문이리라. 그의 우환의식은 급격한 시대의 변화와 더불어 혼란이 극심해지면서 백성들의 삶을 돌보아야 할 군주가 제 구실을 하지 못하는 현실에 대한 날카로운 인식과 백성들에 대한 측은지심에서 절로 나온 것이다.

여기서 맹자가 말한 '왕도의 시작'은 참으로 기본적인 삶의 보장에 지나지 않는다. 시쳇말로 최저 생계비를 보장해주기만 한다면, 그것으로 왕도를 펼칠 수 있다는 것이다. 당시에 군주를 비롯한 지배층이 얼마나 백성들의 삶을 피폐하게 만들었는지를 여실하게 느낄 수 있는 대목이다. "개나 돼지가 사람이 먹을 것을 먹는데도 잡도리할 줄 모르고, 길에 굶어 죽은 주검이 널려 있어도 곳간을 열 줄 모른다"고 한 데서는 그 시대의 참혹했던 풍경이 생생하게 다가온다. 맹자가 말한 측은지심이 있는 사람이라면 이런 풍경을 차마 그냥 보고 지나칠 수가 없는 노룻인데, 그럼에도 부국강병만을 외치는 군주와 책사들의 행태를 과연 두둔하는 것이 옳은 일일까? 맹자가 부국강병의 길을 몰라서 또는 시세를 파악할 줄 모르는 자라서 또는 이상주의자라서 어짊과 올바름을 외치면서 헛되이 왕도를 외쳤던 것일까? 반면, 법가인 상앙이나 종횡가인 소진(蘇秦)과 장의(張儀) 같은 이들은 시세를 꿰뚫어보는 남다른 안목과 식견이 있어서 그러했을까? 그들에게 백성들을 먼저 위하려는 마음이 없었던 것은 아닐까? 『맹자』를 통해서 지식인은 어떤 존재여야 하는지에 대해 다시 한 번 깊이 살펴볼 필요가 있지 않을까?

또 하나 눈여겨볼 것은 기본적인 삶의 보장은 왕도의 최소 조건이라는 사실이다. 이에 더하여 교육으로써 잡도리해주어야 한다고 했다. 오늘날 사람들은 경제적인 문제만 해결되면 삶의 조건 또는 행복의 요건이 갖추어진다고 여기는데, 깊이 새겨두어야 할 말이다. 1.7에서도 이에 대해 자세하게 논의하고 있다. 어쨌든 맹자는 도덕적인 삶으로 나아가지 않을 때 경제적인 윤택함은 탐욕을 부채질한다고 보았는데, 이는 우리 사회가 지금 겪고 있는 것으로써도 입증된다.

1.4

梁惠王曰: “寡人願安承教.”
孟子對曰: “殺人以梃與刃, 有以異乎?”
曰: “無以異也.”
“以刃與政, 有以異乎?”
曰: “無以異也.”
曰: “庖有肥肉, 廐有肥馬, 民有飢色, 野有餓莩, 此率獸而食人也. 獸相食, 且人惡之; 爲民父母行政, 不免於率獸而食人, 惡在其爲民父母也? 仲尼曰, ‘始作俑者, 其無後乎!’ 爲其象人而用之也. 如之何其使斯民飢而死也?”

양나라 혜왕이 말했다.

"과인이 가르침을 받들고자 하오."

맹자가 대답했다.

"사람을 몽둥이로 죽이는 것과 칼로 죽이는 것에 차이가 있습니까?"

"차이가 없소."

"칼로 죽이는 것과 정치로 죽이는 것에 차이가 있습니까?"

"차이가 없소."

"푸줏간에는 기름진 고기가 있고 마구간에는 살진 말이 있는데도 백성들에게는 굶주린 기색이 있고 들판에는 주려 죽은 주검이 널려 있다면, 이는 짐승을 몰아서 사람을 잡아먹게 한 것입니다. 짐승들이 서로 잡아먹는 것조차 사람들은 싫어하는데, 백성의 부모가 되어 정치를 한다면서 짐승을 몰아 사람을 잡아먹게 만드는 짓을 피하지 않는다면, 어찌 백성의 부모라 할 수 있겠습니까? 중니(공자)는 '처음 인형을 만든 자, 그에게는 후손이 없으리라!'고 말하였으니, 이는 산 사람의 모습을 본떠서 장례에 썼기 때문입니다. 하물며 제 백성들을 굶주려서 죽게 한다면 어떠하겠습니까?"

注釋 과인(寡人)은 제후나 왕이 자신을 낮추어 일컫는 말이다. 원(願)은 바라다, ~하고 싶다는 뜻이다. 안(安)은 즐거이, 기꺼이 등의 말맛을 담고 있다. 승(承)은 받다, 받들다는 뜻이다. 정(梃)은 몽둥이를, 인(刃)은 칼을 뜻한다. 포(庖)는 부엌, 푸줏간을 뜻한다. 비(肥)는 살지다, 기름지다는 뜻이다. 구(廐)는 마구간이다. 솔(率)은 거느리다, 이끌다는 뜻인데, 여기서는 몰다는 말맛이 있다. 차(且)는 ~조차, 오히려 등의 말맛을 담고 있다. 인오지(人惡之)에서 오(惡)는 미워하다를, 오재

(惡在)의 오(惡)는 어찌, 어떻게를 뜻한다. 면(免)은 피하다, 벗어나다는 뜻이다. 중니(仲尼)는 공자의 자(字)다. 용(俑)은 사람을 본뜬 흙 인형이나 나무 인형을 뜻한다. 고대에는 추령(芻靈)이라고 해서 풀을 엮은 인형을 죽은 자의 관에 넣었는데, 나중에 훨씬 더 사람을 닮은 용(俑)을 쓰게 되었다. 이윽고 이것이 실마리가 되어 후대에 진짜 사람을 순장하는 풍습이 생겼다고 한다. 이 때문에 공자가 저주에 가까운 탄식을 한 것이다. 후(後)는 후손을 뜻한다. 상(象)은 상(像)과 같으며, 본뜨다는 뜻이다.

蛇足 혜왕이 가르침을 청했을 때, 왜 맹자는 '죽이는 것'을 거론했을까? 당시 군주들이 자신의 야심을 위해 백성을 끊임없이 죽음으로 내몰고 있었기 때문이다. 이는 군주들이 백성을 군주 자신을 위한 존재로만 여겼음을 의미한다. 맹자는 이에 대해 인식의 전환을 요구한 것이다.

춘추시대에 제나라 환공(桓公)을 패자(覇者)로 만든 이는 관중(管仲)이다. 그의 사상은 『관자(管子)』를 통해 남아 전한다. 이 저술은 모두 86편이며, 망실된 열 편을 빼면 76편이 온전하게 남아 있다. 물론 이를 모두 관중의 저술로 보기는 어렵다. 후대에 그를 숭앙한 이들이 덧붙이고 덧붙여서 지금처럼 방대한 양이 되었다고 보는 것이 타당하다. 이 방대한 저술의 첫머리가 「목민(牧民)」이다. 목민은 군주가 백성을 다스리는 것을 목자(牧者)가 가축을 치는 일에 비유한 말이다. 지도자와 민중을 목자와 가축으로 비유하는 경우는 다른 문명권에도 있었으니, 오늘날의 독자들이 기분 나쁘게 여길 것은 아니다.

이 「목민」에서는 어떻게 하면 백성의 마음을 잘 추스를 수 있는지에 대한 요체를 자세하게 서술하고 있는데, 백성이 바라는 네 가지를 채워주어야 한다는 다음의 대목은 특히 눈길을 끈다.

"백성은 걱정과 힘든 일을 싫어하므로 군주는 그들을 편안하고 즐겁게 해주어야 한다. 백성은 가난과 미천함을 싫어하므로 군주는 그들을 가멸지고 귀하게 해주어야 하다. 백성은 위태로운 지경에 떨어지는 것을 싫어하므로 군주는 그들을 안전하게 지켜주어야 한다. 백성은 후사가 끊어지는 것을 싫어하므로 군주는 그들이 잘 살도록 길러주어야 한다."

맹자로부터 언급할 가치도 없는 인물로 여겨진 관중조차 백성을 위해 군주가 먼저 해야 할 일을 자세하게 말했다. 하물며 백성을 한낱 도구나 수단으로 여기면서 전혀 그들의 삶을 돌보지 않는 제후에게라면 맹자가 어찌 비수를 날리지 않겠는가.

다시 '목민'이라는 말에 주목해보자. 고대 사회에서 백성은 단순히 비유적으로 가축에 견주어진 것만은 아니다. 백성의 삶 자체가 가축과 다름이 없었다고 해도 과언은 아니다. 전국시대의 백성은 평소에는 농사를 지어 소출을 군주에게 바쳐야 했고, 전쟁이 나면 동원되어 목숨을 내놓고 군주의 명을 이행해야 했다. 그야말로 백성은 의무만 있었을 뿐, 권리라고는 티끌만치도 없었다. 이런 점에서 보면, 앞서 혜왕이 흉년에 자신이 백성을 위해 한 일에 대해 자부했던 것도 이상할 게 없다. 백성의 처지가 그러했으므로 그들의 안위는 어진 군주의 은혜로운 마음이 없으면 쉽사리 간과될 수밖에 없었다. 관중이 백성의 마음을 먼저 살피고 헤아려야 한다고 말한 것도 따지고 보면 군주가 권력을 유지하기 위해서라고 할 수 있다.

그래서인지 맹자는 '목민'이라 하지 않고 '민부모(民父母)'라는 표현을 썼다. 부모와 목자는 분명히 큰 차이가 있다. 부모는 아무런 대가를 바라지 않고 자식을 위해 베풀지만, 목자는 자신의 이익을 위해 소나 양을 친다. 부모는 자식에 대해 의무감을 먼저 가지지만, 목자는 소나 양에 대해 권리만을 갖는다. 이처럼 둘은 아주 다르다. 맹자는 군주를 백성의 부모로 간주했고, 그러했기 때문에 혜왕을 몰아붙일 수 있었다. 몰아붙인 이유는 명백하다. 혜왕의 마구간에는 살진 말이 있는데, 백성은 굶어서 죽어가고 있었던 것이다. 이는 목자의 책무조차 다하지 않은 것이니, 어찌 백성의 부모라 할 수 있겠는가. 혜왕이 최소한의 책무조차 소홀히 하고 있었던 까닭은 다른 것이 아니다. 이어지는 1.5에서 드러나듯이 영토를 넓히려는 야욕과 과거의 패배에 대한 복수심이 그를 지배하고 있었기 때문이다.

1.5

梁惠王曰: "晉國, 天下莫强焉, 叟之所知也. 及寡人之身, 東敗於齊, 長子死焉; 西喪地於秦七百里; 南辱於楚. 寡人恥之, 願比死者壹洒之, 如之何則可?"
孟子對曰: "地方百里而可以王. 王如施仁政於民, 省刑罰, 薄稅斂, 深耕易耨, 壯者以暇日修其孝悌忠信, 入以事其父兄, 出以事其長上, 可使制梃以撻秦楚之堅甲利兵矣. 彼奪其民時, 使不得耕耨以養其父母, 父母凍餓, 兄弟妻子離散. 彼陷溺其民, 王往而征之, 夫誰與王敵? 故曰, '仁者無敵.' 王請勿疑!"

양나라 혜왕이 물었다.
"천하에 우리 진(晉)나라보다 강한 나라가 없었다는 건 선생께서도 아시는 바이오. 그런데 과인에 이르러서 동쪽으로는 제(齊)나라에 패하여 맏이가 죽었고, 서쪽으로는 진(秦)나라에 7백 리의 땅을 빼앗겼으며, 남쪽으로는 초(楚)나라에 모욕을 당했소. 과인은 이를 부끄럽게 여겨 죽은 자들을 위해서 이 치욕을 한 번 씻고자 하는데, 어떻게 하면 되겠소?"
맹자가 대답했다.
"땅이 사방 백 리만 되어도 왕노릇할 수 있습니다. 왕께서 만일 백성들에게 어진 정치를 베푸셔서 형벌을 줄이고 세금을 적게 거두며 백성들이 깊이 밭 갈고 얼른 김매도록 하며 장성한 자들이 일 없는 날에 효도와 깍듯함, 참된 마음과 미쁨을 닦아서 들어와서는 그 아비와 형을 섬기고 나가서는 어른과 윗사람을 섬기게 한다면, 몽둥이를 가지고도 진나라나 초나라의 견고한 갑옷과 예리한 병기도 매질하여 물리치게 할 수 있습니다. 저들 나라에서는 농사지을 때를 빼앗아서 백성들이 밭을 갈지도 못하고 김을 매지도 못해 어버이를 봉양하지 못하게 하고 있습니다. 그리하여 어버이는 얼어 죽거나 주려 죽고 형제와 처자들은 헤어지고 흩어집니다. 이렇게 저들이 자기 백성들을 구덩이에 밀어 넣고 물에 빠뜨릴 때 왕께서 가서 바로잡으신다면, 대체 누가 왕께 맞서겠습니까? 그래서 '어진 자에게는 맞설 자가 없다'고 말합니다. 왕께서는 이를 의심하지 마십시오!"

注釋 진국(晉國)은 위국(魏國) 곧 양나라를 가리킨다. 춘추시대까지 진(晉)은 강력한 제후국이었는데, 춘추시대 말엽에 지(知) · 범(范) · 중항(中行) · 위(魏) · 한(韓) · 조(趙) 등 여섯 대부 가문이 진나라 정치를 전횡하면서 서로 격렬하게 대립했다. 먼저 범씨와 중항씨가 망했고, 다시 지씨가 한 · 위 · 조 세 가문의 연합군에게 멸망했다. 이리하여 한과 위, 조가 진나라를 나누어 가지고 각자 제후국이 되었으니, 이때가 기원전 403년이며 이로부터 전국시대가 시작된 것으로 본다. 그때 제후국이 된 위(魏)나라가 바로 혜왕의 양나라인데, 진나라를 자칭한 것은 그러한 역사적 배경이 있어서다. 막(莫)은 없다는 뜻이다. 언(焉)은 '어시(於是)'와 같으며, 이보다 더를 뜻한다. "동으로 제나라에 패하고 장남이 죽은 일"은 곧 '마릉지역(馬陵之役)'을 가리킨다. 기원전 341년에 위(魏)가 한(韓)을 치자, 한은 제(齊)에 구원을 요청했다. 이에 제는 전기(田忌)를 대장으로 삼고 손빈(孫臏)을 군사(軍師)로 삼아 파견하여 위

를 치고 한을 구원했다. 혜왕은 방연(龐涓)과 태자 신(申)을 보내어 막게 했다. 두 군대는 마릉에서 대치했는데, 위나라가 크게 패하여 방연은 자살하고 태자는 포로로 잡혔다. 이것이 '마릉지역'이다. 혜왕이 맏이가 죽었다고 했으니, 제나라에서 포로로 잡았던 태자를 죽였던 것으로 보인다. 마릉의 전투 이후에 진(秦)나라가 또 여러 차례 위나라를 쳐서 압박하자, 위나라는 하서(河西)의 땅과 상군(上郡)의 15개 현과 성들을 바쳤다. 비(比)는 ~를 위하여, 대신하다는 뜻이다. 일(壹)은 한 번을 뜻하는데, 꼭, 반드시 등의 말맛을 담고 있다. 세(洒)는 씻다는 뜻이다. 생(省)은 줄이다는 뜻이다. 형(刑)은 무거운 죄 또는 그런 죄에 벌을 주는 것이고, 벌(罰)은 가벼운 죄 또는 그런 죄에 주는 벌이다. 박(薄)은 적게 하다, 가볍게 하다는 뜻이다. 세(稅)는 구실을 뜻하고, 렴(斂)은 거두다는 뜻이다. 경(耕)은 밭을 갈다는 뜻이고, 누(耨)는 김매다는 뜻이다. 이(易)는 얼른, 빨리를 뜻한다. 가(暇)는 일 없는 틈, 겨를을 뜻한다. 제(悌)는 깍듯하다는 뜻이다. 제(制)는 옷감이나 재목을 치수에 맞게 자르는 것으로, 마르다, 만들다는 뜻이다. 정(梃)은 몽둥이를 뜻한다. 달(撻)은 때리다, 매질하다는 뜻이다. 동(凍)은 얼다는 뜻이고, 아(餓)는 주리다는 뜻이다. 함(陷)은 구덩이에 빠지다는 뜻이고, 익(溺)은 물에 빠지다는 뜻이다. 여(與)는 함께, 더불어 등이 본래 뜻이지만, 여기서는 '~에게'라는 말맛을 담고 있다. 적(敵)은 맞서다는 뜻이다. 물(勿)은 ~하지 말라는 뜻이다. 의(疑)는 괴이하게 여기다는 뜻이다.

蛇足 위나라가 서쪽 진나라에 패할 때, 진나라에는 상앙이 있었다. 상앙은 제후국 사이의 끊임없는 전쟁에서 승리하고 이익을 얻기 위해서는 오로지 농사와 전쟁뿐이라고 여겨 농전(農戰)을 주장했다. 농전은 백성을 농사와 전쟁에 전념하도록 하는 정책으로, 이는 농사로써 증산을 장려하여 부국이 되어야만 강병을 이룰 수 있고 강병이 이루어져야만 전쟁에서 승리할 수 있다는 것이다. 이 농전을 위해 상앙은 백성이

좋아하고 싫어하는 것이 무엇인지를 잘 알고 그것으로써 백성을 다스려야 한다고 했다. 백성이 좋아하는 것은 이익이고, 싫어하는 것은 형벌이다. 그래서 그는 가벼운 죄에도 무거운 형벌을 썼고, 신분에 관계없이 공을 세우면 관작과 녹봉을 내리는 포상을 했다. 그러나 이는 모두 군주 일인을 위한 것이었으며, 백성은 오로지 군주의 야욕을 위해 사지로 내몰릴 뿐이었다. 한편으로는 막대한 포상으로 유혹하고 한편으로는 엄형과 중벌로써 압박했으나, 백성은 그 실상을 깨달을 수 없었다. 게다가 상앙은 백성이 지혜로워지지 않도록 학문의 자유도 억압했으므로 백성은 우민(愚民)으로 남을 수밖에 없었다. 그런데 이런 정책이 장구한 계책일 수 없음은 역사가 증명해준다. 맹자도 그 점을 간파하고 있었다. 그래서 부국강병 일변도로 나아가고자 하는 제후에게 인정(仁政), 곧 어진 정치를 펴는 것이 상책임을 일깨워준 것이다.

맹자가 말한 어진 정치가 시세의 변화에 어두운 한낱 이상주의자의 망상에 불과하다고 말할 수도 있다. 그러나 과연 정치의 본질이나 그 궁극적 목표가 무엇인가를 생각해본다면, 그저 이상주의적 발상이라고 치부하고 말 수는 없다. 맹자의 어진 정치는 풍년이 되어도 넉넉하게 먹고 살 수 없는 백성, 흉년이면 굶어 죽어서 도랑이나 골짜기에 내뒹굴 운명에 놓이는 백성을 목도한 데서 절로 나온 것이다. 그가 강조한 '측은지심(惻隱之心)'은 한낱 수사(修辭)가 아니다. 그 자신의 절절한 체험에서 우러나온 것이다.

법가에서는 시대가 달라지면 법과 제도 또한 달라져야 한다고 주장했다. '변법(變法)'이라는 말에도 그런 뜻이 함축되어 있다. 그러나 그들은 물질적인 조건이 달라지는 것만 보았고, 사유와 의식에서도 변화가 일어나고 있었다는 사실은 간과했다. 전국시대는 과거의 신분 질서가 무너지고 있었다. 진나라에서 시작된 군현제가 이미 유명무실해진 봉건제를 대체하고 있었고, 가문의 배경이라고는 없던 책사들이 제후국들을 돌아다니면서 재상의 지위에 오른 것들에서도 확인할 수 있는 사실이며, 상앙 자신이 진나라 효공에게 발탁되어 전적으로 신임을 받은 데서도 이는 입증되었다. 그렇다면 군주와 백성의 관계에 대한 이해나 인식도 달라지고 있었다고 보아야 한다. 어떤 계층보다도 사(士)가 그러한 변화를 일찍 감지하고서 역사의 전면에 나서지 않았던가. 그럼에도 대부분의 사들이 여전히 군주 일인을 위한 계책에 골몰한 것은 도리어 역사적 흐름을 거스른 짓이라고 보아야 한다. 비록 백성이 주인 노릇을 할 수 있는 계제는 아니었으나, 백성이 군주라는 배를 뒤엎기도 하고 태우기도 하는 거대한 바다라는 인식을 가져야 할 때임은 분명했다. 이러한 변화를 파악하지 못한 혜왕은 그저 자신의 야욕을 채워줄 책사를 바랐던 것인데, 이에 대해 맹자는 어진 정치의 효용을 늘어놓은 것이다. 맹자도 혜왕이 자신의 말을 믿고 따르지 않을 것임을 알았던 게 분명하다. "왕께서는 이를 의심하지 마십시오!"라고 다짐하듯 한 말에서 그 점은 드러난다.

1.6

孟子見梁襄王, 出, 語人曰: "望之不似人君, 就之而不見所畏焉. 卒然問曰, '天下惡乎定?' 吾對曰, '定于一.' '孰能一之?' 對曰, '不嗜殺人者能一之.' '孰能與之?' 對曰, '天下莫不與也. 王知夫苗乎? 七八月之間旱, 則苗槁矣. 天油然作雲, 沛然下雨, 則苗浡然興之矣. 其如是, 孰能禦之? 今夫天下之人牧, 未有不嗜殺人者也. 如有不嗜殺人者, 則天下之民皆引領而望之矣. 誠如是也, 民歸之, 由水之就下, 沛然孰能禦之?'"

맹자가 양나라 양왕(襄王)을 만나보고 나와서는 사람들에게 말했다.

"멀리서 볼 때도 임금 같지 않더니, 다가가서도 두려워할 만한 면을 보지 못했다. 그런데 느닷없이 '천하가 어떻게 안정되겠소?' 하고 묻는데, 내가 '통일되어 안정됩니다'라고 대답했다. '누가 통일시킬 수 있소?' 하고 또 묻기에, '사람 죽이기를 좋아하지 않는 자가 통일시킬 수 있습니다'라고 대답했지. '누가 그와 함께 하겠소?' 하고 또 묻기에, 내 이렇게 대답했네. '천하에 그와 함께하지 않는 자가 없습니다. 왕께서는 저 싹을 아십니까? 칠팔월에 가뭄이 들면 싹이 말라버립니다. 그러다가 하늘에 잔뜩 먹구름이 끼어 억수같이 비가 내리면 그 싹은 우쩍우쩍 일어납니다. 그게 이러하다면 누가 막을 수 있겠습니까? 지금 천하의 군주 가운데 사람 죽이기를 좋아하지 않는 자가 없습니다. 만약 사람 죽이기를 좋아하지 않는 자가 있다면, 천하의 백성들은 모두 목을 길게 빼고 그가 구해주기를 기다릴 것입니다. 진실로 이와 같다면 물이 아래로 흐르는 것처럼 백성들도 그에게로 돌아갈 것이니, 그 대단한 기세를 누가 막을 수 있겠습니까?'"

注釋 양왕(襄王, 기원전 318~296 재위)은 혜왕의 아들로, 이름은 사(嗣)다. 맹자가 양왕을 만난 것은 즉위한 바로 그 해였으리라 여겨진다. 망(望)은 멀리서 바라보는 것이다. 사(似)는 같다, 비슷하다는 뜻으로, 여기서는 "~다운 풍모"라는 말맛을 담고 있다. 취(就)는 나아가다, 다가가다는 뜻이다. 외(畏)는 두려워하다, 삼가다는 뜻이다. 졸연(卒然)은 졸연(猝然)과 같으며, 갑자기, 느닷없이를 뜻한다. 오(惡)는 어떻게를 뜻한다. 정(定)은 평정하다, 안정시키다는 뜻이다. 일(一)은 하나로 하다는 뜻으로, 통일(統一)을 가리킨다. 숙(孰)은 누구를 뜻한다. 기(嗜)는 즐기다, 좋아하다는 뜻이다. 여(與)는 따르다, 함께하다는 뜻이다. 한(旱)은 가물다, 가뭄을 뜻한다. 고(槁)는 마르다, 말라 죽다는 뜻이다. 유연(油然)은 구름이 뭉게뭉게 피어오르는 모양이다. 패연(沛然)은 비

가 줄기차게 내리는 모양이다. 발연(浡然)은 우쩍 일어나는 모양이다. 흥(興)은 일어나다는 뜻이고, 이에 붙은 지(之)는 목적어가 아니라 앞 글자인 흥에 내포되어 있는 싹을 넌지시 가리킨다. 이는 1.4에 나왔던 "전연고지(塡然鼓之)"의 지(之)와 같은 용법이다. 어(禦)는 막다, 맞서다는 뜻이다. 인목(人牧)은 백성을 다스리는 사람, 곧 군주를 뜻한다. 『관자(管子)』「목민(牧民)」편에 나오는데, "소를 치다"는 뜻의 '목우(牧牛)'에서 끌어온 말이다. 말하자면, 백성을 다스리는 군주를 소를 치는 목동에 비유한 것이다. 령(領)은 목, 옷깃을 뜻한다. 성(誠)은 참으로, 진실로를 뜻한다. 귀(歸)는 마땅히 갈 곳으로 돌아간다는 말맛이 있다. 유(由)는 유(猶)와 통하여, ~와 같다는 뜻이다.

蛇足 양왕은 혜왕을 이어 즉위했다. 여기에는 혜왕의 야욕과 천운이 작용했다. 1.5의 주석에서 이미 언급했듯이 위나라는 '마릉지역'으로 태자 신(申)이 제나라에 포로로 잡혔다가 죽음을 당했다. 『사기』〈위세가(魏世家)〉를 보면, 혜왕이 그 이듬해인 기원전 342년에 공자 혁(赫)을 태자로 삼았다는 기록이 나오므로 이름이 사(嗣)인 양왕이 곧바로 태자가 되었던 것은 아님을 알 수 있다. 그런데 기원전 318년에 혜왕을 이어 즉위한 이는 사(嗣)였으니, 아마도 그 사이에 공자 혁이 죽었던 게 아닌가 여겨진다. 혜왕의 야욕이 태자 신을 죽게 했고, 재위 기간도 거의 52년이나 되었으므로 태자 혁도 그 사이에 죽어서 사(嗣)에게 차례가 왔던 것이다.

그런데 맹자는 양왕을 보자마자 대뜸 "멀리서 볼 때도 임금 같지 않더니, 다가가서도 두려워할 만한 면을 보지 못했다"고 말했다. 한낱 선비가 제후를 이렇게 폄하한 것은 예사로운 일이 아니다. 제후로서 식견이나 권위를 전혀 찾아볼 수 없었기 때문이라 여겨지는데, 그렇게 판단할 만한 근거는 『전국책』〈위책(魏策)〉에서도 찾을 수 있다. 양왕이 즉위한 이듬해인 기원전 317년에 장의(張儀)가 진나라를 위해서 연횡(連

衡)을 성사시키려고 양왕에게 유세한 내용이 길고 상세하게 나와 있는데, 장의는 그 특유의 변설로써 위나라가 매우 위태로운 상황에 처해 있다고 하면서 서쪽의 진나라를 섬기지 않으면 안 된다고 설득했다. 이에 양왕은 "그대의 말을 좇아 진나라의 동쪽 번국(藩國)이 되어 진제(秦帝)를 위해 이궁을 쌓고 진나라의 관대(冠帶)를 받으며 진나라의 봄·가을 제사를 받들고, 하외(河外)의 땅을 바치겠소"라고 대답했다. 장의의 세 치 혀에 놀아난 것이다. 아무리 장의가 대단한 변설가라 하지만, 불과 재위 2년 만에 진나라를 섬기겠다고 하면서 땅을 넘겨주다니! 군주로서 역량이 태부족이었다고밖에는 말할 수가 없으리라. 그런 그가 천하의 향방에 대해 물었으니, 맹자로서는 어처구니가 없다고 여겼을 법하다. 이렇게 군주의 그릇이 못 되는 양왕이라는 것을 알고서 맹자는 이내 위나라를 떠나 제나라로 가서 선왕(宣王)을 만났다.

그러면, 맹자는 어떻게 천하가 통일되리라 여겼던 것일까? 과거의 역사적 추이로부터 파악한 것이다. 맹자는 곧잘 『상서』를 인용하는데, 이는 그가 역사를 깊이 탐구했음을 의미한다. 당시에 구전이나 기록을 통해 요와 순 이전의 신화나 역사까지도 알고 있었을 가능성이 있지만, 춘추시대에 이어 전국시대가 어떻게 흘러갈 것인지를 짐작하는 데에는 주(周) 왕조의 창업 이후만 보더라도 충분했을 것이다.

훗날 문왕(文王)이 될 서백(西伯)은 포악한 주왕(紂王)의 눈을 피해서 어진 정치를 펴면서 제후들의 신망을 한 몸에 받았다. 서백이라는 칭호도 서쪽 제후들의 우두머리라는 뜻이다. 그리하여 제후들이 "서백은 아마 천명을 받은 군주일 것이다"라고 말하기에 이르렀다. 그러나 서백은 상 왕조를 무너뜨리지 못했고, 이 역사적 사명은 아들인 무왕(武王)에게 넘어갔다. 무왕은 재위 9년째 군대를 일으켜 주왕을 치려고 맹진(盟津)에 이르렀는데, 그때 모인 제후들이 8백 명에 이르렀다고 한다. 약간의 과장이 있었다고 하더라도 상당한 수의 제후들이 무왕에게 동조했음을 알 수 있다. 당연히 이들 제후들은 춘추시대나 전국시대의 제후들만큼 큰 영토를 가지지 못했다. 도시국가 또는 부족국가로 불릴 만한 정도의 작은 영토를 가졌을 뿐이다. 그런 제후들이 주 왕조 때에 들어서서 수가 급격히 줄어들었다. 『춘추좌전』에서는 1백여 개의 제후국들이 거론되고 있는데, 이는 주 왕조의 창업 이후에 제후국들 사이에서 분열과 통합이 있었음을 의미한다. 대개 춘추시대에는 120여 개에서 140여 제후국들이 있었다고 본다. 그런데 전국시대에 들어서면 전국칠웅을 포함해서 20여 개의 제후국들만 남았다.

『맹자』에서도 확인할 수 있듯이 천자나 제후의 나라를 전차의 대수로써도 일컬었다. 천자의 나라를 만승지국(萬乘之國), 제후의 나라를 천승지국(千乘之國)으로 일컬은 것이 그것이다. 그런데 전국시대가 되면 주 왕실은 도저히 일컬을 정도가 못 되고, 반면에 전국칠웅은 만승지국이 되었다. 그 밖에 군소 국가들이야 나머지 영토를 나누어 가지고서 간신히 명맥을 유지하는 정도였다. 제후들의 수가 춘추시대 이후로 급격하게 줄어든 것이 궁극적으로 하나의 나라로 통일될 가능성을 점치게 해주었다고 볼 수 있다.

그런데 통일의 주체를 누구로 보았느냐에서도 맹자와 상앙은 아주 다르다. "사람 죽이기를 좋아하지 않는 자가 없다"는 당시의 제후들을 싸잡아서 한 말이지만, 특히 백성이 전쟁에서 용감하게 목숨을 바치도록 작록과 형벌이라는 당근과 채찍을 엄정하게 잘 써야 한다고 한 상앙을 겨누어서 한 말이라고 해도 과언은 아니다. 『상군서(商君書)』의 「설민(說民)」에 나오는 대목이다.

"백성이 용감하면 그들이 바라는 것(작록)으로 상을 주고, 백성이 겁을 먹으면 그들의 싫어하는 것(형벌)으로 겁을 없애준다. 겁먹은 백성은 형벌로써 부리면 용감해지고, 용감한 백성은 상으로써 부리면 죽음을 무릅쓴다. 겁먹은 백성이 용감해지고 용감한 백성이 죽음을 무릅쓰게 되면, 대적할 나라가 없어져 반드시 천하에서 왕노릇을 하게 된다."

맹자가 패도(覇道)를 비판하면서 왕도(王道)를 강력하게 주장한 것은 패도가 전쟁을 통해 패권을 차지하는 길이었기 때문이다. 당시 패도가 대세였고, 또 패도에 의해 천하가 통일된 것도 사실이다. 그렇다고 맹자를 허무맹랑한 주장을 한 이상주의자로 몰아붙여서는 곤란하다. 물론 천하가 통일되어야 더 이상 백성이 죽음으로 내몰리는 일이 없어질 것이고, 천하를 통일하려면 패도 외에는 다른 길이 없었다는 것도 역사적으로 입증되었다. 그런데 왕도를 쓴 제후가 없었다는 것이 곧 왕도의 무용함을 입증하는 게 아니라는 것도 간과해서는 안 된다. 무엇보다도 지금 당장 굶어 죽어서 들에 나뒹굴고 있는 백성을 버려두고서 이루는 천하통일이 과연 가치 있는 일이라고 단정할 수 있을까?

1.7

齊宣王問曰: "齊桓晉文之事, 可得聞乎?"
孟子對曰: "仲尼之徒無道桓文之事者. 是以後世無傳焉, 臣未之聞也. 無以, 則王乎?"
曰: "德何如則可以王矣?"
曰: "保民而王, 莫之能禦也."
曰: "若寡人者, 可以保民乎哉?"
曰: "可."
曰: "何由知吾可也?"
曰: "臣聞之胡齕曰, 王坐於堂上, 有牽牛而過堂下者, 王見之, 曰, '牛何之?' 對曰, '將以釁鐘.' 王曰, '舍之! 吾不忍其觳觫, 若無罪而就死地.' 對曰, '然則廢釁鐘與?' 曰, '何可廢也? 以羊易之.' 不識有諸?"
曰: "有之."
曰: "是心足以王矣. 百姓皆以王爲愛也, 臣固知王之不忍也."
王曰: "然. 誠有百姓者. 齊國雖褊小, 吾何愛一牛? 卽不忍其觳觫, 若無罪而就死地, 故以羊易之也."

曰: "王無異於百姓之以王爲愛也. 以小易大, 彼惡知之? 王若隱其無罪而就死地, 則牛羊何擇焉?"

王笑曰: "是誠何心哉? 我非愛其財而易之以羊也. 宜乎百姓之謂我愛也."

曰: "無傷也. 是乃仁術也. 見牛未見羊也. 君子之於禽獸也, 見其生, 不忍見其死; 聞其聲, 不忍食其肉. 是以君子遠庖廚也."

王說曰: "詩云, '他人有心, 予忖度之.' 夫子之謂也. 夫我乃行之, 反以求之, 不得吾心. 夫子言之, 於我心有戚戚焉. 此心之所以合於王者, 何也?"

曰: "有復於王者曰, '吾力足以擧百鈞, 而不足以擧一羽; 明足以察秋毫之末, 而不見輿薪,' 則王許之乎?"

曰: "否."

"今恩足以及禽獸, 而功不至於百姓者, 獨何與? 然則一羽之不擧, 爲不用力焉; 輿薪之不見, 爲不用明焉; 百姓之不見保, 爲不用恩焉. 故王之不王, 不爲也, 非不能也."

曰: "不爲者與不能者之形, 何以異?"

曰: "挾太山以超北海, 語人曰, '我不能.' 是誠不能也. 爲長者折枝, 語人曰, '我不能.' 是不爲也, 非不能也. 故王之不王, 非挾太山以超北海之類也; 王之不王, 是折枝之類也. 老吾老, 以及人之老; 幼吾幼, 以及人之幼, 天下可運於掌. 詩云, '刑于寡妻, 至于兄弟, 以御于家邦.' 言擧斯心加諸彼而已. 故推恩足以保四海, 不推恩無以保妻子. 古之人所以大過人者, 無他焉. 善推其所爲而已矣. 今恩足以及禽獸, 而功不至於百姓者, 獨何與? 權, 然後知輕重; 度, 然後知長短. 物皆然, 心爲甚. 王請度之! 抑王興甲兵, 危士臣, 構怨於諸侯, 然後快於心與?"

王曰: "否! 吾何快於是? 將以求吾所大欲也."

曰: "王之所大欲, 可得聞與?"

王笑而不言.

曰: "爲肥甘不足於口與? 輕煖不足於體與? 抑爲采色不足視於目與? 聲音不足聽於耳與? 便嬖不足使令於前與? 王之諸臣皆足以供之, 而王豈爲是哉?"

曰: "否! 吾不爲是也."

曰: "然則王之所大欲可知已. 欲辟土地, 朝秦楚, 莅中國而撫四夷也. 以若所爲求若所欲, 猶緣木而求魚也."

王曰: "若是其甚與?"

曰: "殆有甚焉. 緣木求魚, 雖不得魚, 無後災. 以若所爲求若所欲, 盡心力而爲之, 後必有災."

曰: "可得聞與?"

曰: "鄒人與楚人戰, 則王以爲孰勝?"

曰: "楚人勝."

曰: "然則小固不可以敵大, 寡固不可以敵衆, 弱固不可以敵强. 海內之地, 方千里者九, 齊集有其一. 以一服八, 何以異於鄒敵楚哉? 蓋亦反其本矣. 今王發政施仁, 使天下仕者皆欲立於王之朝, 耕者皆欲耕於王之野, 商賈皆欲藏於王之市, 行旅皆欲出於王之塗, 天下之欲疾其君者皆欲赴愬於王. 其若是, 孰能禦之?"

王曰: "吾惛, 不能進於是矣. 願夫子輔吾志, 明以教我. 我雖不敏, 請嘗試之."

曰: "無恒產而有恒心者, 惟士爲能. 若民, 則無恒產, 因無恒心. 苟無恒心, 放辟邪侈, 無不爲已. 及陷於罪, 然後從而刑之, 是罔民也. 焉有仁人在位, 罔民而可爲也? 是故明君制民之產, 必使仰足以事父母, 俯足以畜妻子, 樂歲終身飽, 凶年免於死亡. 然後驅而之善, 故民之從之也輕. 今也制民之產, 仰不足以事父母, 俯不足以畜妻子, 樂歲終身苦, 凶年不免於死亡. 此惟救死而恐不贍, 奚暇治禮義哉? 王欲行之, 則盍反其本矣. 五畝之宅, 樹之以桑, 五十者可以衣帛矣. 雞豚狗彘之畜, 無失其時, 七十者可以食肉矣. 百畝之田, 勿奪其時, 八口之家可以無飢矣. 謹庠序之敎, 申之以孝悌之義, 頒白者不負戴於道路矣. 老者衣帛食肉, 黎民不飢不寒, 然而不王者, 未之有也."

제나라 선왕(宣王)이 물었다.

"제환공(齊桓公)과 진문공(晉文公)의 일에 대해 들어볼 수 있겠소?"

맹자가 대답했다.

"중니(仲尼)의 무리 가운데는 환공과 문공의 일을 말하는 자가 없었습니다. 이런 까닭에 후세에 전해지지 않아서 신도 그에 대해서는 들은 적이 없습니다. 괜찮으시다면 왕노릇에 대해 말씀드려도 되겠습니까?"

"덕이 어떠해야 왕노릇할 수 있소?"

"백성을 지켜주면서 왕노릇한다면 그걸 막을 자는 없습니다."

"과인과 같은 자도 백성을 지켜줄 수 있소?"

"할 수 있습니다."

"내가 할 수 있다는 걸 어떻게 아시오?"

"제가 호흘(胡齕)이 이렇게 말하는 걸 들었습니다. 왕께서 묘당(廟堂) 위에 앉아 계실 때 소를 끌고 당 아래를 지나가는 자가 있었는데, 왕께서 그걸 보시고 '소를 어디로 끌고 가느냐?' 고 물으셨고, 그 자는 '이 소를 잡아서 새로 주조한 종에 피를 바르려고 합니다'라고 대답했습니다. 그러자 왕께서는 '놓아주어라. 그 놈이 두려워 떠는 것이 마치 죄 없이 죽을 곳으로 끌려가는 자 같아서 차마 볼 수가 없구나'라고 말씀하셨으며, 그 자는 '그렇다면 종에 피 바르는 일을 그만둘까요?' 하고 물었습니다. 왕께서는 '어찌 그 일을 그만둘 수 있겠느냐? 양으로 바꾸어라'고 하셨습니다. 그런 일이 있었습니까?"

"있었소."

"그런 마음이면 왕노릇하실 수 있습니다. 백성들은 모두 왕께서 재물을 아낀다고 여기겠지만, 신은 왕께서 차마 두고 볼 수 없어서 그렇게 하셨다는 걸 잘 알고 있습니다."

"그렇소. 진실로 백성들 가운데는 그렇게 여기는 자들이 있소. 이 제나라가 비록 좁고 작으나, 내 어찌 소 한 마리를 아끼겠소? 그건 그 두려워 떠는 모습이 죄 없이 죽을 곳으로 끌려가는 것 같아서 차마 볼 수가 없었기 때문에 양으로 바꾸라고 한 것이오."

"왕께서 아껴서 그랬다고 백성들이 말하더라도 왕께서는 이상하게 여기지 마십시오. 큰 것을 작은 것으로 바꾸었으니, 저들이 어찌 그걸 알겠습니까? 그런데 왕께서 만약 죄 없이 죽을 곳으로 끌려가는 것을 불쌍히 여기셨다면, 어찌하여 소와 양을 굳이 가리셨습니까?"

왕이 웃으며 말했다.

"그건 정말이지 무슨 마음이오? 내가 재물을 아껴서 양으로 바꾼 것은 아니건만! 당연하오, 백성들이 내가 아껴서 그랬다고 말하는 것도."

"상심하지 마십시오. 이것이 바로 어짊을 행하는 방법입니다. 소는 보았으나 양은 보지 못했던 겁니다. 군자가 짐승을 대하는 건 이렇습니다. 살아 있는 걸 보았을 때는 그 주검을 차마 보지 못하고, 그 소리를 들었을 때는 그 고기를 차마 먹지 못합니다. 이런 까닭에 군자는 고깃간과 부엌을 멀리합니다."

왕이 기뻐하며 말했다.

“『시경』「소아(小雅)」의 〈교언(巧言)〉에서 ‘남의 마음을 내가 헤아린다네’라고 했는데, 선생을 두고 한 말이오. 도대체 내가 행하고서 돌이켜 생각해봐도 내 마음을 몰랐는데, 선생께서 말씀해주시니 내 마음에 뭉클한 게 있소이다. 그런데 이런 마음이 왕노릇하는 데 알맞은 까닭은 무엇이오?”

“어떤 자가 왕께 아뢰기를 ‘내 힘으로 삼천 근은 들 수 있어도 깃털 하나는 들 수 없고, 밝은 눈으로 가을 터럭같이 가는 것은 살필 수 있어도 수레에 실린 땔나무는 보지 못합니다’라고 한다면, 왕께서는 그 말을 받아들이시겠습니까?”

“아니오.”

“이제 그 은혜가 짐승에게는 미치면서 그 애쓴 일이 백성에게 이르지 못하는 것은 대체 어찌하여 그렇겠습니까? 깃털 하나를 들지 못하는 건 힘을 쓰지 않기 때문이고, 수레에 실린 땔나무를 보지 못하는 건 밝은 눈을 쓰지 않기 때문이며, 백성들이 편안해지지 않는 건 은혜를 쓰지 않기 때문입니다. 그러므로 왕께서 왕노릇하지 못하는 건, 하지 않는 것이지 할 수 없는 것이 아닙니다.”

“하지 않는 것과 할 수 없는 것은 그 형세가 어떻게 다르오?”

“태산을 옆구리에 끼고 북해를 건너뛰는 일을 두고 ‘나는 할 수 없다’고 말한다면, 이는 진실로 할 수 없는 것입니다. 그러나 어른을 위해 가지를 꺾는 일을 두고 ‘나는 할 수 없다’고 말한다면, 이는 하지 않는 것이지 할 수 없는 게 아닙니다. 그러므로 왕께서 왕노릇하지 못하시는 건 태산을 옆구리에 끼고 북해를 건너뛰는 그런 일이 아닙니다. 왕께서 왕노릇하지 못하는 건 가지를 꺾는 그런 일입니다.

내 집의 늙은이를 높이는 그 마음이 남의 늙은이에게 이르고, 내 집의 아이를 아끼는 그 마음이 남의 아이에게 이른다면, 천하를 손바닥에 놓고 움직일 수 있습니다. 『시경』「대아(大雅)」의 〈사제(思齊)〉에서 '내 아내에게 본보기가 되고 형과 아우에게 미치니, 집안과 나라가 다스려지네'라고 했는데, 이 마음을 들어 저기로 옮길 뿐이라는 말입니다. 그러므로 은혜를 미루어 넓히면 사해를 편안하게 할 수 있고, 은혜를 미루어 넓히지 않으면 처자도 편안하게 하지 못하니, 옛사람이 남들보다 크게 뛰어났던 것은 다른 게 아니라 자기가 할 줄 아는 일을 잘 미루어 넓혔을 뿐입니다. 이제 은혜가 짐승에게는 넉넉하게 미치면서 그 애쓴 일이 백성에게 이르지 못하는 것은 대체 어찌하여 그렇습니까?

저울에 달아본 뒤에야 가벼운지 무거운지를 알고, 자로 재어 본 뒤에야 긴지 짧은지를 압니다. 물건이란 모두 그러하거니와 마음은 더욱더 그러하니, 왕께서는 잘 헤아리십시오. 혹시 왕께서는 전쟁을 일으켜서 군사와 신하들을 위태롭게 하고 제후들과 원한을 맺은 뒤라야 마음이 상쾌하시겠습니까?"

"아니오! 내 어찌 그런 것을 상쾌하게 여기겠소? 나는 그것으로 정말 하고 싶은 것을 이루려 하오."

"왕께서 정말 하고 싶은 게 무엇인지, 제가 들어볼 수 있겠습니까?"

왕이 웃으며 말하지 않자, 맹자가 물었다.

"기름지고 맛난 것이 입에 부족해서입니까? 아니면 몸에 걸칠 만한 가볍고 따뜻한 옷이 부족해서입니까? 아니면 눈으로 볼 만한 아름다운 색이 부족해서입니까? 귀로 들을 만한 아름다운 음악이 부족해서입니까? 옆에 두고 부릴 만한 사람이 부족해서입니까? 이런 것들은 왕의 신하들이 모두 넉넉하게 바치는데, 왕께서 어찌 이런 걸 바라십니까?"

"아니오! 나는 이런 걸 바라지 않소."

"그렇다면 왕께서 정말 하고 싶은 것을 알겠습니다. 땅을 넓히고 진나라와 초나라의 조회를 받으며 중원에 군림하면서 사방의 오랑캐를 어루만지고 싶어 하십니다. 그러나 지금 하고 계신 것으로써 바라는 바를 구하신다면, 이는 나무에 올라가 물고기를 구하는 것과 같습니다."

왕이 말했다.

"이게 그렇게 심한 일이오?"

"아주 심한 일입니다. 나무에 올라가서 물고기를 구할 경우에는 비록 물고기를 얻지 못하더라도 나중에 재앙이 없습니다. 그러나 지금 하고 계신 것으로써 바라는 바를 구하신다면, 마음과 힘을 다하여 하시더라도 반드시 나중에 재앙이 따를 것입니다."

"그것에 대해 자세히 들어볼 수 있겠소?"

"추(鄒)나라 사람들이 초나라 사람들과 전쟁을 한다면, 왕께서는 누가 이기리라 생각하십니까?"

"초나라 사람들이 이기오."

"그렇다면 정말로 작은 것은 큰 것에 맞설 수 없고, 정말로 적은 수는 많은 수에 맞설 수 없으며, 정말로 약한 것은 강한 것에 맞설 수 없습니다. 천하에 사방 천 리가 되는 나라가 아홉인데, 제나라는 그 가운데 하나를 차지하고 있습니다. 이 하나가 여덟을 거느리려 하는 것이 추나라가 초나라를 대적하는 것과 무엇이 다르겠습니까? 어찌 근본으로 돌아가지 않으십니까? 이제 왕께서 정치를 하면서 어짊을 펴시어 천하에 벼슬하는 자들이 모두 왕의 조정에 서고 싶어 하도록 만들고, 밭을 가는 자들이 모두 왕의 들녘에서 밭을 갈고 싶어 하도록 만들고, 장사치들이 모두 왕의 저자에 물건을 쌓아두고 싶도록 만들고, 나그네들이 모두 왕의 길로 다니고 싶어 하도록 만든다면, 세상에서 자기 군주를 미워하는 자들은 모두 왕께 달려와 하소연하고 싶을 겁니다. 그게 이러하다면, 누가 이를 막겠습니까?"

왕이 말했다.

"나는 어리석어서 이에 대해 깊이 알 수가 없소. 부디 선생께서 내 뜻을 도와 나를 밝게 가르쳐주시오. 내가 비록 재바르지는 못하지만, 그래도 한번 해보겠소."

"일정한 생업이 없으면서 한결같은 마음을 지니는 것은 선비만이 할 수 있습니다. 백성으로 말하자면, 일정한 생업이 없으면 그로 말미암아 한결같은 마음도 없습니다. 진실로 한결같은 마음이 없으면 함부로 하거나 치우치거나 삿되거나 사치스럽거나 하면서 하지 않는 짓이 없게 되는데, 그렇게 죄에 빠뜨린 뒤에야 쫓아가서 형벌을 내린다면 이는 백성을 그물로 잡는 짓입니다. 어찌 어진 사람이 왕위에 있으면서 백성을 그물로 잡는 짓을 할 수 있겠습니까? 이런 까닭에 밝은 군주는 백성의 생업을 마련해주되, 반드시 위로는 어버이를 넉넉하게 모실 수 있게 하고 아래로는 처자식을 넉넉하게 기를 수 있게 하며, 풍년에는 내내 배부르고 흉년에는 죽음을 피하게 해줍니다. 이렇게 한 뒤에야 백성을 몰아서 좋게 되도록 할 것이니, 그래야 백성이 쉽게 따릅니다. 그런데 요즘에는 백성의 생업을 마련해준다면서, 위로는 어버이를 모시기에 부족하게 하고 아래로는 처자를 기르기에 부족하게 하며, 풍년에는 내내 괴롭고 흉년에는 죽음을 피하지 못하게 합니다. 이렇게 되면 오직 죽지 않으려 애쓸 뿐이며, 그래도 충분하지 못할까 두려워하는데, 어느 겨를에 예의와 올바름을 갖출 수 있겠습니까? 왕께서 바라는 바대로 하고자 하신다면, 마땅히 근본으로 돌아가야 합니다.

다섯 무의 집에 뽕나무를 심으면 나이 쉰이 된 자가 비단옷을 입을 수 있고, 닭과 돼지와 개와 멧돼지를 기르면서 때를 놓치지 않으면 나이 일흔이 된 자가 고기를 먹을 수 있으며, 백 무의 밭을 갈 때를 빼앗지 않으면 식구가 여덟인 집이 굶주리지 않을 수 있으며, 학교 교육에 삼가 힘써서 효도와 깍듯함의 참뜻을 거듭 가르치면 머리털이 반쯤 희어진 자가 길에서 이거나 지거나 하지 않을 것입니다. 노인이 비단옷을 입고 고기를 먹으며 뭇 백성이 굶주리지 않고 추위에 떨지 않는데도 왕노릇하지 못한 자는 아직까지 없었습니다."

注釋 제(齊)는 전국칠웅의 하나로, 근거지는 현재의 산동 지방이다. 본래는 주나라 건국의 공신이었던 태공망(太公望) 여상(呂尙) 곧 강태공(姜太公)에게 봉토로 주어져서 그 후손들이 대대로 제후로 군림했으나, 기원전 386년에 재상이던 전화(田和)가 실권을 쥐고서 당시 제후이던 강공(康公, 기원전 404~386 재위)을 내쫓고 대신 제후가 되어 제태공(齊太公)으로 불리었다. 그로부터 5대째가 선왕(宣王, 기원전 319~301 재위)인데, 선왕의 이름은 벽강(辟疆)이다. 제환(齊桓)은 제환공(齊桓公)으로, 이름은 소백(小白)이다. 관중의 보좌를 받아서 최초로 패자(覇者)가 되어 천하를 호령했다. 진문(晉文)은 진문공(晉文公)으로, 이름은 중이(重耳)다. 역시 춘추시대에 패자(覇者)로 일컬어졌다. 무도(無道)의 도(道)는 말하다, 이야기하다는 뜻이다. 무이(無以)의 이(以)는 이(已)와 통하여 "말다, 그치다"는 뜻인데, 여기서는 '무이'가 "그만두지 않게 해주신다면"이라는 말맛을 담고 있다. 보(保)는 지켜주다, 보살피다는 뜻으로, 편안하게 해준다는 말맛이 있다. 유(由)는 말미암다는 뜻으로, 까닭이나 근거를 나타낸다. 호흘(胡齕)은 제선왕을 가까이서 모시던 신하다. 당(堂)은 관아나 사원, 집회소 등 높고 큰 집을 뜻하거나, 터를 높이 돋아 지은 남향의 본채를 뜻한다. 여기서는 왕이 집무를 보는 곳을

가리킨다. 견(牽)은 끌다, 끌어당기다는 뜻이다. 우하지(牛何之)의 지(之)는 가다는 뜻이다. 흔(釁)은 피를 바르다는 뜻으로, 고대의 의식 가운데 하나다. 국가적으로 중요한 기물을 새로 만들었을 때, 처음 사용하기 전에 희생 제물을 죽여서 그 피를 발랐다. 사(舍)는 사(捨)와 같으며, 버리다는 뜻이다. 여기서는 놓아주다는 뜻으로 쓰였다. 곡(觳)과 속(觫) 모두 곱송그리다는 뜻으로, 합쳐서 죽음을 두려워하는 모습을 나타낸다. 폐(廢)는 그만두다, 없애다는 뜻이다. 불식유저(不識有諸)의 저(諸)는 지호(之乎)와 같다. 애(愛)는 아끼다는 뜻인데, 여기서는 다랍게 굴다는 말맛이 강하다. 편(褊)은 좁다는 뜻이다. 은(隱)은 가엾어하다, 불쌍하게 여기다는 뜻이다. 나중에 나올 '측은(惻隱)'과 통하는 말이다. 상(傷)은 애태우다, 속상하다는 뜻이다. 원(遠)은 멀리하다, 피하다는 뜻이다. 포(庖)는 고깃간을, 주(廚)는 부엌을 뜻한다. 열왈(說曰)의 열(說)은 열(悅)과 같으며, 기뻐하다는 뜻이다. 촌(忖)은 헤아리다를, 탁(度)은 재다, 헤아리다를 뜻한다. 척척(戚戚)은 마음에 느낌이 일어 뭉클해지는 것을 가리킨다. 균(鈞)은 무게의 단위로, 서른 근이다. 추호지말(秋毫之末)은 가을 터럭의 끄트머리라는 뜻으로, 지극히 작은 것을 가리킨다. 여(輿)는 수레다. 신(薪)은 땔나무, 섶나무를 뜻한다. 협(挾)은 끼다, 끼우다는 뜻이다. 태산(太山)은 곧 태산(泰山)이며, 북해(北海)는 발해(渤海)를 가리킨다. 초(超)는 넘다, 뛰어넘다는 뜻이다. 절지(折枝)는 나무에서 가지를 꺾다는 뜻이다. 운(運)은 돌리다, 움직이다는 뜻이다. 형(形)은 형(型)과 같아서, 본보기를 뜻한다. 과처(寡妻)는 남에게 자기 아내를 낮추어 부르는 말이다. 가(家)는 채읍(采邑)을 가진 경(卿)이나 대부(大夫)의 집안을 가리킨다. 가(加)는 더하다는 뜻으로, 여기서는 옮기다는 말맛이 있다. 저피(諸彼)의 저(諸)는 지어(之於)와 같다. 추(推)는 미루어 넓히다는 뜻으로, 확장하거나 확대하다는 말맛이 있다. 권(權)은 저울질하는 것이며, 도(度)는 자로 재는 것이다. 탁지(度之)의 탁(度)은 헤아리다는 뜻이다. 억(抑)은 또는, 그렇지 않으면 등을 뜻한다. 구(構)는 얽다, 맺다는 뜻이다. 난(煖)은 따뜻하다는 뜻이다. 채색(采色)은 채색(彩色)과 같다. 편폐(便嬖)는 좌우에 가까이 있으면서 총애를 받는 사람을 가리킨다. 벽(辟)은 벽(闢)과 같으며, 땅을 넓히다, 개간하다는 뜻이다. 조(朝)는 조회를 받다는 뜻인데, 여기서는 조회를 하게 만들다는 뜻으로 쓰였다. 리(莅)는 림(臨)과 같으며, 군림하다는 뜻이다. 중국(中國)은 중원을 뜻하며, 황하 중류 일대를 가리킨다. 무(撫)는 어루만지다, 누르다는 뜻으로, 여기서는 따르게 하다는 말맛이 있다. 연(緣)은 좇다, 타다는 뜻이다. 태유(殆有)의 태(殆)는 거의, 아마도 등을 뜻하고, 유(有)는 우(又)와 같으며 '더욱더'라는 말맛이 있다. 추(鄒)는 나라 이름으로, 주국(邾國) 또는 주루(邾婁)라고도 하는 아주 작은 나라였다. 지금 산동의 추현(鄒縣) 동남쪽에 주성(邾城)이 있는데, 옛날 주국의 땅으로 여겨진다. 초(楚)는 전국칠웅 가운데 하나로, 남쪽의 대국이었다. 합역(蓋亦)의 합(蓋)은 합(盍)과 통용되며 어찌 ~하지 않느냐는 뜻이고, 역(亦)은 "마땅히 그렇게 해야 하지 않겠느냐"는 말맛을 담고 있다. 고(賈)는 장사꾼을 뜻한다. 도(塗)는 로(路)와 같으며, 길을 뜻한다. 질(疾)은 미워하다는 뜻이다. 부(赴)는 나아가다는 뜻이다. 소(愬)는 하소연하다는 뜻이다. 혼(惛)은 혼(昏)과 같으며, 마음이 흐리다, 어둡다, 어리석다는 뜻이다. 진(進)은 실행하다는 뜻으로도 볼 수 있으나, 문맥상 "참뜻을 알다, 깊이 이해하다"는 뜻으로 푸는 게 알맞다. 보(輔)는 돕다, 거들다는 뜻이다. 교(敎)는 가르쳐서 이끌다는 뜻이다. 항(恒)은 고정적이거나 일정한 것을 뜻한다. 산(產)은 생산의 기반이나 생활의 근거를 뜻한다. 항심(恒心)은 흔들리지 않는 마음, 한결같은 마음을 뜻한다. 방(放)은 멋대로 하다, 거리낌없이 하다는 뜻이다. 벽(辟)은 벽(僻)과 같으며, 치우치다는 뜻이다. 치(侈)는 분수에 넘다는 뜻이다. 망(罔)은 망(網)과 같으며, 그물, 그물질을 뜻한다. 앙(仰)은 위를, 부(俯)는 아래를 향하는 것이다. 낙세(樂歲)는 풍년이 든 해를 가리킨다. 구(驅)는 다그치다, 닥달하다는 뜻인데, 여기서는 이끌다는 말맛이 있다. 경(輕)은 쉽다, 쉽게 하다는 뜻이다. 종(終)은 시간의 지속을 나타내는 말로, 내내, 계속해서 등을 뜻한다. 섬(贍)은 넉넉하다는 뜻이다. 해(奚)는 하(何)와 같다. 합반(盍反)의 합(盍)은 어찌 ~하지 않느냐는 뜻으로, 여기서는 마땅히 ~해야 한다는 말로 풀었다. 신(申)은 거듭, 되풀이하다는 뜻이다.

蛇足 선왕(宣王)이 문공과 환공의 일에 대해 물은 것은 패도(覇道)에 관심이 있었음을 의미한다. 패도란 부국강병을 이루어서 힘으로 다른 나라를 제압하는 길이다. 그러나 그의 바람과는 다르게 맹자는 왕도를 제시하고 있다. 흥미로운 것은 맹자가 선왕에게서 왕도를 펼 가능성을 찾아냈다는 점이다. 맹자로서는 지푸라기라도 잡아야 하는 심정이었기 때문에 무엇이든 찾아내야 했으리라고 말할 수도 있다. 그러나 그렇게 보기에는 맹자의 시선은 참으로 예리하게 인간 내면의 아주 깊은 데까지 파고들었다.

사지로 끌려가는 짐승을 보면 누구나 불쌍하고 가엾게 여기는 마음이 일어나는데, 그 마음이 곧 측은지심이다. 이렇게 저절로 우러난 측은지심을 맹자는 놓치지 않았다. 맹자가 한결같이 주장하는 바대로 그 마음은 인간에게 근원적으로 내재하는 것이고 또 무한히 확장할 수 있는 것이다. 소나 양에게 느끼는 마음을 백성에게 옮기면 그대로 어진 정치가 행해진다는 것은 단순히 사람의 성품을 낙관적으로 보려 해서만은 아니다. 대부분의 사람이 실제로 그러한 마음을 깊이 간직하고 있다. 다만 자각하지 못하고 살아갈 뿐이다. 더구나 패도에 마음을 둔 군주라면 더욱더 자기 안에 왕도의 실마리인 측은지심이 있다는 사실을 알아채지 못할 것을 맹자는 누구보다 잘 알고 있었다. 맹자가 제후들을 만나 끊임없이 일깨워주려고 애쓴 까닭도 그 때문이다.

맹자가 여러 나라들을 전전하면서 제후들을 만나려 한 것은 바로 정치 권력을 한 손에 틀어쥐고 있는 군주를 일깨우기만 한다면, 그의 내면에 숨겨진 측은지심이라는 불씨를 살려내기만 한다면, 왕도를 펴는 일은 손바닥 뒤집는 것만큼이나 쉬우리라 여겼기 때문이다. 관작과 녹봉을 탐내서가 결코 아니다. 사사로운 욕심을 가졌더라면 비난과 조롱을 받으면서 외로운 길을 굳이 가지는 않았을 것이다. 그가 '할 수 없는 것'과 '하지 않는 것'의 차이를 말한 것도 마음만 먹으면 왕도는 얼마든지 펼 수 있다는 확신에서 나온 것이다.

그런데 여기에 또 하나 주목할 것이 있다. 흔히 간과하고 넘어가버리지만 맹자의 인간에 대한 이해가 얼마나 깊고 예리한지를 읽을 수 있는 대목이라고 나는 생각한다. "군자가 짐승을 대하는 건 이렇습니다. 살아있는 걸 보았을 때는 그 주검을 차마 보지 못하고, 그 소리를 들었을 때는 그 고기를 차마 먹지 못합니다. 이런 까닭에 군자는 고깃간과 부엌을 멀리합니다"라는 대목이 그것이다.

이 말은 유가의 사유가 결코 관념적이거나 추상적인 데서 나온 것이 아님을 잘 보여준다. 일상에서 흔히 만나고 겪는 사람들의 삶 그 자체가 유가적 사유의 시작이요 끝이라는 것을 보여준다. 선왕이 아주 사소하다고 여긴 일에서 왕도의 가능성을 읽은 것도 이러한 사유의 과정에서 저절로 나온 것이라고 볼 수 있다.

맹자는 군자가 고깃간과 부엌을 멀리하는 이유로 "살아 있는 걸 보았을 때는 그 주검을 차마 보지 못하고, 그 소리를 들었을 때는 그 고기를 차마 먹지 못하는 데"서 찾았다. 이는 지극히 경험적이고 현실적이며 합리적인 이해다. 또 감정의 문제를 도외시하지도 않았다. 이는 인간을 있는 그대로 이해하고자 한 것으로, 일반적으로 종교에서 초월자의 명령이나 계시라는 이름으로 고기를 금하는 것과는 전혀 다른 차원의 언설이요 사유다.

군자는 평범한 일상을 살면서 내면의 덕을 최상으로 구현하려 애쓰는 존재다. 어떤 지고한 명령이나 계시를 따르는 자가 아니라, 지극히 일상적인 경험 속에서 끊임없이 배우고 익히면서 자신을 쉼 없이 쇄신하려는 학인일 따름이다. 그렇기 때문에 그의 삶은 여느 사람들과 다르지 않다. 고기를 먹을 필요가 있을 때는 고기를 먹고, 술을 마셔야 할 때는 술을 마시며, 음악을 즐기는 것이 알맞을 때는 음악을 즐긴다. 다만, 상대가 누구이며 어떤 상황이냐에 따라 말하고 행동하며 다른 이들과 어우러지도록 애쓸 따름이다.

군자도 고기를 먹는다. 문제는 집에서 기르던 가축을 잡아서 음식에 쓸 때다. 평소에 보았던 소나 양이면 그가 죽는 것을 차마 보지 못한다. 또 음식으로 쓰기 위해서 닭이나 개를 잡을 때 나는 소리를 들었다면, 아무리 요리가 된 채로 상에 오른다고 해도 젓가락질을 쉽게 하지 못한다. 그러나 잔치나 제사에 쓰기 위해서 죽이거나 잡는다면, 또 먹지 않을 수도 없다. 먹는 것 또한 군자에게는 의무이기 때문이다. 그런 의무를 다하기 위해서는 아예 잡거나 요리하는 곳을 멀리하는 것이 능사다. 그래서 고깃간과 부엌을 멀리한다.

종교 수행자라면, 아예 고기를 먹지 않으면 될 일이지 그게 무슨 대수냐고 말할지도 모른다. 그러나 군자는 그의 삶이 수행자적인 길을 가는 것이기는 하지만, 결코 초월적인 존재를 섬기고 그 가르침을 그저 따르기만 하는 종교인이 아니다. 관념적 원칙을 맹목적으로 따르거나 초월적 존재자의 말씀을 섬기는 자가 아니라는 말이다. 그리고 아무런 의문을 갖지 않고 그저 금기이기 때문에 무조건 고기를 먹지 않는 것과, 먹어야 할 것과 때를 스스로 판단해서 알맞게 행동하는 것, 이 둘 가운데 어느 것이 더 인간적이면서 또 어려운 일이겠는가?

맹자가 자신의 주장을 펴기 위해 때때로 비약을 일삼거나 빈약한 근거를 제시하기도 하지만, 소박한 일상과 경험을 벗어나는 일은 거의 없다. 이는 맹자뿐만 아니라 제자백가의 사상가들 전체에 공통되는 것이기도 하다. 다만, 역사 이해나 현실 인식에서 서로 관점을 달리하고 지향하는 바가 다를 뿐이다.

2장

양혜왕 하
(梁惠王下)

2.1

莊暴見孟子曰: "暴見於王, 王語暴以好樂, 暴未有以對也." 曰: "好樂何如?"

孟子曰: "王之好樂甚, 則齊國其庶幾乎!"

他日, 見於王曰: "王嘗語莊子以好樂, 有諸?"

王變乎色, 曰: "寡人非能好先王之樂也, 直好世俗之樂耳."

曰: "王之好樂甚, 則齊其庶幾乎! 今之樂, 由古之樂也."

曰: "可得聞與?"

曰: "獨樂樂, 與人樂樂, 孰樂?"

曰: "不若與人."

曰: "與少樂樂, 與衆樂樂, 孰樂?"

曰: "不若與衆."

"臣請爲王言樂. 今王鼓樂於此, 百姓聞王鐘鼓之聲, 管籥之音, 擧疾首蹙頞而相告曰, '吾王之好鼓樂, 夫何使我至於此極也! 父子不相見, 兄弟妻子離散.' 今王田獵於此, 百姓聞王車馬之音, 見羽旄之美, 擧疾首蹙頞而相告曰, '吾王之好田獵, 夫何使我至於此極也! 父子不相見, 兄弟妻子離散.' 此無他, 不與民同樂也. 今王鼓樂於此, 百姓聞王鐘鼓之聲, 管籥之音, 擧欣欣然有喜色而相告曰, '吾王庶幾無疾病與! 何以能鼓樂也?' 今王田獵於此, 百姓聞王車馬之音, 見羽旄之美, 擧欣欣然有喜色而相告曰, '吾王庶幾無疾病與! 何以能田獵也?' 此無他, 與民同樂也. 今王與百姓同樂, 則王矣."

장포가 맹자를 만나서는 말했다.

"제가 왕을 뵈었더니 왕께서 저에게 음악을 좋아한다는 말씀을 하셨는데, 제가 대답하지 못했습니다."

이어 이렇게 물었다.

"음악을 좋아하는 건 어떻습니까?"
맹자가 말했다.
"왕께서 음악을 아주 좋아하신다면, 제나라는 잘 다스려질 것이오."
다른 날에 맹자는 왕을 만나자 말했다.
"왕께서 장포에게 음악을 좋아한다는 말씀을 하셨다는데, 그렇습니까?"
왕은 낯빛을 바꾸면서 말했다.
"과인은 옛 왕들의 음악을 좋아한다고 한 게 아니오. 그저 요즘 유행하는 음악을 좋아할 뿐이오."
"왕께서 음악을 아주 좋아하신다면, 제나라는 제대로 다스려질 것입니다. 지금의 음악은 옛 음악과 같습니다."
"말씀해주실 수 있겠소?"
"홀로 음악을 즐기는 것과 남들과 음악을 즐기는 것 가운데 어느 것이 더 즐겁겠습니까?"
"남들과 즐기는 것이 더 낫소."
"적은 사람들과 음악을 즐기는 것과 많은 사람들과 음악을 즐기는 것 가운데 어느 것이 더 즐겁겠습니까?"
"많은 사람들과 즐기는 것이 더 낫소."
"신이 왕을 위해 즐기는 일에 대해 말씀드리겠습니다. 이제 왕께서 이곳에서 풍악을 울리시는데, 백성들이 왕께서 즐기시는 종과 북 소리, 피리와 젓대 소리를 듣고는 모두 머리를 아파하고 얼굴을 찡그리면서 서로 말하기를, '우리 임금이 좋아해서 울리는 음악이여, 대체 어찌하여 우리를 이 지경에 이르도록 하는가! 아비와 자식이 서로 만나지 못하고, 형제와 처자가 헤어져 흩어지는구나'라고 합니다. 또 왕께서 이곳에서 사냥을 하시는데, 백성들이 왕의 수레와 말발굽 소리를 듣고 깃털과 소꼬리 깃대를 보고는 모두 머리를 아파하고 얼굴을 찡그리면서 서로 말하기를, '우리 임금이 좋아하는 사냥이여, 대체 어찌하여 우리를 이 지경에 이르게 하는가! 아비와 자식이 서로 만나지 못하고, 형제와 처자가 헤어져 흩어지는구나'라고 합니다. 이는 다른 게 아니라 백성들과 함께 즐기지 않아서입니다. 이제 왕께서 이곳에서 풍악을 울리시는데, 백성들이 왕께서 즐기시는 종과 북소리, 피리와 젓대소리를 듣고는 모두 기꺼워하면서 기쁜 낯빛을 하며 서로 말하기를, '우리 임금은 아마도 병이 없으신가 보다! 그렇지 않다면 어찌 풍악을 울리실 수 있겠는가?'라고 합니다. 또 왕께서 이곳에서 사냥을 하시는데, 백성들이 왕의 수레와 말발굽 소리를 듣고 깃털과 소꼬리 깃대를 보고는 모두 기꺼워하면서 기쁜 낯빛을 하며 서로 말하기를, '우리 임금은 아마도 병이 없으신가 보다! 그렇지 않다면 어찌 사냥을 하실 수 있겠는가?'라고 합니다. 이는 다른 게 아니라 백성들과 함께 즐기기 때문입니다. 이제 왕께서 백성들과 함께 즐기신다면, 그것이야말로 진정한 왕노릇입니다."

注釋 장포(莊暴)는 제선왕(齊宣王)의 신하다. 포현어왕(暴見於王)에서 현(見)은 웃어른을 뵙다는 뜻이다. 호악(好樂)의 '악'은 음악을 뜻한다. 심(甚)은 대단하다는 뜻이다. 서기(庶幾)는 아주 가깝다, 거의 비슷하다는 뜻으로, 여기서는 '왕도에 가까워진다, 거의 잘 다스려진다'는 말맛을 담고 있다. 상(嘗)은 ~한 적이 있다는 뜻으로, 경험을 의미한다. 선왕(先王)은 선대의 왕들 또는 옛날의 거룩한 왕들을 뜻한다. 직호(直好)의 직(直)은 다만, 그저 등을 뜻한다. 유(由)는 유(猶)와 통용된다. 그런데 본래의 뜻을 따르더라도 의미는 통한다. 그럴 경우, "지금의 음악은 옛 음악에서 비롯되었다"는 뜻이 된다. 락악(樂樂)에서 앞의 락은 즐기다는 뜻이고, 뒤의 악은 음악을 뜻한다. 숙(孰)은 어느 것, 무엇을 뜻

한다. 불약(不若)은 ~만 못하다는 뜻으로, 여기서는 ~이 더 낫다는 뜻으로 새기는 것이 알맞다. 언락(言樂)의 락(樂)은 즐거움을 뜻한다. 고악(鼓樂)의 고(鼓)는 연주하다는 뜻이고, 종고(鐘鼓)의 고(鼓)는 악기인 북을 뜻한다. 관약(管籥)은 생황이나 단소 등 입으로 부는 악기다. 거(擧)는 모두, 전부를 뜻한다. 질(疾)은 앓다는 뜻이다. 축(蹙)은 찡그리다, 찌푸리다는 뜻이다. 알(頞)은 콧대를 뜻하는데, 여기서는 얼굴을 뜻하는 것으로 풀었다. 차극(此極)은 이 지경을 뜻한다. 전렵(田獵)은 사냥하다는 뜻이다. 우모(羽旄)는 깃털을 단 깃대와 소꼬리로 장식한 깃대를 각기 뜻한다. 흔흔연(欣欣然)은 기뻐하는 모양이다. 왕서기(王庶幾)의 서기(庶幾)는 아마도라는 추측의 뜻이 있다.

蛇足 맹자는 여기서 음악을 꼬투리로 삼아 군주의 즐거움이란 어떠해야 하느냐에 대해 말하고 있다. 공자가 이미 예의와 더불어 음악의 가치와 중요성에 대해 말한 바 있지만, 즐거움을 문제로 삼은 것은 맹자가 처음이라 할 수 있다. 다만, 맹자가 즐거움에 대해 부여한 의미는 공자에게서 그 실마리를 찾을 수 있다.

『논어』「팔일(八佾)」편을 보면, 공자가 "사람이 되어서 어질지 못한데 음악을 갖춘들 무엇하겠는가?"(人而不仁, 如樂何?)라고 말한 것이 나온다. 음악은 외적 형식이고, 그 조건은 어짊이다. 어짊에 대해 맹자는 "어짊이란 남을 사랑하는 것이다"(仁者愛人)라고도 말했고, "어짊이란 사람이다"(仁也者, 人也)라고도 말했다. 달리 말하면, 어짊은 사람을 아끼고 사랑하는 것이며, 사람과 사람이 서로 어우러지게 하는 덕목이다. 이런 어짊을 갖추지 못한 사람이라면 그가 아무리 음악을 즐긴다 해도 그건 제 멋에 겨워하는 것일 따름이다. 특히 군주가 되어서 백성을 아끼는 마음이 없다면, 그가 즐기는 음악은 고작 '제 홀로 즐기는 것'일 뿐이다. 행여 아부하고 아첨하는 자들이 곁에 있어서 함께 즐긴다 하더라도 그것은 '적은 사람들과 즐기는 음악'조차 못 되는 '백성의 신음 위에서 즐기는 음악'일 따름이다. 왕이 풍악을 울리는데, 그 소리를 들은 백성이 모두 머리를 아파하고 얼굴을 찡그리는 것이 바로 '백성의 신음 위에서 즐기는 음악'이다. 이런 음악은 외적 형식만 갖추었을 뿐, 어짊이라는 필요조건을 갖추지는 못한 것이다.

그런데 맹자가 선왕에게 음악을 좋아한다는데 정말 그러냐고 물었을 때 선왕이 낯빛을 바꾸면서 한 대답은, 옛날의 거룩한 왕들이 좋아했던 음악이 아닌 요즘 유행하는 음악을 좋아한 것에 대한 부끄러움을 표현한 것으로 볼 수 있다. 여기에는 옛날의 왕들이 즐긴 음악은 요즘 음악과는 다른 무슨 특별한 것이라는 선입견이 깔려 있다. 그러나 맹자는 그렇지 않다고 말했다. 옛날의 왕들이 즐긴 음악은 어진 정치를 펴면서 즐긴 음악, 즉 백성을 먼저 편안하게 해준 뒤에 즐긴 음악일 뿐이다. 즉, 음악의 외적 형식이 다른 게 아니라 음악을 즐기는 방식이나 태도 등에서 차이가 날 뿐이라는 말이다. 더 정확하게는 왕이 어진 정치를 펴느냐 펴지 못하느냐 하는 정치적 차원에서 음악의 가치가 달라진다는 뜻이다. 그 점을 맹자는 홀로 즐기는 것보다는 함께 즐기는 것, 적은 사람들과 즐기는 것보다는 많은 사람들과 즐기는 것을 말하면서 은근히 부각시키고 있다.

이렇게 맹자는 음악을 즐기는 방식이나 태도로써 왕도의 실행 여부를 판단할 수 있음을 넌지시 보여주었다. 그런데 묵가의 무리는 어떤 방식으로든 음악을 즐기는 일에 대해서 비판적이었다. 『묵자』의 「비악(非樂)」편에서 비판하는 까닭을 자세하게 논했는데, 그것은 음악이 사치와 낭비를 부르고 또 백성의 생업에는 아무런 보탬이 되지 않을 뿐만 아니라 오히려 해가 된다고 보았기 때문이다. 당시에 음악을 즐기는 계층이 지배층에 한정되어 있었고 상대적으로 백성의 삶은 피폐했다는 점을 감안하면, 꽤 타당한 주장이다.

"지금 큰 나라가 있으면 작은 나라를 공격하고 큰 집안이 있으면 작은 집안을 침해하고 있으며, 강한 자는 약한 자를 협박하고 수가 많은 자들은 적은 자들에게 난폭한 짓을 하며, 사기꾼은 어리석은 자를 속이고 귀한 자는 천한 자에게 오만하게 굴며, 반란과 도적질을 일삼는 자들이 한꺼번에 일어나고 있어 막을 수가 없다. 그런데 만약 큰 종을 두드리고 북을 치며 거문고를 뜯고 피리와 생황을 불며 방패와 도끼를 들고 춤을 춘다면, 천하의 혼란을 어떻게 다스릴 수 있겠는가? 나는 반드시 다스릴 수 없다고 생각한다."

묵자가 음악에 대해 비판한 것은 왕과 대신들이 음악을 즐기는 데 필요한 갖가지 악기를 마련하고 악공들을 기르며 누각이나 정자를 갖추기 위해 백성들로부터 더 많은 세금을 거두어들이기 때문이었다. 이렇게 보면, 묵자는 음악을 긍정한 맹자보다 더 철저하게 지배층의 행태와 당시의 정치를 비판했다고 할 수 있다. 그러나 음악은 제의를 비롯해서 주요한 행사에 반드시 쓰여왔기 때문에 결코 없앨 수 없었다. 그렇다면, 비판하기만 하는 것보다는 맹자처럼 군주가 음악을 즐기는 일을 실마리로 삼아서 왕도를 펼 수 있도록 일깨워주는 것이 더 적절한 대응 방식이 아닐까? 물론 이것조차 세상 물정 모르는 이상주의자의 꽉 막힌 생각이라고 치부되기도 했지만.

상앙이 음악에 대해 어떻게 생각했는지는 『상군서』「간령(墾令)」의 다음 글을 통해 알 수 있다. "음란한 음악과 기이한 복장이 각 현에 유행하지 못하게 해야 한다. 그러면 백성이 밖에 나가 일할 때 기이한 복장을 돌아보지 않게 되고, 집에서 쉴 때 음란한 음악을 듣지 않게 된다. 집에서 쉴 때 음란한 음악을 듣지 않으면 정신이 흐트러지지 않는다. 밖에 나가 일할 때 기이한 복장을 돌아보지 않으면 마음이 반드시 한결같이 된다. 마음이 한결같고 정신이 흐트러지지 않으면 황무지는 반드시 개간된다." 농사와 전쟁을 중시한 상앙이 강조한 것 가운데 하나가 황무지 개간이다. 이를 위해서는 백성의 노동력이 생산적이고 효율적이어야 했다. 그래서 백성의 정신이 집중되고 마음이 한결같이 유지되도록 할 필요가 있었으므로 방해가 될 요소인 음란한 음악과 기이한 복장의 유행에 대해 미리 경계해둔 것이다. 백성을 위해 음악을 부정한 묵자와는 전혀 다른 차원에서 음악의 문제를 다루었음을 알 수 있다.

2.2

齊宣王問曰: "文王之囿方七十里, 有諸?"
孟子對曰: "於傳有之."
曰: "若是其大乎?"
曰: "民猶以爲小也."
曰: "寡人之囿方四十里, 民猶以爲大, 何也?"
曰: "文王之囿方七十里, 芻蕘者往焉, 雉兎者往焉, 與民同之. 民以爲小, 不亦宜乎? 臣始至於境, 問國之大禁, 然後敢入. 臣聞郊關之內, 有囿方四十里, 殺其麋鹿者如殺人之罪, 則是方四十里爲阱於國中, 民以爲大, 不亦宜乎?"

제나라 선왕이 물었다.
"문왕의 동산은 사방 70리라 하던데, 그렇소?"
맹자가 대답했다.
"기록에 있습니다."
"그렇게나 크다는 말이오?"
"백성들은 오히려 작다고 여겼습니다."
"과인의 동산은 사방 40리인데도 백성들은 오히려 크다고 하는데, 왜 그렇소?"
"문왕의 동산은 사방 70리지만, 꼴을 베거나 나무하는 자들도 들어가고, 꿩이나 토끼 잡는 사냥꾼들도 들어가니, 백성들과 함께 쓰는 셈입니다. 그러니 백성들이 작게 여기는 것 또한 마땅하지 않겠습니까? 제가 처음에 이 나라 경계에 이르렀을 때,

먼저 나라에서 엄중하게 금하는 일이 무엇인지 물어본 뒤에야 감히 들어왔습니다. 제가 듣기로는, 교외의 관문 안에 사방 40리인 동산이 있어 그곳의 사슴들을 죽이는 자는 사람을 죽인 것과 같은 죄로 다스린다고 했습니다. 그렇다면 이는 사방 40리가 되는 함정을 나라 안에 둔 격이니, 백성들이 크다고 여기는 것도 당연하지 않겠습니까?"

注釋 유(囿)는 날짐승과 길짐승을 놓아 기르는 곳으로, 울타리가 없는 동산이다. 울타리가 있는 동산은 원(苑)이라 한다. 저(諸)는 '지호(之乎)'와 같다. 전(傳)은 전승되는 구전이나 기록을 가리키는데, 여기서는 기록을 뜻하는 것으로 보았다. 기대(其大)의 기(其)는 지(之)와 같은 의미로 쓰였다. 추요자(芻蕘者)는 꼴을 베거나 땔나무를 하는 사람이고, 치토자(雉兎者)는 꿩이나 토끼를 잡는 사람이다. 경(境)은 경계, 국경을 뜻한다. 대금(大禁)은 나라에서 하지 못하게 금지한 일을 뜻한다. 교관(郊關)은 도성의 교외 관문을 뜻한다. 미(麋)는 큰사슴이다. 정(阱)은 함정이다.

蛇足 유가에서 군주의 덕성을 강조하는 이유는 왕정에서는 군주 일인이 그 나라에서 절대적인 권력을 행사하기 때문에 자칫 전횡을 일삼으며 백성을 안중에도 두지 않을 수 있기 때문이다. 제나라 선왕이 사방 40리가 되는 동산을 둔 것은 군주로서 특권을 누리는 것인데, 문제는 그 동산에 백성은 결코 출입할 수 없으며 짐승을 죽인 자를 살인죄로 다룬다는 가혹한 금기사항에 있다. 물론 법으로써 나라를 다스리며 형벌을 무겁게 해야 한다고 주장한 상앙이라면 선왕의 조처는 당연한 것이고, 전혀 비난할 근거가 없다. 오히려 백성과 함께 동산을 써야 한다고 한 맹자를 맹렬하게 비난할 것이다. 그러나 맹자는 군주보다 백성을 더 중시한 사상가다. 나중에 『순자(荀子)』「왕제(王制)」에서 "군주

는 배요, 백성은 물이다. 물은 배를 띄우기도 하지만, 배를 뒤엎기도 한다"고 말했는데, 맹자 역시 그와 같은 인식을 했던 인물이다. 백성의 믿음을 잃은 군주는 이미 군주가 아니라고 여겼는데, 백성의 믿음은 군주가 백성에게 해야 할 일을 할 때 얻을 수 있는 것이다. 해야 할 일이란 바로 은혜로운 정치를 펴는 일이다. 은혜로운 정치는 백성을 편안하게 해주는 것이다. 그럼에도 선왕은 거대한 함정과 같은 동산을 나라 안에 두었으니, 과연 백성이 편안하게 여겼겠는가?

여기서 또 하나 염두에 둘 것은 선왕이 문왕의 동산과 자기 동산을 비교하면서 스스로 떳떳하게 여겼다는 점이다. 선왕이 떳떳하게 여긴 것은 동산의 크기를 단순하게 비교했기 때문이다. 비교란 간단히 이루어지는 게 아닌데, 사람들은 너무 쉽게 비교한다. 간단히 말하자면, 양적인 측면과 함께 질적인 측면에서도 비교가 이루어져야 공정한 평가를 내릴 수 있는데, 선왕은 그 점을 간과했다. 그래서 문왕보다 자신이 더 작은 동산을 갖고 있는데, 대체 무슨 불평이 있을 수 있는가라고 여겼던 것이다. 평범한 사람들도 저지를 수 있는 허물을 아무런 제재도 받지 않는 절대 권력을 쥔 군주라면 얼마나 쉽게 저지르겠는가? 맹자가 옳고 그름을 가려낼 줄 아는 시비지심(是非之心)을 강조한 이유도 여기에 있다.

2.3

齊宣王問曰: "交鄰國有道乎?"

孟子對曰: "有. 惟仁者爲能以大事小, 是故湯事葛, 文王事混夷. 惟智者爲能以小事大, 故大王事獯鬻, 句踐事吳. 以大事小者, 樂天者也; 以小事大者, 畏天者也. 樂天者保天下, 畏天者保其國. 詩云, '畏天之威, 于時保之.'"

王曰: "大哉言矣! 寡人有疾, 寡人好勇."

對曰: "王請無好小勇. 夫撫劍疾視曰, '彼惡敢當我哉!' 此匹夫之勇, 敵一人者也. 王請大之! 詩云, '王赫斯怒, 爰整其旅, 以遏徂莒, 以篤周祜, 以對于天下.' 此文王之勇也. 文王一怒而安天下之民. 書曰, '天降下民, 作之君, 作之師, 惟曰其助上帝寵之. 四方有罪無罪惟我在, 天下曷敢有越厥志?' 一人衡行於天下, 武王恥之. 此武王之勇也. 而武王亦一怒而安天下之民. 今王亦一怒而安天下之民, 民惟恐王之不好勇也."

제나라 선왕이 물었다.

"이웃 나라와 사귀는 데에도 도가 있소?"

맹자가 대답했다.

"있습니다. 오로지 어진 자라야 큰 나라로써 작은 나라를 섬길 수 있으니, 이런 까닭에 탕왕은 갈(葛)을 섬겼고 문왕은 곤이(混夷)를 섬겼습니다. 오로지 지혜로운 자라야 작은 나라로써 큰 나라를 섬길 수 있으니, 그래서 태왕은 훈육(獯鬻)을 섬겼고 구천은 오(吳)를 섬겼습니다. 큰 나라로 작은 나라를 섬기는 일은 하늘의 이법을 즐기는 것이고, 작은 나라로 큰 나라를 섬기는 일은 하늘의 이법을 두려워하는 것입니다. 하늘의 이법을 즐기는 자는 천하를 지킬 수 있고, 하늘의 이법을 두려워하는 자는 제 나라를 지킬 수 있습니다. 『시경』「주송(周頌)」의 〈아장(我將)〉에서도 '하늘의 위세를 두려워하나니, 이리하여 나라를 길이 지키도다!'라고 했습니다."

"크도다, 그 말씀이여! 그러나 과인에게는 고약한 버릇이 있으니, 과인은 용기를 좋아하오."

"왕께서는 작은 용기를 좋아하지 마십시오. 대체로 칼을 만지작거리면서 노려보며, '저 놈이 어찌 감히 나를 당해내리오?'라고 말한다면, 이는 한낱 필부의 용기여서 고작 한 사람만 상대할 수 있습니다. 그러니 왕께서는 큰 용기를 지니십시오! 『시경』「대아」의 〈황의(皇矣)〉에서도 '왕께서 발끈 성을 내시더니, 군대를 가지런히 하셨네. 거(莒) 땅을 침략하는 적을 막고 주나라의 복을 도탑게 하고서 천하 사람들을 마주하셨네'라고 했습니다. 이것이 문왕의 용기입니다. 문왕은 한 번 성내어 천하의 백성들을 편안하게 했습니다. 『상서』에서 '하늘은 백성들을 내려 보내고 군주를 두고 스승을 두었나니, 오로지 상제를 도와 백성들을 사랑하기 위함이라네. 사방에 죄 있는 자든 죄 없는 자든 오로지 나에게 달렸나니, 천하에 어느 누가 그 뜻을 어기리오?'라고 했습니다. 한 사람이 천하를 제멋대로 하니, 무왕은 그것을 부끄러워했습니다. 이것이 무왕의 용기입니다. 그래서 무왕 또한 한 번 성내어 천하의 백성들을 편안하게 했습니다. 이제 왕께서도 한 번 성내시어 천하의 백성들을 편안하게 하신다면, 백성들은 오로지 왕께서 용기를 좋아하지 않을까 두려워할 것입니다."

注釋 도(道)는 구체적인 방도나 방법을 뜻한다. 탕(湯)이 갈(葛)을 섬긴 일에 대해서는 「등문공 하」(6.5)에서 자세하게 이야기하고 있다. 곤이(混夷)는 곤이(昆夷)로도 쓰며, 주(周)나라 초기의 서융(西戎) 가운데 하나다. 대왕(大王)은 태왕(太王)으로도 쓰며, 고공단보(古公亶父)를 가리킨다. 훈육(獯鬻)은 훈육(薰育)으로도 쓰는데, 당시 북방의 민족이었다. 태왕이 훈육을 섬긴 일은 이 장의 15(2.15)에 나온다. 구천(句踐)은 월왕(越王)으로, 오왕(吳王) 부차(夫差)에게 크게 패하여 회계산(會稽山)으로 도망했다가 결국 치욕스런 화친을 맺었고, 그 뒤에 문종(文種)과 범리(范蠡)의 보좌를 받아서 내정을 개혁하고 힘을 비축하여 마침내 오나라를 멸망시키고 원수를 갚았다. 굴욕을 되새기고 원수를 갚기 위해 까칠한 섶에서 누워 자고 쓸개를 맛보며 참고 견딘다는 뜻의

'와신상담(臥薪嘗膽)'의 주인공이 바로 구천이다. 천(天)은 자연의 이법이나 법칙을 뜻한다. 무(撫)는 어루만지다는 뜻이다. 질시(疾視)는 흘겨보다, 노려보다는 뜻이다. 오(惡)는 어찌, 어떻게 등을 뜻한다. 혁(赫)은 대단한 기세를 나타내는데, 여기서는 발끈하여 성내는 모양을 나타낸다. 려(旅)는 군대를 뜻하는데, 대략 5백 명의 군사를 이르는 말이었다. 알(遏)은 막다는 뜻이고, 조(徂)는 가다는 뜻이다. 거(莒)는 나라 이름이다. 독(篤)은 도탑다, 도탑게 하다는 뜻이다. 호(祜)는 복(福)과 같다. 대(對)는 마주하다, 응답하다는 뜻으로, 여기서는 '천하 사람들의 바람대로 하다'는 말맛을 담고 있다. 서왈(書曰)의 글은 지금의 『상서(尙書)』에는 빠져 있다. 총(寵)은 사랑하다는 뜻이다. 갈(曷)은 어찌, 누가 등을 뜻한다. 월(越)은 어긋나다, 어기다는 뜻이다. 궐(厥)은 기(其)와 같다. 횡행(衡行)은 횡행(橫行)과 같으며, 거리낌 없이 제멋대로 하다, 함부로 행동하다는 뜻이다.

蛇足 전국시대는 말 그대로 전쟁의 시대다. 그러니 이웃 나라와 사귀는 교린(交隣)이 평화 시대와는 다를 수밖에 없다. 강한 나라는 호시탐탐 약한 나라를 노리고, 약한 나라는 강한 나라의 눈치를 살피며 존속을 꾀해야 한다. 그러한 시대였으므로 상앙은 오로지 전쟁의 길이 있을 뿐이라고 말했다. 그가 농사를 통해 부유한 나라가 되어야 한다고 했던 까닭도 강병(强兵)을 이루어 전쟁에서 이기기 위함이었다. 그런데 강병의 요건에는 백성이 용감해져야 한다는 것도 있다. 『상군서』「획책(畫策)」편을 보자.

"백성이 용감한 나라는 전쟁에서 승리하며, 백성이 용감하지 않은 나라는 전쟁에서 패한다. 백성을 전쟁에 전념하게 할 수 있는 나라는 백성이 용감하며, 그렇지 못한 나라는 백성이 용감하지 않다. 성왕(聖王)은 천하에 왕노릇하는 것이 전쟁을 통해서만 가능하다는 것을 알기 때문에 온 나라의 백성을 군대에 가도록 다그쳤다. 어떤 나라든 그 정치를 살펴보면 군주가 군대를 쓰는 나라가 강하다."

상앙은 군주가 용감해지는 것을 말하지 않고 백성이 용감해지는 것을 말했다. 군주는 명을 내릴 뿐, 전쟁에서 싸우는 것은 백성이기 때문이다. 그런데 백성은 당연히 전쟁을 싫어한다. 이는 상앙도 알고 있었다. 그래서 명을 어기는 백성이 있으면 그 마을까지 처벌한다고 했고, 명을 따라 전쟁에 나아가 군공을 세우면 작위와 녹봉으로 포상한다고 했다. 이는 결국 백성이 용감하기 때문에 전쟁에 나아가 싸우는 것이 아니라 어쩔 수 없어서 그렇게 한 것이나 다름이 없다. 따라서 상앙의 주장은 군주를 위해 백성이 기꺼이 죽음을 무릅쓰도록 하는 방책일 뿐이다. 이런 방책을 따르는 군주는 한낱 필부의 용기, 작은 용기를 좋아하는 자일 뿐이다. 비록 상앙이 "전쟁으로써 전쟁을 없앤다면 전쟁을 하더라도 옳다"고 해서 전쟁을 없애기 위한 전쟁을 말했다고는 하지만, 그 또한 결국은 백성을 위해서라기보다는 군주를 위한 제언에 지나지 않는다.

만약 백성을 위한 전쟁이라면 전쟁의 횟수와 규모를 최소화하는 길을 찾아야 마땅하다. 끊임없는 전쟁을 통해서 전쟁을 없앤다고 한다면, 이는 계책이라고 말하기 어렵다. 상 왕조를 무너뜨리고 주 왕조를 세운 무왕은 때를 기다렸다가 단번에 주왕(紂王)을 쳐서 일을 이루었다. 그런 무왕의 용기가 바로 맹자가 말한 "한 번 성내어 천하의 백성들을 편안하게 한" 큰 용기다.

여기서 또 한 가지 짚고 넘어가야 할 게 있다. 전쟁을 통해 상대를 제압하고 병탄해야 한다고 할 때, 강한 나라는 그렇게 할 수 있다. 만약 약한 나라라면 어떻게 해야 할 것인가? 법가의 주장대로라면 약한 나라는 강한 나라에게 병탄될 수밖에 없다. 이에 대해 맹자는 유가적 방식을 제안했다. "큰 나라를 섬기라!" 이를 두고 하늘의 이법을 두려워하는 것이라고 했다. 그렇다. 강한 나라가 약한 나라를 집어삼키는 것은 피할 수 없는 법칙이다. 그것을 알고 두려워한다면, 당장에는 큰 나라를 섬기는 길 밖에는 없다. 큰 나라를 섬기면서 백성에게 은혜로운 정치를 베풀어서 각자 자기가 맡은 일에 힘쓰게 하고 멀리서 그 정치를 흠모하는 이들이 찾아오도록 해서 부국의 기틀을 몰래 다져야 한다. 그렇게 할 때 강한 나라가 경계를 소홀히 한다. 만약 드러내놓고 부국강병책을 쓴다면, 강한 나라가 그냥 내버려두겠는가? 맹자가 말한 큰 용기는 약한 나라는 강하게 만들어주고 강한 나라는 더욱 강하게 만들어주는 장구한 계책이다.

2.4

齊宣王見孟子於雪宮. 王曰: "賢者亦有此樂乎?"

孟子對曰: "有. 人不得則非其上矣. 不得而非其上者, 非也. 爲民上而不與民同樂者, 亦非也. 樂民之樂者, 民亦樂其樂; 憂民之憂者, 民亦憂其憂. 樂以天下, 憂以天下, 然而不王者, 未之有也. 昔者, 齊景公問於晏子曰, '吾欲觀於轉附朝儛, 遵海而南, 放於琅邪, 吾何修而可以比於先王觀也?' 晏子對曰, '善哉問也! 天子適諸侯曰巡狩. 巡狩者, 巡所守也. 諸侯朝于天子曰述職. 述職者, 述所職也. 無非事者. 春省耕而補不足, 秋省斂而助不給. 夏諺曰, 吾王不遊, 吾何以休? 吾王不豫, 吾何以助? 一遊一豫, 爲諸侯度. 今也不然. 師行而糧食, 飢者弗食, 勞者弗息. 睊睊胥讒, 民乃作慝. 方命虐民, 飮食若流. 流連荒亡, 爲諸侯憂. 從流下而忘反謂之流, 從流上而忘反謂之連, 從獸無厭謂之荒, 樂酒無厭謂之亡. 先王無流連之樂, 荒亡之行. 惟君所行也.' 景公說, 大戒於國, 出舍於郊. 於是, 始興發, 補不足. 召太師曰, '爲我作君臣相說之樂!' 蓋徵招角招是也. 其詩曰, '畜君何尤?' 畜君者, 好君也."

제나라 선왕이 설궁(雪宮)에서 맹자를 만나보았다. 왕이 물었다.

"현자도 이런 즐거움을 누리오?"

맹자가 대답했다.

"누립니다. 그런데 즐거움을 얻지 못해서 제 윗사람을 헐뜯는 사람들이 있습니다. 즐거움을 얻지 못했다고 제 윗사람을 헐뜯는 것은 잘못입니다. 그러나 백성들의 위에 있으면서 백성들과 함께 즐거움을 누리지 못하는 것 역시 잘못입니다. 백성들이 즐거워하는 것을 즐거워한다면, 백성들 또한 그가 즐거워하는 것을 즐거워합니다. 백성들이 걱정하는 것을 걱정한다면, 백성들 또한 그가 걱정하는 것을 걱정합니다. 천하와 함께 즐거워하고 천하에 대해 걱정하고서도 왕노릇하지 못한 자는 아직까지 없었습니다.

옛날 제나라 경공(景公)이 안자(晏子)에게, '나는 전부산(轉附山)과 조무산(朝儛山)을 둘러보고, 바다를 따라 남쪽으로 가서 낭야(琅邪)에 이르고 싶소. 내가 어찌하여야 옛 왕들이 둘러보신 일과 견줄 수 있겠소?' 하고 물었습니다. 이에 안자가 대답했습니다. '좋은 물음이십니다! 천자가 제후에게 가는 것을 순수(巡狩)라 합니다. 순수란 제후가 지키는 곳을 돌아보는 일입니다. 제후가 조회에 참석하여 천자를 뵙는 것을 술직(述職)이라 합니다. 술직이란 자기가 맡은 직분에 대해 보고하는 일입니다. 합당한 이유 없이 하는 일은 없습니다. 봄에는 밭가는 일을 살펴서 부족한 게 있으면 보태주며, 가을에는 수확을 살펴서 넉넉하지 못하면 도와줍니다. 하(夏)나라 속담에, 우리 임금은 노닐지 않으시는데, 우리가 어찌 쉬리오? 우리 임금은 놀며 다니지 않으시는데, 우리가 어찌 도움 받으리오? 한 번 노닐고 한 번 놀러 다니는 것은 제후들의 법도다라는 게 있습니다. 그런데 이제는 그렇지 않습니다. 행진하는 군대는 마른 식량을 먹는데, 굶주리는 자는 먹지 못하고 힘든 자는 쉬지 못합니다. 그러다 보니 눈을 흘기며 서로 헐뜯고 백성들은 이내 못된 짓을 합니다. 이는 하늘의 뜻을 거스르고 백성들에게 모질게 구는 것입니다. 또 함부로 먹고 마시는 것이 흐르는 물과 같습니다. 유(流)·연(連)·황(荒)·망(亡)은 제후들의 걱정거리입니다. 물길 따라 내려가서 돌아오기를 잊는 일을 유라 하고, 물길 따라 올라가서 돌아오기를 잊는 일을 연이라 하며, 짐승을 쫓아다니면서 싫증내지 않는 것을 황이라 하고, 술에 빠져서 싫증내지 않는 것을 망이라 합니다. 옛 왕들은 물길 따라 내려가거나 올라가며 노니는 즐거움이 없었고, 짐승을 쫓거나 술에 빠지는 짓을 하지 않았습니다. 오로지 임금께서 행하실 일입니다.'

경공은 기뻐했고, 도성에 세심하게 준비시키고 교외로 나가 머물렀습니다. 이리하여 비로소 곳간을 열어 부족한 이들에게 나누어주었습니다. 태사(太師)를 불러서는 '나를 위해 임금과 신하가 함께 즐길 음악을 만들어 주시게나'라고 말했습니다. 저 치소(徵招)와 각소(角招)가 그것입니다. 그 노랫말에 '임금을 말리는 게 무슨 허물인가?'라는 게 있으니, 임금을 말리는 것은 임금을 좋아하는 것입니다."

注釋 설궁(雪宮)은 제선왕의 이궁(離宮)으로, 일종의 별장이다. 비기상(非其上)의 비(非)는 헐뜯다, 나무라다는 뜻이다. 우(憂)는 걱정하다는 뜻이다. 경공(景公)은 춘추시대 제나라의 군주로, 성은 강(姜)이고 이름은 저구(杵臼)다. 안자(晏子)는 제나라의 현명한 신하로, 이름은 영(嬰)이다. 그의 행적에 대해서는 『사기』 〈관안열전(管晏列傳)〉에 전하고 있으며, 현재 전하는 『안자춘추(晏子春秋)』는 후대의 위작(僞作)으로 간

주된다. 관(觀)은 유(遊)와 같은데, 경치나 물정을 살피려고 곳곳을 돌아다니는 것을 뜻한다. 전부(轉附)는 산동반도의 지부산(芝罘山) 곧 지부도(芝附島)로 추정되고, 조무(朝儛)는 산동성 영성현(榮城縣) 동쪽 소석산(召石山)으로 추정된다. 준(遵)은 좇다, 따라가다는 뜻이다. 방(放)은 이르다, 다다르다는 뜻이다. 낭야(琅邪)는 산 이름으로, 지금 산동성 제성현(諸城縣) 동남쪽에 있다. 수(脩)는 수(修)와 같다. 비(比)는 견주다, 따르다는 뜻이다. 적(適)은 가다, 이르다는 뜻이다. 순수(巡狩)는 순수(巡守)와 같다. 술(述)은 말하다는 뜻이다. 성(省)은 살피다는 뜻이다. 경(耕)은 밭을 갈다는 뜻이다. 보(補)는 깁다, 더하다는 뜻이다. 렴(斂)은 거두다, 거두어들이다는 뜻이다. 하(夏)는 우(禹)가 세운 하(夏) 왕조를 가리킨다. 언(諺)은 속된 말, 속담을 뜻한다. 예(豫)는 유(遊)와 같으니, 놀다, 즐기다는 뜻이다. 견견(睊睊)은 응등그러진 마음으로 흘겨보는 모습이다. 서(胥)는 개(皆) 또는 상(相)과 통하는데, 서로, 모두 등을 뜻한다. 참(讒)은 헐어 말하다, 하리놀다는 뜻이다. 특(慝)은 악(惡)과 같다. 방(方)은 어기다, 거스르다는 뜻이고, 명(命)은 하늘의 명, 상제의 뜻을 가리킨다. 학(虐)은 해치다, 모질게 굴다는 뜻이다. 염(厭)은 물리다, 싫증내다는 뜻이다. 계(戒)는 방비(防備) 또는 대비(對備)를 뜻하는 데서 "준비하다"는 의미로 확장되었다. 국(國)은 도성을 가리킨다. 사(舍)는 머물다는 뜻이다. 흥(興)은 일을 시작하다는 뜻이고, 발(發)은 곳간을 열다는 뜻이다. 태사(太師)는 고대에 악관(樂官)의 우두머리였다. 치(徵)와 각(角)은 고대의 음률인 오음(五音)에 속하는 것으로, 오음은 궁(宮) · 상(商) · 각(角) · 치(徵) · 우(羽)다. 소(招)는 음악을 뜻하는 소(韶)와 같다. 축(畜)은 붙들다, 말리다는 뜻이다. 우(尤)는 잘못, 허물을 뜻한다.

蛇足 백성들과 함께하는 즐거움에 대해서는 이미 앞에서도 나왔으므로 더 논하지 않는다. 여기서는 임금을 말리는 현자의 행동거지에 대

해 말하겠다. 상앙은 오로지 군주를 위해 부국강병의 계책을 올리는 자를 현자로 보았다. 그러나 맹자는 군주의 명을 충실하게 따르기만 하는 자가 아니라 군주가 올바른 길로 나아가도록 이끄는 자가 현자라고 했다. 이런 현자의 면모를 잘 보여주는 인물이 있으니, 전국시대의 풍훤(馮諼)이다. 그는 맹상군(孟嘗君)이 빈객을 좋아한다는 말을 듣고 찾아가서 식객이 되었는데, 맹상군은 제나라 선왕의 배다른 동생이기도 한 인물이다. 풍훤에 대해서는 『사기』 〈맹상군열전〉에도 나오고 『전국책』「제책(齊策)」에도 나온다.

어느 날, 맹상군이 장부를 내놓고 많은 문객들에게 물었다.

"누가 회계를 잘하오? 나를 위해 누가 설(薛) 땅에 가서 빚을 받아오시겠소?"

그러자 풍훤이 스스로 나섰다. 풍훤은 곧 수레를 준비하고 여장을 꾸려 빚 문서를 싣고서는 하직 인사를 하며 맹상군에게 이렇게 물었다.

"빚을 다 받으면 무엇을 사가지고 돌아오는 게 좋겠습니까?"

"우리 집에 부족해 보이는 것으로 하시오."

풍훤은 수레를 몰아 설 땅으로 간 뒤, 곧 관원을 시켜 백성 중에 빚이 있는 자들을 불러놓고 빚의 내용이 맞는지 확인하게 했다. 대조를 마치자 곧 맹상군의 명이라 하면서 빚을 모두 탕감하고는 문서를 모두 불살라버렸다. 이에 백성들은 모두 만세를 불렀다. 풍훤은 말을 달려 제나라에 도착하자마자 새벽에 뵙기를 청했다. 맹상군은 그가 너무 빨리 돌아온 것을 의아하게 여기면서도 의관을 정제하고 그를 맞아들이면서 물었다.

"빚은 모두 받았소? 어떻게 이렇게 빨리 돌아왔소?"

"모두 받아왔습니다."

"그래 무엇을 사가지고 오셨소?"

그러자 풍훤이 이렇게 대답했다.

"군은 '우리 집에 부족해 보이는 것으로 사오라'고 했습니다. 그래서 제가 생각해보니, 군의 집안에는 진귀한 보배가 가득 쌓여 있고, 개와 말이 바깥 축사까지 넘치고 있으며, 미인은 마루 아래 통로까지 가득 차 있는데, 부족한 것은 오로지 의(義)뿐이었습니다. 그래서 생각한 끝에 군을 위해 그 의를 사가지고 왔습니다."

"의를 사가지고 오다니, 대체 그게 무슨 말이오?"

"지금 군은 하찮은 봉지인 설 땅에서 그곳 백성들을 자식처럼 사랑해주지도 못하면서 도리어 장사꾼처럼 돈을 꾸어주고 이자를 뜯어냈습니다. 그래서 제가 군의 명이라 하면서 그 빚을 모두 탕감하고 문서를 불살라버렸습니다. 그랬더니 백성들이 모두 크게 기뻐하며 만세를 외쳤습니다. 이것이 바로 제가 군을 위해 사온 의입니다."

맹상군은 언짢은 표정으로 말했다.

"좋소. 선생은 가서 쉬도록 하시오."

그 후, 1년쯤 지나 제나라 민왕(閔王)이 맹상군에게 이렇게 말했다.

"과인은 선왕(제선왕)의 신하를 과인의 신하로 삼고 싶지 않소이다."

이에 맹상군은 할 수 없이 영지인 설 땅으로 돌아가게 되었다. 맹상군이 아직 설 땅에 이르지도 않았는데, 1백 리나 떨어진 곳까지 설 땅의 백성들이 노약자를 부축하고 나와서 길을 메운 채로 맹상군을 영접했다. 그러자 맹상군이 풍훤을 돌아보며 말했다.

"선생이 나를 위해 사온 '의'가 무엇인지를 오늘에야 비로소 보게 되었소!"

그 뒤, 맹상군은 풍훤의 뛰어난 계책에 힘입어 다시 민왕의 신뢰를 얻었다. 또 수십 년간 상국으로 있으면서 털끝만 한 재난도 당하지 않은 데에는 풍훤의 힘이 컸다.

2.5

齊宣王問曰: "人皆謂我毁明堂, 毁諸, 已乎?"
孟子對曰: "夫明堂者, 王者之堂也. 王欲行王政, 則勿毁之矣."
王曰: "王政可得聞與?"
對曰: "昔者文王之治岐也, 耕者九一, 仕者世祿, 關市譏而不征, 澤梁無禁, 罪人不孥. 老而無妻曰鰥, 老而無夫曰寡, 老而無子曰獨, 幼而無父曰孤. 此四者天下之窮民而無告者. 文王發政施仁, 必先斯四者. 詩云, '哿矣富人, 哀此煢獨.'"
王曰: "善哉言乎!"
曰: "王如善之, 則何爲不行?"
王曰: "寡人有疾, 寡人好貨."
對曰: "昔者公劉好貨, 詩云, '乃積乃倉, 乃裹餱糧, 于橐于囊. 思戢用光, 弓矢斯張, 干戈戚揚, 爰方啓行.' 故居者有積倉, 行者有裹囊也, 然後可以爰方啓行. 王如好貨, 與百姓同之, 於王何有?"
王曰: "寡人有疾, 寡人好色."
對曰: "昔者太王好色, 愛厥妃. 詩云, '古公亶父, 來朝走馬, 率西水滸, 至于岐下, 爰及姜女, 聿來胥宇.' 當是時也, 內無怨女, 外無曠夫. 王如好色, 與百姓同之, 於王何有?"

제나라 선왕이 물었다.
"사람들이 모두 나에게 명당(明堂)을 헐라고 하는데, 헐어야겠소, 그만두어야겠소?"
맹자가 대답했다.
"저 명당이란 것은 왕자의 사당입니다. 왕께서 왕도정치를 펴고자 하신다면, 헐지 마십시오."
"왕도정치에 대해 들어볼 수 있겠소?"

"옛날에 문왕이 기(岐) 땅을 다스릴 때, 밭가는 자에게는 9분의 1을 거두었고, 벼슬아치에게는 대대로 녹봉을 주었으며, 관문과 저자에서는 살피기만 하고 세금은 거두지 않았고, 못에 통발 치는 것을 막지 않았으며, 죄인의 가족에게까지 죄를 묻지 않았습니다. 늙어서 아내가 없는 이를 홀아비라 하고, 늙어서 지아비가 없는 이를 홀어미라 하며, 늙어서 자식이 없는 이를 홀몸이라 하고, 어려서 어버이가 없는 이를 고아라 합니다. 이 네 부류는 천하에서 가장 궁색한 백성으로 어디 알릴 데가 없습니다. 문왕은 정치를 행하고 어짊을 베풀 때 반드시 이 네 부류를 먼저 챙겼습니다. 『시경』「소아(小雅)」의 〈정월(正月)〉에서는, '훌륭하도다, 가멸한 이여! 불쌍하구나, 외로운 이내 몸!'이라 했습니다."

"참 좋은 말씀이시오!"

"왕께서는 좋게 여기시면서 어찌 행하지 않으십니까?"

"과인에게는 고약한 버릇이 있으니, 과인은 재화를 좋아하오."

"옛날에 공류(公劉)는 재화를 좋아했습니다. 『시경』「대아」의 〈공류(公劉)〉에, '노적가리에 곳간이러니, 말린 양식을 싸서 전대와 자루에 넣도다. 백성들을 화합시켜 나라를 빛내려고 활과 화살을 메고 방패와 창, 도끼, 큰 도끼 지니고 바야흐로 출정하려 하시네'라는 게 있습니다. 그러므로 머무는 자에게는 노적가리와 곳간이 있고, 떠나는 자는 꾸러미와 자루가 마련된 뒤에야 비로소 출정을 할 수 있습니다. 왕께서 재화를 좋아하신다면, 백성들과 함께하십시오. 그렇다면 왕노릇하는 데 무슨 어려움이 있겠습니까?"

"과인에게는 고약한 버릇이 있으니, 과인은 미인을 좋아하오."

"옛날에 태왕(太王)께서는 여색을 좋아하셔서 그 부인을 아끼셨습니다. 『시경』「대아」의 〈면(緜)〉에, '고공단보(古公亶父)는 아침 일찍 말을 달려 서쪽 강가를 따라서 기산 아래에 이르렀도다. 이에 아내 강씨(姜氏)와 함께 살 곳을 살폈다네'라는 게 있습니다. 바로 그때는 안으로 남편 없는 여인이 없었고, 밖으로 지어미 없는 사내가 없었습니다. 왕께서 미인을 좋아하신다면, 백성들과 함께하십시오. 그러면 왕노릇하는 데 무슨 어려움이 있겠습니까?"

注釋 훼(毁)는 헐다는 뜻이다. 명당(明堂)은 태산 아래에 있던 명당으로, 천자가 동쪽으로 순수(巡狩)했을 때 제후들을 만나기 위해 두었던 것이다. 그런데 당시 주 왕실은 이미 유명무실해진 상태여서 더 이상 동쪽으로 순수할 일이 없었으므로 사람들이 이 명당을 헐어버리라고 했던 것이다. 이(已)는 그치다, 그만두다는 뜻이다. 기(岐)는 땅이름으로, 지금의 섬서(陝西) 기산현(岐山縣) 일대다. 경자구일(耕者九一)은 정전제(井田制)를 가리켜서 한 말이다. 정전제는 정(井)자 모양의 밭 900무를 여덟 가구가 각기 100무씩 경작하고 중앙의 100무를 공동으로 경작하여 이 100무에서 나온 것을 세금으로 바치는 제도다. 이는 매우 이상적인 토지제도인데, 맹자는 고대에 이런 제도가 시행되었다고 보지만 반드시 그렇다고 보기는 어렵다. 사자세록(仕者世祿)은 당시 대부(大夫) 이상의 관직을 맡은 자를 가리킨다. 사(士)는 대대로 물려받는 녹봉이 없었다. 기(譏)는 살피다, 조사하다는 뜻이다. 정(征)은 구실, 구실을 거두다는 뜻이다. 택량(澤梁)은 고기를 잡기 위해 못에 설치한 장치다. 노(孥)는 아내와 자식을 뜻한다. 환(鰥)은 홀아비다. 궁민(窮民)은 처지가 딱하거나 생활이 어려운 백성이다. 가(哿)는 좋다, 훌륭하다는 뜻이다. 경(煢)은 외롭다는 뜻이다. 공류(公劉)는 후직(后稷)의 후손으로, 주 왕조 창업의 시조다. 적(積)은 노적가리를, 창(倉)은 곡식을 쌓아둔 곳간을 뜻한다. 과(裹)는 싸다는 뜻이다. 후량(餱糧)은 말린 양식을 뜻하는 건량(乾糧)과 같다. 탁(橐)은 허리에 매거나 어깨에 두르기

편하도록 만든 전대를 뜻하는데, 폭이 좁고 길게 만들며 양 끝은 트고 중간을 막는다. 낭(囊)은 자루로, 밑이 없으며 가운데에 물건을 담은 뒤 양끝을 묶는다. 탁은 작고, 낭은 크다. 사(思)는 어조사로서, 별다른 뜻이 없다. 집(戢)은 어우러지다, 편안하다는 뜻이다. 광(光)은 빛을 크게 낸다는 뜻이다. 척(戚)은 날이 날카롭고 좁은 도끼다. 양(揚)은 큰 도끼다. 원(爰)은 이에, 이리하여를 뜻한다. 계(啓)는 열다, 일어나다는 뜻이며, 계행(啓行)은 출발하다는 뜻이다. 과낭(裹囊)은 꾸러미와 자루인데, 과량(裹糧)이라고 한 판본도 있다. 태왕(太王)과 고공단보(古公亶父)에 대해서는 2.3의 주석을 참조하라. 솔(率)은 좇다, 따르다는 뜻으로, 순(循)과 같다. 서수(西水)는 빈(邠) 땅의 서쪽 가에 있는 칠수(漆水)라고 한다. 호(滸)는 물가를 뜻한다. 원(爰)은 별다른 뜻이 없이 쓰였다. 강녀(姜女)는 태강(太姜), 곧 태왕의 비(妃)다. 율(聿)은 별다른 뜻이 없이 쓰였다. 서(胥)는 보다, 살피다는 뜻이다. 서로, 함께 등의 뜻으로 보는 경우도 있다. 내(內)는 왕의 궁실을 뜻하고, 외(外)는 궁실 밖을 가리킨다. 원녀(怨女)는 대개 남편이 없어서 원망하는 여인으로 풀이하는데, 여기서 '원(怨)'은 쌓다, 간직하다는 뜻의 온(蘊)과 같이 쓰였다. 『순자』「애공(哀公)」에 "복이 내려 천하를 얻었지만 쌓아놓은 재물이 없다"(富有天下而無怨財)는 구절이 나오고, 『한비자』「외저설우하(外儲說右下)」에서는 "환공이 민간을 돌아보고 난 뒤에 관중은 쌓아놓은 재물과 쌓아둔 여자를 줄였다"(桓公巡民而管仲省腐財怨女)는 구절이 나오는데, 모두 원(怨)이 쌓아두다는 뜻으로 쓰였다. 본문도 문맥의 흐름상 이렇게 풀어야 맞다. 즉, 맹자가 태왕의 예를 든 것은 태왕이 오로지 부인 한 사람을 아끼고 사랑하고 다른 여인을 맞아들여 궁녀로 두지 않음으로써 백성들도 똑같이 부부의 즐거움을 누리게 했기 때문이다. 제나라 선왕이 미인을 좋아하듯이 백성이라도 남자라면 똑같은 마음이고, 또 선왕이 혼자서 나라의 미인들을 독차지하면 노총각이나 홀아비가 많아질 수밖에 없다는 것이다. 광부(曠夫)는 여자가 없이 홀로 사는 남자, 곧 노총각이나 홀아비를 가리킨다. 하유(何有)는 당시에 흔히 쓰던 말이며, "무슨 어려움이 있는가"라는 뜻의 '하난지유(何難之有)'를 줄인 것이다.

蛇足 명당은 천자가 제후들을 만나기 위해 둔 것인데, 선왕에게 헐라고 한 이들은 왜 그랬을까? 그리고 맹자는 왜 헐지 말라고 했을까?

헐라고 한 이들은 주 왕실이 이미 유명무실해졌으므로 더 이상 명당이 남아 있을 이유가 없다고 보았기 때문이다. 이는 현실적인 판단에 따른 것이다. 그런데 명당은 단순한 공간이 아니다. 천자가 순수하면서 명당에서 제후들을 만난다는 것은 천자가 위엄과 덕성을 갖추고 백성들에게 은혜로운 정치를 펴고 있다는, 한마디로 말해서 왕도가 행해지고 있음을 상징한다. 그러나 주 왕실이 유명무실해지고 제후들이 각축전을 벌인다는 것은 왕도가 행해지고 있지 않다는 뜻이다. 그런 현실을 보자면, 명당은 헐어도 된다. 그러나 누군가가 이러한 각축전을 종식시키고 천하를 평정할 것이라고 예상한다면, 명당은 굳이 헐어서 없앨 필요가 없다. 그 누군가는 패도를 내세우는 군주일 수도 있고, 또는 왕도를 행하는 군주가 될 수도 있다. 맹자의 입장에서 보자면, 왕도를 행하는 자가 나와서 천하를 통일하는 것이 마땅하다. 그렇게 되면 주 왕실처럼 유명무실해진 명당은 다시 그 상징성을 회복하게 될 것이다.

맹자가 선왕에게 명당을 헐지 말라고 한 뜻은 또 있으니, 바로 선왕 자신이 왕도를 행해서 그 명당의 주인이 되라는 것이다. 그래서 "왕께서 왕도정치를 펴고자 하신다면, 헐지 마십시오"라고 말했던 것이다.

왕도정치에 대해서 맹자가 한 말은 상앙의 견해와는 대조된다. 『상군서』「간령」에서 상앙은 "관문과 시장의 세금을 무겁게 매기면 농민은 상인이 되는 것을 싫어하고, 상인은 장사하는 것을 망설이거나 게을리하는 마음을 가지게 된다. 농민이 상인이 되는 것을 싫어하고 상인이 장사하는 것을 망설이거나 게을리하면 황무지는 반드시 개간된다"고 말했다. 상앙은 철저하게 상업을 억압하고 농사를 중시하는 억상중

농(抑商重農)을 주장했다. 부국의 바탕이 농업에 있다고 여겼기 때문이다. 그래서 상인의 수를 줄이려 했고, 상인이 고달파지도록 요역을 무겁게 부과해야 한다고 했다. 반면에 맹자는 농부에게는 9분의 1을 거두고 관문과 저자에서는 세금을 거두지 않는 것이 왕도라고 했다. 상업을 전혀 억제하지 않았을 뿐 아니라 오히려 장려한 셈이다.

물론 당시에는 대부분의 군주들이 부국강병을 지향하고 또 전쟁을 거듭하면서 백성들에게서 세금을 지나치게 많이 거두고 있었으므로 맹자의 비판은 상앙의 변법이 실행되던 진나라에만 해당되는 것은 아니었다. 죄인의 가족에게까지 죄를 묻지 않는다는 것도 모든 제후국들에 동일하게 적용되는 사안이었다. 이처럼 백성의 안위는 돌보지 않던 시절이었으니, 홀어미나 홀아비, 고아 등 천하에서 가장 궁색한 사람들을 챙기고 보살피는 군주가 과연 얼마나 있었을까? 그렇게 할 수 있었던 이는 예로부터 드물었다.

『상서』〈대우모(大禹謨)〉에 순(舜) 임금이 "하소연할 곳이 없는 자들을 학대하지 않으며, 곤궁한 자들을 버려두지 않는 일은 오직 요(堯) 임금만이 잘 해내셨다"고 한 말이 나온다. 하소연할 곳이 없는 자들이 곧 홀어미와 홀아비, 늙어서 홀몸이 된 이와 고아 등이다. 성군(聖君)이라야 비로소 할 수 있었던 일을 전쟁 준비에 혈안이 되어서 다른 나라를 병탄할 야욕에 사로잡혀 있던 군주에게 권하는 일은 참으로 시세를 모르는 자의 터무니없는 짓이라고도 할 만하다. 그러나 시대가 급변하고 있었다는 점을 감안하면, 그저 허무맹랑한 소리로만 치부할 수는 없다.

2.6

孟子謂齊宣王曰: "王之臣有託其妻子於其友而之楚遊者, 比其反也, 則凍餒其妻子, 則如之何?"

王曰: "棄之."

曰: "士師不能治士, 則如之何?"
王曰: "已之."
曰: "四境之內不治, 則如之何?"
王顧左右而言他.

맹자가 제나라 선왕에게 말했다.

"왕의 신하 가운데 자기 아내와 자식을 벗에게 맡기고 초나라에 가서 노닌 자가 있습니다. 되돌아와서 보니 아내와 자식이 추위에 떨고 굶주리고 있었다면, 그 벗을 어떻게 하시겠습니까?"

선왕이 대답했다.

"버리오."

"법관이 옥리들을 다스리지 못한다면, 어떻게 하시겠습니까?"

"내쫓소."

"나라 안이 다스려지지 않으면, 어떻게 하시겠습니까?"

왕은 좌우를 둘러보면서 딴말을 했다.

注釋 탁(託)은 맡기다는 뜻이다. 지(之)는 가다는 뜻이다. 비(比)는 미치다, 이르다는 뜻이다. 반(反)은 돌아오다는 뜻의 반(返)과 같다. 뇌(餒)는 주리다, 굶기다는 뜻이다. 사사(士師)는 고대의 사법관이다.『주례』를 보면, 그 아래에 향사(鄕士), 수사(遂士) 등이 있었으니, 치사(治士)의 사(士)는 이들이었을 것으로 여겨진다. 여기서는 '옥리'로 풀이했다. 이(已)는 내쫓다, 그만두게 하다는 뜻이다.

蛇足 여기서 맹자는 군주의 책무를 명확하게 밝혔다. 앞서 맹자는 군주를 '백성의 부모'라 했는데, 이는 집안의 가장이 아내와 자식을 돌보듯이 백성을 돌보아야 한다는 뜻에서 한 말이다. 백성을 돌보는 것

이 곧 나라를 다스리는 일인데, 이를 제대로 해내지 못한다면 그는 결코 군주가 아니다. 백성을 돌보는 것은 군주의 덕성과 관련된다. 따라서 나라가 다스려지지 않는 이유를 군주가 백성을 헤아리는 마음, 곧 덕성이 결여된 데서 찾은 셈이다. 상앙도 군주가 밝지 못해서 다스려지지 않는다고 했다.

"밝은 군주가 위에 있어 등용되는 사람이 반드시 현명하면, 법이 현명한 사람의 손에 있게 된다. 법이 현명한 사람의 손에 있으면, 법은 아래에서 실행되어 못난 자가 감히 나쁜 짓을 저지르지 못한다. 이를 일러 다스려짐이 거듭된다(重治)고 한다. 밝지 못한 군주가 위에 있으면 등용되는 사람이 반드시 못난 자일 것이니, 이는 나라에 밝은 법이 없는 것과 같아서 못난 자가 감히 나쁜 짓을 저지른다. 이를 일러 어지러움이 거듭된다(重亂)고 한다."(『상군서』「획책」)

법치를 주장한 상앙이지만 그 법치를 제대로 실행하기 위해서는 역시 밝은 군주가 있어서 현명한 자를 등용해야만 한다는 전제를 달았다. 변법이 시대의 변화에 맞게 법과 제도를 바꾸어 적절하게 시행해야 함을 의미하는 것이라면, 이 역시 시대의 변화나 추세를 읽어낼 수 있는 현명한 군주를 필요로 한다. 이렇게 되면, 유가에서 말하는 현군이나 성군이 없어도 법치는 얼마든지 가능하다고 한 법가의 주장에 모순이 생긴다. 이는 정치가 결국 법이나 제도보다 사람에 의해 좌우된다는 사실을 간과한 탓이다.

2.7

孟子見齊宣王, 曰: "所謂故國者, 非謂有喬木之謂也, 有世臣之謂也. 王無親臣矣. 昔者所進, 今日不知其亡也."
王曰: "吾何以識其不才而舍之?"
曰: "國君進賢, 如不得已. 將使卑踰尊, 疏踰戚, 可不愼與! 左右皆曰賢, 未可也; 諸大夫皆曰賢, 未可也; 國人皆曰賢, 然後察之; 見賢焉, 然後用之. 左右皆曰不可, 勿聽; 諸大夫皆曰不可, 勿聽; 國人皆曰不可, 然後察之; 見不可焉, 然後去之. 左右皆曰可殺, 勿聽; 諸大夫皆曰可殺, 勿聽; 國人皆曰可殺, 然後察之; 見可殺焉, 然後殺之. 故曰, 國人殺之也. 如此, 然後可以爲民父母."

맹자가 제나라 선왕을 만나서 말했다.

"이른바 고국(故國)이란 높고 큰 나무가 있는 나라를 뜻하는 게 아니라 대대로 신하를 배출하는 가문이 있는 나라를 이르는 말입니다. 이제 왕께는 마음을 터놓을 신하가 없습니다. 어제 등용된 자가 오늘 달아난 것도 모를 정도시니 말입니다."

왕이 말했다.

"그에게 재질이 없음을 내가 어찌 알고서 버릴 수 있겠소?"

"한 나라의 군주가 현명한 이를 등용할 때는 그리하지 않을 수 없었던 것처럼 해야 합니다. 낮은 자로 높은 자를 건너뛰게 하고, 먼 살붙이로 가까운 살붙이를 건너뛰게 하려는데, 어찌 삼가지 않을 수 있겠습니까! 좌우에서 모두들 '현명합니다'라고 말해도 충분하지 않습니다. 여러 대부들이 모두 '현명합니다'라고 말해도 충분하지 않습니다. 온 나라 사람들이 모두 '현명합니다'라고 말한 뒤에야 자세히 살피시고, 현명함을 보신 뒤에야 쓰시는 겁니다. 좌우에서 모두들 '안 됩니다'라고 말해도 듣지 마십시오. 여러 대부들이 모두 '안 됩니다'라고 말해도 듣지 마십시오. 온 나라 사람들이 모두 '안 됩니다'라고 말한 뒤에야 자세히 살피시고, 안 되는 까닭을 안 뒤에야 내치십시오. 좌우에서 모두들 '죽여야 합니다'라고 말해도 듣지 마십시오. 여러 대부들이 모두 '죽여야 합니다'라고 말해도 듣지 마십시오. 온 나라 사람들이 모두 '죽여야 합니다'라고 말한 뒤에야 자세히 살피시고, 죽여야 할 까닭을 안 뒤에야 죽이십시오. 그렇기 때문에 '온 나라 사람들이 그를 죽였다'고 합니다. 이와 같이 한 뒤에야 백성들의 부모가 될 수 있습니다."

注釋 교목(喬木)은 높고 큰 나무를 뜻하는데, 대대로 중요한 관직을 차지하면서 나라와 운명을 같이하는 집안을 비유한 말이다. 그러나 여기서 맹자는 문자 그대로 풀이하면서 '세신(世臣)'과 짝이 되게 했다. 세신은 대대로 덕을 닦아서 임금을 보좌하여 도를 행하는 신하를 이른다. 친(親)은 가깝다, 가까이 지내다는 뜻인데, 여기서는 속내를 터놓고 지내는 것을 이른다. 진(進)은 벼슬을 하게 하다, 등용하다는 뜻이다. 망(亡)은 달아나다는 뜻으로, 자리를 버리고 떠나다, 나라를 떠나다는 말맛이 있다. 식(識)은 알아보다는 뜻으로, 여기서는 제대로 알아보고 가려내는 능력을 가리킨다. 사(舍)는 버리다는 뜻의 사(捨)와 같다. 부득이(不得已)는 그렇게 할 수밖에 다른 도리가 없다는 뜻이다. 유(踰)는 뛰어넘다, 건너뛰다는 뜻이다. 비(卑)와 존(尊)은 신분상으로 낮은 이와 높은 이를 가리키며, 소(疏)와 척(戚)은 혈연상으로 먼 사람과 가까운 사람을 이른다. 용(用)은 앞서 나온 진(進)과 같은 뜻으로 쓰였다. 불가(不可)는 그렇게 할 수 없는 까닭, 안 되는 까닭을 뜻한다. 거지(去之)는 앞의 사지(舍之)와 같은 뜻으로 쓰였다.

蛇足 어떠한 군주도 제 홀로 나라를 다스릴 수는 없다. 관료들이 필요한 이유가 여기에 있다. 관료는 단순히 군주를 보좌하는 데서 그치지 않는다. 군주의 명을 받기는 하지만, 그 스스로 판단하고 결단하여 국사를 처리할 줄 알아야 한다. 이 때 중요한 것은 관료가 사사로운 이익을 도모하느냐 백성의 편안한 삶을 우선하느냐다. 한마디로 말해서, 지극히 높은 군주와 지극히 많은 백성 사이에서 효율적인 가교 구실을

해야 하는 존재가 관료다. 맹자는 선왕에게 그런 관료를 배출하여 대대로 왕실을 보좌해주는 가문이 없다고 찌르듯이 말했다. 더구나 왕이 마음을 터놓고 말할 신하조차 없다고 했으니, 이는 절대 권력을 쥔 군주가 고립무원의 처지에 놓여 있음을 지적한 것이다. 이러고서야 제나라가 아무리 풍족한 산물과 강성한 군대를 보유하고 있다 하더라도 이미 위태로운 지경에 놓인 것이나 진배없다. 맹자가 이어서 현명한 이를 기용하는 문제를 다룬 이유도 이 때문이다.

맹자가 "현명한 이를 등용할 때는 그리하지 않을 수 없었던 것처럼 해야 한다"고 한 말은 당시의 시대 상황과 깊은 연관이 있다. 군주가 왕도를 지향하든 패도를 꾀하든 새로운 인재들이 꼭 필요한 시대였다. 이미 오래도록 권세를 누렸던 대부의 가문들은 가문의 이익을 중시할 뿐만 아니라 시대 변화에 적응하려 하지 않고 있었다. 반면에 배경이 취약했던 사(士)들은 무한경쟁의 상황에 내몰리기는 했으나, 언제든지 자신의 실력으로 제후들의 신뢰를 얻어 단번에 상국의 인(印)을 허리에 찰 수 있었다. 그러나 아무리 재능이 출중하고 현명한 자라도 군주가 독단하여 그를 기용하기는 어렵다. 기용된 뒤에 운신하기가 어렵고, 언제든지 모함을 받을 수도 있기 때문이다. 상앙이 효공의 사후에 상국의 인을 내놓고, 이어 기득권층에 의해 모함을 받아 반란을 일으키지 않을 수 없었던 상황이 그러한 실정을 단적으로 보여준다. 그러했으므로 맹자는 "그리하지 않을 수 없었던 것처럼 해야 한다"고 말했다. 먼저 좌우의 신하들이, 이어서 가문을 형성하고 있던 대부들이, 최종적으로는 백성들이 인정하지 않을 수 없는 상황을 만들어서 기용하라는 것이다. 일종의 연출을 하라는 것인데, 오늘날 정치가들이 보여주는 행태를 보면 연출도 정치의 필수적인 요소임을 알 수 있다. 맹자가 말한 방식을 아주 절묘하게 써먹은 군주가 역사 속에서도 있었다.

상 왕조의 23대 군주인 무정(武丁)이 부열(傅說)을 기용하는 과정이 그러했다. 부열은 지혜가 뛰어나고 덕행이 탁월했던 현자다. 탕(湯)을 도와 상 왕조를 세우는 데 기여한 이윤(伊尹)이 재림했다는 평가를 받을 정도였다. 그러나 무정이 그를 찾아낸 곳은 12.15에서도 언급되는 것처럼 성벽을 쌓는 공사 현장이었다. 『상서』〈열명(說命)〉을 바탕으로 이야기를 하면 이렇다.

무정은 즉위 후 3년 동안 거상(居喪)하면서 정사에 관해서 아무 말도 하지 않았다. 삼년상이 끝난 뒤에도 역시 아무런 말을 하지 않자, 신하들이 조바심을 냈다. 그러자 무정은 다음과 같이 말했다.

"하늘이 나에게 사방을 바르게 하라 하였으나, 내 덕이 옛 왕들과 같지 않을까 두렵소. 이 때문에 아무 말도 하지 않고 공손히 침묵하며 도를 생각했는데, 꿈에 상제께서 나에게 좋은 보필을 내려주셨으니, 그가 나를 대신해서 말하리라."

곧 그 형상을 기억해내서 그림으로 그려 온 천하에서 찾아내게 하였다. 그때 부열은 부암(傅巖)이라는 들판에서 성을 쌓고 있었는데, 그림과 꼭 같았다. 이에 그를 세워 재상으로 삼았다.

아무리 고대라고 하더라도 꿈에서 본 인물을 정확하게 그림으로 그려서 사람을 찾아냈다는 것은 상식을 넘어서는 일이다. 이는 일종의 신비화 전략을 쓴 것으로 보아야 한다. 그러면 왜 무정은 이런 전략을 썼을까? 무정이 즉위한 시기에 상 왕조는 이미 쇠락하고 있었다. 다시 부흥시켜야 할 책무를 완수하려면 새로운 인물이 필요했는데, 아마도 무정은 즉위하기 전에 그런 인물을 찾으려고 나라 안을 돌아다닌 적이 있었을 것이다. 그러다 우연히 부열을 만나 얘기를 나누어보고서 그가 지혜롭고 덕이 뛰어난 현자라고 판단했을 것이고, 언젠가 자신이 즉위하면 그를 중용(重用)하리라 맘을 먹고 있었을 것이다. 마침내 즉위한 뒤에 그를 쓰고자 했으나, 기존의 대신들이 반발할 염려가 컸다. 그래서 부열을 자신이 임의로 뽑은 인물이 아니라 상제가 내려보낸 인물이라는 점을 부각시키려고 일종의 연출을 한 것이다. 이로써 대신들이 딴마음을 먹었더라도 최소한 겉으로는 복종하지 않을 수 없었을 것이다.

맹자가 말한 "그리하지 않을 수 없었던 것처럼 해야 한다"는 것이 이런 것이다.

맹자는 이에서 더 나아가 민심을 살피는 것까지 요구했다. 그러나 민심이라고 해서 무조건 따라야 한다고 하지는 않았다. 현자를 쓸 때라도 군주 자신이 "자세히 살피고 현명함을 본 뒤에야" 쓰고, 누군가를 죽일 때에도 군주 스스로 "자세히 살피고 죽여야 할 까닭을 안 뒤에야" 죽이라고 했다. 이는 군주에게 책임을 면할 수 있는 술수를 쓰라고 한 게 아니다. 먼저 여론이 어떠하냐에 귀를 기울이라는 것이고, 또 여론을 파악했더라도 그 여론을 맹목적으로 따르지 않고 스스로 깊이 살피고 헤아려서 올바른 판단을 내려야만 일을 그릇되게 처리하지 않게 된다는 뜻이다.

맹자의 주장은 이렇게 정리할 수 있다. 첫째, 담당자들의 의견을 경청하라. 둘째, 백성들의 생각은 어떠한지를 살펴라. 셋째, 그 모든 의견들이 올바른지 그른지 공명정대한 마음으로 따져보고 실행하라.

2.8

齊宣王問曰: "湯放桀, 武王伐紂, 有諸?"
孟子對曰: "於傳有之."
曰: "臣弑其君, 可乎?"
曰: "賊仁者謂之賊, 賊義者謂之殘. 殘賊之人謂之一夫. 聞誅一夫紂矣, 未聞弑君也."

제나라 선왕이 물었다.
"탕왕이 걸을 내쫓고 무왕이 주를 쳤다고 하는데, 그런 일이 있었소?"
맹자가 대답했다.

"기록에 있습니다."

"신하가 그 군주를 죽여도 되는 것이오?"

"어짊을 해치는 것을 '적(賊)'이라 하고, 올바름을 해치는 것을 '잔(殘)'이라 합니다. 어짊을 해치고 올바름을 해치는 자를 '한 사내'라 부릅니다. 한 사내인 주를 죽였다는 말은 들었어도 군주를 죽였다는 말은 아직 듣지 못했습니다."

注釋 탕(湯)은 상(商) 왕조를 연 왕이다. 하(夏)나라의 마지막 왕인 걸(桀)이 포악하므로 탕이 군대를 일으켜서 그를 쳤다. 무왕(武王)은 상나라의 무도한 왕인 주(紂)를 치기 위해 군대를 일으켰는데, 주는 군대가 크게 패하자 스스로 목숨을 끊었다. 전(傳)은 전하는 기록이나 문헌을 뜻한다. 시(弑)는 아랫사람이 윗사람을 또는 신하가 임금을 죽이는 일을 가리킨다. 적(賊)은 해치다는 뜻이다. 주(誅)는 정의에 입각하여 죄 있는 자를 쳐서 죽이는 일을 뜻한다.

蛇足 맹자를 두고 혁명을 두둔했다고 하는 근거가 이 문답에 있다. 탕은 걸의 신하였으면서 걸을 죽였고, 무왕은 주를 섬겼으면서 주를 죽였다. 이는 신하가 임금을 죽이는 시해(弑害)이며 하극상이다. 그런데도 맹자는 임금을 죽인 게 아니라 한낱 사내를 죽인 것일 뿐이라고 했다. 그 이유는 걸과 주는 이미 어짊과 올바름을 해친 자들이기 때문이다. 천자로서 갖추어야 할 덕성을 내버렸으므로 스스로 천자이기를 포기한 것이나 마찬가지라고 본 것이다. 이렇게 걸과 주를 죽인 일에 대해서는 후대에도 논란거리였던 모양이다. 『한서』 권88의 「유림전(儒林傳)」을 보면, 원고(轅固)와 황생(黃生)이 이 일을 두고 효경제(孝景帝, 기원전 157~기원전 141 재위) 앞에서 토론을 벌인 게 나온다.

황생이 말했다.

"탕왕과 무왕은 천명을 받지 않고서 걸왕과 주왕을 죽였습니다."

그러자 원고가 말했다.

"그렇지 않습니다. 저 걸왕과 주왕은 황음무도하여 천하의 인심이 모두 탕왕과 무왕에게 돌아섰습니다. 탕왕과 무왕은 천하의 인심을 좇아서 걸왕과 주왕을 베어 죽였고, 걸왕과 주왕의 백성들도 이들에게 부려지기를 바라지 않아서 탕왕과 무왕에게 귀순했습니다. 탕왕과 무왕은 어쩔 수 없이 나섰으니, 이것이 천명을 받은 게 아니고 무엇이겠습니까?"

황생이 말했다.

"관이 비록 해졌더라도 반드시 머리에 써야 하고, 신발이 아무리 새것이라도 반드시 발에 신어야 합니다. 왜 그렇겠습니까? 상하의 구분이 있기 때문입니다. 걸왕과 주왕이 비록 도의를 잃었지만, 그럼에도 군주입니다. 탕왕과 무왕이 비록 성인이라 해도 신하입니다. 군주에게 잘못된 행실이 있더라도 신하는 바른 말로 그 허물을 바로잡으려 하지 않는 것으로써 천자를 존중하는 법인데, 도리어 그 허물을 빌미로 베어 죽이고서 대신 천자의 자리를 차지했으니, 이게 살인이 아니고 무엇이겠습니까?"

원고가 말했다.

"그대의 논리대로라면, 우리의 고조 황제(유방)께서 진나라를 대신해서 천자의 지위에 오르신 것도 잘못된 것이오?"

그러자 효경제가 말했다.

"고기를 먹는 자가 말의 간을 먹지 않는 것은 고기 맛을 몰라서가 아니고, 학문을 운운하는 자가 탕왕과 무왕이 천명을 받은 일을 운운하지 않는 것은 어리석어서가 아니오."

이것으로 논쟁은 그쳤다. 마지막 원고의 말에 효경제는 등줄기가 서늘해지는 느낌을 받았을 것이다. 그래서 서둘러 논쟁을 마무리했는데, 그만큼 탕왕과 무왕의 일은 뜨거운 감자였음을 알 수 있다.

흔히 "성공한 쿠데타는 혁명이고, 실패한 쿠데타는 반란이다"라고 말한다. 이는 성공한 자가 역사를 서술하는 주체가 되기 때문에 나온 말일 뿐이다. 쿠데타에 대한 평가는 언제나 논란이 될 수밖에 없는데, 맹자에게 중요한 것은 어짊과 올바름을 바탕으로 했느냐의 여부였다.

2.9

孟子見齊宣王曰: "爲巨室, 則必使工師求大木. 工師得大木, 則王喜, 以爲能勝其任也. 匠人斲而小之, 則王怒, 以爲不勝其任矣. 夫人幼而學之, 壯而欲行之, 王曰, '姑舍女所學而從我,' 則何如? 今有璞玉於此, 雖萬鎰, 必使玉人彫琢之. 至於治國家, 則曰, '姑舍女所學而從我,' 則何以異於教玉人彫琢玉哉?"

맹자가 제나라 선왕을 만나서 말했다.

"커다란 집을 지으려면 반드시 도편수를 시켜 크고 좋은 재목을 구해야 합니다. 도편수가 크고 좋은 재목을 얻으면, 왕께서는 기뻐하며 그가 맡은 일을 아주 잘 해냈다고 여깁니다. 그러나 장인이 큰 나무를 깎아내다가 작게 만들어버리면, 왕께서는 성을 내며 그가 맡은 일을 제대로 해내지 못했다고 여깁니다. 그와 같이 사람은 어려서는 배우고 자라서는 배운 것을 실행하려고 하는데, 만약 왕께서 '네가 배운 것을 잠시 버려두고 내 말을 따르라'고 하신다면 어떠하겠습니까? 이제 여기에 다듬지 않은 옥돌이 있다고 한다면, 비록 수십만 냥짜리라 하더라도 반드시 옥장이를 시켜서 새기고 다듬게 할 것입니다. 그런데 나라와 집안을 다스리는 일에서는 '네가 배운 것을 잠시 버려두고 내 말을 따르라'고 한다면, 저 옥장이에게 새기고 다듬는 일을 가르치는 것과 무엇이 다르겠습니까?"

蛇足 공사(工師)는 고대의 관직명으로, 각종 장인들을 담당하는 관리다. 여기서는 우두머리 목수를 뜻하는 '도편수'로 풀이했다. 대목(大木)은 크고 좋은 재목(材木)을 뜻한다. 능(能)은 잘 하다, 제대로 하다는 뜻이다. 승(勝)은 감당해내다는 뜻이다. 착(斲)은 깎다, 깍아내다는 뜻이다. 고(姑)는 잠시를 뜻한다. 사(舍)는 버리다는 뜻의 사(捨)와 같다. 여(女)는 여(汝)와 같다. 박옥(璞玉)은 캐낸 그대로 가공하지 않은 옥덩이를 뜻한다. 일(鎰)은 무게의 단위로, 20냥이라는 설도 있고 24냥이라는 설도 있다. 조(彫)는 새기다는 뜻이고, 탁(琢)은 쪼다, 다듬다는 뜻이다.

蛇足 왕이 왜 간섭하는가? 믿지 못해서다. 왜 믿지 못하는가? 현명하지 못하다고 여기기 때문이다. 과연 현명하지 못하기 때문에 그렇게 여기는가? 아니면 자신이 현명하지 못해서 알아보지 못한 것인가? 제나라 선왕은 그 자신이 현명하지 못하기 때문에 현명한 이를 쓰지 못하고, 쓰더라도 현명하지 못한 자를 쓰기 때문에 믿고 맡기지 못한 것으로 보인다. 앞서 선왕은 자신이 재화를 좋아하고 여색을 좋아한다고 했는데, 현명한 선비를 좋아한 것도 그런 정도였느냐 하면 그렇지 않은 듯하다. 설령 현명한 선비를 썼더라도 그 현명함을 알아보지 못했기에 믿고 맡기지 못했던 듯하다. 이와 관련된 흥미로운 이야기가 『전국책』「제책(齊策)」에도 나온다.

제나라 선왕이 말했다.

"지금 세상에는 선비다운 선비가 없소. 그러니 과인이 누구를 좋아할 수 있겠소?"

그러자 은사(隱士)인 왕두(王斗)가 말했다.

"지금 세상에는 기린(麒麟)이나 녹이(騄耳)와 같은 명마는 없지만 왕께서는 네 필의 준마를 갖추고 계시고, 동곽준(東郭俊)을 쫓을 수 있는 한로(韓盧)와 같은 명견은 없지만 왕께서는 좋은 사냥개를 갖고 계시며, 모장(毛嬙)이나 서시(西施)와 같은 미인은 없지만 왕의 궁궐에는 궁녀들이 이미 가득합니다. 그런데 왕께서는 선비를 좋아하지 않으면서 어찌하여 선비가 없음을 걱정하십니까?"

"과인은 나라를 걱정하고 백성을 사랑하고 있어 진실로 현명한 선비를 얻어 나라를 다스리고 싶소."

"그러나 왕께서 나라를 걱정하고 백성을 사랑하는 것은 왕께서 한 자 길이의 비단을 아끼는 것만도 못합니다."

"어째서 그렇게 말하는 것이오?"

"왕께서 사람을 시켜 얇은 비단으로 관(冠)을 만들려 할 때는 좌우의 총애하는 신하에게 맡기지 않고 공인에게 맡기는 것은 무슨 까닭입니까? 공인이 잘 만들기 때문입니다. 지금 왕께서는 제나라를 다스리면서 좌우의 총애하는 신하가 아니면 나랏일을 맡기지 않습니다. 그래서 신이 '왕께서 한 자 길이의 비단을 아끼는 것만도 못하다'고 말씀드린 것입니다."

여기에서도 왕두는 맹자와 비슷한 비유를 들면서 현명한 선비를 써야 한다는 충언을 해주었다. 『전국책』에서는 왕두의 말을 듣고 현명한 선비를 발탁해서 기용했다고 하는데, 참으로 그러했는지는 알 수가 없다. 분명한 것은 선왕이 인재를 좋아해서 추연(騶衍)이나 순우곤(淳于髡), 신도(愼到) 등에게 집을 하사하였으며, 천하에서 모여든 학자들이 자유로이 토론할 수 있게 여건을 마련해주었다는 점이다. 맹자가 위나라에서 제나라로 간 까닭도 그 때문이라 할 수 있다. 그러나 맹자의 말을 통해 짐작하건대, 선왕은 상앙에게 변법의 추진을 일임하고 기득권층의 반발에 대해 상앙의 보호막이 되어주었던 효공처럼 하지는 못했던 듯하다. 이러한 인재 기용의 차이에서 서쪽 진나라와 동쪽 제나라의 운명이 천천히 갈라졌다고 하면 지나친 말일까?

2.10

齊人伐燕, 勝之. 宣王問曰: "或謂寡人勿取, 或謂寡人取之. 以萬乘之國伐萬乘之國, 五旬而擧之, 人力不至於此. 不取, 必有天殃. 取之, 何如?"
孟子對曰: "取之而燕民悅, 則取之. 古之人有行之者, 武王是也. 取之而燕民不悅, 則勿取. 古之人有行之者, 文王是也. 以萬乘之國伐萬乘之國, 簞食壺漿以迎王師, 豈有他哉? 避水火也. 如水益深, 如火益熱, 亦運而已矣."

제나라 사람들이 연(燕)나라를 쳐서 이겼다. 선왕이 물었다.
"어떤 자는 과인에게 차지하지 말라고 하고, 어떤 자는 과인에게 차지하라고 하오. 전차 만 대의 나라가 전차 만 대의 나라를 쳐서 50일 만에 빼앗았으니, 사람의 힘으로는 이에 이르지 못하오. (이는 하늘의 뜻이오.) 내가 차지하지 않는다면, 반드시 하늘이 벌을 내릴 것이오. 그러니 차지하면 어떻겠소?"
맹자가 대답했다.
"차지해서 연나라 백성들이 기뻐한다면, 차지하십시오. 옛사람 가운데에도 그렇게 한 이가 있으니, 무왕이 그 사람입니다. 차지해서 연나라 백성들이 기뻐하지 않는다면, 차지하지 마십시오. 옛사람 가운데에도 그렇게 한 이가 있으니, 문왕이 그 사람입니다. 전차 만 대의 나라가 전차 만 대의 나라를 치는데, 밥 담은 대광주리와 미음이 든 병을 들고서 왕의 군대를 맞이한다면, 어찌 다른 뜻이 있겠습니까? 물이나 불을 피하려는 것입니다. 그런데 물이 더 깊어지고 불이 더 뜨거워진다면, 그저 몸을 돌려 딴 데서 구할 따름입니다."

注釋 제나라가 연나라를 친 일은 제나라 선왕 5년(기원전 315)에

일어났다. 혹(或)은 어떤 사람을 뜻한다. 순(旬)은 열흘을 뜻한다. 제나라가 연나라를 쳐서 50일 만에 이긴 것은 대단한 일이다. 『사기』의 「연세가(燕世家)」를 보면, "연나라의 전사들과 병사들이 싸우지 않고 성문도 닫지 않았으므로 연나라 임금 쾌(噲)는 죽고 제나라는 크게 이겼다"고 묘사하고 있다. 이 일을 두고 선왕이 "사람의 힘으로는 이에 이르지 못하오"라고 말한 것이다. 앙(殃)은 재앙을 뜻한다. 단(簞)은 대광주리다. 사(食)는 밥을 뜻한다. 호(壺)는 병이나 단지다. 장(漿)은 쌀로 만든 음료다. 사(師)는 군대를 뜻한다. 역(亦)은 다만, 그저 등을 뜻한다. 운(運)은 전(轉)과 같으며, 여기서는 몸을 확 돌리다, 마음을 바꾸다는 말맛이 있다.

蛇足 제나라에 버금가는 강국이었던 연나라를 제나라가 쳐서 이겼으므로 여기에는 천명이 작용했으리라는 것이 선왕의 판단이었고 또 믿음이었다. 그러나 선왕은 천명의 참뜻을 이해하지 못했다. 천명을 제멋대로 이해한 셈인데, 이는 그에게 야심이 있었기 때문이다. 야심은 판단력을 흐리게 한다. 문제는 군주의 판단력이 흐려지면 사직의 존망이 위태로워진다는 사실이다. 『상서』 〈서백감려(西伯戡黎)〉에 비슷한 예가 나온다.

서백이 여(黎)나라를 치니, 주왕(紂王)의 신하인 조이(祖伊)가 두려워하며 임금에게 아뢰었다. "천자여! 하늘이 우리 은나라의 명을 끊으려 합니다. 훌륭한 선지자나 큰 거북도 어떤 길함을 알려주지 않고 있습니다. 이는 옛 왕들이 우리 뒷사람들을 돕지 않아서가 아니라 오직 천자께서 음란하고 놀기 좋아해서 스스로 끊어버린 것입니다. 그래서 하늘이 우리를 버려 편안하게 먹게 하지 않고 타고난 본성을 헤아리지도 못하게 하며 어떤 법도도 따르게 하지 않고 있습니다. 지금 우리 백성들은 천자가 죽는 것을 바라면서 '하늘은 왜 주왕에게 벌을 내리지 않는가? 대명을 맡은 이는 왜 이르지 않는가? 이제 왕을 어찌해야 하는가?'

라고 말합니다."

이에 주왕이 말했다.

"나의 명은 태어날 때부터 하늘에 있지 않은가?"

조이가 물러나오면서 탄식했다.

"오호라! 그가 지은 죄악이 많아 하늘에서도 알고 있거늘, 하늘에 명을 요구한들 될 일이겠는가? 은이 곧 망하겠구나! 이는 그대가 한 일이다. 그대의 나라는 망하리라!"

비록 포악한 군주 밑에 있었으나, 조이는 현자였다. 서백이 친 여나라는 은나라에 딸린 제후국이다. 이 나라를 친 것은 곧 서백의 세력이 더욱 커질 것임을 의미하며, 이미 주왕의 횡포로 제후들과 백성들의 마음을 저버린 은나라가 위태로워짐을 의미하기도 한다. 서백이 여나라를 친 데서 그러한 흐름을 읽은 조이였기 때문에 두려워하며 다급하게 주왕을 찾아가 아뢰었던 것인데, 이미 덕성과 지혜를 잃은 주왕이었으므로 올바른 판단을 할 수 없었다. 그래서 "내가 이미 태어날 때부터 천명을 받았는데, 누가 나를 대신할 수 있겠는가?" 하고 천명이 여전히 자신에게 있음을 과신했다. 그러나 이미 천명은 서백에게로 옮겨가고 있었고, 이윽고 서백의 아들인 무왕에 의해서 은나라는 멸망했다. 선왕은 비록 주왕처럼 제나라를 멸망으로 이끌지는 않았으나, "내가 차지하지 않는다면, 반드시 하늘이 벌을 내릴 것이오"라고 한 말에서 그의 판단력이 주왕 못지 않게 흐려져 있음을 알 수 있다. 그의 판단이 착오였음은 아래의 2.11에서 드러난다.

2.11

齊人伐燕, 取之. 諸侯將謀救燕, 宣王曰: "諸侯多謀伐寡人者, 何以待之?"

孟子對曰: "臣聞七十里爲政於天下者, 湯是也. 未聞以千里畏人者也. 書曰, '湯一征, 自葛始.' 天下信之, 東面而征, 西夷怨; 南面而征, 北狄怨, 曰, '奚爲後我?' 民望之, 若大旱之望雲霓也. 歸市者不止, 耕者不變, 誅其君而弔其民, 若時雨降. 民大悅. 書曰, '徯我后, 后來其蘇.' 今燕虐其民, 王往而征之, 民以爲將拯己於水火之中也, 簞食壺漿以迎王師. 若殺其父兄, 係累其子弟, 毁其宗廟, 遷其重器, 如之何其可也? 天下固畏齊之彊也, 今又倍地而不行仁政, 是動天下之兵也. 王速出令, 反其旄倪, 止其重器, 謀於燕衆, 置君而後去之, 則猶可及止也."

제나라 사람들이 연나라를 쳐서 차지했다. 이에 제후들이 연나라를 구할 계책을 마련하려 했으므로 선왕이 물었다.

"많은 제후들이 과인을 치려고 의논하고 있다는데, 어떻게 대처하는 게 좋겠소?"

맹자가 대답했다.

"신이 듣기에, 70리의 땅으로 천하에 정치를 편 이가 있다고 하는데, 탕왕이 바로 그 사람입니다. 천 리의 땅을 차지하고서 남을 두려워했다는 말은 아직 들어보지 못했습니다. 『상서』에 이르기를, '탕임금이 처음 정벌하매, 갈(葛)나라에서 시작했다'고 했습니다. 천하 사람들은 그를 믿었으니, 동쪽으로 가서 치면 서쪽 오랑캐가 원망했고, 남쪽으로 가서 치면 북쪽 오랑캐가 원망하면서 '어찌 우리를 뒤로 미루시나?'라고 말했습니다. 백성들이 그를 바라보는 것이 마치 혹심한 가뭄에 먹구름과 무지개를 바라는 것과 같았습니다. 저자로 가는 자들도 멈추지 않았고 밭가는 자들도 하는 일을 바꾸지 않았으며, 그 임금을 죽이고 백성들을 달랬으니, 마치 때맞게 내린 비와 같았습니다. 백성들이 아주 기뻐했습니다. 『상서』에 이르기를, '우리 임금을 기다리나니, 임금께서 오셔서 우리를 살려주시리라'고 했습니다. 이제 연나라 왕이 그 백성들을 몹시굴었기 때문에 왕께서 가서 정벌을 하신 것이므로 연나라 백성들은 물이나 불 가운데서 자신들을 건져주는 것이라 여겼고, 그래서 밥 담은 대광주리와 미음이 든 병을 들고서 왕의 군대를 맞이했습니다. 그런데도 그 부모와 형 들을 죽이고 그 자식과 아우 들을 포박하며 그 종묘를 헐고 고귀한 기물들을 빼앗아간다면, 어찌 옳다고 하겠습니까? 천하 사람들은 원래 제나라가 강성한 것을 두려워했습니다. 그런데 이제 다시 그 땅이 갑절이나 되는데도 어진 정치를 펴지 않으니, 이것이 천하 제후들의 군대를 부추긴 것입니다. 왕께서는 얼른 명령을 내리시어, 늙은이와 아이들을 돌려보내고 보물과 재화는 그대로 두게 하시고, 연나라 사람들과 상의하여 새 군주를 둔 뒤에 떠나십시오. 그러면 제후들의 군대를 멈추게 할 수 있습니다."

注釋 장(將)은 ~을 하려고 하다는 뜻이다. 대(待)는 대처하다, 대비하다는 뜻이다. 탕(湯)은 상 왕조의 시조로, 하 왕조의 마지막 왕인 폭군 걸(桀)을 내쫓고 제후들을 복종시켰다. 일(一)은 시(始)와 같으며, 처음을 뜻한다. 자(自)는 ~에서, ~부터를 뜻한다. "탕임금이 처음 정벌하매, 갈(葛)나라에서 시작했다"는 구절은 현재 전하는 『상서』에는 나오지 않는다. 그리고 「등문공하」(6.5)에서는 "湯始征, 自葛載"로 되어 있다. 원(怨)은 뒤틀리다, 웅등그러지다는 뜻이다. 해(奚)는 어찌, 왜 등을 뜻한다. 후(後)는 뒤로 미루다, 뒤로하다는 뜻이다. 예(霓)는 무지개다. 주(誅)는 베다, 죽이다는 뜻이다. 조(弔)는 위문하다, 달래다는 뜻이다. 혜(徯)는 기다리다는 뜻의 대(待)와 같다. 후(后)는 왕(王)과 같다. 소(蘇)는 되살리다는 뜻이다. 학(虐)은 몹시굴다, 사납게 굴다는 뜻이다. 증(拯)은 건지다, 구하다는 뜻이다. 계(係)는 잡아매다, 묶다는 뜻의 계(繫)와 같다. 루(累)는 얽히다, 매다는 뜻의 루(纍)와 같다. 천(遷)

은 옮기다는 뜻이다. 중기(重器)는 보배로운 기물(器物)을 가리킨다. 고(固)는 본래, 원래를 뜻한다. 반(反)은 되돌리다, 돌려보내다는 뜻이다. 모(旄)는 '모(耄)'와 같으며, 나이가 여든이나 아흔이 된 노인을 뜻한다. 예(倪)는 어린아이를 뜻한다. 모(謀)는 묻다, 서로 의논하다는 뜻이다.

蛇足 맹자는 패도를 전혀 인정하지 않았으나, 순자는 패도를 인정했다. 이러한 차이는 시대적 상황이 급변한 데 따른 것으로도 볼 수 있는데, 설령 순자가 패도를 인정했어도 제나라 선왕이 한 짓을 패도로 보지는 않았다. 『순자』「왕제(王制)」에서 순자는 이렇게 말했다.

"저 패자(霸者)는 그렇지 않다. 밭과 들을 개간하고, 곳간을 가득 채우며, 쓸 기구들을 편리하게 만들고, 잘 살피고 삼가서 재주 있고 능력 있는 선비를 뽑은 뒤에 차츰차츰 상을 주면서 이끌고 형벌을 엄정하게 써서 바로잡는다. 망해가는 나라를 존속시키고 끊어진 세대를 이어주며 약한 나라를 지켜주고 포악한 자를 억누르며 병합하려는 마음을 갖지 않으면, 제후들이 그를 가까이할 것이다. 대등하게 사귀는 도를 닦아서 제후들을 지극한 마음으로 대한다면, 제후들이 기뻐할 것이다. 그를 가까이하는 까닭은 그가 병합하지 않기 때문이니, 병합하려는 낌새가 보이면 제후들은 그에 멀어진다. 그를 기쁘게 대하는 까닭은 대등하게 사귀기 때문이니, 신하로 대할 낌새가 보이면 제후들은 떠나버릴 것이다. 그러므로 병합하지 않는다는 행동을 분명하게 하고 대등하게 사귀는 도를 믿게 한다면, 천하에 왕노릇할 패자가 없을 때는 반드시 그가 승리할 것이니, 그가 바로 패도를 아는 자다."

순자의 말대로라면 선왕은 패도를 추구했으되 패도를 모르는 자였다고 할 수 있다. 그런데 순자가 말한 패도도 전국시대에 들어서는 점점 찾아보기 어려워졌다. 그가 말한 패도는 춘추오패의 패도였기 때문이다. 춘추시대의 전쟁이 포악한 제후에 대한 정벌의 의미를 갖는 것이었다면, 전국시대의 전쟁은 포악한 군주를 징벌한다는 구실로 실제로는 병합하려는 속셈을 가진 것이었다. 연나라를 친 제나라가 바로 그런 속셈을 가졌고, 그 속셈이 드러나자 다른 제후들이 제나라가 커질 것을 우려해서 제나라를 치려고 했던 것이다.

맹자가 70리의 땅으로 천하를 얻은 탕왕에 대해 언급한 것은 대등한 나라끼리는 왕도가 아니면 병합하기가 지극히 어렵다는 것을 말하기 위해서다. 만약 대등한 나라라면 패도로써는 한계가 분명하다. 상앙의 변법을 쓴 진나라가 급속도로 부국강병을 이루었음에도 다른 제후들을 쉽게 병합하지 못한 것도 그 때문이다. 패도로써 천하를 장악하려면 다른 제후들보다 몇 갑절이나 부유하고 강성해져야만 가능한 일이다. 그런 점에서 보면, 맹자가 활약하던 때에는 왕도가 패도 못지 않게 가능성이 있는 길이었음을 알 수 있다. 후대의 역사적 추이만을 보고서 맹자의 왕도를 무턱대고 이상주의적이며 비현실적인 방안이라고 매도하는 것은 문제가 있다.

2.12

鄒與魯鬨. 穆公問曰: "吾有司死者三十三人, 而民莫之死也. 誅之, 則不可勝誅; 不誅, 則疾視其長上之死而不救, 如之何則可也?"

孟子對曰: "凶年饑歲, 君之民老弱轉乎溝壑, 壯者散而之四方者, 幾千人矣. 而君之倉廩實, 府庫充, 有司莫以告, 是上慢而殘下也. 曾子曰, '戒之戒之! 出乎爾者, 反乎爾者也.' 夫民今而後得反之也. 君無尤焉! 君行仁政, 斯民親其上, 死其長矣."

추(鄒)나라와 노(魯)나라가 서로 싸웠다. 추나라 목공(穆公)이 물었다.

"나의 유사(有司) 서른세 명이 죽었는데, 백성들은 그들을 위해 죽지 않았소. 백성들을 베기로 하면 다 베어 죽일 수가 없고, 베지 않으면 또 그들은 윗사람이 죽어도 밉게 보면서 구하지 않을 것이니, 도대체 어찌해야 좋겠소?"

맹자가 대답했다.

"흉년이 들어 굶주릴 때에 임금의 백성들 가운데 늙고 약한 자들은 도랑이나 골짜기에 버려지고 장정들은 사방으로 흩어졌는데, 거의 천 명이나 되었습니다. 그런데 임금의 곡식 곳간과 재물 곳간은 가득 차 있었는데도 유사들이 보고하지 않았으니, 이는 윗사람이 게을리 하여 아랫사람에게 모질게 군 것입니다. 증자(曾子)가 말하기를, '경계하라, 경계하라! 너에게서 나온 것이 너에게로 돌아가리라!'고 했습니다. 저 백성들이 이제부터 그것을 되돌려줄 것입니다. 임금께서는 그들을 허물치 마십시오. 임금께서 어진 정치를 행하신다면, 이 백성들은 윗사람들을 가까이하고 그들을 위해서 죽을 것입니다."

注釋 추(鄒)는 작은 나라로, 『좌전』과 『곡량전』에서는 주(邾)로 적고 있다. 홍(鬨)은 싸우다는 뜻이다. 목공(穆公)은 당시 추나라의 군주로, 맹자가 추나라 출신이므로 목공이 그에게 물었다. 유사(有司)는 특정한 일을 담당한 관리를 가리킨다. 막지사(莫之死)의 지(之)는 앞의 유사(有司)를 가리킨다. 질시(疾視)는 밉게 보다는 뜻이다. 기(饑)는 굶주리다는 뜻이다. 전(轉)은 버려지다, 나뒹굴다는 뜻이다. 구(溝)는 도랑을, 학(壑)은 골짜기를 뜻한다. 기(幾)는 거의를 뜻한다. 창름(倉廩)은 곡식을 넣어두는 곳집이고, 부고(府庫)는 문서나 재물을 두는 곳간이다. 충(充)은 차다, 채우다는 뜻이다. 만(慢)은 게으르다는 뜻이고, 잔(殘)은 해치다, 모질게 굴다는 뜻이다. 증자(曾子)는 공자의 제자인 증삼(曾參)을 가리킨다. 이(爾)는 여(汝)와 같다. 우(尤)는 허물하다, 죄주다는 뜻이다.

蛇足 추나라 목공은 덕치도 법치도 하지 않았음을 알 수 있다. 법치를 했다면, 평소에는 유사들이 제 일을 제대로 해서 백성들이 굶거나 사방으로 흩어지는 일이 없었을 것이고, 또 전쟁이 벌어졌을 때는 형벌이 무서워서라도 백성들이 전쟁에서 죽음을 무릅쓰고 싸웠을 것이다. 덕치를 했다면, 평화로울 때는 백성들이 군주와 관리들을 믿고 따랐을 것이고, 전쟁에서는 윗사람을 위해 기꺼이 목숨을 내놓았을 것이다. 맹자의 말을 들어보면, 목공은 법치도 덕치도 아닌 어쩡쩡한 정치를 했다. 이는 목공이 현명한 군주가 아님을 말해주는 것이다. 더욱 안타까운 것은 "도대체 어찌해야 좋겠소?"라는 말인데, 이는 정말로 물음을 던진 것이라기보다는 어찌해야 할지 모르는 답답한 마음에서 나온 푸념이나 마찬가지다. 군주인 목공 자신도 답답할 터이지만, 도무지 해법을 찾지 못하는 군주 밑에 있는 백성들은 또 어떻게 하란 말인가! 그런 목공과 대화를 나누고 있는 맹자는 또 어떤 심정이었을까?

2.13

滕文公問曰: "滕, 小國也, 間於齊楚. 事齊乎, 事楚乎?"
孟子對曰: "是謀非吾所能及也. 無已, 則有一焉. 鑿斯池也, 築斯城也, 與民守之, 效死而民弗去, 則是可爲也."

등(滕)나라 문공(文公)이 물었다.
"등나라는 작은 나라고, 제나라와 초나라 사이에 끼어 있소. 제나라를 섬겨야 하오, 초나라를 섬겨야 하오?"
맹자가 대답했다.
"그런 계책은 제가 꾀할 수 있는 게 아닙니다. 그렇지만 말을 그만두게 하지 않으신다면, 한 가지가 있습니다. 여기 성 주위에 못을 파고 성을 견고하게 쌓아서 백성들과 더불어 지킵니다. 죽음을 무릅쓰면서도 백성들이 떠나지 않는다면, 지킬 수 있습니다."

注釋 등(滕)은 작은 나라다. 그 성은 지금의 산동 등현(滕縣) 서남쪽에 있었다. 간(間)은 끼어 있다는 뜻이다. 모(謀)는 꾀, 계략, 술책을 뜻한다. 착(鑿)은 뚫다는 뜻이다. 지(池)는 성을 지키기 위해 둘레에 판 못, 곧 해자를 뜻한다. 효(效)는 드리다, 바치다는 뜻인데, 여기서는 무릅쓰다는 말맛을 담고 있다.

蛇足 상앙의 변법이 전국시대 제후국들에게 무조건 적절한 방책을 제공해주지는 않는다. 강대국일 때는 그 변법을 시행하는 일이 쉽다. 그러나 약소국일 때는 이웃한 나라들이 두고 보지만은 않는다. 온갖 술수와 계략으로 견제하거나 방해할 것은 불을 보듯 뻔한 일이다. 이럴 때에는 어떻게 할 것인가? 등나라 문공의 심정이 바로 그러했다. 이에 대해 맹자는 아주 솔직하게 대답했다. "그런 계책은 제가 꾀할 수 있는 게 아닙니다." 상앙이라도 그렇게밖에는 대답해줄 수 없었으리라.

왜 맹자는 제나라나 초나라 가운데 한 나라를 섬기라고 말해주지 않았는가? 어느 나라를 섬기든 마찬가지 결말을 맞이할 것이기 때문이었다. 즉, 이때 작은 나라가 큰 나라를 섬긴다는 것은 곧장 쇠망의 길로 스스로 걸어 들어가는 것이나 마찬가지였다. 전국칠웅 가운데 병합하려는 속셈을 숨기고 있던 나라는 없었다. 힘의 우열이 있었을 뿐이다. 그래서 맹자는 어차피 다른 나라를 섬기다가 망할 바에는 백성들과 함께 지키라고 했다. 다만 전제 조건이 있다. 죽음을 무릅쓰면서도 백성들이 떠나지 않아야 한다는 것이다. 이는 군주가 어진 정치를 펼치려 애썼으므로 백성들이 군주를 믿고 따른다는 뜻이다. 만약 백성들이 떠난다면, 그 나라는 이미 오래전에 망할 수밖에 없는 처지에 있었음이 드러난다. 그때는 몸부림을 치는 것조차 사치스런 짓이다.

2.14

滕文公問曰: "齊人將築薛, 吾甚恐. 如之何則可?"
孟子對曰: "昔者大王居邠, 狄人侵之, 去之岐山之下居焉. 非擇而取之, 不得已也. 苟爲善, 後世子孫必有王者矣. 君子創業垂統, 爲可繼也. 若夫成功, 則天也. 君如彼何哉? 强爲善而已矣."

등나라 문공이 물었다.
"제나라 사람들이 설(薛) 땅에 성을 쌓으려 하는데, 나는 매우 두렵소. 어찌하면 좋겠소?"
맹자가 대답했다.
"옛날에 태왕은 빈(邠) 땅에 살 때 북쪽 오랑캐가 침입하자 그 곳을 버리고 기산(岐山) 아래로 가서 살았습니다. 이는 스스로 선택한 것이 아니라 어찌할 수 없었기 때문입니다. 진실로 좋은 일을 한다면, 후세에 자손들 가운데서 반드시 왕노릇할 자가 나올 것입니다. 군자가 일을 일으키고 큰 줄기를 드리우는 것은 대대로 이어갈 수 있게 하기 위함입니다. 대체로 공을 이루느냐 이루지 못하느냐는 하늘에 달렸습니다. 임금께서 저 제나라를 어찌하겠습니까? 힘써 좋은 일을 할 따름입니다."

注釋 축(築)은 성을 쌓다는 뜻이다. 설(薛)은 본래 작은 나라였는데, 언제 제나라에 의해 멸망했는지는 알 수 없다. 『전국책』「제책(齊策)」에, 기원전 321년에 제나라 위왕(威王)이 전영(田嬰)을 설 땅에 봉한 일과 전영이 설 땅에 성을 쌓으려다가 그만둔 일이 기록되어 있다. 빈

(郃)은 지금의 섬서성(陝西省) 순읍현(栒邑縣) 서쪽에 해당되는 지역이다. 적(狄)은 북방 오랑캐인 훈육(熏鬻)을 가리킨다. 기산(岐山)은 지금의 섬서성 기산현(岐山縣) 동북쪽 60리 즈음에 있는 전괄산(箭括山)이다. 여피(如彼)는 제나라가 설 땅에 성을 쌓는 일을 가리킨다. 강(强)은 힘쓰다는 뜻의 면(勉)과 같다.

蛇足 등나라 문공이 걱정하자 맹자는 "힘써 좋은 일을 하라"고 대답해주었다. 설 땅에 전영(田嬰)이 성을 쌓으려 했을 때도 맹자가 한 말과 비슷한 말로써 조언을 해준 이가 있다. 『전국책』「제책」에 나온다.

정곽군(靖郭君) 전영(田嬰)이 설 땅에 성을 쌓으려 하자 문객들 가운데서 축성을 단념하라고 간언하는 자가 많았다. 그러자 정곽군은 측근에게 문객들을 들여보내지 말라고 분부를 내렸다. 이때 제나라 출신의 한 문객이 이같이 말했다.

"저는 단 세 마디만 하겠습니다. 만일 한 마디라도 더 하면 나를 삶아 죽이십시오."

이에 정곽군이 그를 만나보자, 그 문객은 잰걸음으로 다가오면서 말했다.

"바다의 큰 물고기(海大魚)!"

그리고는 몸을 획 돌려서 달아났다. 정곽군이 말했다.

"객은 거기 멈추시오!"

문객이 말했다.

"못난 저는 감히 죽는 일을 갖고 장난칠 수 없습니다."

"그런 말 마시오. 다시 말씀해주시오."

그러자 문객이 말했다.

"주군은 저 바다의 큰 물고기에 대해 들어보지 못했습니까? 그물로도 잡을 수 없고 낚시로도 끌어당길 수 없습니다만, 제멋대로 놀다가 물을 떠나면 그 순간 땅강아지나 개미의 밥이 되어버립니다. 지금 제나라는 주군에게 있어 물과 같습니다. 주군이 제나라에서 오래도록 살고자 한다면, 설 땅에 성을 쌓는 게 무슨 소용이 있겠습니까? 제나라를 잃는다면 비록 설 땅의 성벽이 하늘에 닿는다고 한들 아무런 도움이 되지 않습니다."

정곽군은 "옳은 말이오"라고 말하고는 곧 성 쌓는 일을 그만두었다.

지혜로운 자는 일이 일어나기 전에 미리 대비한다. 그러나 지혜로운 사람이 군주가 되는 일은 드물다. 간혹 그런 군주가 나온다고 한들, 이미 나라가 위태로운 지경에 처해 있으면 어떻게 할 것인가? 결국 장구한 계책을 세울 수밖에 없고, 그 바탕은 백성들의 믿음이다. 백성들에게 은혜로운 정치를 베풀어서 그 마음을 얻는 길이 전부다. 설령 사직을 지탱하지 못한다고 해도 백성들은 살아가야 하지 않겠는가? 더 이상 지탱하기 어려운 사직을 지키겠다고 백성들을 사지로 내모는 군주 또한 폭군이다.

2.15

滕文公問曰: "滕, 小國也. 竭力以事大國, 則不得免焉. 如之何則可?"

孟子對曰: "昔者大王居邠, 狄人侵之. 事之以皮幣, 不得免焉; 事之以犬馬, 不得免焉; 事之以珠玉, 不得免焉. 乃屬其耆老而告之曰, '狄人之所欲者, 吾土地也. 吾聞之也, 君子不以其所以養人者害人. 二三者何患乎無君? 我將去之.' 去邠, 踰梁山, 邑于岐山之下居焉. 邠人曰, '仁人也, 不可失也.' 從之者如歸市. 或曰, '世守也, 非身之所能爲也. 效死勿去.' 君請擇於斯二者."

등나라 문공이 물었다.

"등나라는 작은 나라요. 힘을 다해서 큰 나라를 섬기더라도 화를 피할 수가 없소이다. 어찌하면 좋겠소?"

맹자가 대답했다.

"옛날에 태왕이 빈(邠) 땅에 살 때 북쪽 오랑캐가 침입했습니다. 가죽과 비단을 주면서 섬겼으나, 침입을 피할 수 없었습니다. 개와 말을 주면서 섬겼으나, 역시 피할 수 없었습니다. 구슬과 옥을 주면서 섬겼으나, 그래도 피할 수 없었습니다. 그러자 어르신들을 모아서, '북쪽 오랑캐가 바라는 것은 우리의 땅입니다. 제가 들으니, 군자는 사람을 기르는 것을 가지고 사람을 해치지 않는다고 했습니다. 군주가 없다고 해도 여러분은 걱정하지 마십시오. 저는 여기를 떠나렵니다'라고 말했습니다. 그리고는 빈 땅을 떠나 양산(梁山)을 넘어 기산 아래에 도읍을 정하고 머물렀습니다. 빈 땅 사람들은 '어진 사람이다. 잃을 수 없다'고 했습니다. 그를 따르는 자가 저자에 사람이 모이는 것 같이 많았습니다. 누군가는, '조상 대대로 지켜온 곳이니, 우리 마음대로 할 수 있는 게 아니오. 죽더라도 떠나지 않겠소'라고 말했습니다. 임금께서는 이 둘 가운데서 고르십시오."

注釋 갈(竭)은 다하다는 뜻이다. 면(免)은 침범이나 위험을 벗어나다는 뜻이다. 피(皮)는 짐승의 가죽이고, 폐(幣)는 비단이나 예물이다. 속(屬)은 모으다는 뜻이다. 기(耆)는 예순이 넘은 늙은이, 노(老)는 일흔이 넘은 늙은이다. 양산(梁山)은 섬서성(陝西省) 건현(乾縣)에서 서북쪽으로 5리 즈음에 있다. 읍(邑)은 성읍을 쌓다는 뜻이다. 효(效)는 드리다, 바치다는 뜻이며, 효사(效死)는 죽더라도, 죽음을 무릅쓰고를 뜻한다.

蛇足 죽기를 무릅쓰고 지킬 것인가, 백성을 살리기 위해 떠날 것인가? 참으로 어렵고 어려운 문제다. 이론적으로야 쉽게 답을 낼 수 있겠

지만, 실제 이 문제에 맞닥뜨리면 쉽사리 답을 낼 수가 없다. 그리고 선택은 결국 군주 자신이 해야 한다. 또 나라가 강하냐 약하냐 하는 것보다 더 중요한 것은 어떤 군주가 재위하고 있느냐라는 사실이다. 아무리 강한 나라라고 하더라도 어리석은 군주가 있으면 혼란해질 것이니 백성의 삶은 고달파진다. 반면에 비록 약한 나라라고 하더라도 현명한 군주가 있으면 백성들이 희망을 가질 수 있고 나라가 강성해질 수 있는 토대를 다질 수 있다.

2.16

魯平公將出, 嬖人臧倉者請曰: "他日君出, 則必命有司所之. 今乘輿已駕矣, 有司未知所之. 敢請."

公曰: "將見孟子."

曰: "何哉, 君所爲輕身以先於匹夫者? 以爲賢乎? 禮義由賢者出, 而孟子之後喪踰前喪. 君無見焉!"

公曰: "諾."

樂正子入見, 曰: "君奚爲不見孟軻也?"

曰: "或告寡人曰, '孟子之後喪踰前喪,' 是以不往見也."

曰: "何哉, 君所謂踰者? 前以士, 後以大夫; 前以三鼎, 而後以五鼎與?"

曰: "否! 謂棺椁衣衾之美也."

曰: "非所謂踰也, 貧富不同也."

樂正子見孟子, 曰: "克告於君, 君爲來見也. 嬖人有臧倉者沮君, 君是以不果來也."

曰: "行, 或使之; 止, 或尼之. 行止, 非人所能也. 吾之不遇魯侯, 天也. 臧氏之子焉能使予不遇哉?"

노나라 평공(平公)이 외출하려고 하자, 총애 받던 장창이라는 자가 말했다.

"다른 날에는 임금께서 나가실 때 반드시 유사에게 가시는 곳을 알리셨습니다. 그런데 지금은 수레에 이미 멍에를 다 매었는데도 어디로 가시는지 유사가 모르고 있습니다. 어디로 가시는지 여쭙겠습니다."

평공이 말했다.

"맹자를 만나려 하네."

"어찌하여 임금께서 몸을 낮추어 먼저 필부를 찾아가십니까? 그를 현명하다고 여기셔서입니까? 예의와 올바름은 현자에게서 나옵니다만, 맹자는 나중에 치른 모친의 상례를 앞서 치른 부친의 상례보다 더 낫게 했습니다. 만나지 마십시오!"

"알았다."

악정자(樂正子)가 들어가서 평공을 뵙고는 말했다.

"임금께서는 어찌하여 맹가(孟軻)를 만나지 않으십니까?"

"어떤 이가 과인에게 '맹자는 나중에 치른 상례를 앞서 치른 상례보다 더 낫게 했다'고 말했소. 그래서 만나러 가지 않았소."

"무슨 뜻입니까, 임금께서 말씀하신 더 낫게 했다는 것은? 앞서는 사(士)의 예법으로 하고 나중에는 대부(大夫)의 예법으로 했으며, 앞서는 삼정(三鼎)으로써 하고 나중에는 오정(五鼎)으로써 했던 것을 말씀하십니까?"

"아니오! 속널과 덧널, 수의가 화려했던 것을 말하오."

"그런 것은 예법을 뛰어넘었다고 할 수 없으니, 가난함과 가멸짐이 같지 않아서였을 뿐입니다."

악정자가 맹자를 만나자 말했다.

"제가 임금께 아뢰자 임금께서는 와서 만나려고 했습니다. 그러나 총애받던 장창이라는 자가 임금을 막았고, 이런 까닭에 임금께서는 끝내 오지 못하셨습니다."

맹자가 말했다.

"가려고 할 때에 무언가가 그렇게 하게 만들기도 하고, 멈추려 할 때에 무언가가 그치게 할 수 있다네. 그러나 가거나 멈추는 것은 사람이 어찌할 수 있는 게 아니지. 내가 노나라 임금을 만나지 못한 것은 하늘의 뜻이라네. 장씨네 아들 따위가 어찌 나로 하여금 임금을 만나지 못하게 할 수 있겠나!"

注釋 평공(平公)에 대해서는 『사기』의 「노세가(魯世家)」에서, "경공(景公)이 재위 29년 만에 죽고 그 아들 숙(叔)이 즉위하니, 이 사람이 평공이다"라고 언급하고 있다. 평공은 재위 22년 만에 죽었다. 폐인(嬖人)은 총애를 받는 사람이다. 승여(乘輿)는 천자나 제후가 타는 수레다. 감(敢)은 별다른 뜻이 없이 공손함을 나타낸다. 후상(後喪)은 맹자의 모친상을, 전상(前喪)은 부친상을 가리킨다. 이사(以士)는 사(士)의 예법에 따라 부친의 상을 치른 것을, 이대부(以大夫)는 대부의 예법에 따라 모친의 상을 치른 것을 뜻한다. 정(鼎)은 고대에 제의 때 쓰였던 중요한 솥으로, 제사에 쓰는 제물을 담았다. 크기는 일정하지 않았고 그 쓰임새도 제각각이었는데, 사(士)는 삼정(三鼎)을 썼고, 대부(大夫)는 오정(五鼎)을 쓰는 것이 예법이었다. 삼정은 돼지와 생선, 짐승의 마른 고기를 담은 솥이고, 오정은 삼정에서 쓴 것에 양과 얇게 썬 고기를 더한 것이다. 관(棺)은 주검을 넣는 속널을, 곽(椁)은 관을 담는 덧널을 뜻한다. 의금(衣衾)은 주검을 씻기고 입히는 옷과 천을 이른다. 유(踰)는 법도나 예법을 넘어선 것을 뜻한다. 극(克)은 악정자의 이름인데, 이 사람은 당시 맹자의 문인이었다. 군위(君爲)의 위(爲)는 장(將)과 같으며, ~하려고 하다는 뜻이다. 저(沮)는 막다, 그치다는 뜻의 지(止)와 같다. 과(果)는 마침내, 끝내 등을 뜻한다. 혹(或)은 어떤 힘이나 사태를 이른다. 닐

(尼)은 그치게 하다는 뜻이다.

蛇足 평공이 직접 맹자를 만나려고 나섰다는 사실은 현자를 만나는 예법을 잘 알고 있었음을 의미한다. 이는 노나라가 주 왕조의 창업과 문물제도를 정비하는 데 있어 가장 큰 공을 세웠던 주공(周公)의 나라라는 사실과 깊은 관련이 있다. 주공을 누구보다 숭앙했던 공자가 "제나라가 한 번 바뀌면 노나라가 되고, 노나라가 한 번 바뀌면 도에 이른다"(『논어』「옹야」)고 한 말에서도 드러나듯이 노나라는 주나라 문화와 예법의 정수를 간직한 곳이다. 따라서 그러한 전통이 평공의 몸에도 배어 있었다고 할 수 있다.

그러나 평공이 취한 예법은 허례에 가깝다. 예법이란 지혜가 모자라면 한낱 겉치레에 지나지 않기 때문이다. 장창이란 자의 말을 듣고 나서는 걸음을 다시 되돌렸으니 말이다. 장창이 아주 틀린 말을 한 건 아니었다. 그러나 그는 고작 형식으로서 예법을 알았을 뿐이다. 예법은 결코 고정되거나 정해진 것이 아니라 상황에 따라 알맞도록 유연하게 행동하는 것임을 몰랐던 것이다. 그래서 맹자의 모친상과 부친상이 서로 달랐던 것을 문제 삼았다. 어쩌면 맹자와 같은 현자를 만나면 평공이 자신을 소인으로 볼까 두려워서 둘러댄 것일지도 모른다. 어떤 경우가 되었든 그는 못난 자임이 분명하다. 그런 못난 자의 장단에 놀아난 평공 또한 못난 군주일 수밖에 없다. 그렇다면 악정자가 평공의 발걸음이 멈춘 까닭이 장창이란 자 때문이라고 했을 때, 맹자가 하늘의 뜻이라고 말한 까닭은 무엇인가? 자신을 만나지 말라고 한 장창이나 그 말을 들은 평공에게서 원인을 찾지 않고 왜 '하늘의 뜻'을 운운했는가? 이에는 시세(時勢)의 변화를 중시한 중국인의 사유가 작용했다고 볼 수 있는데, 맹자가 "가려고 할 때에 무언가가 그렇게 하게 만들기도 하고, 멈추려 할 때에 무언가가 그치게 할 수 있다"고 한 말에서 '무언가'가 바로 시세를 가리킨다. 시세는 변화 자체이면서 언제든지 일어날 수 있는 변수이기도 하다. 그것은 미리 예측하기 어렵다. 그래서 '하늘의 뜻'이라고 표현한 것이다. 또 한편으로는 장창이나 평공 같은 못난 사람이 자신의 길을 막았다는 사실을 인정하기가 싫어서 그렇게 말했을 수도 있다. 맹자가 누구인가? "만약 천하가 평화롭게 다스려지기를 바란다면, 바로 이 시대에 나를 버리고 누가 있겠느냐?"(4.13)라고 자부했던 대장부가 아닌가. 위나라나 제나라처럼 강성한 나라의 군주 앞에서도 당당했을 뿐 아니라 때로는 조롱하듯이 말했던 것도 대장부 의식에서 비롯되었다고 할 수 있다. 하물며 평공 같은 못난 군주를 만나지 못한 것을 아쉬워할 게 무엇 있겠는가? 그렇지만 장창이 중간에서 가로막은 일만은 분명한 사실이고, 그러한 사실을 그대로 받아들이기는 마뜩잖았을 것이다. "장씨네 아들 따위가 어찌 나로 하여금 임금을 만나지 못하게 할 수 있겠나!"라고 한 말에서 그런 심사를 느낄 수가 있다.

3장

공손추 상 (公孫丑上)

3.1

公孫丑問曰: "夫子當路於齊, 管仲 · 晏子之功, 可復許乎?"

孟子曰: "子誠齊人也, 知管仲晏子而已矣. 或問乎曾西曰, '吾子與子路孰賢?' 曾西蹴然曰, '吾先子之所畏也.' 曰, '然則吾子與管仲孰賢?' 曾西艴然不悅曰, '爾何曾比予於管仲? 管仲得君, 如彼其專也; 行乎國政, 如彼其久也; 功烈, 如彼其卑也. 爾何曾比予於是?" 曰: "管仲, 曾西之所不爲也, 而子爲我願之乎?"

曰: "管仲以其君霸, 晏子以其君顯. 管仲晏子猶不足爲與?"

曰: "以齊王, 由反手也."

曰: "若是, 則弟子之惑滋甚. 且以文王之德, 百年而後崩, 猶未洽於天下; 武王 · 周公繼之, 然後大行. 今言王若易然, 則文王不足法與?"

曰: "文王何可當也? 由湯至於武丁, 聖賢之君六七作, 天下歸殷久矣. 久則難變也. 武丁朝諸侯, 有天下, 猶運之掌也. 紂之去武丁未久也, 其故家遺俗, 流風善政, 猶有存者. 又有微子 · 微仲 · 王子比干 · 箕子 · 膠鬲, 皆賢人也, 相與輔相之. 故久而後失之也. 尺地, 莫非其有也; 一民, 莫非其臣也. 然而文王猶方百里起, 是以難也. 齊人有言曰, '雖有智慧, 不如乘勢; 雖有鎡基, 不如待時.' 今時則易然也. 夏后 · 殷 · 周之盛, 地未有過千里者也, 而齊有其地矣. 鷄鳴狗吠相聞, 而達乎四境, 而齊有其民矣. 地不改辟矣, 民不改聚矣, 行仁政而王, 莫之能禦也. 且王者之不作, 未有疏於此時者也; 民之憔悴於虐政, 未有甚於此時者也. 飢者易爲食, 渴者易爲飮. 孔子曰, '德之流行, 速於置郵而傳命.' 當今之時, 萬乘之國行仁政, 民之悅之, 猶解倒懸也. 故事半古之人, 功必倍之, 惟此時爲然."

공손추가 물었다.

"선생님께서 제나라에서 주요한 자리를 맡으신다면 관중(管仲)과 안자(晏子)가 이룬 일을 다시 하실 수 있으시겠습니까?"

맹자가 말했다.

"너는 정말로 제나라 사람이구나, 관중과 안자를 알 뿐이니 말이다. 누군가가 증서(曾西)에게 '그대와 자로 가운데 누가 현명한가?' 하고 물으니, 증서는 얼굴을 찡그리며 '내 선친께서 두려워하셨던 분이다'라고 말했다. 또 '그렇다면 그대와 관중 가운데서는 누가 현명한가?'라고 물으니, 증서는 전혀 기뻐하지 않고 발끈하며 '너는 어찌 나를 관중과 견주는가? 관중은 임금의 마음을 얻어서 그토록 제 맘대로 했고 나라의 정치를 맡아서 그토록 오래 했으면서도 이룬 공은 그토록 낮았다. 그대는 어찌 나를 이런 사람에 견주는가?'라고 했다."

맹자는 이어 말했다.

"관중이 한 일은 증서조차 하지 않으려 했는데, 너는 내가 그런 것을 바란다고 여기느냐?"

공손추가 말했다.

"관중은 그 임금을 패자가 되게 했고, 안자는 그 임금을 널리 드러냈습니다. 그래도 관중과 안자가 한 일은 할 만한 게 아닙니까?"

"그때 제나라를 가지고 왕노릇하는 건 손바닥 뒤집는 것과 같이 쉬운 일이었네."

"그게 그렇다면 이 제자는 더욱더 헷갈립니다. 게다가 문왕은 덕으로써 다스리며 백여 년을 산 뒤에야 죽었음에도 여전히 천하는 그 덕에 젖지 못했고, 무왕과 주공이 이은 뒤에야 그 덕화가 널리 행해졌습니다. 그런데 이제 왕노릇하기가 아주 쉬운 듯이 말씀하시니, 그렇다면 문왕은 본받을 만하지 못합니까?"

"어찌 내가 문왕과 맞먹을 수 있겠느냐? 탕(湯)에서 무정(武丁)에 이르기까지 거룩하거나 현명한 임금이 예닐곱 명 나왔고 또 천하가 은나라로 돌아간 지도 오래되었다. 오래되면 바꾸기가 어렵다. 그래서 무정이 제후들의 조회를 받고 천하를 차지하는 일은 손바닥 위에서 움직이는 것처럼 쉬웠다. 이 무정으로부터 주(紂)까지는 그리 오랜 세월이 아니었으므로 오래된 가문과 전해오던 습속, 선인이 남긴 풍습과 뛰어난 정치가 여전히 남아 있었다. 또 미자(微子) · 미중(微仲) · 왕자 비간(比干) · 기자(箕子) · 교격(膠鬲) 등의 신하들은 모두 현명한 사람들이었는데, 그들이 서로 함께하며 임금을 도왔다. 그래서 오랜 뒤에야 나라를 잃었던 것이다. 한 자의 땅도 은나라의 것이 아닌 게 없었고, 한 사람의 백성도 그 신하가 아닌 자 없었다. 그런데도 문왕은 사방 백 리의 땅으로 일어났으니, 이 때문에 바꾸기가 어려웠다. 제나라 사람들이 하는 말에, '지혜가 있다 하더라도 형세를 타는 것만 못하고, 괭이나 가래가 있다 하더라도 때를 기다리는 것만 못하다'는 게 있는데, 바로 지금이야말로 바꾸기가 쉽다.

하나라와 은나라, 주나라가 흥성할 때에도 그 땅이 사방 천 리를 넘지 않았는데, 이제 제나라는 그만한 땅을 차지하고 있다. 닭 울음과 개 짖는 소리가 서로 들려 사방의 국경까지 이르는데, 제나라는 그렇게 빽빽히 차 있는 백성들을 가지고 있다. 땅을 더 개간하지 않아도 되고 백성을 더 모으지 않아도 되니, 어진 정치를 행하면서 왕노릇을 하기만 한다면 막을 자가 없을 것이다. 더구나 왕노릇할 자가 나오지 않은 것이 이때보다 드문 적은 없었고, 백성이 모진 정치에 시달려서 파리해진 것이 이때보다 심한 적도 없었다. 굶주린 자는 먹게 하기가 쉽고, 목마른 자는 마시게 하기가 쉽다. 공자는 '덕이 흘러서 퍼지는 것은 날랜 역말로 왕명을 전하는 것보다 빠르다'고 말했다. 바로 이때 전차 만 대의 나라에서 어진 정치를 행한다면, 백성은 거꾸로 매달려 있다가 풀려난 것처럼 기뻐할 것이다. 그러므로 일은 옛사람의 반만 하고서도 그 공이 반드시 갑절이 되는 것은 오로지 이 때가 그렇게 만든 것이다."

注釋 공손추(公孫丑)는 맹자의 제자다. 부자(夫子)는 대부(大夫)를 지낸 공자를 일컫는 데서 비롯되었는데, 스승을 높여 부르는 말로 쓰이게 되었다. 당로(當路)는 주요한 지위를 맡는 것을 뜻하는데, 당권(當權) 또는 당정(當政)과 같다. 관중(管仲)은 제나라 환공(桓公) 때의 재상이었고, 안자(晏子)는 곧 안영(晏嬰)으로 제나라 경공(景公) 때의 재상이었다. 두 사람은 제나라의 전성기를 이끌었던 정치가로, 『사기』 〈관안열전(管晏列傳)〉에 그 전기가 나란히 실려 있다. 부(復)는 다시를 뜻한다. 허(許)는 일으키다, 해내다는 뜻이다. 성(誠)은 참으로, 진실로를 뜻한다. 증서(曾西)는 증삼(曾參)의 아들인 증신(曾申)으로, 자가 자서(子西)다. 증서를 증자의 손자로 보는 견해가 있으나, 따르지 않는다. 오자(吾子)는 상대를 친밀하게 일컫는 말이다. 자로(子路)는 공자의 제자인 중유(仲由)다. 숙(孰)은 누구를 뜻한다. 축연(蹴然)은 낯빛이 변하면서 삼가는 모습 또는 불안해하는 모습을 형용한 말이다. 선자(先子)는 이미 세상을 떠난 어른을 가리키는 말로, 후대에는 세상을 떠난 자기 부친을 가리키는 말로 널리 쓰이게 되었다. 여기서는 증서가 부친인 증삼을 가리켜 한 말이다. 불연(艴然)은 성난 낯빛을 형용한 말이다. 증비(曾比)의 증은 내(乃)와 같고, 비는 견주다, 나란히 세우다는 뜻이다. 전(專)은 제멋대로 하다, 혼자 처리하다는 뜻이다. 열(烈)은 사업이나 공덕을 뜻한다. 위아(爲我)의 위는 위(謂)와 같으며, 여기다, 생각하다는 뜻이다. 유(由)는 유(猶)와 같다. 반(反)은 뒤집다는 뜻이다. 자

(滋)는 더욱을 뜻한다. 차(且)는 또, 게다가를 뜻하는데, 앞의 "관중이기군패, 안자이기군현(管仲以其君霸, 晏子以其君顯)"을 받는다. 문왕(文王)은 백여 세까지 살았던 것으로 알려져 있다. 주공(周公)은 희단(姬丹)으로, 문왕의 아들이고 무왕의 아우다. 무왕을 도와서 상 왕조의 주(紂)를 정벌하고 천하를 통일했으며, 나중에는 조카인 성왕(成王)을 도와서 혼란을 평정하고 천하를 안정시켰다. 노(魯)를 봉토로 받아서 노나라의 시조가 되었다. 이연(易然)은 쉽다는 뜻이다. 탕(湯)과 무정(武丁)은 상나라의 왕들로, 『사기』〈은본기(殷本紀)〉에 따르면 둘 사이에는 태갑(太甲)·태무(太戊)·조을(祖乙)·반경(盤庚) 등 현명한 군주들이 있었다. 다시 무정에서 마지막 왕인 주(紂) 사이에는 조경(祖庚)·조갑(祖甲)·늠신(廩辛)·경정(庚丁)·무을(武乙)·태정(太丁)·제을(帝乙) 등 일곱 명의 왕이 있었으나, 그 재위 기간이 대체로 짧았다. 미자(微子)는 이름이 계(啓)이며, 『좌전(左傳)』과 『사기』 등에 따르면 주(紂)의 배다른 형이다. 그런데 11.6에서는 미자를 주의 숙부라고 했다. 미중(微仲)은 미자의 아우로, 이름은 연(衍)이다. 왕자 비간(比干)은 주의 숙부인데, 여러 차례 간언을 하자 주는 그에게 "성인의 심장에는 일곱 개의 구멍이 있다고 들었소"라고 말하며 그의 심장을 갈라서 꺼내보았다고 한다. 기자(箕子) 또한 주의 숙부인데, 비간이 죽임을 당하자 거짓으로 미친 체했다고 한다. 교격(膠鬲)은 주의 신하다. 상여(相與)는 서로, 함께라는 뜻이고, 보상(輔相)은 돕다는 뜻이다. 불여(不如)는 ~보다 못하다는 뜻이다. 시(時)는 농사지을 때를 가리킨다. 폐(吠)는 짖다는 뜻이다. "닭 울음과 개 짖는 소리가 서로 들려 사방의 국경까지 이른다"는 말은 마을과 마을이 이어져서 사람들이 살지 않는 곳이 없었다는 뜻으로, 다시 말하면 도성에서 멀리 국경에 이르기까지 백성들이 가득했다는 뜻이다. 당시나 그 이후에도 백성이 많으냐 적으냐가 곧 국력의 척도였다. 개(改)는 따로, 다시를 뜻한다. 벽(辟)은 벽(闢)과 같으며, 열다, 개간하다는 뜻이다. 소(疏)는 성글다, 드물다는 뜻이다. 초(憔)는 시달리다,

야위다는 뜻이고, 췌(悴)는 파리하다, 시들다는 뜻이다. 갈(渴)은 목이 마르다는 뜻이다. 치우(置郵)는 역말 또는 역참을 뜻한다. 명(命)은 정령(政令)이나 명령이다. 도(倒)는 거꾸로를 뜻한다. 현(懸)은 매달다, 매달리다는 뜻이다.

蛇足 사마천은 관중과 안영의 열전을 쓰기 전에 두 사람이 각기 지은 『관자(管子)』와 『안자춘추(晏子春秋)』를 읽었다고 말했다. 그러나 현재 전하는 두 책이 사마천이 읽었던 그 책인지는 확실하지 않다. 대체로 후대 사람의 위작으로 보는데, 두 사람의 글이 부분적으로 포함되어 있는 것 또한 사실이다. 『사기』의 〈관안열전(管晏列傳)〉을 비롯해서 여러 문헌을 통해 관중과 안영이 이룬 일에 대해서는 자못 알려져 있으니 생략하고, 사마천이 두 사람의 전기 끝에 덧붙인 평가는 한번 읽어볼 만하다.

"세상 사람들은 관중을 어진 신하라고들 하지만, 공자는 그를 하찮게 여겼다. 어찌 주나라 왕실의 운명이 쇠미해진 상황에서 어진 환공을 도와 왕도(王道)로써 천하를 다스리는 군자가 되게 하지 않고 패자(霸者)로서만 이름을 떨치게 했는가? 전하는 말에 '잘한 점은 좇아 더 잘하게 하고 잘못된 점은 바로잡아주어야만 군주와 신하가 서로 가까워질 수 있다'고 했는데, 이것이 어찌 관중을 두고 하는 말이 아니겠는가?

안자는 제나라 장공(莊公)이 대부 최저(崔杼)의 반역으로 죽었을 때, 그 주검 앞에 엎드려 소리 높여 울고 신하로서 예를 다하고 떠났다. 이를 어찌 '올바름을 보고도 실천하지 않은 용기 없는 행동'이라고 할 수 있겠는가? 그러나 왕에게 간언할 때는 왕의 낯빛에 조금도 구애받지 않았으니, 이는 '나아가서는 참된 마음을 다할 것을 생각하고 물러나서는 허물을 메울 것을 생각한다'는 마음가짐이었다. 오늘날 안자가 살아 있다면 나는 그를 위해 고삐를 잡으리니, 그만큼 흠모한다."

춘추시대는 바야흐로 혼돈이 잉태되던 때다. 아니, 혼돈이 이미 시작되었던 때라고 해야 할 것이다. 기존의 예악과 법도가 무너지고 도덕이 쇠퇴하고 있었다. 대대적으로 일어날 분란과 혼란이 그 전모를 드러내고 있었던 시대였다. 그런 때에 관중과 안영은 부국강병의 길을 모색하여 자신들의 주군을 드높였다. 이들은 주나라 왕실을 비롯해서 곳곳의 제후들이 거느렸던 수많은 신하들에 견주더라도 탁월하다고 할 업적을 남겼다. 그러나 맹자는 그들의 업적을 한낱 지푸라기나 강아지풀로 보았다. 왜냐하면 그들이 이룬 일은 결코 오래가지 않았기 때문이다.

관중을 기용하여 패자가 되었던 환공(桓公)은 관중의 유언을 무시하고 간신배를 중용한 탓에 그 자신이 굶어서 죽는 비참한 최후를 맞았고 제나라 또한 급격하게 혼란해지면서 위태로워졌다. 안영의 경우에는 더했으니, 그가 살아 있는 동안에 이미 장공이 반역자에게 죽임을 당했고 그 자신은 제나라를 떠나야 했기 때문이다. 비록 사마천이 안영을 지극히 흠모하기는 했으나, 그것은 개인적인 인품을 두고 평가한 것이다. 그들이 애써 이룬 패업은 왕도로 이룬 것과 달라서 결코 지속되는 업적은 되지 못한다. 역사가 그것을 입증해주고 있으니, 맹자의 관점을 소홀히 할 수 없다.

맹자가 관중과 안자 두 사람이 이룬 일을 하찮게 여긴 것은 패업을 이룰 정도라면 왕도를 실행하기가 아주 손쉬웠을 것이라 여겼기 때문이다. 또 '춘추오패'라고 말하듯이 춘추시대를 통틀어 패업을 이룰 수 있었던 군주를 만나기는 매우 드물다. 맹자도 이를 누구보다 잘 알았을 것이다. 그러했으므로 관중과 안영은 한 제후의 현명한 신하일지는 몰라도, 천하의 어진 선비라고 불리기에는 모자람이 있었다. 맹자가 일생을 떠돌면서 제 뜻을 굽히지 않은 것도 공업을 이루어 '한 제후의 현명한 신하'로 일컬어지기보다는 비록 이루지 못할지라도 한결같이 왕도로 나아가는 '천하의 어진 선비'로 남으려 했기 때문이다.

여기서는 또 맹자의 역사인식을 엿볼 수 있다. 맹자는 시세(時勢)의 작용을 잘 알고 있었다. 시간은 모든 것을 변하게 하지만 변화는 어느 한 순간에 한꺼번에 일어나는 것이 아니며, 오랜 세월 동안 이어져 온 풍속이나 인정은 그만큼 오랜 기간에 걸쳐서 천천히 변화한다는 것이다. 이는 엄연한 진실이다. 설령 급격한 변화가 일어나더라도 그것은 하루아침에 갑자기 일어난 것이 아니다. 이미 오래전부터 수많은 변화의 동인과 요인들이 쌓이고 쌓여왔다가 더 이상 변화하지 않을 수 없는 지경에 이르러서 화산처럼 폭발한 것이다. 탁월한 안목을 지닌 자야 불변할 것 같은 현상 이면에서 벌어지는 조짐들을 알아채지만, 대부분의 사람들은 변화가 일어난 뒤에야 뒤늦게 그 변화를 알아채고는 당황한다. 심지어는 변화가 일어났는지, 일어났다면 어떤 변화인지조차 가늠하지 못하는 이들이 훨씬 많다. 이는 시세의 변화가 단순하지 않기 때문이다. 갖가지 원인들이 서로 작용하면서 동시적으로 나타나는 결과들이 또 거기에 뒤얽힌다.

흔히 역사적 사실을 밝히는 일을 쉬운 일처럼 여기지만, 결코 그렇지 않다. 카오스 이론이나 복잡성의 이론을 갖다 대야 할 정도다. 그래서 역사를 꿰뚫어보기가 그토록 어려운 것이다. 변할 것과 변하지 않을 것을 가려내는 일, 낡은 것을 알아채고 새것을 미리 가늠하는 일, 변화의 방향을 잡는 일 따위를 환히 볼 수 있어야 통찰력을 지녔다고 할 만한데, 그런 능력을 갖춘 자가 한 시대에 몇이나 나오겠는가? 그러나 불가능한 것은 아니다. 맹자도 은나라에서 주나라로 권력이 이동할 때의 내력과 상황을 이야기했는데, 바로 여기에 역사인식을 갖추고 통찰력을 지닐 수 있는 실마리가 제시되어 있다. 바로 역사를 통해서, 수많은 사실들의 얽힘과 풀림, 갖가지 현상들이 갈마드는 미묘한 고리를 읽고 이해하는 능력을 기른다면, 이에 더하여 일상의 미묘한 변화들을 자세히 살필 줄 안다면, 가능하다.

3.2

公孫丑問曰: “夫子加齊之卿相, 得行道焉, 雖由此覇王, 不異矣. 如此, 則動心否乎?”

孟子曰: “否. 我四十不動心.”

曰: “若是, 則夫子過孟賁遠矣.”

曰: “是不難, 告子先我不動心.”

曰: “不動心有道乎?”

曰: “有. 北宮黝之養勇也. 不膚橈, 不目逃, 思以一豪挫於人, 若撻之於市朝; 不受於褐寬博, 亦不受於萬乘之君; 視刺萬乘之君, 若刺褐夫, 無嚴諸侯; 惡聲至, 必反之. 孟施舍之所養勇也, 曰, ‘視不勝, 猶勝也. 量敵而後進, 慮勝而後會, 是畏三軍者也. 舍豈能爲必勝哉? 能無懼而已矣.’ 孟施舍似曾子, 北宮黝似子夏, 夫二子之勇, 未知其孰賢. 然而孟施舍守約也. 昔者曾子謂子襄曰, ‘子好勇乎? 吾嘗聞大勇於夫子矣. 自反而不縮, 雖褐寬博, 吾不惴焉; 自反而縮, 雖千萬人, 吾往矣.’ 孟施舍之守氣, 又不如曾子之守約也.”

曰: “敢問夫子之不動心與告子之不動心, 可得聞與?”

“告子曰, ‘不得於言, 勿求於心; 不得於心, 勿求於氣.’ 不得於心, 勿求於氣, 可; 不得於言, 勿求於心, 不可. 夫志, 氣之帥也; 氣, 體之充也. 夫志至焉, 氣次焉. 故曰, ‘持其志, 無暴其氣.’”

“旣曰, ‘志至焉, 氣次焉.’ 又曰, ‘持其志, 無暴其氣’者, 何也?”

曰: “志壹則動氣, 氣壹則動志也. 今夫蹶者趨者, 是氣也, 而反動其心.”

“敢問夫子惡乎長?”

曰: “我知言, 我善養吾浩然之氣.”

“敢問何謂浩然之氣?”

曰: “難言也. 其爲氣也, 至大至剛, 以直養而無害, 則塞於天地之間. 其爲氣也, 配義與道, 無是, 餒也. 是集義所生者, 非義襲而取之也. 行有不慊於心, 則餒矣. 我故曰, 告子未嘗知義, 以其外之也. 必有事焉, 而勿正, 心勿忘, 勿助長也. 無若宋人然. 宋人有閔其苗之不長而揠之者, 芒芒然歸, 謂其人曰, '今日病矣! 予助苗長矣!' 其子趨而往視之, 苗則槁矣. 天下之不助苗長者寡矣. 以爲無益而舍之者, 不耘苗者也; 助之長者, 揠苗者也. 非徒無益, 而又害之."

"何謂知言?"

曰: "詖辭知其所蔽, 淫辭知其所陷, 邪辭知其所離, 遁辭知其所窮. 生於其心, 害於其政; 發於其政, 害於其事. 聖人復起, 必從吾言矣."

"宰我 · 子貢, 善爲說辭; 冉牛 · 閔子 · 顔淵, 善言德行. 孔子兼之, 曰, '我於辭命, 則不能也.' 然則夫子旣聖矣乎?"

曰: "惡, 是何言也! 昔者子貢問於孔子曰, '夫子聖矣乎?' 孔子曰, '聖則吾不能. 我學不厭而敎不倦也.' 子貢曰, '學不厭, 智也; 敎不倦, 仁也. 仁且智, 夫子旣聖矣.' 夫聖, 孔子不居, 是何言也!"

"昔者竊聞之. 子夏 · 子游 · 子張皆有聖人之一體, 冉牛 · 閔子 · 顔淵則具體而微, 敢問所安."

曰: "姑舍是."

曰: "伯夷伊尹何如?"

曰: "不同道. 非其君不事, 非其民不使; 治則進, 亂則退, 伯夷也. 何事非君, 何使非民; 治亦進, 亂亦進, 伊尹也. 可以仕則仕, 可以止則止, 可以久則久, 可以速則速, 孔子也. 皆古聖人也, 吾未能有行焉. 乃所願則學孔子也."

"伯夷 · 伊尹於孔子, 若是班乎?"

曰: "否. 自有生民而來, 未有孔子也."

曰: "然則有同與?"

曰: "有. 得百里之地而君之, 皆能以朝諸侯有天下, 行一不義, 殺一不辜, 而得天下, 皆不爲也. 是則同."

曰: "敢問其所以異."

曰: "宰我 · 子貢 · 有若, 智足以知聖人, 汙不至阿其所好. 宰我曰, '以予觀於夫子, 賢於堯 · 舜遠矣.' 子貢曰, '見其禮而知其政, 聞其樂而知其德. 由百世之後, 等百世之王, 莫之能違也. 自生民以來, 未有夫子也.' 有若曰, '豈惟民哉? 麒麟之於走獸, 鳳凰之於飛鳥, 太山之於丘垤, 河海之於行潦, 類也. 聖人之於民, 亦類也. 出於其類, 拔乎其萃, 自生民以來, 未有盛於孔子也."

공손추가 물었다.

"선생님께서 제나라의 재상이 되면 도를 실행할 수 있으신데, 이로 말미암아 왕을 패자로 만든다 하더라도 이상하지 않습니다. 이러하다면 마음이 흔들리시겠습니까, 흔들리지 않으시겠습니까?"

맹자가 말했다.

"흔들리지 않는다. 나는 나이 마흔에 흔들리지 않는 마음(不動心)을 지녔다."

"만약 그렇다면 선생님께서는 맹분(孟賁)보다도 뛰어나십니다."

"이는 어렵지 않으니, 고자(告子)도 나보다 먼저 흔들리지 않는 마음을 지녔다."

"마음이 흔들리지 않는 데에도 길이 있습니까?"

"있다. 북궁유(北宮黝)가 기른 용기는 이렇다. 낯에는 두려워하는 빛이 없고 눈길을 피하지 않았으며, 털끝만치라도 남에게 꺾이면 저잣거리나 조정의 뜰에서 매를 맞는 것처럼 부끄럽게 생각했으며, 미천한 자에게도 모욕을 받지 않고 전차 만 대를 가진 임금에게도 모욕을 받지 않았으며, 전차 만 대를 가진 임금을 찌르는 것을 하찮은 사내를 찌르는 것처럼 여겼으며, 제후조차 두려워하지 않으면서 자신을 헐뜯는 소리가 들리면 반드시 되갚았다.

맹시사(孟施舍)가 기른 용기는 이렇다. 그는 말하기를, '이기지 못해도 이기는 것처럼 여긴다. 적을 헤아린 뒤에 나아가고 이기리라는 판단이 선 뒤에야 맞붙어 싸운다면, 이는 삼군(三軍)을 두려워하는 자다. 나라고해서 어찌 반드시 이길 수 있겠는가? 두려워하지 않을 수 있을 뿐이다'라고 했다.

맹시사는 증자와 비슷하고 북궁유는 자하(子夏)와 비슷한데, 이 두 사람의 용기 가운데서 어느 쪽이 더 나은지는 잘 모르겠다. 그렇지만 맹시사는 깔밋하게 자신을 지켰다.

옛날에 증자가 자양(子襄)에게 이르기를, '그대는 용기를 좋아하는가? 내 일찍이 스승께 큰 용기에 대해 들은 적이 있다네. 스스로 돌이켜보아 바르지 아니하면 미천한 자라도 내가 두려워 떨게 하지 못하고, 스스로 돌이켜보아 바르면 비록 천만 명이 막아도 나는 지나간다고 말씀하셨지'라고 했다. 맹시사도 기운을 잘 갈무리했으나, 그럼에도 증자가 깔밋하게 자신을 지킨 것보다는 못하지."

"감히 여쭙겠습니다. 선생님의 흔들리지 않는 마음과 고자의 흔들리지 않는 마음에 대해 말씀해주시겠습니까?"

"고자는 '말에서 얻지 못하거든 마음에서 구하지 말고, 마음에서 얻지 못하거든 기운에서 구하지 말라'고 했는데, 마음에서 얻지 못하거든 기운에서 구하지 말라는 말은 옳거니와 말에서 얻지 못하거든 마음에서 구하지 말라는 말은 옳지 못하다. 대개 뜻은 기운을 거느리는 장수요, 기운은 몸에 차 있는 것이다. 말하자면, 뜻이 이르면 기운은 그것을 따른다. 그래서 '그 뜻을 잘 지니고 그 기운을 어지럽히지 말라'고 하는 것이다."

"뜻이 이르면 기운은 그것을 따른다고 말씀하시고 또 그 뜻을 잘 지니고 그 기운을 어지럽히지 말라고 하셨는데, 무슨 말씀이신지요?"

"뜻이 오롯하면 기운을 움직이고, 기운이 오롯하면 뜻을 움직인다네. 이제 자빠지는 것과 내달리는 것은 기운인데, 도리어 그 마음을 움직이지."

"감히 여쭙겠습니다. 선생님께서는 무엇을 잘하십니까?"

"나는 말을 알고, 나의 크낙한 기운(浩然之氣)을 잘 기르네."

"감히 여쭙겠습니다. 무엇을 크낙한 기운이라 합니까?"

"말하기가 어렵구나. 그것은 기운인데, 지극히 크고 지극히 굳세므로 곧게 길러 해로울 게 없으면 하늘과 땅 사이를 꽉 채운다네. 그 기운은 올바름과 도리를 짝하는데, 이게 없으면 주리게 되지. 이건 올바름이 차곡차곡 모여서 생겨나는 것이지, 올바름을 갑작스레 한 번 행한다고 얻어지는 건 아니라네. 행동할 때 마음에 찐덥지 않은 게 있으면 역시 이 기운이 없어서 주린 거지. 그래서 내가 '고자는 아직도 올바름을 알지 못한다'고 말했던 것이니, 그것은 그가 올바름을 밖에 있는 것으로 여겼기 때문이네.

이 크낙한 기운을 기를 때 꼭 해야 할 일이 있으니, 하다가 그만두어서도 안 되고 잊어서도 안 되며 억지로 기르려 해서도 안 되네. 이를테면 저 송(宋)나라 사람처럼 해서는 안 된다는 말일세. 송나라에 싹이 자라지 않는 것을 걱정하여 싹을 뽑아 올린 자가 있었는데, 꽤 지친 채로 집에 돌아와서는 집안사람들에게, '오늘은 아주 힘들구나. 내가 싹이 자라는 걸 도왔어'

라고 말했네. 그 아들이 얼른 달려가서 보았더니, 싹은 그예 말라 있었다네. 천하에 싹이 자라는 걸 돕지 않는 자는 적다네. 이로움이 없다고 여겨서 버려두는 자는 싹을 김매지 않는 자지만, 자라도록 억지로 돕는 자는 싹을 뽑아 올리는 자야. 이런 건 이익이 없을 뿐 아니라 도리어 해치는 짓이지."

"말을 안다는 건 무슨 뜻입니까?"

"치우친 말을 들으면 그 마음이 무엇에 가려져 있는지를 알고, 지나친 말을 들으면 그 마음이 어디에 빠져 있는지를 알며, 삿된 말을 들으면 그 마음이 무엇에서 벗어나 있는지를 알고, 피하는 말을 들으면 그 마음이 무엇에 막혀 있는지를 알지. 이 네 가지 말은 마음에서 생겨나서 그 정치를 해치는데, 이런 말이 정치에서 나오면 온갖 나랏일들을 해친다네. 성인이 다시 나와도 반드시 내 말을 따를 걸세."

"재아(宰我)와 자공(子貢)은 조리 있는 말을 잘 했고, 염우(冉牛)와 민자(閔子), 안연(顏淵)은 덕행에 대해 잘 말했는데, 공자는 이를 다 아우르고도 '나는 부름이나 물음에 알맞게 말하는 것은 잘 하지 못한다'고 말했습니다. 그렇다면 선생님께서는 벌써 성인이십니까?"

"아, 이 무슨 말이냐! 옛날에 자공이 공자에게 '스승님은 성인이십니까?'라고 여쭈니, 공자는 '성인의 일은 내가 할 수 없는 것이다. 나는 배움에 싫증내지 않고, 가르침에 게으르지 않는 정도다'라고 말했지. 자공은 '배움에 싫증 내지 않는 것은 지혜요, 가르침에 게으르지 않는 것은 어짊입니다. 어질고 또 지혜로우시니 선생님께서는 이미 성인이십니다'라고 말했다. 저 공자도 스스로 성인이라 하지 않았는데, 이 무슨 말이냐!"

"옛날에 제가 들으니, 자하(子夏)와 자유(子游), 자장(子張)은 모두 성인의 한 부분을 지녔고, 염우와 민자, 안연은 다 갖추었으나 미미했다고 하는데, 선생님께서는 이 가운데 어디에 머무시는지 여쭙고 싶습니다."

"이건 잠깐 제쳐두자."

"백이(伯夷)와 이윤(伊尹)은 어떠합니까?"

"길이 같지 않았다. 섬길 만한 군주가 아니면 섬기지 않고 부릴 만한 백성이 아니면 부리지 않았으며 다스려지면 나아가고 어지러워지면 물러난 이는 백이다. 누구든 섬기면 내 임금이 아니겠는가, 누구든 부리면 내 백성이 아니겠는가라고 하면서 다스려져도 나아가고 어지러워져도 나아간 이는 이윤이다. 벼슬할 만하면 벼슬하고, 그만둘 만하면 그만두고, 오래 머물어야 하면 오래 머물고, 빨리 떠나야 하면 빨리 떠난 이는 공자다. 이들은 모두 옛날의 성인이다. 이 가운데 어떤 것도 나는 아직 잘 하지 못한다. 내 바라는 게 있다면 공자를 배우는 것이다."

"백이와 이윤도 공자와 견주면, 이렇게 같습니까?"

"아니다. 세상에 사람이 생겨난 이래로 공자 같은 분은 없었다."

"그렇다면 같은 점은 있습니까?"

"있지. 사방 백 리의 땅을 얻어서 군주가 되면 모두 제후들에게 조회를 받고 천하를 가질 수 있으며, 한 가지라도 올바르지 못한 일을 하고 한 사람이라도 죄 없는 사람을 죽여서 천하를 얻는 일이라면 모두들 하지 않을 것이니, 이것이 곧 같은 점이지."

"다른 점은 무엇입니까?"

"재아와 자공, 유약(有若)은 그 지혜가 성인을 알아볼 수 있을 정도이니, 비록 지혜가 낮아도 자신들이 좋아하는 사람에게 알랑거리는 데까지 이르지는 않았다. 재아는 '내가 스승을 잘 살펴보니 요나 순보다 훨씬 현명하시다'라고 말했고, 자공은 '그 예의를 보면 그 정치를 알 수 있고, 그 음악을 들으면 그 덕을 알 수 있다. 백 세대 뒤에 백 세대의 왕들을 견주어 보아도 스승의 가르침에서 벗어날 수가 없다. 세상에 사람이 생겨난 이래로 스승 같은 분은 없었다'고 말했고, 유약은 '어찌 백성뿐이겠는가? 기린은 달리는 짐승들과, 봉황은 날짐승들과, 태산은 언덕이나 개밋둑 따위와, 강이나 바다는 길바닥에 고인 물과 같은 것들이고, 성인 또한 백성들과 같은 사람이다. 그러나 같은 부류에서 나왔음에도 그 무리 가운데서 빼어난 것이니, 세상에 사람이 생겨난 이래로 공자보다 뛰어난 분은 없었다'고 말했다."

注釋 가(加)는 거(居)와 같으며, ~에 있다는 뜻이다. 이(異)는 이상하게 여기다는 뜻이다. 동심(動心)은 헷갈림이나 두려움이 있어서 흔들리거나 바깥 사물에 의해 흔들리는 마음이다. 사십(四十)은 마흔살을 뜻한다. 맹자가 "나는 마흔 살에 마음이 흔들리지 않았다"고 한 말은 공자가 "마흔에는 헷갈리지 않았다(四十而不惑)"(『논어』「위정(爲政)」)고 한 말과 통한다. 맹분(孟賁)은 고대의 용사(勇士)다. 고자(告子)는 『묵자(墨子)』에서도 언급되는 인물인데, 『묵자』「공맹(公孟)」편의 "여러 제자들이 '고자는 입으로는 올바름을 말하지만 그 행동은 아주 나쁩니다. 내치십시오'라고 말하자, 묵자는 '고자는 변론을 잘 하는데, 어짊과 올바름을 말하는 것이지 나를 헐뜯는 게 아니다'"라고 대답했다는 문답을 보면 묵가의 이론도 배운 듯하다. 북궁유(北宮黝)에 대해서는 자세히 알 수 없다. 다만, 『회남자(淮南子)』「주술훈(主術訓)」편에 "북궁자(北宮子)나 사마괴궤(司馬蒯蕢)라 하더라도 칼날을 쥐고서는 적에게 대응할 수 없다. 그러나 자루를 쥐고 칼끝을 상대에게 겨누면 비록 하찮은 사람일지라도 적을 누르고 이길 수 있다"는 대목이 나오는데, 이 북

궁자가 곧 북궁유가 아닐까 한다. 부(膚)는 얼굴 또는 낯을 의미한다. 뇨(橈)는 기세가 꺾이다, 약해지다는 뜻이다. 호(豪)는 호(毫)와 통용되며, 가는 털을 뜻한다. 달(撻)은 매질하다는 뜻이다. 시(市)는 물건을 사고파는 저자를, 조(朝)는 조정을 뜻한다. 수(受)는 모욕을 받다는 뜻이다. 갈관박(褐寬博)은 거친 베로 통이 넓게 지은 옷인데, 고대에 신분이 미천한 자가 입었으므로 미천한 자를 뜻한다. 이어 나오는 갈부(褐夫)와 같은 말이다. 엄(嚴)은 두려워하다는 뜻이다. 오성(惡聲)은 헐뜯는 소리, 듣기 싫은 소리다. 맹시사(孟施舍)는 누구인지 알 수 없다. 시(視)는 생각하다는 뜻이다. 량(量)은 헤아리다는 뜻이다. 회(會)는 병장기가 마주 치는 것을 뜻한다. 자하(子夏)는 공자의 제자인 복상(卜商)이다. 약(約)은 깔끔함, 깔밋함, 매끈함을 뜻하는데, 행동에 군더더기가 없거나 잡도리를 잘한다는 말맛이 담겨 있다. 자양(子襄)은 증자의 제자인 듯하나, 자세히 알 수 없다. 부자(夫子)는 공자를 가리킨다. 축(縮)은 바르다, 곧다는 뜻의 직(直)과 같다. 췌(惴)는 두려워하게 하다는 뜻이다. 우불여(又不如)의 우는 그럼에도라는 말맛이 있다. 지(至)는 이르다는 뜻이고, 차(次)는 잇다, 따르다는 뜻이다. 지(持)는 지니다, 잡도리하다는 뜻이다. 포(暴)는 사납게 하다는 뜻으로, 여기서는 어지럽히다는 말맛이 있다. 일(壹)은 오롯하다, 한결같다는 뜻이다. 궐(蹶)은 넘어지다, 엎어지다는 뜻이고, 추(趨)는 달리다는 뜻이다. 오호장(惡乎長)에서 오(惡)는 무엇을, 장(長)은 잘하다를 뜻한다. 호연(浩然)은 아주 너르고 큰 것을 형용한 말이다. 배(配)는 짝, 짝하다는 뜻이다. 뇌(餒)는 굶다, 주리다는 뜻이다. 습(襲)은 느닷없이 덮치다는 뜻인데, 여기서는 갑작스레 ~을 하다는 뜻으로 쓰였다. 겸(慊)은 찐덥다, 흐뭇하다는 뜻이다. 외(外)는 밖의 것으로 돌리다는 뜻이며, 여기서는 마음 밖에 있는 것으로 여기다는 뜻으로 쓰였다. 정(正)은 지(止)의 잘못으로 보고 풀이했다. 조장(助長)은 이치에 맞지 않게 억지로 자라게 하거나 기르다는 뜻이다. 민(閔)은 우(憂)와 같으며, 걱정하다는 뜻이다. 알(揠)은 뽑다, 뽑아 올리다는 뜻이다. 망망연(芒芒然)은 지친 모양을 나타낸다. 기인(其人)은 집안 사람들을 가리킨다. 병(病)은 피곤하다, 힘들다는 뜻이다. 묘즉(苗則)의 즉(則)은 일의 결과를 나타낸다. 운(耘)은 김매다는 뜻이다. 비도무익(非徒無益)은 앞의 조장(助長) 또는 알묘(揠苗)를 주어로 받는다. 피(詖)는 치우치다, 기울다는 뜻이다. 폐(蔽)는 마음을 덮거나 가리는 것이다. 음(淫)은 정도를 넘어서다, 지나치다는 뜻이다. 함(陷)은 집착으로 말미암아 푹 빠진 것이다. 사(邪)는 바르지 못하다, 그릇되다는 뜻이다. 리(離)는 올바름이나 이치에서 벗어난 것이다. 둔(遁)은 숨기다, 피하다는 뜻이다. 궁(窮)은 어찌할 수 없는 데에 이르러 막힌 것이다. 재아(宰我)는 재여(宰予)이고, 자공(子貢)은 단목사(端木賜)이며, 염우(冉牛)는 자가 백우(伯牛)인 염경(冉耕)이고, 민자(閔子)는 자가 자건(子騫)인 민손(閔損)이며, 안연(顏淵)은 안회(顏回)로, 이들은 모두 공자의 제자다. 사명(辭命)은 사령(辭令)과 같으며, 부름이나 물음에 응대하는 것이다. 오(惡)는 놀라서 내뱉는 감탄사다. 자공과 공자가 주고받았다는 문답이 『논어』「술이(述而)」편에서는 스승께서 말씀하셨다. "거룩함이나 어짊으로 말하자면, 내가 어찌 감히? 그렇지만 그렇게 되기 위해 싫증 내지 않고 남을 가르치매 게을리하지 않는 것만큼은 뭐 그렇다고 말할 수 있다." 공서화가 말했다. "바로 이것을 저희들이 제대로 배우지 못하고 있습니다."(子曰: '若聖與仁, 則吾豈敢? 抑爲之不厭, 誨人不倦, 則可謂云爾已矣.' 公西華曰: '正唯弟子不能學也.')로 나온다. 절(竊)은 자신을 낮추어 한 말로, 다른 뜻은 없다. 자유(子游)는 언언(言偃)이고, 자장(子張)은 전손사(顓孫師)로, 모두 공자의 제자다. 고(姑)는 잠시, 잠깐을 뜻한다. 사(舍)는 제쳐두다는 뜻의 사(捨)와 같다. 백이(伯夷)는 그 아우인 숙제(叔齊)와 함께 고죽군(孤竹君)의 아들로, 서로 왕위를 양보하다가 끝내는 달아나 숨었다. 나중에 주(周)의 무왕이 상 왕조의 주(紂)를 정벌하려 할 때 그 말고삐를 잡으며 간언했고, 무왕이 상을 멸망시키자 수양산(首陽山)에서 굶어 죽었다고 한다. 사마천의 『사기』「열전」의 첫머리에 그 전기가 실려 있다. 이윤(伊尹)은 상 왕조를 연 탕(湯)의 신하다. 『사기』 〈은본기(殷本紀)〉에 그 행적이 실려 있다. 사(仕)는 벼슬하다는 뜻이고, 지(止)는 벼슬을 그만두다는 뜻이다. 구(久)는 오래 머물다는 뜻이고, 속(速)은 얼른 떠나다는 뜻인데, 10.1에서 이 두 글자의 의미가 분명하게 드러난다. 반(班)은 같다, 나란하다는 뜻이다. 군지(君之)는 임금이 되다는 뜻이다. 불고(不辜)는 죄 없는 자를 뜻한다. 유약(有若)은 노나라 사람으로, 공자의 제자다. 오(汚)는 낮다는 뜻이다. 아(阿)는 알랑거리다는 뜻으로, 여기서는 높이 일컬으려고 말을 일부러 꾸며서 하는 짓을 이른다. 여(予)는 재아(宰我)의 이름으로, 자신을 낮추어서 한 말이다. 등(等)은 나누다, 견주다는 뜻이다. 위(違)는 어기다, 벗어나다는 뜻이다. 질(垤)은 개밋둑을 뜻한다. 행료(行潦)는 길바닥에 고인 빗물이다. 췌(萃)는 취(聚)와 같으며, 무리를 뜻한다.

蛇足 여기서는 맹자와 관련된 대표적인 두 용어 '부동심(不動心)'과 '호연지기(浩然之氣)'가 나온다. 부동심은 어떠한 상황에서도 흔들리지 않는 마음을 이르는데, 이는 공자가 말한 '불혹(不惑)'과 통한다. 흔들리지 않는다는 것은 어떤 일에서도 헷갈리는 법이 없고 어떤 상황에서도 헤매지 않는다는 뜻이기 때문이다. 그런데 이 부동심을 용기와 연관시키고 있다. 북궁유와 맹시사의 용기에 대해 말한 것이 그것이다. 왜 용기를 길러야 흔들리지 않는 마음을 지닐 수 있다고 본 것일까?

용기란 떳떳함이고 당당함이다. 스스로 허물이 없다고 여길 때 절로 솟아나는 것이 용기다. 『중용』에서도 "부끄러움을 알면 용기에 가까워진다"고 했다. 날마다 일마다 자신을 돌아보아서 허물이 없도록 애쓰다보면 어떤 상대를 만나더라도 떳떳할 수 있고, 어떤 상황에 처하더라도 흔들리지 않을 수 있다. 그러나 이 용기는 결코 갑작스럽게 가질 수 있는 게 아니다. 어느 날 갑자기 그런 용기를 가질 수 있는 것처럼 여기는 자는 용기의 참뜻을 모르는 자다. 평소에 늘 자신을 돌아본 자가 아니면서 "나는 그런 때에 용기 있게 나설 수 있다!"고 말하는 자는 정작 그런 상황에서는 당혹해하거나 움찔하며 망설인다. 소인은 입으로 용기를 말하고, 대인은 몸으로 용기를 보여준다.

또 맹자는 뜻과 기운과 마음에 대해 말했는데, 이 셋의 경계는 모호하다. 같으면서 다르고, 다르면서 같다. 서로 넘나들고 갈마들면서 끊임없이 상호작용하는 관계에 있다. 중요한 것은 어느 하나가 부실하거나 허약해서도 안 된다는 사실이다. 그리고 그것은 결코 억지로 길러지거나 갖추어질 수 없다는 공통점을 갖는다. 그래서 조장(助長)의 폐해를 이야기한 것이다. 조장은 결과에 집착할 때 저지르기 마련이다. 결과보다 과정을 살필 줄 알아야 조장하지 않게 되는데, "행동할 때 마음에 찐덥지 않은 게" 있는지를 살피는 것이 그것이다. 살피는 기준은 올바름이다. 옳으냐 그르냐, 알맞으냐 어긋나느냐 따위로 기운을 잡도리해야 한다는 말이다. 그런 과정에서 본래 내재해 있던 기운이 호연지기로 되살아난다. 기운을 기르려 하는 인위적인 노력에서 시작해 저절로 가득해지는 무위자연에 이르러야 공부는 끝난다. 이를 말로써 표현하기는 참으로 어렵다. 그럼에도 호연지기를 잘 기르고 부동심에 이른다면, 말에 대해서는 저절로 알게 된다고 할 수 있으리라. 맹자가 "나는 말을 잘 안다"고 한 까닭도 여기에 있다.

그런데 맹자는 어떤 말에서든 숨겨진 마음을 엿볼 수 있다고 했다. 이는 말하는 이가 숨기려는 의도를 가졌든 가지지 않았든 간에 그 말에 그 의도가 실려 있을 수밖에 없다는 것이다. 이는 진실이다. 다만, 듣는 이가 그 숨겨진 마음을 읽어내느냐 읽어내지 못하느냐에 달렸을 뿐이다. 그 마음을 읽어내기만 한다면, 그가 하는 일이나 정치가 어떠할지를 파악하는 일은 어렵지 않다. 공자도 이와 비슷한 말을 한 적이 있다. 『논어』「자로(子路)」편에 나온다.

자로가 여쭈었다.

"위나라 군주가 스승을 맞이하여 정치를 한다면, 스승께서는 무엇을 먼저 하시겠습니까?"

공자가 말했다.

"반드시 이름을 바르게 할 것이다!"

"이렇군요, 스승께서 에두르시는 게! 어찌 꼭 이름을 바르게 하려 하십니까?"

"메떨어지구나, 유야! 군자는 자신이 알지 못하는 것에 대해서는 대도히 제쳐놓는다. 이름이 바르지 않으면 말이 매끈하지 못하고, 말이 매끈하지 못하면 일이 이루어지지 않고, 일이 이루어지지 않으면 예의와 음악이 내돋지 않고, 예의와 음악이 내돋지 않으면 형벌이 들어맞지 않고, 형벌이 들어맞지 않으면 백성들이 손발을 둘 데가 없다. 그래서 군자가 이름을 붙이면 반드시 말할 수 있고, 말하면 반드시 행할 수 있다. 군자는 그 말에서 옹색함을 없이할 뿐이다."

공자가 마지막에 "군자는 그 말에서 옹색함을 없이할 뿐이다"라고 말한 데에는 군자 정도가 되면 말이란 어떠한 것인지를 환히 알고 있다는 뜻이 담겨 있다. 군자는 마음을 살피고 기운을 잡도리하는 공부를 하는 자이므로 그 과정에서 저절로 말에 대해서 통찰하게 되기 때문이다. 맹자가 부동심과 지언(知言)을 아울러 말한 까닭도 여기에서 찾을 수 있다.

3.3

孟子曰: "以力假仁者霸, 霸必有大國; 以德行仁者王, 王不待大. 湯以七十里, 文王以百里. 以力服人者, 非心服也, 力不贍也; 以德服人者, 中心悅而誠服也, 如七十子之服孔子也. 詩云, '自西自東, 自南自北, 無思不服.' 此之謂也."

맹자가 말했다.

"힘으로써 어짊을 겉꾸미는 자는 패자(覇者)이니, 패자에게는 반드시 큰 나라가 있어야 한다. 덕으로써 어짊을 실행하는 자는 왕자(王者)이니, 왕자는 큰 나라를 필요로 하지 않는다. 탕왕은 사방 70리로, 문왕은 사방 100리로써 왕노릇했다. 힘으로써 사람을 따르게 하면 마음으로 따르지 않으니, 이는 힘이 부족해서다. 덕으로써 사람을 따르게 하면 마음속으로 기뻐하며 참으로 따르게 되니, 일흔 명의 제자가 공자를 따른 것과 같다. 『시경』「대아」의 〈문왕유성(文王有聲)〉에서, '서쪽에서 동쪽에서 남쪽에서 북쪽에서, 따르지 않는 이가 없도다'라고 한 것은 이를 두고 한 말이다."

注釋 가(假)는 거짓으로 꾸미다는 뜻이다. 탕왕과 문왕은 중세와는 달리 고대의 부족국가에서 출발했으므로 그 땅이 사방 백 리가 채 못 된 것은 당연하다. 맹자의 말은 그럼에도 다른 부족국가들을 이끌고 천하에 군림했다는 뜻이다. 복(服)은 좇다, 따르다는 뜻이다. 섬(贍)은 족(足)과 같으며, 넉넉하다는 뜻이다. 칠십자(七十子)는 공자의 제자들을 가리킨다. 『사기』〈공자세가(孔子世家)〉를 보면, "공자는 시와 서, 예와 악으로써 제자들을 가르쳤는데, 대략 3천 명이었다. 그 가운데서 육예(六藝)에 통달한 자가 일흔두 명이었다"고 했는데, 이 일흔두 명을 대략 70명으로 일컬은 것이다. 사(思)는 별다른 뜻이 없다.

蛇足 자기 군주를 패자로 만들려고 했던 인물이 상앙이다. 상앙은 포상과 형벌로써 신하들을 제어하고 백성들이 따르도록 했다. 이렇게 해서는 마음 깊이 군주를 따르는 이를 찾아보기 어렵게 된다. 마음으로 따르지 않는다는 것은 언제든지 그 마음이 돌아설 수도 있다는 뜻이다. 실제로 그러했으니, 진(秦) 제국의 몰락 과정에서 여실하게 드러

났다. 진시황의 두뇌 노릇을 하면서 정적(政敵)들을 제거하고 천하통일을 위한 계책을 낸 이사가 환관인 조고의 꾐질에 넘어간 것은 그에게 군주를 위한 마음보다 자신의 영달을 위하는 마음이 더 크게 자리하고 있었기 때문이다. 그러했으므로 자신을 전적으로 신뢰해주었던 황제를 배신하고 황제의 조서를 위조하여 태자를 죽음으로 내몰고 한낱 환관이 전횡을 일삼을 수 있는 빌미를 제공했을 뿐 아니라, 그 자신과 일족이 참혹하게 죽임을 당하기에 이르렀다. 이런 이사의 복종을 참된 복종이라 믿었을 진시황이야말로 참으로 가엾기 그지없는 인간이다. 그의 죽음을 참으로 슬퍼해주는 이가 없었고, 오히려 가장 가까이 있던 자들이 권력욕에 사로잡혀 배신을 하고 제국을 멸망으로 이끌었으니.

패도에도 복종은 있으나 그 복종은 결코 마음에서 우러난 복종이 아니라는 것을 맹자는 일찌감치 꿰뚫어보았던 것이다.

3.4

孟子曰:“仁則榮, 不仁則辱. 今惡辱而居不仁, 是猶惡濕而居下也. 如惡之, 莫如貴德而尊士, 賢者在位, 能者在職; 國家閒暇, 及是時, 明其政刑. 雖大國, 必畏之矣. 詩云, ‘迨天之未陰雨, 徹彼桑土, 綢繆牖戶. 今此下民, 或敢侮予?’ 孔子曰, ‘爲此詩者, 其知道乎! 能治其國家, 誰敢侮之?’ 今國家閒暇, 及是時, 般樂怠敖, 是自求禍也. 禍福無不自己求之者. 詩云, ‘永言配命, 自求多福.’ 太甲曰, ‘天作孼, 猶可違; 自作孼, 不可活.’ 此之謂也.”

맹자가 말했다.

“어질면 이름을 떨치고, 어질지 않으면 욕된다. 그런데 이제 욕됨을 싫어하면서도 어질지 않은 짓을 하고 있으니, 이는 축축

한 데를 싫어하면서도 낮은 곳에서 사는 것과 같다. 가령 욕됨을 싫어한다면, 덕을 귀하게 여기고 선비를 높이며 현명한 자에게 걸맞은 자리를 주고 능력 있는 자에게 알맞은 직책을 주며, 나라와 집안에 어지러운 일이 없을 때에는 그 정치와 법도를 밝히는 것이 가장 낫다. 그러면 아무리 큰 나라라 하더라도 반드시 두려워할 것이다. 『시경』「빈풍(豳風)」의 〈치효(鴟鴞)〉에서, '하늘에 아직 먹구름이 끼어 비가 내리지 않을 때, 저 뽕나무 뿌리의 껍질을 벗겨 들창과 문을 칭칭 동여매도다. 이제 이 백성들 가운데서 누가 감히 나를 업신여기리오?'라고 했는데, 공자는 '이 시를 지은 자는 도리를 아는 자로다! 나라와 집안을 제대로 다스린다면, 누가 감히 그를 업신여기리오?'라고 말했다. 이제 나라와 집안에 어지러운 일이 없는데, 이런 때에 놀며 즐기기만 하고 빈둥거리니 이는 스스로 재앙을 부르는 짓이다. 재앙이든 복이든 제 스스로 부르지 않는 게 없다. 『시경』「대아」의 〈문왕(文王)〉에서는 '길이길이 하늘의 뜻과 함께하여, 스스로 많은 복을 구하라'고 했고, 『상서』의 〈태갑(太甲)〉에서는 '하늘이 내린 재앙은 오히려 피할 수 있으나, 스스로 지은 재앙에서는 살아날 수가 없도다'라고 했으니, 이를 두고 한 말이다."

注釋 오(惡)는 싫어하다는 뜻이다. 막여(莫如)는 ~하는 것이 낫다는 뜻이다. 한가(閒暇)는 나라에 어지러운 일이 없고 집안에 걱정거리가 없는 것을 이른다. 형(刑)은 법도나 도리를 뜻한다. 태(迨)는 미치다, 이르다는 뜻이다. 음우(陰雨)는 구름이 끼어 비가 오는 것이다. 철(徹)은 벗기다는 뜻이다. 상두(桑土)는 뽕나무 뿌리인데, 여기서는 그 껍질을 벗겨서 밧줄처럼 쓴다는 것을 뜻한다. 주(綢)와 무(繆)는 얽다, 동여매다는 뜻이다. 유(牖)는 들창이다. 반(般)은 락(樂)과 같으며, 즐기다는

뜻이다. 태(怠)는 게으르다는 뜻이다. 오(敖)는 오(遨)와 같으며, 멋대로 놀다는 뜻이다. 영(永)은 장(長)과 같으며, 길이길이, 오래도록을 뜻한다. 배명(配命)은 천명 곧 하늘의 뜻과 짝하다는 뜻으로, 하늘의 뜻에 맞게 행동하는 것을 이른다. 〈태갑(太甲)〉은 지금 전하는 『금문상서(今文尙書)』와 『고문상서(古文尙書)』에는 없는 것이다. 지금의 『상서』에 있는 〈태갑상〉·〈태갑중〉·〈태갑하〉 셋은 곧 『위고문상서(僞古文尙書)』에 있던 것이다. 본문의 글은 〈태갑중〉에 나온다. 얼(孽)은 재앙을 뜻한다. 위(違)는 피하다는 뜻이다.

蛇足 앞서 맹자는 힘으로써 어짊을 겉꾸미는 자를 패자(霸者)라 했다. 패업을 이룬 자는 자신이 어진 정치를 편다는 착각(錯覺)을 하거나 환상(幻想)을 가질 공산이 크다. 가까이서도 자신을 칭송하고 멀리서도 자신을 칭송하는 말이 거듭 들려오기 때문이다. 그러나 착각은 결코 정각(正覺)이 아니고, 환상 또한 결코 실상(實相)이 아니다.

패자의 착각이나 환상은 때가 되면 깨지는데, 문제는 깨지는 때가 생각보다 빨리 오고 그것을 알아차렸을 때는 피할 수 없는 재앙이 이미 닥쳤을 때라는 사실이다. 춘추시대에 '춘추오패'라 불린 이들이 이룬 업적은 참으로 대단했으나, 그 업적이 얼마나 오래 지속되었던가를 생각해보면 알 수 있다. 가령 춘추오패 가운데 첫 패자였던 제나라 환공의 경우를 보자.

환공은 관중이라는 탁월한 인물을 재상으로 둔 덕분에 패자가 될 수 있었다. 그 관중이 병이 나자, 환공이 찾아가서 물었다.

"뭇 신하들 가운데 재상을 시킬 만한 이가 누구요?"

관중이 말했다.

"임금보다 더 신하를 잘 알 사람은 없지요."

"역아(易牙)는 어떠하오?"

"제 자식을 죽여 임금에게 아첨했으니, 이는 인정에 어긋납니다. 안 됩니다."

"개방(開方)은 어떠하오?"

"부모를 배신하고 임금에게 아첨했으니, 인정에 어긋납니다. 곁에 두면 안 됩니다."

"수도(豎刀)는 어떠하오?"

"제 생식기를 잘라 임금에게 아첨했으니, 인정에 어긋납니다. 가까이하면 안 됩니다."

관중이 죽은 뒤, 환공은 관중의 말을 따르지 않고 이 세 사람을 가까이두어 중용했다. 이리하여 이 세 사람이 정권을 전횡하게 되었고, 끝내 환공은 굶어 죽었다. 환공이 죽은 뒤 권력 다툼이 벌어졌고, 이 때문에 환공의 주검은 67일이나 내버려진 상태에 있었다. 주검에서 구더기가 들끓을 정도였다고 한다. 이런 재앙을 부른 이는 누구일까?

3.5

孟子曰: "尊賢使能, 俊傑在位, 則天下之士皆悅, 而願立於其朝矣; 市, 廛而不征, 法而不廛, 則天下之商皆悅, 而願藏於其市矣; 關, 譏而不征, 則天下之旅皆悅, 而願出於其路矣; 耕者, 助而不稅, 則天下之農皆悅, 而願耕於其野矣; 廛, 無夫里之布, 則天下之民皆悅, 而願爲之氓矣. 信能行此五者, 則鄰國之民仰之若父母矣. 率其子弟, 攻其父母, 自有生民以來, 未有能濟者也. 如此, 則無敵於天下. 無敵於天下者, 天吏也. 然而不王者, 未之有也."

맹자가 말했다.

"현명한 이를 높이고 능력 있는 자를 부려서 빼어난 자들이 벼슬자리에 있으면, 천하의 선비들이 모두 기뻐하며 그 조정에서려고 할 것이다. 저자에서 가겟세만 받고 물품세를 받지 않거나 법대로 처리하며 자릿세조차 받지 않으면, 천하의 장사치들이 모두 기뻐하며 그 저자에 물건을 갈무리하려고 할 것이다. 관문에서 살피기만 하고 구실을 받지 않으면, 천하의 나그네들이 모두 기뻐하며 그 길로 다니려고 할 것이다. 밭 가는 자에게 공전(公田)을 경작하는 일을 돕게만 하고 세금을 거두지 않으면, 천하의 농부들이 모두 기뻐하며 그 들녘에서 밭을 갈려고 할 것이다. 제 사는 곳에서 노역하지 않는 자와 뽕나무를 심지 않는 자에게 베를 거두지 않으면, 천하의 백성이 모두 기뻐하며 그 백성이 되려고 할 것이다. 진실로 이 다섯 가지를 제대로 실행한다면, 이웃 나라의 백성이 그를 어버이처럼 우러러볼 것이다. 백성이 세상에 생긴 이래로 그 아들들을 이끌고 그 어버이를 쳐서 일을 이룬 자는 아직 없었다. 이와 같다면, 천하에 맞설 자가 없다. 천하에 맞설 자가 없는 이는 하늘이 낸 벼슬아치다. 그러고서도 왕노릇하지 못한 자는 아직까지 없었다."

注釋 준걸(俊傑)은 남들보다 뛰어나거나 빼어난 사람이다. 전이부정(廛而不征)의 전(廛)은 가게, 가겟세를 뜻한다. 정(征)은 구실, 구실받다는 뜻이다. 장(藏)은 갈무리하다는 뜻이다. 관(關)은 관문으로, 국경이나 기타 요해처에 설치하여 출입하는 사람을 조사하는 문 또는 그 문이 있는 곳이다. 기(譏)는 조사하다, 살피다는 뜻이다. 려(旅)는 나그네를 뜻한다. 경(耕)은 밭을 갈다는 뜻이다. 조(助)는 공전(公田)의 경작을 돕는 일을 가리킨다. 이는 정전법(井田法)과 관련되는데, 정전법은 9백 무의 밭을 정(井)자 형태로 구획하여 한가운데의 백 무는 공전(公田)으로 하여서 공동으로 경작하고 나머지는 여덟 가구에 각각 백 무씩 배정하여 사사로이 경작하게 하는 것이다. 전무부리지포(廛, 無夫里之

布)의 전(廛)은 집터, 생활하는 터전을 뜻한다. 부리지포(夫里之布)는 부포(夫布)와 리포(里布)를 가리키는데, 부포는 노역에 종사하지 않는 대가로 내는 베를, 리포는 집에 뽕나무를 심지 않는 것에 대해 거두는 세금으로 지세(地稅)에 해당한다. 부포와 리포는 정해진 세금 외의 부가세로, 처음에는 특수한 경우에만 거두었으나 차츰차츰 고정된 세금처럼 거두었다. 이것이 결국 지배층의 탐욕을 채우고 백성을 괴롭히는 구실을 했으므로 맹자는 없애야 한다고 말했던 것이다. 맹(氓)은 백성, 특히 다른 나라나 지방에서 이주해 온 백성을 이른다. 앙(仰)은 우러르다, 따르다는 뜻이다. 제(濟)는 일을 이루다는 뜻이다. 리(吏)는 벼슬아치다.

蛇足 패도를 지향한 상앙은 유가의 정치를 철저하게 반대했다. 그것은 유가의 정치야말로 혼란을 조장한다고 보았기 때문이다. 일리가 있는 말이다. 그러나 상앙이 비난한 유가의 정치는 공자나 맹자가 말한 정치가 아니다. 예의나 법도, 어짊과 올바름을 잘못 이해했거나 그것을 불철저하게 운용한 제후나 신하들에 의해서 유가의 정치는 왜곡되어 있었던 것이다. 맹자가 그토록 왕도를 운운한 까닭도 그 때문이다.

"세상에서 말하는 현명한 자는 그 말이 바른 것에 지나지 않는다. 그러나 그들을 선하고 바르다고 하는 것은 파당을 지은 데서 나온 것이다. 군주가 그 말을 들으면 능력이 있다고 여겨서 파당을 지은 자들에게 묻고는 그렇다고 생각한다. 그래서 그가 공을 세우기를 기다리지도 않고 귀하게 쓰고, 죄가 드러나기를 기다리지도 않고 처벌한다."

『상군서』「신법(愼法)」에 나오는 한 대목이다. 얼핏 보면, 상앙이 비판한 현명한 자가 맹자가 말한 현명한 자처럼 여겨질 수 있으나, 실제로는 그렇지 않다. 상앙이 비판한 자를 맹자도 똑같이 비판했다. 겉으로 어짊을 꾸미고 실제로는 사사로운 이익을 챙기는 자들이며, 바른 말을 끌어와서 교묘하게 아첨하거나 이간질하는 자들을 경계한 점은 똑같다. 그렇다면, 상앙과 맹자는 같은 맥락에서 비판을 하고 있다고 해도 과언은 아니다. 다만, 지향하는 바가 달랐으므로 그 과정 또한 달랐을 뿐이다.

3.6

孟子曰: "人皆有不忍人之心. 先王有不忍人之心, 斯有不忍人之政矣. 以不忍人之心, 行不忍人之政, 治天下可運之掌上. 所以謂人皆有不忍人之心者, 今人乍見孺子將入於井, 皆有怵惕惻隱之心, 非所以內交於孺子之父母也, 非所以要譽於鄕黨朋友也, 非惡其聲而然也. 由是觀之, 無惻隱之心, 非人也; 無羞惡之心, 非人也; 無辭讓之心, 非人也; 無是非之心, 非人也. 惻隱之心, 仁之端也; 羞惡之心, 義之端也; 辭讓之心, 禮之端也; 是非之心, 智之端也. 人之有是四端也, 猶其有四體也. 有是四端而自謂不能者, 自賊者也; 謂其君不能者, 賊其君者也. 凡有四端於我者, 知皆擴而充之矣, 若火之始然, 泉之始達. 苟能充之, 足以保四海; 苟不充之, 不足以事父母."

맹자가 말했다.

"사람이라면 누구나 남에게 차마못하는 마음이 있다. 옛 왕들은 남에게 차마못하는 마음이 있었으니, 그래서 남에게 차마못하는 정치를 했다. 남에게 차마못하는 마음으로 남에게 차마못하는 정치를 베푼다면, 천하를 다스리는 일은 손바닥 위에서 움직이는 것처럼 쉬울 것이다. 사람이라면 누구나 남에게 차마못하는 마음이 있다고 말하는 까닭은 이렇다. 이제 우물에 들어가려는 어린아이를 갑자기 보게 되면 누구나 두려워하고 놀라며 슬퍼하고 가엾어하는 측은지심을 갖게 될 것이니,

이는 어린아이의 부모와 가깝게 사귀려고 해서가 아니고, 마을 사람들이나 벗들이 추어올려주기를 바라서도 아니며, 어린아이가 우는 소리가 싫어서 그러는 것도 아니다. 이로써 보건대, 두려워하고 놀라며 슬퍼하고 가엾어하는 측은지심이 없으면 사람이 아니고, 부끄러워하고 미워하는 수오지심이 없으면 사람이 아니며, 받지 않고 주려고 하는 사양지심이 없으면 사람이 아니고, 옳음과 그름을 가리는 시비지심이 없으면 사람이 아니다. 두려워하고 놀라며 슬퍼하고 가엾어하는 측은지심은 어짊의 실마리요, 부끄러워하고 미워하는 수오지심은 올바름의 실마리요, 받지 않고 주려고 하는 사양지심은 예의의 실마리요, 옳음과 그름을 가리는 시비지심은 지혜의 실마리다. 사람에게 이 네 가지 실마리가 있는 것은 마치 몸뚱이에 두 팔과 두 다리가 있는 것과 같다. 이 네 가지 실마리를 가지고 있음에도 나는 할 수 없다고 말하는 자는 자신을 해치는 자요, 내 임금은 할 수 없다고 말하는 자는 그 임금을 해치는 자다. 무릇 나에게 갖추어져 있는 네 가지 실마리를 모두 넓혀서 가득 채울 줄 안다면, 불이 처음 타오르고 샘물이 처음 솟아나는 것과 같이 되리라. 참으로 이를 가득 채울 수 있다면 온 천하를 지킬 수 있을 것이요, 정말이지 채울 수 없다면 제 어버이조차 섬기지 못할 것이다."

注释 인(忍)은 모질다, 몹시굴다는 뜻으로, 불인인(不忍人)은 남의 괴로움이나 어려움을 차마 보지 못한다는 것과 남에게 차마 모질게 굴지 못한다는 두 가지 의미를 내포하고 있다. 사(斯)는 즉(則)과 같으며, 그러므로, 그래서라는 뜻이다. 사(乍)는 갑자기를 뜻한다. 출(怵)은 두려워하다, 슬퍼하다는 뜻이고, 척(惕)은 두려워하다, 놀라다는 뜻이다. 측(惻)은 슬퍼하다를, 은(隱)은 가엾어하다를 뜻한다. 내(內)는 안으로

하다, 곧 가까이하다는 뜻이다. 요(要)는 구하다, 바라다는 뜻이다. 예(譽)는 기리다, 추어올리다는 뜻이다. 수(羞)는 부끄러워하다는 뜻이다. 사(辭)는 받지 않는 것을, 양(讓)은 넘겨주는 것을 뜻한다. 단(端)은 사물이 처음 나타나는 머리이면서 근본을 뜻한다. 확(擴)은 넓히다는 뜻이다. 연(然)은 타다, 타오르다는 뜻인데, 후대에는 이 뜻으로 연(燃)을 썼다. 달(達)은 뚫고 나오다, 솟아나다는 뜻이다. 보(保)는 지키다, 편안하게 하다는 뜻이다.

蛇足 사람에게 있는 네 가지 마음을 찾아낸 통찰은 대단하다. 누구나 경험하면서 느끼고 가졌던 마음인데, 대부분의 사람들은 허투루 보아 넘겼다. 그러나 맹자는 달랐다. 그리고 사람들마다 마음 씀씀이가 다른 것은 사람에게 내재한 것이 달라서가 아니라 살피고 확충하는 노력이 달라서라고 말했다.

차마못하는 마음도 사람에게 있지만, 남에게 모질게 구는 마음도 사람에게 있다. 남에게 모질게 구는 마음은 당시의 군주들과 신하들이 갖고 있었던 마음이다. 상앙은 이 마음을 백성에게도 요구했다. 그는 백성들을 다그쳐 농사에 전념하도록 부리고 또 전쟁에 나서서는 용감하게 목숨을 바치도록 형벌로써 두렵게 만드는 농전(農戰)을 중심으로 철저한 통제 정책을 폈다. 이를 위해서는 남에게 모질게 구는 마음을 부추겨 백성들이 착해지지 않고 간사해지도록 해야 한다고 했다. "다른 사람의 죄악을 고발하는 '간사한 백성'을 써서 죄악을 덮어주는 '착한 백성'을 다스리면, 그 나라는 반드시 잘 다스려지고 강성하게 된다"(『상군서』「설민」)는 게 그의 생각이었다. 이 또한 난세의 통치술로는 효과가 있는 방책이지만, 이렇게 해서 다스려지는 나라는 결코 태평성대를 누리는 나라라고 할 수 없고 폭풍전야의 그 고요함을 잠깐 누릴 수 있을 뿐이다. 물론 이런 상앙의 주장은 자기 시대가 난세라는 판단에서 나온 것이지만, 강성 일변도의 정책은 필연적으로 한계에 부닥칠 수밖에 없음을 간과했다.

"형벌은 힘을 낳고, 힘은 강대함을 낳고, 강대함은 위세를 낳고, 위세는 덕을 낳으니, 덕은 형벌에서 나온다."(『상군서』「설민」)

이로써 법가의 덕과 유가의 덕이 얼마나 다른지를 알 수 있는데, 이는 상앙과 맹자가 사람의 마음에서 본 것이 각기 달랐기 때문에 생긴 차이라고 할 수 있다.

또 상앙이 말한 덕은 백성이 갖추어야 할 것이지 군주가 갖추어야 할 것은 아니었다. 군주는 그저 권병(權柄)을 쥐고 부리는 존재일 뿐, 그가 덕을 갖출 필요는 없다고 보았기 때문이다. 반면에 맹자는 네 가지 마음을 군주나 신하들이 모두 오롯하게 지녀야 한다고 말했다. 백성들은 그런 마음이 있어도 확충할 수 있는 여가도 없고 여유도 없다. 윗 사람들이 그런 마음을 지니고 다스린다면, 백성들은 바람 앞에 풀처럼 저절로 교화가 된다. 이것이 왕도다.

3.7

孟子曰: "矢人豈不仁於函人哉? 矢人惟恐不傷人, 函人惟恐傷人, 巫匠亦然. 故術不可不愼也. 孔子曰, '里仁爲美! 擇不處仁, 焉得智?' 夫仁, 天之尊爵也, 人之安宅也. 莫之禦而不仁, 是不智也. 不仁不智, 無禮無義, 人役也. 人役而恥爲役, 由弓人而恥爲弓, 矢人而恥爲矢也. 如恥之, 莫如爲仁. 仁者如射, 射者正己而後發, 發而不中, 不怨勝己者, 反求諸己而已矣."

맹자가 말했다.

"화살 만드는 사람이 어찌 갑옷 만드는 사람보다 어질지 못하겠는가? 화살 만드는 사람은 사람을 다치게 하지 못할까를 걱정하고, 갑옷 만드는 사람은 사람이 다칠까를 걱정할 뿐이다.

무당과 목수 역시 그러하다. 그러므로 기술이란 삼가지 않을 수 없다. 공자가 말하기를, '어짊에 머무니 아름답다 하리라! 잘 가려서 어짊에 머물지 못한다면, 어찌 지혜롭다고 할 수 있으리오?'라고 하였다. 대저 어짊은 하늘이 내린 존귀한 벼슬이요 사람이 편안하게 머물 집이다. 막는 자가 없는데도 어질지 않다면, 이는 지혜롭지 못한 것이다. 어질지 못하고 지혜롭지도 못하며 예의가 없고 올바름도 없으면, 남에게 부려진다. 남에게 부려지면서 부려지는 걸 부끄러워하는 것은 활 만드는 자가 활 만드는 일을 부끄러워하고 화살 만드는 자가 화살 만드는 일을 부끄러워하는 것과 같다. 부끄러워하기보다는 차라리 어질게 되려고 애써야 한다. 어짊은 활쏘기와 같으니, 활을 쏘는 자는 자신을 바르게 한 뒤에야 쏘며, 과녁을 맞히지 못하면 자기를 이긴 자를 탓하지 않고 돌이켜 자신에게서 그 까닭을 찾을 뿐이다."

注釋 함(函)은 개(鎧)와 같으며, 갑옷을 뜻한다. 무(巫)는 무당이지만 고대에는 병을 다스리기도 했다. 장(匠)은 목수를 뜻한다. 술(術)은 맹자 당시에 합종이나 연횡을 유세하는 이들이나 병법을 내세우는 자들을 염두에 두고 한 말이다. 모두 사람을 살리거나 죽이는 일과 깊이 연관되어 있었기 때문이다. 공자의 말은 『논어』「리인(里仁)」편에 나온다. 유(由)는 유(猶)와 같다. 여(如)는 ~하기 보다는을, 막여(莫如)는 차라리 ~ 해야 한다를 뜻한다.

蛇足 오늘날 많은 젊은이들이 어떤 직업을 선택할 것인가를 고민한다. 대체로 높은 연봉과 좋은 작업 환경을 보장해주는 곳으로 가려 할 뿐, 직업 자체에 대한 고려는 잘 하지 않는다. 이는 욕심이 직업 선택의 기준으로 작용하고 있음을 의미한다. 자신의 능력을 믿지 못하는 심

리가 작용한 것이기도 하다. 문제는 물질적인 조건만을 따지다가는 자칫 남을 억누르고 남에게 횡포를 일삼는 일조차 마다하지 않게 될 수 있다는 사실이다. 근래에 대리점주들에게 물량을 강제로 떠넘기고 반품을 거절하라고 한 본사의 횡포를 대신해서 저지른 본사 직원들의 문제가 큰 이슈가 되었다. 본사 직원이야 본사에서 그렇게 하라고 해서 한다고 하지만, 그가 판단 능력을 상실한 자가 아니고서야 어찌 그게 그릇된 일임을 몰랐겠는가. 제 홀로 먹고 살자고 그렇게 한 것이나 다름이 없다. 그런데 과연 그렇게 해서 호사라도 누리고 있는가? 전혀 그렇지 못하다. 이야말로 폭군 밑에서 봉사한 자의 말로와 참 닮았다. 맹자는 "기술이란 삼가지 않을 수 없다"고 했는데, 직업을 선택함에 있어서도 마찬가지다. 뒤늦게 뉘우치면서 부끄러워하는 것으로는 이미 늦고 또 부족하다. 그럴 바에는 "차라리 어질게 되려고 애써야 한다." 이는 누구나 할 수 있고 그럴 능력도 있다.

또 신분이 높은 자, 재능이 뛰어난 자일수록 잘 가려서 어짊에 머물어야 한다. 그렇게 하지 못한다면, 2차 세계대전 때 유럽에서 미국으로 망명한 물리학자들이 루즈벨트 대통령을 설득해서 핵분열반응을 이용하여 핵폭탄을 만든 그런 일을 감행하게 된다. 설령 일시적인 대량살상으로 세계대전을 끝내기는 했으나, 20세기 내내 전 세계 사람들은 늘 핵전쟁의 불안에 떨어야 했다. 지금도 언제 누구를 겨냥해서 터질지 모르는 핵무기가 세계를 위협하고 있다. 탐욕으로 저지른 전쟁을 역시 탐욕으로 저지한 셈인데, 전쟁은 끝나도 여전히 무고한 살상의 위협은 남아 있다. 이 모두 나 자신을 돌아보지 않은 데서 비롯된 후과다. 나를 돌아보면 남을 살필 줄 알게 되고, 남을 살필 줄 알면 판단과 선택이 신중해지지 않을 수 없다. 그러면 하늘이 준 벼슬인 어짊을 저절로 갖추게 될 터인데.

3.8

孟子曰: "子路, 人告之以有過, 則喜. 禹聞善言, 則拜. 大舜有大焉, 善與人同, 舍己從人, 樂取於人以爲善. 自耕稼陶漁以至爲帝, 無非取於人者. 取諸人以爲善, 是與人爲善者也. 故君子莫大乎與人爲善."

맹자가 말했다.

"자로는 남이 그에게 허물이 있다는 걸 알려주면 기뻐했다. 우는 착한 말을 들으면 절을 했다. 위대한 순은 더욱 위대했으니, 남과 함께 착해지려 했고 자기를 버리고 남을 좇을 줄 알았으며 남에게 좋은 점이 있으면 기꺼이 받아들였다. 밭 갈고 곡식을 심고 질그릇 굽고 고기잡이할 때부터 제왕이 되기에 이르기까지 남에게서 취하지 않은 게 없었다. 남의 좋은 점을 받아들이는 것은 남과 함께 착해지는 것이다. 그러므로 군자에게 남과 함께 착해지는 것보다 큰 것은 없다."

注釋 고(告)는 가르치다, 깨우쳐주다는 뜻이다. 우(禹)는 중국 고대에 하(夏) 왕조를 열었던 왕으로, 홍수를 다스린 영웅이다. 선언(善言)은 착한 말, 좋은 말, 훌륭한 말을 뜻한다. 유대(有大)의 유(有)는 더욱을 뜻한다. 동(同)은 남에게도 통하게 하다는 말맛이 있다. 낙취(樂取)의 낙(樂)에는 기꺼이라는 말맛이 있고, 취(取)에는 받아들여 내 것으로 삼다는 말맛이 있다. 경(耕)은 밭을 갈다는 뜻이고, 가(稼)는 심다는 뜻이다. 도(陶)는 질그릇을 만들다는 뜻이다. 『사기』 〈오제본기(五帝本紀)〉에서는, "순이 역산(歷山)에서 농사를 짓자 역산의 사람들은 모두 밭의 경계를 양보했고, 뇌택(雷澤)에서 고기를 잡자 뇌택의 사람들은 모두 사는 곳을 양보했으며, 황하 가에서 그릇을 굽자 황하 가에서 나온 그릇들은 모두 흠이 없었다. 1년이 지나자 마을이 이루어졌고, 2년

이 지나자 읍이 되었으며, 3년이 지나자 도시가 되었다"고 했다.

蛇足 『논어』에서 자공(子貢)과 더불어 가장 자주 등장하는 인물이 자로다. 그 자로는 본래 사냥을 일삼던 야인(野人)이었다. 그런 그가 배움을 통해 군자의 면모를 갖추게 된 데에는 스승인 공자의 가르침이 크기도 했지만, 무엇보다도 그 자신의 마음가짐이 야무지고 빈틈이 없었기 때문이다. 그는 들은 것을 아직 잘하지 못하면 또 다른 걸 들을까봐 두려워했다.(『논어』「공야장」) 즉, 배운 게 있으면 그것을 오롯하게 체득하려고 했으며, 이미 배운 것을 터득하지 못했으면 새로운 것을 더 배우려 하지 않았다는 말이다. 이는 지식을 얻는 공부를 한 게 아니라 지혜를 갖추는 공부를 했다는 뜻이다. 지혜란 이렇게 자신을 끊임없이 살피면서 느리지만 야무지고 단단한 공부를 해야만 터득할 수 있다. 우가 착한 말을 들으면 절을 했고 순이 어디서나 배울 거리를 얻었다고 한 것도 같은 뜻을 담고 있다.

오늘날 우리 사회에서는 교육만이 살길이라고 이구동성으로 말하고 있다. 과연 교육이 살길을 열어주는가? 오히려 탐욕을 조장하고 경쟁심을 부추기고 있지 않은가? 아무 쓸모도 없는 지식을 외우느라 지혜란 어떤 것인지조차 모르고 대학을 졸업하고 있지 않은가? 대학을 나서면서도 어떤 직업을 선택해야 할지, 무슨 일을 해야 할지, 아니 자신이 누구인지조차 모르고 있지 않은가? 그렇게 허우적대는 사람을 만드는 것이 작금의 교육이다. 이런 교육이 과연 살길인가?

3.9

孟子曰: "伯夷, 非其君, 不事; 非其友, 不友. 不立於惡人之朝, 不與惡人言. 立於惡人之朝, 與惡人言, 如以朝衣朝冠坐於塗炭. 推惡惡之心, 思與鄕人立, 其冠不正, 望望然去之, 若將浼焉. 是故諸侯雖有善其辭命而至者, 不受也. 不受也者, 是亦不屑就已. 柳下惠, 不羞汙君, 不卑小官, 進不隱賢, 必以其道. 遺佚而不怨, 阨窮而不憫. 故曰, '爾爲爾, 我爲我, 雖袒裼裸裎於我側, 爾焉能浼我哉!' 故由由然與之偕而不自失焉, 援而止之而止. 援而止之而止者, 是亦不屑去已."

孟子曰: "伯夷隘, 柳下惠不恭. 隘與不恭, 君子不由也."

맹자가 말했다.

"백이는 섬길 만한 임금이 아니면 섬기지 않고, 사귈 만한 벗이 아니면 사귀지 않았다. 모진 자들이 있는 조정에서는 벼슬하지 않았고 모진 자와는 함께 말하지 않았으니, 모진 자들이 있는 조정에 서는 것과 모진 자와 말하는 것을 마치 관복을 입고 관을 쓰고서 진흙탕이나 숯더미에 앉는 것처럼 여겼다. 모진 짓을 미워하는 마음을 미루어서는 고향 사람과 서 있을 때 그 사람의 관이 바르지 않으면 자신을 더럽힐 것처럼 생각하여 뒤도 돌아보지 않고 가버렸다. 이런 까닭에 제후들이 비록 명령을 잘 전하는 자를 보내어 부르더라도 받아들이지 않았다. 받아들이지 않은 것은 역시 나아감을 탐탁치 않게 여겼기 때문이다.

유하혜는 더러운 임금도 부끄러워하지 않고, 낮은 벼슬도 하찮게 여기지 않고, 나아가서는 현명함을 숨기지 않은 채 반드시 도리에 맞게 했다. 버림을 받아도 마음이 뒤틀리지 않고 막다른 곳에 이르러서도 걱정하지 않았다. 그래서 '너는 너요, 나는 나로다. 비록 네가 내 옆에서 웃옷을 벗거나 벌거벗은들 어찌 나를 더럽힐 수 있으리오!'라고 말했다. 그러므로 느긋하게 그런 자와 함께하면서도 스스로 올바름을 잃지 않았고, 자신을 붙잡으며 머물게 하면 또 머물었다. 붙잡으며 머물게 한다고 해서 머무는 것은 역시 떠남을 탐탁치 않게 여겼기 때문이다."

맹자가 말했다.

"백이는 좁았고, 유하혜는 삼가지 않았다. 좁음과 삼가지 않음은 군자가 행하지 않는 것이다."

注釋 립(立)은 벼슬을 한다는 말맛을 담고 있다. 도탄(塗炭)은 진흙과 숯을 뜻하여 대체로 매우 힘들고 괴로운 지경을 가리키는데, 여기서는 더러운 곳을 가리키는 말로 쓰였다. 망망연(望望然)은 못마땅하게 여기는 마음이나 태도다. 매(浼)는 더럽히다는 뜻이다. 사명(辭命)은 왕명을 받들어서 알맞은 말로써 전하는 일이다. 유하혜(柳下惠)는 노나라 대부인 전무해(展無駭)의 아들로, 이름은 획(獲)이고 자는 금(禽)이다. 수(羞)는 부끄러워하다는 뜻이다. 오(汙)는 마음이나 행실이 더럽다는 뜻이다. 비(卑)는 하찮게 여기다는 뜻이다. 유(遺)는 버려지다는 뜻이다. 일(佚)은 일(逸)과 통하며, 본래는 숨다는 뜻이지만 여기서는 등용되지 않고 버려진 것을 뜻한다. 액(阨)은 막히다는 뜻이다. 민(憫)은 걱정하다는 뜻이다. 단석(袒裼)은 웃통을 벗어 어깨를 드러내는 것이다. 나정(裸裎)은 벌거벗다, 알몸을 드러내다는 뜻이다. 유유연(由由然)은 마음에 거리낌이 없고 떳떳한 것이다. 해(偕)는 함께하다는 뜻이다. 애(隘)는 마음이나 도량이 좁은 것이다. 공(恭)은 삼가는 태도다. 불유(不由)의 유는 따르다, 행하다는 뜻이다.

蛇足 그 행실이 빼어나다고 일컬어진 두 선비, 백이와 유하혜를 들면서 맹자는 한 사람은 좁았고 한 사람은 삼가지 않았다고 했다. 맹자는 그렇게 평가하면서 그런 것은 군자가 하지 않는다고 했다. 말하자면, 백이와 유하혜는 군자가 못 된다는 뜻이다. 참으로 신랄한 평가다. 그러나 한편으로 곰곰이 따져보면, 일리가 있는 평가다. 군자란 전체적

인 상황과 흐름을 보고서 판단하고 선택하여 행동으로 옮기는 자인데, 백이와 유하혜는 오로지 자신이 정한 기준만을 고집했던 인물들에 가깝다. 시세의 변화를 도외시하고, 자기 틀에 갇혀 있었던 것이다. 그래서 백이는 수양산에서 허망하게 죽었고, 유하혜는 끝까지 버텼다. 그러면 맹자는 어느 쪽인가? 백이 쪽인가, 유하혜 쪽인가, 아니면 그 가운데인가?

4장

공손추 하(公孫丑下)

4.1

孟子曰: "天時不如地利, 地利不如人和. 三里之城, 七里之郭, 環而攻之而不勝. 夫環而攻之, 必有得天時者矣; 然而不勝者, 是天時不如地利也. 城非不高也, 池非不深也, 兵革非不堅利也, 米粟非不多也, 委而去之, 是地利不如人和也. 故曰, '域民不以封疆之界, 固國不以山谿之險, 威天下不以兵革之利.' 得道者多助, 失道者寡助. 寡助之至, 親戚畔之; 多助之至, 天下順之. 以天下之所順, 攻親戚之所畔, 故君子有不戰, 戰必勝矣."

맹자가 말했다.

"하늘의 때는 땅의 이로움만 못하고, 땅의 이로움은 사람의 어울림보다 못하다. 둘레 3리인 내성과 둘레 7리인 외성을 에워싸서 공격을 하더라도 이기지 못하는 일이 있다. 대체로 에워싸서 공격을 하는 것은 반드시 하늘의 때를 얻었기 때문인데, 그럼에도 이기지 못하는 것은 하늘의 때가 땅의 이로움보다 못해서다. 성이 높지 않은 것이 아니고 해자가 깊지 않은 것도 아니며 무기와 갑옷이 예리하거나 견고하지 않은 것도 아니고 군량미가 적지 않은 것도 아닌데, 성을 버리고 떠나는 것은 땅의 이로움이 사람의 어울림보다 못하기 때문이다. 그러므로 '백성을 머물게 하는 것은 나라의 경계로써 하는 것이 아니고, 나라를 굳건하게 하는 것은 산과 골짜기의 험준함으로 하는 것이 아니며, 천하에 위세를 떨치는 것은 무기와 갑옷의 예리함으로 하는 것이 아니다'고 한다. 나라를 다스리는 도를 얻으면 도와주는 이가 많아지고, 나라를 다스리는 도를 잃으면 도와주는 이가 적어진다. 도와주는 이가 적어지다가 막판에 이르면 친척들조차 배반하고, 도와주는 이가 많아져서 지극해지면 천하 사람들이 그를 따른다. 천하 사람들이 따르는 이가 친척들조차 배반한 자를 치는 법이다. 그러므로 군자는 되도록이면 싸우지 않지만, 싸우면 반드시 이긴다."

注釋 천시(天時)는 추위나 더위, 흐리거나 맑은 날씨 등을 가리킨다. 지리(地利)는 성이 높고 못이 깊거나 산과 강이 험한 것 등을 가리킨다. 인화(人和)는 사람들의 마음이 일치하고 화합하는 것이다. 성(城)은 내성(內城)이고, 곽(郭)은 외성(外城)이다. 여기서 말하는 둘레 3리인 내성과 7리인 외성은 성곽치고는 꽤 작은 편에 속한다. 환(環)은 둘러싸다, 에워싸다는 뜻이다. 지(池)는 성 주위에 둘러 있는 못, 곧 해자다. 병혁(兵革)의 병(兵)은 무기, 혁(革)은 갑옷을 뜻한다. 위(委)는 버리다는 뜻이다. 역(域)은 땅의 경계인데, 여기서는 그 경계 안에 머물게 한다는 뜻이다. 봉강(封疆)은 제후에게 토지를 주어서 나라를 이루게 한 땅으로, 여기서는 국경(國境)이라는 뜻으로 쓰였다. 고(固)는 굳다, 단단하다는 뜻이다. 득도(得道)의 도(道)는 나라를 다스리는 길, 곧 어진 정치를 뜻한다. 지(至)는 긍정적으로는 지극한 곳을, 부정적으로는 막판이나 막바지를 뜻한다. 친척(親戚)은 봉건제 및 전국시대의 상황과 관련된 말인데, 봉건제는 주(周) 왕조가 들어서면서 왕실의 핏줄과 건국 공신들에게 토지를 나누어 주어서(封土) 나라를 세우게 한(建國) 데서 비롯된 용어다. 그리고 제후들은 다시 핏줄들에게 땅을 나누어 주어서 가문을 형성하게 했는데, 경(卿)과 대부(大夫)들이 그들이다. 그런데 춘추시대에는 제후들이 강성해지면서 왕실이 유명무실해졌고, 전국시대에는 대부 집안이 권력을 독점하면서 전횡을 일삼았다. 특히 진(晉)나라는 대부 집안들이 다투며 땅을 나누어 가지면서 쪼개어졌고, 그 결과 한(韓) · 위(魏) · 조(趙) 세 나라가 성립되면서 전국시대가 펼쳐졌다. 이렇게 각 제후국의 내부에서 일어나는 반란과 모반의 주체가 대부분 혈연 관계에 있던 대부들이었으므로 그들을 '친척'이라 했던 것이다. 반

(畔)은 반(叛)과 같이, 배반하다는 뜻이다. 유(有)는 될 수 있으면, 되도록이라는 말맛이 있다.

蛇足 『논어』「안연(顔淵)」편의 다음 이야기가 절로 떠오른다.

자공이 정치에 대해 여쭈니, 공자가 말했다.

"먹을거리가 넉넉하고 병력과 무기가 넉넉하고 백성들이 믿는 것이다."

"어쩔 수 없이 꼭 버려야 한다면, 세 가지 가운데서 무엇을 먼저 버릴까요?"

"병력과 무기를 버려라."

"어쩔 수 없이 꼭 버려야 한다면, 두 가지 가운데서 무엇을 먼저 버릴까요?"

"먹을거리를 버려라. 옛부터 모든 사람은 죽었다. 그러나 백성들에게 믿음이 없으면 그 나라는 바로 서지 못한다."

부국을 이루고 강병을 갖추는 바탕에 백성의 믿음이 있다. 부국강병을 이룬 뒤에 백성의 믿음을 얻는 것이 결코 아니다. 그래서 공자는 부국과 강병의 문제보다 백성의 믿음을 얻는 일이 우선되어야 한다고 했다. 맹자 또한 같은 맥락에서 인화(人和)를 말했다. 맹자만이 아니다. 상앙조차 백성의 신뢰를 얻는 일이 얼마나 중요한지를 알고 있었다.

효공의 절대적인 지지를 받아서 변법을 시행하게 된 상앙이 먼저 염려한 것은 백성이 새 법령을 믿지 않을까 하는 것이었다. 그래서 그는 도성의 남문에 세 길이나 되는 나무를 세운 뒤에 방을 붙였다.

"누구든지 이 나무를 북문으로 옮겨 놓는 자에게는 10금의 상을 내리겠다."

그러나 백성은 이를 이상하게 여길 뿐, 아무도 옮기지 않았다. 다시 방을 붙였다.

"이것을 옮기는 자에게는 50금의 상을 내리겠다."

여전히 백성은 이를 의아하게 여겼다. 이때 어떤 사람이 시험삼아 이것을 북문으로 옮겨 세웠다. 그러자 그에게 50금을 주어 나라에서 백성을 속이지 않음을 분명히 했다. 그러고 나서 새 법령을 널리 알렸다.

이는 『사기』 〈상군열전〉에 나오는 이야기다. 아무리 좋은 법령을 마련하더라도 백성이 믿고 따르지 않는다면, 그 법령은 없느니만 못하다. 법이나 형벌을 중시하든 덕성이나 지혜를 중시하든 백성의 믿음이 가장 중요하다. 다만, 법가에서 말하는 믿음은 포상과 형벌을 통한 강제성을 띠므로 상하와 백성들이 서로 어우러질 수가 없고, 맹자가 말한 어울림은 오랜 교화를 통해서 이루어지지만 자발적인 것이어서 쉽사리 깨지지 않는다는 장점이 있다.

4.2

孟子將朝王, 王使人來曰: “寡人如就見者也, 有寒疾, 不可以風. 朝, 將視朝, 不識可使寡人得見乎?”

對曰: “不幸而有疾, 不能造朝.”

明日, 出弔於東郭氏. 公孫丑曰: “昔者辭以病, 今日弔. 或者不可乎?”

曰: “昔者疾, 今日愈, 如之何不弔?”

王使人問疾, 醫來.

孟仲子對曰: “昔者有王命, 有采薪之憂, 不能造朝. 今病少愈, 趨造於朝, 我不識能至否乎?”

使數人要於路, 曰: “請必無歸, 而造於朝!”

不得已而之景丑氏宿焉.

景子曰: “內則父子, 外則君臣, 人之大倫也. 父子主恩, 君臣主敬. 丑見王之敬子也, 未見所以敬王也.”

曰: “惡! 是何言也! 齊人無以仁義與王言者, 豈以仁義爲不美也? 其心曰, '是何足與言仁義也'云爾, 則不敬莫大乎是. 我非堯舜之道, 不敢以陳於王前, 故齊人莫如我敬王也."

景子曰: "否! 非此之謂也. 禮曰, '父召, 無諾; 君命召, 不俟駕.' 固將朝也, 聞王命而遂不果, 宜與夫禮若不相似然."

曰: "豈謂是與? 曾子曰, '晉楚之富, 不可及也. 彼以其富, 我以吾仁; 彼以其爵, 我以吾義, 吾何慊乎哉? 夫豈不義而曾子言之? 是或一道也. 天下有達尊三, 爵一, 齒一, 德一. 朝廷莫如爵, 鄕黨莫如齒, 輔世長民莫如德. 惡得有其一以慢其二哉? 故將大有爲之君, 必有所不召之臣, 欲有謀焉, 則就之. 其尊德樂道, 不如是, 不足與有爲也. 故湯之於伊尹, 學焉而後臣之, 故不勞而王. 桓公之於管仲, 學焉而後臣之, 故不勞而霸. 今天下地醜德齊, 莫能相尙, 無他, 好臣其所敎, 而不好臣其所受敎. 湯之於伊尹, 桓公之於管仲, 則不敢召. 管仲且猶不可召, 而況不爲管仲者乎?"

맹자가 왕을 만나러 조정에 가려고 했는데, 왕이 보낸 사람이 와서 말했다.

"과인이 마땅히 가서 그대를 보아야 하나, 몸살이 나서 바람을 쐴 수가 없소. 아침에 조회를 하려는데, 과인이 조정에서 그대를 만날 수 있게 해주겠소?"

맹자가 대답했다.

"불행하게 저도 병이 있어 조정에 갈 수가 없습니다."

이튿날, 동곽씨(東郭氏)에게 조문을 갔다. 공손추가 물었다.

"어제는 병이 있다고 사양하시더니, 오늘은 조문을 가셨습니다. 옳지 않은 일이 아닌지요?"

"어제는 아팠고 오늘은 나았으니, 어찌 조문하지 않겠느냐?"

왕은 사람을 보내어 병세를 묻고 의원을 보냈다.

맹중자(孟仲子)가 대답했다.

"어제 왕명이 있었으나 땔나무를 진 듯 몸이 무겁고 아파서 조정에 갈 수 없었습니다. 오늘 병이 조금 나아서 서둘러 조정으로 가셨는데, 아직 이르지 않았는지요?"

그리고는 여러 사람을 시켜 길에서 기다렸다가, "돌아오지 마시고 조정으로 가십시오!"라는 말을 전하게 했다. 그래서 맹자는 어쩔 수 없이 경추씨(景丑氏) 집으로 가서 하룻밤 머물렀다.

경자(景子)가 말했다.

"안으로는 아비와 자식이 있고 밖으로는 임금과 신하가 있으니, 이는 모듬살이에서 중요한 관계입니다. 아비와 자식의 관계에서는 은혜를 주로 하고, 임금과 신하의 관계에서는 공경을 으뜸으로 합니다. 이 추(丑)는 왕께서 그대를 공경하는 것은 보았으나, 그대가 왕을 공경하는 것은 보지 못했습니다."

맹자가 대답했다.

"오, 이 무슨 말이오! 제나라 사람 가운데에 왕에게 어짊과 올바름을 말하는 자가 없다고 해서 어찌 그들이 어짊과 올바름을 좋지 않게 여긴다 하겠소? 그저 마음속으로 '어찌 이 사람과 어짊과 올바름에 대해 말할 수 있겠는가'라고 생각해서이니, 불경스럽기로는 이보다 더 큰 것이 없소. 나는 요나 순의 도가 아니면 왕 앞에서 감히 늘어놓지 않소이다. 그러니 왕을 공경하기로는 제나라 사람들이 나보다 못하오."

경자가 말했다.

"아닙니다! 그걸 말하는 게 아닙니다. 『예(禮)』에 이르기를, '아비가 부르면 대답할 새도 없이 달려가고, 임금이 명을 내리면 수레를 기다리지 않는다'고 했습니다. 선생께서는 처음에는 조정에 가려고 했는데, 임금의 명이 내리자 끝내 그렇게 하지 않았습니다. 이는 저 『예』에서 말한 바와는 비슷하지도 않은 듯합니다."

"어찌 그게 이를 두고 말한 것이겠소? 증자가 말하기를, '진나라나 초나라의 부유함에는 내가 미칠 수 없다. 그러나 저들이 부유함을 내세운다면 나는 나의 어짊을 내세울 것이요, 저들이 벼슬을 내세운다면 나는 나의 올바름을 내세울 것이니, 내 어찌 찐덥지 않으리오?'라고 했소. 어찌 올바르지 않은 것을 증자가 말했겠소? 이것도 하나의 도리라 할 수 있소. 천하에는 높여야 할 것이 셋이 있으니, 벼슬이 그 하나고, 나이가 그 하나이며, 덕이 그 하나라오. 조정에서는 벼슬만 한 것이 없고, 마을에서는 나이만 한 것이 없으며, 세상을 지키고 백성을 기르는 데에는 덕만 한 것이 없소. 어찌 이 가운데 하나를 얻었다고 해서 다른 둘을 업신여기겠소? 그러므로 장차 큰일을 하려는 군주에게는 반드시 함부로 부를 수 없는 신하가 있는 법이니, 큰일을 꾀하려 한다면 그를 몸소 찾아가야 하오. 그처럼 덕을 높이고 도를 즐김이 이와 같지 않다면, 그와 함께 큰일은 할 수 없소. 그러므로 탕은 이윤을 만나자 그에게서 배운 뒤에야 그를 신하로 삼았기 때문에 힘들이지 않고 왕노릇할 수 있었소. 환공도 관중을 만나서는 먼저 그에게서 배운 뒤에 그를 신하로 삼았기 때문에 힘들이지 않고 패자가 되었소. 이제 천하의 여러 나라들은 그 땅의 크기와 덕이 서로 비슷하여 누가 낫다고 할 수 없는데, 이는 다른 게 아니라 신하에게 가르치기를 좋아하고 신하에게서 가르침을 받는 것을 좋아하지 않기 때문이오. 탕은 이윤을, 환공은 관중을 감히 부르지 못했소. 관중조차도 함부로 부를 수 없는데, 하물며 관중 따위는 되려고 하지 않는 자를 부른단 말이오?"

注釋 장조(將朝)와 조조(造朝)의 조(朝)는 조정, 조정에 가다는 뜻

이다. 한질(寒疾)은 감기가 들다, 몸살이 나다는 뜻이다. 풍(風)은 바람을 쐬다는 뜻이다. 불식(不識)은 어떨지 잘 모르겠다는 뜻을 담고 있다. 동곽씨(東郭氏)는 동곽아(東郭牙)이며, 제나라의 대부다. 석자(昔者)는 화자가 말하는 때보다 이전을 가리키며, 시간적으로 멀든 가깝든 상관이 없이 쓰인다. 혹자(或者)는 의심을 나타내는 말이다. 맹중자(孟仲子)를 맹자의 종형제로 보는 경우도 있으나, 자세하지 않다. 채신지우(采薪之憂)는 자기에게 병이 있음을 대신하여 쓰는 말이다. "몸이 아파서 나무를 하지 못하는 것이 걱정이다" 또는 "나무를 하다가 몸살이 났다"는 뜻으로 풀이된다. 추(趨)는 빠르게 걷는 것이다. 요(要)는 기다리다, 막다는 뜻이다. 경추씨(景丑氏)는 누구인지 자세하지 않다. 주(主)는 주로 하다, 중시하다는 뜻이다. 오(惡)는 감탄사다. 낙(諾)은 천천히 대답하거나 공손하지 않게 대답하는 것이다. 사(俟)는 기다리다는 뜻이다. 가(駕)는 탈 것이 준비되다는 뜻이다. 불과(不果)는 생각하거나 기대했던 대로 일이 되지 않은 것을 이른다. 의(宜)는 태(殆)와 같으며, 아마도라는 뜻이다. 증자가 한 말과 비슷한 것이 『여씨춘추(呂氏春秋)』「개춘론(開春論)」의 〈기현(期賢)〉에 나온다. "위문후(魏文侯)가 단간목(段干木)의 동네 앞에 있는 문을 지나면서 마차 앞의 난간목을 잡고 예의를 갖추었더니, 그의 어자(御者)가 '주군께서는 어째서 마차에서 하는 의례를 하십니까?' 하고 물었다. 위문후가 말하기를 '여기는 단간목 동네의 문이 아닌가? 단간목은 현자일진대 내가 어떻게 감히 예의를 안 갖추겠는가? 또 내가 듣기로 단간목은 일찍이 자신의 자리를 과인의 자리와도 바꾸고 싶어 하지 않았다는데, 내가 어떻게 감히 교만하겠는가? 단간목은 덕이 융성하고 과인은 영토가 융성하며, 단간목은 도의가 융성하고 과인은 재화가 융성할 뿐인데'라고 말했다." 겸(慊)은 거리낌이 없고 떳떳하다는 뜻이다. 작(爵)은 벼슬이고, 치(齒)는 나이를 뜻한다. 보(輔)는 돕다, 지키다는 뜻이다. 만(慢)은 업신여기다, 소홀히 하다는 뜻이다. 불소(不召)는 함부로 부르지 않는다는 말맛이 있다. 추

(醜)는 같다는 뜻이다. 상(尙)은 낫다는 뜻이다.

蛇足 아무리 현자라도 선비가 군주에 맞서는 것을 상앙은 경계했다. 아니, 군주의 자리가 위태로워지고 나라가 어지러워질 수 있다고 했다. 군주의 권력과 위세가 통하지 않기 때문이고, 그렇게 되면 백성들을 농전에 부릴 수 없어 그 나라는 반드시 가난해지고 쇠약해진다고 보았기 때문이다. 그러나 전국시대는 선비들의 시대였다. 상앙처럼 철저하게 군주를 보좌해야 한다는 입장을 견지한 선비도 있었고, 오로지 자신의 영달을 위해서 제후들 사이를 오가며 계책을 내놓던 선비도 있었고, 덕과 지혜로써 올바른 정치, 어진 정치를 주장한 선비도 있었으며, 난세에는 나서지 않는 것이 최선임을 알고 조용히 물러나 살던 선비들도 있었다. 아무튼 전례없이 선비들이 대접받을 수 있었던 시대였으므로 맹자처럼 군주를 대하는 인물도 반드시 있었으리라 여겨지는데, 『전국책』「제책」에는 맹자보다 더하다고 할 만한 인물의 이야기가 나온다.

역시 제나라 선왕 때 일이다. 선왕이 안촉(顔斶)이라는 인물을 접견하면서 이렇게 말했다.

"촉은 앞으로 나오시오."

이에 안촉도 말했다.

"왕께서 앞으로 나오십시오."

선왕이 불쾌한 낯빛을 하자, 좌우에서 안촉에게 말했다.

"왕은 군주고, 그대는 신하요. 왕께서 그대에게 나아오라고 하는데, 그대 또한 왕께서 나아오시라 하니, 이게 될 일이오?"

안촉이 대꾸했다.

"내가 앞으로 나아가면 권세에 아부하는 자가 되지만, 왕께서 앞으로 나아오면 선비를 떠받드는 일이 되오. 나를 권세에 아부하는 자로 만들기보다는 왕을 선비를 떠받드는 분으로 만드는 것이 낫소."

그래도 선왕은 분한 마음에 낯빛을 바꾸며 말했다.

"왕이 귀하오, 선비가 귀하오?"

"당연이 선비가 귀하고, 왕은 귀하지 않습니다."

"그 까닭을 설명해줄 수 있소?"

"물론입니다. 옛날에 진나라가 제나라를 공격하면서 '유하계(柳下季)의 무덤 50보 안에서 땔나무를 하는 자는 사형에 처하고 용서하지 말라'는 명령을 내렸고, 또 '제나라 왕의 목을 베는 자는 1만 호의 식읍에 봉하고 금 1천 일(鎰)을 하사하겠다'는 명령을 내렸습니다. 이로써 보건대 살아 있는 왕의 머리는 죽은 선비의 무덤만도 못하다는 것을 알 수 있습니다."

선왕은 아무런 말이 없이 불쾌한 표정을 지었다.

여기서 유하계는 노나라의 현자인 전금(展禽)으로 『맹자』에서는 유하혜로 나온다. 실로 현자는 신분에 상관없이 대접을 받아야 한다는 것을 안촉은 목숨을 걸고서 보여주었다. 위의 문답에 이어 안촉은 역사적 사실들을 바탕으로 성군들에게는 반드시 함부로 대할 수 없는 선비가 있었음을 논하여 선왕을 설득했고, 선왕도 스스로 잘못을 인정했다.

그러나 선비라고 해서 누구나 대접받아야 하는 것도 아니고, 또 대접받을 만한 선비가 그리 흔한 것도 아니다. 오늘날 대학은 그와 같은 선비를 기르는 곳인데, 과연 지금 그런 당당하고 거침없는 선비를 키우고 있는가? 아니, 스스로 그런 선비라고 자부할 수 있는 자가 대학교수들 가운데 몇이나 될까?

4.3

陳臻問曰: "前日於齊, 王餽兼金一百而不受; 於宋, 餽七十鎰而受; 於薛, 餽五十鎰而受. 前日之不受是, 則今日之受非也; 今日之受是, 則前日之不受非也. 夫子必居一於此矣."

孟子曰: "皆是也. 當在宋也, 予將有遠行, 行者必以贐, 辭曰'餽贐.' 予何爲不受? 當在薛也, 予有戒心, 辭曰'聞戒, 故爲兵餽之.' 予何爲不受? 若於齊, 則未有處也. 無處而餽之, 是貨之也. 焉有君子而可以貨取乎?"

진진(陳臻)이 물었다.

"지난날에 제나라에서 왕이 은 100일(鎰)을 보냈을 때는 받지 않으셨는데, 송나라에서는 70일을 보냈음에도 받으셨고, 설(薛) 땅에서는 50일을 보냈는데 받으셨습니다. 지난날에 받지 않은 것이 옳다면, 오늘 받으신 것은 잘못입니다. 오늘 받은 것이 옳다면, 지난날에 받지 않은 것이 잘못입니다. 선생님께서는 반드시 이 허물 가운데 있으십니다."

맹자가 대답했다.

"모두 옳았다. 송나라에 있을 때 나는 먼 길을 가려 했는데, 떠나는 자는 반드시 노자가 있어야 한다. 그래서 '노자를 보냅니다'라고 하면서 주는데, 어찌 내가 받지 않겠느냐? 설 땅에 있을 때 나는 경계하는 마음이 있었는데, 왕이 '경계한다고 들었소. 그래서 병장기를 마련하라고 보내오'라고 하면서 주는데, 내가 어찌 받지 않겠느냐? 그러나 제나라에서는 받을 만한 이유가 없었다. 아무런 이유도 없이 주는 것은 뇌물을 주는 것이다. 어찌 군자가 되어서 뇌물을 받을 수 있겠느냐?"

注釋 진진(陳臻)은 맹자의 제자다. 궤(餽)는 보내다는 뜻이다. 겸금(兼金)은 좋은 금을 뜻하는데, 다른 금보다 값이 갑절이나 나가는 금이다. 고대에는 오늘날 구분하는 금과 은과 동을 모두 금이라 했는데, 여기서 말하는 겸금은 은을 가리킨다. 일(鎰)은 20냥 또는 24냥에 해당한다. 설(薛)은 춘추시대 때에는 나라였으나, 이때는 제나라에 이미 망한

상태였다. 『전국책』「제책(齊策)」에서는 제나라 정곽군(靖郭君) 전영(田嬰)이 하사받은 봉읍(封邑)으로 나오는데, 그 땅으로 여겨진다. 신(贐)은 길 떠나는 사람에게 주는 노자나 예물이다. 계심(戒心)은 미리 조심하여 대비하는 마음인데, 아마도 이때 누군가가 맹자를 해치려는 일이 있었거나 지나는 길에 도적들이 있었던 모양이다. 미유처(未有處)는 예물을 받을 합당한 이유가 없다는 뜻이다. 화(貨)는 뇌물로 준 재물, 뇌물을 주다는 뜻으로 쓰였다.

蛇足 선물이냐 뇌물이냐는 상황에 따라 달라질 수 있음을 말했는데, 맹자는 객(客)의 처지였으므로 상황 판단만으로도 충분했다. 만약 맹자가 관리의 신분이었다면, 또 다르다. 그때는 상대의 의도가 무엇이냐가 더욱 중요해진다. 미국의 공직자 윤리 규정에서는 공무원이 선물을 받으면 반드시 신고를 해야 하고, 그 자신뿐만 아니라 가족을 포함해서 한 번에 20달러(한화 11,000원), 1년에 50달러(한화 55,000원)를 넘을 수 없다고 되어 있다. 매우 합리적인 규정이다.

선물은 모름지기 적정선을 유지해야 한다. 그 선을 넘으면, 그 의도를 의심하지 않을 수 없다. 더구나 공직에 있는 사람에게 선물을 하면서 적정선을 넘는다면, 누구라도 의심을 할 수밖에 없다. "오얏나무 아래서는 갓끈을 고치지 않고, 외밭에서는 신들메를 고치지 않는다"는 우리 속담처럼 선비라면 의심받을 행동을 해서는 안 된다. 그런데 맹자는 상황에 따라 알맞게 처신했지만, 제자인 진진조차 의심하고 심지어 잘못했다고까지 따지고 들었다. 하물며 맹자에 미치지 못하는 자라면 얼마나 의심을 사겠는가? 세상에는 나를 바로 알거나 알아주는 이가 드물다. 가까운 사이라고 해서 나를 잘 아는 것도 아니다. 그러니 어찌 삼가지 않을 수 있겠는가?

4.4

孟子之平陸, 謂其大夫曰: "子之持戟之士, 一日而三失伍, 則去之否乎?"

曰: "不待三."

"然則子之失伍也亦多矣. 凶年饑歲, 子之民, 老羸轉於溝壑, 壯者散而之四方者, 幾千人矣."

曰: "此非距心之所得爲也."

曰: "今有受人之牛羊而爲之牧之者, 則必爲之求牧與芻矣. 求牧與芻而不得, 則反諸其人乎? 抑亦立而視其死與?"

曰: "此則距心之罪也."

他日, 見於王曰: "王之爲都者, 臣知五人焉. 知其罪者, 惟孔距心." 爲王誦之.

王曰: "此則寡人之罪也."

맹자가 평륙(平陸)에 갔을 때, 그곳의 대부에게 물었다.

"그대에게 창을 든 병사가 있는데, 하루에 세 번 대오를 벗어난다면 그를 내치시겠소?"

그가 대답했다.

"세 번까지 기다리지 않습니다."

"그렇다면 그대가 대오를 벗어난 일 또한 많소. 흉년이 들어 굶주릴 때에 그대의 백성 가운데 늙고 야윈 자들은 도랑이나 골짜기에서 뒹굴고, 건장한 자들은 사방으로 흩어져 떠나버리는데, 그 수가 수천 명이오."

"그것은 이 거심(距心)이 어찌할 수 있는 게 아니었습니다."

"오늘 남의 소와 양을 맡아서 대신 기르는 자가 있다고 한다면, 그는 반드시 그 일을 위해 목초지를 찾아서 꼴을 주어야 할 것이오. 목초지를 찾아서 꼴을 줄 수가 없다면, 다시 그 주인에게 소와 양을 돌려주어야 하오? 아니면 죽어가는 것을 가만히 서서 보고만 있어야 하오?"

"그것은 이 거심의 죄입니다."

며칠이 지나 왕을 만났을 때 말했다.

"왕의 수령들 가운데서 신은 다섯 명을 알고 있습니다. 그 가운데서 자신의 죄를 아는 자는 오로지 공거심(孔距心)뿐입니다."

그리고는 왕에게 앞서 있었던 일을 들려주었다. 왕이 말했다.

"그것은 과인의 죄요."

注釋 평륙(平陸)은 제나라 변경의 읍으로, 지금의 산동 문상현(汶上縣) 북쪽에 있었다. 대부(大夫)는 본래 제후와 혈연 관계에 있던 귀족들에 대한 칭호였으나, 전국 시대에는 읍을 다스리는 수령을 일컫는 말로도 쓰였다. 극(戟)은 창의 일종으로, 끝이 두 갈래로 갈라진 것이다. 오(伍)는 다섯 사람을 한 조로 하는 군대의 편제상 단위 또는 다섯 호를 한 반(班)으로 하는 행정상의 단위다. 여기서는 전자의 의미로 쓰였다. 따라서 실오(失伍)는 대열(隊列)이나 대오(隊伍)에서 이탈한 것을 이른다. 거(去)는 내쫓다, 내치다는 뜻이다. 기(饑)는 굶주리다는 뜻이다. 리(羸)는 파리하다, 여위다는 뜻이다. 구학(溝壑)은 도랑과 골짜기다. 거심(距心)은 평륙 대부의 이름이다. 목(牧)은 목지(牧地) 곧 소나 양을 칠 수 있는 곳이다. 추(芻)는 꼴, 꼴을 먹이다는 뜻이다. 저(諸)는 지어(之於)와 같다. 억(抑)은 또는, 아니면의 뜻이다. 도(都)는 본래 군주가 머물며 종묘가 있는 곳을 가리키지만, 여기서는 큰 읍을 뜻한다. 송(誦)은 알고 있거나 외고 있던 것을 다시 말하다는 뜻이다.

蛇足 맹자가 목도한 평륙의 상황은 매우 심각하다. 그의 말대로 굶주려 죽거나 떠나버린 자가 수천 명이라면 이미 그 땅은 폐허나 다름이

없다. 그럼에도 대부랍시고 버젓하게 앉아 있었으니, 비록 맹자와 나눈 문답 끝에 "나의 죄요"라고 했어도 과연 그 죄를 깊이 느끼고 인정했을지는 의문이다. 자신의 죄임을 인정한 왕에게서도 진심을 느끼기 어려운 것은 마찬가지다. 왜 이런 지경에 이르렀을까? 맹자가 주장하는 왕도는커녕 패도조차 실행되지 않았음을 의미한다.

"군주가 명령을 엄격하게 집행하면 정무처리가 지연되지 않고, 법이 공평하면 관리들이 간사한 짓을 하지 못한다. 법이 제정된 뒤에는 듣기 좋은 말로 법을 해치지 않는다. 공적이 있는 사람을 임용하면 백성들 사이에서 말이 적어지고, 듣기 좋은 말만 하는 자를 임용하면 백성들 사이에서 말이 많아진다."(『상군서』「근령(靳令)」)

상앙의 말대로라면 평륙의 상황은 군주의 명령이 집행되지 않고 법 또한 공평하게 시행되지 않은 후과라고 볼 수 있다. 이미 끔찍한 상황이 벌어졌음에도 맹자의 다그침을 받고서야 비로소 죄를 인정한 거심은 고작해야 듣기 좋은 말만 하는 자에 지나지 않는다. 물론 그 모든 책임은 결국 군주에게 돌아간다. 흉년에 백성들이 굶어 죽고 흩어지는데도 그 실상을 파악하지 못한 것도 군주요, 그런 상황을 보고하고 적절하게 대처해야 할 인물을 뽑지 못한 것도 군주다. 그런 군주 밑에 있는 백성들이라면 말을 많이 하는 데서 그치지 않는다. 입으로는 군신들에 대한 원성을 쏟아낼 것이요, 속으로는 군신들을 원수처럼 여길 것이다.

그런데 맹자는 무얼 하자고 거심을 다그쳤고 또 그걸 왕에게 말했는가? 그들이 참회하기를 바랐던 것인가? "나의 죄요"라고 한 그 말을 믿었을까? 당시 사람들이나 후대 사람들이 볼 때는 참 쓸데없고 부질없는 짓을 한 것처럼 보일 수도 있다. 그러나 바로 이것이 유자들의 진면목이다. 정치란 결국 사람에게서 나오는 것이므로 그 사람이 달라져야 한다. 하지만 사람은 쉽게 달라지지 않는다. 법령을 바로 세우고 형벌을 엄격하게 집행하면 당장에 효과는 있을 수 있지만, 군신들이 바르지 않으면 결코 오래가지 못한다. 그래서 맹자는 단박에 무얼 하려고 하지 않았다. 정치를 맡은 자들이 각성하도록 이끄는, 더디고 지루한 길을 선택한 것이다. 그것이 문제를 근본적으로 해결할 수 있는 길이라고 믿었던 것이다.

4.5

孟子謂蚳鼃曰: "子之辭靈丘而請士師, 似也. 爲其可以言也. 今旣數月矣, 未可以言與?"
蚳鼃諫於王而不用, 致爲臣而去.
齊人曰: "所以爲蚳鼃則善矣. 所以自爲, 則吾不知也."
公都子以告.
曰: "吾聞之也. 有官守者, 不得其職則去; 有言責者, 不得其言則去. 我無官守, 我無言責也, 則吾進退, 豈不綽綽然有餘裕哉!"

맹자가 지와(蚳鼃)에게 말했다.
"그대가 영구(靈丘)의 수령을 그만두고 법관이 되겠다고 한 것은 그럴듯했소. 왕에게 말을 할 수 있기 때문이오. 그런데 이제 여러 달이 지났는데, 아직도 말할 기회가 없었소?"
이에 지와는 왕에게 간언했고, 받아들여지지 않자 신하 노릇을 그만두고 떠났다.
제나라 사람 가운데 누가 말했다.
"지와를 위해서 그렇게 말한 것은 좋은 일이다. 하지만 맹자가 스스로 하지 않은 까닭을 나로서는 알 수가 없다."
공도자(公都子)가 맹자에게 이 말을 전하니, 맹자가 말했다.
"내 들은 적이 있다. 벼슬을 맡은 자가 제 직분을 다하지 못하면 떠나고, 언론의 책임을 맡은 자가 할 말을 하지 못하면 떠난다고 했다. 그런데 나는 맡은 벼슬이 없고 또 언론을 책임지지도 않았으니, 내가 나아가고 물러남에 있어 어찌 너그럽고 느긋하지 않겠는가!"

注釋 지와(蚳鼃)는 제나라의 대부다. 와(鼃)는 와(蛙)와 같다. 영구(靈丘)는 제나라 변경의 읍이다. 사사(士師)는 형벌을 맡거나 옥관(獄官)을 다스리는 벼슬이다. 사(似)는 그럴듯하다는 뜻이다. 불용(不用)은 간언이 받아들여지지 않은 것을 뜻한다. 치(致)는 벼슬을 그만두다는 뜻이다. 예부터 임금에게 세 번을 간언하여 받아들여지지 않으면 떠나는 것이 신하의 예의였다. 공도자(公都子)는 맹자의 제자다. 작작연(綽綽然)은 말이나 짓이 너그럽거나 느긋한 모양이다.

蛇足 법가에서 관리는 철저하게 군주의 명령을 받아 집행하는 존재다. 군주의 정령을 백성 사이에 통용되도록 하는 중간 관리자에 불과하며, 그가 주체적으로 할 수 있는 일은 없다. 그렇게 되도록 군주는 관리들을 철저하게 견제하고 통제한다. 자칫 신권(臣權)이 커지면 군권(君權)을 위협할 수 있으며 나라를 혼란에 빠뜨리고 백성들의 삶을 위태롭게 만든다고 보았기 때문이다. 반면, 유가에서는 관리의 주체적이고 자발적인 참여를 중시한다. 군주의 명령을 맹목적으로 따르는 자가 아니라, 국사를 스스로 판단하고 처리하도록 위임을 받은 자다. 그만큼 권한도 커지만 책무 또한 막중하다. 맹자가 지와를 다그친 것도 이 때문이다.

그리고 맹자가 말하고자 한 뜻은 일을 맡았으면 제대로 하라는 것이다. 하려고 해도 할 수 없는 상황이라면 또 물러나는 것이 마땅하다는 것이다. 일을 할 수 없는데 자리를 지키고 있는 것은 그저 녹봉을 축내려는 수작에 지나지 않기 때문이다. 맹자 자신은 제 뜻대로 일을 할 수 없다고 여겨서 벼슬을 맡지 않았으니, 그렇게 말해도 허물이 될 게 없다. 그럼에도 제나라 사람들은 맹자를 비난했는데, 이는 누워서 침 뱉기다. 도대체 맹자가 제나라를 위해 해야 할 의무가 무엇인가? 만약 의무가 있다면, 제나라 사람들 자신들에게 있다. 그럼에도 다른 나라에서 온 선비에게 자신들이 할 일을 해주지 않는다고 비난하니, 적반하장도 이만저만한 게 아닌 셈이다. 대체로 그게 소인들이나 어리석은 대중의 속성이기도 하다. 그런데 맹자의 대꾸가 참으로 절묘하지 않은가? "나는 백수다. 그러니 어찌 너그럽고 느긋하지 않겠는가!"

4.6

孟子爲卿於齊, 出弔於滕. 王使蓋大夫王驩爲輔行. 王驩朝暮見, 反齊滕之路, 未嘗與之言行事也.
公孫丑曰: "齊卿之位, 不爲小矣; 齊滕之路, 不爲近矣. 反之而未嘗與言行事, 何也?"
曰: "夫旣或治之, 予何言哉?"

맹자가 제나라에서 경(卿)의 벼슬을 할 때, 등(滕)나라에 조문을 가게 되었다. 왕은 개(蓋) 땅의 대부인 왕환(王驩)을 부사(副使)로 삼아 따라가게 했다. 왕환은 아침저녁으로 맹자를 뵈었는데, 맹자는 제나라에서 등나라에 갔다가 오는 내내 그와 더불어 맡은 일에 대해서 말을 나눈 적이 없었다. 이에 공손추가 물었다.
"제나라의 경이라는 지위는 낮은 것이 아니고, 제나라와 등나라를 오가는 길도 가깝지 않습니다. 그런데 갔다가 오는 내내 맡은 일에 대해서 그와 말을 나누신 적이 없으니, 어찌된 까닭입니까?"

맹자가 대답했다.

"그 사람이 이미 잘 해내고 있는데, 내가 무슨 말을 하겠느냐?"

注釋 개(蓋)는 제나라의 읍이다. 산동 기수현(沂水縣) 서북쪽 80리 즈음이 그 옛 터다. 보행(輔行)은 부사(副使)로 따라가는 일이다. 부기(夫旣)의 부(夫)는 피(彼)와 같으며, 그 사람을 뜻한다.

蛇足 맹자는 비록 자신이 뽑아서 데리고 간 인물이 아닐지라도 그 사람이 맡은 일을 제대로 하고 있기에 아무런 참견도 하지 않고 일에 대해서도 언급하지 않았다. 이는 당연한 일이지만, 이 당연한 일을 태연하게 할 수 있는 윗사람은 의외로 많지 않다. 아랫사람이 제대로 하고 있으면 그 공을 자신이 차지하고 싶어서 끼어들다가 또 제대로 하지 못하면 책임을 면하려고 미리 야단을 치는 속물 상사가 얼마나 많은가!

그런데 맹자가 제나라 왕의 명을 받아 왕환과 함께 공무를 맡기는 했지만, 왕환과 사이는 그렇게 좋은 게 아니었다. 8.27에도 두 사람의 이야기가 나오는데, 거기서 왕환은 조문을 갔다가 남들은 다 자신에게 인사하는데 맹자만 아는 체하지 않는다고 볼멘소리를 했다. 이에 대해 맹자는 예법을 운운하면서 대꾸했는데, 아마도 이때는 맹자가 벼슬이 없었거나 왕환보다 낮았을 때로 여겨진다. 그런 전례가 있음에도 왕환에 대해 일을 잘 해내고 있다고 했으니, 이는 물론 공무와 관련된 것이지만 사사로운 마음으로 대하지 않았음을 의미한다. 또 윗사람들이 아랫사람을 대할 때 흔히 저지르는 공과 사를 혼동하는 일을 하지 않고, 또 개인적인 감정으로 그 사람의 능력까지 폄하하는 것에 이르지 않았으니, 맹자는 현명했다고 할 수 있다.

4.7

孟子自齊葬於魯, 反於齊, 止於嬴.
充虞請曰: "前日不知虞之不肖, 使虞敦匠. 事嚴, 虞不敢請. 今願竊有請也. 木若以美然."
曰: "古者棺槨無度, 中古棺七寸, 槨稱之. 自天子達於庶人, 非直爲觀美也, 然後盡於人心. 不得, 不可以爲悅; 無財, 不可以爲悅. 得之爲有財, 古之人皆用之, 吾何爲獨不然? 且比化者無使土親膚, 於人心獨無恔乎? 吾聞之也, 君子不以天下儉其親."

맹자가 제나라에서 노나라로 가 모친의 장례를 치르고 다시 제나라로 돌아오다가 영(嬴) 땅에 머물었을 때다. 충우(充虞)가 물었다.

"전날에는 제가 어리석은 줄을 모르시고 저에게 관 짜는 일을 맡기셨습니다. 그때는 일이 급하여 제가 감히 여쭙지 못했는데, 이제 틈을 엿보아서 이렇게 여쭙습니다. 관에 쓴 나무가 지나치게 아름다웠습니다."

맹자가 대답했다.

"옛날에는 관과 덧널을 짜는 법도가 정해져 있지 않았는데, 그리 오래지 않은 옛날에는 관이 일곱 치였고 덧널은 거기에 걸맞게 했다. 이는 천자로부터 저 아랫사람들에 이르기까지 공통된 것으로, 그저 보기에 아름답게 하기 위해서가 아니라 그렇게 한 뒤에야 마음을 다했다고 여겼기 때문이다. 예법대로 하지 못하면 기쁠 수가 없고, 재물이 없으면 역시 기쁠 수가 없다. 예법도 있고 또 재물도 있으면 옛사람들 모두 그렇게 했는데, 내 어찌 홀로 그렇게 하지 않겠느냐? 또 죽은 이를 위해 흙이 그 살갗에 닿지 않도록 한다면, 마음에 어찌 시원함이 없겠느냐? 내 들었다, 군자는 세상 사람들의 이목 때문에 제 어버이에게 아끼는 짓을 하지 않는다는 말을."

注釋 『열녀전』을 보면, 맹자가 제나라에서 벼슬을 할 때 그 모친도 함께 간 것으로 나온다. 아마도 모친이 세상을 떠나자 모친의 관을 노나라로 옮겨서 장례를 치른 것으로 여겨진다. 영(嬴)은 지금의 내무현(萊蕪縣) 서북쪽 40리 즈음에 그 성터가 남아 있다. 충우(充虞)는 맹자의 제자다. 불초(不肖)는 모자라다, 어리석다는 뜻이다. 돈(敦)은 치(治)와 같은 뜻으로, 일을 맡다, 다스리다는 뜻이다. 엄(嚴)은 급(急)과 같은 뜻으로, 바쁘다, 틈이 없다는 뜻이다. 약이(若以)의 이(以)는 태(太)와 같으며, 너무, 지나치게라는 뜻으로 쓰였다. 중고(中古)는 주공(周公)이 예제(禮制)를 마련한 이후를 이르는 것으로, 말하자면 주 왕조가 들어선 이후를 가리킨다. 부득(不得)은 예법으로 하지 못하는 일을 뜻한다. 득지위유재(得之爲有財)의 위(爲)는 여(與)와 같이 쓰였다. 비(比)는 위(爲)와 같다. 화(化)는 사(死)와 같다. 교(恔)는 쾌(快)와 같다. 검(儉)은 적게 쓰다는 뜻이다.

蛇足 맹자는 부친상을 먼저 당했다. 그때는 벼슬이 없고 가난해서 관과 덧널을 좋은 것으로 쓰지 못했다. 그러다 모친상을 당했을 때는 제나라에서 벼슬을 하고 있었으니, 당연히 좋은 재목으로 관과 덧널을 짰던 것이다. 그런데 그게 제자 충우가 볼 때는 너무 과해서 예의에 어긋난 것으로 보였던 모양이다. 이는 예의를 정해진 형식을 잘 지키는 것으로 여겼음을 의미한다. 그러나 예의란 상황에 알맞게 하는 것을 본질로 한다. 그래서 가난하냐 가멸지냐에 따라 관을 쓰는 재목이 다를 수밖에 없다. 맹자는 자신의 처지에 따라 재목을 골랐는데, 이를 충우가 미처 알아채지 못했던 것이다.

예의에는 형식 못지않게 내용도 중요하다는 사실을 사람들은 곧잘 잊는다. 그리고 형식은 내용을 따른다는 것을 더욱 모른다. 오늘날 대부분 사람들이 예의를 번다하게 여기는 까닭은 형식을 지나치게 중시하기 때문이다. 그렇다면, 내용이란 무엇인가? 그건 그 사람의 마음이다. 공자가 "사람이 되어서 어질지 못한데, 예의는 차려서 무엇하겠는가?"라고 말한 적이 있다. 그렇듯이 어진 마음, 최소한 참된 마음을 지니는 것이 전제되어야 한다. 맹자에게 그 마음은 곧 자식으로서 어버이를 잘 보내드리고 싶은 마음이었다. 그렇지만 처지에 따라 달리할 수밖에 없었다. 모친상을 치르면서 그 관과 덧널을 아름답게 한 것은 부친상 때 해드리지 못한 것에 대한 보상적 심리도 작용하지 않았을까 한다. 무엇보다도 자신의 감정을 숨기지 않고 남의 이목과 상관없이 스스로 상황에 알맞다고 여겨서 한 행동에 대해 떳떳했던 맹자에게서 유가의 참모습이 무엇인지를 볼 필요가 있다.

덧붙이자면, 맹자가 말한 "세상 사람들의 이목"은 상앙이나 묵자처럼 유가의 예악을 신랄하게 비판했던 이들을 가리킨다. 상앙은 "예의와 음악은 음란과 방탕을 초래한다"(『상군서』「설민」)고 했고, 묵자는 「절장(節葬)」편을 지어 유가의 장례와 상례(喪禮)는 국가와 사회의 재물을 크게 낭비하고 사람들의 생활과 건강을 해친다고 했다. 예의의 본질을 망각하고 형식만을 고집하면 이런 비판을 면치 못한다.

4.8

沈同以其私問曰: "燕可伐與?"
孟子曰: "可. 子噲不得與人燕, 子之不得受燕於子噲. 有仕於此, 而子悅之, 不告於王而私與之吾子之祿爵, 夫士也亦無王命而私受之於子, 則可乎? 何以異於是?"
齊人伐燕. 或問曰: "勸齊伐燕, 有諸?"
曰: "未也. 沈同問, '燕可伐與,' 吾應之曰, '可,' 彼然而伐之也. 彼如曰, '孰可以伐之?' 則將應之曰, '爲天吏則可以伐之.' 今有殺人者, 或問之曰, '人可殺與?' 則將應之曰, '可.' 彼如曰, '孰可以殺之?' 則將應之曰, '爲士師則可以殺之.' 今以燕伐燕, 何爲勸之哉?"

심동(沈同)이 사사로이 물었다.

"연나라를 쳐도 되겠습니까?"

맹자가 대답했다.

"된다. 그런데 자쾌(子噲)도 남에게 연나라를 줄 수 없고, 자지(子之)도 자쾌에게서 연나라를 받을 수 없다. 여기에 어떤 벼슬아치가 있는데, 그대가 그를 좋아하여 왕에게 알리지도 않고 사사로이 그대의 녹봉과 작위를 그에게 넘겨주거나 또 그 하급관리라는 자가 왕명이 없음에도 사사로이 그대에게서 그 녹봉과 작위를 넘겨받는다면, 되겠는가? 저 연나라를 치는 일이 이것과 무엇이 다르겠는가?"

제나라가 연나라를 쳤다. 어떤 이가 물었다.

"제나라가 연나라를 치도록 권하셨다는데, 그런 일이 있습니까?"

맹자가 대답했다.

"그런 적 없네. 심동이 '연나라를 쳐도 되겠느냐'고 묻기에, 내가 '된다'고 대답했다. 그런데 그가 '옳다구나' 하고 연나라를 친 것이지. 그가 만일 '누가 연나라를 칠 수 있겠습니까?' 하고 물었다면, 나는 '하늘이 내린 관리라면 연나라를 칠 수 있다'고 대답했을 것이네. 이제 사람을 죽인 자가 있어서, 누군가가 '그 사람을 죽여도 됩니까?' 하고 묻는다면, 나는 '된다'고 대답할 것이네. 그가 만일 '누가 그 사람을 죽일 수 있습니까?' 하고 묻는다면, '법관이라면 그 사람을 죽일 수 있다'고 대답할 것이네. 그런데 지금 연나라나 마찬가지인 제나라가 연나라를 친다는데, 어찌 그걸 권하겠는가?"

注釋 심동(沈同)은 누구인지 자세히 알 수는 없으나, 문답의 내용을 보면 제나라의 대신이었던 것으로 여겨진다. 제나라가 연나라를 친 일에 대해서는 「양혜왕 하」 2.10과 2.11에 이미 나오고, 바로 이어지는 4.9에서도 이 일과 관련된 내용이 나온다. 자쾌(子噲)는 연왕(燕王) 쾌(噲, 기원전 320~314년 재위)이며, 연역왕(燕易王)의 아들이다. 자지(子之)는 연왕 쾌가 총애하던 재상이었다. 연왕 쾌는 소진(蘇秦)의 아우인 소대(蘇代)의 꾀임에 넘어가서 태자인 평(平)을 폐하고 자지에게 선양했다. 요가 순에게 선양한 것을 흉내낸 것이다. 그런데 백성들은 자지를 지지하지 않았기 때문에 연나라는 크게 어지러워졌다. 그 틈을 타서 제나라가 연나라를 치고 연왕 쾌와 자지를 죽였다. 쾌는 선양했기 때문에 시호가 없다. 2년 후, 태자 평이 즉위했으니, 소왕(昭王, 기원전 312~279 재위)이다. 여기서 맹자는 민심을 얻지 않고서는 왕위를 물려주거나 물려받는 일은 정당화되지 않음을 말하려 했다. 이는 요 임금이 순에게, 순 임금이 우에게 선양한 전례에서 이미 알 수 있는 일이다. 쾌는 하나만 알고 둘은 몰랐던 것이다. 사(仕)는 벼슬아치를 뜻한다. 천리(天吏)는 하늘의 뜻을 받은 관리를 뜻하는데, 여기서는 인의를 행하고 사람 살리기를 좋아하는 이를 가리킨다. 사사(士師)는 관리들의 우두머리 또는 법을 집행하는 사법관이나 재판관을 뜻한다.

蛇足 흔히 사람들은 자신이 듣고 싶은 것만 들으려는 병증이 있다. 제나라가 연나라를 쳐도 되겠느냐고 물은 심동도 그런 병증을 가진 자다. 그리고 애초부터 연나라를 치려는 생각을 강하게 갖고 있었던 자다. 그걸 맹자라는 현자에게서 확증을 받고 싶었던 것인데, 맹자의 첫 마디가 "된다"였으니 옳다구나 했으리라. 뒤이어 맹자가 한 말은 듣지도 않았을 게 뻔하다. 이런 자에게 에둘러서 대답을 한 맹자도 제나

라가 연나라를 치도록 부추긴 것이나 다름이 없다. 맹자 자신이야 "그가 만일 '누가 연나라를 칠 수 있겠습니까?' 하고 물었다면, 나는 '하늘이 내린 관리라면 연나라를 칠 수 있다'고 대답했을 것이네"라고 말했지만, 뒤늦은 날명일 뿐이다. 진작 심동이라는 자의 사람됨을 알아채고 "하늘이 내린 관리라면 연나라를 칠 수 있다. 그러나 제나라는 하늘이 내린 관리가 아니다"라고 했어야 옳다. 아마도 맹자는 자신을 찾아온 사람들이 자신을 잘 알고 있었으리라 여겼는지도 모른다. 그랬다면 그것도 오산이다. 하기야 『중용』에서도 "그 지극함에 이르러서는 성인이라 할지라도 알지 못하는 게 있다"고 했는데, 어찌 맹자가 모든 것을 알겠는가?

4.9

燕人畔, 王曰: "吾甚慙於孟子!"

陳賈曰: "王無患焉. 王自以爲與周公, 孰仁且智?" 王曰: "惡, 是何言也!"

曰: "周公使管叔監殷, 管叔以殷畔. 知而使之, 是不仁也; 不知而使之, 是不智也. 仁智, 周公未之盡也, 而況於王乎? 賈請見而解之."

見孟子, 問曰: "周公何人也?"

曰: "古聖人也."

曰: "使管叔監殷, 管叔以殷畔也, 有諸?"

曰: "然."

曰: "周公知其將畔而使之與?"

曰: "不知也."

"然則聖人且有過與?"

曰: "周公, 弟也; 管叔, 兄也. 周公之過, 不亦宜乎? 且古之君子, 過則改之; 今之君子, 過則順之. 古之君子, 其過也如日月之食, 民皆見之, 及其更也, 民皆仰之. 今之君子, 豈徒順之, 又從爲之辭."

연나라 사람들이 대항하자, 왕이 말했다.

"맹자를 보기가 참으로 부끄럽다!"

진가(陳賈)가 말했다.

"왕께서는 걱정하지 마십시오. 왕께서는 스스로 주공(周公)과 견주었을 때, 누가 더 어질고 또 지혜롭다고 생각하십니까?"

왕이 대답했다.

"오, 이 무슨 말이오!"

"주공은 관숙(管叔)을 시켜 은(殷)의 유민들을 살피게 했는데, 관숙은 은의 유민들을 거느려 반란을 일으켰습니다. 주공이 이를 알고서 관숙을 보냈다면, 이는 어질지 않은 것입니다. 모르고 보냈다면, 이는 지혜롭지 못한 것입니다. 어짊과 지혜로움은 주공조차 오롯하게 갖추지 못했는데, 하물며 왕께서이겠습니까? 제가 맹자를 만나 해명하겠습니다."

그리고는 맹자를 만나서 물었다.

"주공은 어떤 사람입니까?"

맹자가 대답했다.

"옛날의 성인이시오."

"관숙을 시켜 은의 유민들을 살피게 했는데, 관숙이 은의 유민들을 거느려 반란을 일으켰다고 합니다. 그렇습니까?"

"그렇소."

"주공은 관숙이 반란을 일으킬 줄을 알고서 보냈습니까?"

"그는 몰랐소."

"그렇다면 성인도 허물을 저지릅니까?"

"주공은 아우요, 관숙은 형이오. 그러니 주공의 허물은 당연한 게 아니겠소? 또 옛날의 군자는 허물이 있으면 곧바로 고쳤는데, 오늘의 군자는 허물이 있어도 그대로 밀고 나간다오. 옛날의 군자는 그 허물이 일식이나 월식과 같아서 백성들이 모두 보았고, 그가 고치게 되면 백성들은 모두 우러러보았소. 그런데 오늘날의 군자는 다만 그대로 밀고 나갈 뿐만 아니라 이에 더하여 그것에 대해 변명까지 하오."

注釋 반(畔)은 반대하다, 반기를 들다는 뜻이다. 참(慙)은 부끄러워하다, 부끄럽게 여기다는 뜻이다. 진가(陳賈)는 제나라의 대부다. 숙(孰)은 누구를 뜻한다. 관숙(管叔)은 이름이 선(鮮)이며 무왕의 아들이고 주공의 형이다. 무왕이 은나라의 주(紂)를 죽이고 천하를 평정한 다음에 공신들과 자신의 형제들을 제후로 봉했는데, 이때 선에게 관(管) 땅을 영지로 주었다. 그래서 관숙이라 부른다. 무왕이 죽은 뒤, 성왕(成王)은 어렸으므로 주공이 왕권을 대행했다. 관숙은 그것을 빌미로 삼아 반란을 일으켰으나, 실패하고 주공에게 죽임을 당했다. 군자(君子)는 지배층 또는 벼슬아치를 뜻한다. 일월지식(日月之食)의 식(食)은 식(蝕)과 같다. 따라서 일식(日蝕)과 월식(月蝕)을 뜻한다. 갱(更)은 고치다는 뜻이다. 우(又)는 게다가, 더하여를 뜻한다.

蛇足 먼저 제나라 왕의 탄식을 통해 맹자가 연나라를 치는 문제에 반대했음을 알 수 있다. 그럼에도 밀어붙였다가 난관에 봉착했으니, 시쳇말로 쪽을 다 판 셈이다. 그래도 왕은 부끄러워할 줄을 알았는데, 신하라는 자는 도리어 부끄러워할 필요가 없다는 식으로 방패질을 했다. 이런 신하를 두었으니, 패착을 둔 것도 당연하다.

진가가 맹자를 찾아서 주공은 관숙이 반란을 일으킬 줄 알았느냐고 물었을 때 맹자는 "그는 몰랐소"라고 대답했는데, 이는 어쩌면 자신을 두고 한 말인지도 모른다. 성인도 허물을 저지르느냐는 데 대해서도 "주공의 허물은 당연하다"고 말했다. 앞서 말했듯이 성인이라고 모든 것을 알지는 못하며, 특히 피붙이와 관련된 일에서는 아끼고 믿는 마음이 앞서므로 더욱더 허물을 저지를 수 있다. 다만, 성인은 일이 그릇되지 않도록 미리 뒷단속을 해둔다는 데서 범부들과 다르다.

맹자가 말한 '오늘날의 군자'가 바로 상앙이 그토록 배척했던 "『시(詩)』와 『서(書)』를 배우고 권세가를 추종하는 자"요 "공허한 언변을 일삼는 유자"다.

4.10

孟子致爲臣而歸. 王就見孟子, 曰: "前日願見而不可得, 得侍同朝, 甚喜. 今又棄寡人而歸, 不識可以繼此而得見乎?"
對曰: "不敢請耳, 固所願也."
他日, 王謂時子曰: "我欲中國而授孟子室, 養弟子以萬鍾, 使諸大夫國人皆有所矜式. 子盍爲我言之?"
時子因陳子而以告孟子, 陳子以時子之言告孟子.
孟子曰: "然. 夫時子惡知其不可也? 如使予欲富, 辭十萬而受萬, 是爲欲富乎? 季孫曰, '異哉子叔疑! 使己爲政, 不用則亦已矣, 又使其子弟爲卿. 人亦孰不欲富貴, 而獨於富貴之中有私龍斷焉.' 古之爲市也, 以其所有易其所無者, 有司者治之耳. 有賤丈夫焉, 必求龍斷而登之, 以左右望而罔市利. 人皆以爲賤, 故從而征之. 征商, 自此賤丈夫始矣."

맹자가 벼슬살이를 그만두고 돌아가려 했다. 이에 왕이 맹자를 찾아가서 만나 말했다.

"지난날 만나기를 바랐으나 그렇게 하지 못했다가 모시고 조정에 함께 있을 수 있게 되어 아주 기뻤소. 그런데 이제 다시 과인을 버리고 돌아가려 하니, 이 뒤로도 계속하여 만날 수 있겠소?"

맹자가 대답했다.

"감히 청하지는 못하지만, 참으로 바라는 바입니다."

그 후 어느 날, 왕이 시자(時子)에게 말했다.

"나는 도성 안에 맹자를 위한 집을 마련해주고, 만종의 녹봉을 주어 제자들을 기르게 하여서 모든 대부들과 도성 사람들로 하여금 모두 삼가 본받게 하고자 한다. 그대가 나를 위해 맹자에게 말해주지 않겠는가?"

시자는 진자(陳子)를 통해서 맹자에게 말을 전했고, 진자는 시자의 말을 맹자에게 전했다. 이에 맹자가 말했다.

"그렇겠군. 저 시자가 어찌 그렇게 할 수 없다는 것을 알겠는가. 가령 내가 부유해지고 싶었다고 하자. 십만 종의 녹봉을 사양하고 만종의 녹봉을 받는다면, 이것이 과연 부유해지려는 것이겠는가? 계손(季孫)이 말하기를, '이상하구나, 자숙의(子叔疑)여! 임금이 자신을 부려서 정치를 하려다가 쓰지 않으면 그것으로 그만인데, 다시 제 자식과 아우들을 벼슬살이시키다니. 사람이라면 누군들 부귀해지고 싶지 않겠는가마는, 참으로 홀로 부귀 가운데 있으면서 사사로이 농단(龍斷)을 일삼는구나'라고 했다. 옛날에 저자라는 곳은 제가 가진 것을 가지고 제가 가지지 못한 것으로 바꾸는 곳이고, 담당 관리는 그걸 감독할 뿐이었다. 그런데 어떤 비루한 사내가 높직한 언덕을 찾아서 거기 올라가 좌우를 두루 살피고는 저자의 이익을 그물질하듯이 훑어서 가져갔다. 사람들이 모두 비루하게 여겼기 때문에 담당 관리가 그를 좇아가서 세금을 거두었다. 장사꾼에게 세금을 거두는 일은 바로 이 비루한 사내에게서 시작되었다."

注釋 치(致)는 벼슬을 그만다두는 뜻이다. 귀(歸)는 고향으로 돌아가다는 뜻이다. 취(就)는 나아가다는 뜻으로, 여기서는 왕이 맹자를 찾아간 일을 가리킨다. 불식(不識)은 ~할 수 있겠습니까라는 물음의 뜻으로 쓰였다. 계(繼)는 지금을 이어서, 앞으로도 계속을 뜻한다. 시자(時子)는 제나라의 신하다. 중국(中國)은 국중(國中)과 같으며, 국(國)은 도성(都城), 구체적으로는 임치성(臨淄城)을 가리킨다. 따라서 도성 안을 뜻한다. 종(鍾)은 도량형의 단위로, 당시 제나라의 도량형에서는 6석(石) 4두(斗)라 한다. 따라서 만 종은 6만 4천 석이다. 다만 그때와 지금의 도량형은 같지 않다. 또 이 정도의 녹봉이면 경(卿)이 1년 동안 받는 녹봉에 해당한다. 긍(矜)은 삼가다는 뜻이고, 식(式)은 본받다, 따르다는 뜻이다. 합(盍)은 반어적으로 의문을 표하는 것으로, 여기서는 ~해주지 않겠는가라는 뜻으로 쓰였다. 진자(陳子)는 맹자의 제자인 진진(陳臻)이다. 인(因)은 ~를 통해서라는 말맛을 담고 있다. 연(然)은 맞다, 옳다는 뜻이 아니라, 그럴 만하다는 말맛을 담고 있다. 오(惡)은 어찌, 어떻게라는 뜻이다. 십만(十萬)은 맹자가 제나라에서 벼슬하면서 받은 녹봉을 이른다. 물론 정확한 것은 아니고 대략 그 정도라는 뜻이다. 계손(季孫)과 자숙의(子叔疑)는 누구인지 알 수 없다. 농단(龍斷)의 농(龍)은 농(壟)과 같으며, 농단은 가파른 언덕을 뜻한다. 장부(丈夫)는 성년이 된 남자를 가리킨다. 망(罔)은 그물질하다는 뜻이다. 정(征)은 구실을 거두다는 뜻이다.

蛇足 저 시자는 맹자가 왜 떠나려 했는지를 알지 못했다. 맹자는 제 뜻을 펼 수 없음을 알고 떠나려 했다. 벼슬이나 녹봉과 같은 처우의 문제가 아니었다는 말이다. 게다가 맹자는 객경(客卿)으로서 상당한 대우를 받았다. 그의 말을 통해 10만 종의 녹봉을 받았음을 알 수 있는데, 그것을 몰랐을 리 없는 시자가 맹자의 행보를 이해하지 못한 것은 그

자신이 그런 대인의 삶을 살려고 해본 적이 없어서다. 이는 왕도 마찬가지인데, 더욱 웃긴 것은 맹자의 주장을 받아들여 정치에 쓰려고는 하지 않으면서 또 맹자가 떠나는 것을 아까워한 점이다. 그저 사람을 좋아했을 뿐이니, 이는 한낱 필부의 심사에 지나지 않는다.

그런데 왜 갑자기 맹자는 '농단'을 꺼냈는가? 이는 지식인의 책임을 말하기 위해서다. 지식인이란 그가 가진 지식으로 말미암아 다른 이들보다 더 높은 관직을 얻고 더 많은 녹봉을 받을 수 있는 유리한 위치에 있다. 그러나 지식인은 높은 관직과 많은 녹봉을 자신의 목표로 삼아서는 안 된다. 자신의 지식으로 다른 이들과 백성들의 걱정거리를 없애주고 그들을 편안하게 해주어야 한다. 그가 지식을 얻는 과정 자체가 천하 사람들이 먹여주어서 가능했던 것이기 때문이다. 그럼에도 지식을 습득해서 높은 자리를 얻은 게 그게 오로지 자신이 잘나서 그런 줄로 안다면, 이는 큰 착각이다. 이런 착각에 사로잡혀서는 사사로이 이익을 챙기는 데에 여념이 없는 자, 그런 자가 바로 농단을 일삼는 자라고 한 것이다.

4.11

孟子去齊, 宿於晝. 有欲爲王留行者, 坐而言. 不應, 隱几而臥. 客不悅曰: "弟子齊宿而後敢言, 夫子臥而不聽. 請勿復敢見矣!"

曰: "坐! 我明語子. 昔者魯繆公無人乎子思之側, 則不能安子思; 泄柳申詳無人乎繆公之側, 則不能安其身. 子爲長者慮而不及子思. 子絶長者乎, 長者絶子乎?"

맹자는 제나라를 떠나 주(晝) 땅에서 묵었다. 왕을 위해 맹자를 머물러두게 하려는 자가 찾아와서 무릎을 꿇고 말했다. 맹자는 대꾸도 하지 않고 안석에 기대어 누워 있었다.

객이 탐탁치 않게 여기며 말했다.

"저는 밤새 재계한 뒤에 감히 말씀을 드리는데, 선생께서는 누워서 듣지 않고 계시는군요. 다시는 뵙지 않겠습니다!"

맹자가 말했다.

"앉게나! 내 자세하게 말해주겠네. 옛날에 노나라 목공(繆公)은 자사(子思)의 곁에 제 사람이 없으면 자사를 편안하게 해줄 수 없었고, 설류(泄柳)와 신상(申詳)은 목공의 곁에 제 사람이 없으면 그 자신들이 편안할 수 없었네. 그대는 이 늙은이를 위해 생각해준다지만, 자사에게는 미치지 못하고 있네. 자네가 나를 끊은 것인가, 내가 자네를 끊은 것인가?"

注釋 주(晝)는 임치(臨淄)의 서남쪽에 있는 읍으로, 맹자가 제나라에서 고향인 추(鄒) 땅으로 가는 길에 반드시 지나야 하는 곳이다. 좌이언(坐而言)의 좌(坐)는 앉다는 뜻이 아니라 무릎을 꿇다는 뜻이다. 맹자에게 머물라고 간곡하게 부탁하려고 왔기 때문에 앉아서 말했다고 보기에는 적절하지 않다. 은(隱)은 기대다는 뜻이다. 궤(几)는 앉을 때 몸을 기대는 기구다. 제자(弟子)는 자신을 낮추어 이른 말이다. 제숙(齊宿)의 제(齊)는 목욕재계를 뜻하는 재(齋)와 같으며, 숙(宿)은 하루 전을 뜻한다. 목공(繆公)은 목공(穆公)과 같다. 노목공(魯繆公)은 이름이 현(顯)이며, 23년간 재위했다. 자사(子思)는 공자의 손자이며, 이름이 급(伋)이다. 설류(泄柳)는 노목공 때의 현인(賢人)이었고, 12.6에 나오는 자류(子柳)가 이 사람이다. 신상(申詳)은 공자의 제자인 자장(子張)의 아들이며 자유(子游)의 사위다. 장자(長者)는 맹자 자신을 가리키는데, 아마도 나이가 많아서 그렇게 스스로 일컬은 듯하다. 절(絶)은 끊다, 버리다는 뜻이다.

蛇足 왕을 위해 맹자를 붙들어두려는 고상한 뜻을 품고 찾아온 객을 대하는 맹자의 태도는 얼핏 예의에서 어긋난 듯이 보인다. 그러나 맹자의 태도는 결코 예의에서 벗어난 게 아니다. 오히려 객이 먼저 예의에서 벗어난 행동을 했다. 앞서 말했듯이 예의란 외적 형식이 아니다. 상대가 누구인지 어떤 상황인지를 잘 알아서 그에 맞게 행동하는 것이 예의를 갖춘 것인데, 여기서 객은 이미 떠날 뜻을 분명하게 밝히고 길을 떠난 맹자를 쫓아와서는 그 뜻을 되돌리려고 했으니 이게 예의를 벗어난 짓이다.

예의란 상대의 마음을 편안하게 해주어야만 완전해진다. 아무리 현자를 예우한다고 하더라도 편안하게 해주지 못한다면, 한낱 소나 양을 기르는 것에 지나지 않는다. 맹자는 그런 대접을 받기 싫어서 떠났는데, 또 자신의 뜻을 전혀 헤아리지 못하는 자가 멋대로 찾아와서는 마치 왕의 사신이라도 되는 것처럼 굴었다. 이런 자를 어떻게 대해주어야 할까? 맹자는 가만 누워서 듣지도 않는 양했다. 이는 "내가 어떤 사람인지도 모르고 찾아온 너는 부질없는 짓을 했고, 나는 불편하다!"는 뜻을 에둘러서 표현한 것이다. 그럼에도 객은 전혀 알아차리지 못했다. 결국 맹자는 자세하게 말해줄 도리밖에 없어 옛 일을 들어서 자신의 뜻을 밝혔다. 객이 어떻게 했다는 말이 없는 것을 보면, 알아듣지 못했던 게 분명하다.

4.12

孟子去齊, 尹士語人曰: "不識王之不可以爲湯武, 則是不明也; 識其不可, 然且至, 則是干澤也. 千里而見王, 不遇故去, 三宿而後出晝, 是何濡滯也! 士則茲不悅."

高子以告.

曰: "夫尹士惡知予哉? 千里而見王, 是予所欲也. 不遇故去, 豈予所欲哉! 予不得已也. 予三宿而出晝, 於予心猶以爲速, 王庶幾改之. 王如改諸, 則必反予. 夫出晝, 而王不予追也, 予然後浩然有歸志. 予雖然, 豈舍王哉! 王由足用爲善. 王如用予, 則豈徒齊民安! 天下之民擧安. 王庶幾改之, 予日望之. 予豈若是小丈夫然哉! 諫於其君而不受則怒, 悻悻然見於其面, 去則窮日之力而後宿哉!"
尹士聞之, 曰: "士誠小人也!"

맹자가 제나라를 떠나자, 윤사(尹士)가 사람들에게 말했다.

"왕께서 탕이나 무왕이 될 수 없다는 걸 알지 못했다면, 지혜롭지 못한 것이다. 그렇게 될 수 없다는 걸 알면서도 왔다면, 이는 녹봉을 구한 것이다. 천 리 길을 와서 왕을 만났다가 뜻이 맞지 않아 떠나면서 사흘 동안 주 땅에서 머문 뒤에나 떠났으니, 어찌 그리도 꾸물대는가! 나는 이것이 마뜩잖다."

고자(高子)가 이 말을 전하자, 맹자가 말했다.

"저 윤사가 어찌 나를 알겠느냐? 천 리 길을 와서 왕을 만난 것은 내가 바란 것이다. 하지만 뜻이 맞지 않아 떠난 것이 어찌 내가 바란 것이겠느냐! 나로서는 어쩔 수가 없었다. 내가 사흘을 머문 뒤에 주 땅을 떠났으나 내 마음에는 오히려 빠르게 느껴졌으니, 왕이 마음을 고쳐먹을 수도 있었기 때문이다. 만약 왕이 마음을 바꾼다면, 반드시 나에게 돌아오라고 할 것이라 생각했다. 그러나 주 땅을 떠나는데도 왕은 나를 부르지 않았다. 그런 뒤에야 나는 거침없이 돌아갈 뜻을 지녔다. 내가 비록 그러했으나, 어찌 왕을 버린 것이겠느냐! 왕은 아직도 좋은 정치를 할 수 있다. 왕이 만약 나를 쓴다면, 어찌 제나라 백성들만 편안하겠느냐! 천하의 백성들이 모두 편안할 것이다. 왕의 마음은 거의 바뀔 수도 있었고, 나는 날마다 그걸 바랐다.

내 어찌 저 잔단 사내들처럼 굴겠느냐! 그런 자는 임금에게 간언을 했다가 받아들여지지 않으면 성을 내며 붉으락푸르락 그 낯에 다 드러내고, 떠나면 온종일 힘을 다해서 간 뒤에야 머물지 않느냐!"

윤사가 이 말을 전해 듣고는 말했다.

"나는 참으로 소인이로구나!"

注釋 윤사(尹士)는 제나라 사람이다. 간(干)은 구하다는 뜻이다. 택(澤)은 녹봉을 뜻한다. 불우(不遇)는 뜻을 펼 기회를 얻지 못하다, 왕과 뜻이 맞지 않다는 뜻을 담고 있다. 유(濡)는 머물다, 더디다는 뜻이고, 체(滯)는 머물다, 남다는 뜻이다. 자(玆)는 차(此)와 같다. 고자(高子)는 제나라 사람으로, 맹자의 제자다. 오(惡)는 어찌, 어떻게를 뜻한다. 서기(庶幾)는 가깝다, 거의 되려 하다는 뜻이다. 호연(浩然)은 물이 세차게 흐르는 모양인데, 여기서는 아무런 미련도 집착도 없는 마음의 상태를 나타낸다. 유(由)는 유(猶)와 같으며, 아직도, 여전히를 뜻한다. 족용(足用)은 족이(足以)와 같다. 약시(若是)의 시(是)는 부(夫)와 같다. 행행연(悻悻然)은 본래 화를 발끈 내는 모양인데, 여기서는 속이 좁은 모양을 가리킨다. 현어(見於)의 현(見)은 현(現)과 같으며, 드러내다는 뜻이다. 궁일지력(窮日之力)은 온 하루를 다하여 힘을 쓰다는 뜻이다. 사성(士誠)의 사(士)는 윤사 자신을 이르는 말이다.

蛇足 상앙이 진(秦)나라 효공(孝公)을 만나서 마침내 기용되는 과정이 떠오른다. 상앙은 위나라에서 자신이 쓰이지 못할 것을 알고 당시 인재를 구한다는 포고령을 내린 진나라로 갔다. 그러나 상앙이 곧바로 효공을 만날 길은 없었다. 그래서 효공이 아끼는 대부 경감(景監)을 찾아갔다. 경감은 상앙을 보자 그가 뛰어난 인물임을 알아채고 곧바로 효공에게 그를 천거했다. 인재를 기다리던 효공도 즉시 상앙을 불러들

였다. 상앙을 만난 효공은 나라를 다스리는 일에 대해 물었다. 상앙이 이야기를 하자 효공은 듣다가 꾸벅꾸벅 졸았다. 상앙이 물러난 뒤, 효공은 경감에게 화를 냈다.

"그대의 빈객은 허망한 사람인데, 어떻게 등용할 수 있겠소?"

경감이 이 일로 상앙을 꾸짖자, 상앙이 말했다.

"내가 제도(帝道)를 설명했으나, 왕은 그 뜻을 알아듣지 못했습니다."

제도는 신화 속의 오제(五帝)가 나라를 다스린 방도로, 태평한 시절에 쓸 수 있는 통치 방식이었다. 난세에 천하의 패권을 차지하려는 효공의 귀에 들어올 리 만무했다.

그로부터 닷새 뒤, 효공이 다시 상앙을 만나려 했다. 다시 효공을 만난 상앙은 이번에는 왕도(王道)에 대해 설명했다. 효공은 이전보다 나은 반응을 보였으나, 여전히 상앙을 등용할 마음은 일어나지 않았다. 나중에 다시 효공을 만난 상앙은 패도(霸道)에 대해 자세하게 설명해주었다. 패도는 관중이 쓴 계책이었는데, 효공은 꽤 괜찮게 여기기는 했으나 여전히 등용할 뜻은 없었다. 얼마 뒤, 효공은 상앙을 다시 불러서 물었다. 이에 상앙은 부강한 나라가 되는 방법을 말해주었고, 효공은 전혀 싫증 내지 않고 들었다. 상앙은 백성들이 농사에 전념하게 하고 실정에 맞는 법령을 제정하며 상벌을 엄정하게 시행해서 용감하게 전쟁에 나아가도록 하는 것이 강성한 나라를 만드는 요체라고 했다.

상앙은 효공이 무엇을 바라는지 살폈고, 마침내 효공의 뜻에 부합하는 계책을 내놓아서 그의 마음을 사로잡았다. 맹자가 일관되게 왕도를 주장하면서 제후가 자신의 뜻을 따르도록 요구한 것과는 사뭇 다르다. 애초부터 상앙이 고수했던 길은 패도였으므로 그의 처신을 나무랄 수는 없다. 아울러 왕도를 고집했던 맹자도 비난할 수 없다. 그것도 한 길이었고, 이것도 한 길이었을 뿐이다. 상앙의 길은 시세를 따른 것이고, 맹자의 길은 시대를 찌른 것이다.

또 맹자가 "왕은 아직도 좋은 정치를 할 수 있다"고 한 말을 미련이 남아서 했다고 보아서는 안 된다. 맹자는 누구나 측은지심을 비롯한 네 가지 마음을 지니고 있다고 믿었으므로 어떤 왕이든 뜻만 확고하게 지니면 얼마든지 왕도를 펼 수 있다고 믿었다. 자질이 좀 부족한 왕이라도 자신에게 일임한다면, 얼마든지 천하를 편안하게 할 수 있다고 당당하게 말한 사람이 맹자다.

4.13

孟子去齊, 充虞路問曰: "夫子若有不豫色然. 前日虞聞諸夫子曰, '君子不怨天, 不尤人.'"
曰: "彼一時, 此一時也. 五百年必有王者興, 其間必有名世者. 由周而來, 七百有餘世矣. 以其數則過矣, 以其時考之則可矣. 夫天未欲平治天下也. 如欲平治天下, 當今之世, 舍我其誰也? 吾何爲不豫哉!"

맹자가 제나라를 떠날 때, 충우(充虞)가 길에서 물었다.

"선생님 얼굴에 찐덥지 않은 빛이 있으신 듯합니다. 지난날에 저는 선생님께서, '군자는 하늘을 원망하지 않고 사람을 탓하지 않는다'고 말씀하신 것을 들은 적이 있습니다."

맹자가 대답했다.

"그때는 그때요, 이제는 이제다. 5백 년이 지나면 반드시 왕도를 행하는 자가 나오고, 그 사이에는 반드시 세상에 이름을 떨치는 자가 있다. 주나라가 건국된 이래로 7백여 년이 되었다. 햇수로 따지면 이미 지났고, 때로써 헤아려보면 왕도를 펼 만하다. 그런데 하늘이 천하가 평화롭게 다스려지기를 바라지 않는 듯하다. 만약 천하가 평화롭게 다스려지기를 바란다면,

바로 이 시대에 나를 버리고 누가 있겠느냐? 그러니 내 어찌 찐덥지 않겠느냐!"

注釋 불예색(不豫色)은 찐덥지 않은 낯빛을 이른다. 불원천불우인(不怨天, 不尤人)은 공자가 한 말로, 『논어』「헌문(憲問)」편에 나온다. 칠백여유세(七百有餘世)란 주나라가 선 뒤로부터 맹자가 제나라를 떠나던 당시까지 기간을 대략적으로 말한 것이다.

蛇足 5백 년이 지나면 반드시 왕도를 행하는 자가 나온다고 한 근거가 무엇인지는 알 수가 없다. 아마도 요와 순, 우가 차례로 나오면서 하 왕조가 서고, 다시 탕에 의해 상 왕조가 하 왕조를 대신하고, 문왕과 무왕이 상에 이어 주 왕조를 세운 일을 두고 그렇게 본 듯하다. 나름대로 역사의 법칙을 찾아내려고 했음을 알 수 있는데, 흥미로운 것은 맹자 스스로 왕도를 행하는 자가 5백 년이 지나야 나온다고 했다는 사실이다. 왕도는 성군(聖君)이 나와야 비로소 행해지기 때문에 매우 드물다는 것을 스스로 인식하고 있었음을 의미한다. 그럼에도 이제 왕도를 펼 만하다고 한 것은 이미 새로운 왕조가 탄생해야 할 시기가 지났을 뿐만 아니라, 탕이 등장하고 문왕과 무왕이 대두한 하와 상 왕조의 말기처럼 당시가 극심한 혼란의 시기라고 판단했기 때문이다. 천하의 모든 사람들이 평화를 갈구하고 있다는 데서도 그 근거를 찾을 수 있다. 무엇보다도 "이 시대에 나를 버리고 누가 있겠느냐?"는 호기는 허황된 것이 아니라, 그러한 역사 인식에서 우러나온 것으로 보아야 한다. 어쨌든 맹자가 말한 햇수가 반드시 역사적 전환의 주기와 일치하지는 않고 또 그렇게 역사를 보기는 어렵지만, 전국시대는 그런 전환의 시기였다는 사실만큼은 분명하다. 다양한 학파와 무수히 많은 사상가들이 이 시기에 쏟아져 나와서 유례없는 창조적 정신을 발현한 것도 전환의 시대였기 때문이다.

4.14

孟子去齊, 居休, 公孫丑問曰: "仕而不受祿, 古之道乎?" 曰: "非也. 於崇, 吾得見王, 退而有去志, 不欲變, 故不受也. 繼而有師命, 不可以請. 久於齊, 非我志也."

맹자가 제나라를 떠나 휴(休) 땅에 머물었을 때, 공손추가 물었다.

"벼슬살이하면서 녹봉을 받지 않는 것은 옛날부터 지켜오던 도입니까?"

맹자가 대답했다.

"아니다. 숭(崇) 땅에서 나는 왕을 만났는데, 물러나와서는 떠날 뜻을 가졌고 그 뜻을 바꿀 생각이 없었기 때문에 받지 않은 것이다. 뒤이어서 군대의 출정 명령이 있었으므로 떠나겠다는 청을 할 수가 없었을 뿐이다. 제나라에서 오래 머뭇거리는 건 내 뜻이 아니었다."

注釋 휴(休)는 지명이다. 제나라에서 추 땅으로 가는 사이에 있었던 듯한데, 염약거(閻若璩)의 『석지속(釋地續)』에서는 "그러므로 휴성(休城)은 지금이 곤주부(袞州府) 등현(滕縣) 북쪽 15리에 있으며, 맹자의 집까지는 약 100리 떨어져 있다"고 적고 있다. 숭(崇)은 지명인데, 어디인지 알 수 없다. 불욕변(不欲變)은 떠날 뜻을 아무런 이유 없이 바꿀 생각이 없었다는 의미다. 사명(師命)은 사려지명(師旅之命)으로, 군대의 출정을 명하는 것이다.

蛇足 아마도 마지막으로 왕을 만나고서 자신의 뜻을 펼 수 없다는 것을 확인했던 듯하다. 그래서 떠날 결심을 했는데, 미처 사직서를 제

출하지 않고 떠날 수밖에 없는 상황이 되었다. 그래서 마음으로 이미 사직서를 올린 셈으므로 녹봉을 받지 않았던 것이다. 이는 자신의 뜻이 확고하다는 것을 표현한 것이기도 하지만, 그 자체로 이제 벼슬에서 물러났다는 징표로 삼은 것이기도 하다. "제나라에서 오래 머뭇거리는 건 내 뜻이 아니었다"고 한 말은 이미 뜻을 굳힌 바에야 굳이 번다한 절차를 밟으려고 머뭇거리는 것은 대인이 할 짓이 아니라는 의미다. 행여 이를 트집잡아서 맹자를 비난하는 자가 있었을 터이지만, 맹자는 아랑곳하지 않았을 것이다. 왕도를 펴지 못하는 판국에 그런 하찮은 비난 따위에 연연할 사내가 아니었다.

5장

등문공 상 (滕文公上)

5.1

滕文公爲世子, 將之楚, 過宋而見孟子. 孟子道性善, 言必稱堯舜.

世子自楚反, 復見孟子. 孟子曰: "世子疑吾言乎? 夫道一而已矣. 成覵謂齊景公曰, '彼丈夫也, 我丈夫也, 吾何畏彼哉?' 顏淵曰, '舜, 何人也? 予, 何人也? 有爲者亦若是.' 公明儀曰, '文王, 我師也, 周公豈欺我哉?' 今滕, 絶長補短, 將五十里也, 猶可以爲善國. 書曰, '若藥不瞑眩, 厥疾不瘳.'"

등나라 문공(文公)이 세자였을 때, 초나라에 가려고 송나라를 지나다가 맹자를 찾아뵈었다. 맹자는 본성이 착하다는 걸 일깨워주었는데, 말할 때마다 꼭 요와 순을 기렸다.

세자는 초나라에서 돌아갈 때, 다시 맹자를 찾아뵈었다. 맹자가 말했다.

"세자는 내 말을 의심하시오? 저 도는 하나일 뿐이오. 성간(成覵)이 제나라 경공(景公)에게 이르기를, '그도 사내요 나도 사내인데, 내 어찌 그를 두려워하리오?'라고 했고, 안연이 말하기를, '순은 어떤 사람이며 나는 어떤 사람인가? 애써 노력한다면 역시 그와 같이 되리라'고 했으며, 공명의(公明儀)는 '문왕은 내 스승이라고 주공은 말했는데, 주공이 어찌 나를 속였겠는가?'라고 했소. 이제 등나라는 긴 곳을 잘라 짧은 곳에 잇대면 대략 50리쯤 되는데, 그럼에도 좋은 나라가 될 수 있소. 『상서』에 이르기를, '약이 눈과 머리를 어질어질하게 하지 않는다면, 그 병은 낫지 못한다'고 했소."

注釋 등(滕)나라는 지금의 서주(徐州) 북쪽 190리 즈음에 있었는데, 당시 송(宋)나라는 옛 도읍 상구(商邱)에서 팽성(彭城, 지금의 徐州

市)으로 천도한 뒤였기 때문에 세자가 초나라에 가려면 반드시 남쪽으로 가서 송나라를 지나야 했다. 성간(成覵)은 제나라의 신하로, 용맹하고 과감한 인물이었다고 한다. 공명의(公明儀)는 노나라의 현자로서, 증자의 제자다. 절장보단(絶長補短)은 당시에 땅의 면적을 계산하면서 썼던 상용어로 보인다. 『묵자』「비명상(非命上)」에서는 "옛날 탕이 처음 박이라는 땅에 봉해졌을 때, 긴 곳을 자르고 짧은 곳을 이으면 사방 백 리였다. … 문왕은 기주 땅에 봉해졌는데, 긴 곳을 자르고 짧은 곳을 이으면 사방 백 리였다"(古者湯封於亳, 絶長繼短, 方地百里. … 昔者文王封於岐周, 絶長繼短, 方地百里)고 하여 '절장계단(絶長繼短)'이라 썼고, 『전국책』에서는 '절장속단(絶長續短)'으로 썼다. 서(書)에서 인용한 것은 현재의 『상서』에는 나오지 않는다. 『국어(國語)』「초어(楚語)」에 상 왕조 때 왕인 무정(武丁)이 한 말이라면서 "그대의 마음을 열어 내 마음을 적셔주기 바라오. 그대의 말은 약과 같으니, 약이 눈과 머리를 어질어질하게 하지 못하면 병은 낫지 못하오"(啟乃心, 沃朕心. 若藥不瞑眩, 厥疾不瘳)라는 구절이 인용되어 있다.

蛇足 여기서 맹자는 처음으로 '성선(性善)'을 말했다. 시대가 시대이니만치 그 말을 쉽게 믿을 사람은 없었으리라. 맹자를 만난 세자도 마찬가지였을 것은 뻔하다. 더구나 사방 50리도 채 못 되는 나라의 세자가 아닌가. 주변의 강대국들에게 얼마나 시달렸겠는가. 그런 그가 사람의 본성은 착하다는 것을 믿기란 실로 어렵다. 그러나 맹자는 망설임이 없다. "대체 무얼 두려워하시오?" 그렇다. 이미 등나라는 다른 선택의 길이 없다. 속된 말로 "밑져야 본전이다." 그러나 패도적 방식은 안 된다. 이는 주변국들에게 더욱 견제받거나 시달리게 될 빌미를 제공할 수 있다. 그리고 누구나 예상할 수 있는 시나리오다. 반면에 조용하면서도 효율적인 왕도를 편다면 당장 신하들과 백성들은 이해하지 못하고 당혹해할 수도 있겠으나, 막다른 길로 내몰린 등나라로서는 이 길

밖에는 없다. 아무도 예상하지 않은 길이므로 등나라 사람들 모두 눈과 머리가 어질어질하게 될 것임은 두말할 필요가 없다.

5.2

滕定公薨, 世子謂然友曰: "昔者孟子嘗與我言於宋, 於心終不忘. 今也不幸至於大故, 吾欲使子問於孟子, 然後行事."
然友之鄒, 問於孟子.
孟子曰: "不亦善乎! 親喪, 固所自盡也. 曾子曰, '生, 事之以禮; 死, 葬之以禮, 祭之以禮, 可謂孝矣.' 諸侯之禮, 吾未之學也. 雖然, 吾嘗聞之矣. 三年之喪, 齊疏之服, 飦粥之食, 自天子達於庶人, 三代共之."
然友反命, 定爲三年之喪. 父兄百官皆不欲, 曰: "吾宗國魯先君莫之行, 吾先君亦莫之行也, 至於子之身而反之, 不可. 且志曰, '喪祭從先祖.' 曰, '吾有所受之也.'"
謂然友曰: "吾他日未嘗學問, 好馳馬試劍, 今也父兄百官不我足也, 恐其不能盡於大事, 子爲我問孟子."
然友復之鄒, 問孟子.
孟子曰: "然. 不可以他求者也. 孔子曰, '君薨, 聽於冢宰,' 歠粥, 面深墨, 卽位而哭, 百官有司莫敢不哀, 先之也. 上有好者, 下必有甚焉者矣. 君子之德, 風也; 小人之德, 草也. 草上之風必偃, 是在世子."
然友反命. 世子曰: "然. 是誠在我."
五月居廬, 未有命戒, 百官族人可, 謂曰知. 及至葬, 四方來觀之, 顔色之戚, 哭泣之哀, 弔者大悅.

등나라 정공(定公)이 세상을 떠나자, 세자가 연우(然友)에게 말했다.
"옛날에 맹자가 송나라에서 나와 얘기를 나눈 적이 있는데, 내 마음에서 내내 잊혀지지 않고 있다. 이제 불행하게도 큰일을 당했으니, 내 그대를 시켜서 맹자에게 물은 뒤에 장례를 치르고자 한다."
연우가 추(鄒) 땅에 가서 맹자에게 여쭈니, 맹자가 대답했다.
"이 또한 좋은 일이 아닌가! 어버이의 상례는 원래 스스로 지극함을 다하는 것이오. 증자가 말하기를, '살아 계실 때에는 예로써 섬기고, 돌아가실 때 예로써 장사를 지내고 또 예로써 제사를 지낸다면, 효도한다고 하리라'고 했소. 그러나 제후가 갖추어야 할 예법에 대해서는 내가 배운 적이 없소. 그러하나 내 들은 적이 있으니, 삼년상을 치르며 거친 삼베옷을 입고 멀건 죽을 먹는 것은 천자로부터 뭇 사람들에 이르기까지 하 · 은 · 주 삼대 때부터 모두가 지켜온 것이라 하오."
연우가 돌아와서 아뢰자, 상례를 삼년상으로 정했다. 그러자 집안 어른들과 형들, 모든 벼슬아치들이 모두 마뜩잖게 여기며 말했다.
"우리의 뿌리가 되는 노나라 선군(先君)들께서도 그렇게 하지 않으셨고, 우리 선군들께서도 역시 그렇게 하지 않으셨는데, 이제 그대에 이르러서 뒤엎고 있으니, 옳지 못하오. 또 옛글에서도 '상례와 제례는 선조들을 따른다'고 했으니, 이는 우리에게 이어받은 예법이 있음을 말한 것이오."
세자는 연우에게 말했다.
"내가 예전에 학문을 한 적이 없고 말 달리고 칼 쓰는 일을 좋아했다가 이제 집안 어른들과 형님들, 모든 벼슬아치들이 나를 부족하다고 여기게 되었다. 이로 말미암아 큰일을 다하지 못할까 걱정이다. 그대는 나를 위해 맹자에게 물어보라."

연우가 다시 추 땅에 가서 맹자에게 여쭈니, 맹자가 대답했다.

"그렇겠군. 다른 데서 구할 것 없소. 공자는 '임금이 죽으면 재상에게 정치를 맡긴다'고 말했소. 세자가 재상에게 정치를 맡기고 죽을 먹으며 얼굴은 먹빛처럼 검게 하고서 그 자리에 나아가 곡을 하면 모든 벼슬아치들과 담당 관리들도 감히 슬퍼하지 않을 수 없으니, 이는 윗사람이 앞서서 했기 때문이오. 윗사람이 좋아하는 게 있으면, 아랫사람은 반드시 그보다 더 좋아하오. 군자의 덕은 바람이요, 소인의 덕은 풀이오. 풀 위에 바람이 불면 반드시 눕는다고 했으니, 이는 세자에게 달렸소."

연우가 돌아와서 아뢰니, 세자가 말했다.

"그러하다. 이는 참으로 나에게 달렸다."

그러고는 다섯 달을 여막에 머물면서 명령과 계칙(戒飭)을 내리지 않으니, 이에 모든 벼슬아치들과 집안사람들이 '되었구나!' 하고 여기며 예를 안다고 말했다. 장사를 지내는 날에 사방에서 사람들이 와서 자세히 보았는데, 그 낯빛에 서러움이 있고 곡하며 우는 소리도 슬퍼서 조문하는 자들이 아주 기특하게 여겼다.

注釋 정공(定公)은 문공의 부친이다. 조기의 주석에 따르면, "『고기세본』은 제후의 세계를 기록하는데, 등나라에는 고공 미가 있어 문공의 부친인 정공과 상치되고, 그 아들 원공 굉은 문공과 상치된다. 후세에 피휘하여 고공을 고쳐 정공이라 했고, 원공은 문덕을 행했으므로 문공이라 했다"(古紀世本錄諸侯之世, 滕有考公麋, 與文公之父定公相値; 其子元公宏, 與文公相値. 以後世避諱, 改考公爲定公; 以元公行文德, 故謂之文公也.)고 한다. 훙(薨)은 제후의 죽음을 뜻한다. 연우(然友)는 세자의 사부다. 대고(大故)는 앞의 훙(薨), 곧 대상(大喪)을 가리킨다. 지추(之鄒)는 추 땅에 가다는 뜻인데, 『사기정의(史記正義)』에서는 "지금 추현은 서

주(徐州) 등현(滕縣)에서 40여 리 떨어져 있는데, 가서 돌아오는 데 대략 반나절도 걸리지 않으므로 물은 뒤에 일을 처리할 수 있었다"고 했다. 자진(自盡)은 스스로 지극함을 다하는 것을 뜻한다. 증자가 했다는 말이 『논어』「위정(爲政)」편에서는 공자가 한 말로 나온다. 맹의자(孟懿子)가 효에 대해 묻자, 공자가 "살아 계실 적에 예로써 섬기고, 돌아가시면 예로써 장례를 치르고 또 예로써 제사 지내는 것이다"(生, 事之以禮; 死, 葬之以禮, 祭之以禮)라고 했다. 따라서 증자가 공자의 가르침을 전한 것으로 볼 수 있다. 자소(齊疏)는 자최(齊衰)라고도 하는데, 자(齊)는 상복의 아랫단을 꿰맨 것이고, 소(疏)는 거친 삼베를 뜻한다. 전(飦)은 멀건 죽이다. 종국(宗國)은 동성(同姓)의 나라를 뜻하는데, 노나라의 개조인 주공(周公)의 동생 숙수(叔繡)의 봉국(封國)이 등나라이기 때문에 이렇게 말한 것이다. 지(志)는 기록된 것을 뜻한다. 공자가 한 말은 『논어』「헌문(憲問)」편에 나오는 "임금이 세상을 떠나면, 모든 관리들은 제 일을 잡도리하면서 3년 동안 재상의 명을 받았다"(君薨, 百官總己以聽於冢宰三年)고 한 것을 이른 듯하다. 철(歠)은 마시다는 뜻이다. 군자지덕(君子之德)에서 필언(必偃)까지는 『논어』「안연(顏淵)」편에도 나오는 구절이다. 오월거려(五月居廬)는 제후가 죽으면 다섯 달이 지나야 장례하는데, 그 전에 효자가 중문 밖의 여막(廬幕)에 머무는 것을 이른다.

蛇足 세자가 삼년상을 치르려 하자, 친족들과 신하들이 모두 선군들의 예를 끌어와서는 반대를 했다. 이는 풍전등화와 같은 등나라의 급박하고 위태로운 처지 때문이다. 계책을 세워 부국강병의 길을 모색해도 늦을 판국에 삼년상이라니! 이는 나라를 아예 말아먹겠다고 작정한 것이나 다름이 없다. 게다가 평소 세자의 행동거지가 전혀 그런 예법과는 거리가 멀었기 때문에 더욱 수긍하기 어려웠던 점도 작용했다. 그러나 세자는 꿈쩍도 하지 않고, 오히려 그들을 설득할 수 있는 방책을 맹

자에게 구했다. 맹자는 공자의 말로써 길을 제시했는데, 이는 상 왕조의 무정(武丁)과 깊은 연관이 있다.

무정은 반경(盤庚)의 조카로서, 부친인 소을(小乙)을 이어 왕위를 계승했다. 반경은 상나라의 20대 군주로서 쇠퇴하기 시작한 상나라를 중흥시켰다. 그는 은(殷)으로 천도를 했는데, 이것으로도 상나라가 위기 상황이었음을 짐작할 수 있다. 그러나 위기를 완전히 극복한 것은 아니었고, 중흥의 책무는 다시 무정에게로 넘어갔다. 쇠퇴하는 왕조의 공통점은 권문세족들이 군주를 견제하면서 자신들의 기득권을 옹호하기 위해 온갖 술수를 부린다는 데에 있다. 무정 또한 그러한 현실을 잘 알았으므로 중흥을 이룩하기 위해서는 새로운 인물을 물색하여 신선한 바람을 불러일으켜야 했다. 그러나 이는 간단하게 해결될 문제가 아니었다. 그래서 그는 부친상을 삼년상으로 치르면서 정사를 신하에게 맡겼다. 삼년상을 마치고도 아무런 발언을 하지 않았다. 이제 신하들이 조급해졌다. 어쩌면 무정은 후대에 한비(韓非)가 말한 '신하를 통제하는 방법'을 썼는지도 모른다. 한비는 "군주는 자신이 바라는 것을 드러내서는 안 된다. 이를 드러내면 신하는 스스로 군주가 하고자 하는 일에 맞도록 꾸미려 든다. … 군주가 자기 행적을 가려두고 속마음을 숨겨 그 단서가 보이지 않게 하면 신하는 군주의 속사정을 알아차릴 수 없다"(『한비자』「주도(主道)」)고 한 술책을 말이다. 신하들이 어찌할 줄 몰라 당혹해할 때 무정은 몰래 부열(傅說)이라는 탁월한 인물을 물색해두었고, 이윽고 부열을 재상으로 삼아서 나라를 안정되게 다스렸다. 물론 세자가 처한 상황과 무정이 처한 상황은 다르다. 세자는 기득권층을 누르기보다는 자신의 뜻이 관철될 수 있는 여건을 마련할 필요가 절실했다. 그러나 이전에 한 행실 탓에 그를 믿으려는 신하들이 적었으므로 먼저 그들을 믿게 만들 필요가 있었다. 그때 선택한 것이 바로 삼년상이었다. 그리고 다섯 달 만에 효과가 나타났다. 왕도에서는 군주가 솔선수범해서 신하들과 백성들이 믿고 따르는 것이 긴요하다. 패도에서는 법령을 정비하고 형벌을 엄정하게 시행하는 것이 긴요하겠지만.

5.3

滕文公問爲國.

孟子曰: "民事不可緩也. 詩云, '晝爾于茅, 宵爾索綯, 亟其乘屋, 其始播百穀.' 民之爲道也, 有恒產者有恒心, 無恒產者無恒心. 苟無恒心, 放辟邪侈, 無不爲已. 及陷乎罪, 然後從而刑之, 是罔民也. 焉有仁人在位罔民而可爲也? 是故賢君必恭儉禮下, 取於民有制. 陽虎曰, '爲富不仁也, 爲仁不富矣.' 夏后氏五十而貢, 殷人七十而助, 周人百畝而徹, 其實皆什一也. 徹者, 徹也; 助者, 藉也. 龍子曰, '治地莫善於助, 莫不善於貢.' 貢者, 校數歲之中以爲常. 樂歲, 粒米狼戾, 多取之而不爲虐, 則寡取之; 凶年, 糞其田而不足, 則必取盈焉. 爲民父母, 使民盻盻然, 將終歲勤動, 不得以養其父母, 又稱貸而益之, 使老稚轉乎溝壑, 惡在其爲民父母也? 夫世祿, 滕固行之矣. 詩云, '雨我公田, 遂及我私.' 惟助爲有公田. 由此觀之, 雖周亦助也. 設爲庠序學校以教之. 庠者, 養也; 校者, 教也; 序者, 射也. 夏曰校, 殷曰序, 周曰庠, 學則三代共之, 皆所以明人倫也. 人倫明於上, 小民親於下. 有王者起, 必來取法, 是爲王者師也. 詩云, '周雖舊邦, 其命維新.' 文王之謂也. 子力行之, 亦以新子之國!"

使畢戰問井地.

孟子曰: "子之君將行仁政, 選擇而使子, 子必勉之! 夫仁政, 必自經界始. 經界不正, 井地不鈞, 穀祿不平, 是故暴君污吏必慢其經界. 經界既正, 分田制祿可坐而定也. 夫滕, 壤地褊小, 將爲君子焉, 將爲野人焉. 無君子, 莫治野人; 無野人, 莫養君子. 請野九一而助, 國中什一使自賦. 卿以下必有圭田, 圭田五十畝; 餘夫二十五畝. 死徙無出鄕. 鄕田同井, 出入相友, 守望相助, 疾病相扶持, 則百姓親睦. 方里而井, 井九百畝, 其中爲公田. 八家皆私百畝, 同養公田. 公事畢, 然後敢治私事, 所以別野人也. 此其大略也. 若夫潤澤之, 則在君與子矣."

등나라 문공이 나라를 다스리는 일에 대해 묻자, 맹자가 대답했다.

"백성을 위한 일은 늦추어서는 안 되오. 『시경』「빈풍(豳風)」의 〈칠월(七月)〉에 이르기를, '낮에는 띠를 베어 오고 밤에는 새끼를 꼬네. 이것으로 서둘러 지붕을 이으니, 이윽고 온갖 씨 뿌릴 때가 오도다'라고 했소. 백성이 사는 길을 말하자면, 번듯한 생업이 있는 자는 떳떳한 마음을 지니고, 번듯한 생업이 없는 자는 떳떳한 마음이 없소. 진실로 떳떳한 마음이 없으면 멋대로 하거나 치우치거나 삿되거나 분수를 넘어서거나 하지 않음이 없게 되오. 그러다가 죄에 빠지게 되니, 그런 뒤에 좇아가서 벌을 준다면 이는 백성을 속여서 그물질하는 짓이오. 어찌 어진 사람이 왕위에 있으면서 백성을 속여 그물질하는 짓을 할 수 있겠소? 이런 까닭에 현명한 임금은 반드시 깍듯하고 야무지며 아랫사람을 예의로써 대하고, 백성에게서 세금을 거둘 때에는 일정한 한도를 두는 법이오.

양호가 말하기를, '부유해지려 하면 어질지 못하고, 어질게 되려 하면 부유해지지 못한다'고 했소. 하후씨는 50무씩 나눠 주는 공법(貢法)을 썼고, 은나라는 70무씩 나눠 주는 조법(助法)을 썼으며, 주나라는 100무씩 나눠 주는 철법(徹法)을 썼으니, 그 실상은 모두 10분의 1을 거두는 것이었소. '철(徹)'은 두루 통용된다는 뜻이고, '조(助)'는 힘을 빌린다는 뜻이오. 용자(龍子)는 '토지를 다스리는 데 조법보다 좋은 게 없고, 공법보다 좋지 않은 게 없다'고 말했소. 공법은 여러 해 동안의 수확을 견주어 중간치를 정하는 것이어서, 풍년에는 곡식이 넘쳐날 정도이니 많이 거두어도 모질다고 여기지 않는데도 적게 거두고, 흉년에는 그 밭의 곡식을 다 쓸어가도 모자라는데도 반드시 정해진 대로 다 채워서 거두어 가오. 백성의 부모가 되어서는 백성이 허덕이며 한 해 내내 힘들게 일하고도 제 부모를 봉양할 수 없게 만들고, 게다가 이자를 받고 빌려주고서는 더 거두어들여 늙은이와 어린애를 도랑이나 골짜기에 나뒹굴게 한다면, 어찌 백성의 부모라고 할 수 있겠소? 대대로 녹봉을 내리는 것은 등나라도 잘 시행하고 있소이다. 『시경』「소아」의 〈대전(大田)〉에 이르기를, '우리 공전(公田)에 먼저 비 내리고, 이윽고 내 밭에도 내리도다'라고 했으니, 오로지 조법에서만 공전이 있었던 것이오. 이로써 살피건대, 주나라도 역시 조법을 썼소.

백성의 생업이 번듯해진 뒤에는 상(庠) · 서(序) · 학(學) · 교(校)를 두어서 가르치오. '상'은 기른다는 뜻이고, '교'는 가르친다는 뜻이며, '서'는 활쏘기를 뜻하오. 하나라에서는 '교'라 했고, 은나라에서는 '서'라 했으며, 주나라에서는 '상'이라 했고, 학은 하 · 은 · 주 삼대에 공통이었으니, 모두 인륜을 밝히는 곳이었소. 인륜이 위에서 밝혀지면 어리석은 백성들이 아래에서 가까이할 것이오. 왕노릇할 자가 나오면 반드시 등나라로 와서 이 법을 취할 것이니, 이리하면 왕노릇할 자의 스승이 되는 셈이오. 『시경』「대아」의 〈문왕(文王)〉에서 '주나라는 비록 오래된 나라지만, 그 천명은 참 새롭구나'라고 했으니, 이는 문왕을 이른 것이오. 그대의 군주가 힘써 행한다면, 그대의 나라도 새로워질 것이오."

등나라 문공이 필전(畢戰)을 시켜 정지(井地)에 대해 물으니, 맹자가 대답했다.

"그대의 군주가 어진 정치를 행하려고 그대를 가려 뽑아서 나에게 보냈으니, 그대는 반드시 힘쓰도록 하시오. 어진 정치란 반드시 경계를 정하는 데서부터 시작되오. 경계를 정한 것이 바르지 않으면 정지(井地)는 고르게 되지 않고 녹봉도 공평하지 않게 되오. 이런 까닭에 포악한 군주와 추잡한 벼슬아치는 반드시 경계 정하는 일을 게을리하오. 경계 정하는 일이 먼저 바르게 되면 밭을 나누고 녹봉을 정하는 것은 앉아서도 할 수 있소. 저 등나라는 땅이 좁고 작으나, 정치를 맡은 군자도 있을 것이고 경작하는 야인도 있을 것이오. 군자가 없으면 야인을 다스릴 수 없고, 야인이 없으면 군자를 기를 수 없소. 들녘에는 9분의 1의 조법을 쓰고, 도읍에는 10분의 1의 세법을 써서 스스로 세금을 바치도록 하시오. 경(卿) 이하는 반드시 규전(圭田)이 있으니, 규전은 50무씩이오. 나머지 백성들에게는 25무씩을 주도록 하시오. 이렇게 하면 죽거나 이사할 때도 마을을 떠나지 않을 것이오. 향전(鄕田)의 여덟 가구가 경작을 위해 드나들 때 함께하고, 지키고 망볼 때 서로 돕고, 질병이 생겼을 때 서로 붙들어주고 지켜준다면, 백성들은 가까이 지내며 화목할 것이오. 사방 1리가 정(井)이고, 각 정은 9백 무이며, 그 가운데 공전(公田)이 있소. 여덟 가구는 모두 각자 1백 무씩을 사전(私田)으로 경작하고 공전은 공동으로 경작하오. 공전의 일을 마친 뒤에야 각자 사전의 일을 하니, 이는 군자와 야인을 구별하기 위한 것이오. 이것이 정전법의 대략이오. 만약 이를 제대로 하려고 한다면, 그것은 바로 군주와 그대에게 달려 있소."

注釋 우(于)는 가다는 뜻이다. 삭도(索綯)는 새끼를 꼬다는 뜻이

다. 극(亟)은 서두르다는 뜻이다. 승(乘)은 다스리다는 뜻의 치(治)와 같다. 항산(恒産)은 생활을 뒷받침해줄 만한 일정한 재산이나 생업, 수입 등을 말한다. 항심(恒心)은 흔들리지 않는 바른 마음을 뜻한다. 망(罔)은 그물질하다는 뜻으로, 옭아매서 처벌하는 것을 이른다. 제(制)는 알맞은 정도, 한도를 뜻한다. 양호(陽虎)는 노나라 계씨(季氏)의 가신이었다. 하후씨(夏后氏) · 은인(殷人) · 주인(周人)은 하 · 은 · 주 세 왕조를 가리킨다. 용자(龍子)는 고대의 현인이라 한다. 교(挍)는 교(校)와 같으며, 견주다, 헤아리다는 뜻이다. 립(粒)은 곡식의 뜻으로 쓰였다. 낭려(狼戾)는 낭자(狼藉)와 같으며, 여기저기 어지러이 흩어져 있는 모양이다. 분(糞)은 쓸다, 없애다는 뜻으로 쓰였다. 혜혜연(盻盻然)은 쉬지 못하고 힘들여 일하는 모습이다. 칭대(稱貸)의 칭(稱)은 이자를 받다는 뜻이다. 필전(畢戰)은 등나라의 신하다. 정지(井地)는 곧 정전(井田)이다. 균(鈞)은 고르다, 고르게 하다는 뜻의 균(均)과 같다. 곡록(穀祿)의 곡(穀)은 녹미(祿米) 즉 녹봉으로 주는 쌀을 뜻하므로 록(祿)과 같은 말이다. 야(野)는 교외(郊外)로, 성에서 멀리 떨어진 땅을 뜻한다. 국중(國中)은 교내(郊內)로, 가까이 있는 땅이다. 규전(圭田)은 관리들에게 제사 비용으로 쓰라고 분배해준 토지다. 여부(餘夫)는 일반 백성들을 뜻한다. 윤택(潤澤)은 윤이 나게 하다, 풍부하게 하다는 뜻인데, 여기서는 알맞게 잘 하다는 말맛을 담고 있다.

蛇足 나라를 다스리는 일에 대해 묻자, 맹자는 백성을 위한 일을 먼저 하라고 했다. 그것은 백성에게 번듯한 생업을 보장해주는 일이고, 이를 위해서는 세금을 거두는 데 한도를 정해서 지켜야 한다고 했다. 당시 제후들이 가렴주구를 일삼았던 데서 그 이유를 찾을 수 있다. 어쨌든 왕도는 백성을 살리는 것을 최우선으로 한다는 점에서도 생업의 보장은 중요한데, 당시로서는 대부분의 백성이 농업에 종사했으므로 경작할 땅을 잘 구획하고 9분의 1의 세금을 거두는 정전법을 시행하는

것이 최선이라고 맹자는 여겼다. 상앙은 다른 이유에서 농업을 중시했다.

"백성이 농사짓는 데에 힘쓰지 않으면 대내적으로 식량이 부족해지고, 기개와 뜻을 전쟁에 쏟지 않으면 대외적으로 군사력이 약해진다. 안으로 식량이 부족하고 밖으로 군사력이 약하면, 비록 사방 만 리의 땅과 백만 명의 대군을 보유하고 있어도 홀로 황야에 서 있는 것과 같다."(『상군서』「신법」)

농사와 전쟁을 함께 강조한 그대로 상앙에게 농사는 군비 충당을 위한 일이었다. 물론 백성을 위한다는 명분이 없는 것은 아니지만, 이익을 좋아하고 형벌을 두려워하는 본성을 이용해서 농사에 전념하게 하므로 명분은 한낱 구실에 지나지 않는다. "백성은 가난하면 부유해지려 애쓰고, 부유해지려 힘쓰면 방탕해지고, 방탕해지면 폐해가 나타난다"(『상군서』「약민(弱民)」)고 하면서 가난한 백성을 부유하게 만들되 적절한 때에 그 부를 덜어내어 약하게 만들어야 통제해서 나라를 강성하게 할 수 있다고 한 데서도 그 의도는 드러난다.

백성에게 나눠줄 토지에 대해서는 "옛날 나라를 다스리며 농지를 분배한 수치는 이렇다. 성인 남자에게 1인당 5백 무의 땅을 나누어주고 거기서 나오는 세금으로 한 번의 전쟁을 치를 수 있었다. 그러나 이는 땅을 충분히 사용한 게 아니다"(『상군서』「산지(算地)」)라고 해서 맹자의 정전법보다 훨씬 많이 분배된 토지에 대해서도 부족하다고 했다. 이는 물론 전쟁을 위한 세제 마련의 측면에서 말한 것이다. 어쨌든 황무지 개간을 그토록 강조했던 것도 이 때문이다. 세금에 대해서는 "곡식의 수확량을 헤아려서 조세를 징수하면 군주의 제도가 통일되고 백성의 부담이 공평해진다"(『상군서』「간령」)고 했는데, 자세하게 서술하지는 않았으나 꽤 합리적이다.

5.4

有爲神農之言者許行, 自楚之滕, 踵門而告文公曰: "遠方之人聞君行仁政, 願受一廛而爲氓."

文公與之處. 其徒數十人, 皆衣褐, 捆屨, 織席以爲食.

陳良之徒陳相與其弟辛, 負耒耜而自宋之滕, 曰: "聞君行聖人之政, 是亦聖人也, 願爲聖人氓."

陳相見許行而大悅, 盡棄其學而學焉.

陳相見孟子, 道許行之言曰: "滕君則誠賢君也. 雖然, 未聞道也. 賢者與民並耕而食, 饔飧而治. 今也滕有倉廩府庫, 則是厲民而以自養也, 惡得賢?"

孟子曰: "許子必種粟而後食乎?"

曰: "然."

"許子必織布而後衣乎?"

曰: "否. 許子衣褐."

"許子冠乎?"

曰: "冠."

曰: "奚冠?"

曰: "冠素."

曰: "自織之與?"

曰: "否. 以粟易之."

曰: "許子奚爲不自織?"

曰: "害於耕."

曰: "許子以釜甑爨, 以鐵耕乎?"

曰: "然."

"自爲之與?"

曰: "否. 以粟易之."

"以粟易械器者, 不爲厲陶冶. 陶冶亦以其械器易粟者, 豈爲厲農夫哉? 且許子何不爲陶冶, 舍皆取諸其宮中而用之? 何爲紛紛然與百工交易? 何許子之不憚煩?"

曰: "百工之事, 固不可耕且爲也."

"然則治天下獨可耕且爲與? 有大人之事, 有小人之事. 且一人之身, 而百工之所爲備, 如必自爲而後用之, 是率天下而路也. 故曰, '或勞心, 或勞力.' 勞心者治人, 勞力者治於人. 治於人者食人, 治人者食於人, 天下之通義也. 當堯之時, 天下猶未平, 洪水橫流, 氾濫於天下, 草木暢茂, 禽獸繁殖, 五穀不登, 禽獸偪人, 獸蹄鳥跡之道交於中國. 堯獨憂之, 擧舜而敷治焉. 舜使益掌火, 益烈山澤而焚之, 禽獸逃匿. 禹疏九河, 瀹濟漯而注諸海, 決汝漢, 排淮泗而注之江, 然後中國可得而食也. 當是時也, 禹八年於外, 三過其門而不入, 雖欲耕, 得乎? 后稷敎民稼穡, 樹藝五穀, 五穀熟而民人育. 人之有道也, 飽食煖衣, 逸居而無敎, 則近於禽獸. 聖人有憂之, 使契爲司徒, 敎以人倫. 父子有親, 君臣有義, 夫婦有別, 長幼有序, 朋友有信. 放勳曰, '勞之來之, 匡之直之, 輔之翼之, 使自得之, 又從而振德之.' 聖人之憂民如此, 而暇耕乎? 堯以不得舜爲己憂, 舜以不得禹皐陶爲己憂. 夫以百畝之不易爲己憂者, 農夫也. 分人以財謂之惠, 敎人以善謂之忠, 爲天下得人者謂之仁. 是故以天下與人易, 爲天下得人難. 孔子曰, '大哉堯之爲君! 惟天爲大, 惟堯則之, 蕩蕩乎民無能名焉. 君哉舜也! 巍巍乎, 有天下而不與焉.' 堯舜之治天下, 豈無所用其心哉? 亦不用於耕耳. 吾聞用夏變夷者, 未聞變於夷者也. 陳良, 楚產也, 悅周公仲尼之道, 北學於中國. 北方之學者, 未能或之先也. 彼所謂豪傑之士也. 子之兄弟, 事之數十年, 師死而遂倍之. 昔者, 孔子沒, 三年之外, 門人治任將歸, 入揖於子貢, 相嚮而哭, 皆失聲, 然後歸. 子貢反, 築室於場, 獨居三年, 然後歸. 他日, 子夏子張子游, 以有若似聖人, 欲以所事孔子事之, 彊曾子. 曾子曰, '不可. 江漢以濯之, 秋陽以暴之, 皜皜乎不可尚已.' 今也, 南蠻鴃舌之人, 非先王之道, 子倍子之師而學之, 亦異於曾子矣. 吾聞出於幽谷遷于喬木者, 未聞下喬木而入於幽谷者. 魯頌曰, '戎狄是膺, 荊舒是懲.' 周公方且膺之, 子是之學, 亦爲不善變矣."

"從許子之道, 則市賈不貳, 國中無僞. 雖使五尺之童適市, 莫之或欺. 布帛長短同, 則賈相若; 麻縷絲絮輕重同, 則賈相若; 五穀多寡同, 則賈相若; 屨大小同, 則賈相若."

曰: "夫物之不齊, 物之情也. 或相倍蓰, 或相什百, 或相千萬. 子比而同之, 是亂天下也. 巨屨小屨同賈, 人豈爲之哉? 從許子之道, 相率而爲僞者也, 惡能治國家?"

신농의 학설을 실천하는 허행(許行)이라는 자가 초나라에서 등나라로 가서 궁문에 이르러 문공에게 아뢰었다.

"먼 곳에 사는 사람이 군주께서 어진 정치를 행한다는 말을 듣고서 집 한 채를 얻어 백성이 되고자 합니다."

이에 문공이 그에게 거처할 곳을 주었다. 그 무리 수십 명은 모두 거친 베옷을 입고서 짚신을 삼고 자리를 짜서 먹고 살았다. 당시 진량(陳良)의 문도인 진상(陳相)이 그의 아우 신(辛)과 함께 쟁기와 보습을 지고 송나라에서 등나라로 가서는 말했다.

"군주께서 성인의 정치를 행하신다고 들었습니다. 군주 또한 성인이시니, 성인의 백성이 되고자 합니다."

진상은 허행을 보자 아주 기뻐하며 자신이 배운 것을 다 버리고 허행의 학문을 배웠다. 진상은 맹자를 만나자 허행의 학설을 들려주었다.

"등나라 군주는 참으로 현명한 군주이기는 하지만, 아직 도를 듣지는 못했습니다. 현자는 백성과 더불어 밭을 갈아서 먹고 아침과 저녁을 손수 지어 먹으며 나라를 다스립니다. 이제 등나라에는 곡식 창고와 재물 창고가 있는데, 이건 바로 백성을 괴롭히면서 자신을 기르는 것입니다. 이러고서야 어찌 현명하다고 하겠습니까?"

맹자가 말했다.

"허자는 반드시 손수 곡식을 심어서 밥을 해 먹는가?"

"그렇습니다."

"허자는 반드시 손수 베를 짜서 옷을 해 입는가?"

"아닙니다. 허자는 거친 베옷을 입습니다."

"허자는 관을 쓰는가?"

"관을 씁니다."

"무슨 관을 쓰는가?"

"흰 관입니다."

"손수 짠 것인가?"

"아닙니다. 곡식을 주고 바꿉니다."

"허자는 어째서 손수 짜지 않는가?"

"농사짓는 데 방해가 되기 때문입니다."

"허자는 가마솥이나 시루로 밥을 짓고 쇠로 만든 농기구로 밭을 가는가?"

"그렇습니다."

"손수 만드는가?"

"아닙니다. 곡식을 주고 바꿉니다."

"곡식을 주고 기구를 바꾼다고 해서 옹기장이와 대장장이를 해치는 것은 아니다. 옹기장이와 대장장이 또한 자신이 만든 기구를 곡식과 바꾸지만, 그게 어찌 농부를 해치는 일이겠는가? 또 허자는 어찌하여 스스로 옹기장이와 대장장이 노릇을 해서 무엇이든 다 집안에서 마련하여 쓰지 않는가? 어찌하여 번거롭게 온갖 장인들과 서로 바꾸는가? 어찌하여 허자는 그런 번거로움을 꺼리지 않는가?"

"온갖 장인들의 일은 원래 농사를 지으며 할 수 있는 게 아닙니다."

"그렇다면 천하를 다스리는 일만은 농사지으면서 할 수 있다는 말인가? 세상에는 대인이 할 일이 있고 소인이 할 일이 있다. 게다가 한 사람의 몸에는 온갖 장인들이 만든 것들이 있어야 한다. 만일 사람마다 반드시 손수 만들어서 써야 한다면, 이는 천하 사람들을 이끌어 고달프게 하는 짓이다. 그래서 말하기를, '어떤 이는 마음으로 애쓰고, 어떤 자는 힘으로 애쓴다'고 했다. 마음으로 애쓰는 자는 남을 다스리고, 힘으로 애쓰는 자는 남의 다스림을 받는다. 남의 다스림을 받는 자는 남을 먹이고, 남을 다스리는 자는 남에게서 얻어먹으니, 이것이 천하에 널리 통하는 이치다.

요가 다스리던 때에는 천하가 아직 태평하지 않았으니, 큰물이 마구 넘쳐 흘러 천하에 범람하고 풀과 나무가 무성하게 자라며 날짐승과 길짐승이 마구 번식했고, 오곡이 제대로 여물지 못하고 짐승들이 사람을 핍박하여 온 나라의 길에 길짐승의 발자국과 새들의 자취가 어지러이 나 있었다. 이에 요가 홀로 걱정하다가 순을 기용하여 두루 다스리게 했다. 순은 익(益)에게 불을 다루게 했는데, 익이 산과 못에 불을 놓아 태우자 날짐승과 길짐승들은 달아나 숨었다. 또 우가 아홉 개의 강을 텄으니, 제수(濟水)와 탑수(漯水)를 다스려 발해로 흘러가게 하고, 여수(汝水)와 한수(漢水)를 터놓고, 회수(淮水)와 사수(泗水)를 내보내 장강으로 흘러가게 했다. 그런 뒤에야 온 나라가 곡식을 먹을 수 있게 되었다. 그때 우는 8년 동안 집 밖에서 머물며 자기 집을 세 번이나 지나면서도 들어가지 않았으니, 농사를 지으려 한들 그렇게 할 수 있었겠는가?

후직(后稷)이 백성에게 농사를 가르쳐서 오곡을 심고 가꾸게 했는데, 오곡이 익자 백성은 잘 길러졌다. 그러나 사람에게는 가야 할 길이 있으니, 배불리 먹고 따뜻하게 입으며 편안하게 살면서 가르침을 받지 못하면 짐승과 가까워진다. 성인은 또 이를 걱정하여 설(契)을 사도(司徒)로 삼아서 인륜을 가르치게 했다. 이에 아비와 자식 사이에는 친함이 있게 되었고, 임금과 신하 사이에는 올바름이 있게 되었으며, 지아비와 지어미 사이에는 다름이 있게 되었고, 어른과 아이 사이에는 차례가 있게 되었으며, 벗들 사이에는 미쁨이 있게 되었다. 방훈(放勳)이 말하기를, '힘쓰게 하고 달래주며, 바로잡아 곧게 해주며, 도와주고 이루게 해주며, 스스로 터득하게 해주며, 또 좇아와 덕을 떨치게 한다'고 했으니, 성인이 백성을 걱정하는 것이 이와 같은데 어느 겨를에 농사를 짓겠는가?

요는 순과 같은 사람을 얻지 못할까 걱정했고, 순은 우와 고요(皐陶) 같은 사람을 얻지 못할까 걱정했다. 100무의 밭을 다스리지 못할까 걱정하는 자는 농부다. 재물을 남에게 나누어 주는 것을 은혜라 하고, 착함을 남에게 가르치는 것을 참된 마음이라 하며, 천하를 위해 사람을 얻는 것을 어짊이라 한다. 이런 까닭에 천하를 남에게 주기는 쉬우나 천하를 위해 사람을 얻기는 어려운 것이다. 공자가 말하기를, '위대하도다, 요의 임금다움이여! 오로지 하늘이 위대하거늘, 요만이 그것을 본받았으니. 넓고도 넓어 백성이 도무지 이름을 붙이지 못하는구나! 임금답구나, 순이여! 높고도 높아 천하를 가지고도 아무렇지도 않게 여겼구나!'라고 했다. 요와 순이 천하를 다스리면서 어찌 마음을 쓰지 않았겠는가? 다만 농사짓는 데에 마음을 쓰지 않았을 따름이다.

나는 화하(華夏)가 오랑캐를 변화시켰다는 말은 들었어도 화하가 오랑캐로 말미암아 변화되었다는 말은 들은 적이 없다. 진량은 초나라 태생이지만 주공과 중니(공자)의 도를 기꺼워하여 북으로 와서 중원에서 배웠다. 북방의 학자들 가운데 그보다 앞선 자가 아직 없었으니, 그는 이른바 호걸스런 선비라 할만하다. 그대 형제는 그를 수십 년 동안 섬기다가 스승이 죽자 마침내 배신했구나. 옛날에 공자가 세상을 떠나고 3년 뒤에 문인들이 보따리를 꾸려서 돌아갈 때, 자공에게 읍하고 서로 마주보며 곡을 하다가 모두 목이 쉰 뒤에야 돌아갔다. 이때 자공은 되돌아가서 무덤 곁에 여막을 짓고 홀로 3년 동안 머문 뒤에야 돌아갔다. 뒷날에 자하와 자장, 자유는 유약이 성인이신 공자와 닮았다고 하여 공자를 섬기던 예로써 그를 섬기려 하면서 증자에게 억지로 청했다. 그러자 증자는 '그럴 수 없소. 장강과 한수의 물로 씻고 가을볕으로 쬐니, 희고도 희어 더할 게 없구나'라고 말했다. 이제 남쪽 오랑캐의 때까치 소리가 선왕의 도를 비난하는데, 그대는 그대 스승을 배반하고 그것을 배우니 이는 증자와 다르다. 어둑한 골짜기에서 나와 높은 나무로 옮겨 갔다는 말은 들은 적이 있으나, 높은 나무에서 내려와 어둑한 골짜기로 들어갔다는 말은 아직 들은 적이 없다. 『시경』 「노송(魯頌)」의 〈비궁(閟宮)〉에서 '오랑캐 융(戎)과 적(狄)을 치고, 형(荊)과 서(舒)를 벌주도다'라고 했다. 주공조차 오랑캐들을 쳤는데 그대는 도리어 오랑캐의 것을 배우고 있으니, 이 또한 제대로 바뀐 것이 아니다."

"허자의 도를 따르면 저자에 물건 값이 두 가지가 아니어서 온 나라에 거짓이 없게 됩니다. 그러면 비록 오척 동자를 저자에 보내더라도 속이려는 자가 없을 것입니다. 베와 비단은 길이가 같으면 값도 서로 비슷하고, 삼과 명주, 실과 솜은 무게가 같으면 값이 서로 비슷하고, 오곡은 양이 같으면 값이 서로 비슷하고, 신발은 크기가 같으면 값이 서로 비슷합니다."

맹자가 말했다.

"대체로 물건이란 서로 똑같지 않은 것이 물건의 실정이다. 그래서 그 값이 혹은 두 배나 다섯 배도 되고, 혹은 열 배나 백 배도 되고, 혹은 천 배나 만 배도 된다. 그럼에도 그대는 물건들을 양으로만 견주어서 똑같다고 여기니, 이는 천하를 어지럽히는 짓이다. 정교하게 만든 신발과 조잡하게 만든 신발의 값이 같다면, 사람들이 어찌 정교한 신발을 만들려 하겠는가? 허자의 도를 따르는 것은 서로 이끌어서 거짓을 일삼는 짓이다. 그래서야 어찌 나라를 다스릴 수 있겠는가?"

注釋 신농(神農)은 중국 고대의 전설적 인물이다. 허행(許行)은 다른 책에서는 보이지 않는다. 종(踵)은 이르다는 뜻이다. 맹(氓)은 다른 나라에서 이주해 온 백성을 뜻한다. 갈(褐)은 거친 베옷이다. 곤구(捆屨)의 곤(捆)은 두드리다를, 구(屨)는 신발을 뜻한다. 진량(陳良)은 유자(儒者)로 여겨진다. 뢰사(耒耜)는 쟁기와 보습을 뜻한다. 옹손(饔飧)은 아침밥과 저녁밥인데, 여기서는 그 밥을 지어 먹다는 동사로 쓰였다. 려민(厲民)의 려(厲)는 고달프게 하다, 괴롭히다는 뜻이다. 부증(釜甑)은 솥과 시루인데, 솥은 금속으로 만든 것이고 시루는 질그릇이다. 찬(爨)은 불을 때다, 밥을 짓다는 뜻이다. 철경(鐵耕)의 철(鐵)은 쇠로 만든 농기구를 가리킨다. 사개(舍皆)의 사(舍)는 무엇이든을 뜻한다. 궁(宮)은 진한(秦漢) 이전에는 신분의 귀천과 상관없이 집이라는 뜻으로 쓰였다. 왕이 거처하는 곳을 뜻하게 된 것은 진한 이후다. 대인(大人)은 군자와 비슷한 말이며, 어떤 때에는 덕이 있는 자를, 어떤 때에는 벼슬에 있는 자를 가리킨다. 로(路)는 고달프다는 뜻이다. 핍(偪)은 핍(逼)의 고자(古字)로, 위협하다, 핍박하다는 뜻이다. 부치(敷治)의 부(敷)는 널

리, 두루를 뜻한다. 익(益)은 백익(伯益)이라고도 하며, 우와 함께 순의 신하였다. 소(疏)는 통(通)과 같다. 후직(后稷)은 이름이 기(棄)이며, 주 왕조의 시조다. 오곡(五穀)은 도(稻)·서(黍)·직(稷)·맥(麥)·숙(菽)을 가리킨다. 성인유우지(聖人有憂之)의 유(有)는 우(又)와 같다. 설(契)은 은 왕조의 조상이다. 방훈(放勳)은 요의 이름이다. 래(來)는 위로하다는 뜻이다. 고요(皐陶)는 순이 다스릴 때의 사법관이다. 백무지불이(百畝之不易)의 이(易)는 다스리다는 뜻으로, 여기서는 경작하는 것을 가리킨다. 공자의 말은 『논어』「태백(泰伯)」편에도 비슷하게 나오는데, 끄트머리가 좀 달라서 "임금답구나, 순이여! 높고도 높아 천하를 가지고도 아무렇지 않게 여겼구나!"(君哉舜也! 巍巍乎, 有天下而不與焉)가 『논어』에서는 "높고도 높구나, 그가 세운 성금이여! 빛나도다, 그가 이룩한 문화여!"(巍巍乎, 其有成功也! 煥乎, 其有文章!)라고 되어 있다. 역불용(亦不用)의 역(亦)은 단(但)과 같다. 배지(倍之)의 배(倍)는 배신하다는 뜻의 배(背)와 같다. 치임(治任)의 임(任)은 등에 메는 보따리를 뜻한다. 포(暴)는 햇볕에 쬐다는 뜻의 폭(曝)과 같다. 호호(皜皜)는 아주 흰 모양이다. 격(鴃)은 결(鴂)로도 쓰며, 때까치를 뜻한다. 응(膺)은 치다는 뜻의 격(擊)과 같다. 가(賈)는 가(價)와 같으며, 값을 뜻한다. 오척(五尺)은 지금의 석 자 반 정도에 해당한다. 고대의 척(尺)은 지금보다 짧아서 주 왕조 때는 대략 23cm고, 주 왕조 말기에는 그보다 짧아져서 대략 20.5cm였다고 한다. 사(蓰)는 다섯 배를 뜻한다. 거구소구(巨屨小屨)의 대(大)는 정교함을, 소(小)는 조잡함을 뜻한다.

蛇足 상앙도 중농 정책을 폈지만, 허행의 학설처럼 그렇게 편협하지 않다. 오히려 부국강병을 위한 합리적인 계책이라 할 수 있다. 아무리 농사가 생산에서 절대적인 비중을 차지하는 시대였지만, 허행의 학설은 정치제도를 지나치게 단순하게 이해한 것이다. 게다가 군주의 역할과 책무가 무엇인지를 제대로 이해하지 못하고 있는데, 여기서 맹자

사상이 갖는 의의는 실로 대단하다.

맹자는 요와 순, 우, 후직 등을 들면서 한결같이 '걱정했다'고 말했다. 후대에 유자들이 '우환의식'이라고 한 것의 역사적 근거다. 그들은 천하 백성들이 편안하게 살지 못할까 걱정했다. 이런 걱정은 군주로서 책임의식에서 비롯된 것으로, 누가 강요한 것이 아니다. 스스로 자각해서 가진 의식이다. 역사적으로 군주가 가졌던 이런 책임의식을 맹자는 선비들도 가져야 한다고 은연중에 강조하고 있는데, 그 근거는 군주와 마찬가지로 선비들도 사단(四端)을 나면서부터 지니고 있기 때문이다. 비록 백성들은 그것을 자각하고 확장하기 어렵지만, 선비들은 충분히 그렇게 할 수 있으므로 스스로 책임의식을 가져야 한다는 것이다.

한편, 맹자는 다양한 생산 방식과 교역을 그 자체로 인정하고 있다는 점에서 상앙과 다른 면모를 보여주고 있다. 또 천하를 다스리는 일은 대인의 일과 소인의 일, 즉 마음을 쓰는 일과 힘을 쓰는 일로 이루어진다고 하여 오로지 물질적인 생산만을 중시할 수 없다고 했는데, 이 또한 상앙과 다르다. 상앙은 "녹봉이 많은 고위관리들에게 세금을 많이 거두어야 한다. 그에게 빌붙어서 빈둥대며 놀고먹는 식객이 많으면 농사를 망치기 때문이다"(『상군서』「간령」)라고 하여 맹자가 말한 대인의 존재를 안중에도 두지 않았다. 이는 맹자에게 대인은 군주를 보좌해서 나라를 다스릴 주체로 간주된 반면에, 상앙에게는 그런 존재가 필요하지 않았기 때문이다. 관리는 오로지 군주의 명을 따라서 법령과 형벌을 집행하는 대리인일 뿐이며 군주에게 부속된 존재로 간주되었던 것이다.

5.5

墨者夷之, 因徐辟而求見孟子, 孟子曰: "吾固願見, 今吾尙病. 病愈, 我且往見, 夷子不來!"
他日, 又求見孟子, 孟子曰: "吾今則可以見矣. 不直則道不見, 我且直之. 吾聞夷子墨者, 墨之治喪也, 以薄爲其道也. 夷子思以易天下, 豈以爲非是而不貴也? 然而夷子葬其親厚, 則是以所賤事親也."
徐子以告夷子, 夷子曰: "儒者之道, 古之人若保赤子, 此言何謂也? 之則以爲愛無差等, 施由親始."
徐子以告孟子, 孟子曰: "夫夷子信以爲人之親其兄之子爲若親其隣之赤子乎? 彼有取爾也. 赤子匍匐將入井, 非赤子之罪也. 且天之生物也, 使之一本, 而夷子二本故也. 蓋上世嘗有不葬其親者, 其親死, 則擧而委之於壑. 他日過之, 狐狸食之, 蠅蚋姑嘬之, 其顙有泚, 睨而不視. 夫泚也, 非爲人泚, 中心達於面目. 蓋歸反虆梩而掩之. 掩之誠是也, 則孝子仁人之掩其親, 亦必有道矣."
徐子以告夷子, 夷子憮然, 爲閒, 曰: "命之矣."

묵자의 무리인 이지(夷之)가 서벽(徐辟)을 통해 맹자에게 뵙고 싶다고 청하자, 맹자가 말했다.
"나도 정말 만나고 싶지만, 지금은 내가 병이 났다. 병이 나으면 내가 만나러 갈 테니, 이지 선생은 오지 마시라."
그 후, 이지가 다시 맹자를 뵙고 싶다고 청하자, 맹자가 말했다.
"오늘은 내가 만날 수 있다. 곧게 말하지 않으면 도가 드러나지 않으니, 내가 바로 말하리라. 내 들으니, 이지는 묵자의 무리라 하는데, 묵자의 무리는 상례를 치를 때 검소한 장례를 도로 삼는다고 한다. 이지는 그 도로써 천하의 풍속을 바꾸려는 생각을 하고 있으니, 이것이 어찌 옳다고 하면서 귀하게 여기지 않는 것이겠는가? 그런데도 이지는 그 어버이의 장례를 화려하게 치렀으니, 이는 곧 자신이 천하게 여기는 것으로써 어버이를 섬긴 것이다."

서벽이 이를 이지에게 전하니, 이지가 말했다.

"유자의 말에 '옛사람이 어린아이를 지키듯이 했다'는 것이 있으니, 이 말은 무슨 뜻이오? 나는 사랑에는 차등이 없고 베풂은 어버이로부터 시작한다고 생각하오."

서벽이 이를 맹자에게 전하니, 맹자가 말했다.

"저 이지는 참으로 사람들이 제 형의 아들을 가까이하는 것을 이웃의 어린아이를 가까이하는 것과 같다고 여기는가? 그는 이렇게만 알고 있을 뿐이다. 어린아이가 기어서 우물에 들어가려는 것은 어린아이의 죄가 아니다. 또 하늘이 만물을 낳을 때는 하나의 근본이 있게 했는데, 이지는 두 가지 근본이 있게 했기 때문이다. 저 아득한 옛날에 그 어버이를 장사지내지 않은 자가 있었는데, 그 어버이가 죽자 주검을 들어서 구덩이에 내다버렸다. 어느 날 그곳을 지나다가 여우와 삵괭이가 주검을 먹고 있고 파리와 각다귀가 씹고 물어뜯고 있는 것을 보았다. 이마에서는 땀이 났으며, 바로 보지 못하고 곁눈질로 보았다. 이 땀이란 것은 남을 의식해서 흘린 것이 아니라 마음에 있던 것이 얼굴에 나타난 것이다. 이에 집으로 돌아와서는 삼태기와 가래를 갖고 되돌아가 주검을 덮어 가렸다. 덮어 가린 것이 참으로 옳다면, 효자와 어진 이가 그 어버이를 가리는 데에도 반드시 도리가 있다 하리라."

서벽이 이지에게 알리니, 이지는 멍하게 한참을 있다가 말했다.

"나를 일깨워주셨구나."

注釋 이지(夷之)는 묵가(墨家)의 학설을 따르는 사람인 듯하나, 누구인지 자세히 알 수는 없다. 서벽(徐辟)은 맹자의 제자다. 도불현(道不見)의 현(見)은 현(現)과 같다. 이박(以薄)의 박(薄)은 묵가에서 주장하는 박장(薄葬), 즉 검소하게 치르는 장례를 가리킨다. 『묵자』에 「절장(節葬)」편이 있는데, 장례를 성대하게 또 오랫동안 치르는 유가의 풍조를 비판하고 있다. 약보적자(若保赤子)는 『상서』 「주서(周書)」의 〈강고(康誥)〉에 나오는 "어린아이를 지키듯이 한다면, 백성은 잘 다스려져 편안해진다"(若保赤子, 惟民其康乂)는 구절에서 따온 것이다. 시(施)는 바른 정치나 은혜를 가리킨다. 승(蠅)은 파리고, 예(蚋)는 모기다. 고(姑)는 씹다는 뜻의 저(咀)와 같다. 최(嘬)는 깨물다, 물어뜯다는 뜻이다. 상(顙)은 이마를 뜻한다. 체(泚)는 땀이 나다는 뜻이다. 예(睨)는 흘겨보다, 곁눈질하다는 뜻이다. 개귀(蓋歸)의 개(蓋)는 이에, 곧 등의 뜻으로 쓰였다. 류(虆)는 흙을 담는 삼태기, 리(梩)는 흙을 파는 가래다. 무연(憮然)은 멍하니 정신이 나간 모양이다. 위간(爲閒)은 잠시 동안을 뜻한다. 명(命)은 가르치다, 일깨우다는 뜻이다.

蛇足 이지는 스스로 모순을 저질렀다. 이는 모든 사람을 평등하게 사랑해야 한다는 겸애(兼愛)가 지고한 이상으로서는 높이 평가될 수 있으나, 인정을 도외시한 폐단이 있어 현실적이지 못하고 기독교의 사랑이나 불교의 자비처럼 종교성이 강하기 때문이다. 묵가의 무리가 종교적 결사의 성격이 짙었던 까닭도 여기에 있다. 그러나 맹자는 인정에 바탕을 둔 도덕이야말로 현실적인 문제를 해결할 수 있다고 보았다. 인정은 가까운 사람을 살갑게 대하지만 먼 사람에게는 서먹서먹한 것이다. 선택의 상황에 직면하지 않았을 때는 낯선 사람에게도 잘 대해주고 이웃집 어린아이를 위해 위험도 마다하지 않을 수 있다. 그러나 친한

사람과 낯선 사람이 같이 있을 때는 누구에게 먼저 마음이 갈까? 자기 아이와 이웃집 아이가 같이 물에 빠졌을 때, 누구를 먼저 구할까? 물론 낯선 사람에게 더 마음을 쓰고 이웃집 아이를 먼저 구하는 이도 있을 수 있으나, 아무도 그것을 인정에 따른 것이라고 보지 않는다. 그래서 그런 행동을 높이 일컫기는 하지만, 현실적으로 그건 매우 드문 일이고 예외적인 일로 보아야 한다. 맹자는 예외적인 사례를 가지고 통용되는 도리로 삼는 데에는 반대했으며, 특히 자연스런 감정을 거스르는 것은 도덕적으로 의의가 없다고 보았다. 아비의 주검을 아무렇게나 내다버렸다가 나중에 그것을 보고서 저도 모르게 땀을 흘린 사내의 이야기를 한 것도 그 때문이다. 이는 예의라는 게 그저 특정한 틀에 맞추기 위해 작위적으로 만든 것이 아니라, 사람이 살아가면서 자연스럽게 느끼고 경험했던 일들을 바탕으로 하나씩 꼴을 갖춘 결과물이라는 것이다. 상례를 예로 들면, 죽음에 대해서는 누구나 두려워하거나 슬퍼한다. 가까운 이의 죽음은 더욱 슬프다. 슬프기 때문에 아쉬움도 크다. 그래서 슬픔을 달래고 아쉬움이 없게 하려고 마음을 쓰고 재물도 아끼지 않으면서 장례를 치르는 것이다. 이런 마음은 누구에게나 있어서 이지 자신도 부친의 장례를 그렇게 치렀다. 이는 그가 무의식적으로 또는 자연스럽게 한 일이지만, 겸애와는 어긋난다. 맹자가 "이지는 두 가지 근본이 있게 했다"고 한 말은 이를 지적한 것이다. 또 "하늘이 하나의 근본이 있게 했다"는 말은 겸애가 아닌 차별적인 사랑만이 자연스러운 사랑이고 천하에 통용되는 사랑이라는 뜻이다.

"옛사람이 어린아이를 지키듯이 했다"는 말의 뜻이 무엇이냐에 대해 맹자는 "어린아이가 기어서 우물에 들어가려는 것은 어린아이의 죄가 아니다"라고 대답했다. 다소 모호한 구석은 있지만, 그 의미는 이렇다. 어린아이는 무엇이 위험한지를 모른다. 스스로 위험한 짓을 하더라도 그것은 알고 하는 게 아니며, 위태로운 상황에 처하더라도 그건 스스로 한 게 아니다. 그처럼 백성들은 자신들이 위태로운 상황에 맞닥뜨리게 될지를 모르며, 그들의 삶이 피폐해지는 것도 그들이 바라거나 그렇게 하려고 해서 그런 게 아니라는 말이다. 따라서 그저 측은지심으로 어린아이를 구해주듯이 백성들도 구해주어야 한다는 뜻이다. 사실, 어린아이와 백성이 위험에 처하는 근본적인 이유는 서로 다르다. 어린아이는 아무것도 모른 채 스스로 위험한 곳으로 가지만, 백성들은 군주와 신하들이 그런 상황으로 내몬다. 백성들은 권력이라는 바람 앞에 힘없이 쓰러지는 풀일 뿐이다.

6장

등문공 하

(滕文公下)

6.1

陳代曰: "不見諸候, 宜若小然. 今一見之, 大則以王, 小則以覇. 且志曰, '枉尺而直尋,' 宜若可爲也."

孟子曰: "昔齊景公田, 招虞人以旌, 不至, 將殺之. 志士不忘在溝壑, 勇士不忘喪其元. 孔子奚取焉? 取非其招不往也. 如不待其招而往, 何哉? 且夫枉尺而直尋者, 以利言也. 如以利, 則枉尋直尺而利, 亦可爲與? 昔者, 趙簡子使王良與嬖奚乘, 終日而不獲一禽. 嬖奚反命曰, '天下之賤工也.' 或以告王良, 良曰, '請復之.' 彊而後可, 一朝而獲十禽. 嬖奚反命曰, '天下之良工也.' 簡子曰, '我使掌與女乘.' 謂王良. 良不可, 曰, '吾爲之範我馳驅, 終日不獲一; 爲之詭遇, 一朝而獲十. 詩云不失其馳, 舍矢如破. 我不貫與小人乘, 請辭.' 御者且羞與射者比. 比而得禽獸, 雖若丘陵, 弗爲也. 如枉道而從彼, 何也? 且子過矣. 枉己者, 未有能直人者也."

진대(陳代)가 말했다.

"제후들을 만나지 않으시니, 아마도 작은 데 매이신 듯합니다. 이제 한번 만나보면, 크게는 왕자를 만들고 작게는 패자를 만들 수 있습니다. 또 옛글에 '한 자를 굽혀서 여덟 자를 곧게 편다'고 했으니, 해볼 만한 일인 듯합니다."

맹자가 말했다.

"옛날에 제나라 경공(景公)이 사냥을 하다가 우인(虞人)을 깃발로 불렀는데, 그가 오지 않자 죽이려고 했다. 올곧은 선비는 도랑이나 구덩이에 버려질 수 있음을 잊지 않고, 용감한 무사는 머리가 베일 수 있음을 잊지 않는다고 했다. 공자라면 무얼 취했겠는가? 올바르게 부르지 않으면 가지 않는 것을 취했으리라. 만일 올바르게 부르는 것을 기다리지 않고 간다면, 어떠하겠는가? 또 저 '한 자를 굽혀서 여덟 자를 곧게 편다'는 것은 이로움으로써 말한 것이다. 만약 이로움으로써 할 경우에 여덟 자를 굽히고 한 자를 곧게 펴서 이롭다면, 그렇게 해도 되겠는가? 옛날에 조간자(趙簡子)가 왕량(王良)을 시켜서 총신(寵臣)인 해(奚)와 함께 수레를 몰게 했는데, 온종일 달렸어도 짐승을 한 마리도 잡지 못했다. 총신인 해가 돌아와서 아뢰기를, '천하에 형편없는 마부입니다'라고 했다. 누군가가 이 말을 왕량에게 전하니, 왕량이 '다시 해보겠습니다'라고 말했다. 억지를 부리다시피 해서야 그렇게 할 수 있었는데, 하루아침에 열 마리를 잡았다. 총신인 해가 돌아와서 아뢰기를, '천하에 뛰어난 마부입니다'라고 했다. 조간자가 말하기를, '내가 그에게 너의 수레를 타도록 하겠다'고 말하고는 왕량에게 그렇게 말했다. 그러자 왕량은 거절하면서, '제가 그를 위해 법도대로 달렸더니, 온종일 한 마리도 잡지 못했습니다. 그를 위해 법도를 어겨서 기회를 만들자 하루아침에 열 마리를 잡았습니다. 『시경』「소아」의 〈거공(車攻)〉에 이르기를, 말을 달림에 법도를 잃지 않자 화살을 쏘니 깨부수는 듯하구나라고 했습니다. 나는 그런 소인배와 함께 수레 타는 일에는 익숙하지 않으니, 사양하겠습니다'라고 말했다. 수레를 모는 자도 활 쏘는 자의 비위를 맞추는 것을 부끄러워했다. 비위를 맞추어 잡은 짐승이 비록 큰 언덕만큼 쌓인다 하더라도 그렇게 하지 않았다. 하물며 도를 굽혀서 제후를 따른다면, 어떻겠는가? 이 또한 그대가 잘못했다. 자신을 굽히고서 남을 곧게 할 수 있었던 자는 아직까지 없었다."

注釋 진대(陳代)는 맹자의 제자다. 심(尋)은 여덟 자에 해당한다. 전(田)은 사냥하다는 뜻이다. 우인이정(虞人以旌)의 우인(虞人)은 산림과

소택(沼澤), 원유(苑囿)를 맡은 관리를 가리키고, 정(旌)은 깃대 끝에 새털로 장식한 기를 뜻한다. 이 일에 대해서는 『좌전(左傳)』의 소공(昭公) 20년조에 기록되어 있는데, 제경공이 우인을 잡아오게 하자 우인은 "전에 선왕께서 사냥할 때는 전(旃, 깃대가 구부러진 붉은 기)으로 대부를 부르고, 활로 사(士)를 부르고, 피관(皮冠)으로 우인을 불렀습니다. 저는 피관을 보지 못했기 때문에 감히 나아가지 않았습니다"라고 해명했고, 이에 대해 공자는 "도의를 지키는 것은 관직을 지키는 것만 못하다. 군자는 우인을 옳게 여겼다"고 평했다고 한다. 구학(溝壑)은 도랑과 구덩이를 뜻한다. 원(元)은 머리를 뜻한다. 조간자(趙簡子)는 진(晉)나라의 경(卿)이었던 조앙(趙鞅)이며, 간자는 그의 시호다. 왕량(王良)은 춘추시대 말기에 수레를 잘 몰았던 인물로, 선진(先秦)과 양한(兩漢) 때의 기록에서 자주 일컬어졌다. 폐(嬖)는 총애받는 미천한 사람 또는 소인을 뜻한다. 해(奚)는 사람 이름이다. 범아치구(範我馳驅)는 법도대로 달렸다는 뜻인데, 이에 대해서는 『곡량전(穀梁傳)』의 소공(昭公) 8년조 기록을 참조할 만하다. 거기에서 사냥할 때의 수레는 흙먼지를 휘날리며 달리더라도 궤도(軌道)를 벗어날 수 없다고 했다. 궤우(詭遇)의 궤(詭)는 수레 모는 법도를 어기는 것이고, 우(遇)는 사냥할 기회를 만나게 하다는 뜻이다. 관(貫)은 버릇이 되다, 익숙하다는 뜻의 관(慣)과 같다. 비(比)는 따르다, 나란하다는 뜻이 있는데, 여기서는 아첨하거나 비위를 맞추면서 함께하다는 말맛이 있다.

蛇足 상앙은 철저하게 실적을 중시하고 성과에 따라 평가했다. 뛰어난 실적을 거두고 훌륭한 성과를 이루는 것이 곧 법도라고 여겼기 때문이다. 따라서 실적을 올린 자가 현명한 자고 유능한 자이므로 그런 자를 군주는 써야 한다고 강조했다. 이는 맹자가 말한, 이익으로써 모든 것을 판단함을 의미한다. 아마 상앙이라면 왕량을 내쫓거나 형벌에 처했을지도 모르겠다.

그런데 전국시대 초기 이회(李悝)와 오기(吳起)와 같은 법가적 행정가를 부려서 위나라를 강성하게 만들었던 군주 문후(文侯)의 경우에는 제나라 경공과 사뭇 다른 모습을 보여주었다. 『전국책』「위책」에 나오는 이야기다.

문후가 우인(虞人)들과 사냥할 날짜를 잡았다. 그날 문후는 마침 주연을 즐기고 있었는데, 갑자기 비가 오기 시작했다. 문후는 약속을 지키기 위해 빗속을 뚫고서도 가려고 했다. 이에 측근들이 말렸다.

"오늘은 주연을 즐기고 계신데다가 비까지 오는데, 군주께서는 어디로 가려 하십니까?"

"과인은 우인들과 사냥 약속을 했소. 이제 약속한 시각이 되었소. 아무리 주연이 즐겁더라도 약속한 날짜를 어찌 어길 수 있겠소!"

그리고는 곧장 가서 자신을 피곤하게 만들었다. 이리하여 위나라는 강성해지기 시작했다.

문후는 사람을 보내 약속 날짜를 다시 잡을 수도 있었다. 그러나 그렇게 하지 않았다. 이는 군주의 말은 천근보다 무겁다는 것을, 군주가 허언을 하지 않아야 하는 이유를 누구보다 잘 알고 있었기 때문이리라. 무엇보다도 위세로써 신하를 부리려 하지 않았다는 사실이 중요하다. "임금은 예의로써 신하를 부린다"(『논어』「팔일(八佾)」)고 말한 공자의 말 그대로 신하에게 예의를 갖추었다. 군주가 먼저 예의로써 신하들을 대하니, 어찌 그 마음을 얻을 수 없겠는가? 그 마음을 얻었으니, 무슨 정책을 쓰더라도 반감을 갖지 않고 충실하게 따라주었을 것이다. 위나라가 강성해지기 시작한 까닭이 여기에 있다. 단지 법가적 정책을 썼기 때문만은 아니다. 이로움으로써 따지면, 이것이야말로 훨씬 큰 이로움을 얻은 것이 아닌가. 유가에서 말하는 예의와 도의는 어찌 보면 장구한 이익, 큰 이로움을 얻기 위한 포석이라고도 할 수 있다.

6.2

景春曰: “公孫衍·張儀, 豈不誠大丈夫哉? 一怒而諸侯懼, 安居而天下熄.”

孟子曰: “是焉得爲大丈夫乎? 子未學禮乎? 丈夫之冠也, 父命之; 女子之嫁也, 母命之, 往送之門, 戒之曰, ‘往之女家, 必敬必戒, 無違夫子!’ 以順爲正者, 妾婦之道也. 居天下之廣居, 立天下之正位, 行天下之大道. 得志, 與民由之; 不得志, 獨行其道. 富貴不能淫, 貧賤不能移, 威武不能屈, 此之謂大丈夫.”

경춘(景春)이 말했다.

“공손연과 장의가 어찌 참으로 대장부가 아니겠습니까? 그들이 한 번 성내면 제후들이 두려워하고, 그들이 편안하게 있으면 천하가 잠잠해졌습니다.”

맹자가 말했다.

“이것으로 어찌 대장부라 하겠는가? 그대는 아직 예법을 배우지 못했는가? 사내가 관을 쓸 나이가 되면 부친이 가르침을 주고, 여자가 시집갈 때는 모친이 가르침을 주니, 모친은 문간까지 나가서 보내며 타이르기를, ‘시댁에 가거든 반드시 공경하고 삼가서 남편의 뜻을 어기는 일이 없도록 하라’고 한다. 따르는 것을 바른 길로 여기는 것이 지어미의 도리다. 천하의 넓은 집인 어짊에 머물고 천하의 바른 자리인 예의에 서며, 천하의 크낙한 도를 행하되, 뜻을 펼 기회를 얻으면 백성들과 함께 그 길을 가고, 뜻을 펼 기회를 얻지 못하면 홀로 그 도를 행한다. 부귀도 그 뜻을 어지럽힐 수 없고 빈천도 그 뜻을 바꾸지 못하며 위세와 무력도 그 뜻을 굽힐 수 없는 자, 그를 일러 대장부라 한다.”

注釋 경춘(景春)은 맹자 당시의 종횡가다. 공손연(公孫衍)은 위(魏)나라 사람인 서수(犀首)이며, 유명한 유세객이다. 장의와는 사이가 좋지 않았다고 하며, 장의가 죽은 뒤에 진(秦)나라에 들어가 재상이 되었다고 한다. 장의(張儀)는 공손연과 동시대 인물로, 역시 위나라 출신이다. 그는 한(韓)·제(齊)·조(趙) 등 여섯 나라에 유세하여 각각 진(秦)나라에 복종해야 한다는 연횡설을 주장했다. 식(熄)은 전쟁이나 전란이 그치다는 뜻이다. 시언(是焉)의 언(焉)은 어찌를 뜻한다. 장부지관(丈夫之冠)은 흔히 말하는 약관(弱冠)과 같으며, 남자가 20세에 성년이 된다는 의미에서 행하던 관례(冠禮)를 가리킨다. 여가(女家)는 시댁을 가리키는데, 여(女)는 너를 뜻하는 여(汝)와 같다. 득지(得志)는 뜻을 펼 수 있는 기회, 정치적 입지를 얻는 일을 뜻한다.

蛇足 경춘은 제 뜻을 펴며 천하를 호령하는 자가 대장부라고 여겼다. 이는 그 사람의 역량을 높이 산 것이기도 하지만, 무엇보다도 높은 지위에 올라 권력을 쥐는 것을 중시한 것이다. 이런 대장부는 고작 호가호위(狐假虎威)하는 자에 지나지 않는다. 그런 자는 지위가 낮고 보잘것없으면, 기를 펴지 못한다. 남과 경쟁해서 이기려고 하고 어우러지지는 못하며, 와신상담할 줄은 알아도 느긋하게 기다릴 줄은 모른다.

공손연과 장의는 권모술수와 임기응변에 능한 유세객이었다. 제후들 사이를 오가며 세 치의 혀를 놀리며 천하사를 논한 것은 오로지 개인적 영달을 얻기 위해서였고, 실제로 재상의 지위에 올랐다. 그러했기 때문에 참된 벗을 얻지는 못하고 오로지 적의 숫자만 늘렸다. 심지어 두 사람 사이도 그러했으니, 서로 견제하기도 하고 이용하기도 했다. 이들의 활동과 관계에 대해서는 『사기』 〈장의열전〉에 자세하게 나와 있다. 여기서는 『전국책』 「위책」에 나오는 이야기로써 그들의 권모술수를 보여주고자 한다.

사거(史擧)라는 인물이 위나라 혜왕 앞에서 서수(犀首), 곧 공손연을 헐뜯었다. 그러자 공손연은 사거를 궁지에 몰아넣으려고 재상으로 있던 장의에게 말했다.

"왕께서 선생에게 나라를 물려주시겠다는 말을 하도록 만드시오. 그러면 왕은 요·순과 같은 성군이 될 것입니다. 선생이 이를 받아들이지 않으면 선생은 허유(許由)와 같은 은자가 될 것입니다. 그러면 저는 1만 호의 성읍을 선생에게 주도록 청하겠습니다."

장의가 기뻐하며 곧 사거에게 자주 공손연을 찾아가게 했다. 왕은 자기 앞에서 공손연을 헐뜯었던 사거가 공손연을 자주 찾아간다는 말을 듣고는 사거를 신임하지 않게 되었다. 마침내 사거는 아무 말도 없이 사라졌다.

속고 속이는 관계도 우스꽝스럽지만, 얼토당토 않은 꾀에 넘어간 것은 더욱 우습다. 이는 탐욕의 덫에 걸려 있었기 때문이다. 그런 자들이 재상이 되었으니, 어찌 천하가 잠시라도 편안했겠는가? 맹자에게 그런 자들은 소인배일 뿐, 결코 대장부가 아니다.

6.3

周霄問曰: "古之君子仕乎?"

孟子曰: "仕. 傳曰, '孔子三月無君, 則皇皇如也, 出疆必載質.' 公明儀曰, '古之人三月無君則弔.'"

"三月無君則弔, 不以急乎?"

曰: "士之失位也, 猶諸侯之失國家也. 禮曰, '諸侯耕助, 以供粢盛; 夫人蠶繅, 以爲衣服. 犧牲不成, 粢盛不潔, 衣服不備, 不敢以祭. 惟士無田, 則亦不祭.' 牲殺·器皿·衣服不備, 不敢以祭, 則不敢以宴, 亦不足弔乎?"

"出疆必載質, 何也?"

曰: "士之仕也, 猶農夫之耕也. 農夫豈爲出疆, 舍其耒耜哉?"

曰: "晉國亦仕國也, 未嘗聞仕如此其急. 仕如此其急也, 君子之難仕, 何也?"
曰: "丈夫生而願爲之有室, 女子生而願爲之有家, 父母之心, 人皆有之. 不待父母之命 · 媒妁之言, 鑽穴隙相窺, 踰牆相從, 則父母國人皆賤之. 古之人未嘗不欲仕也, 又惡不由其道. 不由其道而往者, 與鑽穴隙之類也."

주소(周霄)가 물었다.
"옛 군자는 벼슬을 했습니까?"
맹자가 대답했다.
"벼슬했소. 전하기를, '공자는 군주가 석 달이나 없으면 허둥대는 듯이 했고, 국경을 나설 때는 반드시 폐백을 싣고 갔다'고 했소. 공명의(公明儀)는 '옛 사람은 군주가 석 달이나 없으면 그를 위로했다'고 말했소."
"석 달 동안 군주가 없으면 위로했다니, 너무 서두른 게 아닙니까?"
"선비가 벼슬을 잃는 것은 제후가 나라를 잃은 것과 같소. 『예기』에 이르기를, '제후가 직접 밭을 갈아 제사에 쓸 곡식을 대고, 부인은 누에를 치고 실을 켜서 제사 때 입을 의복을 만든다. 희생에 쓸 짐승이 알맞게 살지지 않고 제사에 쓸 곡식이 정결하지 못하고 의복이 마련되지 않으면, 감히 제사 지내지 못한다. 또 선비에게 제사용 밭이 없으면, 이 역시 제사 지내지 못한다'고 했소. 희생과 제기와 의복이 마련되지 못해서 감히 제사 지내지 못하면 감히 잔치도 벌일 수 없으니, 이 또한 위로받을 만하지 않겠소?"
"국경을 나설 때 반드시 폐백을 싣고 간다는 것은 무슨 뜻입니까?"

"선비가 벼슬하는 것은 농부가 밭가는 것과 같소. 농부가 자기 밭을 두고 떠날 때, 어찌 쟁기와 보습을 버려두고 가겠소?"

"우리 진(晋)나라 또한 벼슬할 만한 나라입니다만, 벼슬하려고 이토록 서둘렀다는 말은 들은 적이 없습니다. 벼슬을 이처럼 서둘러 한다면, 군자가 벼슬하면서 까다롭게 군 까닭은 무엇입니까?"

"사내가 태어나면 아내 얻기를 바라고, 여자아이가 태어나면 시집가기를 바라니, 이는 어버이의 마음이고 모든 사람들이 다 그러하오. 그러나 어버이의 허락과 중매인의 말을 기다리지 않고 담벼락에 구멍을 뚫어서 몰래 서로 엿보다가 담장을 넘어서로 사귄다면, 어버이와 마을 사람들 모두 이를 천하게 여길 것이오. 옛사람들이 벼슬하기를 바라지 않은 적은 없지만, 도를 따르지 않는 것도 싫어했소. 도를 따르지 않고 벼슬길에 나선다면, 이는 담에 구멍을 뚫고 서로 엿보는 짓과 같소."

注釋 주소(周霄)는 위나라 사람이다. 황황여(皇皇如)는 마음이 안정되지 않은 모양이나 마음이 급해서 허둥대는 모양을 나타낸다. 강(疆)은 지경, 국경을 뜻한다. 지(質)는 폐백이나 예물을 뜻하는 지(贄)와 같다. 조(弔)는 위로하다, 위문하다는 뜻이다. 『예기』「제통(祭統)」에 "천자는 남쪽 교외에서 직접 밭을 갈아 그 곡식을 제사에 올리고, 왕후는 북쪽 교외에서 누에를 쳐서 그 실로 예복을 짓는다"는 구절이 나온다. 자성(粢盛)은 제사에 쓰는 곡식으로, 자성(齊盛)으로도 쓴다. 잠소(蠶繅)의 잠(蠶)은 누에를 치는 것이고, 소(繅)는 고치를 켜서 실를 뽑는 것이다. 의복(衣服)은 제사 때 입는 의복을 가리킨다. 불성(不成)은 희생이 살지지 못한 것을 이른다. 생살(牲殺)은 희생(犧牲)과 같다. 뢰사(耒耜)는 쟁기와 보습이다. 진국(晉國)은 위나라를 가리키는데, 위나라가 본래 진나라에서 나왔기 때문이다. 매작(媒妁)은 남녀 짝을 지어주는

사람, 곧 중매쟁이를 뜻한다. 찬(鑽)은 뚫다는 뜻이고, 혈극(穴隙)은 틈, 구멍을 뜻한다. 규(窺)는 엿보다는 뜻이다.

蛇足 '천하국가(天下國家)'는 주 왕조의 봉건제 아래에서 의미를 갖는 말이다. 천하는 왕인 천자의 영역이고, 국은 제후의 나라고, 가는 경대부의 가문이다. 천자나 제후는 말할 것도 없고 경대부까지도 일정한 영지나 식읍이 있다. 그러나 사(士)는 전혀 그런 물질적 토대가 없었으므로 오로지 벼슬을 하여야만 녹봉을 받아서 생활할 수 있었다. 선비가 벼슬을 잃는 것은 제후가 나라를 잃은 것과 같다고 한 까닭이 여기에 있다. 물론 맹자에게 벼슬은 단순히 먹고살기 위한 방편에서 그치지 않는다. 제 뜻을 펼 기회이기도 하다. 그러니 선비라면 벼슬을 얻기 위해 서두르면서도 까다롭게 굴지 않을 수 없다.

6.4

彭更問曰: "後車數十乘, 從者數百人, 以傳食於諸侯, 不以泰乎?"
孟子曰: "非其道, 則一簞食不可受於人; 如其道, 則舜受堯之天下, 不以爲泰, 子以爲泰乎?"
曰: "否. 士無事而食, 不可也."
曰: "子不通功易事, 以羨補不足, 則農有餘粟, 女有餘布; 子如通之, 則梓匠輪輿皆得食於子. 於此有人焉, 入則孝, 出則悌, 守先王之道, 以待後之學者, 而不得食於子. 子何尊梓匠輪輿而輕爲仁義者哉?"
曰: "梓匠輪輿, 其志將以求食也; 君子之爲道也, 其志亦將以求食與?"
曰: "子何以其志爲哉? 其有功於子, 可食而食之矣. 且子食志乎? 食功乎?"

曰: "食志."

曰: "有人於此, 毁瓦畫墁, 其志將以求食也, 則子食之乎?"

曰: "否."

曰: "然則子非食志也, 食功也."

팽경(彭更)이 여쭈었다.

"뒤따르는 수레 수십 대와 따르는 자 수백 명을 이끌고 돌아다니며 제후들에게 밥을 얻어먹는 것은 지나치지 않습니까?"

맹자가 대답했다.

"올바른 도가 아니라면 한 그릇 밥이라도 남에게서 받아서는 안 된다. 그러나 올바른 도를 따른다면 순이 요의 천하를 받은 것도 지나치지 않다. 그대는 이것을 지나치다고 생각하는가?"

"그것이 아닙니다. 선비가 한 일도 없이 먹는 게 옳지 않다는 말입니다."

"그대가 사람들이 이룬 공들을 두루 통하게 하고 일을 서로 나누어 하면서 남는 것으로 부족한 것을 채워주지 않는다면, 농부들에게는 곡식이 남아돌 것이요 여인들에게는 베가 남아돌 것이다. 만약 그대가 두루 통하게 한다면, 목수와 수레 장인들 모두 그대에게서 먹을 것을 얻게 될 것이다. 이제 여기에 어떤 사람이 집에 들어와서는 효도하고 나가서는 윗사람에게 깍듯하고 선왕의 도를 지키며 후대의 학인에게 전해주기 위해 기다리고 있는데도 그대에게서 먹을 것을 얻지 못하고 있다. 그대는 어찌하여 목수와 수레 장인은 높이면서 어짊과 올바름은 가벼이 여기는가?"

"목수와 수레 장인은 그 뜻이 먹을 것을 구하려는 데 있습니다. 군자가 도를 행하는 것도 그 뜻이 먹을 것을 구하는 데에 있단 말입니까?"

"그대는 어찌하여 그 뜻을 따지는가? 그대를 위해 공을 세워서 먹여줄 만하면 먹여준다. 그리고 그대는 뜻이 있다고 먹이는가, 공이 있다고 먹이는가?"

"뜻이 있으므로 먹입니다."

"이제 어떤 사람이 기와를 깨부수고 담장에 낙서를 하면서 그 뜻이 먹을 것을 구하는 데에 있다고 한다면, 그대는 그를 먹여줄 것인가?"

"아닙니다."

"그렇다면 그대는 뜻이 있다고 먹이는 게 아니라 공이 있다고 먹이는 것이다."

注釋 팽경(彭更)은 맹자의 제자다. 전식(傳食)은 전식(轉食)과 같으며, 제후들 사이를 돌아다니며 녹봉을 받아 생활하는 것을 뜻한다. 태(泰)는 심하다, 너무하다는 뜻이다. 통공(通功)은 일의 성과, 즉 생산한 물품을 교환하는 것이고, 역사(易事)는 일을 나누어 맡아서 하는 분업을 뜻한다. 선(羨)은 나머지를 뜻하는 여(餘)와 같다. 재(梓)와 장(匠)은 목수 또는 목공을, 윤(輪)은 수레 바퀴를 만드는 공인을, 여(輿)는 수레 몸통을 만드는 공인을 가리킨다. 만(墁)은 벽이나 담을 칠하는 것을 뜻한다.

蛇足 팽경의 첫 번째 말에서 맹자가 얼마나 제후들에게 대접받으면서 천하를 다녔는지 짐작할 수 있다. 이것이 팽경으로서는 마뜩잖았던 모양이다. 도대체 한 일이라고는 없는데, 왜 제후들이 그토록 극진하게 대접하느냐 하는 것도 의문이지만, 명색이 어짊과 올바름을 내세우면서 왕도를 주창하는 맹자는 또 왜 그런 대접을 받으면서 이토록 태연할까 하는 것도 의문이었을 것이다.

상앙은 "일을 하지 않으면서 밥을 먹고, 싸우지 않으면서 영예를 누리고, 작위가 없으면서도 존귀해지고, 녹봉이 없으면서도 가멸지고, 관직이 없으면서 권세를 떨치기도 하는데, 이들을 간사한 백성이라 한다"(『상군서』「획책」)고 말했다. 상앙이라면 맹자를 간사한 백성으로 분류하여 나라 안에 발을 들여놓지 못하게 했을 것이다. 팽경은 유자였기 때문에 상앙만큼 신랄할 수가 없었다. 그럼에도 공적의 문제를 제기했으므로 한번 따져보자.

법가에서 말하는 공적과 유가에서 말하는 공적은 다르다. 맹자가 말한 효도하고 깍듯하고 선왕의 도를 지키고 후대의 학인에게 그 도를 전해주는 일 따위가 바로 유가에서 말하는 공적이다. 말하자면, 선비로서 산다는 것 자체가 공적이라는 뜻이다. 그리고 이 공적의 효과는 당장에 드러나는 것이 아니라 먼 미래에 훨씬 뚜렷하게 드러나기 때문에 섣불리 평가하기 어렵다는 말도 할 필요가 있었는데, 맹자는 그 말은 하지 않았다. 그래서 팽경이 다시 "군자가 도를 행하는 것도 그 뜻이 먹을 것을 구하는 데에 있단 말입니까?"라고 물었던 것이다. 이때 맹자는 그저 "그렇다"라고 대답했어야 한다. "어찌 뜻을 따지는가?"라고 반문한 것은 옹색한 대꾸다. 사마천이 말하지 않았던가. "현명한 사람이 묘당에서 일을 도모하고 조정에서 논의를 일삼으며, 신의를 지키고 절개를 지키다 죽는 선비나 바위 동굴에 숨어 사는 선비가 높은 명성을 얻으려는 까닭이 무엇인가? 그것은 다 부귀를 위해서다. 그래서 청렴한 관리는 자리를 오래 지키고, 오래 지키면 부유해지며, 공정한 장사꾼도 끝내 부유해진다"(『사기』〈화식열전(貨殖列傳)〉)라고. 맹자라도 사마천의 이 날카로운 분석에는 손을 들 수밖에 없다.

어쨌든 맹자는 지나치다고 보는 시선에도 아랑곳하지 않고 당당하게 대접받으면서 천하를 주유했다. 그런 당당함은 그저 마음을 먹는다고 해서 갖추어지는 것이 아니다. 식견과 통찰을 갖추고 확신이 서야만 가능하다. 따라서 이런 내공을 쌓지 않은 자는 결코 당당하지 못하고 도리어 부귀한 자 앞에서 비루해지기 십상이다. 평소에 입으로 떠들어댄 것과는 달리 말이다. 요즘 이른바 학자나 교육자로 자처하면서도 실제로는 떳떳함이 없고 비루하기만 한 자들을 보면, 사마천이 한 말이 절로 떠오른다.

"집은 가난하고 어버이는 늙고 처자식은 연약하며, 명절이 되어도 조상에게 제사를 올리지 못하고, 음식과 의복을 스스로 넉넉하게 마련하지 못하면서도 전혀 부끄러워할 줄 모른다면, 그런 자는 말할 가치가 없다. 그래서 재물이 없는 자는 힘써 일하고, 조금 있는 자는 지혜를 짜내고, 이미 많이 가진 자는 시세를 노리니, 이것이 삶의 큰 벼리다. 생활을 꾸려 나갈 때 몸을 위태롭게 하지 않으면서 수입을 얻는 것, 이것이 현명한 자가 힘쓰는 바다. 이런 까닭에 농업으로 가멸지는 것이 으뜸이고, 상업으로 가멸지는 것은 버금이며, 교활한 짓으로 가멸지는 것은 가장 저급하다. 그런데 바위굴에 숨어 사는 기이한 선비의 행동도 없이 오랫동안 가난하고 미천하게 살면서 어짊과 올바름을 떠벌리기 좋아하는 것은 정말로 부끄러운 일이다."(『사기』 〈화식열전〉)

6.5

萬章問曰: "宋, 小國也. 今將行王政, 齊楚惡而伐之, 則如之何?"

孟子曰: "湯居亳, 與葛爲隣, 葛伯放而不祀. 湯使人問之曰, '何爲不祀?' 曰, '無以供犧牲也.' 湯使遺之牛羊. 葛伯食之, 又不以祀. 湯又使人問之曰, '何爲不祀?' 曰, '無以供粢盛也.' 湯使亳衆往爲之耕, 老弱饋食. 葛伯帥其民, 要其有酒食黍稻者奪之, 不授者殺之. 有童子以黍肉餉, 殺而奪之. 書曰, '葛伯仇餉.' 此之謂也. 爲其殺是童子而征之, 四海之內皆曰, '非富天下也, 爲匹夫匹婦復讐也.' '湯始征, 自葛載,' 十一征而無敵於天下. 東面而征, 西夷怨; 南面而征, 北狄怨, 曰, '奚爲後我?' 民之望之, 若大旱之望雨也. 歸市者弗止, 芸者不變, 誅其君, 弔其民, 如時雨降. 民大悅. 書曰, '徯我后, 后來其無罰!' '有攸不惟臣, 東征, 綏厥士女, 匪厥玄黃, 紹我周王見休, 惟臣附于大邑周.' 其君子實玄黃于匪, 以迎其君子; 其小人簞食壺漿, 以迎其小人, 救民於水火之中, 取其殘而已矣. 太誓曰, '我武惟揚, 侵于之疆, 則取于殘, 殺伐用張, 于湯有光.' 不行王政云爾, 苟行王政, 四海之內皆擧首而望之, 欲以爲君. 齊楚雖大, 何畏焉?"

만장이 여쭈었다.

"송나라는 작은 나라입니다. 이제 왕도 정치를 행하려고 하는데, 제나라와 초나라가 이를 미워해서 송나라를 친다면 어찌합니까?"

맹자가 말했다.

"탕왕이 박(亳) 땅에 살 때 갈(葛)나라와 이웃하고 있었는데, 갈나라의 군주가 멋대로 굴며 제사를 지내지 않았다. 탕왕이 사람을 보내서 '어찌하여 제사를 지내지 않소?' 하고 묻자, '바칠 희생이 없기 때문이오'라고 대답했다. 이에 탕왕이 희생으로 쓸 소와 양을 보냈는데, 갈나라 군주는 그것을 잡아먹고는 또 제사를 지내지 않았다. 탕왕이 다시 사람을 보내서 '어찌하여 제사를 지내지 않소?' 하고 묻자, '바칠 곡식이 없기 때문이오'라고 대답했다. 탕왕이 박 땅에 사는 백성들에게 그곳에 가서 밭을 갈게 하고 노인과 아이들에게는 농사짓는 사람들을 먹일 음식을 가지고 가게 했다. 그런데 갈나라 군주는 제 백성을 이끌고 가서 술과 기장밥과 쌀밥을 나르던 자들을 으르고 빼앗으면서 순순히 내주지 않는 자는 죽였다. 어떤 아이가 기장과 고기를 가지고 와서 먹였는데, 그 아이를 죽이고 음식을 빼앗았다. 『상서』 〈중훼지고(仲虺之誥)〉에 이르기를, '갈나라 군주가 음식을 가져오는 자를 원수로 여겼다'고 했는데, 이를 이르는 말이다. 갈나라 군주가 아이를 죽였기 때문에 갈나라를 정벌했으므로 사해 안의 사람들은 모두 '천하를 탐내서 한 것이 아니라, 지아비와 지어미를 위해 원수를 갚은 것이다' 라고 말했다. '탕왕이 처음 정벌하면서 갈나라에서 시작했고' 열한 차례 정벌에 나섰으나 천하에 맞설 자가 없었다. 동쪽으로 나서면 서쪽 오랑캐가 원망했고, 남쪽으로 나서면 북쪽 오랑캐가 원망하면서, '어찌 우리를 뒤로 제쳐두는가'라고 했으니, 백성들이 탕왕을 기다리는 게 마치 큰 가뭄에 비를 기다리는 것과 같았다. 저자에 장사하러 가는 자들은 발길을 멈추지 않았고, 밭에서 김매는 자들도 변함없이 일했다. 탕왕이 폭정을 행한 군주를 베어 죽이고 그 백성들을 위로하니, 마치 때맞춰 단비가 내린 듯하여 백성들이 아주 기뻐했다. 『상서』 〈태갑(太甲)〉에 이르기를, '우리 임금(무왕)을 기다리니, 임금이 오시면 형벌이 없어지리라'고 했고, 또 '신하가 되려고 하지 않는 자가 있어서 동쪽으로 정벌에 나서 남자들과 여자들을 편안하게 해주니, 그들이 거무스름한 비단과 노르스레한 비단을 광주리에 담아 와서는 우리 주왕(周王)을 뵙고 그 훌륭함을 이으며 큰 도읍인 주 땅에서 신하가 되려 하는구나'라고 했다. 그쪽의 군자(위정자)들은 거무스름한 비단과 노르스레한 비단을 가득 담아 와서 이쪽의 군자들을 맞이하고, 그쪽의 소인(백성)들은 대그릇 밥과 병의 장국으로 이쪽의 소인들을 맞이했으니, 이는 그 백성을 물과 불 가운데서 구해주고 모질고 사나운 자를 잡았기 때문이다. 『상서』 〈태서(太誓)〉에 이르기를, '우리는 무위(武威)를 떨쳐서 그 나라로 쳐들어가 모진 자만 사로잡아 죽이고 베자. 그러면 그 공적이 탕왕보다 빛나리라'고 했다. 왕도 정치를 행하지 않아서 그렇지, 진실로 왕도 정치를 행한다면 사해 안의 사람들 모두 고개를 내밀고서 그를 기다리며 자기 군주로 삼으려고 할 것이다. 제나라와 초나라가 비록 강대하다고 하지만, 어찌 두려워하겠는가?"

注釋 만장(萬章)은 맹자의 제자다. 『맹자』에 「만장」편이 있을 정도로 맹자와 가장 많은 문답을 나누었다. 송(宋)나라에 대해 『전국책』 「송위책(宋衛策)」과 『사기』 「송미자세가(宋微子世家)」를 따르면, 송나라 왕 언(偃)의 행위가 폭군이었던 걸(桀)과 주(紂)와 같았으며 끝내 제(齊)·위(魏)·초(楚) 세 나라에 의해 멸망했다. 박(亳)은 대체로 지금의 상구(商邱) 북쪽으로, 한(漢)나라 때의 박현(薄縣)으로 간주된다. 갈(葛)은 고대 부족국가의 이름으로, 그 성은 하남(河南) 영릉현(寧陵縣) 북쪽 50리 즈음에 있었다. 방(放)은 멋대로 하다, 거리낌이 없다는 뜻이다. 궤(饋)는 음식이나 물건을 보내다는 뜻이다. 향(餉)은 밥이나 음식을 보내다는 뜻이다. 탕시정자갈재(湯始征, 自葛載)는 2.11에도 나온다. 운(芸)은 김매다는 뜻의 운(耘)과 통용된다. 유유(有攸)의 유(攸)는 소(所)와 같다. 유국(攸國)이라는 나라로 보는 견해도 있으나, 문맥의 흐름으로 볼 때 적절하지 않다. 불유(不惟)의 유(惟)는 위(爲)와 같다. 수(綏)는 편안하게 하다는 뜻이다. 비(匪)는 대광주리를 뜻하는 비(篚)와 같다. 현황(玄黃)은 비단의 색깔이다. 휴(休)는 아름답다, 훌륭하다는 뜻이다. 태서(太誓)는 곧 태서(泰誓)를 가리킨다.

蛇足 당시에 약소국이 선택할 수 있는 길은 거의 없었다. 부국강병을 추구하기에는 강대국이 견제하고 있고, 왕도 정치를 행하기에는 강성해지기까지 오래 걸린다. 그럼에도 맹자는 역사적 사실을 끌어와서 왕도야말로 유일한 대안임을 강조했는데, 이는 당시 강성했던 제나라

와 초나라뿐만 아니라 대부분의 제후국들이 백성을 끊임없이 죽음으로 내몰아 이미 민심을 잃었다는 판단에 기초한 것이기도 하다. 폭군인 주왕(紂王)의 눈을 피해 오래도록 어진 정치를 펴면서 제후들의 신임을 얻어 상 왕조를 무너뜨릴 기회를 노렸던 문왕에 대해서는 말하지 않았지만, 그 또한 좋은 본보기다.

6.6

孟子謂戴不勝曰: "子欲子之王之善與? 我明告子. 有楚大夫於此, 欲其子之齊語也, 則使齊人傅諸, 使楚人傅諸?"
曰: "使齊人傅之."
曰: "一齊人傅之, 衆楚人咻之, 雖日撻而求其齊也, 不可得矣. 引而置之莊嶽之閒數年, 雖日撻而求其楚, 亦不可得矣. 子謂薛居州, 善士也, 使之居於王所. 在於王所者, 長幼卑尊皆薛居州也, 王誰與爲不善? 在王所者, 長幼卑尊皆非薛居州也, 王誰與爲善? 一薛居州, 獨如宋王何?"

맹자가 대불승(戴不勝)에게 말했다.
"그대는 그대의 왕이 좋아지기를 바라시오? 내가 그대에게 분명하게 말하겠소. 여기에 초나라 대부가 자기 아들이 제나라 말을 했으면 하는데, 그러면 제나라 사람을 선생으로 삼겠소, 초나라 사람을 선생으로 삼겠소?"
"제나라 사람을 선생으로 삼을 것이오."
"한 명의 제나라 사람을 선생으로 삼아 가르치더라도 여러 초나라 사람들이 떠들어댄다면, 비록 날마다 매질을 해서 제나라 말을 하게 하더라도 그렇게 될 수가 없소. 그러나 그를 데리고 제나라의 장악(莊嶽) 거리에 가서 여러 해 머물게 한다면,

비록 날마다 매질을 하면서 초나라 말을 하게 하더라도 역시 그렇게 될 수가 없소. 그대는 설거주(薛居州)를 좋은 선비라 하여 그를 왕의 처소에서 지내게 했소. 왕의 처소에 있는 자들이 나이가 많건 적건 신분이 낮건 높건 모두 설거주라면, 왕이 누구와 함께 좋지 못한 짓을 하겠소? 그러나 왕의 처소에 있는 자들이 나이가 많건 적건 신분이 낮건 높건 모두 설거주가 아니라면, 왕이 누구와 함께 좋은 일을 하겠소? 한 명의 설거주가 홀로 송나라 왕을 어찌할 수 있겠소?"

注釋 대불승(戴不勝)은 송나라 신하다. 뒤의 6.8에 나오는 대영지(戴盈之)와 같은 인물로 보기도 하지만, 확실하지 않다. 저(諸)는 지호(之乎)와 같다. 부(傅)는 스승, 선생을 뜻한다. 휴(咻)는 떠들다는 뜻이다. 장악(莊嶽)은 제나라의 거리와 마을 이름이다. 고염무(顧炎武)는 『일지록(日知錄)』에서 "장(莊)은 거리 이름이고, 악(嶽)은 마을 이름이다"고 했다. 설거주(薛居州)는 누구인지 자세히 알 수 없으나, 문맥으로 보건대 당시에 훌륭한 선비로 일컬어지고 있던 인물로 여겨진다.

蛇足 교육의 중요성에 대한 절묘한 비유가 나온다. 맹자는 모든 사람에게는 사단(四端)이 있다고 했다. 그러나 그것은 실마리 즉 싹일 뿐이고, 그 자체로 완전한 것이 아니다. 완전해지도록 도와주어야 하는데, 그게 교육이다. 그렇다고 해서 조장해서는 안 된다. 이게 교육의 어려움이다. 어쨌든 교육에서 중요한 것이 환경이며, 그 환경에서 특히 중시되는 것이 어떤 사람들이 곁에 있느냐라는 것이다. 맹모삼천지교(孟母三遷之教)는 이러한 맹자의 교육 사상을 잘 보여주는 설화라 할 수 있다.

위의 비유는 맹자의 왕도가 실행될 기회를 얻지 못한 데 대한 것이기도 하다. 비록 맹자가 제후들을 일깨워주려고 무진 애를 썼지만, 제후가 맹자 자신의 뜻을 받아들이기에는 시간이 부족했고 반면에 그런 뜻을 꺾는 측근들이나 신하들이 늘 곁에 있었다는 뜻이다.

6.7

公孫丑問曰: "不見諸侯何義?"
孟子曰: "古者, 不爲臣不見. 段干木踰垣而辟之, 泄柳閉門而不納, 是皆已甚. 迫, 斯可以見矣. 陽貨欲見孔子而惡無禮, 大夫有賜於士, 不得受於其家, 則往拜其門. 陽貨矙孔子之亡也, 而饋孔子蒸豚; 孔子亦矙其亡也, 而往拜之. 當是時, 陽貨先, 豈得不見? 曾子曰, '脅肩諂笑, 病于夏畦.' 子路曰, '未同而言, 觀其色赧赧然, 非由之所知也.' 由是觀之, 則君子之所養, 可知已矣."

공손추가 여쭈었다.
"제후를 만나지 않으시는 것은 무슨 의리입니까?"
"옛날에는 신하가 되지 않으면 만나지 않았다. 단간목(段干木)은 담을 넘어서 피했고, 설류(泄柳)는 문을 닫아걸고 들이지 않았는데, 이는 모두 지나친 일이었다. 군주가 굳이 다그친다면, 그때는 만날 수 있다. 양화(陽貨)는 공자가 자기를 찾아오게 하고 싶었으나 예의가 없다는 말을 듣기 싫었다. 그때는 대부가 선비에게 선물을 보냈을 때 선비가 집에서 직접 받지 못했다면 대부의 집 문에 가서 절하는 것이 예의였다. 그래서 양화는 공자가 집에 없는 틈을 엿보아서 공자에게 찐 돼지를 보냈다. 공자도 그가 집에 없는 틈을 엿보아서 그 집 문에 가서 절했다. 만약 그때 양화가 먼저 예의로써 했더라면 공자인들 어찌 그를 만나려 하지 않았겠는가? 증자는 '몸을 옹송그리고 알랑거리며 웃음을 흘리는 것은 한여름 뙤약볕 아래서 밭일하는 것보다 힘들다'고 말했다. 자로는 '뜻이 맞지 않은데도 억지로 말을 나누는 자의 낯빛을 들여다보면, 부끄러워하면서 얼굴을 붉힌다. 그런 자는 내가 알 바 아니다'라고 말했다. 이로써 헤아려보면 군자가 어떻게 자신을 수양하는지를 잘 알 수 있다."

注釋 단간목(段干木)은 위나라 문후(文侯) 때의 현자로, 자하(子夏)의 제자였다고 한다. 원(垣)은 담을 뜻한다. 피(辟)는 피(避)와 같다. 설류(泄柳)는 노목공 때의 현인(賢人)이다. 납(納)은 내(內)와 같으며, 안으로 들이다는 뜻이다. 양화(陽貨)는 양호(陽虎)라고도 하며, 노(魯)나라 대부인 계씨(季氏)의 가신이다. 양화와 공자의 일은 『논어』「양화(陽貨)」편에 나온다. 감(瞰)은 엿보다는 뜻이다. 협견(脅肩)은 아첨하느라 몸을 옹송그리는 것이고, 첨소(諂笑)는 상대에게 잘 보이려고 웃음을 흘리며 알랑거리는 것이다. 하(夏)는 한여름 뙤약볕을 뜻하고, 휴(畦)는 밭에서 하는 일을 뜻한다. 비유(非由)의 유(由)는 자로의 이름이다.

蛇足 옛날에는 신하가 되지 않으면 군주를 만날 수 없었는데, 당시는 제후들이 인재를 찾고 있던 시기였으므로 신하가 아니라도 만날 수 있게 되었다. 문제는 포의(布衣)의 신분일 경우에는 직접 군주를 만날 기회가 없었다는 점이다. 그래서 상앙의 경우처럼 군주의 총애를 받는 신하를 통해서 만나는 경우가 일반적이었다. 그런데 맹자는 군주가 직접 자신을 만나주기를 바랐다. 그 자신이 총신(寵臣) 따위는 가까이하고 싶지 않았기 때문이다. 그런 점에서 군주가 몸소 찾아갔음에도 피했던 단간목과 설류에게 지나쳤다고 말한 것이다. 자신에게는 그렇게 하는 군주가 없는데 말이다. 맹자의 솔직한 심정을 읽을 수 있다.

6.8

戴盈之曰: "什一, 去關市之征, 今茲未能. 請輕之, 以待來年, 然後已, 何如?"
孟子曰: "今有人日攘其隣之雞者, 或告之曰, '是非君子之道.' 曰, '請損之, 月攘一雞, 以待來年, 然後已.' 如知其非義, 斯速已矣, 何待來年?"

대영지(戴盈之)가 말했다.
"십분의 일의 세금과, 관문과 저자에서 거두는 세금을 없애는 일은 올해에는 할 수가 없습니다. 우선은 가볍게 하고 내년을 기다린 뒤에야 없애려 하는데, 그건 어떻습니까?"
맹자가 말했다.
"이제 어떤 사람이 날마다 이웃집의 닭을 훔치므로 누군가가 그에게 '그건 군자의 도리가 아니다'라고 말하자, 그가 '훔치는 걸 줄여 달마다 한 마리씩 훔치다가 내년을 기다린 뒤에야 다 그만두겠소'라고 말하는 격이오. 만일 올바른 일이 아닌 줄 안다면 얼른 그만두어야지, 어찌 내년을 기다리겠다 하시오?"

注釋 대영지(戴盈之)는 송나라 대부다. 금자(今茲)는 금년(今年)과 같다. 양(攘)은 훔치다는 뜻이다.

蛇足 미적거리는 자는 결국 하지 않는다. 미적거리는 것은 해야만 하는 이유를 깊이 인식하지 않았기 때문이다. 미루는 것은 그게 얼마나 시급한 일인지를 깨닫지 못했기 때문이다. 일이란 때가 있고, 때를 알고 하더라도 추세에 따라 또 바꿀 수 있어야 한다. 더구나 백성을 위한 일인데 우유부단한 것은 어진 마음이 없거나 사사로운 마음이 앞서기 때문이다. 맹자가 세금 문제와 관련해서 이웃집 닭을 훔치는 자를 비유

로 든 것은 당시 군신들이 세금을 거두어 들이는 일을 도둑질로 보았음을 의미한다.

6.9

公都子曰: "外人皆稱夫子好辯, 敢問何也?"

孟子曰: "予豈好辯哉? 予不得已也. 天下之生久矣, 一治一亂. 當堯之時, 水逆行, 氾濫於中國, 蛇龍居之, 民無所定, 下者爲巢, 上者爲營窟. 書曰, '洚水警余.' 洚水者, 洪水也. 使禹治之. 禹掘地而注之海, 驅蛇龍而放之菹, 水由地中行, 江 · 淮 · 河 · 漢是也. 險阻旣遠, 鳥獸之害人者消, 然後人得平土而居之. 堯舜旣沒, 聖人之道衰, 暴君代作, 壞宮室以爲汙池, 民無所安息. 棄田以爲園囿, 使民不得衣食. 邪說暴行又作, 園囿 · 汙池 · 沛澤多而禽獸至. 及紂之身, 天下又大亂. 周公相武王誅紂, 伐奄三年討其君, 驅飛廉於海隅而戮之, 滅國者五十, 驅虎豹犀象而遠之, 天下大悅. 書曰, '丕顯哉, 文王謨! 丕承哉, 武王烈! 佑啓我後人, 咸以正無缺.' 世衰道微, 邪說暴行有作, 臣弑其君者有之, 子弑其父者有之. 孔子懼, 作春秋. 春秋, 天子之事也. 是故孔子曰, '知我者其惟春秋乎! 罪我者其惟春秋乎!' 聖王不作, 諸侯放恣, 處士橫議, 楊朱墨翟之言盈天下, 天下之言不歸楊, 則歸墨. 楊氏爲我, 是無君也; 墨氏兼愛, 是無父也. 無父無君, 是禽獸也. 公明儀曰, '庖有肥肉, 廐有肥馬; 民有飢色, 野有餓莩, 此率獸而食人也.' 楊墨之道不息, 孔子之道不著, 是邪說誣民, 充塞仁義也. 仁義充塞, 則率獸食人, 人將相食. 吾爲此懼, 閑先聖之道, 距楊墨, 放淫辭, 邪說者不得作. 作於其心, 害於其事, 作於其事, 害於其政. 聖人復起, 不易吾言矣. 昔者, 禹抑洪水而天下平, 周公兼夷狄, 驅猛獸而百姓寧, 孔子成春秋而亂臣賊子懼. 詩云, '戎狄是膺, 荊舒是懲, 則莫我敢承.' 無父無君, 是周公所膺也. 我亦欲正人心, 息邪說, 距詖行, 放淫辭, 以承三聖者, 豈好辯哉? 予不得已也. 能言距楊墨者, 聖人之徒也."

공도자(公都子)가 말했다.

"남들은 모두 스승께서 논변을 좋아한다고 일컫는데, 어찌하여 그렇게 하십니까?"

맹자가 말했다.

"내가 어찌 논변을 좋아하겠느냐? 어쩔 수 없어서 그리한 것이다. 천하에 사람들이 살아온 지 오래인데, 한 번 다스려지고 한 번 어지러워졌다. 요의 시대에 물이 거꾸로 흘러서 온 중국에 넘쳐 뱀과 용이 살게 되자, 백성은 살 곳이 없어서 낮은 데 사는 사람들은 둥지를 만들고 높은 데 사는 사람들은 굴을 파서 살았다. 『상서』 〈대우모(大禹謨)〉에 '아득히 넘실대는 물이 나를 경계하도다'라고 했다. 아득히 넘실대는 물은 홍수를 가리킨다. 그래서 순이 우에게 물을 다스리게 했다. 우는 땅을 파서 물이 바다로 흘러가게 하고 뱀과 용을 늪으로 몰아내며 물을 기슭 사이로 다니게 했으니, 장강과 회수, 황하와 한수가 그것이다. 험하고 막힌 데가 없어지자 날짐승들과 길짐승들이 사람을 해치는 일이 없어졌고, 그런 뒤에야 사람들은 평평한 땅을 얻어서 살게 되었다. 요와 순이 세상을 떠난 뒤에 성인의 도가 쇠퇴하자 폭군들이 번갈아 나타나 백성들의 집을 헐어서 웅덩이와 못으로 만들어 백성들이 편안하게 살 곳을 없애버렸고, 논밭을 없애 동산으로 만들어 백성들이 헐벗고 굶주리게 했다. 또 그릇된 학설들과 포학한 행위들이 거듭 일어났고, 동산과 웅덩이와 못과 늪지가 많아지자 짐승들이 모여

들었다. 이윽고 주(紂) 때에 이르러 천하가 다시 크게 어지러워졌다. 주공은 무왕을 도와서 주를 벴고, 엄(奄)나라를 치고 3년 뒤에는 그 군주를 죽였으며, 비렴(飛廉)을 외진 바닷가로 몰아서 죽였는데, 멸망시킨 나라가 쉰이었다. 또 범과 표범, 무소와 코끼리 등을 몰아서 멀리 내쫓자 천하 사람들이 매우 기뻐했다. 『상서』 〈군아(君牙)〉에서는 '크게 빛나도다, 문왕의 계책이여! 크게 이었도다, 무왕의 위엄이여! 우리 뒷사람들을 도와서 일깨워주고, 모두 정도로써 하여 흠이 없게 했도다'라고 했다. 세상이 쇠퇴하고 도리가 미약해지자 그릇된 학설들과 포악한 행위들이 다시 일어나서 신하가 그 군주를 시해하고 자식이 아비를 죽이는 일이 일어났다. 공자는 이를 두려워하여 『춘추』를 지었다. 『춘추』를 지어 기리거나 내치는 것은 천자가 하는 일이다. 이런 까닭에 공자는 '나를 알아주는 것도 오직 『춘추』를 통해서요, 나를 꾸짖는 것도 오직 『춘추』를 통해서 하리라!'라고 말했다. 거룩한 왕이 나오지 않자 제후들이 방자하게 굴고 초야의 선비들은 멋대로 의론을 폈으며, 양주와 묵적의 말이 천하에 가득하여 천하 사람들의 말이 양주에게 돌아가지 않으면 묵적에게 돌아가게 되었다. 양주는 자신만을 위하니 이는 군주를 부정한 것이고, 묵씨는 차별 없는 사랑을 내세우니 이는 아비를 부정한 것이다. 아비를 부정하고 군주를 부정하는 것은 짐승과 같다. 공명의가 말하기를, '부엌에는 살진 고기가 있고 마구간에는 살진 말이 있는데도 백성에게는 굶주린 기색이 있고 들에는 굶어 죽은 자들이 널려 있으니, 이는 짐승들을 몰아서 사람을 잡아먹게 하는 짓이다'라고 했다. 양주와 묵적의 학설이 그치지 않으면 공자의 도가 드러나지 않게 되는데, 이는 그릇된 학설로 백성들을 속이고 어짊과 올바름을 막는 짓이다. 어짊과 올바름이 막히면 짐승들을 몰고 가서 사람을 잡아먹게 하다가 끝내는 사람들이 서로 잡아먹게 된다. 나는 이렇게 될까 두려워서 앞선 성인들의 도를 지키고 양주와 묵적의 학설을 막으며 부정한 언설을 내쳐서 그릇된 학설이 일어날 수 없게 하려는 것이다. 그런 부정한 언설과 그릇된 학설은 마음에서 생겨나 일에 해를 끼치고, 일에서 생겨나 정치에 해를 끼친다. 성인이 다시 살아나더라도 내 말을 바꾸지 않으리라. 옛날에 우가 홍수를 막자 천하가 태평해졌고, 주공이 오랑캐들을 아우르고 맹수들을 몰아내자 백성들이 편안해졌으며, 공자가 『춘추』를 짓자 어지럽히는 신하들과 불효한 자식들이 두려워했다. 『시경』「노송(魯頌)」의 〈비궁(閟宮)〉에서 '융(戎)과 적(狄)을 치고, 형(荊)과 서(舒)를 벌주니, 감히 나에게 맞설 자 없네'라고 했다. 아비를 부정하고 군주를 부정한 자는 주공도 응징했다. 나 또한 사람들의 마음을 바로잡고 그릇된 학설을 그치게 하고 잘못된 행실을 막으며 부정한 언설을 몰아내 세 분 성인을 잇고 싶다. 어찌 논변을 좋아해서 그러겠는가? 어쩔 수 없어서 그리한 것이다. 양주와 묵적을 물리칠 수 있는 자라면 성인을 따르는 무리다."

注釋 공도자(公都子)는 맹자의 제자다. 영굴(營窟)은 서로 이어서 만든 굴을 뜻한다. 홍수(洚水)는 홍수(洪水)와 같다. 저(菹)는 늪을 뜻한다. 대작(代作)의 대(代)는 번갈아, 갈마들다는 뜻이다. 궁실(宮室)은 백성이 사는 집을 뜻한다. 벌엄(伐奄)은 무왕을 이은 성왕(成王) 때의 일이다. 비렴(飛廉)은 『사기』〈진본기(秦本紀)〉에 따르면, 달리기를 잘하였다. 그의 아들 오래(惡來)는 힘이 셌는데, 이들 부자는 함께 폭군 주(紂)를 섬겼다고 한다. 유작(有作)의 유(有)는 우(又)와 같다. 처사(處士)는 조정에서 벼슬하지 않는 자를 가리킨다. 양주(楊朱)는 전국시대의 인물로, 그의 언행은 『장자』·『한비자』 등에 보인다. 묵적(墨翟)은 묵자

(墨子)로 알려진 인물이며, 노나라 또는 송나라 사람이라 한다. 그의 사상은 『묵자(墨子)』에 전한다. 한(閑)은 침입을 막기 위해 문 사이에 세운 칸막이로, 막다, 지키다는 뜻이다. 거(距)는 거(拒)와 같다. 승(承)은 막다, 맞서다는 뜻이다. 피(詖)는 치우치다, 비뚤어지다는 뜻이다.

蛇足 공도자가 말한 '남들'은 상앙을 비롯한 법가 계열의 사상가나 행정가들을 이르는 것으로 볼 수 있다. 그들은 실질적인 변화를 꾀하는 정치를 펴려고 하면서 논변이나 언변은 군주와 백성을 현혹시키는 위험한 모략으로 여겼다.

"저들의 교묘한 언설이 유행하면 어리석은 자나 똑똑한 자 모두 똑같이 배울 것이니, 선비들이 언설에 능한 자에게 배우면 백성은 실질적인 일을 팽개치고 허황한 말을 외고 다닐 것이다. 백성이 실질적인 일을 팽개치고 허황한 말을 외고 다니면 국력은 줄어들고 서로 비난하는 일들이 많아진다."(『상군서』「신법」)

상앙이 유가만을 배척한 것은 아니다. 겸애와 비전(非戰)을 주장한 묵가 또한 극력 배척했다. 근본적으로는 이들 모두 시대의 추세를 살피지 못했다는 것이 상앙을 비롯한 법가의 인식이다. 그런데 맹자는 그릇된 학설이 횡행하고 있다면서 법가를 언급하지는 않고 양주와 묵적만을 거론했다. 이는 매우 흥미로운 부분인데, 아마도 후대에 법가로 불리는 이들이 당시에는 학자나 사상가가 아닌 정치가나 행정가로 인식되었기 때문일 것이다. 맹자가 줄곧 전쟁에 반대하고 황무지 개간에 대해 비판적으로 말한 것을 보면, 법가의 변법에 대해서도 알고 있었던 게 분명하다.

한편, 상앙의 입장에서는 맹자가 양주와 묵적을 비판하는 것이 참으로 가소롭게 느껴지지 않았을까?

6.10

匡章曰: "陳仲子豈不誠廉士哉? 居於陵, 三日不食, 耳無聞, 目無見也. 井上有李, 螬食實者過半矣, 匍匐往, 將食之, 三咽, 然後耳有聞, 目有見."
孟子曰: "於齊國之士, 吾必以仲子爲巨擘焉. 雖然, 仲子惡能廉? 充仲子之操, 則蚓而後可者也. 夫蚓, 上食槁壤, 下飮黃泉. 仲子所居之室, 伯夷之所築與, 抑亦盜跖之所築與? 所食之粟, 伯夷之所樹與, 抑亦盜跖之所樹與? 是未可知也."
曰: "是何傷哉? 彼身織屨, 妻辟纑, 以易之也."
曰: "仲子, 齊之世家也. 兄戴, 蓋祿萬鍾. 以兄之祿爲不義之祿而不食也, 以兄之室爲不義之室而不居也. 辟兄離母, 處於於陵. 他日歸, 則有饋其兄生鵝者, 己頻顣曰, '惡用是鶃鶃者爲哉?' 他日, 其母殺是鵝也, 與之食之. 其兄自外至曰, '是鶃鶃之肉也.' 出而哇之. 以母則不食, 以妻則食之; 以兄之室則弗居, 以於陵則居之, 是尙爲能充其類也乎? 若仲子者, 蚓而後充其操者也."

광장(匡章)이 말했다.
"진중자(陳仲子)야말로 참으로 올곧은 선비가 아니겠습니까? 오릉(於陵)에 머물 때, 사흘 동안 아무것도 먹지 못해 귀로는 아무것도 듣지 못하고 눈으로는 아무것도 보지 못했습니다. 그때 우물가에 오얏나무가 있었고 벌레 먹은 열매가 반이 넘었는데, 엉금엉금 기어가서 떨어진 걸 주워 먹고 세 번을 삼킨 뒤에야 들을 수 있게 되고 볼 수 있게 되었다고 합니다."
맹자가 말했다.
"나는 제나라의 선비들 가운데서 반드시 중자를 으뜸이라고 여기오. 그렇기는 하지만, 중자를 어찌 올곧다고 할 수 있겠소? 중자와 같은 지조를 지니려면, 고작 지렁이가 된 뒤에야 가능하니 말이오. 저 지렁이는 위로는 마른 흙을 먹고 아래로는 흐린 물을 마시오. 중자가 머무는 집은 백이가 지은 것이오, 아니면 도척이 지은 것이오? 그가 먹는 곡식은 백이가 심은 것이오, 아니면 도척이 심은 것이오? 그건 알 수가 없소."

광장이 말했다.

"그게 무슨 문제가 되겠습니까? 그는 직접 신을 짜고 그 아내는 길쌈하여 그것으로 바꾸어 먹습니다."

맹자가 말했다.

"중자는 제나라에서 대대로 벼슬한 가문의 사람이오. 그의 형인 대(戴)가 개(蓋) 땅에서 거두는 녹봉은 만 종이나 되오. 그런데 형의 녹봉을 올바르지 않은 녹봉이라 하여 그것을 먹지 않고, 형의 집은 올바른 집이 아니라 하여 거기서 살지 않소. 형을 피하고 어머니를 떠나서 오릉에서 살고 있는 것이오. 어느 날 그가 형의 집으로 돌아갔을 때 어떤 사람이 그의 형에게 살아 있는 거위를 보냈는데, 그는 얼굴을 찡그리며 '이 따위 꽥꽥거리는 놈을 어디에 쓰려 하오?'라고 말했소. 그 뒤에 그의 어머니가 이 거위를 잡아서 그에게 주어 먹게 했소. 그때 그의 형이 밖에서 돌아와 '이건 그 꽥꽥거리는 놈의 고기야!'라고 말하자 중자는 밖으로 나가 그것을 게워냈소. 어머니가 주는 것은 먹지 않으면서 아내가 주는 것은 먹고, 형의 집에서는 살지 않으면서 오릉에서는 사니, 이러고서도 지조를 제대로 지녔다고 할 수 있겠소? 중자와 같은 자는 지렁이가 된 뒤에야 그 지조를 지닐 수 있는 자요."

注釋 광장(匡章)은 제나라 사람이다. 일찍이 제나라 위왕(威王)의 장수로서 군대를 이끌고 진(秦)나라의 침입을 막아 패배시켰고, 선왕

(宣王) 때에는 연(燕)나라를 취하였다. 진중자(陳仲子)는 제나라 사람이다. 렴(廉)은 올곧다는 뜻이다. 오릉(於陵)은 지금의 산동 장산현(長山縣) 남쪽으로, 임치(臨淄)에서 2백여 리 떨어져 있다. 조(螬)는 굼벵이를 뜻한다. 포복(匍匐)은 엉금엉금 기어가다는 뜻이다. 장식(將食)의 장(將)은 가지다는 뜻의 지(持) 또는 취(取)와 같다. 연(咽)은 삼키다는 뜻이다. 거벽(巨擘)은 엄지손가락을 뜻한다. 인(蚓)은 지렁이다. 황천(黃泉)은 땅 속으로 흐르는 물이다. 도척(盜跖)은 춘추시대의 유명한 도적으로, 현인인 유하혜(柳下惠)와는 형제간이라는 설도 있다. 구(屨)는 신발을 뜻한다. 벽로(辟纑)의 벽(辟)은 길쌈하는 것, 로(纑)는 삼을 누이는 것을 뜻한다. 개(蓋)는 땅 이름으로, 진대(陳戴)의 채읍(采邑)이다. 피형(辟兄)의 피(辟)는 피(避)와 같다. 아(鵝)는 거위다. 기(己)는 중자를 가리킨다. 빈축(頻顣)의 빈(頻)은 이맛살을 찌푸리는 것이고, 축(顣)은 콧대를 찡그리는 것이다. 예예(鶃鶃)는 거위가 내는 소리다.

蛇足 진중자가 왜 사흘 동안 아무것도 먹지 못하다가 벌레 먹은 열매를 주워 먹었는지는 『회남자(淮南子)』 「범론훈(氾論訓)」에 나오는 "진중자는 절조를 지켜서 더러운 임금의 조정에 들어가지 않고 난세의 식록을 받아 먹지 않다가 마침내 굶어서 죽었다"는 언급을 통해 짐작할 수 있다. 그런 그가 '벌레 먹은 열매'는 주워 먹었다고 하니, 이게 맹자로서는 우스꽝스런 짓으로 보였던 것이다. 군주의 나라에 떨어진 열매는 누구의 것인가 말이다. 게다가 버젓이 집을 짓고 살고 있으니, 백이처럼 되고자 한 그의 행실로 보면 스스로 모순을 저지른 셈이다. 지키고자 한 지조와 행동이 서로 어긋나니, 이는 도적질로 유명한 도척이나 다를 바 없다는 것이다.

더러운 임금의 조정에 들어가지 않으려 한 진중자이기에 형이 벼슬을 해서 받는 녹봉을 더럽게 여긴 것도 당연하다. 그런데 왜 형의 집을 출입하며, 그 집에 계신 어머니가 해주시는 음식은 또 왜 먹는가? 형을 피하느라 어머니를 피했으니, 불효다. 어머니가 주신 음식을 먹고 게워냈으니, 또한 불효다. 아내가 주는 것은 먹고 오릉에서 사니, 난세의 선비로서 한결같은 지조가 없다. 진중자는 결벽증이 있을 뿐, 참된 지조가 무엇인지를 알고 행동하는 자는 아니었다. 그게 맹자가 비판한 까닭이다.

더러운 임금의 조정에 서지 않으려면 차라리 은둔을 해야 할 것인데, 은둔은 하지 않았다. 은둔하지 않겠다면 후학을 기르는 데 힘써야 할 터인데, 이 또한 하지 않았다. 고작 난세임을 탄식하며 홀로 고고한 척하다가 죽지 않으려 신발을 짰을 뿐이다. 그러고도 굶어 죽은 모양인데, 스스로 지조가 있고 절개가 있으며 신념을 지니고 산다는 이들이 타산지석으로 삼아야 할 인물이다.

7장

이루 상(離婁上)

7.1

孟子曰: "離婁之明, 公輸子之巧, 不以規矩, 不能成方員; 師曠之聰, 不以六律, 不能正五音; 堯舜之道, 不以仁政, 不能平治天下. 今有仁心仁聞而民不被其澤, 不可法於後世者, 不行先王之道也. 故曰, '徒善不足以爲政, 徒法不能以自行.' 詩云, '不愆不忘, 率由舊章.' 遵先王之法而過者, 未之有也. 聖人既竭目力焉, 繼之以規矩準繩, 以爲方員平直, 不可勝用也; 既竭耳力焉, 繼之以六律正五音, 不可勝用也; 既竭心思焉, 繼之以不忍人之政, 而仁覆天下矣. 故曰, '爲高必因丘陵, 爲下必因川澤.' 爲政不因先王之道, 可謂智乎? 是以惟仁者宜在高位. 不仁而在高位, 是播其惡於衆也. 上無道揆也, 下無法守也, 朝不信道, 工不信度, 君子犯義, 小人犯刑, 國之所存者幸也. 故曰, '城郭不完, 兵甲不多, 非國之災也; 田野不辟, 貨財不聚, 非國之害也. 上無禮, 下無學, 賊民興, 喪無日矣.' 詩曰, '天之方蹶, 無然泄泄.' 泄泄猶沓沓也. 事君無義, 進退無禮, 言則非先王之道者, 猶沓沓也. 故曰, '責難於君謂之恭, 陳善閉邪謂之敬, 吾君不能謂之賊.'"

맹자가 말했다.

"이루의 밝은 눈과 공수자의 교묘한 솜씨로도 그림쇠와 곱자를 쓰지 않고서는 네모와 동그라미를 제대로 그릴 수 없고, 사광의 밝은 귀로도 여섯 가지 표준 음률을 쓰지 않으면 다섯 음을 바로잡을 수 없다. 마찬가지로 요와 순의 도라고 하더라도 어진 정치로써 하지 않으면 천하를 태평하게 다스릴 수 없다. 이제 어진 마음이 있고 어질다는 평판을 듣는데도 백성이 그 혜택을 입지 못해서 후세의 본보기가 되지 못하는 것은 선왕의 도를 실행하지 않기 때문이다. 그래서 '착한 마음만으로는 정치를 제대로 할 수가 없고, 좋은 법만으로는 저절로 실행되지 않는다'고 말하는 것이다. 『시경』「대아」의 〈가락(假樂)〉에 이르기를, '허물도 짓지 않고 잊지도 않으니, 오롯하게 옛 법도를 따라서라네'라고 했다. 선왕의 법을 따르면서도 허물을 지은 자는 아직 없었다. 성인은 시력을 다 쓰면서도 이어 그림쇠와 곱자, 수준기와 먹줄 따위를 썼으므로 네모와 동그라미를 그리고 평평하게 긋거나 곧게 긋는 일을 넉넉하게 다 할 수 있었다. 또 청력을 다 쓰면서도 이어 여섯 가지 표준 음률을 썼으므로 다섯 음을 바로잡는 일을 넉넉하게 다 할 수 있었다. 마찬가지로 그 마음을 다하면서도 이어 남에게 모질게 하지 못하는 정치를 편다면, 어짊이 온 천하를 덮을 것이다. 그래서 흔히 '높게 쌓으려면 반드시 언덕에서 시작하고, 깊이 파려면 반드시 시내나 못에서 시작한다'고 했으니, 정치를 하면서 선왕의 도에서 시작하지 않는다면 지혜롭다고 할 수 있겠는가? 이런 까닭에 오로지 어진 이가 높은 자리에 있어야 한다. 어질지 못하면서 높은 자리에 있으면, 이는 그 해악을 뭇 사람에게 퍼뜨리는 것이다. 위에서는 도리로써 헤아리지 않고 아래에서는 법을 지키지 않으며, 조정에서는 도리를 믿지 않고 장인들은 도량형을 믿지 않으며, 관리는 올바름을 거스르고 백성은 형법을 어기는데도 나라가 보존된다면, 이는 순전히 요행이다. 그래서 '성곽이 온전하지 않고 무기와 갑옷이 많지 않은 것이 나라의 재앙은 아니다. 밭과 들이 개간되지 않고 재화가 모이지 않는 것이 나라의 재해가 아니다. 윗사람들이 예의가 없고 아랫사람들이 배운 게 없으면 나라를 해치는 백성이 일어나서 며칠 지나지 않아 나라는 망하게 된다'라고 했다. 『시경』「대아」의 〈판(板)〉에서 이르기를, '하늘이 자빠뜨리려 하는데, 그렇게 떠들어대지 말라'고 했다. 예예(泄泄)는 답답(沓沓)과 같다. 군주를 섬기면서 올바름이 없고, 나아가고 물러남에 예의가 없으며, 말을 할 때마다 선왕의 도를 헐뜯는 것이 '답답'과 같은 것이다. 그래서 '군주를 꾸짖고 나무라는 것을 삼가 받듦이라 하고, 좋은 것을 말해주어 삿됨을 막는 것을 지극함이라 하며, 우리 군주는 안 된다고 말하는 것을 해침이라 한다'고 했다."

注釋 이루(離婁)는 중국 고대 황제(黃帝) 때 사람으로, 눈이 아주 밝아서 백 걸음 밖의 털끝을 볼 수 있었다고 전한다. 공수자(公輸子)는 이름이 반(般)이며, 노(魯)나라 사람이다. 대체로 공자보다는 어리고 묵자보다는 나이가 많다고 하는데, 매우 교묘한 솜씨를 가진 장인으로서 초(楚)나라 혜왕(惠王)을 위해서 운제(雲梯)를 만들어 송(宋)나라를 공격하려고 했다가 묵자에 의해서 저지되었다고 한다. 규(規)는 그림쇠로, 원을 그리는 데 쓴다. 구(矩)는 곱자로, 네모를 그리는 데 쓴다. 사광(師曠)은 진(晉)나라 평공(平公) 때 음악을 맡은 태사(太師)로, 고대의 유명한 음악가다. 육률(六律)은 십이율(十二律) 가운데서 양(陽)의 소리에 속하는 음률로, 대나무를 잘라 대롱을 만들어서 이것으로 소리의 청탁과 고하를 분별한다. 황종(黃鐘) · 태주(大蔟) · 고선(姑洗) · 유빈(蕤賓) · 이칙(夷則) · 무역(無射) 등이다. 오음(五音)은 음계로서, 궁(宮) · 상(商) · 각(角) · 치(徵) · 우(羽)다. 문(聞)은 알려진 이름, 명망을 뜻한다. 도(徒)는 다만, ~만 등의 뜻이다. 건(愆)은 허물, 어기다는 뜻이다. 솔(率)은 따르다는 뜻이다. 장(章)은 법도, 제도를 뜻한다. 준(遵)은 좇다, 따라가다는 뜻이다. 기(旣)는 이미, ~한 뒤에를 뜻한다. 준(準)은 수평을 재는 수준기고, 승(繩)은 직선을 그릴 때 쓰는 먹줄이다. 부(覆)는 덮다, 널리 퍼지다는 뜻이다. 인(因)은 말미암다, 시작하다는 뜻이다. 파(播)는 퍼뜨리다는 뜻이다. 규(揆)는 법도, 법칙을 뜻한다. 소인(小人)은 백성을 가리킨다. 벽(辟)은 벽(闢)과 같으며, 새로 논이나 밭으로 만

들다는 뜻이다. 취(聚)는 모이다, 모으다는 뜻이다. 상(喪)은 나라를 잃다, 멸망하다는 뜻이다. 궐(蹶)은 자빠뜨리다, 엎다는 뜻이다. 예예((泄泄)는 많은 모양을 뜻하는데, 여기서는 쓸데없는 말이 많은 것을 가리킨다. 답답(沓沓)은 끓어 넘치는 것인데, 여기서는 말이 넘칠 듯이 많은 것을 가리킨다. 비(非)는 그르다 하다, 헐뜯다는 뜻이다. 난(難)은 꾸짖다, 나무라다는 뜻이다. 공(恭)은 삼가다, 삼가 받들다는 뜻이다. 진(陳)은 늘어놓다, 말하다는 뜻이다. 폐사(閉邪)는 임금에게 삿된 마음이 일어나지 않도록 막는 것을 뜻한다. 경(敬)은 사사로움이 없는 지극한 마음이다.

蛇足 맹자가 이루나 공수자 등을 거론한 것은 정치에서 반드시 기준으로 삼아야 할 법도의 필요성 때문인데, 그의 법도란 선왕의 도 즉 왕도다. 이에 대해 상앙은 선왕의 도란 객관적인 전범이 될 수 없고 탁월한 지혜와 덕성을 갖춘 군자라야 비로소 따를 수 있는 것이어서 정치의 전범으로 삼을 수 없다고 보았다. 그래서 그는 다음과 같이 말했다.

"지금 통치자들은 대개 법을 버리고 사사로운 논의를 따르는데, 이 때문에 나라가 어지럽다. 옛 제왕들은 저울을 만들고 잣대를 세웠는데, 지금까지 그것을 본받는 것은 그 표준이 명확해서다. 저울을 버려두고 무게를 재고 자를 버려두고 길이를 헤아리는 것은 비록 정확하다고 해도 상인들이 쓰지 않는다. 이는 늘 정확할 수 없기 때문이다. 법은 나라의 저울이다. 법도를 어기고 사사로이 의논하는 것은 모두 일을 유추할 줄 모르는 것이다. 법에 의거하지 않고서도 지혜와 능력, 현명함, 모자람 따위를 평가할 수 있었던 사람은 요임금뿐이다. 세상의 군주가 모두 요임금이 될 수는 없다."(『상군서』「수권(修權)」)

법도에 있어 맹자와 비슷하면서도 다른 게 묵자의 법도다. 묵자는 나라를 다스리는 법도로 '하늘'을 내세웠다. 즉, 하늘을 법도로 삼아야 한다고 했다. 그 이유는 다음과 같다.

"하늘의 운행은 광대하면서도 사사로움이 없고, 베푸는 은혜는 두터우면서도 공덕으로 내세우지 않으며, 그 밝음은 오래가면서도 사그라들지 않는다. … 하늘은 사람들이 서로 사랑하며 서로 이롭게 하는 것을 바라지, 사람들이 서로 미워하며 서로 해치는 것을 바라지 않는다. 하늘이 사람들이 서로 사랑하며 서로 이롭게 하는 것을 바라고, 사람들이 서로 미워하며 서로 해치는 것을 바라지 않는다는 것을 어떻게 아는가? 하늘이 모든 것을 사랑하고 이롭게 하는 것으로써 알 수 있다." (『묵자』「법의(法儀)」)

하늘에 대한 이런 묵자의 사유는 여기서 그치지 않고 결국 하늘을 실재적인 신과 같이 여기는 데로 나아갔으므로 맹자가 말하는 하늘과는 다른 함의를 갖는다고 할 수 있다. 겸애에 대해서도 그러하지만 이렇게 같으면서도 다른 면 때문에 맹자가 묵가를 그토록 경계했는지도 모른다.

또 맹자는 예의와 배움이 없으면 나라를 해치는 백성이 생긴다고 했다. 교화가 행해지지 않아서다. 그러나 상앙은 다르게 말했다. 상앙은 유가에서 중시하는 것들이 백성의 마음을 간사하게 만들어서 나라를 어지럽힌다고 했다. 백성의 마음을 순박하도록 해야만 농사에 힘을 다하고 전쟁에서도 죽음을 가벼이 여기는데, 그 순박함은 형벌과 포상을 적절하게 씀으로써 가능하다고 보았다.

7.2

孟子曰:"規矩, 方員之至也; 聖人, 人倫之至也. 欲爲君, 盡君道; 欲爲臣, 盡臣道. 二者皆法堯舜而已矣. 不以舜之所以事堯事君, 不敬其君者也; 不以堯之所以治民治民, 賊其民者也. 孔子曰, '道二, 仁與不仁而已矣.' 暴其民甚, 則身弑國亡; 不甚, 則身危國削. 名之曰, '幽厲.' 雖孝子慈孫, 百世不能改也. 詩云,

'殷鑒不遠, 在夏后之世.' 此之謂也."

맹자가 말했다.
"그림쇠와 곱자는 네모와 동그라미의 표준이다. 성인은 사람들이 어울려 사는 데 있어 표준이다. 참된 군주가 되고자 한다면 군주의 도리를 다해야 하고, 참된 신하가 되고자 한다면 신하의 도리를 다해야 한다. 이 두 가지는 모두 요와 순을 본받을 뿐이다. 순이 요를 섬긴 것처럼 군주를 섬기지 않는다면, 이는 군주에게 지극하지 않은 것이다. 요가 백성을 다스린 것처럼 백성을 다스리지 않는다면, 이는 백성을 해치는 것이다. 공자는 '길이 둘이니, 어짊과 어질지 못함뿐이다'라고 말했다. 백성에게 포악하게 구는 것이 심하면 제 몸은 죽고 나라는 망하며, 심하지 않으면 제 몸은 아슬아슬해지고 나라는 깎여나가게 된다. 그런 자에게는 '유(幽)'나 '여(厲)'라는 시호를 붙여주는데, 이렇게 되면 효성스럽고 자애로운 자손들이 나오더라도 백 세대가 지나도록 고칠 수 없다. 『시경』 「대아」의 〈탕(蕩)〉에서 '은나라가 거울로 삼아야 할 것은 멀리 있지 않으니, 바로 하나라 임금이 다스리던 때로다'라고 했으니, 이를 두고 한 말이다."

注釋 지(至)는 극(極)과 같이 궁극, 지극한 것을 뜻하는데, 여기서는 표준을 가리킨다. 인륜(人倫)은 사람들이 어울려 살면서 지켜야 할 떳떳한 도리를 뜻한다. 법(法)은 본받다는 뜻이다. 포(暴)는 사납다, 모질게 굴다는 뜻이다. 시(弑)는 자식이 부모를 또는 신하가 임금을 죽이는 것을 뜻한다. 삭(削)은 깎이다는 뜻이다. 유(幽)는 어둡다는 뜻인데, 시호로는 "꽉 막혀서 통하지 않는 자"를 가리킨다. 여(厲)는 사납다, 몹시굴다는 뜻인데, 시호로는 "죄 없는 자를 죽이는 자"를 가리킨다. 유와

여를 시호로 쓴 이로는 주 왕조의 유왕(幽王)과 여왕(厲王)이 대표적이다. 감(鑒)은 자신을 돌아보게 하는 거울을 뜻한다.

蛇足 맹자가 성인을 표준이라고 한 것은 그의 말과 행동이 어짊과 올바름을 잘 구현했기 때문이다. 그러나 상앙은 성왕조차 올바름을 중시하지 않고 법을 중시했다고 했다. 법이 명확하고 명령이 시행되기만 하면, 그것으로 충분하기 때문이다. 맹자와 상앙이 옛 성인을 바라본 시선이 아주 달랐음을 알 수 있다. 이는 백성을 중시하느냐 군주를 중시하느냐에서 말미암은 것이다.

"옛날에 천하를 제어할 수 있었던 자는 반드시 먼저 자기 백성을 제어했고, 강한 적을 이길 수 있었던 자는 반드시 먼저 그 백성부터 이겼다. 백성을 이기는 근본은 백성을 제어하는 데 있다. 이는 마치 대장장이가 쇠를 다루고 도공이 흙을 빚는 것과 같다."(『상군서』「획책」)

7.3

孟子曰: "三代之得天下也以仁, 其失天下也以不仁. 國之所以廢興存亡者亦然. 天子不仁, 不保四海; 諸侯不仁, 不保社稷; 卿大夫不仁, 不保宗廟; 士庶人不仁, 不保四體. 今惡死亡而樂不仁, 是猶惡醉而强酒."

맹자가 말했다.

"하·은·주 세 왕조가 천하를 얻은 것은 어짊 덕분이었고, 세 왕조가 천하를 잃은 것은 어질지 못해서였다. 나라가 기울거나 일어나거나 존속하거나 멸망하는 것 또한 그러하다. 천자가 어질지 못하면 천하를 지키지 못하고, 제후가 어질지 못하면 사직을 지키지 못하며, 경이나 대부가 어질지 못하면 사당을 지키지 못하고, 선비가 어질지 못하면 제 몸을 지키지 못한다. 이제 죽거나 망하는 것을 싫어하면서도 어질지 못한 짓을 즐겨 하는데, 이는 취하는 걸 싫어하면서도 억지로 술을 마시는 것과 같다."

注釋 종묘(宗廟)는 경(卿)이나 대부(大夫)가 채읍을 가진 뒤에야 둘 수 있는 것이므로, 여기서는 채읍이나 가문을 상징적으로 나타낸다. 서인(庶人)은 사(士) 계층의 사람들을 가리키는 것으로 풀었다. 백성에 대해서는 민(民)이라 하기 때문이다. 오(惡)는 싫어하다는 뜻이다. 낙(樂)은 즐겨 하다는 뜻이다. 강(强)은 억지로 하다는 뜻이다.

蛇足 상앙은 이렇게 말했다.

"지금 세상에는 교묘한 언사가 넘치고 백성이 방탕하니, 바야흐로 탕왕과 무왕을 본받아야 할 때다. 그럼에도 군주들은 신농씨의 일을 행하면서 무력 사용을 금하자는 속된 견해를 따르고 있다. 그래서 전차 천 대의 나라가 헤매고 어지러워졌으니, 이는 힘써야 하는 것을 소홀히 했기 때문이다."(『상군서』「산지」)

상앙이 말한 속된 견해에는 맹자의 왕도와 묵자의 비전론이 곧바로 해당된다. 그런데 상앙이 탕왕과 무왕에게서 본받은 것은 전쟁으로써 폭군을 제거한 일이다. 이는 옳은 견해다. 아무리 맹자가 탕왕과 무왕을 어진 군주로 높이더라도 그들이 전쟁을 통해서 천하를 바로잡은 사실만은 변함이 없다. 그 때문에 상앙이 백성을 제어하여 전쟁에 나아가서도 죽음을 가벼이 여기도록 형벌을 엄중하게 시행하고 포상을 적절하게 내려야 한다고 했던 것이다. 거기서 왕노릇할 수 있는 길이 열린다고 보았기 때문이다.

"백성이 용감하면 전쟁에서 이기고, 백성이 용감하지 못하면 전쟁에서 진다. 백성이 전쟁에 전심전력하도록 할 수 있으면 백성은 용감해지고, 백성이 전쟁에 전심전력하도록 하지 못하면 백성은 용감해지지 않는다. 성왕들은 천하에 왕노릇하는 것이 전쟁을 통해서만 가능하다는 것을 알았기 때문에 온 나라의 백성이 전쟁에 나서도록 몰아붙였다.” (『상군서』「획책」)

물론 상앙도 전쟁으로 폭군을 몰아낸 뒤에는 어진 정치를 펴야 한다고 말했다. 문제는 정책의 변경은 쉬우나 풍속의 변화를 꾀하기는 참으로 어렵다는 데에 있다. 진 제국의 패망이 이를 입증해준다. 한 제국이 초기에 백성들을 느슨하게 풀어주는 정책을 편 이유도 여기에 있다. 그나마 그게 통한 것은 진 제국이 멸망했기 때문이었다.

7.4

孟子曰: “愛人不親, 反其仁; 治人不治, 反其智; 禮人不答, 反其敬. 行有不得者皆反求諸己, 其身正而天下歸之. 詩云, ‘永言配命, 自求多福.’”

맹자가 말했다.

“아껴주는데도 가까워지지 않으면 내가 어진지를 돌아보고, 다스리는데도 다스려지지 않으면 내가 지혜로운지를 돌아보며, 예의로써 대하는데도 알맞게 대접받지 못하면 내가 지극한지를 돌아보아야 한다. 나의 행동이 그에 걸맞은 결과를 불러오지 못하면 언제나 자신을 돌아보며 그 까닭을 찾아야 할 것이니, 내 몸이 바르면 천하 사람이 나에게 돌아오리라. 『시경』 「대아」의 〈문왕(文王)〉에서는 ‘길이길이 하늘의 뜻과 함께하니, 스스로 많은 복을 구하도다’라고 했다.”

注釋 반(反)은 되돌아보다는 뜻이다. 답(答)은 알맞게 대하다는 뜻

이다. 부득자(不得者)는 앞의 행(行)으로써 적절한 결과를 얻지 못한 것을 이른다. 저(諸)는 지어(之於)와 같다. 영(永)은 장(長)과 같으며, 길이길이, 오래도록을 뜻한다. 배명(配命)은 천명 곧 하늘의 뜻과 짝하다는 뜻으로, 하늘의 뜻에 맞게 행동하는 것을 이른다.

蛇足 '극기복례(克己復禮)'를 맹자는 자기 방식으로 풀었다. 철저하게 자신을 돌아보면서 덕을 기르고 지혜를 갖추려 애써야 한다. 상대가 내 마음을 몰라줄 때도 나를 돌아보고, 지극한 마음으로 정치를 하는데도 다스려지지 않을 때 역시 나를 돌아보는 것, 이것은 평범한 사람이라도 할 수 있는 일이다. 다만 한결같이 그렇게 해야 하기 때문에 어려운데, 어렵기는 하지만 역시 사람이 할 수 있는 일이다. 내가 아껴주자 내 진심을 알고 가까이하는 것, 내가 다스리자 잘 다스려지는 것, 예의를 갖추자 곧바로 알맞은 대접을 받는 것, 그게 어디 쉬운 일인가. 쉽지 않은 일을 쉽게 하려는 데서 일은 이미 어긋나기 시작했음을 알아야 한다. 또 먼저 해야 할 일을 지극하게 하지 않고서 섣불리 결과를 바라서도 안 된다. 이런 뜻이 이미 '극기' 안에 담겨 있다.

7.5

孟子曰: "人有恒言, 皆曰, '天下國家.' 天下之本在國, 國之本在家, 家之本在身."

맹자가 말했다.
"사람들이 늘 하는 말이 있으니, 모두 '천하, 나라, 집안'을 말한다. 천하의 근본은 나라에 있고, 나라의 근본은 집안에 있고, 집안의 근본은 내 몸에 있다."

注釋 항언(恒言)은 늘 하는 말을 뜻한다. 천하(天下)는 천자가 다스리는 영역이고, 국(國)은 제후가 다스리는 영역이며, 가(家)는 대부가 다스리는 영역이고, 신(身)은 세습 영지가 없는 사(士)를 가리킨다.

蛇足 맹자가 제후들 앞에서도 그토록 호기로울 수 있었던 것은 자신을 바로잡아 어떤 유혹에도 흔들리지 않을 수 있었기 때문이다. 부국강병의 방도를 구하는 제후에게 왕도야말로 이 시대를 구할 수 있는 유일한 길이라는 주장을 굽히지 않는 것은 '나'를 돌아보고 '나'로부터 시작하면 얼마든지 천하를 다스릴 수 있다는 것을 그 자신이 직접 경험했기 때문이다. 한낱 백수인 그도 제후들로부터 환대를 받지 않았는가. 아무런 벼슬이 없는 그에게도 따르는 제자들이 있지 않은가. 만약 한 나라의 군주가 자신을 돌아보기 시작한다면, 그 효과는 얼마나 클 것인가.

7.6

孟子曰: "爲政不難, 不得罪於巨室. 巨室之所慕, 一國慕之; 一國所慕, 天下慕之. 故沛然德教溢乎四海."

맹자가 말했다.
"정치를 한다는 건 어렵지 않으니, 대대로 높은 벼슬을 해온 집안에 죄를 짓지 않는 것이다. 대대로 높은 벼슬을 해온 집안이 우러러 받드는 것은 한 나라가 우러러 받들고, 한 나라가 우러러 받드는 것은 천하가 우러러 받든다. 그래서 덕에 의한 가르침이 거세게 흘러 온 천하에 넘실거리게 된다."

注釋 거실(巨室)은 대가(大家)와 같으며, 경이나 대부의 집안을 가

리킨다. 여기서는 대대로 높은 벼슬을 할 만큼 현명함과 덕성을 갖춘 집안이라는 뜻으로 쓰였다. 모(慕)는 우러러 받들다, 따르다는 뜻이다. 패연(沛然)은 물이 줄기차게 흘러내리는 모양이다. 일(溢)은 넘치다, 넘실대다는 뜻이다.

蛇足 맹자는 왜 대대로 높은 벼슬을 해온 집안을 높였던 것일까? 물론 오래도록 가문을 유지하면서 높은 벼슬을 이어가기 위해서는 대대로 현명하고 덕이 있는 이가 그 집안에서 나고 자라야만 한다. 이는 곧 집안에서 교육이 제대로 이루어지고 있음을 의미한다. 오래되었다면 세상이 알고 일컬을 만한 가풍(家風)이 확고하게 자리 잡았을 것임은 두말할 필요가 없다. 그런 가풍을 확장하면 그대로 국풍(國風)이 된다. 교화를 중시하고 수신제가치국평천하를 외치는 유가라면 어찌 그런 가풍을 이어가는 가문을 소홀히 할 수 있겠는가? 문득 경주의 최부잣집이 떠오른다. 그 집안에는 육훈(六訓)이 있다. 널리 알려져 있지만, 한 번 더 쓴다.

첫째, 과거를 보되 진사 이상 벼슬을 하지 마라.
둘째, 만 석 이상의 재산은 사회에 환원하라.
셋째, 흉년기에는 땅을 늘리지 말라.
넷째, 과객을 후하게 대접하라.
다섯째, 주변 100리 안에 굶어 죽는 사람이 없게 하라.
여섯째, 시집 온 며느리는 3년간 무명옷을 입어라.

7.7

孟子曰: "天下有道, 小德役大德, 小賢役大賢; 天下無道, 小役大, 弱役强. 斯二者, 天也. 順天者存, 逆天者亡. 齊景公曰, '旣不能令, 又不受命, 是絶物也.' 涕出而女於吳. 今也小國師大國而恥受命焉, 是猶弟子而恥受命於先師也. 如恥之, 莫若師文王. 師文王, 大國五年, 小國七年, 必爲政於天下矣. 詩云, '商之孫子, 其麗不億. 上帝旣命, 侯于周服. 侯服于周, 天命靡常. 殷士膚敏, 祼將于京.' 孔子曰, '仁不可爲衆也. 夫國君好仁, 天下無敵.' 今也欲無敵於天下而不以仁, 是猶執熱而不以濯也. 詩云, '誰能執熱, 逝不以濯?'"

맹자가 말했다.

"세상에 도가 있으면, 덕이 적은 이가 덕이 많은 이에게 부려지고 덜 똑똑한 이가 더 똑똑한 이에게 부려진다. 그러나 세상에 도가 없으면, 작은 것이 큰 것에게 부려지고 약한 자가 강한 자에게 부려진다. 이 두 가지는 하늘의 이치다. 하늘의 뜻을 따르면 존속하고, 하늘의 뜻을 거스르면 멸망한다. 제나라 경공이 말하기를, '명령을 내리지도 못하면서 또 남의 명령을 받지도 않는다면, 이는 관계를 끊는 것이다'라고 하면서 눈물을 흘리며 딸을 오나라에 시집보냈다. 요즘에는 작은 나라가 큰 나라를 본받으려 하면서도 그 명령을 받는 걸 부끄러워하는데, 이는 제자가 스승의 명령을 받드는 일을 부끄러워하는 것과 같다. 만약 그걸 부끄러워한다면, 이는 문왕을 본받는 것만 못하다. 문왕을 본받는다면, 큰 나라는 5년, 작은 나라는 7년이면 반드시 천하에 바른 정치가 펴질 것이다.『시경』「대아」의 〈문왕〉에서는, '상나라의 자손들, 그 수가 어찌 십만에서 그치랴. 상제께서 명을 내리시니, 주나라에 복종할 따름이라. 주나라에 복종하니, 천명은 고정된 게 아니라네. 빼어나고 재바른 은나라 선비들, 주나라 서울에서 울창주 부으며 강신제를 돕는다네'라고 했다. 공자는 '어진 이는 많은 사람을 거느릴 필요가 없다. 그 나라 군주가 어짊을 좋아하면 천하에 맞설 자가 없다'라고 말했다. 이제 천하에 자기에게 맞설 자가 없기를 바라면서 어짊으로써 다스리지 않으니, 이는 뜨거운 것을 쥐고는 찬물로 식히지 않는 것과 같다. 『시경』「대아」의 〈상유(桑柔)〉에서는 '누가 뜨거운 것을 쥐고도 찬물로 식히지 않으랴?'라고 했다."

注釋 체(涕)는 눈물을 흘리며 울다는 뜻이다. 여(女)는 가(嫁)와 같으며, 시집가다, 시집보내다는 뜻이다. 제나라 경공의 일은 『설원(說苑)』「권모(權謀)」편에 나온다. "제나라 경공이 자기 딸을 오나라 합려(闔廬)에게 시집보낼 때 교외에서 떠나보내는데, 울면서 말했다. '내가 죽을 때까지 너를 보지 못하겠구나!' 그러자 고몽자(高夢子)가 말했다. '제나라는 바다를 등지고 산도 있습니다. 설령 천하를 다 차지할 수는 없다고 할지라도 누가 우리를 막겠습니까? 임금께서 따님을 아끼신다면, 보내지 마십시오.' 경공이 말했다. '나는 제나라와 같이 견고한 땅을 가지고 있지만, 제후들을 제대로 호령하지 못하고 있다. 그런데 또 제후들의 요구를 들어주지 못한다면, 이는 혼란을 부추기는 짓이다. 과인이 들으니, 명령을 내릴 수 없다면 차라리 남을 따르는 것이 낫다고 했다. 게다가 오나라는 지독한 벌의 침과 같아서 그 독침을 어딘가로 쏘지 않으면 스스로 견디지 못하는 나라다. 나는 그 독침을 나에게 쏘지 않을까 겁이 난다.' 그리고는 드디어 딸을 보냈다." 사(師)는 본받다, 섬기다는 뜻이다. 막약(莫若)은 ~하는 것만 못하다, ~하는 것이 낫다는 뜻이다. 려(麗)는 수(數)와 같으며, 수효를 뜻한다. 억(億)은 고대의 숫자로서 십만(十萬)을 뜻한다. 후(侯)는 별다른 뜻이 없다. 미(靡)는 없다, 아니다는 뜻이다. 상(常)은 정해진 것을 뜻한다. 부(膚)는 아름답다, 훌륭하다는 뜻이다. 민(敏)은 재바르다는 뜻이다. 관(祼)은 강신제 지내다는 뜻으로, 신령의 강림을 바라서 검은 기장으로 만든 울창주(鬱鬯酒)를 땅에 뿌리는 일을 가리킨다. 장(將)은 제물을 차리거나 제례를 행

하는 일을 뜻한다. 경(京)은 주 왕조의 도읍인 호경(鎬京)으로, 지금의 섬서성(陝西省) 장안시(長安市)에 해당한다. 적(敵)은 맞서다, 대적하다는 뜻이다. 집(執)은 잡다는 뜻이다. 열(熱)은 덥다, 뜨겁다는 뜻이다. 탁(濯)은 씻다는 뜻인데, 여기서는 식히다는 의미로 쓰였다. 서(逝)는 별다른 뜻이 없다.

蛇足 맹자는 여기서 난세에 작은 나라가 어떻게 처신할 것인지에 대한 나름의 처방을 내놓았다. 그것은 "세상에 도가 없으면, 작은 것이 큰 것에게 부려지고 약한 자가 강한 자에게 부려지는" 하늘의 이치에 근거한 것이다. 전국시대의 상황 자체가 그러하기도 했다. 작고 약한 나라는 크고 강한 나라의 압박이 아무리 싫어도 당장에는 감내해야만 한다. 물론 거기서 그치지 않고 힘을 기를 수 있는 장구한 계책을 아울러 세워야 한다. 그 계책의 핵심은 민심을 얻는 일이다. 상앙도 말했듯이 백성은 이익을 좋아하는 성품을 갖고 있어서 수치와 굴욕, 수고, 고통은 싫어하고, 존귀, 영화, 안일, 쾌락 따위를 힘써 구한다. 어진 정치라야 백성이 방탕하고 음란한 데로 흐르지 않도록 하면서 바라는 것을 얻게 해줄 수 있다. 이를 위해서는 군주와 신하들이 솔선수범해야 한다는 전제가 있다. 맹자를 만난 제후나 대신들이 왕도를 꺼린 데에는 이 전제를 충족시켜야 한다는 버거움도 작용했을 것이 분명하다. 즉 스스로 누리던 것들을 버려야 하는 일이니, 어찌 쉽게 마음을 움직일 수 있겠는가? 그러나 백성을 존귀하게 만들고 영화롭게 해주며 편안하고 즐겁게 해주려면, 군주와 신하들이 노심초사하며 힘들어야 한다. 이것은 군주 정치의 원리로서, 상앙조차 인식하고 있었던 것이다.

7.8

孟子曰: “不仁者可與言哉? 安其危而利其菑, 樂其所以亡者. 不仁而可與言, 則何亡國敗家之有? 有孺子歌曰, ‘滄浪之水淸兮, 可以濯我纓; 滄浪之水濁兮, 可以濯我足.’ 孔子曰, ‘小子聽之! 淸斯濯纓, 濁斯濯足矣, 自取之也.’ 夫人必自侮, 然後人侮之; 家必自毁, 而後人毁之; 國必自伐, 而後人伐之. 太甲曰, ‘天作孽, 猶可違; 自作孽, 不可活,’ 此之謂也.

맹자가 말했다.

“어질지 않은 자와 함께 말할 수 있겠는가? 그는 위태로운데도 편안하다 여기고 재앙을 이롭게 여겨서 망할 짓을 즐겨 하는 자다. 어질지 않은데도 함께 말을 나눌 수 있다면, 어찌 나라가 망하고 집안이 무너지는 일이 일어나겠는가? 아이들의 노래에 ‘창랑의 물이 맑도다, 내 갓끈을 씻을 수 있겠구나! 창랑의 물이 흐리도다, 내 발을 씻을 수 있겠구나!’라는 게 있다. 공자는 ‘너희는 저 노래를 잘 들어보아라! 맑으면 갓끈을 씻고 흐리면 발을 씻는다 하니, 이는 물이 스스로 취한 것이다’라고 말했다. 무릇 사람은 반드시 스스로 자신을 업신여긴 뒤에야 남이 업신여기고, 집안은 반드시 스스로 망친 뒤에야 남들이 망치며, 나라는 반드시 안에서 서로 친 뒤에야 남이 친다. 『상서』 〈태갑〉에서는 ‘하늘이 내린 재앙은 오히려 피할 수 있으나, 스스로 만든 재앙은 피할 수 없도다’라고 했으니, 이를 두고 한 말이다.”

注釋 재(菑)는 재(災)와 같으며, 재앙을 뜻한다. 소이(所以)는 까닭, 이유 등을 나타낸다. 유자(孺子)는 어린아이를 뜻한다. 창랑(滄浪)은 푸르른 물을 뜻하는데, 고유명사로 보아서 한수(漢水)라 하거나 한수의

지류라고도 하며 또는 호북성(湖北省) 균현(均縣)의 북쪽에 있는 지명이라고도 한다. 여기서는 한수로 보고 풀이했다. 영(纓)은 갓끈을 뜻한다. 탁(濁)은 흐리다, 더럽다는 뜻이다. 소자(小子)는 제자나 손아랫사람을 일컫는 말이다. 사(斯)는 즉(則)과 같다. 취(取)는 고르다, 얻다는 뜻이다. 모(侮)는 깔보다, 업신여기다는 뜻이다. 얼(孽)은 재앙을 뜻한다. 위(違)는 피하다, 달아나다는 뜻이다. 활(活)은 살다, 살아나다는 뜻인데, 여기서는 재앙을 피해서 살아남다는 말맛을 담고 있다.

蛇足 어질지 않은 자는 왜 위태로운데도 편안하다 여기고 재앙을 이롭게 여겨서 망할 짓을 즐겨 할까? 어질지 않은 것은 곧 지혜롭지 못한 것이다. 어질다면 지혜롭다. 어짊과 지혜는 함께하는 것이기 때문이다. 공자가 "어진 자는 어짊을 편안하게 여기고, 아는 자는 어짊을 이롭게 여긴다"(『논어』「리인」)고 말한 데서 아주 잘 표현되어 있다. 어짊이 얼마나 이로운지, 얼마나 편안한지를 모르는 자는 어질게 되려 애쓰지 않는다. 안다면, 어질게 되려 한다. 어질지 않기 때문에 어리석고, 어리석기 때문에 위태로움을 편안하게 여기거나 재앙을 이롭게 여기다가 끝내 자신을 망치는 것이다.

어질지 않은 자라고 해서 버려두어서는 안 된다. 태평한 시절에도 어진 자는 많지 않다. 하물며 혼란한 시대에는 오죽하겠는가? 그럼에도 맹자가 제후들을 찾아다닌 것은 어진 군주나 신하들이 있다면 말을 나눌 수 있을 것이고, 말을 나눌 수 있다면 왕도를 펴는 일이 그리 어렵지만은 않을 것이라 여겼기 때문이다. 물론 맹자가 뜻한 대로 된 일은 없지만, 그는 자신이 할 일을 다했다. 진인사대천명(盡人事待天命)! 그것이 선각자가 아니라도 군자라면 반드시 해야 할 책무였던 것이다.

7.9

孟子曰: "桀紂之失天下也, 失其民也; 失其民者, 失其心也. 得天下有道, 得其民, 斯得天下矣. 得其民有道, 得其心, 斯得民矣. 得其心有道, 所欲與之聚之, 所惡勿施爾也. 民之歸仁也, 猶水之就下 · 獸之走壙也. 故爲淵敺魚者, 獺也; 爲叢敺爵者, 鸇也; 爲湯武敺民者, 桀與紂也. 今天下之君有好仁者, 則諸侯皆爲之敺矣. 雖欲無王, 不可得已. 今之欲王者, 猶七年之病求三年之艾也. 苟爲不畜, 終身不得. 苟不志於仁, 終身憂辱, 以陷於死亡. 詩云, '其何能淑, 載胥及溺!' 此之謂也.

맹자가 말했다.

"걸과 주가 천하를 잃은 것은 그 백성을 잃었기 때문이니, 백성을 잃은 것은 백성의 마음을 잃은 것이다. 천하를 얻는 데에는 길이 있으니, 백성을 얻으면 천하를 얻는다. 백성을 얻는 데에도 길이 있으니, 백성의 마음을 얻으면 백성을 얻는다. 백성의 마음을 얻는 데에도 길이 있으니, 그들이 바라는 것을 주어서 모이게 하고 그들이 싫어하는 것은 하지 않는 것뿐이다. 백성이 어진 이에게 돌아가는 것은 마치 물이 아래로 흐르고 짐승들이 너른 들판을 내달리는 것과 같다. 그러므로 못에서 물고기를 몰아주는 것은 수달이고, 숲속에서 참새들을 몰아주는 것은 새매고, 탕왕과 무왕을 위해서 백성을 몰아주는 자는 걸과 주다. 이제 천하의 군주 가운데서 어짊을 좋아하는 이가 있다면, 제후들은 모두 그를 위해 백성을 몰아줄 것이다. 그렇게 되면 비록 천하의 왕으로 군림하고 싶지 않더라도 그렇게 하지 않을 수가 없다. 지금 천하의 왕으로 군림하려는 것은 7년 묵은 병에 쓸 3년 묵은 쑥을 구하는 것과 같다. 미리 쑥을 쌓아두지 않는다면, 죽을 때까지도 얻지 못할 것이다. 참으로 어젊에 뜻을 두지 않는다면, 죽을 때까지 걱정하며 치욕을 당하다가 죽거나 망하게 될 것이다. 『시경』 「대아」의 〈상유(桑柔)〉에서 '그게 어찌 좋다고 할 수 있으랴, 서로 함께 빠져 죽을 텐데!'라고 했으니, 이를 두고 한 말이다."

注釋 걸(桀)은 하(夏)나라의 마지막 왕이고, 주(紂)는 은(殷)나라의 마지막 왕으로, 둘 다 폭군으로 널리 알려져 있다. 사(斯)는 즉(則)과 같다. 취(聚)는 모으다, 모이다는 뜻인데, 여기서는 쌓다, 쌓이게 하다는 말맛이 있다. 광(壙)은 들판을 뜻한다. 연(淵)은 못을 뜻한다. 구(敺)는 몰다는 뜻의 구(驅)와 같다. 달(獺)은 수달을 뜻한다. 총(叢)은 숲을 뜻한다. 작(爵)은 작(雀)과 같으며, 참새를 뜻한다. 전(鸇)은 맷과에 속하는 새매다. 탕(湯)은 걸을 죽이고 상나라를 세운 왕이고, 무(武)는 주를 죽이고 주나라를 세운 무왕(武王)이다. 이(已)는 그치다, 그만두다는 뜻이다. 애(艾)는 쑥을 뜻한다. 쑥은 뜸을 놓는 데에 쓰이는데, 오래될수록 좋다고 한다. 축(畜)은 쌓다, 모으다는 뜻이다. 우(憂)는 걱정하다는 뜻이다. 욕(辱)은 영금을 보다는 뜻인데, 치(恥)는 제 홀로 부끄러움을 느끼는 것이고, 욕은 남으로부터 따끔하게 당하는 것이다. 함(陷)은 나쁜 데에 빠지다, 떨어지다는 뜻인데, 여기서는 어떤 지경에 이르렀다는 말맛을 담고 있다. 숙(淑)은 선(善)과 같으며, 좋다는 뜻이다. 재(載)는 별다른 뜻이 없다. 서(胥)는 상(相)과 같고, 급(及)은 여(與)와 같다. 익(溺)은 물에 빠지다는 뜻이다.

蛇足 앞서 7.7의 사족에서 말한 것을 맹자가 더욱 분명하게 언급하고 있다. "백성의 마음을 얻는 데에도 길이 있으니, 그들이 바라는 것을 주어서 모이게 하고 그들이 싫어하는 것은 하지 않는 것뿐이다"라는 게 그것이다. 이를 상앙의 견해와 견주면, 상앙은 바라는 것을 주되 넉넉하게 주지 않고 싫어하는 것은 형벌로써 하게 한다는 점에서 차이가 있

다. 이른바 중형경상(重刑輕賞)이다. 상앙도 비록 천하의 백성을 이롭게 해주는 것을 표방하지만, 과연 목적을 위해서는 어떠한 수단이나 방법도 정당화될 수 있는 것일까? 그리고 목적지향적인 것이 정치인가? 정치란 과정이어야 하는 것이 아닌가?

"나라가 가난해도 전쟁에 힘쓰면, 나라를 해치는 독소가 적에게서는 생겨나고 나라 안에서는 여섯 가지 좀이 없어져서 반드시 강해진다. 나라가 부유해도 전쟁을 하지 않으면, 나라 안에서는 안일을 도모하는 풍조가 생겨 여섯 가지 좀이 생겨나서 그 나라는 반드시 약해진다. 나라가 전공에 따라 관직과 작위를 주면, 이를 '지모(知謀)를 풍성하게 하고 또 용감하게 싸우도록 만든다'고 한다. 지모가 풍성해지고 용감하게 싸우는 이런 나라는 반드시 천하무적이 된다."(『상군서』「근령」)

맹자가 말한 '7년 묵은 병'은 전국시대에 깊어진 전란과 혼란을 이른다. 이에 대해서는 상앙도 동의할 것이다. 그렇다면, 상앙의 변법이 그 병을 고칠 '3년 묵은 쑥'을 구하는 방법일까? 묵은 병을 낫게 해준다고 하더라도 후유증은 없을까?

7.10

孟子曰: "自暴者, 不可與有言也; 自棄者, 不可與有爲也. 言非禮義, 謂之自暴也; 吾身不能居仁由義, 謂之自棄也. 仁, 人之安宅也; 義, 人之正路也. 曠安宅而弗居, 舍正路而不由, 哀哉!"

맹자가 말했다.
"자기 자신을 해치는 자와는 함께 말할 게 없고, 자기 자신을 버리는 자와는 함께 할 일이 없다. 예의에 맞지 않고 올바르지 않은 말을 하는 것, 이를 '자기 자신을 해치는 짓'이라 한다. 내 몸은 어짊에 머물 수 없고 올바름을 따를 수 없다고 하는 것,

이를 '자기 자신을 버리는 짓'이라 한다. 어짊은 사람이 편안하게 살 집이고, 올바름은 사람이 가야 할 바른 길이다. 편안한 집을 비워둔 채 살지 않고 바른 길을 버려두고 따르지 않으니, 슬프도다!"

注釋 포(暴)는 사납다, 모질게 굴다는 뜻이다. 비(非)는 그르치다, 헐뜯다는 뜻이다. 유(由)는 따르다, 좇다는 뜻이다. 광(曠)은 비다, 비어두다는 뜻이다. 불(弗)은 불(不)과 같다. 사(舍)는 사(捨)와 같다.

蛇足 오늘날 우리나라는 OECD 국가들 가운데서 자살률이 가장 높다. 청소년들에서 노인층에 이르기까지 자살률이 두루 높다는 것은 그만큼 우리 사회가 깊은 병증이 시달리고 있음을 말해준다. 이는 단박에 고칠 수 있는 게 아니다. 그 병증이 오래 묵은 것만큼이나 오랜 기간을 통해서 천천히 그리고 근원적으로 치유할 수 있는 길을 찾아야 한다. 그럼에도 정부는 경제성장을 외치고 1인당 국민소득 4만 달러를 달성하겠다는 헛발질이나 해대고 있으며, 국민들은 서로 제 몫을 챙기는 데에 여념이 없다. 그러고서도 자포자기하는 이들이 속출하는 이 세태를 바로잡을 수 있을까? 천만에!

경쟁만으로는 서로 고립될 수밖에 없고 결국 자포자기하는 이들이 더 많아질 수밖에 있다는 것, 결과보다 더 중요한 것은 과정 자체를 즐길 줄 알아야 하며 이것이 참된 삶의 모습이라는 것, 나 혼자 잘 사는 길은 없으며 함께 잘 살아야만 개인적인 행복도 더 커지고 지속된다는 인식 등을 공유할 수 있는 풍조가 되어야 한다. 그런데 이는 먼저 정치가들이나 지식인들이 솔선수범해야 가능하다. 누구보다 권세나 이익, 명예를 잘 얻을 수 있는 위치에 있는 이들이 먼저 나서서 나보다 남을 위하고 아낄 줄 아는 마음, 옳고 그름을 명확하게 가려내서 옳은 길을 가는 곧고 올바른 마음을 지니고 살아야만 전체의 행복과 조화를 이루기가 한결 수월해진다.

맹자가 자포자기한다고 비판한 대상은 바로 백성들 위에서 군림하는 자들이었다. 맹자가 어짊과 올바름을 주창하면서 왕도만이 살길이라고 했을 때, 군주들은 "옳은 말이지만 나로서는 그렇게 하기가 벅차오"라고 말했고, 신하들은 "참으로 시세에 어둡구려! 그래서야 언제 부국강병을 이룰 수 있겠소?"라고 도리어 타박했다. 그런 군주들과 신하들이 예의를 버리고 어짊과 올바름을 내팽개친 것을 두고 '자포자기했다'고 말한 것이다. 그들의 자포자기는 작게는 자신들을 해치는 것이지만, 크게는 나라를 망치고 백성들을 해치는 데까지 이른다. 이것이 어찌 그때의 군신들에게만 해당되는 것이겠는가?

7.11

孟子曰: "道在邇而求諸遠, 事在易而求諸難. 人人親其親 · 長其長, 而天下平."

맹자가 말했다.
"길이 가까이 있는데도 먼 곳에서 찾고, 일이 쉬운데도 어렵게 하려 한다. 사람들마다 제 어버이를 어버이로서 모시고 어른을 어른으로 대접한다면 천하는 화평해지리라."

注釋 이(邇)는 가깝다는 뜻이다. 저(諸)는 지어(之於)다. 이(易)는 쉽다는 뜻이다.

蛇足 예나 이제나 맹자를 비판하는 자들이 한결같이 하는 말이 "맹자는 너무 우활하다!"거나 "너무 이상주의적이다!"는 것이다. 우활하다는 것은 사리에 어둡고 세상 물정을 모른다는 뜻인데, 과연 맹자가 사

리에 어둡고 세상 물정을 몰랐을까? 그리고 이상주의라는 게 또 무엇인가? 너무도 뜻이 높고 커서 도저히 미칠 수 없으므로 관념으로만 가능한 것을 이르는 말이 아닌가? 그렇다면, 지금 여기서 당장에 할 수 있는 것부터 하라고 한 맹자가 과연 이상주의에 빠진 인물인가? 맹자는 공자와 마찬가지로 가장 가까운 데서, 가장 먼저 해야 할 일에서 시작하라고 한다. 가까운 이를 내팽개치고서 대체 남을 위해 또 천하를 위해 무슨 일을 꾀할 수 있겠는가? 늘 가까운 이를 먼저 즐겁게 해주고 기쁘게 해주라! 이것이 유가 사상의 처음이자 끝이다.

7.12

孟子曰: "居下位而不獲乎上, 民不可得而治也. 獲於上有道, 不信於友, 弗獲於上矣. 信於友有道, 事親弗悅, 弗信於友矣. 悅親有道, 反身不誠, 不悅於親矣. 誠身有道, 不明乎善, 不誠其身矣. 是故誠者, 天之道也; 思誠者, 人之道也. 至誠而不動者, 未之有也; 不誠, 未有能動者也."

맹자가 말했다.

"아랫자리에 있으면서 윗사람의 마음을 얻지 못하면 백성을 다스릴 수가 없다. 윗사람의 마음을 얻는 데에는 길이 있으니, 벗에게서 믿음을 얻지 못하면 윗사람의 마음을 얻지 못한다. 벗에게서 믿음을 얻는 데에도 길이 있으니, 어버이를 섬겨 기쁘게 하지 못하면 벗에게서 믿음을 얻지 못한다. 어버이를 기쁘게 하는 데에도 길이 있으니, 자신을 돌이켜보아 성스럽게 하지 못하면 어버이를 기쁘게 하지 못한다. 자신을 성스럽게 하는 데에도 길이 있으니, 무엇이 좋은지 환히 알지 못하면 자신을 성스럽게 하지 못한다. 이러하므로 성스러움은 하늘의 길이요, 성스러워지려 생각하는 것은 사람의 길이다. 지극히 성스러우면서도 남을 움직이지 못한 경우는 아직 없었고, 성스럽지 않으면서 남을 움직일 수 있었던 경우도 아직 없었다."

注釋 획(獲)은 얻다는 뜻으로, 여기서는 신뢰를 얻다, 인정을 받다는 말맛을 담고 있다. 열(悅)은 기쁘다, 기쁘게 하다는 뜻이다. 성(誠)은 지극하게 몸과 마음을 다하는 것, 지극히 참된 것을 뜻한다. 그 속뜻이 성(聖)과 통하므로 여기서는 성스럽다고 풀었다. 사(思)는 따르다, ~하려고 하다는 뜻이다. 사성(思誠)이 『중용』에서는 '성지(誠之)'로 되어 있다. 그런데 맹자가 누구의 말이라거나 또 어디에 있다고 하는 언급이 없는 것으로 보아서 『중용』과 같은 책에서 빌려 온 것 같지 않다. 오히려 누군가가 『중용』을 쓰면서 『맹자』의 이 구절을 약간 고쳐서 쓴 게 아닐까 여겨진다. 동(動)은 움직이게 하다는 뜻으로, 마음을 움직이게 하고 또 행동까지 바꾸게 하는 것을 이른다.

蛇足 사회적 동물인 인간은 다양한 관계를 맺으며 살아가기 마련이다. 그런데 그 관계들을 맺고 이어가는 일은 결코 쉽지 않다. 인간이 스스로 만물의 영장이라고 자부하지만, 그럼에도 이 관계 하나를 제대로 맺지 못해서 만물 가운데서 가장 끔찍한 폭력을 서로에게 저지른다. 다른 짐승들에게서는 볼 수 없는 다종다양한 대립과 갈등, 분란의 양상들이 모두 이 인간관계 속에서 비롯된다. 이를 해결하라고 얼마나 많은 현자들과 성자들이 가르침을 남겼던가. 그 현자들과 성자들의 한결같은 한마디, 그것은 "네 자신을 돌아보라!"는 것이다. 모든 문제는 자신에게서 시작되었고 모든 해법의 실마리도 거기에 있다. 눈을 밖으로 돌리기만 해서는 결코 해법을 찾을 수 없다. 찾지 못할 뿐만 아니라 더욱 문제를 복잡하고 어렵게 만들 것이다. 왜? 자신을 돌아보지 못하는 자는 지혜로워질 수 없고, 지혜로워지지 못하면 더욱더 어리석은 짓을 저

지르기 때문이다.

7.13

孟子曰: "伯夷辟紂, 居北海之濱, 聞文王作, 興曰, '盍歸乎來! 吾聞西伯善養老者.' 太公辟紂, 居東海之濱, 聞文王作, 興曰, '盍歸乎來! 吾聞西伯善養老者.' 二老者, 天下之大老也, 而歸之, 是天下之父歸之也. 天下之父歸之, 其子焉往? 諸侯有行文王之政者, 七年之內, 必爲政於天下矣."

맹자가 말했다.

"백이는 포악한 주를 피해 북해의 바닷가에서 살고 있다가 문왕이 떨쳐 일어났다는 소식을 듣고 마음이 일어, '어찌 그에게 돌아가지 않으리오? 나는 서백이 늙은이를 잘 봉양한다고 들었다'고 말했다. 태공도 주를 피해 동해의 바닷가에서 살고 있다가 문왕이 떨쳐 일어났다는 소식을 듣고 마음이 일어, '어찌 그에게 돌아가지 않으리오? 나는 서백이 늙은이를 잘 봉양한다고 들었다'고 말했다. 백이와 태공 두 노인은 천하의 뛰어난 노인이었는데 그들이 문왕에게 돌아갔으니, 이는 천하의 아비들이 그에게 돌아간 셈이다. 천하의 아비들이 그에게 돌아갔으니, 그 자식들이 어디로 가겠는가? 이제 제후들 가운데서 문왕의 정치를 실행하는 이가 있다면, 7년 안에 반드시 천하에 바른 정치를 펼칠 것이다."

注釋 피(辟)는 피(避)와 같다. 빈(濱)은 물가를 뜻한다. 작(作)은 일어나다, 일을 일으키다는 뜻이다. 흥(興)은 느끼다, 마음이 일어나다는 뜻이다. 합(盍)은 어찌 ~하지 않으랴라는 뜻이다. 서백(西伯)은 주나라

의 기초를 닦은 문왕(文王)으로, 무왕(武王)은 그의 아들이다. 태공(太公)은 태공망(太公望) 여상(呂尙)으로, 흔히 강태공(姜太公)으로 알려져 있는 인물이다. 나중에 제(齊) 땅을 분봉받아서 제나라의 시조가 되었다. 칠년지내(七年之內)에 대해서는 앞서 7.7에서 "문왕을 스승으로 모시면, 큰 나라는 5년, 작은 나라는 7년이면 반드시 천하에 바른 정치를 펼 것이다"라고 한 것과 연관된다.

蛇足 맹자는 전쟁이 끊이지 않던 그 시대에도 문왕의 정치, 곧 왕도를 펴면 7년 안에 천하에 바른 정치가 펼쳐지리라 말했다. 이는 참으로 대단한 확신이다. 그러나 그가 말한 정치를 펼친 제후는 없었으므로 이 확신의 타당성은 확인할 길이 없다. 어쨌든 혼란이 극심하면 극심할수록 왕도의 효용도 덩달아 커지고 실질적인 효과도 더 빠르게 나타나리라고 생각했던 것은 분명하다. 이러한 맹자를 두고 이상주의에 치우쳤다고 말하는 것도 무리는 아니다. 그런데 우리는 작은 일에서도 엄두를 내지 못하고 고개를 젓는 일이 얼마나 많은가? 그런 잔단 마음에서는 이상주의로 느껴지는 게 당연하다. 또 역사의 전환기에는 확고한 의지로 남보다 앞서 가며 열정을 불태우다가 남들로부터 허황된 짓을 일삼는다고 비난받던 이가 후대에 위대한 인물로 추앙받는 경우가 또 얼마나 많던가!

7.14

孟子曰: "求也爲季氏宰, 無能改於其德, 而賦粟倍他日. 孔子曰, '求非我徒也. 小子鳴鼓而攻之, 可也.' 由此觀之, 君不行仁政而富之, 皆棄於孔子者也. 況於爲之强戰! 爭地以戰, 殺人盈野; 爭城以戰, 殺人盈城, 此所謂率土地而食人肉, 罪不容於死. 故善戰者服上刑, 連諸侯者次之, 辟草萊 · 任土地者次之."

맹자가 말했다.

"염구(冉求)는 계씨의 가신이 되고 나서 계씨의 행실은 고쳐주지 못하고 그를 위해 구실로 거두어들인 곡식이 이전보다 갑절이나 되게 했다. 이에 공자가 '구는 내 제자가 아니다. 얘들아, 북을 울려서 그를 꾸짖어도 좋다'고 말했다. 이로써 보건대 군주가 어진 정치를 펴지 않는데도 그를 가멸게 해주는 자는 모두 공자에게 버림을 받을 자다. 하물며 그런 군주를 위해 억지로 전쟁을 벌이는 자임에랴! 땅을 빼앗으려고 전쟁을 벌여서 죽은 사람들이 온 들에 가득하고, 성을 빼앗으려고 전쟁을 벌여서 죽은 사람들이 온 성에 가득하니, 이는 이른바 땅을 차지하려고 사람 고기를 먹는 격이어서 그 죄는 죽더라도 용서받지 못한다. 그래서 전쟁을 잘 치르는 자는 가장 무거운 형벌로 다스리고, 제후들을 한패로 만드는 자는 그 다음의 형벌로 다스리고, 버려진 땅을 개간하여 그 토지를 백성에게 떠넘겨서 구실을 거두는 자는 그 다음의 형벌로 다스린다."

注釋 구(求)는 공자의 제자인 염구(冉求)다. 계씨(季氏)는 공자가 활동하던 당시 노나라의 대부 집안으로, 노나라의 실질적인 권력을 쥐고 있었다. 재(宰)는 대부 집안의 가신을 뜻한다. 부(賦)는 구실을 거두다, 세금을 걷다는 뜻이다. 타일(他日)은 이전을 뜻한다. 공자의 말은 『논어』「선진(先進)」편에 나온다. 강(强)은 억지로 하다는 뜻이다. 살인(殺人)은 죽임을 당한 사람들을 가리킨다. 솔(率)은 좇다, 따르다는 뜻으로, 여기서는 탐내다, 집착하다는 말맛이 있다. 선전자(善戰者)는 병법에 능숙한 자, 곧 손무(孫武)나 손빈(孫臏)과 같은 병법가를 가리킨다. 복(服)은 형벌에 따르다, 형벌에 따라 처리하다는 뜻이다. 상형(上刑)은 중형(重刑)과 같으며, 무거운 형벌을 뜻한다. 연제후(連諸侯)는 제

후들을 연결하는 것으로, 합종설(合縱說)이나 연횡책(連橫策)을 내세운 소진(蘇秦)이나 장의(張儀) 등 종횡가를 지칭한다. 벽(辟)은 개간하다는 뜻이다. 초래(草萊)는 경작하지 않아서 풀이 우거지고 묵은 땅이다. 임(任)은 백성에게 땅을 맡겨서 경작하게 하는 것이다. 땅을 개간해서 백성들이 그 토지를 경작하게 한 것은 이회(李悝)나 상앙(商鞅)과 같은 초기 법가 사상가들이 강조한 바다.

蛇足 군주를 위해 억지로 전쟁을 벌이는 자, 이 한마디에 맹자가 왕도를 외친 이유가 고스란히 드러난다. 군주들을 마치 어린애 다루듯이 한 것도 그들이 전쟁을 일삼으며 백성들을 죽음으로 내몰고 있었기 때문이다. 어짊을 강조한 것은 전쟁이 없을 때도 삶이 고달프고 전쟁이 일어나면 가장 먼저 죽어야 하는 백성을 아끼고 사랑하라는 뜻이다. 올바름을 강조한 것은 전쟁을 부추기는 자들의 말에 현혹되지 말고 스스로 올바른 판단을 하라는 뜻이다.

맹자는 군주의 내면에 잠재해 있는 어짊과 올바름의 실마리를 어떻게 해서든지 끄집어내서 정치적 실천으로 이어지도록 하려고 애썼는데, 뜻을 이루지 못했다. 전쟁으로 자신의 존재감을 부각시키려는 병법가들, 연횡이니 종횡이니 하면서 제후들 사이를 이간질하거나 또 한패로 만들어서 개인적 영달을 꾀하는 유세객들, 오로지 전쟁을 위해 부국을 이루고 백성들을 형벌로써 잡도리하려 한 법가 행정가들이 군주들 내면에 있는 싹을 누르고 있었기 때문이다. 싹을 억누르기만 한 게 아니라 군주들의 눈까지 멀게 했다. 그래서 백성들의 주검이 온 성과 들판에 널려 있어도 군주는 알지 못했다. 군주 자신이 그런 끔찍한 풍경들을 보고 싶어 하지 않았으리라 여겨지기도 하며, 또 신하들도 보고하지 않거나 군주가 보지 못하도록 가로막기도 했으리라 생각된다. 실제로 전쟁에서 죽은 백성들을 직접 목도하거나 맹자가 묘사한 그런 오싹한 풍경을 본 군주는 거의 없었던 것으로 보인다. 이러한 실정이었으니 전쟁만이 살 길이라고 설득하는 자들의 말에 놀아나지 않을 수 없었을 것이고, 전쟁을 대비하여 더욱더 백성들을 부리고 가혹한 세금을 거두어들였을 것임은 불을 보듯 뻔하다. 이렇게 악순환이 거듭되고 있었으니, 맹자가 어찌 그들을 비수 같은 말로써 찌르지 않을 수 있었겠는가!

7.15

孟子曰: "存乎人者, 莫良於眸子. 眸子不能掩其惡. 胸中正, 則眸子瞭焉; 胸中不正, 則眸子眊焉. 聽其言也, 觀其眸子, 人焉廋哉?"

맹자가 말했다.
"사람을 살피는 데 있어 눈동자보다 더 좋은 게 없다. 눈동자는 그 나쁜 마음을 숨기지 못한다. 마음속이 바르면 눈동자가 또렷하고, 마음속이 바르지 못하면 눈동자가 흐릿하다. 그 말을 듣고 그 눈동자를 살핀다면, 그가 어찌 숨길 수 있겠는가?"

注釋 존(存)은 찰(察)과 같으며, 살피다는 뜻이다. 모자(眸子)는 눈동자다. 엄(掩)은 가리다, 숨기다는 뜻이다. 료(瞭)는 밝다, 또렷하다는 뜻이다. 모(眊)는 눈이 흐리다, 어둡다는 뜻이다. 수(廋)는 숨기다는 뜻이다.

蛇足 "눈은 마음의 거울이다"는 말을 맹자는 다른 식으로 표현하고 있다. 물론 눈만 보고서 그 마음을 제대로 알기란 쉽지 않다. 그 말과 낯빛, 몸짓 등도 아울러 살펴야만 한다. 그래서 맹자도 "그 말을 듣고 그 눈동자를 살핀다"고 했다. 말을 듣고 눈동자까지 살피면 속내를 숨길 수 없다는 말이다. 간단하게 정리하면, 맹자는 마음에 있는 것이

눈동자에 새겨지기도 하고 그 말을 통해 드러나기도 한다고 했다. 다만, 말은 당장에 듣고 판단하기는 쉽지만, 말하는 자가 얼마든지 의도적으로 조작할 수 있기 때문에 한계가 있다. 그러나 눈동자는 말처럼 분명하게 읽을 수는 없으나, 오래도록 마음에 담아둔 것이 저절로 담겨지므로 결코 속일 수 없다는 것이다.

이렇게 맹자가 사람의 속내를 읽어내는 방식은 공자와 사뭇 다르다. 공자는 "그 일을 왜 하는지를 살피고, 그 일을 어떻게 하는지를 살피고, 그 일이 어떻게 마무리되는지를 살펴라. 그리하면 그 사람이 어찌 숨길 수 있겠느냐? 그 사람이 어찌 숨길 수 있겠느냐?"(『논어』「위정」)고 했다. 공자는 그 사람의 행동, 그가 무슨 일을 어떻게 해나가는지 그 과정을 통해서 그 사람의 마음이나 속내를 읽을 수 있다고 했다. 그러면 공자는 사람의 눈을 읽지 못해서 그랬을까? 아니다. 행동을 통해서 분명하게 다 드러난다고 보았기 때문이다. 다만, 공자의 방식은 맹자의 방식보다 더 정확할 수는 있어도 그 사람을 오래도록 지켜보아야 한다는 단점이 있다. 반면에 맹자의 방식은 정확성이 떨어질 수도 있지만 단번에 그 사람을 판단할 수 있다는 장점이 있다. 이 가운데 어떤 방식이든 보는 이가 먼저 통찰력을 갖추어야 한다는 것이 전제된다. 통찰력이 없으면, 드러난 것조차 알아채지 못하므로.

7.16

孟子曰: "恭者不侮人, 儉者不奪人. 侮奪人之君, 惟恐不順焉, 惡得爲恭儉? 恭儉豈可以聲音笑貌爲哉?"

맹자가 말했다.

"의젓한 사람은 남을 업신여기지 않고, 야무진 사람은 남의 것을 빼앗지 않는다. 남을 업신여기고 남의 것을 빼앗는 군주는 남들이 자기를 따르지 않을까만을 두려워하는 자이니, 어찌 의젓하고 야무질 수 있겠는가? 그렇다고 의젓함과 야무짐이 번드레한 말소리나 웃는 모습으로 꾸며서 되는 것이겠는가?"

注釋 검(儉)은 씀씀이가 야무지다, 알차다, 오달지다는 뜻이다. 오(惡)는 어찌, 어떻게를 뜻한다. 성음(聲音)은 듣기 좋은 소리다.

蛇足 7.8에서 맹자는 "무릇 사람은 반드시 스스로 자신을 업신여긴 뒤에야 남이 업신여긴다"고 했다. 이를 "업신여김을 받을 자가 남을 업신여긴다"로 바꾸어 말할 수도 있다. 업신여김을 받을 자는 스스로 그 사실을 안다. 그래서 남이 자신을 업신여기기 전에 선수를 쳐서 남을 업신여긴다. 비루하기 그지없는 짓이지만, 그 자신은 그 비루함을 모른다.

의젓한 자는 먼저 자신을 잡도리하는 자다. 그런 자는 늘 자신을 되돌아보려 애쓴다. 그러고도 잡도리하는 일이 만만하지 않음을 잘 알기 때문에 누군가를 업신여기려는 건방은 아예 떨 생각조차 하지 않는다. "누가 누구를 업신여기랴" 하는 마음을 지닐 뿐이다. 행여 그런 자신을 누군가가 업신여기더라도 괘념치 않는다. 나를 모르는 자라 여겨서다.

야무진 자는 남의 것을 뺏으려 하지 않는다. 남의 것을 뺏을 양이면 애초부터 야무지게 살지 않았을 것이다. 가령, 탈세나 위법을 저지르면서 가멸지게 된 자의 경우, 그 자신은 참 야무지게 산다고 여길 것이다. 그러나 그것은 야무지다고 할 수 없다. 그건 미리 도둑질한 것에 불과하다. 말하자면, 다른 누군가의 것 또는 공공의 것을 미리 빼앗은 것이나 다름이 없다. 도둑질로 보면 야무진 도둑질이라 할 수 있으나, 참으로 야무진 건 결코 아니다. 그리고 야무진 사람은 안다. 야무지게 사는 것 자체가 더없이 귀하다는 것을, 탐욕스런 자는 결코 맛보지 못할 것을 느끼고 깨닫게 해준다는 사실을.

7.17

淳于髡曰: "男女授受不親, 禮與?"
孟子曰: "禮也."
曰: "嫂溺則援之以手乎?"
曰: "嫂溺不援, 是豺狼也. 男女授受不親, 禮也; 嫂溺援之以手者, 權也."
曰: "今天下溺矣, 夫子之不援, 何也?"
曰: "天下溺, 援之以道; 嫂溺, 援之以手. 子欲手援天下乎?"

순우곤이 물었다.
"남자와 여자 사이에서는 직접 주고받지 않는 것이 예의입니까?"
맹자가 대답했다.
"예의오."
"형수가 물에 빠졌다면, 손으로 잡아서 건져야 합니까?"
"형수가 물에 빠졌는데도 건져주지 않는다면, 그건 승냥이나 이리의 짓이오. 남자와 여자 사이에서는 직접 주고받지 않는 것이 예의지만, 형수가 물에 빠졌을 때 손으로 잡아서 건지는 것은 상황에 따른 알맞은 행동이오."
"이제 천하 사람들이 물에 빠졌는데, 선생께서 건져주지 않는 까닭은 무엇입니까?"
"천하 사람들이 물에 빠졌다면 바른 길로써 건져주어야 하고, 형수가 물에 빠졌다면 손으로 잡아서 건져주어야 하오. 그대는 손으로 천하 사람들을 건져주기를 바라시오?"

注釋 순우곤(淳于髡)은 제나라 사람으로, 제나라의 위왕(威王)과 선왕(宣王) 밑에서 벼슬했다. 『전국책』 「제책」과 『사기』 〈골계열전(滑稽

列傳)〉 등에 그 행적이 실려 있다. 수(嫂)는 형님의 아내, 곧 형수를 뜻한다. 익(溺)은 물에 빠지다는 뜻이다. 원(援)은 당기다, 잡다는 뜻인데, 여기서는 건지다, 구하다는 말맛이 있다. 시(豺)는 승냥이를, 랑(狼)은 이리를 뜻한다. 권(權)은 상황에 따라 알맞게 하는 것이다.

蛇足 순우곤이 물은 예의는 당시 일반적으로 이해하는 예의였다. 그런데 이 예의는 규정되고 고정된 원칙이나 규제사항으로서 예의다. 이를 공자나 맹자가 이해하고 있던 예의로 보기는 어렵다. 가령, 공자는 "사람이 되어서 어질지 못한데, 예의는 차려서 무엇하겠는가?"라고 말한 적이 있다. 이는 예의가 단순히 형식이 아님을 분명히 말한 것이다. 어짊이 전제된 것이 아니면 그것은 형식적인 행위에 지나지 않는다는 뜻이다. 어짊을 전제로 했다는 것은 동시에 지혜 또한 전제되어 있어야 한다는 뜻이기도 하다. 그래서 공자는 어짊과 지혜를 한 쌍으로 간주했다. 그렇다면 예의에 맞는 행동을 하는데 왜 지혜가 필요한가? 진정한 예의란 상황에 따라 알맞게 판단하고 행동해야만 하는 것이기 때문이다. 상황에 따른 알맞은 판단과 행동은 지혜가 있어야만 가능하다. 이는 곧 일반적으로 인식되고 있는 예의는 형식으로서 최소한의 기준일 뿐이고 고정불변하는 원칙이 아님을 의미한다. 본문에서 맹자가 "남자와 여자 사이에서는 직접 주고받지 않는 것이 예의지만, 형수가 물에 빠졌을 때 손으로 잡아서 건지는 것은 상황에 따른 알맞은 행동이오"라고 말한 데에 이런 뜻이 내포되어 있다.

7.18

公孫丑曰: "君子之不教子, 何也?"
孟子曰: "勢不行也. 教者必以正, 以正不行, 繼之以怒. 繼之以怒, 則反夷矣. '夫子教我以正, 夫子未出於正也,' 則是父子相夷也. 父子相夷, 則惡矣. 古者, 易子而敎之. 父子之間不責善. 責善則離, 離則不祥莫大焉."

공손추가 여쭈었다.
"군자가 자식을 직접 가르치지 않는 까닭은 무엇입니까?"
맹자가 대답했다.
"형세 때문에 그렇게 하지 못한다. 가르치는 자는 반드시 바르게 되도록 가르치는데, 배우는 자가 바르게 행동하지 않으면 성내는 일이 이어진다. 성내는 일이 이어지면, 도리어 자식의 마음을 다치게 한다. 그러면 아들은 '아버지는 나에게 바르게 되라고 가르치지만, 아버지의 언행도 바름에서 나온 게 아니다'라고 생각할 것이니, 이는 아비와 자식이 서로 마음을 다치게 하는 것이다. 아비와 자식이 서로 마음을 다치게 하는 것은 나쁜 일이다. 그래서 옛날에는 자식을 서로 바꾸어서 가르쳤던 것이다. 아비와 자식 사이에는 착해지라고 꾸짖어서는 안 된다. 착해지라고 꾸짖으면 사이가 멀어지게 되니, 아비와 자식의 사이가 멀어지는 것보다 더 좋지 못한 일은 없다."

注釋 세(勢)는 일의 형편이나 형세를 뜻한다. 이(夷)는 상(傷)과 같으며, 다치다는 뜻이다. 역(易)은 바꾸다는 뜻이다. 책(責)은 꾸짖다, 꾸지람하다는 뜻이다. 상(祥)은 좋다는 뜻이다.

蛇足 세상에 어려운 게 자식 교육이라고들 말한다. 마음대로 되지 않아서다. 그런데 곰곰히 생각해보면, 자식을 마음대로 하려는 것부터가 잘못이다. 참으로 자식을 아끼고 사랑한다면, 다그치거나 닥달해서는 안 된다. 일정한 거리를 두고 찬찬한 눈으로 살필 줄 알아야 한다. 피붙이 사이의 감정이란 휘발유와 같아서 한순간 불꽃이 일면 건잡을

수 없게 된다. 잘되게 하려고 가르치는 것도 좋지만, 의도가 좋다고 해서 될 일이 아님을 명심해야 한다. 부모와 자식 관계뿐만이 아니다. 형과 아우의 사이에서도, 벗끼리도, 윗사람과 아랫사람의 사이에서도 그렇다. 맹자가 어짊과 더불어 올바름을 강조한 이유도 여기에 있다. 어버이라도 자식을 꾸짖거나 다그치기 전에 먼저 자신에게 그렇게 할 만한 자격이 있는지, 즉 자신에게는 부끄러워할 만한 것이 없는지를 먼저 살피는 것, 그것이 올바름이기 때문이다.

어떤 인간관계든 너무 가까워져서도 안 되고 너무 멀어져서도 안 된다. 때에 따라 거리를 조율할 줄 알아야만 응등그러지는 일이 없다. 그러나 그건 참으로 어려운 일이다. 어려운 일이기 때문에 그것을 할 줄 알면, 집안을 가지런하게 하고 나라를 다스리고 천하를 태평하게 할 수도 있는 것이다.

7.19

孟子曰: "事, 孰爲大? 事親爲大; 守, 孰爲大? 守身爲大. 不失其身而能事其親者, 吾聞之矣; 失其身而能事其親者, 吾未之聞也. 孰不爲事, 事親, 事之本也; 孰不爲守, 守身, 守之本也. 曾子養曾晳, 必有酒肉, 將徹, 必請所與. 問有餘, 必曰, '有.' 曾晳死, 曾元養曾子, 必有酒肉, 將徹, 不請所與. 問有餘, 曰, '亡矣.' 將以復進也. 此所謂養口體者也. 若曾子則可謂養志也. 事親若曾子者, 可也."

맹자가 말했다.

"섬기는 일에서는 무엇이 가장 큰일인가? 어버이를 섬기는 일이 가장 큰일이다. 지키는 일에서는 무엇이 가장 큰일인가? 몸을 지키는 일이 가장 큰일이다. 제 몸을 잃지 않고서 제 어버이를 제대로 섬긴 자에 대해서는 들은 적이 있다. 그러나 제 몸을 잃고서 제 어버이를 제대로 섬긴 자에 대해서는 아직 들은 적이 없다. 누구를 섬기든 섬기는 일이 아니겠느냐만은, 어버이를 섬기는 일이 섬김의 근본이다. 무엇을 지키든 지키는 일이 아니겠느냐만은, 제 몸을 지키는 일이 지킴의 근본이다. 증자는 부친인 증석을 봉양할 때 반드시 술과 고기를 상에 올렸는데, 상을 물릴 때는 남은 음식을 누구에게 줄지 반드시 여쭈었다. 부친이 '남았느냐?' 하고 물으면, 반드시 '예, 남았습니다'라고 대답했다. 증석이 죽고 증원이 증자를 봉양할 때도 반드시 술과 고기를 상에 올렸는데, 상을 물릴 때 누구에게 줄지 묻지 않았다. '남았느냐?' 하고 물으면, 반드시 '남은 게 없습니다'라고 대답했다. 이는 남은 음식을 다시 상에 올리려 했기 때문이다. 이는 이른바 어버이의 입과 몸만 봉양한다는 것이다. 증자처럼 해야만 어버이의 뜻을 봉양했다고 할 수 있다. 어버이를 섬길 때는 증자처럼 해야 된다."

注釋 숙(孰)은 무엇을 뜻한다. 증석(曾皙)은 이름이 점(點)이며, 아들인 증삼(曾參)과 함께 공자의 학생이었다. 증원(曾元)은 증자의 아들이며, 『예기』 「단궁(檀弓)」에 나온다. 부(復)는 다시를 뜻한다.

蛇足 몸을 잃는다는 것은 신체를 손상하는 것보다는 올바름에서 벗어난 것을 이른다. 올바름에서 벗어나지 않으려면 끊임없이 자신을 돌아보아야 한다. 자신을 돌아보므로 몸과 마음의 그 미묘한 결을 읽어내고 깨닫게 된다. 그 깨달음으로 어버이를 대하고 남들을 대하면, 그 마음을 알아차려서 알맞게 말하고 행동하게 된다. 깨달음이 없으면, 예의를 다한다고 해도 고작 치레하는 것에서 그치게 된다.

그런데 의문이 있다. 증삼이 상을 물릴 때 남은 음식을 누구에게 줄지 물었다고 했는데, 이에 대해 증석이 남았는지 되물었다고 했다. 증석이 눈이 먼 게 아니라면, 이는 상에 올리지 않은 다른 음식을 가리켜 말한 것으로 이해된다. 그렇다면, 군이 증석에게 물을 이유가 없다. 증삼 자신이 음식상을 차려서 올렸다면, 남은 음식에 대해서도 그 자신이 알아서 처리하면 된다. 그걸 부친에게 물었다는 것은 예의의 형식에 매인 것으로 볼 수밖에 없다. 집안의 모든 일을 부친의 명에 따라야 한다는 강박관념에 사로잡힌 것으로 본다면 지나친 해석일까? 증삼의 아들 증원은 예의에 있어 모자랐다고 한다면, 증자는 지나쳤다고 할 수 있다.

7.20

孟子曰: "人不足與適也, 政不足間也. 惟大人爲能格君心之非. 君仁, 莫不仁; 君義, 莫不義; 君正, 莫不正. 一正君而國正矣."

맹자가 말했다.
"그릇된 사람에 대해 꾸짖을 수 없고, 잘못된 정치에 대해 헐뜯을 수 없다. 오로지 대인이라야 군주의 그릇된 마음을 바로잡아줄 수 있다. 군주가 어질면 어질지 않은 사람이 없게 되고, 군주가 올바르면 올바르지 않은 사람이 없게 되며, 군주가 바르면 바르지 않은 사람이 없게 된다. 한 번 군주를 바르게 하면, 나라가 바로 선다."

注釋 적(適)은 꾸짖다는 뜻의 적(謫)과 같다. 간(間)은 헐뜯다, 나무라다는 뜻이다. 앞 구절을 보면, 간(間) 앞에 여(與)가 빠졌다고 보는 것이 옳다. 격(格)은 바로잡다, 바루다는 뜻이다.

蛇足 그릇된 사람은 군주에 의해서 기용된 자다. 그릇된 자가 기용된 것은 군주가 사람을 볼 줄 모른 탓이다. 행여 다른 신하가 추천해서 받아들였다고 해도 역시 군주 자신의 잘못이다. 또 잘못된 정치 또한 모자란 군주와 그릇된 신하가 합심해서 연출해낸 것이고, 근본적인 책임은 역시 군주에게 있다. 이게 군주 정치의 특징이다. 그래서 "대인이라야 군주의 그릇된 마음을 바로잡아줄 수 있다"고 말한 것이다. 군주가 정치의 성패를 좌우한다고 본 데서는 맹자나 상앙 모두 견해가 일치된다. 다만, 군주가 어떻게 해야 하느냐에 있어서는 의견이 엇갈린다.

"군주는 명성과 이익을 줄 수 있는 권세를 쥐고서 공적에 따라 명성과 이익을 주는데, 이것이 통치술이다. 성인(聖人)은 권력의 향배를 살피며 권세를 부렸고, 통치술을 살펴서 백성을 부렸다. 통치술은 군주의 수단이자 나라를 다스리는 요체다. 그러므로 전차 만 대의 나라가 통치술을 잃고도 위태롭지 않은 적이 없고, 군주가 통치의 수단을 잃고도 어지럽히지 않은 적이 없다."(『상군서』「산지」)

7.21

孟子曰: "有不虞之譽, 有求全之毁."

맹자가 말했다.
"생각지도 않은 칭찬을 듣는 일도 있고, 온전해지려다가도 헐뜯기는 일이 있다."

注釋 우(虞)는 미리 생각하다는 뜻이다.

蛇足 생각지도 않은 칭찬은 제대로 알지 못하는 자가 하는 칭찬이다. 이는 들어도 못 들은 척해야 한다. 행여 마음이 들뜨게 되면, 그 순

간 자신을 돌아보아야 한다. 참으로 내가 잘한 게 있는지를 살피기 위해서. 온전해지려다가 헐뜯기는 일도 마찬가지다. 내가 뜻한 바를 알지 못하는 자가 제 깜냥으로 나를 헐뜯는 것이다. 그런 자의 말을 듣고서 성을 내면, 성을 내는 순간 그 자의 말이 옳았음을 증명하는 것이 된다. 그릇되게 헐뜯는 것임을 안다면, 성을 낼 게 아니라 다시 한 번 자신을 돌아보아야 한다. 결국, 칭찬에도 비방에도 흔들리지 않아야 한다는 것이니, 스스로 흔들리지 않는 마음을 지녔다고 말한 맹자가 할 만한 말이다.

7.22

孟子曰: "人之易其言也, 無責耳矣."

맹자가 말했다.
"사람이 말을 가벼이 내뱉는 것은 꾸지람을 듣지 않았기 때문이다."

注釋 이(易)는 가벼이, 쉽게를 뜻한다.

蛇足 꾸지람을 듣고서도 고치지 못하면, 나중에는 꾸지람을 해줄 사람조차 곁에 없어진다. 그런 사람이 없어지는 것보다 더 외롭고 쓸쓸한 일은 없다. 참으로 딱하다. 그런데 그보다 더 딱한 것은 자신이 외롭고 쓸쓸한 게 자신을 알아주는 이가 없어서라고 여기는 일이다. "왜 나를 알아주지 않는 거야! 나 정도면 꽤 괜찮은 놈인데!" 이쯤 되면, 맹자가 아니라 붓다라도 자비심을 거두어야 할 판이다.

7.23

孟子曰: "人之患在好爲人師."

맹자가 말했다.
"사람들의 병통은 남의 스승이 되기를 좋아하는 데 있다."

注釋 환(患)은 병, 병통을 뜻한다.

蛇足 오늘날 무수히 많은 교사나 교수들, 이른바 지식인들이 걸린 병집이고, 특히 우리나라의 정치가들 대부분이 걸린 질병이다. 이런 병은 스스로 안다고 자부하는 자들이 주로 걸린다. 배우면서 또는 배웠다고 하면서도 자신을 돌아보지 않는 병집 때문이다. 아예 배우지 않은 사람에게는 이런 병통이 없다. 물론 귓등으로 들은 것을 가지고 가르치려 드는 사람도 있다. 그 또한 자신을 돌아보지 않고 남의 허물만을 보는 자다. 어쨌든 남을 가르치기 좋아하는 자는 주제넘는 말을 하는데, 그 말이 모두 틀린 것만은 아니다. 맞는 말도 있고 틀린 말도 있다. 그런데 맞는 말은 남들이 다들 하는 말이고, 틀린 말은 제 깜냥으로 한 말이다. 게다가 남을 꾸짖거나 야단치기라도 할 때는 꼭 자기에게 할 말을 그렇게 남에게 하고 있다.

7.24

樂正子從於子敖, 之齊.
樂正子見孟子, 孟子曰: "子亦來見我乎?"
曰: "先生何爲出此言也?"
曰: "子來幾日矣?"
曰: "昔者."

曰: "昔者, 則我出此言也, 不亦宜乎?"
曰: "舍館未定."
曰: "子聞之也, 舍館定, 然後求見長者乎?"
曰: "克有罪."

악정자가 자오를 따라 제나라에 갔다. 악정자가 맹자를 만나러 가자, 맹자가 말했다.

"그대도 나를 보러 왔는가?"

"선생은 어째서 그런 말씀을 하십니까?"

"그대가 여기 온 지 며칠이나 되었는가?"

"어제 왔습니다."

"어제라고 하니, 내가 이런 말을 하는 것도 마땅하지 않은가?"

"머물 곳이 미처 정해지지 않았습니다."

"그대는 머물 곳을 정한 뒤에야 어른을 찾아뵙는다고 들었는가?"

"제가 죄를 지었습니다."

注释 악정자(樂正子)는 맹자의 제자이며, 이름은 극(克)이다. 자오(子敖)는 왕환(王驩)의 자인데, 4.6에서 이미 나왔다. 지(之)는 가다는 뜻이다. 석자(昔者)는 어제를 뜻한다. 사관(舍館)은 객사(客舍)와 같으며, 머물 곳을 뜻한다.

蛇足 『대학』에 나온다.

"물건에는 근본과 말단이 있고, 일에는 마침과 시작이 있으니, 먼저 할 것과 뒤에 할 것을 알면 도리에 가깝다."

무릇 예의란 형식과 함께 내용이 있어야 한다. 대체로 형식만 잘 갖춘 것을 예의로 여기는데, 그것은 오해다. 내용이 있어야 한다. 내용은 상황에 알맞을 때 저절로 채워진다. 내용은 없이 형식만 갖추면, 그것을 허례(虛禮)라 한다. 근본과 말단, 마침과 시작, 먼저 할 것과 뒤에 할 것, 이런 것들을 알아야 내용을 채울 수 있다. 맹자가 악정자에게 일깨워준 것이 이것이다.

7.25

孟子謂樂正子曰: "子之從於子敖來, 徒餔啜也. 我不意子學古之道而以餔啜也."

맹자는 악정자에게 말했다.
"그대는 자오를 따라 여기로 왔으나, 그저 밥만 축내고 있네. 나는 그대가 옛 성인의 도를 배워서 그것으로 밥만 축내리라고는 생각도 못했다네."

注釋 도(徒)는 한갓, 헛되이라는 뜻이다. 포(餔)는 포(哺)와 같으며, 먹다는 뜻이다. 철(啜)은 마시다는 뜻이다.

蛇足 악정자는 자오를 보좌하고 있다. 자오는 제나라의 대부인 왕환(王驩)의 자인데, 4.6에서도 등장한다. 왕환은 군자로 볼 만한 인물은 아니다. 그렇기 때문에 부적절한 언행을 했을 여지가 많다. 그렇다면 보좌하고 있던 악정자가 그것을 일깨워주고 바로잡아주어야 한다. 그게 옛 성인의 도를 배운 자가 할 일이다. 그런데도 그렇게 하지 않았던 모양이다. 맹자가 그에게 "그저 밥만 축내고 있네"라고 말한 까닭이 그것이다. 이 말에는 밥값을 하지 못할 바에는 그 일을 그만두라는 뜻도 담겨 있다.

7.26

孟子曰: "不孝有三, 無後爲大. 舜不告而娶, 爲無後也. 君子以爲猶告也."

맹자가 말했다.

"불효에는 세 가지가 있는데, 뒤를 이을 자식이 없는 게 가장 크다. 순은 어버이에게 알리지 않고 아내를 맞았으니, 이는 자식이 없음을 걱정해서였다. 그런 경우에 군자는 어버이에게 알린 것과 같다고 여겼다."

注釋 조기(趙岐)는 주석에서 "불효에는 세 가지가 있는데, 아첨하면서 그릇되게 남을 좇다가 어버이를 올바르지 못한 데에 빠뜨리는 것이 첫째 불효요, 집안이 가난하고 어버이는 늙었는데도 벼슬하여 녹봉을 받으려 하지 않는 것이 둘째 불효요, 아내를 얻어서 자식을 낳지 않아 조상의 제사를 끊어지게 하는 것이 셋째 불효다"라고 했다. 후(後)는 뒤를 이을 자손을 뜻한다. 취(娶)는 장가들다, 아내를 맞다는 뜻이다.

蛇足 나로서는 덧붙일 말이 없다.

7.27

孟子曰: "仁之實, 事親是也; 義之實, 從兄是也; 智之實, 知斯二者弗去是也; 禮之實, 節文斯二者是也; 樂之實, 樂斯二者. 樂則生矣, 生則惡可已也. 惡可已, 則不知足之蹈之手之舞之."

맹자가 말했다.

"어짊의 알맹이는 바로 어버이를 섬기는 일이고, 올바름의 알맹이는 바로 형을 따르는 일이고, 지혜의 알맹이는 이 두 가지를 잘 알아서 버려두지 않는 일이고, 예의의 알맹이는 이 두 가지를 알맞게 꾸며서 드러내는 일이고, 음악의 알맹이는 이 두 가지를 즐기는 일이다. 즐기면 힘찬 기운이 일어나고, 힘찬 기운이 일어나면 어찌 멈출 수 있겠는가. 멈출 수 없으면 저도 모르게 발이 뛰고 손이 흐느적거린다."

注釋 절문(節文)은 알맞게 꾸미는 일이다. 생(生)은 좋은 기운이 일어나는 것인데, 구체적으로는 앞의 두 가지 곧 어버이를 섬기는 마음과 형을 따르는 마음을 가리킨다. 오(惡)는 어찌, 어찌하여를 뜻한다. 이(已)는 그치다, 멈추다는 뜻이다. 도(蹈)는 뛰다, 춤추다는 뜻이다.

蛇足 줄곧 어짊과 올바름을 말하다가 여기서는 지혜와 예의, 음악을 덧붙여서 말하고 있다. 그럼에도 여전히 고갱이는 어짊과 올바름이다. 나머지 셋은 이 둘을 어떻게 할 것인가 하는 문제와 관련이 있다. 이 둘의 본질을 꿰뚫어보려는 데서 지혜가 생기고, 이 둘을 몸으로 터득하려는 데서 예의가 갖추어지고, 이 둘을 즐겨 행하는 일 자체가 음악적이라는 것이다. 음악의 차원에 이르렀을 때, 그는 이미 성인이다. 저절로 신명이 나는 경지에 이르렀으므로 굳이 애쓸 일도 없고 지켜야 할 것도 없다. 여기서 도가의 무위자연(無爲自然)과 만난다.

7.28

孟子曰: "天下大悅而將歸己, 視天下悅而歸己, 猶草芥也, 惟舜爲然. 不得乎親, 不可以爲人; 不順乎親, 不可以爲子. 舜盡事親之道而瞽瞍厎豫, 瞽瞍厎豫而天下化, 瞽瞍厎豫而天下之爲父子者定, 此之謂大孝."

맹자가 말했다.

"천하 사람들이 아주 기뻐하며 자기에게로 돌아오려고 할 때 이 천하 사람들이 아주 기뻐하며 자기에게로 돌아오는 것을 한낱 풀이나 지푸라기처럼 여긴 이가 있으니, 오로지 순만이 그렇게 했다. 그는 어버이의 마음을 얻지 못하면 사람 노릇을 할 수가 없고, 어버이를 따르지 않으면 자식 노릇을 할 수가 없다고 여겼다. 순이 어버이를 섬기는 도리를 다하자 고수는 참으로 기뻐했고, 고수가 참으로 기뻐하자 천하의 풍속이 변했으며, 고수가 참으로 기뻐하자 천하에 아비와 자식의 사이가 안정되었으니, 이를 '크낙한 효도'라 한다."

注釋 고수(瞽瞍)는 순의 부친으로, 순이 지극하게 효도함에도 순을 죽이려고 했다. 저(厎)는 이르다는 뜻이다. 예(豫)는 즐기다, 즐거워하다는 뜻이다.

蛇足 "선지자는 고향에서 대접받지 못한다"는 말이 있다. 왜 그런가? 고향 사람들은 그들이 기억하고 있는 과거의 모습으로 그를 판단하기 때문이다. 한마디로 선입견이 작용하는 것이다.

선종은 불교가 중국화되어 나온 종파다. 선종의 역사에는 탁월한 선승들이 기라성처럼 많은데, 그 가운데서도 마조도일(馬祖道一, 709~788)은 특이하게도 속가의 성씨로 불린 선승이다. 그가 남악회양(南嶽懷讓, 677~744)으로부터 법을 받은 뒤에 오랜만에 고향인 촉(蜀) 땅으로 갔을 때다. 그를 보기 위해 마을 사람들이 모두 나왔다. 그때 개울가에 서 있던 한 노파가 말했다.

"나는 꽤나 대단하신 스님이 오시는가 했더니, 오줌 싸고 키나 쓰고 다니던 마씨네 아들이구먼."

이에 마조는 혼자 중얼거렸다.

"고향에는 올 것이 못 되는구나! 고향으로 돌아가는 길을 이루기는 커녕, 시냇가의 노파가 나의 옛 이름을 아직도 부르고 있으니."

그리고는 곧 강서(江西)로 되돌아갔다고 한다.

노파는 기억으로 말미암아 마조도일이 아주 딴사람이 된 것을 알아보지 못했다. 선입견이 작용한 탓이다. 그런데 더욱 흥미로운 것은 마조도일이 그 노파의 말을 허투루 듣지 않고 오히려 자신이 자칫 빠져들어서 허우적거리게 될지도 모르는 늪으로부터 빠져나올 꼬투리로 삼았다는 사실이다. 그 늪이란 스스로 득도했다는 생각으로 안주하게 될 수도 있는 늪이었다. 대개 선가(禪家)에서는 수행을 마치고 본원의 세계로 돌아가는 것을 '본래의 고향으로 돌아간다'고 표현하는데, 마조도일이 말한 '고향으로 돌아가는 길'이 그것을 비유하고 있다. 그런데 본래의 고향으로 돌아가서는 거기서 안주하다가 참된 깨달음을 놓치는 일도 비일비재하다. 마조도일은 자신이 그런 함정에 빠져들고 있음을 노파의 말 한마디에서 퍼뜩 알아차린 것이다. 참으로 대단한 경지다. 어설프게 수행한 자라면, 노파의 말을 귓등으로도 듣지 않은 채 오히려 노파를 어리석은 중생이라며 혀를 끌끌 찼을 것이다.

어쨌든 범부들은 그 어리석음으로 말미암아 이런 선입견에 곧잘 빠진다. 이에 더해서 마음까지 비뚤어져 있다면, 그런 선입견을 쉽사리 고칠 수가 없다. 아니 대부분은 죽어도 고치지 못하는 병이 된다. 순의 어버이가 바로 그런 병에 걸린 이들이다. 그럼에도 순은 그런 병을 앓는 어버이의 마음을 바로잡으려 애썼다. 아무리 천하 사람들이 자신을 칭송하더라도 어버이의 마음을 얻지 못했으니, 어찌 마음이 편안하겠는가. 그래서 천하 사람들의 칭송을 한낱 지푸라기처럼 여기고 어버이의 마음을 얻기 위해 지극하게 자신의 도리를 다했다. 이는 노파의 말에 다시금 정신을 가다듬고 깨달음의 길로 나아간 마조도일과 비견되는 일이다.

앞서 7.18에서 군자가 자식을 가르치는 어려움에 대해 말한 적이 있는데, 자식이 어버이의 잘못을 바로잡는 일은 그보다 훨씬 더 어렵고 아슬아슬하며 결과도 예측할 수 없다.

8장

이루하(離婁下)

8.1

孟子曰: "舜生於諸馮, 遷於負夏, 卒於鳴條, 東夷之人也. 文王生於岐周, 卒於畢郢, 西夷之人也. 地之相去也, 千有餘里; 世之相後也, 千有餘歲. 得志行乎中國, 若合符節, 先聖後聖, 其揆一也."

맹자가 말했다.

"순은 제풍에서 태어나 부하로 옮겨 갔다가 명조에서 죽었으니, 동이 사람이다. 문왕은 기주에서 태어나 필영에서 죽었으니, 서이 사람이다. 두 땅의 거리는 천여 리, 세대의 차이는 천여 년이지만 뜻을 얻어 중국에서 행한 것이 마치 부절을 합친 듯하였으니, 앞 성인과 뒤 성인의 도는 하나였다."

注釋 제풍(諸馮), 부하(負夏), 명조(鳴條)는 모두 지명인데, 순에 관한 이야기에는 전설적인 면이 많기 때문에 정확하게 어느 곳인지 확정할 수 없다. 다만, 문맥상으로 동쪽에 있었으리라 여겨질 뿐이다. 『예기』「단궁상(檀弓上)」에는 순을 창오(蒼梧)라는 들에서 장사지낸 것으로 나오며, 『사기』「오제본기」에서는 순이 남쪽 지방을 순행하다가 창오에서 죽은 것으로 나온다. 기주(岐周)에서 주(周)는 주나라를, 기(岐)는 기산(岐山)을 가리킨다. 필영(畢郢)은 필정(畢程)이라고도 한다. 영(郢)은 주 문왕이 도읍한 곳이다. 부절(符節)은 고대에 증명하기 위해 사용한 물건으로, 나무나 대나무, 옥 따위를 둘로 쪼개어 한쪽은 상대에게, 한쪽은 자기가 지녔다가 나중에 맞추어서 증거로 삼았다. 규(揆)는 도, 법도를 뜻한다.

蛇足 맹자는 순에 대해 왕도의 실천자라는 측면에서 높이 받들었으나, 『상서』〈순전(舜典)〉을 보면 그렇게 단순하게 말할 수가 없다. 그

는 역법을 체계적으로 정리했으며 도량형도 통일했을 뿐 아니라 법률을 제정하기도 했다.

"기본적인 형벌을 만들되 귀양 보내는 것으로 오형(五刑)을 너그럽게 처벌했고, 채찍질을 관청의 형벌로 삼았으며, 교육할 때는 회초리로 벌했고, 돈으로 속죄할 수 있게 했으며, 과실이나 재난으로 지은 죄는 용서해주었고, 저지른 죄를 끝까지 회개하지 않을 때는 사형에 처했으니, 삼가고 삼가면서 형벌을 쓰더라도 불쌍하게 여겼다."

오형은 고대의 대표적인 형벌로서, 이마에 표식을 하는 묵형(墨刑), 코를 베는 의형(劓刑), 발꿈치를 베는 월형(刖刑), 생식기를 자르는 궁형(宮刑), 사형에 처하는 대벽(大辟) 등을 이른다. 이를 엄격하게만 시행하지 않는다는 점에서 법가와 차이가 있지만, 유가에서 성군으로 떠받드는 순조차 형벌을 중시했다는 점은 분명하다. 맹자는 형벌보다 그 너그러움과 불쌍하게 여기는 마음을 중시하여 왕도의 표상으로 간주했다고 볼 수 있다. 반면, 상앙은 순보다는 탕왕과 무왕을 자주 거론했는데, 무왕을 어떻게 보았느냐에서 맹자와의 차이를 엿볼 수 있다.

"주 무왕은 반역하여 정권을 빼앗았지만 나중에는 도리를 따르는 것을 귀하게 여겼다. 무력으로 천하를 다투었지만, 나중에는 겸양을 숭상했다. 그는 무력으로 정권을 빼앗았지만, 도의(道義)로써 그것을 굳게 지켰다."(『상군서』「개색(開塞)」)

왕도를 강조하면서 무력의 측면을 제쳐두었던 맹자와 달리 상앙은 역사적 사실을 있는 그대로 이해했다. 상앙도 결국 도의로써 다스려야만 천하를 안정시킬 수 있다고 했으나, 왕업을 일으킬 때만큼은 무력을 쓸 수밖에 없다고 했다. 그런데 무왕의 무력 이전에 그의 부친인 문왕이 이미 오래도록 도의를 행했다는 사실은 간과했다. 문왕의 도의가 앞섰으므로 무왕이 무력을 썼어도 다른 제후들의 무력과 다를 수 있었고 또 천하를 쉽게 얻을 수도 있었다고 말할 수 있기 때문이다. 맹자는 순에게서나 무왕에게서 그 점을 보았던 것이다. 형벌을 쓰더라도 관용과 측은지심을 앞세웠고, 무력 이전에 도의를 먼저 행했다는 것.

8.2

子產聽鄭國之政, 以其乘輿濟人於溱洧. 孟子曰: "惠而不知爲政. 歲十一月, 徒杠成; 十二月, 輿梁成, 民未病涉也. 君子平其政, 行辟人可也, 焉得人人而濟之? 故爲政者, 每人而悅之, 日亦不足矣."

자산은 정나라의 정치를 맡고 있을 때 자신의 수레로 진수와 유수가 만나는 곳에서 사람들을 건네주었다. 이 일에 대해 맹자가 말했다.

"은혜롭지만 정치하는 법을 몰랐다. 11월에 걸어서 건너는 다리를 놓고 12월에 수레가 다니는 다리를 놓았다면, 백성들이 괴롭게 건너지 않았을 것이다. 군자가 정치를 공평무사하게 하면 행차할 때 미리 길에서 행인의 통행을 제한해도 괜찮은데, 어찌 사람들을 일일이 건네주었는가? 그러므로 정치를 하는 자가 사람마다 기쁘게 해주려면 날마다 그렇게 할지라도 부족하다."

注釋 자산(子產)은 춘추시대 정(鄭)나라의 현명한 재상이었던 공손교(公孫僑)의 자다. 승여(乘輿)는 타는 수레, 즉 탈 것을 뜻한다. 진유(溱洧)는 하남성(河南省) 개봉(開封)에 있는 두 강의 이름이다. 혜(惠)는 은혜, 은혜를 베풀다는 뜻이다. 『논어』「공야장(公冶長)」에서 공자는 자산이 군자가 행하는 도 네 가지를 지녔다고 하면서 그 가운데 하나로 "백성을 다스릴 때는 은혜로웠다"(其養民也惠)는 점을 들었다. 도강(徒杠)은 걸어서 건널 수 있도록 임시로 만든 다리다. 여량(輿梁)은 수레 따위

가 통행할 수 있는 다리다. 벽(辟)은 귀인이 행차할 때 사람들의 통행을 제한하는 벽제(辟除)를 뜻한다.

蛇足 공자는 자산에 대해 "군자가 행하는 도, 네 가지를 지녔다. 행동할 때에는 의젓하였고, 윗사람을 섬길 때는 지극하게 받들었으며, 백성을 다스릴 때는 은혜로웠고, 백성을 부릴 때에는 올바랐다"(『논어』 「공야장」)고 말했다. 또 "베풀 줄 아는 사람이다"라고까지 말했으니, 꽤 높이 평가한 셈이다. 그런데 맹자는 자산의 일화를 끌어와서 "은혜롭지만 정치하는 법을 모른다"고 딱 잘라서 비판했다. 자산의 일화가 실제였는지는 알 수가 없으므로 맹자의 비판에 대해서도 판단을 유보할 수밖에 없는데, 만약 자산이 실제로 그러했다면 그런 비판을 받을 만하다. 왜냐하면 자산이 일국의 재상이라면 공적이고 정치적인 차원에서 백성을 구제하는 정책을 펴야 했음에도 사사로이 백성들을 건네주었기 때문이다. 이는 은혜만 베풀 줄 알았지 정치할 줄은 모른 것이다. 아울러 자신의 은혜로움을 백성들에게 과시하려는 수작으로도 여겨질 수 있다. 그러나 맹자가 자산의 이 일화를 끌어온 것은 순전히 당시의 위정자들을 질타하기 위해서였다.

8.3

孟子告齊宣王曰: "君之視臣如手足, 則臣視君如腹心; 君之視臣如犬馬, 則臣視君如國人; 君之視臣如土芥, 則臣視君如寇讐."
王曰: "禮, 爲舊君有服, 何如斯可爲服矣?"
曰: "諫行言聽, 膏澤下於民, 有故而去, 則君使人導之出疆, 又先於其所往, 去三年不反, 然後收其田里. 此之謂三有禮焉. 如此, 則爲之服矣. 今也爲臣, 諫則不行, 言則不聽, 膏澤不下於民, 有故而去, 則君搏執之, 又極之於其所往, 去之日, 遂收其田里. 此之謂寇讐. 寇讐, 何服之有?”

맹자가 제나라 선왕에게 말했다.

“임금이 신하를 제 손과 발처럼 여기면 신하는 군주를 제 배와 가슴처럼 여기고, 군주가 신하를 개나 말처럼 여기면 신하는 군주를 길에서 만난 사람처럼 여기고, 군주가 신하를 흙이나 티끌처럼 여기면 신하는 군주를 원수처럼 여깁니다.”

왕이 물었다.

“『의례』에서 ‘옛 군주를 위해 상복을 입는다’고 했는데, 어찌해야 이처럼 신하가 상복을 입게 할 수 있소?”

맹자가 대답했다.

“간언한 말이 실행되고 아뢴 말이 받아들여져 군주의 두터운 은택이 백성들에게 미치도록 하며, 신하가 사정이 있어 떠나게 되면 군주는 사람을 시켜 그를 인도하여 국경을 넘게 하고 또 그가 가는 곳에 먼저 기별을 해주며, 떠난 지 3년이 지나도록 돌아오지 않으면 그때에야 그의 논밭과 집을 거두어들입니다. 이를 일러 ‘세 번 예를 갖춘다’고 합니다. 이렇게 하면 신하는 그 군주를 위해 상복을 입을 것입니다. 그러나 지금은 신하 된 자가 간언을 해도 실행되지 않고 아뢰어도 들어주지 않아서 두터운 은택이 백성들에게 미치지 못하며, 신하가 사정이 있어 떠나면 군주는 붙잡고 놓아주지 않고 또 그가 가는 곳에서 몹시 힘들도록 해놓으며, 게다가 그가 떠난 바로 그날에 그의 논밭과 집을 거두어들입니다. 이를 일러 ‘원수’라고 합니다. 그러니 누가 원수를 위해 상복을 입겠습니까?”

注釋 국인(國人)은 노인(路人) 또는 방인(傍人)과 같으며, 어떠한 원망도 은혜도 없는 그저 그런 사람을 가리킨다. 개(芥)는 티끌, 먼지를

뜻한다. 구군유복(舊君有服)에 대해 『의례(儀禮)』「상복(喪服)」편에 따르면, 도로써 군주를 떠났음에도 아직 인연을 끊지 못한 자는 옛 군주를 위해 3개월간 자최(齊衰)를 입는다고 하였다. 고택(膏澤)의 고(膏)는 기름지다는 뜻이고, 택(澤)은 윤기가 나다는 뜻인데, 여기에서는 은혜를 비유하는 말로 쓰였다. 선어기소왕(先於其所往)의 선(先)은 자신을 떠난 신하가 가는 나라에 군주가 먼저 사신을 보내 그가 현명한 사람임을 알리는 것을 이른다. 박(搏)은 잡다, 붙잡다는 뜻이다. 극(極)은 궁(窮)과 통하며, 어려움을 겪게 하는 것, 고약하게 괴롭히는 것을 이른다.

蛇足 법가에서는 군주가 신하를 경계하고 견제해야 한다고 주장한다. 신하가 권력을 쥐면 나라가 어지러워지고 백성이 고달파지기 때문이다. 그러나 유가에서는 군주와 신하는 상호보완적인 관계로서 서로 화합해야만 나라가 다스려지고 백성이 편안해진다고 보았다. 맹자가 제나라 선왕에게 먼저 한 말은 옛날에 순이 한 말이기도 하다. 『상서』〈익직(益稷)〉에서 순은 우와 고요 등 신하들에게 "신하는 나의 팔이며 다리이며 귀이며 눈이다. 내가 백성을 도우려 하니 그대들이 나를 도와라. 온 천하에 힘을 펴려 하니 그대들이 애써라"고 말하며, 이어서 "내가 어긋나거든 그대들이 나를 도와 바로잡아라. 내 앞에서 순종하고 물러나서 뒷말을 하지 말라"라고 하여 언제든지 신하들의 말을 경청할 자세가 되어 있음을 분명하게 밝혔다. 아무리 법령과 형벌 등의 제도가 잘 구비되어 있어도 정치 수장인 군주와 그 실행자들인 신하들이 서로 어우러지지 못하고 서로 견제해야 한다면, 지속적인 안정은 기대하기 어렵다.

그리고 궁극적으로 신하를 충신으로 만들 것인지 원수로 만들 것인지는 군주의 처신에 달려 있다. 예의란 윗사람이 먼저 아랫사람을 살피는 데서 시작된다. 그리하여 군주의 어진 정치가 신하들을 통해 백성들이 은택을 입는 데까지 이어진다. 군주가 먼저 신하를 아끼지 않는다면, 아무리 백성들에게 은혜를 베풀려고 해도 중간에서 차단되어버린다. 물론 상앙은 이런 문제를 배제하기 위해서 포상과 형벌로써 신하들을 다루어야 한다고 했지만, 그 역시 한계는 있다.

8.4

孟子曰: "無罪而殺士, 則大夫可以去; 無罪而戮民, 則士可以徙."

맹자가 말했다.
"죄가 없는데도 선비를 죽이면 대부는 떠날 수 있고, 죄가 없는데도 백성을 죽이면 선비는 옮겨갈 수 있다."

注釋 륙(戮)은 죽이다는 뜻이다. 사(徙)는 옮기다, 옮겨 가다는 뜻이다.

蛇足 죄 없이 선비를 죽이는 것은 군주가 간언을 듣지 않고 아첨하는 자들에게 둘러싸여 있다는 뜻이고, 백성을 죽이는 것은 군주와 신하들이 전횡을 일삼고 있다는 뜻이다. 이런 나라는 곧 어지러워진다. 그러니 대부나 선비가 어찌 떠나지 않을 수 있겠는가.

『사기』〈공자세가〉를 보면, 공자가 56세의 나이로 대사구(大司寇)가 되어 정치를 맡자 3개월 만에 다스려지기 시작했다고 한다. 이를 두려워한 제나라에서는 공자의 정치를 방해하기 위해 미녀 80명을 뽑아 아름다운 옷을 입히고 춤을 가르쳐서 노나라 도성 남쪽 문 밖에서 춤을 추게 했다. 그러자 노나라 군주와 계환자(季桓子) 등은 몰래 가서 하루내내 관람하면서 정사를 게을리했다. 곧이어 군주가 교제(郊祭)를 지냈는데, 그 희생 제물을 대부들에게 나누어주어야 함에도 나누어주지 않자 공자는 드디어 노나라를 떠났다. 고대에 제사는 가장 중요한 정치 행사였다. 제사는 정권의 정당성과 합법성의 근거가 되는 것이었기 때문이다. 제사가 끝난 뒤에 대부들에게 제물을 나누어주는 것은 군주가 신하들을 잊지 않음을 의미할 뿐만 아니라 정사를 제대로 돌보고 있음을 의미하기도 한다. 그런데 대부들에게 제물을 나누어주지 않았으니, 이는 군주가 정치를 손에서 놓았음을 뜻한다. 그래서 공자가 떠난 것인데, 하물며 죄 없이 선비를 죽이는 것은 군주가 간언조차 듣지 않고 아첨하는 자들에게 휘둘리고 있음을 의미하는 것이니 어찌 떠나지 않을 수 있겠는가.

또 맹자는 가혹한 수탈과 끊임없는 전쟁으로 백성들이 길이나 들에서 죽어 나뒹굴고 있는 끔찍한 현실을 목도했다. 백성 없는 사직이 없고 백성 없는 군주가 없음에도 제후들은 백성을 살피는 정치가 아니라 백성을 죽이는 포악을 저지르고 있었다. 그가 왕도를 주창한 배경이 그것이다. 그는 백성을 살리는 정치를 펴려는 뜻이 강렬했다. 그가 어느 나라를 떠나든지 그 이유는 오로지 그 군주가 백성을 살리는 정치를 펼 의지가 없음을 보았기 때문이다. 하물며 죄 없는 백성을 죽이는 군주의 나라에 어찌 잠시라도 머물 수 있겠는가.

8.5

孟子曰: "君仁, 莫不仁; 君義, 莫不義."

맹자가 말했다.
"군주가 어질면 어질지 않은 사람이 없고, 군주가 올바르면 올바르지 않은 사람이 없다."

蛇足 왕정에서 군주는 그물의 벼리와 같은 존재다. 그러므로 군주

는 먼저 자신을 다스려서 어질고 올바르게 되도록 애써야 한다. 그래야 자신을 보좌해주고 또 명령을 적절하게 실행해줄 현명하고 유능한 신하들을 얻게 된다. 그러면 나라는 저절로 안정되고 백성들의 삶은 편안해진다.

8.6

孟子曰: "非禮之禮, 非義之義, 大人不爲."

맹자가 말했다.
"예의답지 않은 예의, 올바른 것처럼 보이는 올바름, 이런 짓을 대인은 하지 않는다."

蛇足 공자가 "사람이 되어서 어질지 못한데, 예의는 차려서 무엇하겠는가? 사람이 되어서 어질지 못한데 음악을 갖춘들 무엇하겠는가?"(『논어』「팔일」)라고 말한 것과 같은 뜻을 담고 있다. 군자나 대인은 결코 치레하는 데 힘쓰지 않는다. 아니, 그런 마음조차 갖지 않는다. 그것은 먼저 어짊과 올바름이라는 알맹이를 내면에 채워야만 군자가 되고 대인이 되기 때문이다. 맹자의 말은 결국 사이비(似而非)에 대한 경계다. 예나 이제나 사이비가 진짜처럼 행세하는 경우가 많고, 사람들도 그런 사이비를 알아보지 못해서 곧잘 현혹되어 그릇된 지경에 빠져드는 일이 적지 않다.

8.7

孟子曰: "中也養不中, 才也養不才, 故人樂有賢父兄也. 如中也棄不中, 才也棄不才, 則賢不肖之相去, 其間不能以寸."

맹자가 말했다.

"알맞게 하는 자가 알맞게 하지 못하는 자를 기르고 재주 있는 자가 재주 없는 자를 길러주기 때문에 사람들은 현명한 아비와 형이 있음을 즐거워한다. 만일 알맞게 하는 자가 알맞게 하지 못하는 자를 버리고 재주 있는 자가 재주 없는 자를 버린다면, 현명한 이와 모자란 이의 차이는 한 치도 안 될 수 있다."

注釋 중(中)은 지나침도 모자람도 없는 상태, 알맞음을 뜻한다. 양(養)은 가르쳐서 일깨워주는 것을 이른다. 상거(相去)와 기간(其間)은 똑같이 차이, 간격을 뜻한다.

蛇足 대인이 된다는 것은 그 자신을 바로 세웠다는 뜻이지만, 동시에 그렇지 못한 이를 가르치고 북돋아주어서 자신처럼 대인이 되도록 이끌어주어야 한다는 뜻이기도 하다. 자신을 바로 세우는 데서 그치고, 알맞게 하지 못하는 자나 재주 없는 자를 길러주지 않고 버리는 자는 대인이 아니다. 고작 어쩌다 알맞게 하는 자이거나 자잘한 재주를 지닌 자에 불과할 뿐, 현명한 사람이라고 할 수 없다.

8.8

孟子曰: "人有不爲也, 而後可以有爲."

맹자가 말했다.

"사람에게는 하지 않는 것이 있은 뒤에야 큰일을 이룰 수가 있다."

注釋 불위(不爲)는 해서는 안 될 일을 하지 않는 것을 이른다.

蛇足 여기서 큰일은 왕노릇을 가리킨다. 당시 제후들은 저마다 부국강병을 통해 천하의 왕노릇을 하려는 꿈을 꾸고 있었다. 1.7에서 맹자는 제나라 선왕에게 "당신은 나무에 올라가 물고기를 구하는 짓을 하고 있소"라는 뜻으로 연목구어(緣木求魚)를 말했는데, 이는 선왕에게 한 말이면서 당시 제후들을 싸잡아서 조롱한 것이기도 하다. 참으로 왕노릇하려면 백성을 죽이는 일부터 그쳐야 하는데, 오히려 백성을 죽음으로 내몰면서 어찌 왕노릇을 꿈꾸느냐는 뜻이다. 이는 전쟁으로써 전쟁을 없애야 한다면서 천하의 왕노릇은 전쟁을 통해서만 가능하다고 주장한 상앙을 염두에 두고 한 말이기도 하다. 목적으로 수단을 정당화하는 거기에 온갖 폭력과 전쟁이 있음을, 그리고 그것으로는 결코 진정한 평화가 오지 않음을 역사는 말해준다.

아무리 고상한 뜻을 지녔다고 해도 무엇이나 다 해도 되는 건 아니다. 아무리 능력과 재주를 지녔다고 해도 무엇이나 다 할 수 있는 건 아니다. 해서는 안 되는 것, 할 수 없는 것을 잘 가릴 줄 아는 지혜가 없으면, 큰일을 이룰 수 없다.

8.9

孟子曰: "言人之不善, 當如後患何?"

맹자가 말했다.
"남의 좋지 못한 점을 말하다가 뒤탈을 어찌 감당하려는가?"

注釋 불선(不善)은 단점, 결함 등을 뜻한다. 후환(後患)은 나중에 생길 걱정거리, 곧 뒤탈을 뜻한다.

蛇足 과연 맹자는 이 말을 할 자격이 있을까 하고 반문하는 이들도 적지 않을 것이다. 대개 남의 좋지 못한 점을 말하는 자는 남을 깎아내리려는 자다. 그러나 맹자는 그 사람이 자신의 허물을 돌아보고 고치기를 바라는 마음에서 지적하고 일깨워준다. 이 둘은 아주 다르다.

8.10

孟子曰: "仲尼, 不爲已甚者."

맹자가 말했다.
"중니는 너무 심한 것은 하지 않았다."

注釋 이심자(已甚者)는 지나치거나 모자란 쪽으로 치우친 것을 뜻한다.

蛇足 공자는 "지나침은 모자란 것과 같다"(『논어』「선진」)고 말했다. 대개 지나친 것은 모자란 것보다 낫지 않느냐고 여기는데, 큰 착각이다. 모자란 것이나 지나친 것 모두 중도를 벗어난 것이다. 모자란 것보다 지나친 것이 더 위험할 때가 많다. 시속 300km를 간단하게 돌파하는 스포츠카와 털털거리며 가는 트럭, 둘 가운데 어느 쪽이 더 사고를 잘 낼까? 어느 쪽이 더 위험할까? 사람들은 잘나갈 때, 하는 일마다 잘될 때 더 과감하게 하려고 한다. 안 될 때나 일이 잘 풀리지 않을 때는 엄두도 내지 않던 짓까지 하면서 대담해진다. 주위에서 너무 앞질러 간다고, 너무 지나치다고 충고해도 들으려 하지 않는다. 이미 통제력을 잃은 것이다. 그러다가 생각조차 못했던 과오를 저지르고 실수를 해서 나락으로 떨어진다. 다시 정신을 차리고 후회를 하지만, 그때는 이미

너무 늦었다.

8.11

孟子曰:"大人者, 言不必信, 行不必果, 惟義所在."

맹자가 말했다.
"대인은 말을 하면서 꼭 미쁘게 보이려 애쓰지 않고 행동하면서 꼭 결과를 내려 하지 않으니, 오로지 올바름을 따를 뿐이다."

蛇足 도(道)란 길이다. 여정이고 과정이다. 끝이 아니다. 대인은 그 길을 가는 자다. 그러므로 한 걸음 한 걸음 내디디는 그 걸음이 흐트러지지 않고 쏠리지 않도록 할 뿐, 남들이 내 마음을 알아줄지, 내 말을 믿어줄지, 또 결과가 어찌될지 따위에는 마음을 쓰지 않는다.

8.12

孟子曰:"大人者, 不失其赤子之心者也."

맹자가 말했다.
"대인은 어린아이의 마음을 잃지 않은 사람이다."

注釋 조기(趙岐)는 "대인을 군주라 하니, 국군은 백성을 마치 어린아이처럼 보므로 민심을 잃지 않는 것을 이른다"라고 주석을 달았다. 그러나 반드시 대인이 군주를 가리킨다고 보기 어렵고, 맹자 또한 그렇게 쓰지 않고 있으므로 일반적이고 보편적인 의미로 풀어내는 것이 적

절하다. 적자지심(赤子之心)은 명말(明末)의 이지(李贄, 1527~1602)가 말한 '동심(童心)'과 비슷한 의미로 쓰였다고 할 수 있다.

蛇足 어린아이의 그 순진하고 천연한 마음은 지나간 것에 미련을 두지 않고 오지 않은 것을 미리 헤아리지 않는다. 지금 여기에 있는 것에만, 내 앞에 있는 것에만, 지금 이 순간에만 마음을 쏟을 뿐이다. 울다가도 깔깔대며 웃고, 웃다가 갑자기 우는 것도 그 때문이다. 이리저리 헤아리는 어른은 놓친 것에 미련을 두다가 지금을 또 놓치고, 오지 않은 것에 조바심치다가 지금을 놓친다. 대인은 지금 여기서 할 일을 할 뿐이다. 맹자가 왕도를 펴려 하면서 군주를 만나지 못했다고 아쉬워하지 않고 끝내 뜻을 이루지 못할까 머뭇거리지 않은 것은 이 대인의 마음을 지녔기 때문이리라.

8.13

孟子曰: "養生者不足以當大事, 惟送死可以當大事."

맹자가 말했다.
"살아 계신 어버이를 봉양하는 것은 큰일을 한다고 할 수 없고, 오로지 돌아가신 어버이를 보내는 일이라야 큰일을 한다고 할 수 있다."

注釋 양생(養生)은 어버이가 살아 계실 때에 효도로써 봉양하는 것을 가리킨다. 유(惟)는 유(唯)와 같다. 송사(送死)는 돌아가신 어버이를 예법에 맞게 보내는 일을 가리킨다.

蛇足 왜 맹자는 살아 계신 어버이를 봉양하는 것보다 돌아가신 어

버이를 보내는 일이 더 큰일이라고 했을까? 돌아가신 어버이를 보내는 일에서 자식의 도리가 완결되기 때문이다. 그리고 그 일에서 어버이가 살아 계실 때 그가 지녔던 마음이 고스란히 드러나기 때문이다.

8.14

孟子曰: "君子深造之以道, 欲其自得之也. 自得之, 則居之安; 居之安, 則資之深; 資之深, 則取之左右逢其原. 故君子欲其自得之也."

맹자가 말했다.

"군자가 도로써 깊이 이르는 것은 스스로 터득하려고 해서다. 스스로 터득하면 머무는 게 편안하고, 머무는 게 편안하면 갈무리한 게 깊어지며, 갈무리한 게 깊어지면 가까이 여기저기서 취하더라도 그 근원을 만난다. 그래서 군자는 스스로 터득하려고 한다."

注釋 조(造)는 이르다는 뜻의 예(詣)와 같다. 심조지(深造之)는 지극한 경지에 이르는 것을 뜻한다. 자(資)는 쌓아서 얻은 밑천, 갈무리한 것을 가리킨다. 원(原)은 원(源)과 같다.

蛇足 지혜를 얻는 일은 배움으로써 시작되는데, 그 배움은 지식을 얻듯이 하면 안 된다. 지식을 얻는 일은 사물을 살피고 헤아리며 외우면 되지만, 그렇게 얻은 지식으로는 고작 안목을 넓힐 수 있을 뿐이다. 지혜는 사물의 결을 읽어내는 통찰을 가질 때에야 얻을 수 있다. 사물의 결을 읽어내려면 먼저 자신의 마음을, 내면을 읽을 수 있어야 한다. 그 과정에서 자신의 허물을 알고, 그 허물의 뿌리를 알아채며, 그 허물

을 없앨 길도 찾아낸다. 그리하여 비로소 통찰하게 되고, 통찰하므로 평범하고 하찮은 것에서조차 이치를 발견한다. 이는 다른 이로부터 배워서 할 수 있는 것이 아니고, 나를 버려두고서 구할 수 있는 것도 아니다. 오로지 자신에게서 찾아야 하고, 스스로 터득해야만 한다. 이렇게 해서 지혜를 얻은 자는 더 이상 이전의 그 사람이 아니다. 범부에서 군자로, 군자에서 현자로, 현자에서 성자로 확 바뀌어 있다.

8.15

孟子曰: "博學而詳說之, 將以反說約也."

맹자가 말했다.
"두루 배우고 자세하게 풀어내야 나중에 간추려서 이야기하는 데로 돌아갈 수 있다."

注釋 박학(博學)은 『논어』「옹야(雍也)」편에 "군주가 널리 문화를 배우고 예의로써 잡도리하면, 이치에서 벗어나지 않으리라!"(君子, 博學於文, 約之以禮, 亦可以不畔矣夫!)는 구절에서 쓰인 박학과 뜻이 같다. 약(約)은 요약(要約), 요령(要領)의 뜻으로 쓰였다.

蛇足 두루 배우더라도 그것은 배운 것일 뿐이다. 제 것이 아직 아니다. 자세하게 풀어낼 줄 알아야만 비로소 제 것이 된다. 제 것이 되어야 남에게 이야기할 때 너절하게 늘어놓지 않기 때문이다.

8.16

孟子曰: "以善服人者, 未有能服人者也; 以善養人, 然後能服天下. 天下不心服而王者, 未之有也."

맹자가 말했다.
"좋은 것으로 남을 복종시키려는 자가 남을 복종시킬 수 있었던 적은 없다. 좋은 것으로 남을 길러준 뒤에야 천하 사람들을 복종시킬 수 있다. 천하 사람들이 마음으로 복종하지 않는데도 왕노릇한 자는 아직 없었다."

注釋 선(善)은 넓게는 사람이 어우러져서 사는 데 필요하고 긴요한 덕목을 뜻하고, 좁게는 맹자가 말한 인의예지(仁義禮智)를 가리키는 것으로 볼 수 있다.

蛇足 사람들이 좋다고 여기는 것으로 복종시키려는 것은 미끼로 물고기를 낚는 것과 다름이 없다. 미끼에 낚인 물고기는 힘이 없어서 잡힌 것이지, 참으로 그 낚시꾼이 좋아서 따라나선 것이 아니다. 가령, 상앙은 백성들이 이로움을 좋아하는 성품을 지니고 있다고 보았으므로 작위와 녹봉이라는 포상을 내걸어서 백성들이 전쟁에 나서도록 했다. 그런 백성들은 더 높은 작위를 주고 더 많은 녹봉을 준다고 하면 그쪽으로 쏠리게 된다. 바깥의 유혹에 이끌려서 행동을 할 뿐, 스스로 좋아서 하지는 않는다. 이렇게 되면 참된 마음으로 따르지 않는다. 그런 백성들을 이끌고 과연 천하의 왕노릇을 할 수 있을까? 설령 할 수 있다고 하더라도 그것은 고작 설니홍조(雪泥鴻爪), 눈이 녹으면 이내 사라질 '눈 위에 난 기러기 발자국' 같은 흔적일 뿐이다.

8.17

孟子曰: "言無實, 不祥. 不祥之實, 蔽賢者當之."

맹자가 말했다.
"말에 진실한 뜻이 없으면 상서롭지 못하다. 그 뜻이 상서롭지 못한 것으로는 현명한 이를 가리는 말이 이에 해당된다."

注釋 언무실불상(言無實不祥)을 주희는 "말이란 참으로 상서롭지 않은 것이 아니다"로 풀이했다. 실(實)은 알맹이, 내용을 뜻한다. 폐(蔽)는 덮다, 가리다는 뜻이다.

蛇足 말에 진실한 뜻이 없다는 것은 얄팍한 생각으로 말하거나 사사로운 감정을 담아서 말함을 가리킨다. 이런 말을 하는 자에게는 공명정대한 마음이 없으므로 이로 말미암아 현명한 사람을 알아보지 못하고, 설령 현명한 사람이 있음을 알아도 비방을 일삼는다. 그게 저 자신에게 이롭다고 여기기 때문이다. 맹자가 위의 말을 하게 된 데에는 까닭이 있다. 그 자신이 간사한 자들의 농간으로 그릇된 유자로 간주되거나 때로 군주를 만날 기회를 잃기도 했기 때문이다. 2.16을 보면 노나라 평공(平公)이 맹자를 만나려고 외출할 때, 장창이라는 자가 말리는 바람에 맹자가 평공을 만나지 못했다. 그때 장창이 한 말이 바로 상서롭지 못한 뜻을 담은 것이었다.

8.18

徐子曰: "仲尼亟稱於水曰'水哉, 水哉!' 何取於水也?"
孟子曰: "原泉混混, 不舍晝夜, 盈科而後進, 放乎四海. 有本者如是, 是之取爾. 苟爲無本, 七八月之閒雨集, 溝澮皆盈, 其涸也, 可立而待也. 故聲聞過情, 君子恥之."

서자가 물었다.

"중니는 자주 물을 일컬으며 '물이여, 물이여!'라고 했습니다. 물에서 어떤 점을 취한 것입니까?"

맹자가 대답했다.

"끊임없이 솟아나는 샘물은 밤낮으로 그치지 않고 흘러 웅덩이를 채운 뒤에 바다에 이른다. 근본이 있는 것은 이와 같으니, 중니는 이를 취한 것이다. 근본이 없는 것으로 말하자면 칠팔월 사이에 쏟아져 내린 빗물처럼 봇도랑을 가득 채우기는 하지만 그 마르는 것을 서서도 기다릴 수 있을 정도다. 그래서 군자는 명성이 실정보다 지나치면 부끄러워한다."

注釋 서자(徐子)는 5.5에 나오는 서벽(徐辟)이다. 기(亟)는 자주, 여러 번을 뜻한다. 서자는 공자가 자주 물에 대해 말했다고 했는데, 『논어』「자한(子罕)」편에서 공자가 냇가에 서 있다가 "가버리는 것은 이와 같으리라! 밤낮을 쉬지 않는구나"(逝者如斯夫! 不舍晝夜)라고 말한 것이 있을 뿐이다. 원천(原泉)은 원천(源泉)과 같다. 혼혼(混混)은 물이 솟아나 흐르는 모양 또는 세차게 흐르는 모양이다. 과(科)는 웅덩이를 뜻한다. 이(爾)는 이(耳)와 같다. 구(苟)는 만약에를 뜻한다. 칠팔월지간(七八月之間)은 주(周)나라 역법에 따른 것이다. 상(商)나라 때 역법으로는 6월과 7월에 해당한다. 구회(溝澮)는 논 사이에 난 도랑으로, 작은 것을 구(溝)라 하고, 큰 것을 회(澮)라 한다. 학(涸)은 물이 마르다는 뜻이다. 성문(聲聞)은 명성이나 평판을 뜻한다.

蛇足 공자도 물을 일컬었지만, 노자 또한 물을 중요하게 다루었다. 그들이 물에서 본 것은 각기 다르다고도 말할 수 있는데, 맹자도 좀 다

르다. '끊임없이 솟아나는 샘물'은 '칠팔월 사이에 쏟아진 빗물'과 다르다. 샘물은 사람에게 있는 사단(四端), 즉 네 가지 마음의 실마리를 가리키니, 이는 저절로 솟아나와서 끝없이 흘러 바다에 이른다. 실마리가 되는 마음을 일상에서 거듭 쓰게 되면 마침내 어짊과 올바름, 예의와 지혜로서 오롯해진다는 뜻이다. 반면, 빗물은 대상이나 상황에 이끌려 어쩌다가 갖게 된 마음, 외적 자극에 의해 일시적으로 일어난 마음을 가리킨다. 이런 마음을 교묘하게 써서 얻은 명성과 이익은 오래가지 못할 뿐더러 때로 자신을 망치기도 한다.

8.19

孟子曰: "人之所以異於禽獸者幾希, 庶民去之, 君子存之. 舜明於庶物, 察於人倫, 由仁義行, 非行仁義也."

맹자가 말했다.
"사람이 짐승과 다른 점은 매우 적은데, 뭇 백성은 이를 버리고 군자는 이를 간직한다. 순은 온갖 사물에 밝고 모듬살이의 도리를 잘 살폈는데, 이는 어짊과 올바름을 좇아서 자연스럽게 한 것이지 어짊과 올바름을 억지로 한 것이 아니었다."

蛇足 상앙이 백성을 포상과 형벌로 제어해야 한다고 했을 때, 거기에는 사람과 짐승 사이에 별다른 차이가 없다는 뜻이 내포되어 있다. 그렇다고 사람과 짐승이 똑같다는 뜻은 아닐 것이다. 맹자 또한 사람과 짐승이 아주 크게 다르다고 보지는 않았다. 다만, 어짊과 올바름의 실마리를 갖고 태어난다는 것, 이것만으로도 짐승과는 다른 삶을 살 수밖에 없다는 확신을 가졌다. 모든 사람들이 순처럼 저절로 사물에 밝고 자연스럽게 어짊과 올바름을 좇을 수는 없지만, 배우고 애쓰면 얼

마든지 순처럼 될 수 있다는 것도 맹자의 확신이었다. 그런 확신이 있었으므로 왕도를 잠시도 버려두지 못했던 것이다.

8.20

孟子曰:"禹惡旨酒而好善言. 湯執中, 立賢無方. 文王視民如傷, 望道而未之見. 武王不泄邇, 不忘遠. 周公思兼三王, 以施四事, 其有不合者, 仰而思之, 夜以繼日, 幸而得之, 坐以待旦."

맹자가 말했다.

"우는 맛난 술을 싫어하고 착한 말을 좋아했다. 탕은 중도를 잘 잡았고, 현명한 이를 쓸 때 고정된 틀이 없었다. 문왕은 백성들이 다칠 것처럼 불쌍히 여기고 이치를 구할 때는 아직 보지 못한 듯이 간절하게 바랐다. 무왕은 사이가 가까운 이를 함부로 대하지 않고 사이가 먼 이를 잊지 않았다. 주공은 하·은·주 삼대의 왕이 지닌 덕을 아우르면서 네 왕이 한 일을 베풀려고 했으니, 만일 실정과 맞지 않는 게 있으면 하늘을 바라보며 생각하기를 낮부터 밤까지 계속했고 다행히 터득한 게 있으면 그대로 앉아서 날이 새기를 기다렸다."

注釋 지주(旨酒)는 맛난 술을 뜻하는 미주(美酒)와 같다. 무방(無方)의 방(方)은 앞의 중(中)과 짝이 되며, 귀천(貴賤)이나 친소(親疎) 따위 정해진 것을 가리킨다. 망도(望道)는 도를 구한다는 뜻으로 쓰였다. 이미(而未)의 이(而)는 여(如)와 같다. 설(泄)은 너무 친해서 버릇없이 구는 것을 뜻한다. 이(邇)는 가깝다는 뜻의 근(近)과 같다. 조기의 주석에서는 가까운 이를 조정의 신하로, 먼 이를 제후로 보았다.

蛇足 상앙도 통치의 본보기로 성왕(聖王)을 들었고 특히 탕과 무왕을 높이 일컬었다. 그러나 그 까닭은 다르다.

"성인은 어짊과 올바름만으로는 천하를 다스릴 수 없다는 것을 잘 안다. 성인에게는 사람들이 반드시 믿게 하는 성품이 있고, 또 천하 사람들이 믿지 않을 수 없는 법도 갖추고 있다. 이른바 올바름(義)이란 신하로서 충성하고 자식으로서 효도하며 어린 사람과 어른 사이에 예의가 있고 남자와 여자 사이에 구별이 있는 것이다. 올바르지 않으면 굶주려도 구차하게 얻어 먹지 않고 죽어도 구차하게 살아남지 않는다. 이는 곧 나라에 법이 있은 뒤의 통상적인 것이다. 성왕은 올바름을 귀하게 여기지 않고 법을 귀하게 여긴다. 법이 반드시 명확하고 명령이 반드시 실행되면 그것으로 충분하기 때문이다."(『상군서』「획책」)

8.21

孟子曰: "王者之迹熄而詩亡, 詩亡, 然後春秋作. 晉之乘, 楚之檮杌, 魯之春秋, 一也. 其事則齊桓晉文, 其文則史. 孔子曰, '其義則丘竊取之矣.'"

맹자가 말했다.
"왕자의 자취가 사라지면서 시가 없어졌고, 시가 없어진 뒤에 『춘추』가 지어졌다. 진나라의 『승』, 초나라의 『도올』, 노나라의 『춘추』는 모두 한가지다. 거기에 적힌 일은 제환공과 진문공의 일이고, 그 글은 사관의 필법이다. 공자는 '거기에 담긴 의리는 내가 넌지시 끌어 쓴 것이다'라고 말했다."

注釋 왕자(王者)는 곧 성왕(聖王)을 가리킨다. 적(迹)은 주 왕조에서 천자가 천하를 순수(巡狩)하면서 태사(太史)에게 명해서 시를 채집

하게 한 일을 가리킨다. 그 자취가 사라졌다고 했으니, 이는 주 왕실이 동쪽으로 천도한 때를 가리킨다고 볼 수 있다. 왕실의 권위가 땅에 떨어지고 제후들이 존왕양이(尊王攘夷)를 내세우면서 실권을 쥔 춘추시대가 그때부터 시작되었기 때문이다. 제환진문(齊桓晉文)은 제나라 환공과 진나라 문공으로, 이들은 춘추시대의 패자(覇者)였다. 절(竊)은 공자가 개인적인 판단으로 취한 것임을 나타내는 말이다.

蛇足 고대의 시는 단순한 문학이 아니었다. 그것은 정치를 표현하는 도구요 수단이며, 정치의 요체를 전해주는 매체였다. 공자가 "시 삼백 편을 외웠음에도 정치를 맡기면 제대로 하지 못하고 사방에 사신으로 보내면 오롯하게 맞서지 못하니, 많이 외운들 대체 그걸로 무얼 하겠는가?"(『논어』「자로」)라고 말한 것도 그 때문이다.

맹자에게 시는 왕자의 자취를 보여주는 것으로 간주되었다. 그래서 시가 없어졌다는 것은 곧 왕도가 끊어졌다는 뜻이다. 그런 뒤에 지어진 것이 『춘추』인데, 이 때문에 비록 공자가 지었지만 거기에 패자인 제환공과 진문공의 일이 실리게 된 것이다. 비록 드러난 것은 패도이지만, 그 이면에는 왕도를 구현하고자 하는 공자의 뜻과 열망이 담겨 있다고 맹자는 생각했다. 다만, 공자가 그 의리를 넌지시 끌어 썼기 때문에 세월이 지나면서 그 의리가 분명하게 인식되지 못했다. 맹자가 제자들과 함께 『맹자』를 지은 이유가 여기에 있다고도 볼 수 있다.

8.22

孟子曰: "君子之澤五世而斬, 小人之澤五世而斬. 予未得爲孔子徒也, 予私淑諸人也."

맹자가 말했다.

"군자의 유풍은 다섯 세대가 지나면 끊기고, 소인의 유풍도 다섯 세대가 지나면 끊긴다. 나는 공자의 문도가 되지 못했으나, 그 유풍을 이은 사람을 통해 공자의 학문을 본받았다."

注釋 대개 군자와 소인은 두 가지 의미로 쓰인다. 첫째는 덕이 있는 이와 덕이 없는 이를 가리키고, 둘째는 관리와 백성을 각기 가리킨다. 여기서는 첫째의 의미로 쓰였다. 택(澤)은 남아 전하는 풍격이나 영향력을 뜻하며, 유풍(流風)이나 유습(遺習)과 같다. 참(斬)은 끊어지다는 뜻이다. 사숙(私淑)은 직접 만나서 배우지 않고 홀로 그 가르침을 본받으며 배우고 익히는 것을 뜻한다. 저(諸)는 지어(之於)와 같다.

蛇足 군자는 보편적인 이치를 터득하고 실천하면서 일생을 산 사람이다. 그렇기 때문에 그들의 삶은 당대에만 영향을 끼치지 않고 후대에도 지속적으로 영향을 끼친다. 살아서는 그 삶이 떳떳하고, 죽어서는 후대 사람들의 본보기가 되어 길라잡이 구실을 하는 것이다. 내가 죽은 뒤에 무슨 일이 있든 상관이 없다고 여기는 사람도 있겠으나, 그 자신의 생각과 달리 그의 행실은 영향을 끼칠 수 있다. 소인의 행실조차 영향을 끼치고, 그가 간교함으로 일군 지위와 재력조차 오래도록 유지되기도 한다. 그러나 군자든 소인이든 그 사람의 영향력이 무한히 지속되지는 않는다. 공자조차 맹자가 없었더라면 그 유풍이 끊어질 수 있었다. 공자나 순자의 경우를 보아서 알 수 있듯이 그 정신을 알고 오롯하게 체득할 뿐만 아니라 혁신을 이룩할 수 있는 이가 있어야만 비로소 다섯 세대를 넘어서 이어갈 수 있다. 바로 그 때문에 소인의 유풍은 고작해야 다섯 세대를 이어갈 뿐이다.

8.23

孟子曰: "可以取, 可以無取, 取傷廉; 可以與, 可以無與, 與傷惠; 可以死, 可以無死, 死傷勇."

맹자가 말했다.
"가져도 되고 가지지 않아도 될 경우에 가지면 곧은 마음을 이지러뜨린다. 주어도 되고 주지 않아도 될 경우에 주면 은혜를 이지러뜨린다. 죽어도 되고 죽지 않아도 될 경우에 죽으면 용기를 이지러뜨린다."

蛇足 가져도 되고 가지지 않아도 될 때 가지는 것은 욕심이고, 주어도 되고 주지 않아도 되는데 주는 것은 어리석음이며, 죽지 않아도 되는데 죽는 것은 만용이다. 결국 이 셋은 지혜롭지 못해서 저지른 짓이라고 할 수 있다.

맹자는 죽어도 되고 죽지 않아도 될 경우를 말했지만, 가문의 명예를 개인의 삶보다 더 중시했던 옛 사람들에게 가장 어려운 선택의 순간은 죽어야 할 만큼 치욕적임에도 살아남아야만 할 때다. 살아서도 치욕적이고 죽어서도 영원한 치욕을 안게 될지도 모른다는 막연한 두려움에 떨면서도 '해야 할 일'을 위해 살아남기로 한 자가 있으니, 바로 『사기』의 저자인 사마천이다. 그는 궁형이라는 치욕적인 형벌 앞에서 자살을 생각하기도 했으나, 결국 선친의 유언을 받들어 만고에 남을 역사서를 저술하기로 결정하면서 치욕스런 삶을 선택했다. 그런 그를 짓누른 무게와 두려움은 다른 이들이 쉽사리 이해하거나 느낄 수 없는 것이었다. 사마천이야말로 참으로 용기 있는 자였다. 만약 그가 선친의 유언을 팽개치고 치욕에 떨며 죽음을 선택했다면, 외로이 용기 있게 황제에게 간언을 했다는 칭송보다는 어리석고 눈치도 없어서 궁형을 받은 불쌍한 자, 몸도 망가지고 선친의 유언까지 저버린 불효한 자로 낙인찍혔을지도 모른다.

사마천보다는 덜했겠지만 그래도 치욕을 무릅쓰고 살아남아서 명재상이 되었던 이가 있으니, 제나라의 관중이다. 그는 공자 규(糾)를 섬겼는데, 규는 임금 자리를 놓고서 동생 소백(小白)과 싸움을 벌였다가 죽었다. 함께 규를 도왔던 소홀(召忽)은 스스로 목숨을 끊었으나, 관중은 붙잡혀서 굴욕스러운 몸이 되었다. 그가 부끄러움을 몰랐던 것은 아니다. 그럼에도 살아남으려 했던 것은 천하에 이름을 날리지 못하는 것을 더욱 부끄러워했기 때문이다. 이윽고 그는 벗인 포숙의 추천으로 한때 적이었던 소백, 즉 제환공 밑에서 재상이 되어 30여 년 동안 제나라를 부유하고 강성하게 만들고 백성들을 편안하게 해주었다. 제환공이 춘추오패 가운데 첫 번째 패왕이 될 수 있었던 것은 순전히 관중의 힘이었다.

8.24

逢蒙學射於羿, 盡羿之道, 思天下惟羿爲愈己, 於是殺羿. 孟子曰: "是亦羿有罪焉. 公明儀曰, '宜若無罪焉.' 曰, 薄乎云爾, 惡得無罪? 鄭人使子濯孺子侵衛, 衛使庾公之斯追之. 子濯孺子曰, '今日我疾作, 不可以執弓, 吾死矣夫!' 問其僕曰, '追我者, 誰也?' 其僕曰, '庾公之斯也.' 曰, '吾生矣.' 其僕曰, '庾公之斯, 衛之善射者也. 夫子曰吾生, 何謂也?' 曰, '庾公之斯學射於尹公之他, 尹公之他學射於我. 夫尹公之他, 端人也, 其取友必端矣.' 庾公之斯至曰, '夫子何爲不執弓?' 曰, '今日我疾作, 不可以執弓.' 曰, '小人學射於尹公之他, 尹公之他學射於夫子. 我不忍以夫子之道反害夫子. 雖然, 今日之事, 君事也, 我不敢廢.' 抽矢, 扣輪, 去其金, 發乘矢而後反."

저 옛날 방몽(逢蒙)은 예(羿)에게서 활쏘기를 배웠는데, 예가 가진 기술을 다 익힌 뒤 천하에 오직 예만이 자기보다 낫다고 생각하여 예를 죽여버렸다. 맹자가 말했다.

"그 일은 예에게도 죄가 있다. 공명의는 '마땅히 예에게는 죄가 없는 듯하다'고 말했는데, 그 죄가 작다고는 하겠지만 어찌 죄가 없다고 할 수 있겠는가? 전에 정나라에서 자탁유자(子濯孺子)를 시켜 위(衛)나라를 침략하게 했는데, 위나라에서는 유공지사(庾公之斯)를 시켜 추격하게 했다. 자탁유자가 '오늘 나는 병이 나서 활을 잡을 수 없으니, 죽게 될 것이다!'라고 탄식하며 마부에게 '나를 쫓는 자가 누구냐?'라고 물었다. 이에 마부가 '유공지사입니다'라고 대답했다. 유공지사는 '나는 살았다'라고 말했고, 마부는 '유공지사는 위나라에서 활을 잘 쏘는 자입니다. 부자께서 나는 살았다고 말하시니, 무슨 까닭입니까?'라고 물었다. 자탁유자는 '유공지사는 윤공지타(尹公之他)로부터 활쏘기를 배웠고, 윤공지타는 나에게서 활쏘기를 배웠다. 윤공지타는 올곧은 사람이니, 그가 사귄 벗도 반드시 올곧은 사람일 것이다'라고 대답했다. 유공지사가 이르러서는 '부자께서는 어찌하여 활을 잡지 않습니까?'라고 묻자, 자탁유자는 '오늘 나는 병이 나서 활을 잡을 수가 없소'라고 대답했다. 이에 유공지사는 '소인은 윤공지타에게서 활쏘기를 배웠고, 윤공지타는 부자께 활쏘기를 배웠습니다. 나는 차마 부자의 도로써 부자를 해치는 짓을 할 수 없습니다. 비록 그렇기는 하지만 오늘의 일은 군주의 일이니, 제가 감히 그만둘 수가 없습니다'라고 말하고는, 화살을 뽑더니 수레바퀴에 두들겨 화살촉을 뽑고서 화살을 네 발 쏜 뒤에 돌아갔다."

注釋 예(羿)는 하나라 때 유궁국(有窮國)의 군주로, 방몽(逢蒙)은

그에게서 활쏘기를 배운 뒤에 가신이 되었다가 나중에 한착(寒浞)을 도와 예를 죽였다. 자탁유자(子濯孺子)는 정(鄭)나라의 대부로, 자탁이 실제 이름이고, 유자는 세간에서 그를 부르던 이름이었다. 복(僕)은 어자(御者), 곧 마부를 뜻한다. 고(扣)는 두드리다는 뜻이다. 기금(其金)은 화살촉을 뜻한다. 승시(乘矢)는 네 대의 화살을 뜻하는데, 네 마리 말이 끄는 마차를 일승(一乘)이라 한 데서 네 개를 승(乘)이라 했다.

蛇足 활쏘기 명수였던 예가 제자인 방몽에게 죽임을 당한 것은 기술만 전수해주고 지녀야 할 마음가짐에 대해서는 가르쳐주지 않았음을 의미한다. 사람의 마음에 따라 기술의 습득 수준이 달라지기도 하지만, 그 기술의 성격에 따라서 사람의 마음도 변할 수 있다. 생명을 해치는 기술을 가르칠 때는 함부로 생명을 해치지 않도록 잡도리하는 법도 가르쳐야 한다. 중국의 전통적인 무술인 쿵후의 경우, 그것은 사람을 해치는 위험한 기술이기 때문에 동시에 사람을 살리는 의술까지 가르치는 것으로 알려져 있다. 저 옛날 신라시대에 화랑들에게는 '세속오계(世俗五戒)'가 있었다. 원광법사(圓光法師)가 세운 이 계율에는 싸움에 임해서는 결코 물러나서는 안 된다는 임전무퇴(臨戰無退)도 있지만, 함부로 살생하지 말고 잘 가려서 하라는 살생유택(殺生有擇)도 포함되어 있다. 이런 계율로써 마음을 다잡지 않으면, 무기를 든 자는 무사가 아니라 살인자가 된다.

유공지사는 방몽과 달리 활쏘기를 배우면서 도리까지 배웠던 모양이다. 그래서 스승의 스승인 자탁유자에게 예의를 갖추어 살려주었다. 위나라에 상앙이 있었다면 유공지사는 결코 처벌을 면치 못했을 것이다. 유공지사 스스로 말했듯이 그는 군주의 일을 맡아서 행하는 자인데, 어찌 사사로운 관계로 말미암아 그 일을 저버렸는가 말이다. 그런데 전쟁 자체를 중시하는 입장에서는 상앙이 옳다. 그러나 왜 전쟁을 하느냐를 생각하면, 수단과 방법을 가리지 않고 싸워서 이기는 것이 능사는 아니다. 참혹한 살육의 후과는 반드시 자신에게로 돌아오기 마련이기 때문이다. 상앙이 자신의 변법에 걸려서 비참하게 죽은 것도 그 때문이다.

8.25

孟子曰: "西子蒙不潔, 則人皆掩鼻而過之. 雖有惡人, 齊戒沐浴, 則可以祀上帝."

맹자가 말했다.
"서시라도 더러운 것을 뒤집어쓰면 사람들이 모두 코를 막고 지나간다. 비록 못생긴 사람이라도 깨끗이 목욕하고 몸가짐을 가지런히 한다면 상제에게 제사지낼 수 있다."

注釋 서자(西子)는 춘추시대 말기에 월나라 왕 구천(句踐)이 미인계로 오왕 부차(夫差)에게 보낸 서시(西施)를 가리킨다. 오(惡)는 추(醜)와 같다. 상제(上帝)는 천제(天帝), 곧 천신(天神)을 가리킨다.

蛇足 아름다움이든 착함이든 그것은 전체가 어우러져야만 된다. 부분적으로 좋다고 아름답다고 하지 않으며 또 착하다고 하지 않는다. 아무리 서시라도 목욕하지 않고 누더기 옷을 걸치고서는 아름답다고 할 수 없다. 이른바 미인으로 불리는 이들은 타고난 것에서 만족하지 않고 끊임없이 미모를 가꾸려고 애쓴다. 덕성을 갖추는 일도 마찬가지다. 다만, 덕성의 아름다움은 그 마음을 참되게 지니고 지극해져야만 저절로 드러난다는 점이 다르다.

8.26

孟子曰: "天下之言性也, 則故而已矣. 故者以利爲本. 所惡於智者, 爲其鑿也. 如智者若禹之行水也, 則無惡於智矣. 禹之行水也, 行其所無事也. 如智者亦行其所無事, 則智亦大矣. 天之高也, 星辰之遠也, 苟求其故, 千歲之日至, 可坐而致也."

맹자가 말했다.

"천하 사람들이 본성에 대해 말하는데, 본성이란 그러한 까닭을 본받는 것일 따름이다. 그러한 까닭이란 흐름을 근본으로 한다. 우리가 지혜롭다고 하는 자를 미워하는 것은 그가 억지로 파고들기 때문이다. 만약 지혜로운 자가 우가 물길을 튼 것처럼 한다면, 그의 지혜를 싫어할 까닭이 없다. 우가 물길을 튼 것은 억지로 일삼지 않는 일을 한 것이다. 만약 지혜로운 자가 억지로 일삼지 않는 일을 한다면, 그 지혜 또한 크낙할 것이다. 하늘이 높고 별들이 멀리 있기는 하지만 참으로 그러한 까닭을 안다면, 천 년 뒤의 동짓날도 가만 앉아서 헤아릴 수 있다."

注釋 칙(則)은 본받다는 뜻이다. 고(故)는 까닭, 이유를 뜻하는데, 여기서는 원리나 이치라는 말맛을 담고 있다. 주희는 리(利)를 순(順)으로 해석했다. 착(鑿)은 억지로 또는 이치에 닿지 않게 파고드는 것을 뜻한다. 일지(日至)는 하지(夏至)와 동지(冬至)를 이르는데, 여기서는 동지를 가리킨다.

蛇足 첫 구절은 좀 난해하다. 칙고(則故)의 의미가 불분명해서다. 이어지는 글의 흐름을 감안해서 풀이했다. 본성에 대해서는 「고자상」에서 본격적으로 논의가 되므로 거기에 미루기로 하겠지만, 일단 여기서 간단하게 덧붙이면 이렇다. 먼저 "본성이란 그러한 까닭을 본받는

것일 따름이다"라고 했는데, 그러한 까닭이란 작게는 사람의 본성이 착하다는 근거를 이르고, 크게는 하늘과 땅과 어우러질 수 밖에 없는 이치를 가리킨다고 볼 수 있다. 그리고 그것은 자연스러운 흐름에서 벗어나지 않아야만 하는 것이다. 유가의 도덕이 토대하고 있는 것이 바로 이런 자연스러움이라는 것은 이미 여러 차례 언급한 바 있다. 결국 사람이 군자의 길을 가야 하는 이유는 그것이 타고난 본성이 착하기 때문이라는 말이다. 실제로 군자의 삶을 살지 않으면 떳떳함이 없어짐을 느끼고, 심지어는 남으로부터 업신여김을 당하기도 하는데, 이는 본성에서 어긋났음을 스스로 알고 있기 때문이다.

8.27

公行子有子之喪, 右師往弔. 入門, 有進而與右師言者, 有就右師之位而與右師言者. 孟子不與右師言, 右師不悅曰: "諸君子皆與驩言, 孟子獨不與驩言, 是簡驩也."
孟子聞之, 曰: "禮, 朝廷不歷位而相與言, 不踰階而相揖也. 我欲行禮, 子敖以我爲簡, 不亦異乎?"

공행자가 아들의 상을 당하자, 우사인 왕환이 조문을 갔다. 우사가 문을 들어서자 그에게 나아가 말을 건네는 자가 있었고, 우사가 자리에 앉자 그 자리까지 가서 말을 건네는 자도 있었다. 맹자만 우사에게 말을 건네지 않자 우사는 마뜩잖게 여기면서 말했다.

"여러 군자들은 모두 이 왕환에게 말을 건네는데 맹 선생만 홀로 나와 말을 건네지 않으니, 이는 나를 업신여기는 것이오."

이 말을 들은 맹자가 말했다.

"예의에 따르면, 조정에서는 남의 자리를 건너뛰어 말을 건네서는 안 되고 계단을 사이에 둔 채 서로 인사해서는 안 된다고 했소. 나는 예의를 지키려고 하는데 그대 자오는 내가 업신여긴다고 여기니, 이야말로 이상한 게 아닌가?"

注釋 공행자(公行子)는 제나라 대부다. 『의례』에 따르면, 맏아들이 죽으면 부친은 참최(斬衰, 거친 베로 짓되 아랫단을 꿰매지 않고 접는 상복)를 입고 3년을 지내는 것이 예법이라고 한다. 우사(右師)는 관직명으로, 여기서는 개(蓋) 땅의 대부인 왕환(王驩)을 가리킨다. 왕환의 자가 자오(子敖)다. 력위(歷位)는 사이에 있는 다른 사람의 자리를 건너뛰어서 이야기를 나누는 것이다. 유계(踰階)의 계(階)를 주희는 지위의 뜻으로 풀었으나, 당(堂)의 계단으로 보는 것이 문맥상 적절하다.

蛇足 예나 이제나 예의를 알고 예의를 행하는 이는 드물다. 아랫사람이 윗사람을 아는 체하면서 다가가서 허리를 굽히는 것이 예의라고 생각하는 것이 고작이다. 권세가 있거나 배경을 믿는 자는 남들이 알아주기를 바라고 그렇게 해주는 자를 예의를 아는 자라고 여긴다. 왕환도 그런 수준의 인물이니, 어찌 맹자가 예의를 어그러뜨리면서까지 그에게 다가가 말을 건네겠는가.

8.28

孟子曰: "君子所以異於人者, 以其存心也. 君子以仁存心, 以禮存心. 仁者愛人, 有禮者敬人. 愛人者, 人恒愛之; 敬人者, 人恒敬之. 有人於此, 其待我以橫逆, 則君子必自反也. '我必不仁也, 必無禮也, 此物奚宜至哉?' 其自反而仁矣, 自反而有禮矣, 其橫逆由是也, 君子必自反也, '我必不忠.' 自反而忠矣, 其橫逆由是也, 君子曰, '此亦妄人也已矣. 如此則與禽獸奚擇哉?

於禽獸又何難焉?' 是故君子有終身之憂, 無一朝之患也. 乃若所憂則有之. '舜, 人也; 我, 亦人也. 舜爲法於天下, 可傳於後世, 我由未免爲鄕人也.' 是則可憂也. 憂之如何? 如舜而已矣. 若夫君子所患則亡矣. 非仁無爲也, 非禮無行也. 如有一朝之患, 則君子不患矣."

맹자가 말했다.

"군자가 남들과 다른 것은 마음을 잘 지니기 때문이다. 군자는 어짊을 마음에 지니고 예의를 마음에 지닌다. 어짊이란 남을 사랑하는 것이고, 예의란 남에게 지극하게 하는 것이다. 남을 사랑하면 남들도 늘 그를 사랑해주고, 남에게 지극하면 남들도 늘 그를 지극하게 대한다. 어떤 사람이 나를 대하는 게 어그러져 있다면, 군자는 반드시 제 자신을 돌이켜보며 '내가 분명 어질지 못하고 예의가 없었기 때문이리라. 그렇지 않다면, 어찌 이런 일이 있을 수 있겠는가?'라고 생각한다. 그가 스스로 돌이켜서 어질게 되고 스스로 돌이켜서 예의를 갖추었음에도 어그러지게 대하는 게 전과 같다면, 군자는 반드시 제 자신을 돌이켜보며 '내가 분명 참되지 못해서이리라'라고 생각한다. 그리고는 스스로 돌이켜서 참되도록 했음에도 어그러지게 대하는 게 전과 같다면, 군자는 이렇게 말한다. '이 사람은 망녕된 사람일 뿐이다. 이런 사람이라면 짐승과 무엇이 다르겠는가? 짐승에게 또 무엇을 꾸짖겠는가?' 이런 까닭에 군자는 죽을 때까지 떨쳐내지 못할 걱정은 있어도 하루아침의 걱정은 없다. 군자도 걱정하기로 한다면 걱정거리가 있다. '순도 사람이고 나 또한 사람이다. 저 순은 천하에 본보기가 되어서 후세에도 전해질 수 있었으나, 나는 한낱 시골 사람을 벗어나지 못하고 있구나!'라는 것이니, 이런 것이 걱정거리다. 이를 걱정한다면, 어찌할 것인가? 그저 순처럼 할 뿐이다. 그 밖에 군자가 걱정하는 것은 없다. 어질지 않으면 하지 않고, 예의가 아니면 행동하지 않는다. 그래서 하루아침의 걱정거리가 있다고 하더라도 군자는 걱정하지 않는다."

注釋 존심(存心)은 마음에 잊지 않고 잘 간직하는 것을 뜻한다. 횡역(橫逆)은 함부로 하며 도리를 거스르는 짓을 뜻한다. 유시(由是)의 유(由)는 유(猶)와 같다. 망인(妄人)은 말이나 행동이 도리에서 벗어난 사람을 뜻한다. 해택(奚擇)은 어찌 가려내겠는가라는 뜻으로, 짐승들과 구별할 수 있는 것이 없다는 의미다. 하난(何難)의 난(難)은 꾸짖다는 뜻이다. 종신지우(終身之憂)는 평생토록 마음속에 갖고 있는 걱정으로, 여기서는 순과 같은 성인이 되지 못할까 하는 걱정을 가리킨다. 일조지환(一朝之患)은 문득 일어난 일시적인 걱정을 뜻한다. 내약(乃若)은 ~로 말하자면이라는 말맛이 있다.

蛇足 앞서 8.27에서 왕환은 맹자가 자신에게 말을 건네지 않자 마뜩잖게 여겼다. 왜 맹자가 말을 건네지 않은지에 대해서 깊이 생각해보거나 자신을 돌이켜볼 마음가짐이 전혀 되어 있지 않음을 알 수 있다. 당시의 귀족들은 대체로 이러했다. 스스로 업신여김을 받을 짓을 하고서도 업신여김을 받지 않으려 하고, 업신여김을 받으면 제 잘못은 생각하지 않고 도리어 상대를 비난한다. 이런 자들은 예의가 마음의 표현인 줄을 알지 못하며, 자신을 돌아보는 마음을 지니는 것이 예의의 시작임은 더더욱 알지 못한다.

군자는 그런 자들과 다르다. 예의를 다했음에도 받아들이지 못하는 자가 있으면, 여전히 자신을 돌아본다. 거듭 돌아보면서 허물이 자신에게 없음을 알게 되면, 그뿐이다. 군자는 남이 자신을 알아봐주지 않거나 예의에 맞게 대해주지 않을까 하는 따위를 걱정하지 않는다. 그에게 걱정이 있다면, 그것은 스스로 지극함을 다하지 못할까 하는 것이다. 이는 그가 요나 순이 걸었던 그 성인의 길을 가려는 사람이기 때문이다.

8.29

禹稷當平世, 三過其門而不入, 孔子賢之. 顏子當難世, 居於陋巷, 一簞食, 一瓢飮, 人不堪其憂, 顏子不改其樂, 孔子賢之.
孟子曰: "禹稷顏回同道. 禹思天下有溺者, 由己溺之也; 稷思天下有飢者, 由己飢之也. 是以如是其急也. 禹稷顏子易地則皆然. 今有同室之人鬪者, 救之, 雖被髮纓冠而救之, 可也. 鄕鄰有鬪者, 被髮纓冠而往救之, 則惑也. 雖閉戶可也."

우와 후직은 태평한 시절에 세 번이나 제 집 문 앞을 지나면서도 들어가지 않았는데, 공자는 그들을 현명하다고 여겼다. 안연은 어지러운 시절에 한 그릇 밥과 한 바가지 물로 지저분한 거리에 살았는데, 남들은 그 힘겨움을 견디지 못할 터이나 안연은 그 즐거움을 바꾸지 않았다. 그래서 공자는 그를 현명하다고 말했다. 맹자는 이렇게 말했다.

"우와 후직과 안회는 그 도가 같다. 우는 천하 사람들 가운데 물에 빠진 자가 있으면 자기가 물에 빠뜨린 것처럼 생각했고, 후직은 천하 사람들 가운데 굶주린 자가 있으면 자기가 굶주리게 한 것처럼 생각했다. 그래서 그처럼 서둘러서 구하려 했던 것이다. 우와 후직과 안자는 서로 처지가 바뀌었다면 다 똑같이 그렇게 했을 것이다. 이제 한집안 사람들이 싸우고 있어 말리려 할 경우에는 비록 머리를 풀어헤친 채 갓끈만 겨우 매고 달려가서 말린다 하더라도 그건 된다. 그러나 마을의 이웃들이 싸우고 있어서 말릴 경우에 머리를 풀어 헤친 채 갓끈만 겨우 매고 달려가서 말리게 되면, 그것은 의심을 사는 일이다. 이때는 문을 닫고 가만 있더라도 괜찮다."

注釋 우(禹)는 요와 순의 치세 때 천하의 홍수를 다스려 큰 공을 세운 인물로, 순의 선양을 받아 제위에 올랐다. 직(稷)은 요와 순의 치세 때 농업을 관장했던 인물로, 주(周) 왕조의 선조다. 이름은 기(棄)이며, 농업을 맡은 관리였으므로 후직(后稷)이라고도 부른다. 안자(顏子)는 공자의 제자인 안회(顏回)다. 본문에서 말한 안회의 일은 『논어』「옹야」편에 나온다. 누항(陋巷)은 좁고 지저분한 거리로, 일종의 빈민굴에 해당한다. 기락(其樂)은 도를 행하는 즐거움을 가리킨다. 유기(由己)의 유(由)는 유(猶)와 같다. 피발(被髮)은 머리칼을 묶을 틈이 없이 급박한 때를 이른다. 영(纓)은 갓끈, 갓끈을 매다는 뜻이다.

蛇足 성인을 다이아몬드로 비유해보자. 3천 년 전에 다이아몬드는 2천 년 전에도 다이아몬드였고, 지금에도 다이아몬드다. 시대가 달라져도 그 단단함과 찬란함에는 변함이 없다. 다만, 그 다이아몬드가 어떻게 쓰이는지, 어떤 꼴을 하는지는 달라진다. 반지가 될 수도 있고 목걸이가 될 수도 있으며, 왕관을 장식하는 데 쓰일 수도 있고 유리를 자르는 유리칼에 붙을 수도 있다. 역사상 수많은 성인들도 마찬가지다. 그가 사는 시대에 맞게, 그 시대의 추세에 따라 행보를 달리할 뿐이다. 혼란한 천하를 바로잡으려 군대를 일으키기도 하고, 천하 백성들을 구할 군주를 찾으러 다니기도 하고, 알아주는 이가 없으면 조용히 후학을 기르기도 한다. 예의가 상황에 알맞게 행동하는 것이듯이 성인도 시대의 변화에 따라 자기 길을 간다. 이에 대해서는 상앙도 어느 정도 동의한다. "성인은 반드시 그렇게 되어가는 이치를 알고 반드시 그렇게 되어야 하는 시대의 추세를 안다"(『상군서』「획책」)고 말한 것이 그것이

다. 그러나 정치적으로는 둘이 사뭇 다르다. 맹자도 정벌을 부정하지는 않았지만, 어짊과 올바름을 먼저 갖춘 자라야 정벌을 할 자격이 있다고 보았다. 반면에 상앙은 전쟁을 통해 먼저 천하를 안정시킨 뒤에 문덕의 교화를 시행해야 한다고 보았다.

"탕왕과 무왕이 걸과 주를 친 뒤에 나라 안에 재해가 없어지고 천하가 안정되었다. 그런 다음에 각종 창고를 지어 모든 병기를 감추어두고 군사운용을 그쳤으며, 문덕으로써 교화를 행하고 방패와 창은 거꾸로 해서 가죽으로 싸두었으며, 대신들은 허리에 홀을 꽂고 음악으로써 그 덕을 기리었다. 이때는 포상과 녹봉이 없었는데도 백성들이 바르고 가지런해졌다."(『상군서』「상형(賞刑)」)

상앙이 전쟁을 그토록 강조한 이유가 철저하게 역사적 사실 속에서 성왕을 바라보았기 때문임을 알 수 있다. 그러나 그에게 성왕은 자신의 변법을 옹호하는 데 필요한 존재였을 뿐이다. 그의 변법은 탕왕과 무왕 같은 군주는 드물고 그렇지 못한 군주가 대부분이며 어떤 군주라도 천하의 왕노릇할 수 있는 유일무이한 길은 법과 형벌뿐임을 강조하기 때문이다.

8.30

公都子曰: "匡章, 通國皆稱不孝焉, 夫子與之遊, 又從而禮貌之, 敢問何也?"

孟子曰: "世俗所謂不孝者五, 惰其四支, 不顧父母之養, 一不孝也; 博奕好飮酒, 不顧父母之養, 二不孝也; 好貨財, 私妻子, 不顧父母之養, 三不孝也; 從耳目之欲, 以爲父母戮, 四不孝也; 好勇鬪很, 以危父母, 五不孝也. 章子有一於是乎? 夫章子, 子父責善而不相遇也. 責善, 朋友之道也; 父子責善, 賊恩之大者. 夫章子, 豈不欲有夫妻子母之屬哉? 爲得罪於父, 不得近,出妻屛子, 終身不養焉. 其設心以爲不若是, 是則罪之大者, 是則章子已矣."

공도자가 물었다.

"광장을 두고 온 나라 사람들 모두 불효자라 하는데, 선생께서는 그와 교유하시고 게다가 예의까지 갖추어 대하고 계십니다. 감히 여쭙건대, 무슨 까닭입니까?"

맹자가 대답했다.

"세속에서 이른바 불효라 하는 것은 다섯 가지다. 몸을 게을리하여 어버이 봉양을 돌아보지 않는 것이 첫 번째 불효다. 노름을 하거나 바둑을 두고 술 마시기를 좋아해 어버이 봉양을 돌아보지 않는 것이 두 번째 불효다. 재화를 좋아하고 처자식을 편애하면서 어버이 봉양을 돌아보지 않는 것이 세 번째 불효다. 귀와 눈처럼 감각기관이 바라는 것을 좇으면서 어버이를 욕보이는 것이 네 번째 불효다. 용맹을 좋아하여 싸움을 일삼으면서 어버이를 간간하게 만드는 것이 다섯 번째 불효다. 광장이 이 가운데 하나라도 저질렀는가? 저 광장은 자식으로서 아버지에게 선행을 하도록 권하다가 서로 뜻이 맞지 않았던 것이다. 선행을 하도록 권하는 것은 벗 사이의 도리다. 아비와 자식 사이에서 선행을 하도록 권하다가는 은혜를 크게 해친다. 저 광장인들 어찌 남편과 아내, 자식과 어머니로 이루어진 가족을 이루고 싶지 않았겠는가? 아버지에게 죄를 지어 가까이 갈 수 없었기 때문에 아내를 내보내고 자식을 내쳐서 죽을 때까지 봉양을 받지 않은 것이다. 그의 생각으로는 이렇게 하지 않으면 죄가 더 커진다고 여긴 것이니, 이것이 바로 광장이다."

注釋 광장(匡章)은 제나라 장수로, 그를 높여 장자(章子)라 일컫기도 한다. 통국(通國)의 통(通)은 온통, 전체를 뜻한다. 우종(又從)의 종(從)은 제멋대로 하다, 거리낌이 없다는 말맛을 담고 있다. 타(惰)는 게으르다는 뜻이다. 사지(四支)는 사지(四肢)와 같다. 박혁(博奕)의 박(博)은 쌍륙(雙六)과 같은 노름을, 혁(奕)은 바둑을 뜻한다. 투흔(鬪很)의 투(鬪)는 완력으로 싸우는 것이고, 흔(很)은 말로써 싸우는 것이다. 자부(子父)에서 자(子)가 앞에 나온 것은 아들인 광장의 입장에서 말한 것이기 때문이다. 상우(相遇)의 우(遇)는 합(合)과 같으며, 뜻이나 의견이 맞는 것을 뜻한다. 병(屛)은 물리치다, 물러나다는 뜻이다.

蛇足 광장의 일에 대해서는 『전국책』「제책(齊策)」에서 제나라 위왕(威王)이 한 말을 통해 짐작할 수 있다.

진나라가 한 · 위 두 나라의 길을 빌려 제나라를 공격했다. 이에 위왕은 장자(章子)를 장수로 삼아 응전하게 했다. 장자는 진나라 군사를 마주하고 진을 쳤다. 이때 장자는 사자가 자주 왕래하는 것을 이용해서 기치와 병사들의 옷을 진나라 것으로 바꾸고 몰래 부대를 진나라 군대 속으로 침투시켰다. 그러자 이를 오해한 척후병이 위왕에게 장자가 제나라 군사를 이끌고 진나라에 투항하려 한다고 보고했다. 위왕은 아무런 대답을 하지 않았다. 얼마 후 다시 척후병이 똑같은 내용을 보고했으나, 역시 아무런 대답도 하지 않았다. 이런 보고가 세 번이나 계속되자, 측근의 관리가 물었다.

"장자의 배신을 알리는 자는 사람은 달라도 그 보고 내용은 한결같습니다. 그런데도 대왕께서는 어찌하여 군사를 보내 그를 치지 않으십니까?"

위왕이 대답했다.

"장자가 나를 배신하지 않을 것이 분명한데, 무엇 때문에 그를 치겠소?"

얼마 후, '제군 대승, 진군 대패'라는 보고가 들어왔다. 이어 진나라 혜문왕으로부터 제나라에 대해 신하를 자청하는 사자가 왔다. 이렇게 되자 측근들이 위왕에게 물었다.

"장자가 배신하지 않으리라는 것을 어떻게 아셨습니까?"

"전에 장자의 어미 계(啓)가 장자의 아비에게 죄를 짓자 그 아비가 계를 죽여 마구간 마룻바닥 밑에 묻어버렸소. 과인이 장자를 장군으로 내보내면서 격려하기를, '그대의 강함으로 군사들을 온전히 돌아오게 한다면 장군의 모친을 위해 개장(改葬)하도록 해주겠소'라고 말했소. 그러자 그가 대답하기를, '신이 모친의 시신을 개장할 줄 모르는 게 아닙니다. 신의 모친 계가 신의 부친에게 죄를 지은 후 신의 부친은 아무런 말도 하지 않고 세상을 떠났습니다. 부친의 유언이 없는데도 모친을 개장하는 것은 돌아가신 부친을 속이는 짓입니다. 그래서 감히 개장하지 못했습니다'라고 했소. 무릇 자식으로서 죽은 아비조차 속이지 않는 자가 어찌 신하가 되어서 살아 있는 군주를 속일 리가 있겠소?"

8.31

曾子居武城, 有越寇. 或曰: "寇至, 盍去諸?" 曰: "無寓人於我室, 毁傷其薪木." 寇退, 則曰: "修我牆屋, 我將反." 寇退, 曾子反. 左右曰: "待先生如此之忠且敬也, 寇至則先去以爲民望, 寇退則反, 殆於不可." 沈猶行曰: "是非汝所知也. 昔沈猶有負芻之禍, 從先生者七十人, 未有與焉."

子思居於衛, 有齊寇. 或曰: "寇至, 盍去諸?" 子思曰: "如伋去, 君誰與守?"

孟子曰: "曾子子思同道. 曾子, 師也, 父兄也; 子思, 臣也, 微也. 曾子子思易地則皆然."

증자가 무성(武城)에 살고 있을 때 월나라 군대가 쳐들어왔다. 누군가가 말했다.

"적이 쳐들어오는데 어찌 떠나지 않으십니까?"

증자가 말했다.

"내가 떠난 뒤에 내 집에 다른 사람이 들어와서 살거나 뜰의 나무들을 훼손하지 않게 하라."

적들이 물러가자 곧장 지시했다.

"담장과 지붕을 수리해라. 내가 곧 돌아가겠다."

적들이 물러간 뒤에 증자가 돌아왔다. 좌우 사람들이 말했다.

"무성 사람들은 선생을 이처럼 마음을 다하여 지극하게 대했는데, 적들이 쳐들어오자 먼저 달아나 백성들이 뒤따르게 하고 적들이 물러간 뒤에야 돌아왔습니다. 이건 그다지 좋지 못한 듯합니다."

그 제자 심유행(沈猶行)이 말했다.

"이건 그대들이 알 수 있는 게 아니다. 옛날 우리 심유씨(沈猶氏)가 부추(負芻)의 침입을 받는 화를 당한 적이 있는데, 선생을 따르는 자가 일흔 명이었지만 한 사람도 휩쓸린 적이 없었다."

자사(子思)가 위나라에 있을 때 제나라 군대가 쳐들어왔다. 누군가가 말했다.

"적이 쳐들어오는데 어찌 떠나지 않으십니까?"

자사가 말했다.

"나 급이 떠나면 군주는 누구와 지키겠는가?"

맹자가 말했다.

"증자와 자사는 도가 같다. 증자는 스승이고 아버지나 형과 같았으나, 자사는 신하고 지위가 낮았다. 증자와 자사는 서로 처지가 바뀌었다면 모두 그러했을 것이다."

注釋 무성(武城)은 노나라 읍으로, 지금의 산동 비현(費縣) 서남쪽 90리 즈음에 있었다. 월구(越寇)는 월나라 군대의 침입을 말한다. 합(盍)은 어찌 ~하지 않느냐는 뜻이다. 거저(去諸)의 저(諸)는 지호(之乎)와 같다. 신목(薪木)은 뜰의 초목을 가리킨다. 민망(民望)은 백성이 바라보고 따라하게 한다는 뜻이다. 태(殆)는 거의, ~에 가깝다는 뜻이다. 심유행(沈猶行)은 증자의 제자다. 부추(負芻)에 대해서는 등에 건초를 매고 침입해 오는 것이라는 견해가 있으나, 조기의 주석에 따라 인명으로 보았다. 자사(子思)는 공자의 손자 공급(孔伋)이다. 미(微)는 천(賤)과 같으며, 신분이 낮은 것을 이른다.

蛇足 맹자는 위태로운 상황에서 윗사람과 아랫사람이 대처하는 방식은 각기 다를 수 있음을 말하고 있으나, 이는 수긍하기 어렵다. 증자와 자사는 그 처지가 아주 다르다. 증자는 사적인 상하관계 위에 있고, 자사는 공적인 군신관계 위에 있다. 말하자면, 증자는 백성을 돌보아야 할 책무가 없지만, 자사는 백성에 대한 책무가 있다. 여기서 두 사람의 처신이 달라졌다. 만약 증자가 윗사람이기 때문에 그렇게 하는 것이 마땅했다면, 왜 자사는 위나라 군주와 함께 머물려 했는지를 해명하기 어렵다. 또 임진왜란 때 도성의 백성들을 남겨둔 채 몰래 몽진(蒙塵)하여 의주로 떠난 조선의 선조에 대해서는 어떻게 말해야 할까?

또 하나 중요한 게 있다. 유자든 아니든 벼슬자리에 있을 때와 없을 때는 그 하는 일이 분명 다르다. 그러나 유자라면 결코 달라지지 않는 게 있으니, 그것은 백성들을 먼저 생각하는 마음이다. 이는 아랫사람을 먼저 생각하는 마음이기도 하다. 그것은 주어진 책무가 아니라 유자로서 스스로 선택한 일이다. 그럼에도 증자는 아랫사람들을 두고서 먼저 피했다. 증자의 제자 심유행이 한 말로써 추론하건대, 가족과 제자들을 데리고 먼저 피한 것이 분명하다. 이는 이른바 '아랫것들'은 내버려두고 떠난 것이다. 게다가 "내가 떠난 뒤에 내 집에 다른 사람이 들어와서 살거나 뜰의 나무들을 훼손하지 않게 하라"는 말에는 아무리 외적이 침입해서 세상이 어지러워져도 내 집만은 멀쩡해야 한다는 지극히 편협하고 이기적인 뜻이 담겨 있다. 과연 유자의 말, 그것도 증자의 말일까 싶을 정도다.(증자의 이 말을 문제 삼는 이가 거의 없다는 것은 그를 맹목적으로 높인 것과도 밀접한 연관이 있을 것이다. 나는 『논어, 그 일상의 정치』에서 증자에 대해 꽤 비판적으로 말했는데, 지어내서 말한 것이 아니라 『논어』에 묘사된 것을 바탕으로 있는 그대로를 말했을 뿐이다.) 이쯤 되면, 백성은 나라의 근본이라는 말도 헛구호에 불과할 수 있음을 드러낸 셈이다. 또 증자를 그토록 떠받든 후대 성리학자들이 한결같이 말하던 우환의식도 태평한 시절에나 떠벌리는 헛말이라고 해야 옳다.

성리학자들이 등장하기 전에 활동한 북송의 정치가이자 학자 범중엄(范仲淹, 989~1052)은 〈악양루기(岳陽樓記)〉에서 이렇게 말했다.

"조정에서 고관으로 있을 때는 백성의 삶을 걱정하고, 강호에 떨어져 나와 있을 때는 군주의 일을 걱정한다. 나아가서 벼슬할 때도 걱정하고, 물러나서도 걱정한다. 그러면 도대체 언제 즐거워하는가? 천하 사람들보다 먼저 걱정하고, 천하 사람들보다 나중에 즐거워한다."

문득, 남명(南冥) 조식(曺植, 1501~1572) 선생이 떠오른다. 왜 그의 제자들이 하나같이 임진왜란에서 의병으로 활동하다 장렬하게 죽었을까? 그 스승으로부터 배운 바가 그러했기 때문이리라.

8.32

儲子曰: "王使人瞯夫子, 果有異於人乎?" 孟子曰: "何以異於人哉? 堯舜與人同耳."

저자가 말했다.

"왕께서 사람을 시켜 선생을 몰래 엿보게 했는데, 선생은 과연 남들과 다른 점이 있습니까?"

맹자가 말했다.

"남들과 무엇이 다르겠소? 요와 순도 남들과 같았을 뿐이오."

注釋 저자(儲子)는 제나라 사람이다. 여기서 왕은 제선왕을 가리키는 것으로 보인다. 간(瞯)은 엿보다, 몰래 살피다는 뜻이다.

蛇足 공자는 "본성은 서로 가깝지만, 익히면서 서로 멀어진다"(『논어』「양화(陽貨)」)고 말했다. 타고난 것에서는 사람들의 차이가 별로 없고, 태어난 뒤에 무얼 배우고 어떻게 사느냐에 따라서 크게 달라진다는 뜻이다. 심지어 맹자는 8.19에서 "사람이 짐승과 다른 점은 매우 적다"고까지 말했다. 탁월한 업적을 남기거나 빼어난 삶을 산 이들에 대해 대부분의 사람들은 그들이 태어날 때부터 남달랐을 것이라고, 애초부터 남들과는 다른 점이 많았을 것이라고 여긴다. 실상은 그렇지 않다. 그들은 모두 지극하게 하면서 누구나 타고난 본성을 최대한 발현하려고 애썼을 뿐이다. 다른 게 있다면, 바로 그 '지극함'이다.

8.33

齊人有一妻一妾而處室者, 其良人出, 則必饜酒肉而後反. 其妻問所與飮食者, 則盡富貴也. 其妻告其妾曰: "良人出, 則必饜酒肉而後反, 問其與飮食者, 盡富貴也, 而未嘗有顯者來. 吾將瞯良人之所之也."

蚤起, 施從良人之所之, 徧國中無與立談者. 卒之東郭墦間, 之祭者, 乞其餘, 不足, 又顧而之他. 此其謂饜足之道也.

其妻歸, 告其妾曰: "良人者, 所仰望而終身也, 今若此!" 與其妾訕其良人, 而相泣於中庭, 而良人未之知也, 施施從外來, 驕其妻妾. 由君子觀之, 則人之所以求富貴利達者, 其妻妾不羞也, 而不相泣者, 幾希矣.

제나라에 아내와 첩을 한집에 두고 사는 자가 있었다. 그 남편은 밖에 나가면 반드시 술과 고기를 배불리 먹은 뒤에 돌아오곤 했다. 그 아내가 누구와 이렇게 마시고 먹었는지를 물으면, 남편은 모두 부유하고 귀한 사람들이라고 대답했다. 그 아내가 첩에게 말했다.

"남편이 나가면 반드시 술과 고기를 배불리 먹은 뒤에 돌아오는데 누구와 이렇게 마시고 먹었는지를 물어보면 모두 부유하고 귀한 사람들이라고 하네만, 여태 그런 현달한 사람이 찾아온 적은 없었네. 그래서 내 오늘은 남편이 가는 곳을 몰래 따라가보려 하네."

이튿날 아침 그 아내는 일찍 일어나 남편이 가는 곳을 눈치채지 못하게 몰래 따라갔는데, 온 도성 안을 돌아다녀도 남편과 함께 서서 얘기를 나누는 자가 없었다. 마침내 남편은 동쪽 성 밖의 무덤들 사이에서 제사 지내는 사람에게 다가가더니 남은 음식을 빌어먹고, 모자라면 다시 두리번거리며 딴 곳으로 갔다. 이것이 그가 배불리 얻어먹는 방법이었다.

그 아내가 집으로 돌아와서 첩에게 알려주며 말했다.

"남편이란 우리가 우러러보며 평생을 함께 살 사람인데, 이제 그가 하는 꼴이 이렇다네!"

그 아내는 첩과 함께 남편을 헐뜯고는 뜰 한가운데서 함께 부둥켜안고 울었다. 그때 남편은 아무 것도 모른 채 흐뭇해 하며 들어와서는 아내와 첩에게 으스댔다. 군자가 볼 때 지금 사람들이 부귀를 구하고 영달하려고 꾀하는 방법 가운데 이처럼 아내와 첩이 부끄럽게 여겨 서로 부둥켜안고 울지 않을 만한 것은 거의 드물다.

注釋 양인(良人)은 남편을 가리키는 말이다. 염(饜)은 물리도록 먹다는 뜻이다. 조(蚤)는 이른 아침을 뜻한다. 이종(施從)은 눈치채지 못하게 뒤를 밟는 것이다. 편(徧)은 두루 다니다는 뜻이다. 국중(國中)은 도성 안을 가리킨다. 동곽(東郭)의 곽(郭)은 외성(外城)을 가리킨다. 번(墦)은 무덤을 뜻한다. 졸지(卒之)와 지제(之祭)의 지(之)는 가다는 뜻이다. 기여(其餘)는 제사 지내고 남은 음식을 가리킨다. 산(訕)은 헐뜯다는 뜻이다. 상읍(相泣)의 상(相)은 함께, 같이를 뜻한다. 시시(施施)는 뽐내거나 기뻐하는 모양이다. 여기에서는 맹자왈(孟子曰)이 나오지 않지만 이 이야기를 맹자가 들려준 것으로 볼 수 있으며, 말미의 유군자관지(由君子觀之)부터는 맹자의 평어(評語)라 할 수 있다.

蛇足 아내의 물음에 남편은 부유하고 귀한 사람들을 만나 배부르게 먹는다고 했는데, 실상은 제사 지내는 사람들에게 얻어먹은 것이다. 그 남편의 배부름은 진정한 사귐에서 온 것이 아니라 알랑거림과 비굴함의 대가였다. 이것이 당시 부귀를 좇는 사람들의 방법이었다는 것이 맹자가 말하고자 한 요지다.

사(士)의 시대였던 전국시대는 능력만 있으면 어느 나라로 가든지 대접을 받을 수 있었다. 그러나 군주의 마음을 바로잡아주고 천하를 평안하게 해줄 계책을 품고서 당당하게 군신들을 대했던 이들이 과연 몇이나 되었을까? 오로지 개인적 영달을 꾀하려고 권세가들의 문지방을 넘나들면서도 천하를 위한다고 호언장담했던 이들이 대다수였다고 해도 과언은 아니다. 『전국책』을 일별해보기만 해도 이 점은 쉽사리 확인된다. 춘추시대를 주 왕실과 제후들, 경대부들이 몰락한 시대라고 한다면, 전국시대는 그 혼란한 틈을 비집고 사들이 맹활약을 펼친 시대라 할 수 있다. 제자백가라는 사상적 꽃을 활짝 피운 이들도 사들이었지만, 동시에 천하를 그토록 오랫동안 전쟁의 소용돌이 속으로 몰아넣었던 이들도 사들이었다. 맹자의 사상은 이들 사들이 드리웠던 암울함에 대한 참을 수 없는 반응의 결과로 나왔다고도 말할 수 있다.

9장

만장 상(萬章上)

9.1

萬章問曰: "舜往于田, 號泣于旻天, 何爲其號泣也?"

孟子曰: "怨慕也."

萬章曰: "'父母愛之, 喜而不忘; 父母惡之, 勞而不怨.' 然則舜怨乎?"

曰: "長息問於公明高曰, '舜往于田, 則吾旣得聞命矣. 號泣于旻天, 于父母, 則吾不知也.' 公明高曰, '是非爾所知也.' 夫公明高以孝子之心, 爲不若是恝, 我竭力耕田, 共爲子職而已矣, 父母之不我愛, 於我何哉? 帝使其子九男二女, 百官牛羊倉廩備, 以事舜於畎畝之中, 天下之士多就之者, 帝將胥天下而遷之焉. 爲不順於父母, 如窮人無所歸. 天下之士悅之, 人之所欲也, 而不足以解憂; 好色, 人之所欲, 妻帝之二女, 而不足以解憂; 富, 人之所欲, 富有天下, 而不足以解憂; 貴, 人之所欲, 貴爲天子, 而不足以解憂. 人悅之 · 好色 · 富貴, 無足以解憂者, 惟順於父母, 可以解憂. 人少, 則慕父母; 知好色, 則慕少艾; 有妻子, 則慕妻子; 仕則慕君, 不得於君則熱中. 大孝終身慕父母. 五十而慕者, 予於大舜見之矣."

만장이 물었다.

"순이 밭으로 가서 하늘을 향해 하소연하며 울었다고 하는데, 무엇 때문에 울부짖었습니까?"

맹자가 대답했다.

"원망하면서도 사모했기 때문이다."

만장이 물었다.

"'어버이가 사랑하면 기뻐하며 그 은혜를 잊지 않고, 어버이가 미워하면 힘들어도 원망하지 않는다'고 했습니다. 그렇다면 순은 원망했습니까?"

맹자가 대답했다.

"제자 장식이 스승인 공명고에게 '순이 밭을 간 일에 대해서는 저도 이미 그 가르침을 들었습니다. 그러나 하늘과 어버이를 향해 하소연하며 운 일에 대해서는 제가 알지 못하겠습니다'라고 물었다. 이에 공명고는 '이건 네가 알 수 있는 게 아니다'라고 대답했다. 저 공명고는 '순과 같은 효자의 마음이라면, 힘을 다해 밭을 갈면서 공손하게 자식의 직분을 다할 뿐이니 어버이가 나를 사랑하지 않은들 나에게 무슨 상관이 있으랴 라는 식으로 걱정하지 않았을 리가 없다'고 생각했다. 요 임금은 자신의 아홉 아들들과 두 딸들로 하여금 온갖 일꾼들과 소, 양, 곳간의 곡식 등을 갖추고서 밭이랑 한가운데서 순을 섬기게 했다. 이에 천하의 선비들 가운데 많은 이들이 순에게 가니, 요 임금은 온 천하를 순에게 넘겨주려 했다. 그러나 순은 어버이가 자신을 받아들이지 않았으므로 자신을 마치 돌아갈 곳이 없는 곤궁한 사람처럼 여겼다. 천하의 선비들이 기꺼워해주는 것은 누구나 바라는 것이지만, 이것으로는 그의 걱정을 풀 수가 없었다. 미색을 좋아하는 것은 누구나 바라는 것인데, 요 임금의 두 딸을 아내로 삼았어도 이것으로는 그의 걱정을 풀 수가 없었다. 부유해지는 것은 누구나 바라는 것인데, 천하를 가질 만큼 부유해졌어도 이것으로는 그의 걱정을 풀 수가 없었다. 귀해지는 것은 누구나 바라는 것인데, 천자가 될 만큼 귀해졌어도 이것으로는 그의 걱정을 풀 수가 없었다. 남들이 기꺼워해주는 것과 아름다운 여인과 부귀로도 걱정을 풀 수가 없었고, 오로지 어버이가 받아들여주는 것만이 그의 걱정을 풀 수가 있었다. 사람은 어릴 때는 어버이를 사모하고, 아름다운 여인을 알게 되면 젊고 아리따운 여자를 사모하며, 처자식이 있으면 처자식을 사모하고, 벼슬을 하면 군주를 사모하는데 군주에게 신임을 얻지 못하면 속을 태운다. 크낙한 효는 죽을 때까지 어버이를 사모하는 것이다. 나이 쉰에도 어버이를 사모하는 것을 나는 위대한 순에게서 보았다."

注釋 만장(萬章)은 맹자의 제자다. 사마천은 『사기』 〈맹자순경열전〉에서 "맹자는 물러나 제자 만장의 무리와 함께 『시경』과 『상서』를 순서대로 정리하고 공자의 뜻을 이어받아 『맹자』 일곱 편을 썼다"고 적었다. 왕우전(往于田)은 순이 역산(歷山)에서 경작할 때의 일로 여겨진다. 민천(旻天)의 민(旻)을 주희는 "하늘은 아래의 온갖 것들을 가엾게 여기며 은혜를 베풀기 때문에 민천이라 했다"고 하며 가엾게 여기다는 뜻의 민(憫)으로 보았다. 그러나 조기는 가을 하늘을 뜻하는 추공(秋空)으로 보았다. 부모애지(父母愛之)에서 노이불원(勞而不怨)까지는 『예기』 「제의(祭義)」편에도 나오는데, 노(勞)가 구(懼)로 되어 있는 것만 다르다. 장식(長息)은 공명고(公明高)의 제자고, 공명고는 증자의 제자다. 개(恝)는 걱정이 없는 모양이다. 공(共)은 공(恭)과 같으며, 공손하다, 섬기다는 뜻이다. 제(帝)는 요 임금을 가리킨다. 『사기』 「오제본기(五帝本紀)」에 "요 임금은 두 딸을 순에게 시집보내 집 안에서의 행동을 살폈고, 아들 아홉을 보내 함께 살게 하여 밖에서의 행동을 살폈다"는 대목이 나온다. 백관(百官)은 조정의 벼슬아치라기보다는 집안의 일을 맡아서 할 일꾼들이라고 보는 것이 타당하다. 창름(倉廩)은 곡식을 갈무리해 두는 곳이다. 견무(畎畝)의 견(畎)은 밭 사이의 도랑이고, 무(畝)는 논두렁이다. 이는 곧 농사를 뜻한다. 서(胥)는 온, 모두를 뜻한다. 천(遷)은 제위를 넘겨주다는 뜻으로, 선양(禪讓)과 같다. 순(順)을 대체로 기쁘게 해드리다는 뜻의 열(悅)로 푸는데, 여기서는 받아들이다는 뜻으로 풀었다. 어떻게 풀든지 의미상으로는 큰 차이가 없다. 호색(好色)은 아름다운 여자를 뜻하는 미색(美色)을 뜻한다. 소애(少艾)는 젊고 아름다운 여자를 뜻한다. 열중(熱中)은 마음이 초조해져서 애가 타는 것이다.

蛇足 만장은 순이 왜 하늘을 향해 울부짖었느냐고 물었고, 맹자는 원망하면서 사모했기 때문이라고 대답했다. 그런데 이 대답에 얽혀 있는 깊은 뜻을 미처 알아채지 못한 만장은 "어버이가 미워하면 힘들어도 원망하지 않는다"고 했는데, 어찌하여 순은 원망했는가라며 다시 물었다. 이는 군자조차 원망하는 마음이 없는데 어찌 성군이라 일컬어지는 순이 원망을 했느냐는 것으로, 순에 대한 평가가 잘못된 것이 아니냐는 말이다. 이에 대해 맹자는 만장이 자신이 말한 뜻을 제대로 알아듣지 못했음을 알고, 걱정이라는 말로써 새롭게 대답했다. 사모하는 마음이 없는 원망은 원망일 뿐이지만, 사모하는 마음에서 나온 원망은 바로 걱정하는 마음의 표현일 뿐이라는 뜻이다.

원망은 대개 상대에 대한 나의 뒤틀린 심사를 가리킨다. 그 원인이 상대에게 있다는 뜻이 강하다. 그러나 걱정은 상대에게 원인을 돌리는 것이 아니며, 또한 나에게 뒤틀린 마음이 없다는 뜻이다. 걱정은 상대가 나에게 잘했든 잘못했든 그것을 문제삼지 않는다. 내가 어떻게 해야 상대의 마음을 제대로 알고 풀어줄 수 있을까에 마음을 쓸 뿐이다. 이런 걱정은 오로지 사모하는 마음에서 나온다. 어버이를 사모한 순은 자식으로서 어버이를 봉양하고 싶었다. 그러나 어버이는 자신을 받아들이지 않으면서 봉양도 받아들이지 않고 있으니, 이것이 걱정이었다. 또 천하의 선비들을 얻고 아름다운 여인과 부귀까지 얻었으나, 이를 어버이와 함께 누리지 못하는 것이 더욱더 걱정을 깊게 만들었다. 무엇보다 자신의 지극한 마음을 받아들이지 않는 어버이를 천하 사람들이 손가락질 하지 않을까가 걱정이었다. 이는 자신의 효도가 도리어 어버이를 욕되게 만드는 꼴이 되기 때문이다. 그렇다고 효도를 하지 않을 수도 없지 않은가. 이런 딜레마에서 어떻게 빠져나올 수 있을지 몰랐을 때, 순은 홀로 밭에 가서 하늘을 향해 울부짖은 것이다. 이는 어버이에 대한 그의 지극한 마음이 표현된 것일 뿐이다.

9.2

萬章問曰: "詩云, '娶妻如之何? 必告父母.' 信斯言也, 宜莫如舜. 舜之不告而娶, 何也?"

孟子曰: "告則不得娶. 男女居室, 人之大倫也. 如告, 則廢人之大倫, 以懟父母, 是以不告也."

萬章曰: "舜之不告而娶, 則吾旣得聞命矣. 帝之妻舜而不告, 何也?"

曰: "帝亦知告焉則不得妻也."

萬章曰: "父母使舜完廩, 捐階, 瞽瞍焚廩. 使浚井, 出, 從而揜之. 象曰, '謨蓋都君咸我績, 牛羊父母, 倉廩父母, 干戈朕, 琴朕, 弤朕, 二嫂使治朕棲.' 象往入舜宮, 舜在牀琴. 象曰, '鬱陶思君爾.' 忸怩. 舜曰, '惟茲臣庶, 汝其于予治.' 不識舜不知象之將殺己與?"

曰: "奚而不知也? 象憂亦憂, 象喜亦喜."

曰: "然則舜僞喜者與?"

曰: "否. 昔者, 有饋生魚於鄭子産, 子産使校人畜之池. 校人烹之, 反命曰, '始舍之, 圉圉焉, 少則洋洋焉, 攸然而逝.' 子産曰, '得其所哉! 得其所哉!' 校人出, 曰, '孰謂子産智? 予旣烹而食之, 曰, 得其所哉, 得其所哉.' 故君子可欺以其方, 難罔以非其道. 彼以愛兄之道來, 故誠信而喜之, 奚僞焉?"

만장이 물었다.

"『시경』「국풍(國風)」의 〈남산(南山)〉에서 '아내를 얻을 때는 어찌해야 하나? 반드시 어버이에게 알려야지'라고 했습니다. 참으로 이 말대로라면 마땅히 순처럼 해서는 안 됩니다. 순은 어버이에게 알리지 않고 아내를 얻었는데, 무엇 때문입니까?"

맹자가 대답했다.

"알리면 아내를 얻을 수 없었다. 남녀가 혼인하는 일은 인간의 큰 도리다. 그런데 알리면 인간의 큰 도리를 그만두게 되어 어버이를 원망하게 될 것이니, 이 때문에 알리지 않은 것이다."

만장이 물었다.

"순이 어버이에게 알리지 않고 아내를 얻은 것에 대해서는 이미 가르침을 들었습니다. 요 임금이 순에게 딸을 보내면서 알리지 않은 것은 무엇 때문입니까?"

맹자가 대답했다.

"요 임금 또한 알리게 되면 딸을 보낼 수 없음을 알았기 때문이다."

만장이 물었다.

"순의 부모는 순에게 곳간을 손질하게 해놓고는 사다리를 치워버린 뒤에 고수가 곳간에 불을 질렀습니다. 또 순에게 우물을 치게 했는데, 순이 미리 파놓은 구멍으로 몰래 빠져나간 줄 모르고 우물을 메웠습니다. 동생 상은 '순을 없애는 꾀를 낸 것은 모두 내 공이다. 소와 양은 부모님께 드리고 곳간의 곡식도 부모님께 드리고, 방패와 창은 내가 갖고 거문고도 내가 갖고 활도 내가 가진 뒤에 두 형수를 시켜 내 잠자리를 돌보게 해야겠다'라고 말했습니다. 상이 순의 집으로 들어가서 보니, 순이 침상에 앉아서 거문고를 타고 있었습니다. 놀란 상이 '형님 생각에 답답하고 울적했습니다'라고 말하고는 겸연쩍어했습니다. 그런데 순은 '이 신하들과 백성들을 네가 도와서 다스려주었으면 한다'고 말했습니다. 잘 모르겠습니다만, 순은 동생이 자기를 죽이려 했다는 것을 몰랐습니까?"

맹자가 대답했다.

"어찌 몰랐겠느냐? 상이 걱정하면 그 또한 걱정하고, 상이 기뻐하면 그 또한 기뻐했을 뿐이다."

만장이 물었다.

"그렇다면 순은 거짓으로 기뻐한 것입니까?"

맹자가 대답했다.

"아니다. 옛날에 정나라 자산에게 산 물고기를 선물한 자가 있었는데, 자산은 연못 관리인을 시켜 연못에서 기르게 했다. 그러나 관리인은 그 물고기를 삶아 먹고는 아뢰기를, '처음에 풀어주자 힘들어 느릿느릿하더니 조금 있다가 기운을 얻어서는 유유히 헤엄쳐 갔습니다'라고 했다. 이에 자산은 '살 곳을 찾았구나! 살 곳을 찾았구나!'라고 말했다. 연못 관리인은 밖으로 나와서 이렇게 말했다. '누가 자산을 지혜롭다고 했는가? 내가 벌써 삶아서 먹었는데, 살 곳을 찾았구나, 살 곳을 찾았구나라고 말하는데 말이야.' 그러므로 군자를 떳떳한 도리로써 속일 수는 있으나, 도리에 맞지 않는 것으로써 속이기는 어렵다. 동생 상이 형을 사랑한다는 도리를 내세우며 왔기 때문에 진실로 믿고 기뻐한 것이지, 어찌 거짓으로 기뻐한 것이겠는가?"

注釋 거실(居室)은 남녀가 혼인해서 함께 사는 것을 이른다. 대(懟)는 원망하다는 뜻이다. 완름(完廩)의 완(完)은 고치다는 뜻이고, 름(廩)은 곳간을 뜻한다. 연계(捐階)의 연(捐)은 버리다, 없애다는 뜻이고, 계(階)는 사다리를 뜻한다. 준(浚)은 흙을 파내다, 치다는 뜻이다. 출종이엄지(出, 從而揜之)의 출(出)은 우물을 파던 순이 미리 파놓은 구멍을 통해 몰래 빠져나간 것을 가리키며, 엄(揜)은 고수가 흙으로 우물을 덮어버린 것을 가리킨다. 상(象)은 순의 배다른 아우다. 개(蓋)는 해(害)와 통용된다. 도군(都君)은 순을 가리킨다. 『사기』「오제본기」를 보면, 순이 한 곳에 머문 지 1년이면 취락을, 2년이면 읍을, 3년이면 도성을 이룬다고 하였다. 간과(干戈)는 방패와 창, 곧 무기를 뜻한다. 짐(朕)은 진한(秦漢) 이전에는 신분의 귀천에 상관없이 자기를 일컫는 말이었다.

저(弤)는 칠을 하거나 조각을 한 활을 뜻한다. 서(棲)는 상(牀)과 같으며, 잠자리를 뜻한다. 울도(鬱陶)는 마음이 답답하다는 뜻이다. 육니(忸怩)는 겸연쩍어하다, 부끄러워하다는 뜻이다. 유(惟)는 생각하다는 뜻이다. 신서(臣庶)의 신(臣)은 백관을, 서(庶)는 백성을 가리킨다. 우(于)는 돕다는 뜻의 조(助)와 같다. 해이(奚而)는 해위(奚爲)와 같다. 교인(校人)은 연못을 관리하는 하급의 관리다. 반명(反命)은 복명(復命)과 같다. 어어(圉圉)는 힘들어서 펴지 못하는 모습이다. 양양(洋洋)은 광대(廣大)하거나 성대(盛大)한 모양이다. 유연(攸然)은 빠르게 달리거나 헤엄치는 모양이다. 기방(其方)은 떳떳한 방법이나 도리를 뜻한다.

蛇足 유가에서는 혼인을 인륜지대사로 간주한다. 혼인을 하고 대를 이을 자식을 낳고 기르는 것이 자식의 도리이기 때문이다. 뿐만 아니라, 남녀가 서로 이끌려서 애정을 나누는 것은 자연스러운 일이므로 혼인은 당연히 해야 한다는 뜻도 있다. 그런데 어버이에게 알리지 않고 혼인하는 것은 어떤가? 알리는 것은 혼인 자체에 견주면 작은 도리다. 상황에 따라 알리지 않을 수도 있다. 알려도 될 때가 있고 알리지 않는 것이 좋을 때도 있으니, 그 때에 따라서 하는 것이 더 도리를 지키는 일이다.

동생 상에 대한 순의 반응은 어떻게 볼 것인가? 군자는 상대가 누구든 어떤 상황이든 해야 할 바를 다한다. 도리를 지키고 도리에 맞게 할 뿐이다. 상대가 도리로써 대해야 나도 도리로써 대하는 자가 아니다. 상대가 나에게 도리에 어긋나는 짓을 해도 나는 도리를 다하는 자가 군자다. 더구나 피붙이가 아닌가. 걱정은 해도 도리를 저버리지 않아야 한다.

유가의 어짊은 가까운 이를 먼저 사랑하고 이를 바탕으로 천하 백성들을 사랑하는 것으로 확장하는, 얼핏 보면 차별적인 사랑으로 보인다. 많은 이들이 묵가의 겸애와 견주면서 그렇게 이해한다. 그러나 실상은 그렇지 않다. 사람의 자연스런 감정을 중시한 것일 뿐이다. 제나라 선왕이 죽을 곳으로 끌려가는 소를 보고 일으킨 그 감정처럼, 또 우물에 빠지려는 어린아이를 보고서 저도 모르게 달려가 구해주려는 그 마음처럼 저절로 일어나는 마음에서 어짊은 시작된다. 결코 억지로 또 계산적으로 가질 수 있는 마음이 아니고, 관념적으로 파악할 수 있는 마음도 아니다. 위대한 사랑일수록 자연스런 감정이다. 보지 않은 사람들을 사랑한다는 말이 가당키나 한 것인가? 붓다도 예수도 자기 앞에 없는 이들을 사랑해주지는 못한다. 그들의 자비나 사랑은 내 앞에 있는 사람에게 향한 것이다. 다만, 누가 내 앞에 있든지 한결같이 차별하지 않으면서 아끼고 위한다는 점에서 그 자비나 사랑을 위대하다고 하는 것일 뿐이다.

9.3

萬章問曰: "象日以殺舜爲事, 立爲天子則放之, 何也?"
孟子曰: "封之也, 或曰放焉."
萬章曰: "舜流共工于幽州, 放驩兜于崇山, 殺三苗于三危, 殛鯀于羽山, 四罪而天下咸服, 誅不仁也. 象至不仁, 封之有庳. 有庳之人奚罪焉? 仁人固如是乎? 在他人則誅之, 在弟則封之."
曰: "仁人之於弟也, 不藏怒焉, 不宿怨焉, 親愛之而已矣. 親之, 欲其貴也; 愛之, 欲其富也. 封之有庳, 富貴之也. 身爲天子, 弟爲匹夫, 可謂親愛之乎?"
"敢問或曰放者, 何謂也?"
曰: "象不得有爲於其國, 天子使吏治其國而納其貢稅焉, 故謂之放. 豈得暴彼民哉? 雖然, 欲常常而見之, 故源源而來, '不及貢, 以政接于有庳.' 此之謂也."

만장이 물었다.

"상은 날마다 형 순을 죽이는 걸 일삼았으므로 순은 천자가 되자 그를 내쫓았습니다. 무슨 까닭입니까?"

맹자가 대답했다.

"제후로 봉했는데, 누군가가 '내쫓았다'고 말한 것뿐이다."

만장이 물었다.

"순은 공공을 유주로 유배시키고, 환두를 숭산으로 내쳤으며, 삼묘를 삼위에서 죽이고, 곤을 우산에서 사형에 처했습니다. 이 넷을 벌주자 천하 사람들이 모두 복종했으니, 이는 어질지 않은 자를 죽이거나 벌주었기 때문입니다. 상은 지극히 어질지 못했는데도 유비의 땅에 봉했습니다. 유비 땅 사람들이 무슨 죄입니까? 어진 사람은 본디 이러합니까? 다른 사람에 대해서는 벌주면서도 동생에 대해서는 제후로 봉했으니 말입니다."

맹자가 대답했다.

"어진 사람은 동생에 대해 노여움을 마음에 담아두지 않고 원망을 묵혀두지 않으며 오직 가까이하면서 사랑할 뿐이다. 가까이하면 귀하게 되기를 바라고, 사랑하면 부유해지기를 바란다. 그래서 유비 땅에 봉하여 부유해지고 귀해지도록 해준 것이다. 자신은 천자인데 동생은 필부로 남아 있다면, 가까이하면서 사랑한다고 말할 수 있겠는가?"

만장이 물었다.

"감히 여쭙건대 누군가가 '내쫓았다'고 말한 것은 무슨 뜻입니까?"

맹자가 대답했다.

"상이 그 나라에서 무얼 할 수는 없었으므로 천자가 관리를 보내 그 나라를 다스리면서 그 세금만 상에게 바치게 했다. 그래서 '내쫓았다'고 말한 것이다. 그러니 어찌 상이 그 백성들에게 포악하게 굴 수 있었겠는가? 비록 그러했으나 순은 늘 동생을 보고 싶어했으므로 동생이 언제든지 찾아오게 했다. '조공할 때가 아닌데도 정무로써 유비의 군주를 접견했다'는 기록은 이를 두고 한 말이다."

注釋 봉지(封之)는 순이 상을 제후에 봉한 것을 이른다. 류(流)는 내치다, 귀양보내다는 뜻이다. 공공(共工)은 물의 관리를 맡은 대신으로, 사흉(四凶)의 하나다. 유주(幽州)는 하북성(河北省) 동북쪽 일대다. 환두(驩兜)는 요의 대신으로, 역시 사흉의 하나다. 숭산(崇山)은 남방의 산으로 추정된다. 삼묘(三苗)는 고대 소수민족의 하나로, 후의 묘족(苗族)이다. 삼위(三危)는 감숙성 돈황시(敦煌市) 동남쪽에 있는 산이다. 극(殛)은 죽이다, 사형에 처하다는 뜻이다. 곤(鯀)은 우(禹)의 아버지로, 요 임금의 명을 받고 치수를 담당했다가 실패하여 사형을 당했다. 우산(羽山)은 산동성 담성현(郯城縣) 동북으로 추정된다. 공공을 유배시킨 일에서 곤을 사형시킨 일까지는 『상서』「우서(虞書)」에 나온다. 사죄(四罪)는 공공 · 환두 · 삼묘 · 곤을 사흉으로 지목하여 유배시키거나 죽인 일을 가리킨다. 유비(有庳)는 상이 제후로 봉해진 곳이다. 원원(源源)은 물이 끊임없이 흐르는 모양이다. 공(貢)은 제후가 천자에게 조공하는 일을 가리킨다.

蛇足 대체로 사람들은 드러난 것만 보고서 판단한다. 그 이면에 숨겨진 뜻은 보려고도 하지 않으며 또 보려고 해도 잘 알 수가 없다. 그럼에도 제 깜냥으로 이러쿵저러쿵 떠들어댄다. 그래서 성인이 아닌 군자나 현자가 되어도 그런 시답잖은 구설 따위에는 마음을 쓰지 않는다. 오로지 자신이 도리에 맞게 행동하는지에 마음을 둘 뿐이다.

순이 동생을 제후로 봉한 데에는 세 가지 이유를 들 수 있다. 순이 동생을 내치지 않고 오히려 제후의 자리에 앉힌 것은 그 자신이 천자이기 때문이다. 백성들조차 가까운 이들을 버려두지 않는데, 하물며 천자임에랴. 이것이 첫 번째 이유다. 그리고 순은 동생의 허물을 전혀 마음에 두지 않았으며, 이미 용서했다. 이로써 동생의 마음을 되돌릴 수도 있으리라 여겼다. 만약 동생의 마음을 바로잡아주지 못한다면, 어떻게 천하 사람들을 껴안고 그들을 바르게 이끌 수 있겠는가라고 생각했다. 이것이 두 번째 이유다. 설령 동생이 잘못을 뉘우치더라도 하루아침에 달라질 수는 없다. 또 그에게 제후 노릇을 할 만한 능력이 갑자기 생기리라고 보지도 않았다. 그래서 그 나라를 잘 다스릴 수 있는 관리를 따로 보내어 실무를 맡게 하고, 동생은 군주의 권위만 누리게 했다. 이렇게 하면 그 나라 백성들을 괴롭혀서 원망하게 만들지 않을 수 있다. 이른바 사후 조치를 미리 취하면 된다고 판단했던 것이다. 이것이 세 번째 이유다.

9.4

咸丘蒙問曰: "語云, '盛德之士, 君不得而臣, 父不得而子.' 舜南面而立, 堯帥諸侯北面而朝之, 瞽瞍亦北面而朝之. 舜見瞽瞍, 其容有蹙. 孔子曰, '於斯時也, 天下殆哉, 岌岌乎!' 不識此語誠然乎哉?"
孟子曰: "否. 此非君子之言, 齊東野人之語也. 堯老而舜攝也. 堯典曰, '二十有八載, 放勳乃徂落, 百姓如喪考妣, 三年, 四海遏密八音.' 孔子曰, '天無二日, 民無二王.' 舜既爲天子矣, 又帥天下諸侯以爲堯三年喪, 是二天子矣."
咸丘蒙曰: "舜之不臣堯, 則吾既得聞命矣. 詩云, '普天之下, 莫非王土; 率土之濱, 莫非王臣.' 而舜既爲天子矣, 敢問瞽瞍之非臣, 如何?"
曰: "是詩也, 非是之謂也. 勞於王事而不得養父母也. 曰, '此莫非王事, 我獨賢勞也.' 故說詩者, 不以文害辭, 不以辭害志. 以意逆志, 是爲得之. 如以辭而已矣, 雲漢之詩曰, '周餘黎民, 靡有孑遺.' 信斯言也, 是周無遺民也. 孝子之至, 莫大乎尊親; 尊親之至, 莫大乎以天下養. 爲天子父, 尊之至也; 以天下養, 養之至也. 詩曰, '永言孝思, 孝思維則.' 此之謂也. 書曰, '祗載見瞽瞍, 夔夔齊栗, 瞽瞍亦允若.' 是爲父不得而子也?"

함구몽이 물었다.

"옛말에 '덕이 뛰어난 선비는 군주라도 그를 신하로 삼을 수 없고 아비라도 그를 자식으로 대할 수 없다'고 했습니다. 순이 남면하여 천자가 되자 요는 제후들을 이끌고 북면하여 조회에 참석했고, 아비인 고수 또한 북면하여 조회에 참석했습니다. 그때 순은 고수를 보자 낯빛이 불안했습니다. 공자는 말하기를, '바로 이때에는 천하가 위태롭고 위험했다!'고 했습니다. 잘 모르겠습니다만, 공자의 말이 정말로 그러합니까?"

맹자가 대답했다.

"아니다. 그건 군자가 한 말이 아니라 제나라 동쪽 야인들이 한 말이다. 요가 늙자 순이 섭정을 했다. 『상서』〈요전〉에서 '28년 만에 요가 세상을 떠나자 백관들은 어버이를 잃은 것처럼 삼년상을 행하고 민간에서는 악기가 연주되지 않게 했다'고 했다. 공자는 '하늘에는 두 개의 해가 없고, 백성에게는 두 명의 왕이 없다'고 말했다. 만일 순이 천자가 된 뒤에 다시 천하의 제후들을 이끌고 요를 위해 삼년상을 치렀다면, 이는 천자가 둘인 셈이 된다."

함구몽이 물었다.

"순이 요를 신하로 삼지 않았다는 데 대해서는 이미 가르침을 들었습니다. 『시경』「소아」의 〈북산(北山)〉에서는 '온 하늘 아래 왕의 땅이 아닌 게 없고, 온 땅 끝까지 왕의 신하 아닌 자 없다'고 했습니다. 순은 이미 천자가 되었는데 아비인 고수가 신하 노릇을 하지 않은 것은 무엇 때문입니까?"

맹자가 대답했다.

"이 시는 그걸 말한 것이 아니다. 나랏일에 힘쓰느라 어버이를 봉양할 수 없었음을 말한 것이다. 그래서 '무엇이든 나랏일 아닌 게 없는데, 나만 홀로 애쓰며 지치는구나'라고 말한 것이다. 그러므로 시를 풀이하는 자는 글자에 매여 말을 해치지 말고, 말에 매여 뜻을 해치지 말아야 한다. 자기의 생각으로 시에 숨은 뜻을 헤아려야만 제대로 알 수 있다. 만일 말만 가지고 알려고 한다면 『시경』「대아」의 〈운한(雲漢)〉에 나오는 '주나라의 남은 백성들에게는 남겨진 자가 없도다'라는 말을 이해할 수 없다. 이 말을 곧이곧대로 믿는다면, 주나라에는 남은 백성이 전혀 없었다는 뜻이 된다. 효자의 지극한 행위로는 어버이를 존귀하게 하는 것보다 더 큰 것이 없고, 어버이를 존귀하게 하는 지극한 행위로는 천하로써 봉양하는 것보다 더 큰 것이 없다. 고수는 천자의 아버지가 되었으니 지극히 존귀해졌고, 순은 천하로써 봉양하였으니 지극한 봉양이었다. 『시경』「대아」의 〈하무(下武)〉에는 '길이 효도하려 생각하였으니, 효도하려는 그 생각이 본보기가 되도다'라는 구절이 나오는데, 이를 말한 것이다. 『상서』의 〈대우모(大禹謨)〉에서는 '순은 공경스럽게 고수를 섬기고 삼가면서 두려워했나니, 고수 또한 믿고 따랐다'고 했다. 이것을 두고 아비라도 그를 자식으로 삼을 수 없다고 한 것이다."

注釋 함구몽(咸丘蒙)은 제나라 사람으로, 맹자의 제자다. 축(蹙)은 불안한 모습이다. 급급(岌岌)은 위태로운 모양이다. 야인(野人)은 논밭

이나 들에서 일하는 사람을 가리키는데, 여기서는 도리를 모르는 사람이라는 말맛이 있다. 〈요전(堯典)〉은 『상서』에서 요 임금의 치적을 기록한 글인데, 맹자가 인용한 부분은 〈요전〉이 아니라 〈순전(舜典)〉에 나온다. 재(載)는 년(年)과 같다. 방훈(放勳)은 요 임금의 이름이다. 조락(徂落)은 천자의 죽음을 뜻하는 말이다. 백성(百姓)은 민중이 아닌, 지배층을 이루는 가문들을 가리킨다. 그런 가문들이 성씨를 썼기 때문이다. 따라서 여기서는 백관으로 풀었다. 고비(考妣)는 부모를 뜻한다. 후대에는 돌아가신 부모를 일컫는 말로 쓰였다. 사해(四海)는 대체로 천하(天下)를 뜻하는 말로 쓰이지만, 여기서는 민간을 가리킨다. 알(遏)은 막다, 그치게 하다는 뜻이다. 밀(密)은 고요하다, 조용하다는 뜻이다. 팔음(八音)은 금(金) · 석(石) · 사(絲) · 죽(竹) · 포(匏) · 토(土) · 혁(革) · 목(木) 등 여덟 가지 재료로 만든 악기의 소리를 뜻한다. 현로(賢勞)의 현(賢)은 지치다, 애쓰다는 뜻이다. 문(文)은 문자(文字)를 가리키고, 사(辭)는 어구(語句)를 가리킨다. 역지(逆之)의 역(逆)은 헤아리다는 뜻이다. 지(祗)는 경(敬)과 같고, 재(載)는 사(事)와 같다. 기기(夔夔)와 제율(齊栗)은 삼가고 두려워하는 모양이다. 윤(允)은 믿다는 뜻이고, 약(若)은 따르다는 뜻이다.

蛇足 「만장 상」편에서는 특정한 역사적 인물이나 그 행위에 대해 전승되는 갖가지 시나 이야기에 대한 맹자의 해석을 엿볼 수 있는데, 여기에는 맹자의 해석적 관점을 엿보게 해주는 구절이 나온다. "시를 풀이하는 자는 글자에 매여 말을 해치지 말고, 말에 매여 뜻을 해치지 말아야 한다. 자기의 생각으로 시에 숨은 뜻을 헤아려야만 제대로 알 수 있다"고 말한 것이 그것이다. 이는 낱낱의 글자보다 문장의 구성과 흐름을 중시하고, 문장에만 매이지 말고 숨겨진 뜻을 풀어내야 한다는 취지에서 한 말이다. 부분이 아닌 전체를 보라는 것이며 드러난 것 이면에 숨은 것을 파악하라는 것으로, 이를 위해서는 통찰력을 발휘해야

한다. 맹자가 말한 '자기의 생각'이 곧 통찰력이다. 그런데 이는 시에만 한정되는 것이 아니다. 역사적 사실을 해석할 때에도 매우 긴요한 원칙이 된다. 구전되는 이야기든 또는 기록으로 전승되는 것이든 어떤 것도 실제 일어난 일 전체를 입체적으로 전해주지 않는다. 게다가 이야기꾼이나 기록자의 관점으로 말미암아 굴절되거나 왜곡되어 전하는 경우도 적지 않다. 그렇다면, 전해지는 내용을 곧이곧대로 믿고 받아들여서는 곤란하다. 맹자가 말한 대로 "자기의 생각으로 실상을 파악해야만 한다." 특히 도덕적 평가를 할 때는 더욱 주의해야 한다. 역사적 인물들의 신분이나 입장, 그들이 처한 상황과 시대를 어떻게 이해하느냐에 따라서 평가는 극단적으로 달라질 수 있기 때문이다.

9.5

萬章曰: "堯以天下與舜, 有諸?"
孟子曰: "否. 天子不能以天下與人."
"然則舜有天下也, 孰與之?"
曰: "天與之."
"天與之者, 諄諄然命之乎?"
曰: "否. 天不言, 以行與事示之而已矣."
曰: "以行與事示之者, 如之何?"
曰: "天子能薦人於天, 不能使天與之天下; 諸侯能薦人於天子, 不能使天子與之諸侯; 大夫能薦人於諸侯, 不能使諸侯與之大夫. 昔者, 堯薦舜於天而天受之, 暴之於民而民受之, 故曰'天不言, 以行與事示之而已矣.'"
曰: "敢問薦之於天而天受之, 暴之於民而民受之, 如何?"
曰: "使之主祭而百神享之, 是天受之; 使之主事而事治, 百姓安之, 是民受之也. 天與之, 人與之, 故曰'天子不能以天下與人.' 舜相堯二十有八載, 非人之所能爲也, 天也. 堯崩, 三年之喪畢, 舜避堯之子於南河之南, 天下諸侯朝覲者, 不之堯之子而之舜; 訟獄者, 不之堯之子而之舜; 謳歌者, 不謳歌堯之子而謳歌舜, 故曰'天也.' 夫然後之中國, 踐天子位焉. 而居堯之宮, 逼堯之子, 是簒也, 非天與也. 太誓曰, '天視自我民視, 天聽自我民聽,' 此之謂也.

만장이 물었다.

"요가 천하를 순에게 주었다는데, 그런 일이 있었습니까?"

맹자가 대답했다.

"아니다. 천자라도 천하를 남에게 줄 수 없다."

"그렇다면 순은 천하를 얻었다는데, 누가 준 것입니까?"

"하늘이 주었다."

"하늘이 주었다는 것은 하늘이 자세하게 일러주며 명한 것입니까?"

"아니다. 하늘은 말을 하지 않고 행위와 일로써 보여줄 뿐이다."

만장이 물었다.

"행위와 일로써 보여준다는 것은 어떻게 하는 것입니까?"

맹자가 대답했다.

"천자는 하늘에 어떤 사람을 천거할 수는 있어도 하늘로 하여금 천하를 주게 할 수는 없다. 제후도 천자에게 어떤 사람을 천거할 수는 있어도 천자로 하여금 제후의 자리를 주게 할 수는 없다. 대부도 제후에게 어떤 사람을 천거할 수는 있어도 제후로 하여금 대부의 자리를 주게 할 수는 없다. 옛날에 요가 하늘에 순을 천거하자 하늘이 이를 받아들였고, 백성들에게 드러내 보여주자 백성들이 받아들였다. 그래서 '하늘은 말을 하지 않고 행위와 일로써 보여줄 뿐이다'라고 하는 것이다."

만장이 물었다.

"감히 여쭙건대, 하늘에 천거하자 하늘이 이를 받아들였고 백성들에게 드러내 보여주자 백성들이 받아들였다고 하는 것은 어떤 것입니까?"

맹자가 대답했다.

"제사를 맡게 하자 온갖 신들이 제사를 받아들였으니, 이것이 하늘이 받아들였다는 것이다. 나랏일을 맡게 하자 일이 다스려져서 백성들이 편안해졌으니, 이것이 백성들이 받아들였다는 것이다. 이렇게 하늘이 주고 사람이 주기 때문에 '천자라도 천하를 남에게 줄 수 없다'고 말하는 것이다. 순이 요를 도와 일한 것이 28년이었는데, 이는 사람의 힘만으로는 할 수 없는 일이니 하늘의 뜻이 있었던 것이다. 요가 세상을 떠나자 순은 삼년상을 마치고 요의 아들을 피해서 남하(南河)의 남쪽으로 갔다. 그럼에도 조정에 나아가 천자를 알현하는 제후들은 요의 아들에게 가지 않고 순에게 갔으며, 송사하는 자들도 요의 아들에게 가지 않고 순에게 갔으며, 칭송하며 노래하는 자들도 요의 아들을 칭송하며 노래하지 않고 순을 칭송하며 노래했다. 그래서 '하늘의 뜻이다'라고 한 것이다. 대체로 그렇게 된 뒤에야 순은 도성으로 가서 천자의 자리에 올랐다. 만일 순이 그렇게 하지 않고 요의 궁궐에 머물면서 요의 아들을 핍박했다면, 그것은 빼앗은 것이지 하늘이 준 것이 아니다. 『상서』의 〈태서〉에서 '하늘은 우리 백성을 통해서 보고, 하늘은 우리 백성을 통해서 듣는다'고 했으니, 바로 이를 두고 말한 것이다."

注釋 순순연(諄諄然)은 곡진하게 타이르거나 자세하게 일러주는

모양이다. 폭지(暴之)의 폭(暴)은 드러내다, 나타내다는 뜻이다. 백신(百神)은 천지와 산천 등의 신들을 이른다. 향(享)은 신이 제사를 받아들이는 것을 이른다. 요지자(堯之子)는 요 임금의 아들 단주(丹朱)를 가리킨다. 남하지남(南河之南)은 지금의 하남(河南) 지방이다. 조근(朝覲)은 제후가 천자를 배알하는 것이다. 불지(不之)와 지순(之舜)의 지(之)는 가다는 뜻이다. 송옥(訟獄)은 재판이나 판결을 바라는 일이다. 구가(謳歌)는 덕을 칭송하여 노래하는 것이다. 중국(中國)은 국중(國中)과 같으며, 도성이 있는 곳이다. 이거(而居)의 이(而)는 여(如)와 같다.

蛇足 "하늘이 주었다"는 말은 곧 천명을 받았다는 것과 같은데, 그렇다고 해서 초월적 존재자로부터 그러한 명을 받았다는 뜻은 아니다. 유가적 사유에서도 천신이나 지신, 조상신 등이 거론되지만, 일반적인 종교의 신과는 전혀 다르다. 유가의 신들은 일방적으로 인간의 운명을 좌우하지도 않으며 독립적으로 존재하지도 않는다. 말하자면, 살아 있는 인간들과의 관계 속에서 비로소 존재하며, 인간들의 의지와 행위에 따라서 반응하는 존재에 가깝다. 따라서 천명은 신의 계시와는 전혀 성격을 달리하며, 오히려 인간의 정치적 행위에 대한 정당성과 합법성의 근거로 제시된다.

"오직 하늘이 백성에게 은혜를 베푸니, 임금은 하늘의 뜻을 받들어야 한다. 옛날 하나라 걸(桀)이 하늘을 따르지 않고 온 나라에 해독을 퍼뜨리자 하늘이 탕왕에게 천명을 내려 하나라의 명줄을 끊게 했다. 저 주(紂)는 걸보다 더 죄가 많으니, 어진 이를 죽이고 간언하거나 보필해주는 신하를 학대했으며, 자기에게 천명이 있다고 말하고 공경은 행할 것이 못 된다고 했으며, 제사는 이로울 게 없고 난폭해도 해로울 게 없다고 했다. 아, 거울 삼을 것이 멀리 있지 않으니, 저 하나라 걸에게 있다. 하늘은 나로 하여금 백성을 다스리게 했다."(『상서』 〈태서〉)

그런데 맹자는 이 천명을 정치적 주체인 천자보다 백성들과 연결시키면서 천명의 최종적인 근거는 바로 백성들에게 있음을 강조했다. 이는 스스로 덕성을 갖추었다고 주장해서 될 것이 아니라 그 덕성으로 백성들에게 은혜를 베푸는 정치를 실행하여 백성들의 마음을 확실하게 얻었을 때에야 천명을 받았다는 것이 증명된다는 뜻이다. 민심은 천심이라는 말이 그러한 뜻을 잘 담고 있다.

물론 민심을 무조건 중시할 수는 없다. 더울 때와 추울 때에 따라 쉽사리 달라지는 것이 백성들의 마음이기 때문이다. 그럼에도 그 민심을 잘 파악하여 때로는 바로잡아주고 때로는 어루만져주어야 하는 것이 정치다. 맹자가 신랄한 어조로 제후나 대신들을 몰아붙인 것은 바로 민심을 헤아리지 않는 그들의 오만함과 태만함을 일깨워주려는 의도 때문이었다.

9.6

萬章問曰: "人有言, '至於禹而德衰, 不傳於賢而傳於子,' 有諸?"

孟子曰: "否, 不然也. 天與賢, 則與賢; 天與子, 則與子. 昔者, 舜薦禹於天, 十有七年, 舜崩, 三年之喪畢, 禹避舜之子於陽城, 天下之民從之, 若堯崩之後, 不從堯之子而從舜也. 禹薦益於天, 七年, 禹崩, 三年之喪畢, 益避禹之子於箕山之陰. 朝覲訟獄者不之益而之啓, 曰'吾君之子也.' 謳歌者不謳歌益而謳歌啓, 曰'吾君之子也.' 丹朱之不肖, 舜之子亦不肖. 舜之相堯·禹之相舜也, 歷年多, 施澤於民久. 啓賢, 能敬承繼禹之道. 益之相禹也, 歷年少, 施澤於民未久. 舜禹益相去久遠, 其子之賢不肖, 皆天也, 非人之所能爲也. 莫之爲而爲者, 天也; 莫之致而至者, 命也. 匹夫而有天下者, 德必若舜禹, 而又有天子薦之者, 故仲尼不有天下. 繼世以有天下, 天之所廢, 必若桀紂者也, 故益·伊尹·周公不有天下. 伊尹相湯以王於天下, 湯崩, 太丁未立, 外丙二年, 仲壬四年, 太甲顚覆湯之典刑, 伊尹放之於桐, 三年, 太甲悔過, 自怨自艾, 於桐處仁遷義, 三年, 以聽伊尹之訓己也, 復歸于亳. 周公之不有天下, 猶益之於夏, 伊尹之於殷也. 孔子曰, '唐虞禪, 夏后殷周繼, 其義一也.'"

만장이 물었다.

"사람들이 말하기를, '우에 이르러 덕이 쇠하여 현자에게 자리를 물려주지 않고 아들에게 물려주었다'고 하는데, 그런 일이 있었습니까?"

맹자가 대답했다.

"아니, 그렇지 않다. 하늘이 현자에게 주면 현자에게 준 것이고, 하늘이 아들에게 주면 아들에게 준 것이다. 옛날에 순이 우를 하늘에 천거하고 17년이 지나서 순이 죽었는데, 우는 삼년상을 마치고 순의 아들을 피해서 양성으로 갔다. 그러자 천하의 백성들이 마치 요가 죽은 뒤에 요의 아들을 따르지 않고 순을 따른 것처럼 우를 따랐다. 우가 익을 하늘에 천거하고 7년이 지나서 우가 죽었는데, 익은 삼년상을 마치고 우의 아들을 피해서 기산 북쪽으로 갔다. 조정에 나아가 천자를 알현하는 제후들과 송사하는 자들은 익에게 가지 않고 우의 아들인 계에게 가면서 '우리 군주의 아드님이시다'라고 말했다. 칭송하며 노래하는 자들도 익을 칭송하며 노래하지 않고 우의 아들인 계를 칭송하고 노래하면서 '우리 군주의 아드님이시다'라고 말했다. 요의 아들인 단주는 모자랐고 순의 아들 또한 모자랐다. 순이 요를 도운 기간이나 우가 순을 도운 기간은 길었기 때문에 그 은택을 백성들에게 베푼 것도 오래되었다. 계는 현명했으므로 부친인 우의 도를 지극하게 이어 받들 수 있었다. 반면에 익이 우를 도운 기간은 짧았기 때문에 그 은택을 백성들에게 베푼 것이 오래되지 못했다. 순과 우와 익 사이의 기간이 길고 짧은 것과 그 아들들의 현명함과 모자람에서 차이가 나는 것은 모두 하늘의 뜻이지, 사람이 어떻게 할 수 있는 것이 아니다. 사람이 어떻게 하지 않았는데도 되는 것은 하늘의 뜻이고, 사람이 이르고자 하지 않았는데도 이르게 되는 것은 하늘이 정한 것이다. 필부로서 천하를 얻으려면 그 덕이 반드시 순이나 우와 같아야 하고 아울러 하늘의 천거가 있어야 한다. 그렇기 때문에 공자는 천하를 얻지 못했다. 대를 이어서 천하를 차지하고 있는데 하늘이 그만두게 하는 것은 반드시 걸이나 주와 같은 자가 있어서다. 그래서 익과 이윤, 주공 등은 천하를 차지하지 못했다. 이윤은 탕이 천하의 왕 노릇을 할 수 있도록 도왔는데, 탕이 죽자 태자인 태정은 미처 즉위하지 못하고 죽었고, 외병은 2년, 중임은 4년을 재위했다. 그 뒤를 이어 즉위한 태갑은 탕의 법도와 제도를 뒤집어 엎었고, 이윤은 그를 동 땅으로 3년 동안 내쫓았다. 태갑은 자신의 잘못을 뉘우치고 자신을 미워하며 자신을 다스렸다. 동 땅에서 어짊에 머물고 올바름으로 옮아간 지 3년 만에 이윤의 일깨움을 다 받아들인 뒤 다시 박(亳)으로 돌아왔다. 주공이 천하를 얻지 못한 것은 하나라의 익이나 은나라의 이윤과 같은 경우다. 그래서 공자가 '당(요)과 우(순)는 선양하고 하후와 은과 주는 계승했으나, 그 의미는 한가지다'라고 말했다."

注釋 유저(有諸)의 저(諸)는 지호(之乎)와 같다. 순지자(舜之子)는 순 임금의 아들 상균(商均)을 가리킨다. 양성(陽城)은 지명으로, 하남성(河南城) 숭산(崇山)의 남쪽으로 추정된다. 익(益)은 백익(伯益)이라고도 하는데, 순의 현명한 신하였다. 우지자(禹之子)는 우의 아들 계(啓)

를 가리킨다. 기산지음(箕山之陰)이 『사기』 〈하본기(夏本紀)〉에서는 기산지양(箕山之陽)으로 되어 있다. 음(陰)은 산의 북쪽을 가리킨다. 단주(丹朱)는 요 임금의 아들이다. 불초(不肖)는 아버지를 닮지 않았다는 뜻에서 어리석은 것을 이른다. 상거(相去)는 시간적인 거리를 뜻한다. 구원(久遠)은 오래됨과 오래되지 않음을 가리킨다. 전복(顚覆)은 뒤집어엎다, 무너뜨리다는 뜻이다. 전형(典刑)은 정해진 법도나 제도를 뜻한다. 동(桐)은 지명인데, 정현(鄭玄)은 왕의 이궁(離宮)이 있던 곳이라 하고 주희는 탕왕(湯王)의 묘가 있는 곳이라 했다. 박(亳)은 탕왕의 도성이 있던 곳으로, 지금의 하남성 언사현(偃師縣) 서쪽이다. 당우(唐虞)의 당(唐)은 요(堯)이고, 우(虞)는 순(舜)이다. 선(禪)은 제위를 넘겨주는 선양(禪讓)을 뜻한다.

蛇足 맹자는 역사의 추세에는 사람이 어찌할 수 없는 것이 있다고 보았다. 그것을 가리켜 '하늘의 뜻'이라 했는데, 이를 운명론으로 간주해서는 안 된다. 탕왕을 도와 걸을 치고 상 왕조를 세우는 데 기여한 이윤이 과연 탕왕보다 덕이나 지혜에서 부족했을까? 부친인 문왕과 형인 무왕을 돕고 조카인 성왕을 대신하여 섭정하며 주 왕조를 반석 위에 올려놓은 주공은 과연 문왕과 무왕, 성왕보다 자질이 모자라서 천자가 되지 못한 것일까? 아니다. 그들 자신들로서는 어찌할 수 없는 신분의 제약을 받고 있었기 때문이다. 이것이 하늘의 뜻이다. 이 하늘의 뜻도 세상이 변하면서 역시 변할 수 있다. 어쨌든 그런 하늘의 뜻을 이윤이나 주공은 잘 알고 있었고, 그러면서도 지극하게 할 일을 다했다. 그들이 제왕에 버금가는 존경과 추앙을 받은 이유가 여기에 있다.

9.7

萬章問曰: “人有言, ‘伊尹以割烹要湯,’ 有諸?”

孟子曰: “否, 不然. 伊尹耕於有莘之野, 而樂堯舜之道焉. 非其義也, 非其道也, 祿之以天下, 弗顧也; 繫馬千駟, 弗視也. 非其義也, 非其道也, 一介不以與人, 一介不以取諸人. 湯使人以幣聘之, 囂囂然曰, ‘我何以湯之聘幣爲哉? 我豈若處畎畝之中, 由是以樂堯舜之道哉?’ 湯三使往聘之, 旣而幡然改曰, ‘與我處畎畝之中, 由是以樂堯舜之道, 吾豈若使是君爲堯舜之君哉? 吾豈若使是民爲堯舜之民哉? 吾豈若於吾身親見之哉? 天之生此民也, 使先知覺後知, 使先覺覺後覺也. 予, 天民之先覺者也. 予將以斯道覺斯民也. 非予覺之, 而誰也?’ 思天下之民匹夫匹婦有不被堯舜之澤者, 若己推而內之溝中. 其自任以天下之重如此, 故就湯而說之以伐夏救民. 吾未聞枉己而正人者也. 況辱己以正天下者乎? 聖人之行不同也, 或遠或近, 或去或不去, 歸潔其身而已矣. 吾聞其以堯舜之道要湯, 未聞以割烹也. 伊訓曰, ‘天誅, 造攻自牧宮, 朕載自亳.’”

만장이 물었다.

“사람들이 말하기를, ‘이윤은 요리를 해서 탕의 마음을 얻었다’고 하는데, 그런 일이 있었습니까?”

맹자가 대답했다.

“아니, 그렇지 않다. 이윤은 유신(有莘) 땅의 들에서 밭을 갈면서 요와 순의 도를 즐겼다. 올바름도 아니고 그 도리도 아니면 천하를 녹봉으로 준다고 해도 돌아보지 않았고, 좋은 말 4천 마리를 주어도 돌아보지 않았다. 올바름도 아니고 그 도리도 아니면 한낱 지푸라기 하나도 남에게 주지 않고 또 지푸라기 하나도 남에게서 받지 않았다. 탕이 사람을 시켜 폐백을 갖고 가서 그를 부르려 했으나, 이윤은 무심하게 '탕이 나를 부르려 보낸 폐백이 내게 무슨 소용이랴? 내가 밭이랑 사이에서 요와 순의 도를 즐기는 것만 하겠는가?'라고 말했다. 탕이 세 번이나 사람을 보내 예의를 갖추어 부르자, 이윤은 마음을 고쳐먹고서 '내가 밭이랑 사이에서 요와 순의 도를 즐기는 것이 어찌 이 군주를 요나 순과 같은 군주로 만드는 것만 하겠는가? 그것이 어찌 이 백성들을 요나 순 때의 백성들로 만드는 것만 하겠는가? 그것이 어찌 내 몸으로 직접 보는 것만 하겠는가? 하늘이 이 백성들을 내면서 먼저 안 자가 나중에 안 자를 깨우치고, 먼저 깨친 자가 나중에 깨친 자를 깨우치게 했다. 나는 하늘이 낸 백성들 가운데서 먼저 깨친 사람이다. 나는 앞으로 이 도리로써 이 백성들을 깨우칠 것이다. 내가 이들을 깨우치지 않는다면 누가 하겠는가?'라고 생각했다. 이윤은 천하의 백성들 가운데 평범한 지아비와 지어미라도 요와 순의 은택을 입지 못하는 사람이 있으면 마치 자신이 그들을 도랑으로 밀어 넣은 것처럼 생각했다. 그가 천하의 무거운 짐을 스스로 짊어지려 한 것이 이와 같았다. 그래서 탕에게 나아가 그를 설득하여 하나라를 치고 백성들을 구했던 것이다. 나는 자신을 굽히고서 남을 바르게 했다는 말을 아직 들은 적이 없다. 하물며 자기를 욕되게 하고서 천하를 바르게 할 수 있겠는가? 성인들의 행동은 다 같지 않다. 어떤 이는 멀리 있고 어떤 이는 가까이 있으며, 어떤 이는 떠나고 어떤 이는 떠나지 않는다. 다만 그 몸을 깨끗이 하는 데로 돌아갈 뿐이다. 나는 요와 순의 도리로써 탕에게 요구했다는 말은 들었어도 요리를 해서 마음을 얻었다는 말은 듣지 못했다. 『상서』 〈이훈〉에서는 '하늘이 벌을 내려 공격을 목궁에서 시작하였으나, 우리는 박(亳)에서 시작하였다'라고 했다."

注釋 할팽(割烹)의 할(割)은 가르다, 베다는 뜻이고, 팽(烹)은 삶다, 익히다는 뜻이니, 결국 요리를 뜻한다. 이윤이 요리를 해서 탕의 마음을 얻은 일에 대해서는 『묵자』「상현(尙賢)」편이나 『여씨춘추』「본미(本味)」편 등에 보인다. 유신(有莘)은 국명으로, 지금의 하남성 개봉부 진류현(陳留縣)이 이에 해당한다. 계마(繫馬)는 방목하지 않는 좋은 말을 뜻한다. 사(駟)는 네 마리 말을 뜻한다. 일개(一介)의 개(介)는 풀을 뜻하며, 초개(草芥)의 개(芥)와 같다. 저인(諸人)의 저(諸)는 어(於) 또는 호(乎)와 같다. 폐(幣)는 예물로 보내는 비단, 곧 폐백(幣帛)을 뜻한다. 효효연(囂囂然)은 스스로 만족하여 욕심이 없는 모양 또는 걱정이나 관심 따위를 두지 않는 텅 빈 마음의 상태를 뜻한다. 번연(幡然)은 갑자기 마음이 변하는 것을 이른다. 이내(而內)의 내(內)는 납(納)과 같다. 이세지(而說之)의 세(說)는 달래다, 유세하다는 뜻이다. 이훈(伊訓)은 『상서』의 편명으로, 이윤이 탕의 뒤를 이어 왕위에 오른 태갑(太甲)에게 훈계해준 말이다. 맹자가 인용한 〈이훈〉의 글은 현재 전하는 『상서』의 글과는 약간 다르다. 목궁(牧宮)은 걸(桀)의 궁궐이다. 짐(朕)은 자신을 일컫는 말인데, 여기서는 이윤 자신과 탕왕을 아울러 일컫고 있다. 재(載)는 시작하다는 뜻이다.

蛇足 공자가 "임금을 섬기면서 예를 다했는데, 사람들은 알랑거린다고 말하는구나"(『논어』「팔일」)라고 말한 적이 있다. 이윤이 지극한 마음으로 탕왕을 섬긴 것을 보고서 알랑거린다고 여겼던 이들이 있었던 모양이다. 아무리 현자라 하더라도 어리석고 못난 자들이 제 보고 싶은 대로 보고 제 깜냥으로 함부로 판단하는 것까지 막기는 어렵다. 다만, 그릇된 소문이 나더라도 늘 자신을 되돌아보는 실마리로 삼으며 떳떳하게 행동하려 할 뿐이다. 공자가 그러했고 이윤도 그러했으리라. 이윤의 사람됨에 대해서는 『상서』〈이훈〉을 통해 자세하게 알 수 있다.

"탕왕께서는 널리 명철한 사람을 구하여 후세 왕들을 보필하게 했습니다. 관리들의 형벌을 제정하시고 지위에 있는 자들을 경계하셨습니다. '감히 집 안에서 춤을 추고 방 안에서 술에 취해 노래하는 것은 무당의 풍조라 하며, 재화와 여색에 빠지거나 놀이와 사냥에 몰두하는 것은 음란한 풍조라 하며, 감히 성현의 말씀을 무시하고 참되고 곧은 사람을 거스르며 나이 많고 덕 있는 이를 멀리하고 완악한 아이들과 한패가 되는 것을 문란한 풍조라 하니, 이 세 가지 풍조의 열 가지 허물 가운데서 경이나 선비가 한 가지라도 지니고 있다면 그 집안은 반드시 망하고, 임금이 한 가지라도 지니고 있다면 나라가 반드시 망할 것이오. 신하들이 바로잡지 못하면 묵형(墨刑)에 처해야 할 것이오.'"

탕왕이 널리 구한 명철한 사람 가운데 이윤 자신이 포함된다. 또 탕왕이 말한 열 가지 허물을 보건대, 이윤이 요리로써 아첨하여 탕왕의 마음을 얻었다는 것은 어불성설이라 할 수 있다. 탕왕이 인재를 보는 눈이 없고 아첨에 넘어갈 왕이라면, 과연 폭군인 걸을 치고 제후들과 백성들의 마음을 얻을 수 있었을까?

덧붙이자면, 후대에 유비(劉備)가 제갈량(諸葛亮)을 얻기 위해 자신을 낮추고 세 번이나 찾아갔다는 것을 두고 '삼고초려(三顧草廬)'라고 하는데, 그 원형은 바로 탕왕이 이윤을 세 번 찾아간 데에서 찾을 수 있다. 탕왕이야말로 군주이면서도 자신을 낮추고 예물을 들고서 찾아갔다. 반면에 진수(陳壽)가 쓴 『삼국지』「촉서(蜀書)」의 〈제갈량전〉을 보면, 유비가 장수일 때 제갈량을 세 번 찾아갔다. 처음에는 제갈량을 추천한 서서(徐庶)더러 데리고 오라고 했는데, 서서가 "이 사람은 가서 볼 수는 있어도 억지로 오게 할 수는 없소. 그대가 몸을 굽혀 찾아가야만 되오"라고 말해주자 비로소 찾아갔다. 세 번을 찾아간 뒤에야 비로소 만났으며, 만난 뒤에도 군신 관계는 아니었다. 그저 마음을 주고받았을 뿐이다. 이렇게 보면, 유비의 삼고초려는 탕왕이 이윤을 찾아간 일을 허구적으로 재구성한 것이라고 보는 것이 타당하다.

9.8

萬章問曰: “或謂‘孔子於衛主癰疽, 於齊主侍人瘠環,’ 有諸乎?” 孟子曰: “否, 不然也. 好事者爲之也. 於衛主顔讎由. 彌子之妻與子路之妻, 兄弟也. 彌子謂子路曰, ‘孔子主我, 衛卿可得也.’ 子路以告, 孔子曰, ‘有命.’ 孔子進以禮, 退以義, 得之不得曰‘有命.’ 而主癰疽與侍人瘠環, 是無義無命也. 孔子不悅於魯衛, 遭宋桓司馬將要而殺之, 微服而過宋. 是時孔子當阨, 主司城貞子, 爲陳侯周臣. 吾聞觀近臣, 以其所爲主; 觀遠臣, 以其所主. 若孔子主癰疽與侍人瘠環, 何以爲孔子?”

만장이 물었다.

“누군가가 ‘공자가 위나라에서는 옹저의 집에 머물렀고 제나라에서는 환관인 척환의 집에 머물렀다’고 말했는데, 그런 일이 있었습니까?”

맹자가 대답했다.

“아니, 그렇지 않다. 호사가들이 지어낸 말이다. 공자가 위나라에서는 안수유(顔讎由)의 집에 머물렀다. 미자(彌子)의 아내와 자로의 아내는 자매였다. 미자가 자로에게 ‘공자가 내 집에 머물면 위나라 경 벼슬을 얻을 수 있다’고 말했다. 자로가 이를 알리자, 공자는 ‘하늘의 운수에 달렸다’고 말했다. 공자는 예의로써 나아가고 올바름으로써 물러났으므로 벼슬을 얻거나 얻지 못하거나 모두 ‘하늘의 운수에 달렸다’고 한 것이다. 그런데 옹저의 집이나 환관 척환의 집에서 머무는 것에는 올바름도 없고 하늘의 운수도 없다. 공자가 노나라와 위나라에서 머무는 것이 탐탁지 않아 다른 나라로 가게 되었을 때, 송나라의 사마환퇴가 길목에서 기다렸다가 죽이려 하자 공자는 남루한 차림을 하고서 송나라를 지나갔다. 이때 공자는 딱한 일을 만났으므로 사성정자의 집에 머물렀는데, 그는 진후(陳侯) 주(周)의 신하였다. 내가 듣기로는, 조정의 신하를 살필 때에는 그의 집에 머무는 사람을 보고, 객지로 떠도는 신하를 살필 때에는 그가 머무는 집의 주인을 본다고 했다. 만일 공자가 종기를 치료하는 의원이나 환관인 척환의 집에 머물렀다면, 어찌 공자라 할 수 있겠느냐?"

注釋 주(主)는 아무개를 주인으로 삼고 그 집에 머물다는 뜻이다. 옹저(癰疽)는 악성의 종기 또는 종기를 치료하는 의원을 뜻하는데, 여기서는 『사기』「공자세가」에 등장하는 환관 옹거(雍渠)로 보는 것이 옳다. 옹거는 위나라 영공(靈公)과 그 부인이 수레를 타고 궁문을 나설 때 함께 탔는데, 공자를 뒤의 수레에 타고 따라오게 하면서 거드름을 피우고 뽐냈다고 한다. 시인(侍人)은 거세하고 후궁에서 일하는 자, 곧 환관(宦官)을 뜻한다. 안수유(顏讎由)는 위나라의 대부다. 미자(彌子)는 위나라 영공이 총애하던 신하 미자하(彌子瑕)다. 득지(得之)의 지(之)는 여(與)와 같다. 송환사마(宋桓司馬)는 송나라의 사마 환퇴(桓魋)다. 사마는 관직명으로, 군사 업무를 담당한다. 미복(微服)은 평상복 차림으로 남의 이목을 피하는 것이다. 사성정자(司城貞子)의 사성(司城)은 송나라의 관명이다. 따라서 정자(貞子)는 그 조상이 송나라 사람이었을 가능성이 크다. 근신(近臣)은 조정에서 벼슬하는 신하고, 원신(遠臣)은 먼 곳에서 와서 벼슬하는 신하다.

蛇足 9.7에서 이윤에 대해 사람들이 한 말이나 여기서 공자에 대해 사람들이 하는 말, 그 모두 싸잡아서 맹자는 "호사가들이 지어낸 말"이라고 간단하게 정리해버렸다. 세상에는 이렇게 호사가들이 멋대로 지어낸 말들이 떠돈다. 배우는 일에 힘쓰는 자라면 그런 말들을 삼가서 들을 줄 알아야 하고 잘 가려낼 줄도 알아야 한다. 공자가 말한 "길에서 듣고 길에서 말하는 것은 덕을 버리는 짓이다"(『논어』「양화」)라는 말을 늘 새겨두어야 한다.

"하늘의 운수에 달렸다"는 말은 9.6에서 맹자가 말한 '하늘의 뜻'과 통한다. 하늘의 운수든 하늘의 뜻이든 간단하게 말하면 '때'다. 상앙은 형세 또는 추세를 뜻하는 '세(勢)'를 썼는데, 함의는 다르지 않다.

"추세가 다스려지는 쪽으로 가면 어지럽힐 수 없고, 세상이 어지러운 쪽으로 가면 다스릴 수 없다. 대체로 세상이 어지러워지려 하는데 다스리려 하면 더욱 어지러워지고, 추세가 다스려지려 하는데 다스리면 더 잘 다스려진다. 그러므로 성왕은 다스려지는 상황에서 다스리고 어지러운 상황에서는 다스리지 않는다."(『상군서』「정분(定分)」)

상앙이 혼란한 시대에 법과 형벌을 내세운 것은 어짊이나 올바름, 예의 따위로는 다스려질 수 없다고 판단했기 때문이다. 일리는 있다. 그러나 공자와 맹자는 추세를 빙자해서 도를 내버리지 않았다. 도를 내버리는 순간, 천하는 걷잡을 수 없는 혼란으로 치닫는다고 보았기 때문이다. 이는 춘추시대가 전국시대로 이어진 데서 확인할 수 있는 일이다.

9.9

萬章問曰: "或曰, '百里奚自鬻於秦養牲者, 五羊之皮食牛以要秦穆公,' 信乎?"

孟子曰: "否, 不然. 好事者爲之也. 百里奚, 虞人也. 晉人以垂棘之璧與屈産之乘, 假道於虞以伐虢. 宮之奇諫, 百里奚不諫. 知虞公之不可諫而去, 之秦, 年已七十矣. 曾不知以食牛干秦穆公之爲汚也, 可謂智乎? 不可諫而不諫, 可謂不智乎? 知虞公之將亡而先去之, 不可謂不智也. 時擧於秦, 知穆公之可與有行也而相之, 可謂不智乎? 相秦而顯其君於天下, 可傳於後世, 不賢而能之乎? 自鬻以成其君, 鄕黨自好者不爲, 而謂賢者爲之乎?"

만장이 물었다.

"누군가가 '백리해는 진(秦)나라에서 희생에 쓸 소를 기르는 사람에게 자신을 팔아 양가죽 다섯 장을 얻고 소를 치며 진목공(秦穆公)에게 벼슬을 구하려 했다'고 말하는데, 참으로 그랬습니까?"

맹자가 대답했다.

"아니, 그렇지 않다. 호사가들이 지어낸 말이다. 백리해는 우(虞)나라 사람이다. 그때 진(晉)나라는 수극(垂棘) 땅에서 나는 벽옥과 굴(屈) 땅에서 나는 좋은 말을 우나라에 선물하면서 땅을 빌려 괵(虢)나라를 치려고 했다. 궁지기(宮之奇)는 길을 빌려주지 말라고 간언하였으나, 백리해는 간언하지 않았다. 백리해는 우나라 군주가 간언을 해도 받아들이지 않을 인물임을 알고 우나라를 떠나 진(秦)나라로 갔는데, 그때 나이가 이미 일흔이었다. 그가 소 치는 일로 진목공에게서 벼슬을 구하는 것이 더러운 짓임을 알지 못했다면, 그를 지혜롭다고 할 수 있겠는가? 간언을 해도 받아들이지 않을 걸 알고서 간언하지 않았으니, 그를 지혜롭지 않다고 할 수 있겠는가? 우공이 망하게 될 것을 알고서 먼저 떠났으니, 그를 지혜롭지 않다고 말할 수 없다. 그때 그는 진나라에서 기용되었고, 진목공이야말로 함께 큰일을 할 수 있는 인물임을 알고서 도왔는데, 그를 지혜롭지 않다고 할 수 있겠는가? 진나라를 도와서 그 군주를 천하에 널리 드러내고 후세에도 그 이름이 전해지도록 할 수 있었으니, 그가 현명하지 않았다면 그렇게 할 수 있었겠는가? 자신을 팔아서 그 군주를 이루게 하는 것은 한낱 마을에서 자신을 아끼는 자라도 하지 않는 짓인데, 어찌 현자가 그런 짓을 하겠는가?"

注释 백리해(百里奚)의 백리(百里)는 씨(氏)고, 해(奚)는 이름이다. 백리해가 진목공에게 벼슬을 구한 일은 여러 문헌에서 볼 수 있으나, 약간씩 다르다. 여기서 인용한 말은 『여씨춘추』「신인(愼人)」편의 내용과 거의 같다. 우(虞)는 작은 나라였으며, 주(周)와 같은 희성(姬姓)의 나라였다. 수극(垂棘)은 진(晉)나라의 지명으로, 아름다운 옥의 산지였다. 굴산지승(屈產之乘)의 승(乘)은 말을 뜻한다. 괵(虢)은 작은 나라로, 희성(姬姓)의 나라였다. 궁지기(宮之奇)는 괵나라의 현명한 신하였다. 진나라에 길을 빌려주지 말라고 간언했으나, 받아들여지지 않아 결국 괵나라는 진나라에 멸망하였다. 유행(有行)은 유위(有爲)와 같다. 육(鬻)은 팔다는 뜻이다.

蛇足 이윤이 요리로써 탕왕의 마음을 얻었다는 것과 비슷한 말이 백리해에게도 따라붙었음을 알 수 있다. 진목공은 춘추오패 가운데 하나로 일컬어지는 제후다. 결코 헛수작에 놀아날 군주가 아니었다는 말이다. 더구나 진목공은 진문공(晉文公)이 즉위하기 전에 천하를 떠돌 때에 그 사람됨을 알아보고 극진하게 예를 다해서 대우했던 인물이다. 진문공은 진목공의 도움으로 패자가 되었다고 해도 과언이 아니다. 이 일에 대해서는 『국어(國語)』「진어(晉語)」에 자세하게 나온다. 그런 진목공이 백리해를 알아보지 못했을 까닭이 없다. 백리해 또한 나이 일흔이 되어서 뒤늦게 벼슬을 구하려고 자신을 파는 짓을 했을 리가 없다. 그가 지혜로웠던 지혜롭지 않았든 간에 말이다. 만약 지혜로웠다면 진목공이 어떤 군주인지 알았을 터이므로 비루한 짓을 일삼지 않아도 제 뜻이 통하리라 여겼을 것이니, 굳이 엉큼한 수작을 부리지 않았을 것이다. 만약 지혜롭지 못해서 진목공을 속여 넘길 수 있다고 여겨서 수작

을 부렸다고 한들, 그 수작이 얼마나 교묘했을 것이며 또 그런 수작에 진목공이 순순히 넘어가기나 했을까? 세상에 떠도는 허튼 말들이란 귓등으로 듣는 자들에게나 통한다.

10장

만장 하(萬章下)

10.1

孟子曰: “伯夷, 目不視惡色, 耳不聽惡聲. 非其君, 不事; 非其民, 不使. 治則進, 亂則退. 橫政之所出, 橫民之所止, 不忍居也. 思與鄕人處, 如以朝衣朝冠坐於塗炭也. 當紂之時, 居北海之濱, 以待天下之淸也. 故聞伯夷之風者, 頑夫廉, 懦夫有立志. 伊尹曰, ‘何事非君? 何使非民?’ 治亦進, 亂亦進, 曰, ‘天之生斯民也, 使先知覺後知, 使先覺覺後覺. 予, 天民之先覺者也. 予將以此道覺此民也.’ 思天下之民匹夫匹婦有不與被堯舜之澤者, 若己推而內之溝中. 其自任以天下之重也. 柳下惠, 不羞汚君, 不辭小官. 進不隱賢, 必以其道. 遺佚而不怨, 阨窮而不憫. 與鄕人處, 由由然不忍去也. ‘爾爲爾, 我爲我, 雖袒裼裸裎於我側, 爾焉能浼我哉?’ 故聞柳下惠之風者, 鄙夫寬, 薄夫敦. 孔子之去齊, 接淅而行. 去魯, 曰, ‘遲遲吾行也!’ 去父母國之道也. 可以速而速, 可以久而久, 可以處而處, 可以仕而仕, 孔子也.”

孟子曰: “伯夷, 聖之淸者也; 伊尹, 聖之任者也; 柳下惠, 聖之和者也; 孔子, 聖之時者也. 孔子之謂集大成. 集大成也者, 金聲而玉振之也. 金聲也者, 始條理也; 玉振之也者, 終條理也. 始條理者, 智之事也; 終條理者, 聖之事也. 智, 譬則巧也; 聖, 譬則力也. 由射於百步之外也, 其至, 爾力也; 其中, 非爾力也.”

맹자가 말했다.

“백이는 눈으로는 나쁜 색을 보지 않고 귀로는 나쁜 소리를 듣지 않았다. 섬길 만한 군주가 아니면 섬기지 않고, 부릴 만한 백성이 아니면 부리지 않았다. 다스려지면 나아가고, 어지러워지면 물러났다. 포악한 정치가 나오는 곳과 방자한 백성이 사는 곳에는 차마 머물려고 하지 않았다. 메떨어진 사람과 함께 있는 것을 마치 관을 쓰고 관복을 입은 채 진흙탕이나 잿더미에 앉은 것처럼 여겼다. 주(紂)가 다스리던 때를 맞아서 북해의 바닷가에 살면서 천하가 맑아지기를 기다렸다. 그래서 백이의 풍도에 대해 들은 자들 가운데 탐욕스런 자는 청렴해지고 나약한 자는 뜻을 세우게 되었다.

이윤은 '누구를 섬기든 내 군주가 아니겠는가? 누구를 부리든 내 백성이 아니겠는가?'라고 말했다. 다스려져도 나아가고, 어지러워져도 나아갔다. 그는 '하늘이 이 백성들을 내면서 먼저 안 자가 나중에 안 자를 깨우치고, 먼저 깨친 자가 나중에 깨친 자를 깨우치게 했다. 나는 하늘이 낸 백성들 가운데서 먼저 깨친 사람이다. 나는 앞으로 이 도리로써 이 백성들을 깨우칠 것이다'라고 말했다. 이윤은 천하의 백성들 가운데 평범한 지아비와 지어미라도 요와 순의 은택을 입지 못하는 사람이 있으면 마치 자신이 그들을 도랑으로 밀어 넣은 것처럼 생각했다. 그는 천하의 무거운 짐을 자신이 짊어지려 했다.

유하혜는 고약한 군주를 섬기는 일도 부끄러워하지 않고 하찮은 관직일지라도 사양하지 않았다. 나아가서는 자신의 현명함을 숨기지 않고 반드시 도리에 맞게 일했다. 버림받아 기용되지 않더라도 원망하지 않고, 곤궁한 상황에 처해도 걱정하지 않았다. 시골 사람들과 함께 있어도 스스로 즐거워하며 굳이 떠나려 하지 않았다. '너는 너고, 나는 나다. 비록 내 곁에서 옷을 벗어젖히고 알몸을 드러낸다고 한들, 어찌 나를 더럽힐 수 있겠는가?'라고 했다. 그래서 유하혜의 풍도에 대해 들은 자들 가운데 비루한 자는 너그러워지고 야박한 자는 도타와졌다.

공자는 제나라를 떠날 때 씻던 쌀을 건져서 떠날 정도였다. 그러나 노나라를 떠날 때는 '더디고 더디구나, 내 발걸음이여!'라고 탄식했다. 이것이 부모의 나라를 떠나는 도리다. 서둘러 갈

만하면 서둘러 갔고, 오래 머물 만하면 오래 머물렀고, 벼슬하지 않고 조용히 살 만하면 조용히 살았고, 벼슬할 만하면 벼슬한 사람은 공자다."

맹자가 또 말했다.

"백이는 성인 가운데서 맑은 사람이고, 이윤은 성인 가운데서 책임을 떠맡은 사람이며, 유하혜는 성인 가운데서 어우러진 사람이고, 공자는 성인 가운데서 때맞게 행동한 사람이다. 공자를 두고 '두루 아울러서 크게 이룬 사람'이라고 한다. 두루 아울러서 크게 이룬다는 것은 금속으로 만든 악기로 시작해서 옥으로 만든 악기로 끝맺는 것과 같다. 금속으로 만든 악기의 소리는 조리 있는 음악 연주의 시작을 의미하고, 옥으로 만든 악기의 소리는 조리 있는 음악 연주의 끝맺음을 의미한다. 조리 있는 음악 연주의 시작은 지혜에 속하고, 조리 있는 음악 연주의 끝맺음은 거룩함에 속한다. 지혜는 비유하자면 기교이며, 거룩함은 비유하자면 힘이다. 이는 백 보 밖에서 활을 쏘는 것과 같으니, 표적에 미치는 것은 그 힘에 따른 것이지만 표적을 맞히는 것은 그 힘에 따른 것이 아니다."

注釋 기군(其君)과 기민(其民)의 기(其)는 도리나 상황에 알맞는 것을 나타낸다. 횡(橫)은 도리에 맞지 않고 멋대로 하는 것을 뜻한다. 향인(鄕人)은 거칠고 메떨어진 시골 사람을 뜻하는데, 문맥상 14.37에 나오는 향원(鄕原)을 뜻하는 말로도 볼 수 있다. 도탄(塗炭)은 진흙탕과 잿더미를 뜻한다. 완부(頑夫)는 탐욕을 부리며 만족할 줄 모르는 자를 뜻한다. 렴(廉)은 곧고 깨끗하다는 뜻이다. 나부(懦夫)는 의지가 약한 자를 뜻한다. 유일(遺佚)은 버림받아 쓰이지 않는 것을 뜻한다. 액궁(阨窮)은 나아갈 길이 막혀서 어려움을 겪는 것을 뜻한다. 민(憫)은 걱정하다, 괴로워하다는 뜻이다. 유유연(由由然)은 스스로 만족하거나 즐거

워하는 모양이다. 단석(袒裼)은 웃통을 벗어 어깨를 드러내는 것이다. 나정(裸裎)은 벌거벗다, 알몸을 드러내다는 뜻이다. 매(浼)는 더럽히다는 뜻이다. 비부(鄙夫)는 소견이 좁고 고집이 센 자를 뜻한다. 접석(接淅)은 씻던 쌀을 건져낸 것을 이른다. 이속(而速) · 이구(而久) · 이처(而處) · 이사(而仕)의 이(而)는 즉(則)과 같다. 3.2에서는 모두 즉(則)으로 되어 있다. 가이처(可以處)의 처(處)는 벼슬하지 않고 사는 것을 이른다. 금성(金聲)의 금(金)은 종(鐘)과 같은 악기류를 가리키고, 옥진(玉振)의 옥(玉)은 경(磬)과 같은 악기류를 가리킨다. 유사(由射)의 유(由)는 유(猶)와 같다.

蛇足 여기서 맹자는 네 명의 성인에 대해 같고 다른 점을 자세하게 논했다. 맹자의 성인관(聖人觀)이라 할 만하다. 그런데 맹자는 네 명을 똑같은 차원에 놓고 있지 않다. 공자를 '두루 아울러서 크게 이룬 사람'이라고 하면서 그 이유로 그가 "때맞게 행동했기 때문"이라고 했다. 한마디로 '시중(時中)'이라 할 수 있는데, 이는 규정지을 수 있는 행동의 틀이 애초부터 없었음을 의미한다. 『논어』 「자한」편의 "미리 헤아리는 일이 없으셨고, 반드시 해야 한다는 것이 없으셨고, 굳이 버티는 일이 없으셨고, 내로라함이 없으셨다"라는 말이 그 점을 단적으로 보여준다. 반면에 다른 세 명은 특정한 원칙 위에서 자신의 행동을 규제했다.

"주(紂)가 다스리던 때를 맞아서 북해의 바닷가에 살면서 천하가 맑아지기를 기다린" 백이는 무왕이 주왕을 치는 데 대해서 간언을 한 것으로 알려져 있다. 그리고 무왕이 주왕을 친 뒤에 천하의 제후들이 무왕에게 복종할 때, 백이는 수양산에 은둔했다. 맹자는 이 일을 언급하지 않았는데, 이 일에 대해서는 후대에 논란이 많다. 그것은 그의 행동이 상황에 따라 융통자재하지 못했기 때문이다. 이에 대해 맹자는 3.9에서 "백이는 좁았다"고 평가한 바 있다.

"다스려져도 나아가고, 어지러워져도 나아간" 이윤은 탕왕이 알아주었기 때문에 나아가 벼슬해서 다스렸다. 그런데 그는 스스로 먼저 깨친 사람이라고 자부했던 것처럼 마치 천하를 내가 아니면 누가 다스리리오라고 여겼다. 그로 말미암아 탕왕의 손자인 태갑과 보이지 않는 실랑이를 벌였다. 『상서』〈태갑〉의 말미에 그런 점이 암시되어 있다.

"임금은 말 잘하는 것에 이끌려 옛 정치를 어지럽히지 않고 신하는 총애와 이익에 이끌려 자기가 이룬 공적에 머물려 하지 않는다면, 그 나라는 오래도록 이어갈 것입니다."

〈태갑〉은 이윤이 새로이 군주가 된 태갑에게 훈계를 내리는 내용으로 이루어져 있는데, 아마도 이것이 군주인 태갑으로 하여금 이윤을 껄끄럽게 여기도록 만들었으리라 여겨진다. 개국공신인데다 할아버지 탕왕이 가장 신뢰했던 신하였으며 현실적으로 막강한 권력을 쥐고 있으니, 어찌 어린 태갑이 함부로 대할 수 있었겠는가. 그러나 태갑은 군주였으므로 스스로 권위를 갖추어야만 했다. 이러한 태갑에 대해 이윤은 변함없이 어른으로서, 스승으로서 가르치려 한다. 이는 이윤이 자신을 과신했음을 암시하며, 이로 말미암아 군주와 신하 사이에서 지켜야 할 예의를 넘어섰다. 적어도 태갑은 그렇게 여겼다. 이윤이 드디어 정치적 위협을 느끼고 떠날 결심을 하게 된 것도 그런 기미를 느꼈기 때문이라 여겨진다. 〈태갑〉에 이어 나오는 〈함유일덕(咸有一德)〉은 이윤이 벼슬을 그만두고 떠나면서 태갑에게 마지막으로 당부하는 말인데, 여전히 군주에 대한 스승의 역할을 벗어버리지 못한 면모가 드러난다.

유하혜도 맹자가 3.9에서 "삼가지 않았다"고 평가한 바 있듯이 역시 치우친 면이 있다. 남들의 시선에는 아랑곳하지 않고 오로지 자신의 원칙대로 밀고 나갔다. 마치 그렇게 하지 않으면 안 된다는 듯이 말이다. 이 또한 백이나 이윤처럼 자신의 언행을 특정한 틀에 매어둔 것이나 다름이 없다. 따라서 백이, 이윤, 유하혜는 공자에 견주면 손색이 있는 성인이다.

10.2

北宮錡問曰: "周室班爵祿也, 如之何?"
孟子曰: "其詳不可得聞也. 諸侯惡其害己也, 而皆去其籍. 然而軻也嘗聞其略也. 天子一位, 公一位, 侯一位, 伯一位, 子男同一位, 凡五等也. 君一位, 卿一位, 大夫一位, 上士一位, 中士一位, 下士一位, 凡六等. 天子之制, 地方千里, 公侯皆方百里, 伯七十里, 子男五十里, 凡四等. 不能五十里, 不達於天子, 附於諸侯, 曰附庸. 天子之卿受地視侯, 大夫受地視伯, 元士受地視子男. 大國地方百里, 君十卿祿, 卿祿四大夫, 大夫倍上士, 上士倍中士, 中士倍下士, 下士與庶人在官者同祿, 祿足以代其耕也. 次國地方七十里, 君十卿祿, 卿祿三大夫, 大夫倍上士, 上士倍中士, 中士倍下士, 下士與庶人在官者同祿, 祿足以代其耕也. 小國地方五十里, 君十卿祿, 卿祿二大夫, 大夫倍上士, 上士倍中士, 中士倍下士, 下士與庶人在官者同祿, 祿足以代其耕也. 耕者之所獲, 一夫百畝, 百畝之糞, 上農夫食九人, 上次食八人, 中食七人, 中次食六人, 下食五人. 庶人在官者, 其祿以是爲差."

북궁기가 물었다.
"주나라 왕실의 작위와 녹봉의 배분은 어떻게 이루어져 있습니까?"
맹자가 대답했다.
"그 자세한 내용은 듣지 못했소. 제후들이 자신들에게 해가 되는 것을 싫어해서 그 전적을 모두 없애버렸소. 그렇지만 내가 그 대략적인 내용은 들은 적이 있소. 천자의 나라에서는 천자가 한 자리, 공(公)이 한 자리, 후(侯)가 한 자리, 백(伯)이 한 자리, 자(子)와 남(男)이 각각 한 자리, 이렇게 무릇 다섯 등급이 있었소. 제후의 나라에서는 군(君)이 한 자리, 경(卿)이 한 자리, 대부(大夫)가 한 자리, 상사(上士)가 한 자리, 중사(中士)가 한 자리, 하사(下士)가 한 자리, 이렇게 무릇 여섯 등급이 있었소.

천자가 다스리는 나라의 제도에서는 땅이 사방 1천 리, 공과 후는 모두 1백 리, 백은 70리, 자와 남은 50리, 이렇게 무릇 네 등급이 있었소. 땅이 사방 50리가 되지 않아서 천자와 직접 관계를 맺지 못하고 제후에 빌붙어 있는 것을 '부용(附庸)'이라 했소. 천자의 경이 땅을 받을 때는 후와 같고, 대부가 땅을 받을 때는 백과 같으며, 원사(元士)가 땅을 받을 때는 자나 남과 같았소.

큰 나라의 땅은 사방 1백 리였는데, 군주의 녹봉은 경보다 열 배, 경의 녹봉은 대부보다 네 배, 대부는 상사보다 두 배, 상사는 중사보다 두 배, 중사는 하사보다 두 배 많았고, 하사는 서인 가운데 관직에 있는 자와 녹봉이 같았으니, 이들의 녹봉은 경작으로 얻는 수입을 대신할 만한 것이었소.

그다음 나라의 땅은 사방 70리였는데, 군주의 녹봉은 경보다 열 배, 경의 녹봉은 대부보다 세 배, 대부는 상사보다 두 배, 상사는 중사보다 두 배, 중사는 하사보다 두 배 많았고, 하사는 서인 가운데 관직에 있는 자와 녹봉이 같았으니, 이들의 녹봉은 경작으로 얻는 수입을 대신할 만한 것이었소.

작은 나라의 땅은 사방 50리였는데, 군주의 녹봉은 경보다 열 배, 경의 녹봉은 대부보다 두 배, 대부는 상사보다 두 배, 상사는 중사보다 두 배, 중사는 하사보다 두 배 많았고, 하사는 서인 가운데 관직에 있는 자와 녹봉이 같았으니, 이들의 녹봉은 경작으로 얻는 수입을 대신할 만한 것이었소.

경작자가 얻는 수입은 일부(一夫)에게 주어진 1백 무를 기준으로 했소. 1백 무를 경작할 경우, 상치의 농부는 아홉 사람을 먹이고, 상치 다음의 농부는 여덟 명을 먹이고, 중치의 농부는 일곱 명을 먹이고, 중치 다음의 농부는 여섯 명을 먹이고, 하치의 농부는 다섯 명을 먹일 수 있었소. 서인 가운데 관직에 있는 자의 녹봉은 이를 기준으로 하여 차등을 두었소."

注釋 북궁기(北宮錡)는 위(衛)나라 사람이다. 반(班)은 위계에 따라 나누거나 등급을 매기는 것을 뜻한다. 기적(其籍)의 적(籍)은 제도에 관해 기록한 전적(典籍)을 뜻한다. 가(軻)는 맹자의 이름이다. 불능(不能)은 부족(不足)과 같다. 원사(元士)는 상사(上士)와 같은데, 천자의 원사는 제후의 상사와 같다. 대국(大國)은 공(公)과 후(侯)의 나라를 가리킨다. 시후(視侯)의 시(視)는 비(比)와 같다. 소국(小國)은 자(子)와 남(男)의 나라다. 분(糞)은 거름 주다는 뜻으로, 경작의 의미로 쓰였다.

蛇足 "자세한 내용은 듣지 못했소"라는 말은 이미 주 왕조의 봉건제가 무너진 지 오래여서 들을 수가 없었다는 뜻이다. 또 "제후들이 자신들에게 해가 되는 것을 싫어해서 그 전적을 모두 없애버렸소"라는 말도 그런 뜻을 담고 있다. 특히 전국시대가 되면, 봉건제하에서 오로지 천자만이 쓰던 '왕'이라는 칭호를 제후들이 참칭하였고, 영토 또한 주나라는 고작 왕실을 지탱할 만한 땅을 가졌을 뿐인데도 전국칠웅이라 불리는 제후국들은 사방 천 리가 넘었다. 물론, 제후들은 이를 부끄러워하지 않았다. 맹자가 그렇게 표현했을 뿐이다. 그리고 이미 맹자 당시에 진(秦)나라는 군현제를 시행하고 있었으니, 주 왕조의 봉건제는 역사 속으로 사라졌다고 해도 과언은 아니다. 그럼에도 맹자가 주 왕조의 녹봉과 작위의 배분에 대해 말한 것은 그것이 왕도가 행해지던 때의 제도였기 때문에 새로운 녹봉과 작위의 제도를 마련해야 한다면 이를 참조할 필요가 있음을 넌지시 비춘 것이라고 볼 수 있다.

10.3

萬章問曰:“敢問友.”

孟子曰:“不挾長, 不挾貴, 不挾兄弟而友. 友也者, 友其德也, 不可以有挾也. 孟獻子, 百乘之家也, 有友五人焉. 樂正裘 · 牧仲, 其三人, 則予忘之矣. 獻子之與此五人者友也, 無獻子之家者也. 此五人者, 亦有獻子之家, 則不與之友矣. 非惟百乘之家爲然也, 雖小國之君亦有之. 費惠公曰, ‘吾於子思, 則師之矣; 吾於顏般, 則友之矣; 王順 · 長息, 則事我者也.’ 非惟小國之君爲然也, 雖大國之君亦有之. 晉平公之於亥唐也, 入云則入, 坐云則坐, 食云則食. 雖疏食菜羹, 未嘗不飽, 蓋不敢不飽也. 然終於此而已矣. 弗與共天位也, 弗與治天職也, 弗與食天祿也, 士之尊賢者也, 非王公之尊賢也. 舜尙見帝, 帝館甥于貳室, 亦饗舜, 迭爲賓主, 是天子而友匹夫也. 用下敬上, 謂之貴貴; 用上敬下, 謂之尊賢. 貴貴尊賢, 其義一也.”

만장이 물었다.

“감히 사귐에 대해 묻겠습니다.”

맹자가 대답했다.

“나이 많은 것을 내세우지 않고 신분 높은 것을 내세우지 않으며 대단한 형제를 내세우지 않고 사귀는 것이다. 사귐이란 그 사람의 덕을 보고 사귀는 것이니, 그가 내세우는 것을 보고 사귀어서는 안 된다. 맹헌자(孟獻子)는 전차 1백 대의 큰 집안 사람이었는데, 그가 사귄 벗이 다섯 명이었다. 악정구(樂正裘)와 목중(牧仲)이며, 그 밖의 세 사람은 생각나지 않는다. 맹헌자는 이 다섯 사람과 사귀면서 자기 집안을 내세우는 일이 없었다. 이 다섯 사람 또한 맹헌자의 집안을 생각했더라면 더불어 사귀지 않았을 것이다. 전차 1백 대의 집안만이 그렇게 했던 것이 아니니, 비록 작은 나라의 군주라도 그렇게 했다. 비혜공(費惠公)은 '나는 자사(子思)에 대해서는 스승으로 대했고, 안반(顏般)에 대해서는 벗으로 대했으며, 왕순(王順)과 장식(長息)에 대해서는 나를 섬기게 했다'고 말했다. 작은 나라의 군주만 그렇게 했던 것이 아니니, 비록 큰 나라의 군주라도 그렇게 했다. 진평공(晉平公)이 해당(亥唐)을 대하면서 그가 들어오라고 하면 들어가고, 앉으라고 하면 앉고, 먹으라고 하면 먹었다. 비록 거친 밥과 나물국이라도 배불리 먹지 않은 적이 없었으니, 그것은 벗이 권하였기 때문에 감히 배불리 먹지 않을 수 없었던 것이다. 그러나 진평공은 이에서 그쳤을 뿐이다. 해당과 하늘이 내린 지위를 함께하지 않았고 하늘이 내린 관직을 함께하지도 않았으며 하늘이 내린 녹봉을 함께 누리지도 않았으니, 이는 선비가 현자를 높이는 수준이지 왕공이 현자를 높이는 수준은 아니었다. 순이 요를 뵈었을 때 요는 사위인 순을 별궁에 묵게 하고 또 순을 융숭하게 대접하여 서로 번갈아 손님과 주인 노릇을 했다. 이는 천자로서 필부를 벗으로 사귄 것이다. 아랫사람으로서 윗사람을 지극하게 대하는 것을 '귀한 이를 귀하게 대하는 것'이라 하고, 윗사람으로서 아랫사람을 지극하게 대하는 것을 '현명한 이를 높이는 것'이라 한다. 귀한 이를 귀하게 대하는 일과 현명한 이를 높이는 일은 그 본뜻이 하나다."

注釋 협(挾)은 믿고 뽐내다, 내세우다는 뜻이다. 맹헌자(孟獻子)는 노나라의 대부인 중손멸(仲孫蔑)이며, 맹손씨(孟孫氏) 집안 사람이다. 『국어(國語)』「진어(晉語)」를 보면, 조간자(趙簡子)가 "노나라 맹헌자에게는 다섯 명의 투신(鬪臣)이 있다"고 말한 게 나온다. 투신은 목숨을 바쳐 싸울 신하 또는 간언을 서슴지 않는 신하인데, 이 다섯 명이 맹

자가 말한 다섯 명의 벗인지는 확실하지 않다. 악정구(樂正裘)와 목중(牧仲)을 『한서(漢書)』「고금인표(古今人表)」에서는 맹헌자와 함께 제4등에 나란히 두었다. 비혜공(費惠公)의 비(費)는 작은 나라고, 혜공(惠公)은 그 군주다. 『한서』「고금인표」에서는 안반(顔般)을 안감(顔敢)으로 적고 있으며, 왕순(王順)을 왕신(王愼)으로 적고 있다. 비혜공과 안감, 왕신, 장식(長息) 등은 『한서』「고금인표」에서 제4등에 배열되어 있다. 진평공(晉平公)은 이름이 표(彪)이며, 기원전 557~532년에 재위했다. 해당(亥唐)은 진(晉)나라 사람이며, 은자(隱者)다. 입운(入云), 좌운(坐云), 식운(食云) 등은 운입(云入), (云坐), 운식(云食)이 도치된 것이다. 소사(疏食)는 거친 밥이고, 채갱(菜羹)은 나물 국이다. 상(尙)은 상(上)과 같다. 제(帝)는 요(堯)를 가리킨다. 생(甥)은 사위를 뜻한다. 이실(貳室)은 별궁(別宮) 또는 이궁(離宮)을 뜻한다. 용(用)은 이(以)와 같다.

蛇足 중국인들의 인간관계에서 가장 중요한 것은 '우(友)'라 할 수 있다. 그들이 '신(信)'을 중시하는 것도 이와 관련된다. 모든 인간관계에서 한결같이 중요한 게 믿음이지만, 특히 사귐에서는 그 시작이요 끝이라 할 수 있다. 때로 이 사귐이 지나치게 개인적이고 주관적으로 흘러 보편적인 이치나 도리에서 벗어나는 일도 있는데, 흔히 유협이라는 존재들에게서 그런 면을 찾아볼 수 있다. 『수호전(水滸傳)』에 등장하는 양산박의 인물들이 보여주는 관계는 바로 그런 사귐을 보여주는 대표적인 사례들이다.

여기서 맹자는 신분적으로 서로 다른 인물들 사이의 사귐에 보편적으로 통용될 수 있는 도덕이 성립될 수 있음을 보여주고자 했다. 아랫사람으로서 윗사람을 지극하게 대하는 것과 윗사람이 아랫사람을 지극하게 대하는 것이 그것이다. 여기서 공통된 마음가짐은 경(敬), 즉 지극함이다. 성인이라면 언제든지 누구를 대하든 이런 마음을 지니겠지만, 성인이 아닐 경우에는 쉽게 이런 마음을 내지 못한다. 상대가 귀한 사람이거나 현명한 사람임을 알아야만 이런 마음을 낼 수 있다. 여기서 귀하다는 것은 어질고 올바르다는 것과 통하는 말이다. 그저 신분이나 지위만 높고 그에 걸맞은 덕성이나 품격을 갖추지 못한 자라면 아무리 아랫사람이라도 진심으로 그를 귀하게 대하지 않는다. 군자라면 형식적으로 예의를 갖추는 데서 그칠 것이며, 소인이라면 제 잇속을 위해 아첨이나 아부를 하면서 마치 지극함을 다하는 것처럼 행동할 것이다. 그러므로 어질고 올발라야만 참으로 귀하다고 할 수 있다.

한편, 윗사람이 아랫사람을 지극하게 대할 때는 아랫사람이 신분이나 지위를 따질 수 없을 정도로 높은 덕성과 큰 지혜를 갖추고 있기 때문이다. 그렇지 않다면, 윗사람이 무엇이 아쉬워서 그를 지극하게 대하겠는가? 물론 윗사람이 보잘것없는 자라면 현명한 이를 알아보지 못하니, 당연히 지극하게 대할 리가 없다. 또 윗사람이 어질고 올바른 자라면 아랫사람이 누구든지 간에 지극한 마음으로 대할 것이다. 맹자는 그런 예외적인 경우보다 좀 더 일반적인 경우를 말하고 있으며, 아울러 윗사람으로서 아랫사람을 보는 안목이나 식견이 있어야 한다는 것과 현명한 이를 만나면 반드시 가져야 할 마음가짐에 대해 일깨워주고 있다.

10.4

萬章問曰: "敢問交際何心也?"
孟子曰: "恭也."
曰: "'卻之卻之爲不恭,' 何哉?"
曰: "尊者賜之, 曰, '其所取之者, 義乎, 不義乎?'而後受之, 以是爲不恭, 故弗卻也."
曰: "請無以辭卻之, 以心卻之, 曰, '其取諸民之不義也,' 而以他辭無受, 不可乎?"

曰:"其交也以道, 其接也以禮, 斯孔子受之矣."

萬章曰:"今有禦人於國門之外者, 其交也以道, 其餽也以禮, 斯可受禦與?"

曰:"不可. 康誥曰,'殺越人于貨, 閔不畏死, 凡民罔不譈.'是不待教而誅者也. 殷受夏, 周受殷, 所不辭也. 於今爲烈, 如之何其受之?"

曰:"今之諸侯取之於民也, 猶禦也. 苟善其禮際矣, 斯君子受之, 敢問何說也?"

曰:"子以爲有王者作, 將比今之諸侯而誅之乎, 其教之不改而後誅之乎? 夫謂非其有而取之者盜也, 充類至義之盡也. 孔子之仕於魯也, 魯人獵較, 孔子亦獵較. 獵較猶可, 而況受其賜乎!"

曰:"然則孔子之仕也, 非事道與?"

曰:"事道也."

"事道奚獵較也?"

曰:"孔子先簿正祭器, 不以四方之食供簿正."

曰:"奚不去也?"

曰:"爲之兆也. 兆足以行矣, 而不行, 而後去. 是以未嘗有所終三年淹也. 孔子有見行可之仕, 有際可之仕, 有公養之仕. 於季桓子, 見行可之仕也; 於衛靈公, 際可之仕也; 於衛孝公, 公養之仕也."

만장이 물었다.

"감히 묻건대, 예의로써 교제할 때는 어떤 마음을 지녀야 합니까?"

맹자가 대답했다.

"공손함이다."

"'예물을 거듭 물리치는 것은 공손하지 못하다'고 하는데, 무슨 뜻입니까?"

"높은 사람이 물건을 내릴 때, '이를 받는 것이 올바른가, 올바르지 못한가?' 하고 따진 뒤에 받는 것, 이것을 공손하지 못하다고 한다. 그래서 물리치지 않는 것이다."

"말로써 물리치지 않고 마음속으로 물리치면서, '이는 백성들에게서 빼앗은 것으로 올바르지 못하다'고 하며 다른 구실을 내세워 받지 않는 것은 안 됩니까?"

"도리로써 교제하고 예의로써 접대하면, 그건 공자도 받는다."

만장이 물었다.

"지금 성문 밖에서 사람들을 가로막고 재물을 빼앗은 자가 도리로써 사귀고 예의로써 선물을 보낸다면, 이렇게 빼앗은 물건도 받을 수 있습니까?"

맹자가 대답했다.

"안 된다. 『상서』의 〈강고(康誥)〉에서 '사람을 죽여 자빠뜨리고 재물을 빼앗으면서 억세게도 죽음을 두려워하지 않는 자는 백성들 가운데 미워하지 않을 사람이 없다'고 했다. 이런 자는 군주의 지시를 기다리지 않고 죽여도 된다. 이는 은나라가 하나라로부터 물려받고 주나라가 은나라로부터 물려받은 것으로 바뀐 적이 없는 법령이다. 지금은 더욱 엄격하게 지켜지고 있는데, 어찌 그런 자가 주는 것을 받을 수 있겠는가?"

"오늘날 제후들이 백성들에게서 취하는 것도 길을 막고 빼앗는 것과 같습니다. 그런데도 예의를 갖춰 교제를 잘하기만 하면 군자도 그것을 받는다고 하시니, 자세히 풀어주시겠습니까?"

"그대 생각에는 왕자가 세상에 나오면 지금의 제후들을 모조리 싸잡아서 죽이려 하겠는가, 아니면 일깨우는데도 고치지 않으면 그때 죽이려 하겠는가? 대체로 제 것이 아닌데도 가지는 것을 도둑질이라 말하는데, 이는 비슷한 사례를 들어 극단적으로 의미를 부여한 것이다. 공자가 노나라에서 벼슬할 때, 노나라 사람들이 사냥물을 서로 빼앗으려 다투자 공자 또한 사냥물을 빼앗으려 다투었다. 사냥물을 빼앗으려 다투는 것도 되는데, 하물며 제후가 내리는 물건을 받는 일임에랴!"

"그렇다면 공자가 벼슬한 것은 도리를 실행하려던 것이 아닙니까?"

"도리를 실행하려던 것이다."

"도리를 실행하려던 것이라면, 어찌 사냥물을 빼앗으려 다투었습니까?"

"공자는 먼저 장부를 바탕으로 제사 그릇의 숫자를 바로잡았고, 사방에서 가져 오는 음식이 제사 그릇을 채우지 않도록 바로잡았다."

"도리가 실행되지 않는데도 공자는 왜 떠나지 않았습니까?"

"실행될 낌새가 있어서다. 낌새가 있으면 실행할 만한데, 실행되지 않음을 안 뒤에야 떠났다. 이런 까닭에 한 나라에서 3년 넘게 머물었던 적이 없었다. 공자는 도리를 실행할 만하다고 보고 벼슬한 적도 있고, 교제할 만하다고 보고 벼슬한 적도 있으며, 현자를 길러줄 만한 군주라고 보고 벼슬한 적도 있다. 계환자(季桓子)의 경우는 도리를 실행할 만하다고 보고 벼슬한 것이고, 위령공(衛靈公)의 경우는 교제할 만하다고 보고 벼슬한 것이며, 위효공(衛孝公)의 경우는 현자를 길러줄 만한 군주라고 보고 벼슬한 것이다."

注释 교제(交際)는 예물을 주고 받으며 만나서 사귀는 일이다. 존자(尊者)는 지위가 높은 사람으로, 나이가 많은 사람을 가리키는 장자

(長者)와 다르다. 어(禦)는 길을 막고 재물을 빼앗는 것을 뜻한다. 민(閔)은 민(暋)과 같으며, 완고하다, 억세다는 뜻이다. 대(譈)는 대(憝)와 같으며, 원망하다, 미워하다는 뜻이다. 『상서』의 〈강고(康誥)〉에서 인용한 글이 현재 전하는 『상서』에서는 "사람을 죽여 자빠뜨리고 재물을 빼앗고는 억세게도 죽음을 두려워하지 않는다면, 원망하지 않을 자가 없다"(殺越人于貨, 暋不畏死, 罔弗憝)로 되어 있다. 의미상 차이는 없다. 비(比)는 나란히, 함께를 뜻한다. 충류(充類)의 충(充)은 확충하다는 뜻이다. 지의(至義)는 극단적으로 의미를 부여하다는 뜻이다. 엽각(獵較)은 고대에 제후가 제사를 지내려고 사냥을 할 때 제물로 쓰려고 사냥한 것을 서로 빼앗으려 다투는 것을 이른다. 공자가 사냥물을 빼앗으려 다투었다는 것은 제사가 그만큼 중시되었음을 의미한다. 실제로 고대에 나라에서 가장 중요한 일은 제사와 전쟁이었다. 사도(事道)의 사(事)는 행하다, 실행하다는 뜻이다. 부(簿)는 장부를 뜻한다. 조(兆)는 일의 낌새, 조짐을 뜻한다. 계환자(季桓子)는 노나라 계손씨(季孫氏) 집안의 계손사(季孫斯)다. 위령공(衛靈公)은 위공원(衛公元)이며, 기원전 534년에서 492년까지 재위했다. 위효공(衛孝公)은 『좌전』과 『사기』에 나오지 않는다. 위령공의 손자인 출공첩(出公輒)으로 여겨진다.

蛇足 "도리로써 교제하고 예의로써 접대하면 공자도 받는다"고 하자, 만장은 "성문 밖에서 사람들을 가로막고 재물을 빼앗은 자가 도리로써 사귀고 예의로써 선물을 보내면 받을 수 있습니까?" 하고 물었다. 이 물음은 모순이다. 남의 재물을 빼앗은 것 자체가 이미 도리에 어긋나는데, 어찌 도리로써 사귄다는 말을 할 수 있겠는가? 가령 군자라도 빼앗은 것인지 모르고 그것을 받을 수는 있다. 이는 상대가 공손함과 예의를 다했기 때문에 받아들인 것일 뿐이다. 만약 빼앗은 것임을 알게 된다면, 그 순간 교제를 끊는다. 이때는 공자가 제자인 재여의 말만 듣고 믿었다가 그 언행이 달랐음을 알고서 "처음에 나는 사람에 대해서

그 말을 들으면 그 행동을 믿었다. 이제는 사람에 대해서 그 말을 들으면 그 행동을 살핀다. 재여로 말미암아 이렇게 고쳤다"(『논어』「공야장」) 고 말한 것처럼 자신의 부족한 점을 깨닫고 바로잡으려 애쓸 것이다.

공자가 사냥물을 빼앗으려 다투었다는 것은 제사에 쓸 희생물을 잡으려고 애썼다는 말이다. 이때는 다투는 것이 예의에 어긋나는 일이 아니었다. 공자가 "먼저 장부를 바탕으로 제사 그릇의 숫자를 바로잡았다"는 말은 적정한 희생물의 숫자와 양을 파악하고 그에 따라 사냥물을 잡으면 그쳤다는 뜻이며, "사방에서 가져오는 음식이 제사 그릇을 채우지 않도록 한 것"은 멀리서 제물을 가져오는 것은 백성들을 고달프게 하는 일이고 또 제물로서도 신선하지 않기 때문에 미리 막았다는 뜻이다.

이 모두 공자의 행동이 특정한 기준이나 원칙이 있어 그것을 맹목적으로 따른 것이 아님을, 즉 상황에 따라서 판단하고 행동했음을 보여준다. 이를 평범한 사람이 쉽게 이해하기란 어렵다.

10.5

孟子曰: "仕非爲貧也, 而有時乎爲貧; 娶妻非爲養也, 而有時乎爲養. 爲貧者, 辭尊居卑, 辭富居貧. 辭尊居卑, 辭富居貧, 惡乎宜乎? 抱關擊柝. 孔子嘗爲委吏矣, 曰, '會計當而已矣.' 嘗爲乘田矣, 曰, '牛羊茁壯長而已矣.' 位卑而言高, 罪也. 立乎人之本朝, 而道不行, 恥也."

맹자가 말했다.

"벼슬은 가난 때문에 하는 것이 아니지만, 때로는 가난 때문에 하기도 한다. 아내를 얻는 일은 부모를 봉양하기 위한 것이 아니지만, 때로는 부모봉양을 위해 하기도 하다. 가난 때문에 벼슬하는 자는 높은 자리는 사양하고 낮은 자리를 차지하며 가멸짐을 물리치고 가난하게 산다. 높은 자리를 사양하고 낮은 자리를 차지하며 가멸짐을 물리치고 가난하게 사는 것은 어떻게 하면 되는가? 성문을 지키는 문지기나 딱따기를 치는 야경꾼 일을 하면 된다. 공자는 고지기가 된 적이 있었는데 그때는 '물건 세는 일을 맞게 할 따름이다'라고 말했고, 가축 치는 일을 맡은 적이 있었는데 그때는 '소와 양이 살지도록 잘 자라게 할 따름이다'라고 말했다. 낮은 자리에 있으면서 높은 자리의 일을 논하는 것은 죄다. 남의 조정에 서서 정치를 맡았음에도 도리가 실행되지 않는다면, 그것은 부끄러운 일이다."

注釋 존(尊)과 비(卑)는 지위의 높고 낮음을 이르는 말이고, 부(富)와 빈(貧)은 녹봉의 많고 적음을 이르는 말이다. 오호(惡乎)의 오(惡)는 어찌, 어떻게를 뜻하는 하(何)와 같다. 포관(抱關)은 문빗장을 지키는 것, 즉 문지기를 뜻한다. 격탁(擊柝)은 밤에 야경(夜警)을 돌 때 딱따기를 치는 일, 곧 야경꾼을 뜻한다. 위리(委吏)는 곡식 창고를 맡은 관리를 뜻한다. 승전(乘田)은 소나 양을 기르는 관리를 뜻한다. 촬(茁)은 풀이 싹터 나오는 모양을 뜻하는 말로, 여기서는 소나 양이 살지는 모양을 형용한다. 본조(本朝)는 조정(朝廷)과 같은 말이다.

蛇足 여기서도 벼슬은 언제 하며 어떻게 해야 하는가에 대해 상황에 따라 해야 함을 말하고 있다. 가난 때문에 벼슬을 해야 한다면 낮은 자리를 얻어야 한다고 했는데, 이는 자신을 알아주는 이를 만나지 못했을 때 할 수 있는 선택이다. 만약 알아주는 이가 있다면 뜻을 펼 수 있는 자리를 얻는 것이 마땅하며, 그때는 그 자리가 아무리 높아도 지나친 것이 아니다. 맹자가 제후들을 만날 때 극진한 대접을 받으면서 간 것은 그가 천하를 위해서 뜻을 펼 수 있으리라 여겼기 때문이다. 그러

나 그렇게 할 수 없으리라 판단했을 때는 높은 지위와 녹봉도 한낱 지푸라기처럼 여기며 떠났다.

10.6

萬章曰: "士之不託諸侯, 何也?"

孟子曰: "不敢也. 諸侯失國, 而後託於諸侯, 禮也; 士之託於諸侯, 非禮也."

萬章曰: "君餽之粟, 則受之乎?"

曰: "受之."

"受之, 何義也?"

曰: "君之於氓也, 固周之."

曰: "周之則受, 賜之則不受, 何也?"

曰: "不敢也."

曰: "敢問其不敢何也?"

曰: "抱關擊柝者皆有常職以食於上. 無常職而賜於上者, 以爲不恭也."

曰: "君餽之, 則受之, 不識可常繼乎?"

曰: "繆公之於子思也, 亟問, 亟餽鼎肉. 子思不悅. 於卒也, 摽使者出諸大門之外, 北面稽首再拜而不受, 曰, '今而後知君之犬馬畜伋!' 盖自是臺無餽也. 悅賢不能擧, 又不能養也, 可謂悅賢乎?"

曰: "敢問國君欲養君子, 如何斯可謂養矣?"

曰: "以君命將之, 再拜稽首而受. 其後廩人繼粟, 庖人繼肉, 不以君命將之. 子思以爲鼎肉使己僕僕爾亟拜也, 非養君子之道也. 堯之於舜也, 使其子九男事之, 二女女焉, 百官牛羊倉廩備, 以養舜於畎畝之中, 後擧而加諸上位, 故曰王公之尊賢者也."

만장이 물었다.
"선비가 제후에게 몸을 맡기지 않는 까닭은 무엇입니까?"
맹자가 대답했다.
"감히 하지 못하는 것이다. 제후가 자기 나라를 잃은 뒤에 다른 제후에게 몸을 맡기는 것은 예의지만, 선비가 제후에게 몸을 맡기는 것은 예의가 아니다."
만장이 물었다.
"군주가 곡식을 보내면 받습니까?"
맹자가 대답했다.
"받는다."
"받는 것은 어떤 의리입니까?"
"군주는 떠도는 백성들의 경우에는 진실로 구휼해준다."
"군주가 구휼해주면 받고, 하사하면 받지 않는 까닭은 무엇입니까?"
"감히 하지 못하는 것이다."
"감히 하지 못한다는 것은 무슨 뜻입니까?"
"성문을 지키는 문지기나 목탁을 치는 야경꾼은 모두 일정한 직책이 있어서 위로부터 녹을 받아 먹는다. 그래서 일정한 직책이 없으면서 위로부터 하사받는 것을 공손하지 못하다고 여긴다."
만장이 물었다.
"군주가 보내면 받는다고 하셨는데, 계속해서 보내도 됩니까?"
맹자가 대답했다.
"노나라 목공은 자사를 대하면서 자주 문안하고 세발솥에 삶은 고기를 자주 보냈는데, 자사는 달갑게 여기지 않았다. 마침내 사자(使者)를 대문 밖으로 손짓해 내보내고는 북쪽을 향해서 머리가 땅에 닿도록 두 번 절하고서 이렇게 탄식했다. '이제야 군주가 나 급(伋)을 개나 말처럼 기른다는 것을 알았다!' 이 일이 있은 뒤로는 군주의 하인이 물건을 보내는 일이 없게 되었다. 현자를 좋아한다면서 기용하지 않고 또 제대로 받들어 기르지 못한다면, 과연 현자를 좋아한다고 말할 수 있겠는가?"

"한 나라의 군주가 군자를 받들어 기르고자 한다면, 어떻게 해야 제대로 받들어 기른다고 할 수 있습니까?"

"처음에 군주가 명을 내려 물건을 보내면 머리가 땅에 닿도록 두 번 절한 뒤에 받는다. 그 후 고지기가 계속해서 곡식을 보내고 푸줏간지기가 계속 고기를 보내지만, 군주가 명을 내려서 보낸 것은 아니다. 그래서 자사는 세발솥에 삶은 고기를 보내 자기를 성가시게 자주 절하도록 만든 것은 군자를 받들어 기르는 도리가 아니라고 여겼다. 요가 순을 대할 때는 아홉 명의 아들을 시켜 순을 섬기게 했고, 두 딸을 시집보냈으며, 백관, 소와 양, 곡식 창고 등을 갖추어 밭이랑 사이에서 순을 받들게 했으며, 그런 뒤에 그를 기용하여 높은 자리를 더해주었다. 그래서 이를 두고 '왕공이 현자를 높이 받든다'고 말하는 것이다."

注釋 사지불탁(士之不託)의 사(士)는 다른 나라에서 온 선비고, 탁(託)은 벼슬하지 않고 녹을 받는 것, 즉 기식(寄食)을 뜻한다. 궤(餽)는 음식을 보내는 것이다. 맹(氓)은 자기 나라를 떠나 다른 나라로 떠도는 백성을 뜻한다. 주(周)는 주(賙)와 같으며, 모자라는 것을 보태주다 또는 구휼하다는 뜻이다. 불공(不恭)은 비례(非禮)와 같은 뜻이다. 상계(常繼)는 잇달아서 계속 보내다는 뜻이다. 목공(繆公)은 목공(穆公)과 같다. 자사(子思)는 공자의 손자이며, 이름은 급(伋)이다. 기(亟)는 자주

를 뜻한다. 정육(鼎肉)은 솥에 삶은 고기다. 표(摽)는 손짓하다는 뜻이다. 북면(北面)은 신하로서 예의를 갖추는 것이다. 계수(稽首)는 머리가 땅에 닿도록 절하는 것이다. 대(臺)는 심부름하는 하인이나 종을 뜻한다. 장지(將之)의 장(將)은 보내다는 뜻이다. 늠인(廩人)은 곡식 창고를 맡은 관리다. 포인(庖人)은 요리를 맡은 관리로, 궁중의 숙수(熟手)라 할 수 있다. 복복이(僕僕爾)는 귀찮고 성가시게 하는 것을 이른다.

蛇足 맹자는 "선비가 제후에게 몸을 맡기는 것은 예의가 아니다"라고 했는데, 그러면 그가 제후들에게 가서 대접을 받은 것은 무엇인가? 그것은 몸을 맡긴 것이 아니다. 자신의 뜻을 말하고 기용할 만하면 기용하라는, 일종의 면접이었다. 그러면 맹자가 위나라나 제나라 등에서 오래 머문 것은 무슨 까닭인가? 군주를 설득하여 왕도를 펼 수 있으리라 여겼거나 또는 그럴 가능성이 있음을 보았기 때문이다. 제나라 선왕이 희생으로 끌려가는 소를 보고 양으로 바꾸라고 한 일로써 선왕을 일깨운 것이 그러한 예다. 맹자는 제후에게 몸을 맡기려고 간 것이 아니라 그 제후와 백성들을 위해 간 것이다.

또 4.10을 보면 맹자가 제나라에서 십만 종의 녹봉을 받은 것으로 나오는데, 그것은 직책도 없으면서 하사받은 것이 아닌가? 아니다. 그는 객경으로서 대우받았다. 스스로 공손하지 못하다고 여기지 않은 것은 자신이 할 일을 다했다고 여겼기 때문이다. 왕도를 일깨워주고 실행하도록 애쓰는 것이 맹자의 일이었고, 그 일이 더 이상 불가능함을 알았을 때는 떠났다. 떠나야 할 때 떠나지 않고 머뭇거렸다면, 현자를 높이 받들 줄 모르는 군주 밑에서 밥이나 축내는 자로 낙인찍혔을 것이다.

10.7

萬章曰:“敢問不見諸侯, 何義也?”
孟子曰:“在國曰市井之臣, 在野曰草莽之臣, 皆謂庶人. 庶人不傳質爲臣, 不敢見於諸侯, 禮也.”
萬章曰:“庶人, 召之役, 則往役; 君欲見之, 召之, 則不往見之, 何也?”
曰:“往役, 義也; 往見, 不義也. 且君之欲見之也, 何爲也哉?”
曰:“爲其多聞也, 爲其賢也.”
曰:“爲其多聞也, 則天子不召師, 而況諸侯乎? 爲其賢也, 則吾未聞欲見賢而召之也. 繆公亟見於子思, 曰, ‘古千乘之國以友士, 何如?’ 子思不悅, 曰, ‘古之人有言曰事之云乎, 豈曰友之云乎?’ 子思之不悅也, 豈不曰, ‘以位, 則子, 君也; 我, 臣也. 何敢與君友也? 以德, 則子事我者也, 奚可以與我友?’ 千乘之君求與之友而不可得也, 而況可召與? 齊景公田, 招虞人以旌, 不至, 將殺之. 志士不忘在溝壑, 勇士不忘喪其元. 孔子奚取焉? 取非其招不往也.”
曰:“敢問招虞人何以?”
曰:“以皮冠, 庶人以旃, 士以旂, 大夫以旌. 以大夫之招招虞人, 虞人死不敢往; 以士之招招庶人, 庶人豈敢往哉? 況乎以不賢人之招招賢人乎! 欲見賢人而不以其道, 猶欲其入而閉之門也. 夫義, 路也; 禮, 門也. 惟君子能由是路, 出入是門也. 詩云, ‘周道如底, 其直如矢. 君子所履, 小人所視.’”
萬章曰:“孔子, 君命召, 不俟駕而行. 然則孔子非與?”
曰:“孔子當仕有官職, 而以其官召之也.”

만장이 물었다.

“선비는 제후를 알현하지 않는다고 하는데, 무슨 까닭입니까?”

맹자가 대답했다.

"도성에 사는 사람을 저자의 신하라 하고, 들판에 사는 사람을 풀밭의 신하라 하는데, 모두 서인을 이른다. 서인은 예물을 올리며 신하가 되지 않는 한, 감히 제후를 알현하지 않는 것이 예의다."

만장이 물었다.

"서인은 군주가 불러서 일을 시키면 가서 일해야 하는데, 군주가 만나려고 불러도 가서 알현하지 않는 것은 무슨 까닭입니까?"

맹자가 말했다.

"가서 일하는 것은 올바르지만, 가서 알현하는 것은 올바르지 않다. 또 군주가 만나려는 것이 무엇 때문이겠는가?"

"그가 견문이 많고 그가 현명하기 때문입니다."

"그가 견문이 많기 때문이라고 한다면, 천자도 스승을 함부로 부르지 못하는데 하물며 제후가 그리 할 수 있겠는가? 현명함 때문이라고 한다면, 나는 아직 천자나 제후가 현명한 이를 만나려고 불렀다는 말은 듣지 못했다. 노나라 목공이 자사를 자주 찾아보면서, '옛날에 전차 천 대의 나라에서 군주가 신하와 벗하였다는데, 어떻게 생각하십니까?' 하고 묻자, 자사는 마뜩잖게 여기며 '옛사람의 말은 그를 스승으로 섬겼다는 것이지, 어찌 벗으로 사귀었다는 것이겠습니까?'라고 말했다. 자사가 마뜩잖게 여긴 것은, '지위로 따지면 그대는 군주요 나는 신하인데, 어찌 감히 군주와 벗할 수 있겠는가? 덕으로 따지면 그대가 나를 섬겨야 할 것인데, 어찌 감히 나와 벗할 수 있겠는가?'라고 생각했기 때문이다. 전차 천 대의 나라 군주가 그와 벗하려고 해도 될 수가 없는데, 하물며 그를 함부로 부를 수 있겠는가? 제경공(齊景公)은 사냥하면서 사냥터지기를 깃발을 써서 불렀으나 그가 오지 않자 죽이려 했다. 이로써 보면, 뜻있는 선비는 죽어 구덩이나 골짜기에 내던져질 수 있음을 잊지 않고, 용감한 전사는 제 목이 베어질 수 있음을 잊지 않는다. 공자는 사냥터지기에게서 어떤 점을 취했겠는가? 올바른 방법으로 부른 게 아니면 가지 않는 것을 취했다."

만장이 물었다.

"사냥터지기를 부를 때는 무엇으로써 불러야 합니까?"

맹자가 대답했다.

"가죽모자로써 불러야 한다. 서인을 부를 때는 붉은 천으로 만든 깃발로써, 선비를 부를 때는 용이 그려진 붉은 깃발로써, 대부를 부를 때는 오색 깃털로 꾸민 깃발로써 부른다. 대부를 부를 때 쓰는 깃발로써 사냥터지기를 불렀으므로 사냥터지기는 죽음을 무릅쓰고 가지 않았던 것이다. 선비를 부를 때 쓰는 깃발로써 서인을 부른다면, 서인이 어찌 감히 가겠는가? 하물며 현자를 부르는 방법으로 현자를 부르지 않음에랴! 현자를 만나보려고 하면서 올바른 방법으로 하지 않는 것은 마치 사람이 집에 들어오기를 바라면서 그 문을 닫아버리는 것과 같다. 무릇 올바름은 사람이 다니는 길이고, 예의는 사람이 드나드는 문이다. 오로지 군자만이 이 길을 좇을 수 있고, 이 문으로 나고 들 수 있다. 『시경』「소아」의 〈대동(大東)〉에, '큰길은 숫돌과 같이 평탄하고 화살과 같이 곧다. 군자가 밟고 가고 소인이 본받도다'라고 했다."

만장이 물었다.

"공자는 군주가 명을 내려 부르면 수레에 멍에를 메는 것도 기다리지 않고 달려갔다고 하는데, 그렇다면 공자가 잘못한 것입니까?"

맹자가 대답했다.

"공자는 벼슬을 해서 맡은 관직이 있었고, 군주도 그 관직에 걸맞게 불렀다."

注釋 재국(在國)의 국(國)은 국도(國都) 또는 도성(都城)을 뜻한다. 시정지신(市井之臣)은 벼슬을 하지 않고 도성에 사는 자를 이른다. 초망지신(草莽之臣)은 재야지신(在野之臣)이라고도 하며, 도성 밖 들판에서 사는 자다. 서인(庶人)은 벼슬하지 않은 자를 싸잡아 이르는 말이다. 지(質)는 지(贄)와 같으며, 성의를 표시하기 위해 바치는 예물이다. 역(役)은 명을 받아서 일하는 것을 뜻한다. 사지(事之)와 우지(友之)의 지(之)는 사(士)를 가리킨다. 제경공(齊景公)의 일은 6.1에서도 언급했다. 피관(皮冠)은 제후가 사냥할 때 쓰는 관으로, 먼지나 비, 눈 따위를 막기 위해서 쓴다. 전(旃)은 깃대가 구부러진 붉은 깃발이다. 기(旂)는 교룡(交龍)을 그리고 방울 장식을 단 깃발이다. 정(旌)은 깃대 끝에 새털로 장식한 깃발이다. 주도(周道)는 주(周) 왕조의 서울로 통하는 도로를 뜻하는데, 큰길을 비유한다. 저(底)는 숫돌을 뜻하는 저(砥)와 통용된다. 시(視)는 본받다, 본보기로 삼다는 뜻이다. 군명소불사가이행(君命召, 不俟駕而行)은 『논어』「향당(鄉黨)」편에 나온다.

蛇足 맹자가 대답한 말에는 자신을 한낱 선비가 아닌 현자로 인식하고 있음이 잘 드러난다. 그가 제후들의 환대를 받으며 만나러 간 것에서도 알 수 있다.

만장이 말미에서 물은 것은 4.2의 일과 관련이 있는 듯하다. 거기에서 맹자는 처음에 왕을 만나러 조정에 가려고 했다. 그때 왕이 사람을 보내, 맹자를 만나러 가려 했으나 몸살이 나서 그렇게 못하니 조정으로 찾아와 줄 수 없겠느냐고 말을 전했다. 이에 맹자는 가려던 걸음을 돌려 딴 곳으로 갔다. 위에서 맹자가 한 말에 따르면, 그때 왕이 신하를 부르듯이 맹자를 부르고 현자를 부르는 방법으로 부르지 않았다는 것이 맹자가 가지 않은 이유라고 할 수 있겠다.

10.8

孟子謂萬章曰: "一鄕之善士, 斯友一鄕之善士; 一國之善士, 斯友一國之善士; 天下之善士, 斯友天下之善士. 以友天下之善士爲未足, 又尙論古之人. 頌其詩, 讀其書, 不知其人, 可乎? 是以論其世也, 是尙友也."

맹자가 만장에게 말했다.

"한 고을의 좋은 선비는 한 고을의 좋은 선비와 벗하고, 한 나라의 좋은 선비는 한 나라의 좋은 선비와 벗하고, 천하의 좋은 선비는 천하의 좋은 선비와 벗한다. 천하의 좋은 선비와 벗하는 것으로도 만족하지 못해서 또 위로 올라가 옛사람을 논한다. 옛사람의 시를 외우고 옛사람의 글을 읽으면서도 그 사람을 알지 못한다면, 그게 되겠는가? 이런 까닭에 그 시대를 논할 필요가 있으니, 이것이 위로 올라가 벗하는 것이다."

注釋 상(尙)은 상(上)과 같으며, 위로 거슬러 올라간다는 뜻이다. 송(頌)은 송(誦)과 같으며, 외다는 뜻이다. 기세(其世)는 옛사람의 시대를 가리킨다. 상우(尙友)의 우(友)는 옛사람을 벗하는 것이다.

蛇足 여기서 맹자는 다른 데서처럼 은근히 자신이 대단한 선비임을 드러내고 있다. 한 고을이나 한 나라의 선비가 벗할 수 없는, 천하의 좋은 선비라는 말이다. 그는 요와 순을 이야기하고 백이나 이윤 등을 논하는 선비가 아닌가. 시와 글을 자유자재로 해석하고 인용하지 않는가. 4.2에서는 스스로 "관중 따위는 되려고 하지 않는 자"라고 말하기까

지 하지 않았는가.

"시대를 논할 필요가 있다"는 말은 어떤 인물을 평가할 때 그 행동만을 볼 것이 아니라 그가 어떤 상황에 있었으며 그 시대는 어떠했는지를 총체적으로 파악해야 한다는 뜻이다. 그래야만 역사 속의 현자나 성군을 제대로 알게 되어 그와 벗할 수 있다는 것이다. 이 또한 맹자 자신은 그런 현자나 성군의 경지에 다가간 선비라는 자부심의 표현이라 할 수 있다.

10.9

齊宣王問卿. 孟子曰: "王何卿之問也?"
王曰: "卿不同乎?"
曰: "不同. 有貴戚之卿, 有異姓之卿."
王曰: "請問貴戚之卿."
曰: "君有大過則諫, 反覆之而不聽, 則易位."
王勃然變乎色.
曰: "王勿異也. 王問臣, 臣不敢不以正對."
王色定, 然後請問異姓之卿.
曰: "君有過則諫, 反覆之而不聽, 則去."

제나라 선왕이 경(卿)에 대해 묻자, 맹자가 말했다.
"왕께서는 어떤 경에 대해 물으신 겁니까?"
"경이면 다 같지 않소?"
"같지 않습니다. 군주와 인척인 경이 있고, 성씨가 다른 경이 있습니다."
"군주와 인척인 경에 대해 묻고 싶소."
"군주에게 큰 허물이 있으면 간언하고, 거듭 간언하는데도 듣지 않으면 군주를 바꿉니다."

왕이 발끈 성내며 낯빛이 변하자, 맹자가 말했다.

"왕께서는 이상하게 여기지 마십시오. 신에게 물으시니, 사실 그대로 대답하지 않을 수 없었습니다."

왕이 낯빛을 가라앉힌 뒤에 성씨가 다른 경에 대해 묻자, 맹자가 대답했다.

"군주에게 허물이 있으면 간언하고, 거듭 간언해도 듣지 않으면 떠납니다."

注釋 경(卿)은 천자나 제후의 정치에 관여하는 대신이다. 귀척지경(貴戚之卿)은 왕과 동성(同姓)인 경을 이른다. 발연(勃然)은 갑자기 성내며 낯빛이 변하는 모양이다. 정(正)은 거짓없이, 사실 그대로 등의 말맛을 담고 있다.

蛇足 여기서 맹자가 두 가지 경에 대해 달리 말한 것을 두고 후대에 맹자를 폄하하는 경우가 종종 있다. 그것은 맹자가 살던 시대를 간과하고 오늘날의 잣대를 들이댄 탓이다. 맹자는 왕정이라는 정치제도에 대해 전혀 의구심을 갖지 않았던 시대를 살았다. 그런 시대에는 군주가 아무리 어리석고 포악하더라도 성씨가 다른 경이 군주를 몰아낼 수 없다. 성씨가 다른 경이 군주를 몰아내는 것은 하극상에 지나지 않기 때문이다. 그런 하극상은 혼란에 혼란을 거듭하게 했을 뿐임을 『춘추좌전』을 통해 확인할 수 있다. 반드시 인척들 가운데 덕이 있고 올바른 사람이 있을 것이므로 그 사람이 나서서 간언을 하고 받아들여지지 않으면 군주를 대신하는 것이 혼란을 일으키지 않는 최선의 방도였다.

성씨가 다른 경은 군주가 간언을 듣지 않으면 그 나라를 떠났다. 그러나 진한 시대 이후의 관리들은 떠나서 갈 나라가 없었다. 그래서 낙향을 했다. 이 점이 다를 뿐, 군주를 떠난 것은 똑같다.

11장

고자 상(告子上)

11.1

告子曰: “性, 猶杞柳也; 義, 猶桮棬也. 以人性爲仁義, 猶以杞柳爲桮棬.”

孟子曰: “子能順杞柳之性而以爲桮棬乎? 將戕賊杞柳而後以爲桮棬也? 如將戕賊杞柳而以爲桮棬, 則亦將戕賊人以爲仁義與? 率天下之人而禍仁義者, 必子之言夫!”

고자가 말했다.

“본성은 고리버들과 같고, 올바름은 버들고리짝과 같소. 사람의 본성이 어질고 올바르다고 하는 것은 고리버들을 버들고리짝이라 말하는 것과 같소.”

맹자가 말했다.

“그대는 고리버들의 본성을 좇아서 버들고리짝을 만들 수 있다고 생각하는가, 아니면 고리버들을 해친 뒤에야 버들고리짝을 만들 수 있다고 생각하는가? 만일 고리버들을 해쳐서 버들고리짝을 만든다고 한다면, 또한 사람을 해쳐서 어짊과 올바름을 행한다고 여긴단 말인가? 천하 사람들을 잘못 이끌어 어짊과 올바름을 깎아 없애는 것은 반드시 그대의 말일 것이다!”

注釋 기류(杞柳)는 고리버들을 뜻한다. 배권(桮棬)은 나무를 구부려서 만든 그릇이다. 장(戕)과 적(賊)은 죽이다, 해치다는 뜻이다. 화(禍)는 재앙, 허물을 뜻하는데, 여기서는 문맥에 맞게 풀이했다.

蛇足 고자와의 문답에서는 본성에 대한 논의가 가장 중요하다. 이는 중국에서 거의 처음 이루어진 본성에 대한 논쟁이라 할 수 있어 중국사상사에서도 중요한 의의를 갖는다.

고자는 올바름이 본성이 아니라는 측면에서 고리버들과 버들고리짝을 비유로 들었다. 이는 맹자의 인식과 아주 다르다. 맹자는 올바름이 본성에서 비롯된 것이라고 보기 때문이다. 사람의 본성에는 이미 올바름의 싹이 있으니, 그것이 사단 가운데 수오지심(羞惡之心)이다. 따라서 올바름은 외부의 힘이 작용해서 길러지는 것이 결코 아니다. 맹자가 말한 교육은 그러한 실마리를 알아채게 하고 또 확장시킬 수 있도록 이끄는 구실을 할 뿐, 결코 강요하거나 강제해서 심는 것이 아니다. 맹자가 "고리버들을 해친 뒤에야 버들고리짝을 만들 수 있다고 생각하느냐"고 따져 물은 것도 그 때문이다.

"천하 사람들을 잘못 이끌어 어짊과 올바름을 깎아 없애는 것"은 고자 이전에 이미 상앙에서부터 시작되었다. 상앙은 사람은 이익을 좋아하는 성정을 타고나므로 그대로 내버려두면 간사한 짓을 일삼기 때문에 형벌로써 눌러야 한다고 했다. 어짊과 올바름은 오히려 방탕하고 음란한 짓을 일삼도록 부추기는 구실을 한다고 여긴 것도 그 타고난 바탕이 이익을 좋아하는 본성 때문이라는 것이다. 그가 형벌을 바탕으로 한 법치를 내세운 까닭이 거기에 있다.

11.2

告子曰: "性, 猶湍水也. 決諸東方則東流, 決諸西方則西流. 人性之無分於善不善也, 猶水之無分於東西也."
孟子曰: "水信無分於東西, 無分於上下乎? 人性之善也, 猶水之就下也. 人無有不善, 水無有不下. 今夫水, 搏而躍之, 可使過顙; 激而行之, 可使在山. 是豈水之性哉? 其勢則然也. 人之可使爲不善, 其性亦猶是也."

고자가 말했다.

"사람의 본성은 제자리에서 빙빙 도는 여울물과 같소. 동쪽으로 터놓으면 동쪽으로 흐르고, 서쪽으로 터놓으면 서쪽으로 흐르오. 사람의 본성에 착함과 착하지 않음의 구분이 없는 것은 물에 동쪽과 서쪽의 구분이 없는 것과 같소."

맹자가 말했다.

"물에는 참으로 동쪽과 서쪽의 구분이 없지만, 그렇다고 위와 아래의 구분조차 없는 것이겠소? 사람의 본성이 착한 것은 물이 아래로 흐르는 것과 같소. 사람에는 착하지 않은 이가 없고, 물에는 아래로 내려가지 않는 게 없소. 저 물을 손바닥으로 탁 쳐서 튀어오르게 하면 사람의 이마를 넘어가게 할 수 있고, 물을 막아 거꾸로 흐르게 하면 산으로도 올라가게 할 수 있소. 그러나 이것이 어찌 물의 본성이겠소? 바깥의 기세가 그렇게 만든 것이오. 사람도 착하지 않게 될 수 있지만, 그러한 본성 또한 바깥의 기세 때문이오."

注釋 단(湍)은 여울, 소용돌이를 뜻한다. 결(決)은 터놓아 물이 흐르게 하는 것이다. 신(信)은 참으로, 진실로를 뜻한다. 박(搏)은 치다, 때리다는 뜻이다. 상(顙)은 이마를 뜻한다. 격(激)은 보로 막아서 거꾸로 흐르게 하는 것이다.

蛇足 역사를 통해 알 수 있듯이 사람의 본성을 착하다고 하기는 참으로 어렵다. 오히려 사람의 본성은 악하다고 말하는 편이 쉽고 또 타당해보인다. 그럼에도 맹자는 사람의 본성은 착하다고 했다. 한편, 여기서 고자는 본래 착함과 착하지 않음의 구분이 없다고 하여 무선무불선(無善無不善)을 주장하고 있다.

고자는 사람의 본성을 여울물에 비유했다. 우선 비유가 적절한지부터 의문이 든다. 왜 물 자체가 아니라 여울물인가? 여울물은 물이 존재하는 수많은 형태 가운데 하나일 뿐이고, 이것이 모든 물의 형태에 기준이 된다고도 볼 수 없다. 고자의 주장은 여기서부터 이미 어긋나 있다. 고자 역시 맹자처럼 물은 흐르게 되어 있다는 것을 모르지는 않았다. "동쪽으로 터놓으면 동쪽으로 흐르고, 서쪽으로 터놓으면 서쪽으로 흐른다"고 한 데서 드러난다. 물은 흘러야 한다는 것이 전제되어 있는 셈이다. 그렇다면, 맹자의 논의가 그 출발에서부터 타당하다고 할 수 있다.

고자는 물의 본성에 '흐름'을 부여하지 않았기 때문에 물이 흐르기 위해서는 외부에서 힘이 가해져야 한다고 보았다. 즉 동쪽으로든 서쪽으로든 물길을 터주는 어떤 것이 존재해야만 비로소 물은 흐른다는 것이다. 사람이 덕성을 갖추기 위해서도 이렇게 외부의 작용이 있어야만 가능하다고 하는데, 이는 도덕이 결국 강제성을 띠는 것임을 의미한다. 만약 그렇다면, 그것은 도덕이라기보다는 상앙이 말한 법 또는 형벌에 가까워진다.

맹자는 위에서 아래로 흐르는 것이 물의 본성이라 했고, 그처럼 사람의 본성도 착하다고 했다. 그런데 왜 사람들은 어리석고 탐욕스러우며 남을 해치려 하는가? 이는 그 착한 본성을 각박한 세상이 억누르고 있기 때문이다. 착해지려는 본성은 너무 미약해서 성인이나 현자가 아니라면 스스로 자라게 하기 어렵다. 대부분의 사람들은 외물에 이끌려서 자기 본성을 돌아볼 줄 모를 뿐만 아니라 그렇게 이끌려가는 것이 본성이라고 여긴다. 이런 그릇된 이해를 바로잡고 본성을 제대로 발현하도록 도와주는 것이 바로 교육이다.

여기서 명심해야 할 것은 맹자가 "사람도 착하지 않게 될 수 있다"고 한 말이다. 이는 착하게 되는 것이 본성이고, 바깥의 기세 때문에 착하지 않게 되더라도 그건 본성이 착하지 않아서 그런 게 아니라는 말이다. 이는 도덕이 타고난 것, 즉 자연적인 것임을 의미한다. 그렇다고 해서 어떤 초월자의 계시나 명령에 의해 주어진 것이라는 강제적이고 규제적인 또는 운명적인 것이라는 의미는 아니다. 유가의 도덕이 전혀 종교성을 띠지 않는 것은 이 때문이다. 후대 신유학자들이 도덕을 절대화하면서 종교적인 색채를 띠게 된 것은 맹자의 본뜻이 결코 아니다.

11.3

告子曰: "生之謂性."
孟子曰: "生之謂性也, 猶白之謂白與?"
曰: "然."
"白羽之白也, 猶白雪之白; 白雪之白, 猶白玉之白與?"
曰: "然."
"然則犬之性猶牛之性, 牛之性猶人之性與?"

고자가 말했다.
"나면서부터 지닌 것을 본성이라 하오."
맹자가 말했다.
"나면서부터 지닌 것을 본성이라 한다는 말은 흰 것을 희다고 말하는 것과 같은 것이오?"
"그렇소."
"흰 깃털이 흰 것은 흰 눈이 흰 것과 같고, 흰 눈이 흰 것은 흰 옥이 흰 것과 같소?"
"그렇소."
"그렇다면 개의 본성은 소의 본성과 같고, 소의 본성은 사람의 본성과 같다는 말이오?"

蛇足 앞선 두 차례에 걸친 문답에서 드러나듯이 여기서도 고자는 본성에 대한 명확한 개념을 갖지 않고 있음이 드러난다. "나면서부터 지닌 것을 본성이라고 한다"고 해놓고는 맹자의 물음에 휘둘린 것이 그

때문이다. 말이 흰 것은 본성이 될 수 없다. 존재하는 모든 것에는 색깔이 있고, 그 색깔은 공유하는 것이다. 공유하는 것을 가지고 특정한 사물의 본성을 논할 수는 없다. 그럼에도 고자는 희다는 것을 말의 본성이라고 했으니, 일찌감치 어긋나버렸다. 맹자가 고자에게 거듭 되물은 것은 본성에 대한 기본적인 개념부터가 잘못되어 있다는 사실을 일깨우려 한 데 있다.

11.4

告子曰: "食色, 性也. 仁, 內也, 非外也; 義, 外也, 非內也."
孟子曰: "何以謂仁內義外也?"
曰: "彼長而我長之, 非有長於我也; 猶彼白而我白之, 從其白於外也, 故謂之外也."
曰: "異於白馬之白也, 無以異於白人之白也; 不識長馬之長也, 無以異於長人之長與? 且謂長者義乎? 長之者義乎?"
曰: "吾弟則愛之, 秦人之弟則不愛也. 是以我爲悅者也, 故謂之內. 長楚人之長, 亦長吾之長, 是以長爲悅者也, 故謂之外也."
曰: "耆秦人之炙, 無以異於耆吾炙. 夫物則亦有然者也, 然則耆炙亦有外與?"

고자가 말했다.
"먹으려는 것과 색을 밝히는 것은 본성이오. 어짊은 안에 있지 밖에 있지 않으며, 올바름은 밖에 있지 안에 있지 않소."
맹자가 물었다.
"무슨 까닭으로 어짊은 안에 있고 올바름은 밖에 있다고 말하는 것이오?"

고자가 말했다.

"저 사람이 나이 많은 어른이어서 내가 그를 나이 많은 어른으로 대하는 것이지, 나에게 나이 많은 어른으로 대하는 마음이 있어서가 아니오. 마찬가지로 저것이 희기 때문에 내가 그것을 희다고 하는 것이니, 이는 밖으로 드러난 흰 색을 따른 것이오. 그래서 밖이라고 말했소."

맹자가 물었다.

"흰 말을 희다고 하는 것과 흰 사람을 희다고 하는 것은 다르지 않소. 그러나 나이 든 말이 나이 많은 것과 나이 많은 어른이 나이 많은 것도 다르지 않다는 말이오? 또 그대는 나이가 많은 것을 올바름이라 생각하오, 아니면 나이 많은 어른으로 대하는 것을 올바름이라 생각하오?"

"내 아우면 사랑하고 진나라 사람의 아우면 사랑하지 않으니, 이는 나를 기준으로 해서 기뻐하는 것이오. 그래서 안이라고 말했소. 초나라의 나이 많은 어른을 나이 많은 이로 대하고 또 내 집의 나이 많은 어른도 나이 많은 이로 대하는데, 이는 나이가 많음을 기준으로 해서 기뻐하는 것이오. 그래서 밖이라고 말했소."

"진나라 사람이 구운 고기를 좋아하는 것과 내가 구운 고기를 좋아하는 것에는 다를 게 없소. 무릇 모든 사물이 또한 그러하오. 그렇다면 구운 고기를 좋아하는 것도 밖에 있단 말이오?"

注釋 식색(食色)은 식욕과 색욕을 말한다. 『예기』「예운(禮運)」편에 "먹고 마시는 것과 남녀가 정을 나누는 것에 인간의 커다란 욕구가 존재한다"(飮食男女, 人之大欲存焉)는 구절이 나오는데, 고자(告子)의 견해와 비슷하다. 인내의외(仁內義外)는 『관자(管子)』「계(戒)」편의 "어짊은 안에서 나오고, 올바름은 밖에서 일어난다"(仁從中出, 義由外作)는 구절

과 인식이 비슷하다. 하이(何以)의 이(以)는 까닭, 근거를 뜻한다. 이어 백마(異於白馬)의 이어(異於)는 잘못 더해진 것으로 여겨진다. 따라서 해석하지 않았다. 기(耆)는 기(嗜)와 같으며, 즐기다, 좋아하다는 뜻이다. 적(炙)은 고기를 굽다, 구운 고기를 뜻한다.

蛇足 여기서도 고자는 애초부터 본성을 그릇되게 이해하고 있음이 드러난다. 우선, "먹으려는 것과 색을 밝히는 것"을 본성이라 했다. 이것도 본성이라 할 수 있지만, 사람에게만 해당되지 않는다는 문제가 있다. 짐승도 먹으려 하고 짝을 찾는다. 따라서 사람이 짐승과 다른 본성이 무엇이냐를 논함에 있어서는 쓸데없는 말이다.

이 문답에서 핵심은 고자가 "올바름은 밖에 있지 안에 있지 않다"고 한 데 있다. 이는 11.1에서 "올바름은 버들고리짝과 같다"고 한 것과 맥락이 같다. 올바름이 밖에 있다는 것은 사람이 올바름을 타고나는 게 아니라 사회적 관계 속에서 대상에 의해서 그렇게 행동하는 것일 뿐이라는 뜻이다. 그래서 어른에게 어른으로 대하는 것은 상대가 어른이기 때문이지, 본래 나에게 어른으로 대하는 마음이 있어서가 아니라고 했다. 이는 어른으로 대하는 마음의 싹이 애초부터 나에게는 없다가 어른을 만나자 그 마음이 생겨났다는 뜻이다. 만약 이 논리가 타당하려면, 내가 어떤 어른을 만나더라도 어른으로 대해야 한다. 어른이 앞에 있으면, 어른으로 대할까 말까 고민하는 일도 없어야 한다. 그런데 과연 그러한가? 설령 그렇다고 하더라도 그 마음은 어디서 온 것인가? 상대인 어른에게서 온 것인가? 그 어른은 어떻게 나에게 그런 마음을 갖게 만들었는가? 아니면, 어른을 만나면 어른으로 대하라는 어떤 초월적인 명령이나 계시가 있어서 나도 모르게 그렇게 한 것인가? 고자의 논리는 나와 남, 안과 밖을 애초부터 분리해놓고 있기 때문에, 즉 상호작용 또는 상호관계성을 간과하고 있기 때문에, 해법을 제시하기보다는 오히려 논의를 더욱 복잡하게 만들 수밖에 없다. 덧붙이자면, 상대를 어른으로 대하려면 상대가 어른이라는 판단을 해야 한다. 그렇다면 그 판단은 누가 하는가? 내가 하는가, 아니면 이 판단도 상대인 어른이 하게 만들었는가?

맹자의 논리는 어짊이든 올바름이든 그것들은 본래 내 안에 있는 것이라는 것과 그것을 행하는 것은 관계 속에서 자연스럽게 이루어진다는 데에 바탕을 두고 있다. 어른이 내 앞에 없더라도 어른으로 대하는 마음은 내 안에 있지만, 어른이 있어야만 그 마음이 일어난다. 어른이 없음에도 그 마음이 일어나는 것은 아니다. 또 상대가 어린아이인데 어른으로 대하는 마음이 일어나는 것도 아니다. 만약에 내 안에 그 마음이 있지 않았다면, 어른을 마주했을 때 어른으로 대할 수가 없다. 내 안에 그 마음이 없었는데 어른을 어른으로 대하려면 외부의 어떤 힘이 나에게 작용해야 하는데, 맹자를 비롯한 유가의 도덕에는 그런 힘을 상정하고 있지 않다. 사실 상정할 필요도 없다. 이미 본성에 갖추어져 있다고 했기 때문에.

11.5

孟季子問公都子曰: "何以謂義內也?"
曰: "行吾敬, 故謂之內也."
"鄕人長於伯兄一歲, 則誰敬?"
曰: "敬兄."
"酌則誰先?"
曰: "先酌鄕人."
"所敬在此, 所長在彼, 果在外, 非由內也."
公都子不能答, 以告孟子.
孟子曰: "敬叔父乎? 敬弟乎? 彼將曰, '敬叔父.' 曰, '弟爲尸, 則誰敬?' 彼將曰, '敬弟.' 子曰, '惡在其敬叔父也?' 彼將曰, '在位故也.' 子亦曰, '在位故也. 庸敬在兄, 斯須之敬在鄕人.'"
季子聞之, 曰: "敬叔父則敬, 敬弟則敬, 果在外, 非由內也."
公都子曰: "冬日則飮湯, 夏日則飮水, 然則飮食亦在外也?"

맹계자가 공도자에게 물었다.

"무슨 까닭으로 올바름이 안에 있다고 말하는 것이오?"

"나에게 있는 공경을 행하기 때문에 안이라고 말하는 것이오."

"마을 사람이 그대의 맏형보다 한 살이 더 많으면 누구를 공경하오?"

"내 맏형을 공경하오."

"술을 따를 때는 누구에게 먼저 따르겠소?"

"마을 사람에게 먼저 따를 것이오."

"공경하는 대상은 여기 맏형에 있고 어른 대접하는 것은 저기 마을 사람에게 있는 셈이니, 그렇다면 참으로 밖에 있는 것이지 안에서 말미암는 것이 아니오."

공도자가 대답하지 못하고 이를 맹자에게 말하니, 맹자가 말했다.

"그에게 '숙부를 공경하는가, 아우를 공경하는가?' 하고 물으면, 그는 '숙부를 공경한다'고 대답할 것이다. 다시 '아우가 시동(尸童)이 되면 누구를 공경하는가?' 하고 물으면, 그는 '아우를 공경한다'고 대답할 것이다. 그대가 '숙부를 공경한다는 말은 어찌된 것인가?' 하고 물으면, 그는 '아우가 시동의 자리에 있기 때문이다'라고 말할 것이다. 그러면 그대도 '마을 사람에게 먼저 술을 따르는 것은 그가 손님의 자리에 있기 때문이다. 평소의 공경은 형에게 있으나, 잠깐 동안의 공경은 마을 사람에게 있다'고 말하라."

맹계자가 공도자로부터 이 말을 전해듣고는 말했다.

"숙부를 공경하는 것도 공경이고 아우를 공경하는 것도 공경이니, 그렇다면 이는 올바름은 과연 밖에 있는 것이지 안에서 말미암는 것이 아니다."

공도자가 말했다.

"겨울에는 뜨거운 물을 마시고 여름에는 찬 물을 마시는데, 그렇다면 먹고 마시는 것 또한 밖에 있다는 말인가?"

注釋 맹계자(孟季子)가 누구인지는 알 수가 없다. 공도자(公都子)는 맹자의 문인이다. 백형(伯兄)은 장형(長兄)이다. 형제는 나이 순으로 백(伯) · 중(仲) · 숙(叔) · 계(季)라고 한다. 작(酌)은 술을 따르는 것이다. 시(尸)는 고대에 제사를 지낼 때 제신(祭神) 대신에 제사를 받도록 한 어린아이를 가리킨다.

蛇足 만형을 공경하거나 마을 사람에게 먼저 술을 따르는 것은 관계 속에서 이루어진다. 나에게 공경하는 마음이 있더라도 만형이 여기에 없다면 그 마음은 일어나지 않는다. 마을 사람이 만형보다 더 연장자가 아니면 먼저 그에게 술을 따르지 않는다. 이렇게 공경이든 올바름이든 그것은 나와 상대의 관계 속에서 이루어지며 예의는 상황에 따라 달라질 수 있는 것임을 맹계자는 전혀 알아채지 못하고 있고, 공도자는 뒤늦게야 그 이치를 알아차렸다.

11.6

公都子曰: "告子曰, '性, 無善無不善也.' 或曰, '性, 可以爲善, 可以爲不善. 是故文武興, 則民好善; 幽厲興, 則民好暴.' 或曰, '有性善, 有性不善. 是故以堯爲君而有象, 以瞽瞍爲父而有舜, 以紂爲兄之子且以爲君, 而有微子啓 · 王子比干.' 今曰'性善,'

然則彼皆非與?"
孟子曰: "乃若其情, 則可以爲善矣, 乃所謂善也. 若夫爲不善, 非才之罪也. 惻隱之心, 人皆有之; 羞惡之心, 人皆有之; 恭敬之心, 人皆有之; 是非之心, 人皆有之. 惻隱之心, 仁也; 羞惡之心, 義也; 恭敬之心, 禮也; 是非之心, 智也. 仁義禮智, 非由外鑠我也. 我固有之也, 弗思耳矣. 故曰, '求則得之, 舍則失之.' 或相倍蓰而無算者, 不能盡其才者也. 詩曰, '天生蒸民, 有物有則. 民之秉夷, 好是懿德.' 孔子曰, '爲此詩者, 其知道乎! 故有物必有則. 民之秉夷也, 故好是懿德.'"

공도자가 물었다.

"고자가 말하기를, '본성에는 착함도 없고 착하지 않음도 없다'고 했습니다. 또 누군가는 '본성은 착하게 될 수도 있고 착하지 않게 될 수도 있다. 이런 까닭에 문왕와 무왕이 일어나자 백성들은 착함을 좋아했고, 유왕이나 여왕이 일어나자 백성들은 포악함을 좋아했다'고 말했습니다. 또 누군가는 '본성이 착한 이도 있고 본성이 착하지 못한 이도 있다. 이런 까닭에 요가 군주로 있는데도 상(象)과 같은 고약한 사람이 있었고, 고수(瞽瞍)가 아비인데도 순과 같은 자식이 있었으며, 주(紂)가 형의 아들이자 군주인데도 미자계(微子啓)와 왕자 비간(比干)과 같이 어진 숙부가 있었다'고 말했습니다. 이제 '본성은 착하다'고 말씀하시니, 그렇다면 저들은 모두 틀렸습니까?"

맹자가 대답했다.

"그 실상을 말하자면, 착하다고 할 수 있다. 이것이 내가 말한 '착하다'라는 것이다. 만일 누군가가 착하지 못한 짓을 한다면, 그것은 타고난 자질의 죄가 아니다. 슬퍼하고 가엾게 여기는 마음은 사람이라면 누구나 갖고 있고, 부끄러워하고 미워하는 마음은 사람이라면 누구나 갖고 있으며, 깍듯하게 받들고 지극하게 대하는 마음은 사람이라면 누구나 갖고 있고, 옳음과 그름을 가리는 마음은 사람이라면 누구나 갖고 있다. 슬퍼하고 가엾게 여기는 마음은 어짊이고, 부끄러워하고 미워하는 마음은 올바름이며, 깍듯하게 받들고 지극하게 대하는 마음은 예의고, 옳음과 그름을 가리는 마음은 지혜다. 어짊과 올바름, 예의와 지혜는 밖으로부터 내 안으로 녹아들어오는 것이 아니다. 나에게 본래부터 갖추어져 있던 것인데, 생각하지 않을 뿐이다. 그래서 '찾으면 얻게 되고, 버리면 잃게 된다'고 말한 것이다. 때로 사람들 사이에 두 배나 다섯 배가 되어 셀 수 없이 많은 차이가 나는 것은 그 타고난 자질을 다하지 않았기 때문이다. 『시경』「대아」의 〈증민(蒸民)〉에서도 '하늘이 백성을 낳을 때, 온갖 사물이 있게 하고 또 법칙도 있게 하셨네. 백성들이 떳떳한 이치를 품고 있으니, 이에 아름다운 덕을 좋아하도다'라고 했다. 이에 공자께서 '이 시를 지은 자는 도를 아는 자로다! 그러므로 사물이 있으면 반드시 법칙이 있는 것이다. 백성들이 떳떳한 이치를 품고 있기 때문에 아름다운 덕을 좋아하는 것이다'라고 말했던 것이다."

注釋 상(象)은 순(舜)의 이복동생으로, 아비인 고수(瞽瞍)와 함께 거듭해서 순을 죽이려 했다. 미자(微子)는 이름이 계(啓)이며, 『좌전』과 『사기』 등에 따르면 주(紂)의 배다른 형이다. 그런데 맹자는 주의 숙부라고 했다. 비간(比干)은 주의 숙부다. 내약(乃若)에 대해서는 여러 해석이 있으나, 8.28에서도 이미 용례가 있듯이 ~로 말하자면이라는 말맛을 담고 있다. 정(情)은 실제, 실상을 뜻한다. 재(才)는 타고난 자질을 가리킨다. 삭(鑠)은 녹아들다는 뜻이다. 사(蓰)는 다섯 배를 뜻한다. 무산(無算)은 셀 수 없을 정도로 차이가 난다는 뜻이다. 증민(蒸民)은 중

민(衆民)과 같다. 병이(秉夷)의 병(秉)은 잡다, 지니다는 뜻이고, 이(夷)는 이치, 법칙을 뜻한다.

蛇足 여기서는 맹자 당시에 본성에 대해 어떤 논의가 있었는지를 알 수 있다. 또 맹자가 말하고자 한 본성의 본뜻이 무엇인지도 깔밋하게 정리되어 있다.

일반적으로 생각하기에는 맹자처럼 "본성은 착하다"고 말하는 것보다 "본성에는 착함도 없고 착하지 않음도 없다"라든가 "본성은 착하게 될 수도 있고 착하지 않게 될 수도 있다"라든가 "본성이 착한 이도 있고 본성이 착하지 못한 이도 있다"고 말하기가 쉽다. 이는 우리의 경험으로 입증하기가 쉽기 때문이다. 반면에 "본성은 착하다"는 말은 일반적으로 받아들이기가 매우 어렵다. 그런 사람을 찾기가 경험적으로 쉽지 않기 때문이고, 현실적으로도 대부분의 사람들은 도덕적으로 매우 취약함을 보여주기 때문이다. 그런 사실을 모를 리 없는 맹자가 그렇게 주장하는 데에는 반드시 근거가 있을 것이다.

"본성에는 착함도 없고 착하지 않음도 없다"는 주장은 오로지 인간의 선악은 후천적으로 정해지는 것임을 말하고자 한 것이다. 이렇게 되면, 환경이나 교육의 중요성이 부각된다. 문제는 환경에 영향을 받거나 교육을 통해서 착해진다고 한다면, 그것을 받아들이는 능력은 어디에 있으며 무엇이라고 해야 하는가에 대해 만족할 만한 답을 주기가 어렵다. 본성에 선악은 없으나 앎의 능력은 있다고 해야 하는데, 과연 타당하다고 할 수 있을까? 또 "본성은 착하게 될 수도 있고 착하지 않게 될 수도 있다"는 것은 본성에 착함도 있고 착하지 않음도 있다는 뜻이다. 고자가 말한 것과 반대다. 그러나 역시 후천적인 경험을 통해서 착함과 착하지 못함이 결정된다는 데서는 뜻을 같이한다. "본성이 착한 이도 있고 본성이 착하지 못한 이도 있다"는 이미 선천적으로 착한 이와 착하지 못한 이가 결정되어 있다는 결정론에 가깝다. 이는 교육이나 형벌을 불필요한 것으로 만들고 무정부주의를 조장할 수 있는 주장이다.

이들 세 주장의 공통적인 결함은 도덕의 근거를 제시하지 못한다는 데에 있다. 사람의 본성에 착함이 없다면, 도덕적인 인간이 되는 근거는 어디에 있는가? 착하게 될 수도 있고 착하지 않게 될 수도 있다면, 그것은 자율적으로 그렇게 되는가 아니면 타율적으로 그렇게 되는가? 자율적인 것과 타율적인 것의 근거는 각각 무엇인가?

맹자는 "본성으로 말하자면, 착하다고 할 수 있다"고 말했다. 그가 "착하다고 할 수 있다"고 말한 까닭은 본성으로는 도덕적으로 완전하지 않기 때문이다. 도덕적으로 완전해질 수 있는 가능성만 본성에 있기 때문이다. 따라서 얼마든지 후천적으로 착해지지 않을 수 있다. 바로 그럴 때, 착해지지 않게 될 때, 그것은 결코 본성의 잘못이 아니라는 게 중요하다고 했다. "타고난 자질의 죄가 아니다"는 말이 그것이다. 이는 유가의 도덕이 기독교의 원죄의식과 전혀 다른 차원에서 전개되고 있음을 단적으로 보여준다. 무엇보다도 '불선(不善)'을 말할 뿐 악(惡)을 말하지 않고 있다는 데서 선악이라는 이원론으로 인간을 재단하고 있지 않음을 알 수 있다. 악은 본질적으로 선에 대립되면서 그 자체가 선으로 전환될 수 없는 것이지만, 불선은 착해질 수 있는 본성이 가려진 상태를 의미할 뿐이다.

그러므로 사람이 죄를 짓는다면 그것은 타고난 것이 아니라 본성이 가려진 탓일 뿐이므로 '찾으면 얻게 되고, 버리면 잃게 된다'고 말한 것이다. 이는 허물을 저지르거나 죄를 짓는다면, 누구에게 빌 필요가 없다는 뜻이다. 스스로 돌이켜서 본성의 착함을 찾아내어 허물을 바로잡고 죄를 뉘우치는 길밖에는 없다는 것이다. 그래서 공자도 "하늘에 죄를 지으면 빌 데라곤 없소"(『논어』「팔일」)라고 말했고, 또 "허물이 있는데도 고치지 않는 것, 이것을 허물이라 한다"(『논어』「위령공」)고도 말했던 것이다.

본성에 이미 착해질 수 있는 자질이 갖추어져 있다는 것은 결국 주체적이고 능동적인 삶을 요구하는 것이다. 그리고 도덕적인 삶은 목적이 아니라 본성을 발현하는 과정일 뿐임을 의미한다.

11.7

孟子曰: "富歲, 子弟多賴; 凶歲, 子弟多暴. 非天之降才爾殊也, 其所以陷溺其心者然也. 今夫麰麥, 播種而耰之, 其地同, 樹之時又同, 浡然而生, 至於日至之時, 皆熟矣. 雖有不同, 則地有肥磽, 雨露之養 · 人事之不齊也. 故凡同類者, 擧相似也, 何獨至於人而疑之? 聖人與我同類者. 故龍子曰, '不知足而爲屨, 我知其不爲蕢也.' 屨之相似, 天下之足同也. 口之於味, 有同耆也. 易牙先得我口之所耆者也. 如使口之於味也, 其性與人殊, 若犬馬之與我不同類也, 則天下何耆皆從易牙之於味也? 至於味, 天下期於易牙, 是天下之口相似也. 惟耳亦然. 至於聲, 天下期於師曠, 是天下之耳相似也. 惟目亦然. 至於子都, 天下莫不知其姣也. 不知子都之姣者, 無目者也. 故曰, '口之於味也, 有同耆焉; 耳之於聲也, 有同聽焉; 目之於色也, 有同美焉.' 至於心, 獨無所同然乎? 心之所同然者何也? 謂理也, 義也. 聖人先得我心之所同然耳. 故理義之悅我心, 猶芻豢之悅我口."

맹자가 말했다.

"풍년에는 젊은이들이 착해지고, 흉년에는 젊은이들이 사나워진다. 이는 하늘이 내린 자질이 다르기 때문이 아니라 그 마음을 빠져들게 하는 것이 그렇게 만드는 것이다. 이제 저 보리의 씨를 뿌리고 흙을 덮는데, 그 땅이 똑같고 심는 때도 똑같으면 우쩍 싹이 나와서는 하지가 되면 모두 익는다. 가령 거두어들이는 것이 똑같지 않다면, 그것은 땅의 기름짐과 메마름, 비와 이슬이 내린 양, 사람이 애쓴 일이 같지 않았기 때문이다. 그러므로 같은 부류는 모두 서로 비슷하다. 어찌 사람에 대해서만 그렇지 않다고 의심하겠는가? 성인도 나와 같은 부류다. 그러므로 용자가 '사람들의 발을 알지 못하고 신발을 만들더라도 그것이 삼태기가 되지 않을 것임을 나는 안다'고 말했다. 세상의 신발들이 서로 비슷한 것은 천하 사람들의 발이 같기 때문이다. 맛에 대해서도 입이 즐기는 것은 같다. 역아는 우리의 입이 즐기는 것을 먼저 터득한 사람이다. 만일 입맛이 사람들마다 다른 것이 마치 개나 말이 우리 사람들과 같은 부류가 아닌 것만큼이나 다르다면, 천하 사람들이 어찌 즐기면서 모두 역아가 만들어낸 맛을 좇겠는가? 맛에 있어서 천하 사람들은 모두 역아처럼 되기를 바라는데, 이는 천하 사람들의 입이 서로 비슷하기 때문이다. 귀도 또한 그러하다. 소리에 있어서 천하 사람들은 모두 사광처럼 되기를 바라는데, 이는 천하 사람들의 귀가 서로 비슷하기 때문이다. 눈도 또한 그러하다. 자도에 대해서 천하 사람들은 그의 아름다움을 모르는 이가 없다. 자도의 아름다움을 모르는 자가 있다면, 그는 눈이 없는 자다. 그러므로 '맛에 대해서 입은 똑같이 즐기는 것이 있고, 소리에 대해서 귀는 똑같이 듣는 것이 있으며, 색에 대해서 눈은 똑같이 느끼는 아름다움이 있다'고 말한다. 그런데 마음에 있어서만은 똑같은 것이 없겠는가? 마음에서 똑같은 것은 무엇인가? 그것은 타고난 결이요 올바름이다. 성인은 우리 마음에 똑같이 있는 그런 것을 먼저 터득했을 뿐이다. 그런 까닭에 타고난 결이나 올바름이 우리 마음을 기쁘게 해주는 것은 맛난 고기가 우리 입을 즐겁게 해주는 것과 같다."

注釋 뢰(賴)는 착하다는 뜻이다. 라(懶)로 보고 게으르다는 뜻으로

푸는 경우도 있으나, 문맥상 착하다고 푸는 것이 적절하다. 포(暴)는 사납다, 모질게 굴다는 뜻이다. 모맥(麰麥)은 대맥(大麥)과 같다. 우(耰)는 흙으로 씨를 덮는 것을 뜻한다. 수(樹)는 심다는 뜻이다. 발연(浡然)은 우쩍 일어나는 모양이다. 일지(日至)는 하지(夏至)를 가리킨다. 비(肥)는 기름진 땅을, 교(磽)는 메마른 땅을 뜻한다. 용자(龍子)는 고대의 현인이다. 구(屨)는 신발이다. 궤(蕢)는 삼태기다. 역아(易牙)는 요리의 명인으로 알려져 있으며, 자신의 아들을 삶아서 제환공(齊桓公)에게 바쳤다는 이야기가 『한비자』「이병(二柄)」편과 「난일(難一)」편에 보인다. 여인수(與人殊)는 사람들마다 다르다는 뜻이다. 사광(師曠)은 진(晉)나라 평공(平公) 때 음악을 맡은 태사(太師)로, 고대의 유명한 음악가다. 자도(子都)는 정(鄭)나라 장공(莊公) 때의 공손알(公孫閼)이며, 미남자로 알려져 있다. 추(芻)는 풀을 먹는 소나 양을 가리키고, 환(豢)은 곡식을 먹는 개나 돼지를 가리킨다. 리(理)는 타고난 것을 가리키므로 성(性)과 비슷한 뜻을 갖는다고 할 수 있다. 의(義)는 후천적으로 리(理)를 따르는 것을 이른다.

蛇足 성인이나 현자는 타고난 것이 별로 다르지 않음을 가르치고 일깨워준다. 공자도 "본성은 서로 가깝지만, 익히면서 서로 멀어진다"(『논어』「양화」)고 말했다. 성인이나 범부의 차이는 본성에서는 크지 않다. 후천적인 노력에서 차이가 커진 것이다. 대부분의 사람들은 다른 사람의 남다른 행동이나 행적을 보면 지금 눈에 보이는 것만을 보고서 본래부터 그렇게 될 자질을 타고난 것이라 여긴다. 이는 잘못 이해한 것이다. 성인을 다이아몬드라고 한다면, 범부는 아직 갈고 다듬지 않은 원석일 뿐이다. 갈지도 다듬지도 않았는데 성인이 되어 광채가 나는 것은 아니다. 범부의 광채는 아직 드러나지 않았을 뿐, 본래 없는 것이 아니다. 성인은 범부와 다른 차원의 존재가 아니라 범부보다 앞서서 갈고 다듬어 빛을 낸 존재다. "성인은 우리 마음에 똑같이 있는 그런 것을 먼

저 터득했을 뿐이다"는 말이 그런 뜻이다. 겸손한 공자도 자처한 것이 있으니, 호학(好學)이다. 그는 "열 가구가 사는 작은 마을에도 나만큼 참되고 미쁨을 주는 자가 반드시 있겠지만, 나만큼 배우기를 좋아하지는 않을 것이다"(『논어』「공야장」)라고 말했다. 평생을 호학했으므로 나이 일흔에 마음이 시키는 대로 하여도 이치에 어긋나지 않는 경지에 이르렀던 것이다. 그가 태생이나 신분이 미천한 제자들도 마다하지 않고 가르쳤던 것은 바로 그 자신의 경험에 말미암은 것이다.

11.8

孟子曰: "牛山之木嘗美矣, 以其郊於大國也, 斧斤伐之, 可以爲美乎? 是其日夜之所息, 雨露之所潤, 非無萌蘖之生焉, 牛羊又從而牧之, 是以若彼濯濯也. 人見其濯濯也, 以爲未嘗有材焉, 此豈山之性也哉? 雖存乎人者, 豈無仁義之心哉? 其所以放其良心者, 亦猶斧斤之於木也, 旦旦而伐之, 可以爲美乎? 其日夜之所息, 平旦之氣, 其好惡與人相近也者幾希, 則其旦晝之所爲, 有梏亡之矣. 梏之反覆, 則其夜氣不足以存; 夜氣不足以存, 則其違禽獸不遠矣. 人見其禽獸也, 而以爲未嘗有才焉者, 是豈人之情也哉? 故苟得其養, 無物不長; 苟失其養, 無物不消. 孔子曰, '操則存, 舍則亡. 出入無時, 莫知其鄕.' 惟心之謂與!"

맹자가 말했다.

"우산(牛山)의 나무들은 아름다웠으나 도성의 교외에 있었기 때문에 사람들이 도끼와 자귀로 날마다 베어 갔다. 그러니 어찌 아름답게 될 수 있겠는가? 밤낮으로 자라고 비와 이슬이 적셔주어 싹이 나지 않는 일이 없건마는 소나 양을 풀어놓아 싹을 먹게 만들었으므로 저렇게 민둥민둥해졌다. 사람들은 그

민둥민둥함을 보고는 본래부터 좋은 나무가 없었다고 여기는데, 그게 어찌 산의 본성이겠는가? 마찬가지로 사람을 보자면, 어찌 어질고 올바른 마음이 없었겠는가? 그 빼어난 마음을 놓쳐버린 까닭은 역시 나무에 도끼질을 하여 날마다 베어낸 것과 같으니, 그러고서야 어찌 아름다워질 수 있겠는가? 그 마음은 밤낮으로 자라고 새벽의 맑은 기운을 머금었음에도 남들과 비슷하던 그 좋아하고 싫어함이 점점 드물게 된 것은 한낮에 하는 짓이 그 마음을 억눌러 사라지게 하기 때문이다. 억누르는 일이 되풀이되면 그 맑은 밤의 기운이 지켜질 수 없고, 그 맑은 밤의 기운이 지켜질 수 없으면 끝내 짐승과 다르지 않게 된다. 사람들은 그의 짐승과 같은 짓을 보고서는 그에게 좋은 자질이 아예 없었던 것처럼 여기는데, 이것이 어찌 그 사람의 본질이겠는가? 그러므로 참으로 잘 길러주면 자라지 않는 것이 없고, 참으로 잘 길러주지 못하면 사라지지 않는 것이 없다. 공자는, '잘 붙잡으면 지켜지고, 놓아버리면 사라진다. 나가고 들어오는 데에는 때가 없으니, 그것이 머무는 곳을 알 수가 없다'고 말했는데, 바로 이 사람의 마음을 두고 한 말이리라!"

注釋 우산(牛山)은 제나라 수도인 임치(臨淄), 즉 지금의 산동성 임치현 남쪽 10리에 있다고 한다. 대국(大國)은 국도(國都)와 같으며, 당시 제나라의 수도 임치를 가리킨다. 식(息)은 자라다, 기르다는 뜻이다. 맹얼(萌蘖)의 맹(萌)은 싹트다는 뜻이고, 얼(蘖)은 싹, 움을 뜻한다. 탁탁(濯濯)은 반짝일 정도로 깨끗한 모양인데, 여기서는 산에 초목이 없는 모습을 가리킨다. 재(材)는 재목으로 쓸 만한 나무를 뜻한다. 양심(良心)은 본래부터 선(善)한 마음을 뜻하며, 어짊과 올바름 등이 그것이다. 단단(旦旦)은 아침마다, 날마다를 뜻한다. 단주(旦晝)는 한낮을 뜻한다. 곡(梏)은 억누르다는 뜻이다. 기향(其鄕)의 향(鄕)은 사는 곳, 머

무는 곳을 뜻한다.

蛇足 사람들은 쉽게 환경의 영향을 받는다. 어릴수록 더 쉽게 영향을 받는다. 야단스런 학부모들이 좋은 학군을 찾아서 이사를 다니는 것도 그 때문이고, 이왕이면 성적이 좋은 학생이 다니는 학원에 보내려는 것도 그 때문이다. 그런데 문제는 오로지 성적에만 목을 맨다는 사실이다. 아이의 성품에 대해서는 전혀 관심을 두지 않고서 말이다. 아이의 성품이야 어찌되든 성적만 높으면 된다고 여기면서 비싼 학원비와 과외비에 노후 자금까지 쏟아붓는 부모에게 그 자식이 과연 고마워할까? 먼 훗날 자식으로서 효도를 할까? 고마워하고 효도할 만큼의 품성을 갖추게 될까? 오히려 제 것만 알고 챙기는 이기적인 자식이 되어 있지 않을까? 그렇게 되지 않으면 참으로 다행이겠지만, 그건 요행을 바라는 것일 뿐이다. 나무에 도끼질을 하여 날마다 베어내고서는 어찌 울창한 숲이 되어 있기를 바라는가 말이다.

맹자가 "나무에 도끼질을 하여 날마다 베어냈다"고 한 말은 당시의 정치를 비판한 것이나 다름이 없다. 끝없는 전쟁으로 백성들의 삶을 피폐하게 만들고, 그나마 풍년이 들어도 빚쟁이처럼 곡식을 거두어 가니, 이러고서야 본래 타고난 착함을 어찌 간직할 수 있겠는가? 살아남기 위해서라도 간사해지고 음흉해지지 않을 도리가 없다. 그럼에도 군주와 신하들은 백성들을 그런 지경으로 내몬 자신들의 잘못을 돌아보지 못하고 백성들이 법령을 어기고 명령을 따르지 않는 것을 그 본성이 착하지 못해서라며 형벌로써 다스려야 한다는 주장에 귀를 기울인다. 맹자는 이러한 일반적인 추세에 편승하지 않고 오히려 맞서서 '본성은 착하다'고 주장했다. 먹고 살 만한 최소한의 요건을 먼저 갖추어준 뒤에 교화를 펴면 얼마든지 본래의 착함이 되살아난다고 했다. 이는 그저 이상주의적 관점에서 또는 비현실적인 발상에서 나온 것으로 치부할 수 없는 통찰력이다.

11.9

孟子曰: "無或乎王之不智也. 雖有天下易生之物也, 一日暴之, 十日寒之, 未有能生者也. 吾見亦罕矣, 吾退而寒之者至矣, 吾如有萌焉何哉? 今夫奕之爲數, 小數也; 不專心致志, 則不得也. 奕秋, 通國之善奕者也. 使奕秋誨二人奕, 其一人專心致志, 惟奕秋之爲聽. 一人雖聽之, 一心以爲有鴻鵠將至, 思援弓繳而射之, 雖與之俱學, 弗若之矣. 爲是其智弗若與? 曰, 非然也."

맹자가 말했다.
"왕이 지혜롭지 못한 것은 이상하지 않다. 가령 천하에서 가장 쉽게 자라는 것이라도 하루 동안만 햇볕을 쬐고 열흘 동안 춥게 하면 제대로 자랄 수 없다. 내가 왕을 뵙는 일이 드물고, 내가 물러나오면 왕의 마음을 차갑게 만드는 자가 이른다. 그러니 싹이 있다고 한들 내가 어찌하겠는가? 이제 저 바둑은 기술로 치면 하찮은 것이지만, 마음을 오롯하게 하여 뜻을 다하지 않는다면 터득할 수 없다. 혁추(奕秋)는 온 나라에서 가장 바둑을 잘 두는 자다. 그런 혁추로 하여금 두 사람에게 바둑을 가르치게 한다고 하자. 한 사람은 마음을 오롯하게 하여 뜻을 다해서 오직 혁추의 가르침만 들었다. 그러나 다른 한 사람은 듣기는 해도 마음속으로는 고니가 날아오면 활과 주살을 당겨 쏠 생각만 하고 있으니, 그가 비록 함께 배우고 있다 한들 저 사람만 하겠는가? 이렇게 된 것이 그의 지혜가 저 사람만 못해서이겠는가? 그렇지 않다."

注釋 혹(或)은 혹(惑)과 같으며, 이상하다, 괴이하다는 뜻이다. 폭(暴)은 햇볕을 쬐다는 뜻의 폭(曝)과 같다. 혁(奕)은 바둑, 바둑을 두다

는 뜻이다. 수(數)는 기술을 뜻한다. 격(繳)은 오늬와 시위를 잡아매고 쏘는 화살, 곧 주살을 뜻한다. 홍곡(鴻鵠)은 고니를 뜻한다.

蛇足 백성들을 고통 속으로 몰아넣은 군주에 대해서조차 맹자는 비난하기만 하지 않는다. 군주를 높이는 유자이기 때문이 아니다. 군주조차 선비나 백성과 같은 존재임을 간파했기 때문이다. 당시의 군주들이 왕도를 실행하지 않는 것은 왕도의 중요성과 가치, 그 효과에 대해 지속적으로 일깨워주는 인물이 곁에 없어서였다. 맹자를 만났을 때는 군주도 왕도에 대해 솔깃해지고 이전에는 없던 어진 마음을 일으키려 하지만, 이내 그 마음은 온데간데없다. '왕의 마음을 차갑게 만드는 자'들이 더욱 빈번하게 드나들면서 그 어진 마음의 싹이 자라지 못하도록 하기 때문이다. 바둑이나 장기 따위 하찮은 재주를 익힐 때도 그 마음을 오롯하게 해야만 하는데, 하물며 왕도를 행하는 일이 어찌 가끔 들은 가르침으로 가능하겠는가? 여기서도 맹자는 결코 본래 타고난 자질이 부족해서라고 보지 않는다.

11.10

孟子曰:"魚, 我所欲也; 熊掌, 亦我所欲也. 二者不可得兼, 舍魚而取熊掌者也. 生, 亦我所欲也; 義, 亦我所欲也. 二者不可得兼, 舍生而取義者也. 生亦我所欲, 所欲有甚於生者, 故不爲苟得也; 死亦我所惡, 所惡有甚於死者, 故患有所不辟也. 如使人之所欲莫甚於生, 則凡可以得生者, 何不用也? 使人之所惡莫甚於死者, 則凡可以辟患者, 何不爲也? 由是則生而有不用也, 由是則可以辟患而有不爲也. 是故所欲有甚於生者, 所惡有甚於死者. 非獨賢者有是心也, 人皆有之, 賢者能勿喪耳. 一簞食, 一豆羹, 得之則生, 弗得則死, 嘑爾而與之, 行道之人弗受; 蹴爾而與之, 乞人不屑也. 萬鍾則不辯禮義而受之, 萬鍾於我何加焉? 爲宮室之美 · 妻妾之奉 · 所識窮乏者得我與? 鄕爲身死而不受, 今爲宮室之美爲之. 鄕爲身死而不受, 今爲妻妾之奉爲之. 鄕爲身死而不受, 今爲所識窮乏者得我而爲之, 是亦不可以已乎? 此之謂失其本心."

맹자가 말했다.

"물고기도 내가 바라는 것이고, 곰 발바닥 또한 내가 바라는 것이다. 그러나 둘을 한꺼번에 얻을 수 없다면, 물고기를 버리고 곰 발바닥을 가질 것이다. 삶도 내가 바라는 것이고, 올바름 또한 내가 바라는 것이다. 그러나 둘을 한꺼번에 얻을 수 없다면, 삶을 버리고 올바름을 가질 것이다. 삶 또한 내가 바라는 것이지만, 삶보다 더 바라는 것이 있기 때문에 구차하게 얻으려 하지 않는다. 죽음 또한 내가 싫어하는 것이지만, 죽음보다 더 싫은 것이 있기 때문에 환난을 당하더라도 피하지 않는 경우가 있다. 만일 사람에게 삶보다 더 바라는 게 없다고 한다면, 무릇 삶을 얻기 위해서라면 무슨 방법인들 쓰지 않겠는가? 사람에게 죽음보다 더 싫어하는 게 없다고 한다면, 무릇 환난을 피하기 위해서라면 무슨 짓인들 하지 않겠는가? 이렇게 삶보다 더 바라는 게 있으므로 삶을 얻을 수 있는데도 쓰지 않는 게 있고, 이렇게 죽음보다 더 싫어하는 게 있으므로 환난을 피할 수 있는데도 하지 않는 게 있다. 이런 까닭에 삶보다 더 바라는 것이 있고, 죽음보다 더 싫어하는 게 있다. 현명한 사람만 이런 마음을 지닌 게 아니라 사람이라면 모두 이런 마음을 지니고 있는데, 다만 현명한 사람은 그 마음을 잃지 않을 뿐이다. 한 그릇의 밥과 한 그릇의 국을 얻으면 살고 얻지 못하면 죽을지라도, 꾸짖으면서 준다면 길 가는 사람도 받지 않고, 발로 툭 차서 준다면 거지라도 달갑게 여기지 않는다. 만 종의 녹봉이라면 사람들이 예의나 올바름을 따지지 않고 받는 것이지만, 만 종의 녹봉이 나에게 무슨 보탬이 되겠는가? 화려한 집을 위해서, 처첩들이 떠받들어주기를 바라서, 내가 아는 궁핍한 자들이 내 은혜를 고맙게 여기도록 하기 위해서인가? 접때는 자신을 위해서 죽어도 받지 않다가 이제는 화려한 집을 위해서 받고, 접때는 자신을 위해서 죽어도 받지 않다가 이제는 처첩들이 떠받들어주기를 바라서 받으며, 접때는 자신을 위해서 죽어도 받지 않다가 이제는 내가 아는 궁핍한 자들이 내 은혜에 고맙게 여기도록 하기 위해서 받는데, 이런 따위의 짓을 과연 그만둘 수 없는가? 이를 두고 '제 본래의 마음을 잃었다'고 한다."

注釋 웅장(熊掌)은 웅번(熊蹯)이라고도 하는데, 그 맛이 빼어나다는 곰 발바닥을 뜻한다. 피(辟)는 피(避)와 같다. 호(嘑)는 꾸짖다는 뜻이다. 설(屑)은 달갑게 여기다는 뜻이다. 종(鍾)은 도량의 단위로, 6곡(斛) 4두(斗) 즉 64두(斗)에 해당한다. 변(辯)은 변(辨)과 통용되며, 나누다, 밝히다는 뜻이다. 향(鄉)은 접때를 뜻하는 향(嚮)과 같다.

蛇足 누구나 삶을 바라지만, 때로는 그 삶 대신에 올바름을 선택하기도 한다. 왜 그런가? 여기에서 맹자는 사람에게는 삶보다 더 좋아하는 게 있고 죽음보다 더 싫어하는 게 있다고 했다. 이는 도덕을 절대화하는 것이 아님을 의미한다. 도덕은 그 자체로 삶의 한 요소이며, 우리가 살아가면서 선택의 문제에 부딪쳤을 때 비로소 제기되는 것일 뿐임을 의미한다. 그렇다면, 사람이 삶보다 더 좋아하고 죽음보다 더 싫어하는 것이 무엇인가? 요즘 사람들이 흔히 하는 말로 하면 '자존감'이니, 곧 '존엄성'이다.

이 존엄성의 근거는 이미 '본성은 착하다'고 한 데에 있다. 누구나 도덕적인 존재가 될 바탕을 타고났으므로 그런 존재로서 대접을 받을 자격이 있다. 그런데 상대가 나를 마치 그런 바탕을 전혀 지니고 있지 않은 사람처럼 대하면, 누구든지 발끈한다. 거지라도 제 밥그릇을 누가 발로 차면, 태연하게 보고만 있지 않는다. 이는 도덕적 인식이나 자각의 여부를 떠나서 이미 사람들마다 그런 존엄성을 지니고 있음을 의미한다. 바로 그런 존엄성이 짓밟혔다고 느껴지는 순간, 그는 삶과 죽음 따위는 돌아보지 않는다.

문제는 그 존엄성을 남이 보장해주지 못한다는 데에 있다. 내가 대접받고자 하면, 먼저 대접받을 만한 사람이 되어야 한다. 치욕을 당할 짓을 해놓고 존엄하게 대해주기를 바라는 것은 연목구어(緣木求魚)와 다름이 없다. 7.8에서도 맹자는 "무릇 사람은 반드시 스스로 자신을 업신여긴 뒤에야 남이 업신여긴다"고 말했다. 나의 존엄성을 내가 먼저 지키지 않으면 안 된다는 것으로, 여기서 책임의식이 중요해진다. 이 책임의식은 초월적 존재자로부터 받은 어떤 계시나 명령에 의한 것이 아니라, 오로지 내적 자각에 의해 자연스럽게 갖게 되는 것이다. 공자가 "안 될 줄 알면서도 하려는 사람"이라는 비아냥거림을 받으면서도 행보를 멈추지 않은 것도, 맹자가 패도만이 길이라고 하던 시대에 홀로 왕도를 견지한 것도 자연스럽게 갖게 된 이 책임의식에 의한 것이었다.

11.11

孟子曰: "仁, 人心也; 義, 人路也. 舍其路而弗由, 放其心而不知求, 哀哉! 人有雞犬放, 則知求之; 有放心而不知求. 學問之道無他, 求其放心而已矣."

맹자가 말했다.

"어짊은 사람의 마음이고, 올바름은 사람이 가야 할 길이다. 그 길을 버려두고서 가지 않고 그 마음을 내버리고서 찾을 줄을 모르니, 슬프도다! 사람들은 닭이나 개를 풀어놓았을 때는 곧 찾을 줄을 알면서 제 본래 마음을 내버리고서는 찾을 줄을 모르는구나. 배우고 묻는 학문의 길은 다른 게 아니라, 내버린 그 마음을 찾는 것일 뿐이다."

注釋 방심(放)의 방(放)은 내버리다, 잃다는 뜻이고, 심(心)은 본래의 마음, 곧 양심(良心)이다.

蛇足 누군가에게 친절을 베풀 때가 있다. 만난 적도 없는 사람의 죽음에 안타까워할 때가 있다. 머나먼 나라의 어린아이가 몹쓸 병으로 세상을 떠나야 하는 모습을 보고 슬퍼할 때가 있다. 나는 자신이 목석 같은 자라고 여겼는데, 어떻게 그런 친절함, 안타까움, 슬픔이 일어나는 것일까? 그게 사람의 마음이기 때문이다. 본래부터 나에게 있던 마음이 일어난 것일 뿐이다. 불의에 대해 저도 모르게 화를 낼 때가 있다. 작은 것에도 탐욕을 부리고 사소한 일에도 신경질을 내는 자가 문득 열사가 된 듯이 구는 때가 있다. 그건 '사람이 가야 할 길'이 무엇인지를 흐릿하게나마 알고 있다는 뜻이다. 그런데 왜 평소에도 늘 그런 마음을 지니지 않는가? 왜 모든 불의에 대해 분노하지 않는가? 내 속을 들여다보지 않기 때문이다. 애써 그 마음을 찾으려 하지 않고, 힘들더라도 그 길로 가려고 하지 않기 때문이다. 학문을 하지 않은 탓이다. 또 학문을 하더라도 고작 세간의 평판이나 이끗을 위해서 하기 때문이다.

학문은 무슨 거창한 사업이 아니다. 우리가 일상에서 늘 해야 하는 것이다. 언제 어떤 상황에서도 허둥대지 않고 알맞게 행동하고 떳떳해지려면 늘 배우고 물으면서 지혜를 쌓고 어진 마음을 간직하고 올바름을 몸에 배게 해야 한다. 그렇게 할 때 얻고자 하는 것도 저절로 따라온다. 아니, 얻고자 하는 마음조차 갖지 않는다.

11.12

孟子曰: "今有無名之指, 屈而不信, 非疾痛害事也, 如有能信之者, 則不遠秦楚之路, 爲指之不若人也. 指不若人, 則知惡之; 心不若人, 則不知惡, 此之謂不知類也."

맹자가 말했다.
"이제 약손가락이 구부러져서 펴지지 않아 아프지도 않고 일하는 데 해가 되지도 않지만 만약 이를 펴줄 수 있는 사람이 있다고 하면 진나라나 초나라처럼 먼 나라도 멀다 않고 찾아가는데, 이는 손가락이 남들과 같지 않아서다. 손가락이 남들과 같지 않으면 싫어할 줄 알면서 마음이 남들과 같지 않으면 싫어할 줄을 모른다면, 이를 두고 '비슷한 것들의 같고 다름을 알지 못한다'고 말한다."

注釋 무명지지(無名之指)는 네 번째 손가락, 즉 약손가락이다. 신(信)은 펴다는 뜻의 신(伸)과 같다. 류(類)는 비슷한 것들을 뜻하는데, 여기서는 그런 것들 사이의 경중(輕重)을 가리킨다.

蛇足 사람들은 몸에 문제가 생기면 당장에 고치려고 용하다는 의원은 모조리 수소문해서 찾아간다. 아무리 멀더라도 기꺼이 찾아간다. 그러나 마음에 생긴 문제에 대해서는 그렇게 서둘지 않는다. 남들처럼 어질지 못한 점, 올바름을 행하지 못하는 점 등에 대해서는 지나치게 여유롭고 관대하다. 아니, 제 마음에 문제가 있다는 사실조차 모르는 경우가 흔하다. 이는 제 안에 있는 지혜의 실마리, 즉 옳고 그름을 가릴

줄 아는 시비지심을 기르지 않아서다. 그래서 일이나 물건에는 선후가 있고 경중이 있으며 본말이 있음을 알지 못한다. 그러니 제 몸에서조차 무엇이 더 귀하고 무엇이 덜 귀한 것인지를 모른다.

11.13

孟子曰: "拱把之桐梓, 人苟欲生之, 皆知所以養之者. 至於身, 而不知所以養之者, 豈愛身不若桐梓哉? 弗思甚也."

맹자가 말했다.

"두 손으로 껴안거나 한 손으로 쥘 만한 오동나무와 가래나무를 사람들이 기르려고 할 때는 모두들 그 기르는 법을 안다. 그러나 제 몸에 대해서는 기르는 법을 모르는데, 이 어찌 제 몸을 사랑하는 것이 오동나무나 가래나무를 사랑하는 것만 하지 않아서겠는가? 생각을 너무도 하지 않아서다."

注釋 공(拱)은 두 손으로 맞잡거나 껴안는 것이고, 파(把)는 한 손으로 쥐는 것이다. 재(梓)는 가래나무다.

蛇足 『중용』에서는 "자신의 본바탕을 다할 수 있으면, 남의 본바탕도 다하게 할 수 있다. 남의 본바탕을 다하게 할 수 있으면, 만물의 본바탕도 다하게 할 수 있다"고 했다. 맹자 또한 13.1에서 비슷한 말을 했다. 이는 본성을 다하는 길이 사람이나 만물이나 다름이 없다는 인식에서 나온 것이다. 오동나무든 가래나무든 나무를 기른다는 것은 그 나무의 본성을 잘 알고 그 본성대로 자라도록 해준다는 뜻이다. 사람이 제 몸을 기르는 것도 마찬가지다. 본래 타고난 바탕대로 마음을 지니고 행동하면 된다. 그런데 내 몸 밖의 나무는 기를 줄 알면서 자신의 본

성은 기를 줄을 모른다. 이는 앞서 말한 '비슷한 것들의 같고 다름을 알지 못한다'는 것이며, 알지 못하는 것은 배우고 묻는 공부를 철저하게 하지 않았기 때문이다.

자신의 본성을 다할 수 있어야 만물의 본성을 다하게 할 수 있는 것만은 아니다. 만물 가운데 하나의 본성을 다하게 할 수 있다면, 즉 여기서 말한 것처럼 나무를 기르는 법을 안다면, 이를 통해 자신의 본성 또한 그렇게 기를 수 있다는 것을 당연히 알 수 있다. 그럼에도 알지 못하고 바깥의 사물에만 눈길을 주는 것은 '생각을 너무도 하지 않아서다.'

11.14

孟子曰: "人之於身也, 兼所愛. 兼所愛, 則兼所養也. 無尺寸之膚不愛焉, 則無尺寸之膚不養也. 所以考其善不善者, 豈有他哉? 於己取之而已矣. 體有貴賤, 有小大. 無以小害大, 無以賤害貴. 養其小者爲小人, 養其大者爲大人. 今有場師, 舍其梧檟, 養其樲棘, 則爲賤場師焉. 養其一指而失其肩背, 而不知也, 則爲狼疾人也. 飮食之人, 則人賤之矣, 爲其養小以失大也. 飮食之人無有失也, 則口腹豈適爲尺寸之膚哉?"

맹자가 말했다.
"사람은 제 몸에 대해서는 어느 부분이나 다 아낀다. 다 아끼므로 기르는 것도 다 똑같다. 한 자 한 치의 살갗이라도 아끼지 않음이 없다면, 한 자 한 치라도 기르지 않는 일이 없다. 제 몸을 잘 기르는지 잘 기르지 못하는지를 따진다면, 어찌 다른 데서 찾겠는가? 제 몸에서 찾을 따름이다. 몸에는 귀함과 데데함이 있고 작은 것과 큰 것이 있다. 작은 것으로 큰 것을 해치지 말아야 하고, 데데한 것으로 귀한 것을 해치지 말아야 한다.

작은 것을 기르는 자는 소인이고, 큰 것을 기르는 자는 대인이다. 이제 정원사가 있는데, 벽오동나무와 개오동나무를 버려두고 멧대추나무와 가시나무를 기른다면 그야말로 형편없는 정원사다. 어떤 사람이 손가락 하나를 기르느라 어깨와 등을 잃고서도 모른다면, 그야말로 흐리멍덩한 자다. 마시고 먹기만 하는 사람은 남들이 그를 하찮게 여기는데, 그것은 작은 것을 기르느라 큰 것을 잃었기 때문이다. 마시고 먹기만 하는 사람이라도 큰 것을 잃는 일이 없다면, 그 입과 배가 어찌 한 치, 한 자의 살갗을 기르는 데서만 그치겠는가?"

注釋 겸(兼)은 아우르다는 뜻으로, 여기서는 몸의 모든 부분을 아울러 가리키고 있다. 귀(貴)와 대(大)는 마음을, 천(賤)과 소(小)는 눈, 귀, 입, 배 따위를 가리킨다. 오(梧)는 벽오동나무, 가(檟)는 개오동나무다. 이(樲)는 멧대추나무로, 키가 작은 대추나무다. 극(棘)은 가시나무다. 낭질인(狼疾人)은 마음이 어지러워서 사리분별을 제대로 하지 못하는 자를 이른다. 적(適)은 시(啻)와 같으며, ~뿐, 다만을 뜻한다.

蛇足 맹자가 말하는 도덕의 본질을 엿볼 수 있다. 벽오동나무와 개오동나무는 멧대추나무나 가시나무와 다르다는 것을 비유로 들었다. 무엇이 다른가? 똑같은 나무가 아닌가? 맹자가 여기서 다르다고 한 것은 그 가치나 효용을 두고 한 말이다. 가치나 효용의 측면에서 귀함과 데데함, 작은 것과 큰 것을 가르고 있는 것이다. 더구나 맹자는 여기서 마음과 몸을 따로 분리해서 말하고 있지 않다. 그저 '몸'이라고만 말했다. 그 몸에 귀함과 데데함, 작은 것과 큰 것이 있다고 했다. 귀하고 큰 것은 곧 마음이다. 어짊과 올바름, 예의와 지혜 따위가 그것이다. 이런 마음을 몸과 분리해서 이원화하지 않는다는 것이 맹자나 유가의 사상적 특성이라 할 수 있다. 이런 특성은 대부분의 종교에서 볼 수 없는 것

이다. 대체로 종교에서는 몸을 죄악의 근원인 것처럼 말하고 있기 때문이다.

맹자는 인간을 이해하는 데 있어 철저하게 경험을 바탕으로 하고 있다. 또한 이성에 의해서 도덕법칙을 규정하지도 않는다. 그에게는 이성과 감정의 분리 자체를 찾아볼 수 없다. 만물은 서로 얽혀 있으며 끊임없는 상호작용의 과정 속에서 존재한다는 인식에서는 애초부터 이원론이 끼어들 여지가 없다. 여기서는 선과 악을 미리 규정지을 수도 없고 따로 존재한다고 하는 인식도 할 수 없다. 무엇보다도 선험적으로 존재하는 도덕법칙의 가능성도 생각하지 못한다. 따라서 어짊과 올바름도 규정된 어떤 것일 수가 없고, 이와 대립되는 어떤 것이 따로 존재하는 것도 아니다. 어짊(仁)에 대해 어질지 못함(不仁)이 있을 뿐이고, 올바름(義)에 대해서도 올바르지 못함(不義)이 있을 뿐이며, 어짊이나 올바름과 절대적으로 대립되는 어떤 것은 존재하지 않는다. 또 어짊이냐 어질지 못함이냐, 올바름이냐 올바르지 못함이냐도 상황에 따라 다르다. 무엇이 어질고 어질지 못한지 또는 어떤 것이 올바르고 올바르지 못한 지를 가리는 것은 오로지 인간 스스로 상황에 따라 판단해야 할 일이다. 이 때문에 지혜가 강조되며, 지혜를 얻기 위해서 배우고 묻는 공부나 교화가 중시되는 것이다.

11.15

公都子問曰: "鈞是人也, 或爲大人, 或爲小人, 何也?"
孟子曰: "從其大體爲大人, 從其小體爲小人."
曰: "鈞是人也, 或從其大體, 或從其小體, 何也?"
曰: "耳目之官不思, 而蔽於物. 物交物, 則引之而已矣. 心之官則思, 思則得之, 不思則不得也. 此天之所與我者. 先立乎其大者, 則其小者不能奪也. 此爲大人而已矣."

공도자가 물었다.

"사람은 다 똑같은데, 어떤 이는 대인이 되고 어떤 이는 소인이 되는 까닭은 무엇입니까?"

맹자가 대답했다.

"대체를 따르면 대인이 되고, 소체를 따르면 소인이 된다."

"사람은 다 똑같은데, 어떤 이는 대체를 따르고 어떤 이는 소체를 따르는 까닭은 무엇입니까?"

"귀나 눈 같은 기관은 생각하지 못해서 바깥 사물에 가려진다. 바깥 사물이 안의 사물을 만나면 끌어당길 뿐이다. 마음이라는 기관은 생각을 하는데, 생각을 하면 터득하고 생각을 하지 않으면 터득하지 못한다. 이것이 하늘이 우리에게 준 것이다. 따라서 먼저 그 큰 것을 세운다면, 그 작은 것이 이 큰 것을 빼앗을 수 없다. 이렇게 하면 대인이 된다."

注釋 균(鈞)은 균(均)과 같으며, 고르다, 같다는 뜻이다. 물교물(物交物)은 바깥의 사물과 사람의 감각기관이 접촉하는 것을 이른다. 득지(得之)의 득(得)은 터득하다는 뜻이고, 지(之)는 이치나 법칙을 뜻한다.

蛇足 여기서는 마음과 감각기관의 문제가 제기된다. 감각기관도 마음도 모두 하늘이 우리에게 준 것이다. 이 점에서는 다르지 않다. 그러나 마음은 몸 안에 있고, 감각기관은 몸 밖으로 노출되어 있다. 한마디로 감각기관은 마음과 바깥 사물 사이에 있다. 그래서 감각기관은 마음의 영향을 받기도 하지만 바깥 사물에 이끌리기도 한다. 마음에 견주면, 훨씬 바깥 사물의 작용이나 환경의 변화에 민감하게 반응한다고 할 수 있다. 그래서 감각기관을 적절하게 제어하지 못하면 사물이나 환경에 휘둘리기 쉽고, 사물이나 환경에 휘둘리면 본성을 그르치게 된다.

대인은 이를 잘 알아서 감각기관을 제어하기 위해 먼저 마음을 잡도리한다. 그러나 소인은 이를 잘 알지 못하고 감각기관이 이끄는 대로 간다. 감각기관이 바깥 사물에 휘둘리기 시작하면, 내 안에 본래 있던 큰 것을 가린다. 소인이 대인이 되기 어려운 까닭은 바로 그 큰 것이 가려졌기 때문이다. 가려진 것을 누가 대신해서 걷어내 줄 수 없기 때문에 더욱 어렵다. 빌 데라곤 어디에도 없다. 구원자도 없다. 있다면, 그 자신이 구원자요 그 마음이 빌 곳이다.

11.16

孟子曰: "有天爵者, 有人爵者. 仁義忠信, 樂善不倦, 此天爵也. 公卿大夫, 此人爵也. 古之人脩其天爵, 而人爵從之. 今之人脩其天爵, 以要人爵; 旣得人爵, 而棄其天爵, 則惑之甚者也, 終亦必亡而已矣."

맹자가 말했다.
"하늘이 주는 벼슬이 있고, 사람이 주는 벼슬이 있다. 어짊과 올바름, 참됨과 미쁨을 즐기며 잘 행하고 게으름 피우지 않는다면, 이것이 바로 하늘이 주는 벼슬이다. 공과 경, 대부 이런 것들은 사람이 주는 벼슬이다. 옛사람은 하늘이 주는 벼슬을 먼저 닦았으므로 사람이 주는 벼슬이 뒤따라왔다. 지금 사람들은 하늘이 주는 벼슬을 닦아 사람이 주는 벼슬을 구하다가 사람이 주는 벼슬을 얻은 뒤에는 하늘이 주는 벼슬을 버리니, 그 미혹됨이 참으로 심하다. 이는 끝내 사람이 주는 벼슬까지 반드시 잃게 만들 것이다."

蛇足 도덕적 삶의 보상은 무엇인가? 천당을 가거나 극락왕생을 이

루는 것과 같은 보상이 맹자의 사상에도 있는가? 맹자에게 도덕은 어떤 목적을 위한 것이 아니다. 그 자체가 목적이면서 보상이다. 어짊과 올바름을 잘 간직하고 행하는 것 자체가 보상이다. 이를 맹자는 '하늘이 주는 벼슬'이라 했다. 물론 그러한 덕을 지녔기 때문에 경이나 대부의 벼슬을 얻을 수는 있으나, 이는 부차적인 것이다. 그리고 벼슬을 얻으려 해서 얻은 것이 아니라, 덕을 갖추었기 때문에 자연스럽게 따라온 것이다. 만약 사람이 주는 벼슬을 얻으려는 목적에서 덕을 닦는다면, 벼슬을 얻자마자 더 이상 덕을 닦지 않게 될 것이다. 그 순간, 그의 도덕적 삶은 정지된다. 이는 곧 하늘이 주는 벼슬을 버리는 것이고, 이어서 사람이 주는 벼슬까지 잃게 된다.

11.17

孟子曰: "欲貴者, 人之同心也. 人人有貴於己者, 弗思耳矣. 人之所貴者, 非良貴也. 趙孟之所貴, 趙孟能賤之. 詩云, '旣醉以酒, 旣飽以德.' 言飽乎仁義也, 所以不願人之膏粱之味也. 令聞廣譽施於身, 所以不願人之文繡也."

맹자가 말했다.
"귀해지려는 것은 사람들의 똑같은 마음이다. 사람마다 자기 안에 귀함을 갖고 있는데도 그것을 생각하지 못할 뿐이다. 남이 귀하게 해준 것은 참으로 귀한 것이 아니다. 조맹이 귀하게 만들어준 것은 조맹이 천하게 만들 수 있다. 『시경』「대아」의 〈기취(旣醉)〉에 '이미 술에 취했고, 이미 덕으로 배부르다'는 구절이 있는데, 이는 어짊과 올바름으로 배부르기 때문에 남의 고량진미를 바라지 않는다는 뜻이다. 훌륭하다는 평판과 더없는 명성이 이미 제 몸에 있으므로 아름답게 수놓은 남의 옷을 바라지 않는 것이다."

注釋 조맹(趙孟)은 춘추시대 진(晉)나라의 권신이었던 조순(趙盾)이다. 그의 자가 맹(孟)이었으므로 그 자손들이 그를 조맹이라 일컬었다. 고량지미(膏粱之味)는 기름진 고기와 좋은 곡식으로 만든 음식을 뜻한다.

蛇足 역시 덕은 그 자체로 귀한 것이며, 덕을 쌓고 행하는 것 자체가 훌륭함이고 명성이라고 했다. 세상 사람들이 알아주는 것, 그래서 얻는 평판과 명성은 한낱 장식이요 치장일 뿐이다. 공자나 붓다의 위대함은 그들에게 제자들이 있어서가 아니다. 그들의 내면과 삶 자체가 위대하기 때문에 위대한 것이다. 그런 위대함을 지닌 자는 추종자를 바라지 않는다. 추종자가 없다고 해서 위대함이 덜어지는 것도 아니고, 추종자가 많다고 해서 위대함이 더해지는 것도 아님을 잘 알기 때문이다. 이를 모르는 자는 내면에 덕을 갖춤으로써 위대해지려 하지 않고, 추종자들을 거느려서 위대함을 뽐내려 한다. 그리고 세상의 어리석은 자들은 그런 사이비 위대함에 이끌려서 자신에게 있는 참으로 위대한 본성을 내팽개친다.

11.18

孟子曰: "仁之勝不仁也, 猶水勝火. 今之爲仁者, 猶以一杯水救一車薪之火也. 不熄則謂之水不勝火. 此又與於不仁之甚者也, 亦終必亡而已矣."

맹자가 말했다.

"어짊이 어질지 못함을 이기는 것은 마치 물이 불을 이기는 것과 같다. 요즘 어짊을 행한다는 사람들을 보면 한 잔의 물로써 활활 타오르는 한 수레의 장작불을 끄려는 것처럼 하는데, 불이 꺼지지 않으면 물이 불을 이기지 못한다고 말한다. 이런 자는 아주 어질지 못한 자와 같으니, 끝내 제 어짊조차 잃고 말 것이다."

注釋 여(與)는 동(同)과 같다. 구(救)는 불을 끄다는 뜻으로 쓰였다. 식(熄)은 불이 꺼지다는 뜻이다.

蛇足 맹자의 왕도를 시대에 맞지 않은 사상이라고 말하는 사람이 많다. 무슨 근거로 그렇게 말하는가? 혼탁한 세상이라서 그렇게 말하는가? 어떤 제후도 받아들이려 하지 않았으므로 그렇게 말하는가? 왕도는 단지 이상주의일 뿐, 현실적으로는 불가능한 방도라고 여겨서 그렇게 말하는가? 왕도를 비현실적이고 이상주의적이라고 말하려면, 왕도를 실행하는 과정과 그 결과를 가지고 말해야 한다. 그러나 어떤 군주도 왕도를 실행하려 하지 않았다. 혹시라도 왕도를 실행하려는 군주가 있었다고 해도 고작 한 잔의 물 수준에서 그쳤다. 그러니 활활 타오르는 천하의 불길을 어찌 잡을 수 있었겠는가? 맹자는 물이 불을 끌 수 있는 것처럼 왕도가 혼란을 종식시키고 백성들의 살 길을 열어주리라 확신했다.

11.19

孟子曰: "五穀者, 種之美者也. 苟爲不熟, 不如荑稗. 夫仁, 亦在乎熟之而已矣."

맹자가 말했다.

"오곡은 곡식 가운데서 좋은 것이다. 그러나 익지 않으면 돌피나 피보다 못하다. 저 어짊 또한 익게 하는 데에 있을 뿐이다."

注釋 이패(荑稗)는 돌피와 피를 뜻한다.

蛇足 말은 해야 맛이고, 곡식은 익어야 맛이다. 익지 않은 곡식은 곡식이 아니다. 어짊이나 올바름 또한 마찬가지다. 사람에게 그 실마리가 태어나면서부터 갖추어져 있었다고 해도 그것을 무르익히지 않으면 결코 쓸모가 없다. 무르익히지 않고서 어짊을 쓸모가 없다고 하는 것은, 기름진 땅에 김도 매지 않은 채 가을을 기다렸다가 수확이 없으면 황무지라서 그렇다고 말하는 격이다.

11.20

孟子曰: "羿之教人射, 必志於彀, 學者亦必志於彀. 大匠誨人必以規矩, 學者亦必以規矩."

맹자가 말했다.
"예(羿)가 사람에게 활쏘기를 가르칠 때는 반드시 활을 당기는 데에 뜻을 두었고, 배우는 자 또한 활을 당기는 데에 뜻을 두었다. 뛰어난 장인은 사람에게 가르칠 때 반드시 그림쇠와 곱자로써 가르쳤고, 배우는 자 또한 반드시 그림쇠와 곱자로써 배웠다."

注釋 예(羿)는 고대에 명궁으로 알려진 사람이다. 구(彀)는 활을 당기다는 뜻이다.

蛇足 그림쇠와 곱자가 상앙에게는 법령이나 제도를 의미하지만, 맹자에게는 선왕들의 가르침을 의미한다. 그래서 상앙의 법가에서는 이미 마련된 그림쇠와 곱자를 받아들여서 따르기만 하면 되지만, 맹자의 유가에서는 스스로 그 가르침의 뜻을 음미하고 터득해야만 한다. 일을 제대로 해내지 못했을 때는, 상앙은 규정을 어겼다고 하며 형벌에 처하고 맹자는 아직 익히지 못했다고 하며 더 배우라고 한다.

12장

고자 하(告子下)

12.1

任人有問屋廬子曰: "禮與食孰重?"
曰: "禮重."
"色與禮孰重?"
曰: "禮重."
曰: "以禮食, 則飢而死; 不以禮食, 則得食, 必以禮乎? 親迎, 則不得妻; 不親迎, 則得妻, 必親迎乎?"
屋廬子不能對, 明日之鄒以告孟子.
孟子曰: "於答是也, 何有? 不揣其本而齊其末, 方寸之木可使高於岑樓. 金重於羽者, 豈謂一鉤金與一輿羽之謂哉? 取食之重者與禮之輕者而比之, 奚翅食重? 取色之重者與禮之輕者而比之, 奚翅色重? 往應之曰, '紾兄之臂而奪之食, 則得食; 不紾, 則不得食, 則將紾之乎? 踰東家牆而摟其處子, 則得妻; 不摟, 則不得妻, 則將摟之乎?'"

임(任)나라 사람이 옥려자에게 물었다.
"예의와 먹는 일 가운데 어느 것이 더 중요합니까?"
옥려자가 대답했다.
"예의가 더 중요합니다."
"아내를 얻는 일과 예의 가운데 어느 것이 더 중요합니까?"
"예의가 더 중요합니다."
"예의를 지켜서 먹으려 하면 굶어서 죽고, 예의를 지키지 않고 먹으려 하면 먹을 수 있을 경우에도 반드시 예의를 지켜야 합니까? 친영의 예를 갖추면 아내를 얻지 못하고, 친영의 예를 갖추지 않으면 아내를 얻을 수 있을 경우에도 반드시 친영의 예를 갖추어야 합니까?"
옥려자가 대답하지 못하고 이튿날 추(鄒) 땅으로 가서 맹자에게 이를 말하였다. 맹자가 대답했다.

"이에 대답하는 게 무엇이 어려운가? 그 근본을 헤아리지 않고 그 말단을 가지런히 하면 한 치 되는 작은 나무조차 높이 솟은 누각보다 높게 할 수 있다. 쇠가 깃털보다 무겁다는 것이 어찌 한 개의 갈고리와 한 수레 가득 실린 깃털을 견주어서 말한 것이겠는가? 먹는 일 가운데 중요한 것과 예의 가운데 가벼운 것을 견주면 어찌 먹는 일이 중요한 것에서만 그치겠는가? 아내를 얻는 일의 중요한 것과 예의의 가벼운 것을 견주면, 어찌 아내를 얻는 일이 중요한 것에서만 그치겠는가? 가서, '형의 팔을 비틀면 밥을 빼앗아서 먹을 수 있고, 비틀지 않으면 먹을 수 없다고 한다면, 형의 팔을 비틀겠는가? 동쪽 집의 담을 넘어서 그 집 처녀를 끌고 오면 아내를 얻고, 끌고 오지 못하면 아내를 얻지 못한다고 한다면, 담을 넘어서 그 처녀를 끌고 오겠는가?' 하고 되물어보라."

注釋 임(任)은 나라 이름으로, 맹자의 고향인 추(鄒)에서 가까웠다고 한다. 지금의 산동성 제녕현(濟寧縣)에 해당된다. 옥려자(屋廬子)는 이름이 련(連)이며, 맹자의 제자다. 색(色)은 안색(顔色)이 아름다운 것을 이르며, 여인 또는 아내를 뜻한다. 친영(親迎)은 고대 혼인의 육례(六禮) 가운데 하나로, 혼인날에 신랑이 신부를 직접 맞이하러 가는 마지막 의식이다. 췌(揣)는 헤아리다는 뜻이다. 잠(岑)은 높다, 크다는 뜻이다. 해(奚)는 어찌, 무엇을 뜻한다. 시(翅)는 시(啻)와 통용되며, ~뿐을 뜻한다. 진(紾)은 비틀다는 뜻이다. 유(踰)는 넘다, 타넘다는 뜻이다. 루(摟)는 꾀어 끌어들이다, 끌어 오다는 뜻이다.

蛇足 비교해서 논의하는 일은 꽤 효과적이지만, 자칫 아전인수 격으로 끌어다 붙이는 일이 될 수도 있다. 그래서 비교의 기준을 엄정하

게 마련하고 비교 대상을 알맞게 설정해야만 한다. 예의와 먹는 일, 예의와 아내를 얻는 일을 비교할 때는 그런 점을 염두에 두었어야 하는데, 임나라 사람은 전혀 그런 점을 고려하지 못했다.

예의의 스펙트럼도 다양하고 다채롭지만, 먹는 일이나 아내를 얻는 일도 상황에 따라서 큰 편차를 갖는다. 가령, 편안한 일상에서 먹는 일과 기근이 들어서 굶어죽게 될 때의 먹는 일을 예로 들어보자. 전자의 경우에는 일상적인 예법을 지키기가 쉬운 상황이지만, 후자의 경우에는 어떤 예의도 먹는 일보다 중요하게 간주될 수 없는 상황이다. 이렇듯 예의는 가볍고 먹는 일이 중요할 때가 있는가 하면, 그 반대일 경우도 있다.

인간의 삶은 끊임없이 변화하는 상황 속에서 이루어진다. 예의는 그러한 변화들 속에서 어떻게 행동할 것인가에 대한 심사숙고 끝에 마련된 최소한의 장치일 뿐이다. 예의 자체가 절대화될 수 없다는 말이다. 주체와 대상, 상황 전반을 고려해야만 비로소 예의가 성립된다는 사실을 잊게 되면, 생물학적 요구나 정서적인 반응을 무시하거나 부정하게 되는 극단적인 관념으로 나아갈 수도 있다. 후대 성리학적 사유의 폐단이 이를 잘 보여준다. 비록 맹자가 "근본과 말단을 헤아리라"고 했으나, 그 근본과 말단 역시 상황에 따른 가치나 효용의 중요성 차원에서 거론한 것이지 이미 고정되어 있는 어떤 것이라고 말한 건 아니다.

12.2

曹交問曰: "人皆可以爲堯舜, 有諸?"
孟子曰: "然."
"交聞文王十尺, 湯九尺, 今交九尺四寸以長, 食粟而已, 何如則可?"
曰: "奚有於是? 亦爲之而已矣. 有人於此, 力不能勝一匹雛, 則爲無力人矣. 今曰擧百鈞, 則爲有力人矣. 然則擧烏獲之任, 是亦爲烏獲而已矣. 夫人豈以不勝爲患哉? 弗爲耳. 徐行後長者謂之弟, 疾行先長者謂之不弟. 夫徐行者, 豈人所不能哉? 所不爲也. 堯舜之道, 孝弟而已矣. 子服堯之服, 誦堯之言, 行堯之行, 是堯而已矣. 子服桀之服, 誦桀之言, 行桀之行, 是桀而已矣."

曰: "交得見於鄒君, 可以假館, 願留而受業於門."

曰: "夫道若大路然, 豈難知哉? 人病不求耳. 子歸而求之, 有餘師."

조교가 물었다.

"사람은 모두 요나 순이 될 수 있다고 하는데, 그렇습니까?"

맹자가 대답했다.

"그렇소."

"제가 들으니, 문왕은 키가 열 자, 탕은 아홉 자라 하는데, 이제 제 키는 아홉 자 네 치로 더 크지만 곡식만 축낼 뿐이니 어찌하면 좋겠습니까?"

"그게 무슨 상관이 있겠소? 그저 하려고 애쓰면 되오. 여기 어떤 사람이 있는데, 그 힘이 새끼 집오리 한 마리조차 들 수 없다고 말한다면, 그는 힘이 없는 사람이오. 그러나 이제 3천 근을 들 수 있다고 말한다면, 그는 힘 있는 사람이오. 그렇다면, 오확이 들 수 있는 무게를 든다면 이 사람 또한 오확과 같은 사람이 될 뿐이오. 그런데 사람들은 어찌하여 감당하지 못할 것을 미리 걱정하는 것이오? 스스로 하지 않을 뿐이오. 어른 뒤에서 천천히 가는 것을 깍듯하다고 하고, 어른 앞에서 빠르게 가는 것을 깍듯하지 못하다고 하오. 저 천천히 가는 것이 어찌 사람들이 할 수 없는 일이겠소? 하지 않는 것일 뿐이오.

요와 순의 도는 효도와 깍듯함일 뿐이오. 그대가 요의 옷을 입고 요의 말을 하고 요의 행동을 한다면 바로 요가 되오. 그대가 걸의 옷을 입고 걸의 말을 외고 걸의 행동을 한다면 바로 걸이 되오."

"제가 추나라의 군주를 뵌다면 관사를 빌릴 수 있습니다. 부디 머물러서 선생의 문하에서 가르침을 받고 싶습니다."

"무릇 도는 큰 길과 같으니, 어찌 알기 어려운 것이겠소? 사람들의 병집은 구하지 않는 데 있을 뿐이오. 그대가 돌아가서 구한다면, 스승은 얼마든지 있소."

注釋 조교(曹交)는 조(曹)나라 군주의 아우라고 하는 견해들이 있으나, 그렇게 단정할 만한 근거는 없다. 조나라는 맹자가 활동할 시대에는 이미 망하고 없었기 때문이다. 척(尺)은 지금보다 짧아서 주 왕조 때는 대략 23cm고, 주 왕조 말기에는 그보다 짧아져서 대략 20.5cm였다고 한다. 해유(奚有)는 하유(何有)와 같다. 필(匹)은 집오리를 뜻하는 필(鴫)과 같다. 추(雛)는 병아리, 새끼 새를 뜻한다. 균(鈞)은 서른 근의 무게를 뜻한다. 오확(烏獲)은 고대의 역사(力士)로 알려진 인물로, 『사기』「진본기(秦本紀)」에 나오는 진무왕(秦武王) 때의 역사(力士)는 그 이름을 답습한 것으로 보인다. 제(弟)는 제(悌)와 같다.

蛇足 앞서 비교 논의에 대해 말한 데서도 암시되어 있지만, 흔히 사람들은 비교해서는 안 되거나 비교할 수 없는 것을 굳이 비교해서 제 홀로 낙담하거나 포기한다. 여기에 등장하는 조교 또한 비교할 줄도 모르면서 비교해서 스스로 낙담한 자에 해당한다. 요와 순이 성군이 된 것은 그 키에 있지 않은데, 그 키로써 자신과 비교하여 "제 키는 아홉 자 네 치로 더 크지만 곡식만 축낼 뿐이니 어찌하면 좋겠습니까?"라고 볼멘소리를 하고 있으니.

키는 내 마음대로 늘였다 줄였다 할 수 없다. 그러나 마음은 내가 애를 쓰면 얼마든지 어질게 될 수 있다. 왜 할 수 있는 것을 살피지 않는가? 할 수 있는 것을 살피지 않으니, 결과만을 보고서 "나는 안 될 거야!"라고 미리 선을 긋는다. 어찌하여 미리 걱정하는지 딱한 노릇이지만, 이 또한 범부들의 일반적인 심리다. 아니, 심지어는 배운다고 하는 자마저 그렇게 미리 걱정하며 선을 그어버리는 일이 적지 않다. 배운 자가 그럴 때는 어짊과 올바름을 저버릴 뿐만 아니라 곡학아세하기까지 한다.

『논어』「옹야」편에 다음의 문답이 나온다.

염구가 말하였다.

"스승의 도를 기꺼워하지 않는 건 아니지만, 저로선 힘이 부칩니다."

공자께서 말씀하셨다.

"힘이 부치는 자는 도중에 저절로 그만두게 된다. 이제 너는 미리 선을 긋는구나."

맹자에게 덕을 쌓는 일은 목적이 아니라 과정 자체다. 그 결과가 어찌될지 미리 생각할 필요조차 없는 행위가 덕을 쌓는 일이다. 미리 선을 긋는 것은 결과를 먼저 생각한 탓이다. 그러다 보니, 뜻을 스스로 꺾는 짓까지 한다. 천하의 스승이라는 공자에게 배우면서도 염구는 힘이 부친다고 하소연했다. 이는 스스로 뜻을 세우지 않으면 공자도 붓다도 어찌할 수 없음을 말해준다. 반면에 뜻을 세우기만 하면, 누구를 만나든 어디를 가든 스승을 찾지 못하겠는가? 그래서 맹자도 "그대가 돌아가서 구한다면, 스승은 얼마든지 있소"라고 말했던 것이다.

12.3

公孫丑問曰: "高子曰, '小弁, 小人之詩也.'"
孟子曰: "何以言之?"

曰: "怨."

曰: "固哉, 高叟之爲詩也! 有人於此, 越人關弓而射之, 則己談笑而道之. 無他, 疏之也. 其兄關弓而射之, 則己垂涕泣而道之. 無他, 戚之也. 小弁之怨, 親親也. 親親, 仁也. 固矣夫, 高叟之爲詩也!"

曰: "凱風何以不怨?"

曰: "凱風, 親之過小者也; 小弁, 親之過大者也. 親之過大而不怨, 是愈疏也; 親之過小而怨, 是不可磯也. 愈疏, 不孝也; 不可磯, 亦不孝也. 孔子曰, '舜其至孝矣, 五十而慕.'"

공손추가 말했다.

"고자(高子)가 '『시경』「소아」의 〈소반(小弁)〉은 소인의 시다'라고 말했습니다."

맹자가 물었다.

"무슨 근거로 그렇게 말한 것인가?"

"원망하는 뜻이 있어서라 합니다."

"고루하구나, 고씨 노인이 시를 평하는 게! 여기 어떤 사람에게 월나라 사람이 활에 화살을 먹여 쏘려고 하면, 그는 아무렇지도 않게 웃으면서 타이를 것이다. 그건 다른 게 아니라 자신이 월나라 사람과 관계가 멀다고 여기기 때문이다. 그러나 자기 형이 활에 화살을 먹여 쏘려고 하면, 그는 눈물을 흘리며 하소연할 것이다. 그건 다른 게 아니라 한 핏줄로 여기기 때문이다. 〈소반〉에 담긴 원망하는 뜻은 어버이를 친애하는 데서 나온 것이다. 어버이를 친애하는 것은 어짊이다. 고루하구나, 고씨 노인이 시를 평하는 게!"

"그런데 『시경』「패풍(邶風)」의 〈개풍(凱風)〉에는 어찌하여 원망하는 뜻이 없습니까?"

"〈개풍〉에서는 어버이의 허물이 작고, 〈소반〉에서는 어버이의 허물이 크다. 어버이의 허물이 큰데도 원망하지 않는다면, 이는 사이가 더욱 멀어지는 것이다. 어버이의 허물이 작은데도 원망한다면, 이는 서로 나무랄 수 없게 되는 것이다. 사이가 더욱 멀어지는 것도 불효고, 서로 나무랄 수 없게 되는 것도 불효다. 공자는 '순은 참으로 지극한 효자이니, 나이 쉰에도 어버이를 그리워했다'고 말했다."

注釋 고자(高子)는 『맹자』에서 여러 차례 보이는데, 맹자가 고수(高叟)라고 일컫는 것을 보면 맹자보다 연장자로 보인다. 따라서 맹자의 제자로 보기는 어렵다. 완(關)은 당기다는 뜻이다. 담소(談笑)에는 조소(嘲笑)의 말맛이 있다. 유(愈)는 더욱을 뜻한다. 기(磯)는 나무라다는 뜻의 기(譏)와 통한다.

蛇足 효성스러운 마음은 똑같아도 그 마음을 행동으로 나타낼 때는 상황에 따라야 한다는 것을 시로써 말해주고 있다. 고자는 그런 상황성을 고려하지 않은 탓에 숨겨진 뜻을 풀어내지 못했던 듯하다. 맹자가 그를 고루하다고 말한 게 그 때문이다.

〈소반〉은 다른 사람의 그릇된 말로 인해 부모에게서 쫓겨난 슬픔과 부모를 봉양하고자 해도 봉양할 수 없는 안타까움을 꽤 길게 노래한 시다. 스스로 허물을 지어서 쫓겨났을 때는 그 허물을 고치면 얼마든지 되돌아갈 수 있으므로 원망할 필요가 없다. 그러나 부모가 남의 말을 듣고 쫓아냈을 때는 그 허물은 부모에게 있으므로 부모가 바로잡아야만 비로소 돌아갈 수 있다. 그런데 부모가 마음을 돌이키지 않으니 효도를 다하고자 하는 자식으로서는 돌아가서 모시고 싶은 마음만 간절해져 원망이 일지 않을 수 없는 것이다. 이에 비해 〈개풍〉은 원망하는 마음이 전혀 없다.

凱風自南　남쪽에서 불어오는 산들바람
吹彼棘心　저 대추나무 싹을 어루만지네.
棘心夭夭　대추나무 그 싹은 아직 어려
母氏劬勞　내 어머니 걱정하고 수고하시네.

凱風自南　남쪽에서 불어 오는 산들바람
吹彼棘薪　저 대추나무 줄기를 어루만지네.
母氏聖善　어머니 지극하고 착하시지만
我無令人　우리는 좋은 아들들 아니라네.

爰有寒泉　저기 한천이라는 샘이
在浚之下　준(浚) 아래에 있구나.
有子七人　아들 일곱이 있어도
母氏勞苦　어머니 걱정하고 수고하시네.

睍睆黃鳥　울어대는 노오란 꾀꼬리
載好其音　고운 소리 듣기 좋구나.
有子七人　아들 일곱이 있어도
莫慰母心　어머니 마음 어루만져주지 못하네.

〈개풍〉은 일찌감치 홀몸이 되어서 일곱 아들들을 키우느라 자신의 외로움 따위는 돌아보지도 않은 어머니에 대해 아들들로서는 그 외로움을 달래줄 길이 없다는 안타까움과 또 모친을 사랑하기에 쉽사리 재혼을 권하지도 못하는 심정이 깔려 있는 시다.

12.4

宋牼將之楚, 孟子遇於石丘, 曰: "先生將何之?"
曰: "吾聞秦楚構兵, 我將見楚王說而罷之. 楚王不悅, 我將見秦王說而罷之. 二王我將有所遇焉."
曰: "軻也請無問其詳, 願聞其指. 說之將如何?"
曰: "我將言其不利也."
曰: "先生之志則大矣, 先生之號則不可. 先生以利說秦楚之王, 秦楚之王悅於利, 以罷三軍之師, 是三軍之士樂罷而悅於利也. 爲人臣者懷利以事其君, 爲人子者懷利以事其父, 爲人弟者懷利以事其兄, 是君臣父子兄弟終去仁義, 懷利以相接. 然而不亡者, 未之有也. 先生以仁義說秦楚之王, 秦楚之王悅於仁義, 而罷三軍之師, 是三軍之士樂罷而悅於仁義也. 爲人臣者懷仁義以事其君, 爲人子者懷仁義以事其父, 爲人弟者懷仁義以事其兄, 是君臣父子兄弟去利, 懷仁義以相接也. 然而不王者, 未之有也. 何必曰利?"

송경이 초나라로 가는 길이었는데, 맹자가 석구(石丘)에서 그를 만나자 물었다.
"선생은 어디로 가시는 길이오?"
"내 들으니, 진나라와 초나라가 전쟁을 일으킨다고 하오. 그래서 내가 초나라 왕을 만나 설득해서 전쟁을 그만두게 하려는 것이오. 초나라 왕이 내 말을 달갑게 여기지 않는다면, 나는 진나라 왕을 만나서 설득하여 전쟁을 그만두게 할 작정이오. 두 왕 가운데 나와 뜻이 맞을 왕이 있을 것이오."
맹자가 말했다.
"내가 자세한 것은 묻지 않겠으나, 대략적인 뜻은 듣고 싶소. 무엇으로써 설득하려 하시오?"

"이롭지 않다는 것을 가지고 말할 것이오."

"선생의 뜻은 훌륭하오만, 선생이 쓰려는 방법은 좋지 않소. 선생이 이로움으로써 진나라와 초나라 왕들을 설득하면, 진나라와 초나라 왕들은 그 이로움을 기꺼워하여 삼군을 일으키는 것을 그만둘 것이오. 이리되면 삼군의 군사들은 출병이 그친 것을 좋아하며 이로움을 기꺼워할 것이오. 신하 된 자가 이로움을 붙좇아서 군주를 섬기고, 자식된 자가 이로움을 붙좇아서 아비를 섬기고, 아우 된 자가 이로움을 붙좇아서 형을 섬긴다면, 임금과 신하, 아비와 자식, 형과 아우는 끝내 어짊과 올바름을 버리고 서로 이로움을 붙좇으며 대하게 될 것이오. 이렇게 하고서도 망하지 않은 자는 아직까지 없었소. 선생께서 어짊과 올바름으로써 진나라와 초나라 왕들을 설득한다면, 진나라와 초나라 왕들은 어짊과 올바름을 기꺼워하여 삼군을 일으키는 것을 그만둘 것이오. 이리 되면 삼군의 군사들은 출병이 그친 것을 좋아하며 어짊과 올바름을 기꺼워할 것이오. 신하 된 자가 어짊과 올바름을 품고서 군주를 섬기고, 자식 된 자가 어짊과 올바름을 품고서 아비를 섬기고, 아우 된 자가 어짊과 올바름을 품고서 형을 섬긴다면, 임금과 신하, 아비와 자식, 형과 아우는 끝내 이로움을 버리고 서로 어짊과 올바름을 품고서 대하게 될 것이오. 이렇게 하고서도 왕노릇하지 못한 자는 아직까지 없었소. 어찌 꼭 이로움을 말씀하시오?"

注釋 송경(宋牼)은 송(宋)나라 사람이다. 『장자』와 『순자』에서는 송견(宋銒)으로, 『한비자』에서는 송영(宋榮)으로 나온다. 묵자 학파의 유명한 학자다. 석구(石丘)는 송나라의 땅 이름이다. 구병(構兵)은 군대를 내보내 전쟁을 일으키는 것을 뜻한다. 소우(所遇)는 뜻이 합치되는 것, 생각이 일치하는 것을 뜻한다. 지(指)는 지(旨)와 같으며, 뜻이나 의

도를 의미한다. 호(號)는 구실이나 이유, 사용할 방법 등을 뜻한다. 삼군(三軍)은 제후의 군대를 지칭하는데, 일군(一軍)은 1만 2천 5백 명이다. 사(師)는 군대를 뜻한다. 종(終)은 마침내, 끝끝내를 뜻한다.

蛇足 여기서 맹자는 1.1에서 양나라 혜왕에게 이로움은 도리어 해로움이 된다는 것, 어짊과 올바름에 따라 행하는 것이야말로 오래도록 이로운 계책이 된다는 것을 말해주었을 때와 똑같은 논리를 펴고 있다. 그런데 혹시 맹자가 지나치게 확대 해석을 하는 게 아니냐고 반문할 수도 있다. 그렇게 볼 여지도 없잖아 있다. 그러나 맹자는 당시의 모든 혼란과 분란의 빌미가 군신들이 오로지 이로움을 모든 판단과 결정의 근거로 삼은 데에 있다고 본 것이다. 그러한 판단과 결정의 폐해가 지금 당장 드러나지는 않지만, 그러하기 때문에 더욱더 삼가야 한다는 것이 맹자의 생각이었으리라 여겨진다.

12.5

孟子居鄒, 季任爲任處守, 以幣交, 受之而不報. 處於平陸, 儲子爲相, 以幣交, 受之而不報. 他日, 由鄒之任, 見季子; 由平陸之齊, 不見儲子. 屋廬子喜曰: "連得間矣." 問曰: "夫子之任, 見季子; 之齊, 不見儲子, 爲其爲相與?"

曰: "非也. 書曰, '享多儀, 儀不及物曰不享, 惟不役志于享.' 爲其不成享也."

屋廬子悅. 或問之. 屋廬子曰: "季子不得之鄒, 儲子得之平陸."

맹자가 추 땅에 머물고 있을 때, 임나라의 처수(處守)가 된 계임이 예물을 보내 사귀기를 청하자 맹자는 예물만 받고 답례하지 않았다. 또 맹자가 평륙에 머물고 있을 때, 재상이 된 저자(儲子)가 예물을 보내 사귀기를 청하자 맹자는 예물만 받고 답례하지 않았다. 훗날 맹자가 추 땅에서 임나라로 갔을 때는 계임을 만났으나, 평륙에서 제나라로 갔을 때는 저자를 만나지 않았다. 옥려자가 신이 나서, "내가 스승의 빈틈을 찾았다"고 하면서 맹자에게 물었다.

"스승께서는 임나라에 갔을 때는 계임을 만났으면서도 제나라에 갔을 때는 저자를 만나지 않았습니다. 이는 저자가 겨우 재상이었기 때문입니까?"

"아니다. 『상서』 〈낙고(洛誥)〉에서는 '윗사람을 받드는 데에는 의식이 많은데, 그 의식이 예물에 미치지 못하면 받들지 못한 것이라 한다. 이는 받드는 데에 마음을 다하지 않았기 때문이다'라고 했다. 내가 저자를 만나지 않은 것은 그가 받드는 예의를 제대로 갖추지 않아서다."

옥려자는 기뻐했다. 누군가가 그 까닭을 묻자, 옥려자가 대답했다.

"계임은 추 땅에 갈 수 없었으나, 저자는 평륙에 갈 수 있었음에도 가지 않았다."

注釋 계임(季任)은 임(任)나라 군주의 동생이다. 처수(處守)는 군주를 대신하여 다스리는 관리로, 유수(留守)라고도 한다. 보(報)는 가서 답례하는 것을 뜻한다. 평륙(平陸)은 제나라의 읍이다. 향(享)은 예물을 바치는 일 또는 윗사람을 받드는 것을 뜻한다. 의(儀)는 예의에 맞는 법식이나 의식을 뜻한다.

蛇足 옥려자는 흥미로운 제자다. 스승에게서 빈틈을 찾아내고는 신이 났고, 가르침을 받고서는 기뻐했다. 순진하고 소박한 사람이라고 볼 수 있겠다. 이런 제자가 있다는 것은 맹자가 결코 고지식한 사람은

아니었으며 또 아랫사람에게 군림하는 선비도 아니었음을 뜻한다. 상황에 따른 예의의 중요성을 말했듯이 스스로도 그렇게 말하고 행동했으리라고 가늠해볼 수 있다.

똑같이 예물을 받았음에도 훗날 한 사람에게는 찾아가고 다른 한 사람에게는 찾아가지 않은 것을 두고서 행여 고약한 짓이라고 말할 사람도 있을 수 있다. 그러나 예의는 결코 드러난 것만으로 알맞다, 그르다고 말하기 어렵다. 그의 마음과 행동이 상황에 알맞았는지가 중요하다. 찾아갈 수 있음에도 찾아가지 않았다면, 아무리 예물이 넉넉하더라도 그 마음은 모자랐다고 해야 옳다. 제나라의 재상 저자가 그렇게 했다. 그런데 왜 맹자는 예물은 받았는가? 그가 마음을 다하지 않았을 뿐, 마음을 전혀 쓰지 않은 것은 아니기 때문이다. 그 예물에 그가 쓴 마음이 담겨 있었다. 그것만은 받아들여야 했으므로 받았다. 찾아오지 않은 데 대해서만 문제 삼은 것뿐이다. 혹시라도 맹자가 재물을 좋아했을 뿐이라고 여길 자도 있겠으나, 그건 제 깜냥이니 내가 어찌하겠는가.

12.6

淳于髡曰: "先名實者, 爲人也; 後名實者, 自爲也. 夫子在三卿之中, 名實未加於上下而去之, 仁者固如此乎?"
孟子曰: "居下位, 不以賢事不肖者, 伯夷也; 五就湯, 五就桀者, 伊尹也; 不惡汚君, 不辭小官者, 柳下惠也. 三子者不同道, 其趨一也. 一者何也? 曰仁也. 君子亦仁而已矣, 何必同?"
曰: "魯繆公之時, 公儀子爲政, 子柳子思爲臣, 魯之削也滋甚. 若是乎, 賢者之無益於國也!"
曰: "虞不用百里奚而亡, 秦穆公用之而霸. 不用賢則亡, 削何可得與?"

曰: "昔者, 王豹處於淇, 而河西善謳; 綿駒處於高唐, 而齊右善歌; 華周 · 杞梁之妻善哭其夫, 而變國俗. 有諸內, 必形諸外. 爲其事而無其功者, 髡未嘗覩之也. 是故無賢者也. 有則髡必識之."

曰: "孔子爲魯司寇, 不用, 從而祭, 燔肉不至, 不稅冕而行. 不知者以爲爲肉也, 其知者以爲爲無禮也. 乃孔子則欲以微罪行, 不欲爲苟去. 君子之所爲, 衆人固不識也."

순우곤이 물었다.

"명성과 실적을 앞세우는 것은 남들을 위하는 것이고, 명성과 실적을 뒤로하는 것은 자기를 위하는 것이오. 선생은 삼경 가운데 한 자리에 있으면서도 명성과 실적을 위나 아래에 더해주지 못한 채 떠나버렸으니, 어진 사람은 참으로 이렇게 합니까?"

맹자가 대답했다.

"아랫자리에 있으면서 자신의 현명함으로 못난 자를 섬기지 않은 이는 백이였고, 다섯 번 탕을 찾아가고 다섯 번 걸을 찾아간 이는 이윤이며, 더러운 군주라도 미워하지 않고 하찮은 관직이라도 마다하지 않은 이는 유하혜였소. 세 사람의 길은 같지 않으나, 향한 곳은 하나였소. 그 하나가 무엇이겠소? 어짊이오. 군자라면 어짊을 실행할 뿐이니, 어찌 꼭 길이 같아야만 하겠소?"

순우곤이 말했다.

"노목공 때 공의자가 정치를 맡고 자류와 자사가 신하로 있었지만 노나라의 영토는 아주 심하게 깎여 나갔소. 정녕 이러하다면, 현자는 나라에 전혀 이익이 없는 존재인 셈이오!"

맹자가 말했다.

"우나라는 백리해를 쓰지 않아서 망했고, 진목공은 그를 써서 패자가 되었소. 현자를 쓰지 않으면 망하니, 어찌 영토가 깎여 나가는 것일 뿐이겠소?"

순우곤이 말했다.

"옛날에 왕표가 기수(淇水) 가에 살자 하서 사람들이 노래를 잘 불렀고, 면구가 고당에 살자 제나라 서쪽 사람들이 노래를 잘 불렀으며, 화주와 기량의 아내가 곡을 잘하자 나라의 풍속이 변했소. 안에 갈무리되어 있는 것은 반드시 밖으로 드러나기 마련이오. 어떤 일을 했음에도 그 공적이 없는 경우는 내가 본 적이 없소이다. 이런 까닭에 현자가 없다고 한 것이오. 있다면 내가 반드시 알아보았을 것이오."

맹자가 말했다.

"공자는 노나라의 사구(司寇)가 되었지만 크게 쓰이지 못했고 제사에 참석했는데도 제사 고기가 이르지 않았으므로 쓰고 있는 관을 벗지도 않은 채 떠났소. 공자를 제대로 알지 못하는 자는 제사 고기 때문이라 여겼고, 그를 제대로 아는 자는 조정에서 예의를 어겼기 때문이라 여겼소. 이는 곧 공자가 사소한 잘못을 구실로 삼아 떠나려 했던 것이지, 구차하게 떠나고 싶지 않아서 그랬던 것이오. 본디 군자가 하는 일을 뭇 사람들은 잘 알지 못하는 법이오."

注釋 순우곤(淳于髡)은 제나라 사람으로, 제나라의 위왕(威王)과 선왕(宣王) 밑에서 벼슬했다. 『전국책』 「제책」과 『사기』 〈골계열전(滑稽列傳)〉 등에 그 행적이 실려 있다. 삼경(三卿)은 상경(上卿) · 아경(亞卿) · 하경(下卿) 또는 상(相) · 장(將) · 객경(客卿)을 가리킨다고 한다. 맹자가 제나라에서 객경을 지낸 적이 있으므로 후자로 보는 것이 적절하다. 상하(上下)는 군주와 백성을 가리킨다. 공의자(公儀子)는 공의휴(公儀休)

로 여겨진다. 『사기』 〈순리열전(循吏列傳)〉에 공의휴는 노나라의 박사였으며, 노나라 재상이 되어 법을 잘 받들고 이치를 따르면서 함부로 법을 바꾸는 일이 없었던 인물이라 한다. 자류(子柳)는 조기의 주석에 따르면 설류(泄柳)라 한다. 설류는 4.11과 6.7에도 나온다. 왕표(王豹)는 위(衛)나라의 노래 잘하는 사람이라고 한다. 하서(河西)는 황하(黃河)의 서쪽을 뜻하는데, 여기서는 위(衛)나라 경계를 가리킨다. 순우곤은 제나라 사람이고 제나라는 황하의 동쪽에 있었으므로 그 서쪽에 있던 위나라를 '하서'라 지칭한 것이다. 구(謳)는 악기 연주가 없이 부르는 노래고, 가(歌)는 악기 연주에 맞추어서 부르는 노래다. 면구(綿駒)는 제나라 사람으로, 노래를 잘 불렀다고 한다. 고당(高唐)은 제나라 땅으로, 그 옛 성터가 지금의 산동 우성현(禹城縣) 서남쪽에 있다. 제우(齊右)는 제나라 서쪽이다. 번육(燔肉)의 번(燔)은 번(膰)과 같으며, 제사에 쓴 고기를 뜻한다. 탈면(稅冕)의 탈(稅)은 탈(脫)과 통용된다. 미죄(微罪)는 자그마한 죄, 즉 제사에 쓴 고기를 분배해 주지 않은 것을 이른다.

蛇足 맹자의 마지막 말 "본디 군자가 하는 일을 뭇 사람들은 잘 알지 못하는 법이오"는 순우곤이 군자가 아닌 뭇 사람들에 불과함을 은근히 못 박은 것이다. 맹자가 고약한 심사를 이렇게 표현한 것이라 여길 수도 있으나, 그렇게 말한 데는 까닭이 분명 있다. 간단하게 말하면, 순우곤은 현자의 참된 가치가 어디에 있는지를 몰랐다.

순우곤은 현자를 기용하는 것 자체가 어진 정치라는 것을 몰랐고, 현자가 따로 어떤 성과나 결과를 내야 한다고 여겼다. 현자를 썼음에도 왜 어진 정치가 행해지지 않는가 하고 묻는다면, 당연히 현자를 쓰는 척했을 뿐 제대로 쓰지는 못했다고 할 수 있다. 노나라 목공 때의 자류와 자사에서, 우나라의 백리해에서 그런 사례를 볼 수 있다. 현자를 쓴다는 것은 곁에 둔다는 게 아니다. 실질적으로 그에게 일을 맡겨야 하며, 맡기더라도 그의 덕성과 현명함에 어울리는 자리를 또한 주어야

함을 뜻한다. 고작 미관말직을 주고서 커다란 공적을 바라는 것은 호미질 두어 번 하고서 풍년을 바라는 꼴이다.

또 순우곤이 반박하려고 예로 든 왕표와 면구 등의 일은 오히려 맹자가 말한 현자의 가치 및 어짊의 교화 작용과 관련이 있다. 현자를 쓰는 것 그 자체로 어진 정치라는 것은 그 현자로 말미암아 천천히 그러나 지속적으로 교화가 이루어지기 때문이다. 이는 사람들이 흔히 이해하는 실적과는 다른 차원의 공적이다. 순우곤은 맹자가 그런 공적을 보여주지 못했다고 보았으나, 맹자는 그런 공적을 보여줄 만한 일을 맡지 못했던 것이다. 그저 자리만 주어졌다면 이는 허수아비를 둔 격인데, 어찌 눈에 띄는 공적을 바랄 수 있겠는가? 맹자가 제나라를 떠난 까닭은 허수아비 노릇을 그만두려고 해서다. 당장에 성과가 나야만 그 사람을 현명하다고 여기는 순우곤으로서는 그 숨겨진 뜻을 알아채기 어려웠음은 당연하다.

12.7

孟子曰: "五霸者, 三王之罪人也; 今之諸侯, 五霸之罪人也; 今之大夫, 今之諸侯之罪人也. 天子適諸侯曰巡狩, 諸侯朝於天子曰述職. 春省耕而補不足, 秋省斂而助不給. 入其疆, 土地辟, 田野治, 養老尊賢, 俊傑在位, 則有慶, 慶以地. 入其疆, 土地荒蕪, 遺老失賢, 掊克在位, 則有讓. 一不朝, 則貶其爵; 再不朝, 則削其地; 三不朝, 則六師移之. 是故天子討而不伐, 諸侯伐而不討. 五霸者, 摟諸侯以伐諸侯者也. 故曰, '五霸者, 三王之罪人也.' 五霸, 桓公爲盛. 葵丘之會, 諸侯束牲載書而不歃血. 初命曰, '誅不孝, 無易樹子, 無以妾爲妻.' 再命曰, '尊賢育才, 以彰有德.' 三命曰, '敬老慈幼, 無忘賓旅.' 四命曰, '士無世官, 官事無攝, 取士必得, 無專殺大夫.' 五命曰, '無曲防, 無遏糴, 無有封而不告.' 曰, '凡我同盟之人, 旣盟之後, 言歸于好.' 今之諸侯皆犯此五禁, 故曰, '今之諸侯, 五覇之罪人也.' 長君之惡, 其罪小; 逢君之惡, 其罪大. 今之大夫皆逢君之惡, 故曰, '今之大夫, 今之諸侯之罪人也.'"

맹자가 말했다.

"오패는 삼왕의 죄인이고, 지금의 제후는 오패의 죄인이며, 지금의 대부는 지금 제후의 죄인이다. 천자가 제후에게 가는 것을 '순수'라 하고, 제후가 천자를 조정에 나아가 뵙는 것을 '술직'이라 한다. 봄에는 밭 가는 일을 살피고 모자란 것을 보태주며, 가을에는 가을걷이를 살피고 넉넉지 못한 것을 더해준다. 천자가 제후의 영토에 들어갔을 때 토지가 잘 개간되어 있고 논밭이 잘 정돈되어 있으며 노인을 봉양하고 현명한 이를 높이며 빼어난 인재들이 관직에 있으면 상을 내리는데, 그 상은 땅으로 준다. 제후의 땅에 들어갔을 때 토지가 황폐하고 노인을 버려두며 현명한 이를 쓰지 않으면서 수탈을 일삼는 자가 관직에 있으면 꾸짖는다. 제후가 한 번 조회에 참석하지 않으면 그 작위를 깎아내리고, 두 번 조회에 참석하지 않으면 그 땅을 깎아 줄이고, 세 번 조회에 참석하지 않으면 천자의 군대를 일으켜 제후를 바꾼다. 이런 까닭에 천자는 토벌하라는 명을 내리되 직접 정벌하지 않으며, 제후는 직접 정벌하되 토벌하라는 명을 내리지 못한다. 그런데도 오패는 제후들을 이끌어서 다른 제후를 쳤으니, 이 때문에 '오패는 삼왕의 죄인이다'라고 말한 것이다. 오패 가운데 제환공이 가장 강성했다. 그는 규구에서 제후들을 모아 희생을 묶어놓은 뒤에 맹서의 문서를 올려놓고 피를 마시기 전에 이렇게 명하였다. 첫 번째는 '불효한 자를 베어 죽이고, 세자를 바꾸지 말 것이며, 첩을 정실로 삼지 말라'고 명하였다. 두 번째는 '현명한 이를 높이고 재주 있는 자를 기르며, 덕이 있는 이를 밝게 드러내라'고 명하였다. 세 번째는 '노인을 공경하고 어린이를 사랑하며, 다른 나라에서 온 손님과 나그네 대접을 잊지 말라'고 명하였다. 네 번째는 '선비는 관직을 세습하지 말고, 관직은 겸직하지 말며, 선비를 얻을 때는 반드시 현자를 얻고, 멋대로 대부를 죽이지 말라'고 명하였다. 다섯 번째는 '제방을 자기 좋은 쪽으로 구부려 쌓지 말고, 이웃나라에서 곡물을 수입하는 일을 막지 말며, 땅을 상으로 내리고서 알리지 않는 일이 없게 하라'고 명하였다. 이어서 '무릇 우리 동맹한 자들은 맹세를 한 뒤에는 우호관계로 돌아가야 한다'고 말하였다. 지금의 제후들은 모두 이 다섯 가지 금지 사항을 어기고 있으므로 '지금의 제후는 오패의 죄인이다'라고 말한 것이다. 군주의 나쁜 점을 늘이는 것은 그 죄가 작고, 군주의 나쁜 점을 부추겨서 크게 하는 것은 그 죄가 크다. 지금의 대부들은 모두 군주의 나쁜 점을 부추겨서 크게 하고 있으므로 '지금의 대부는 지금 제후의 죄인이다'라고 말한 것이다."

注釋 오패(五覇)는 주 왕조가 동쪽으로 천도하면서 유명무실해지자 천자를 대신해서 천하의 향방을 가름하는 열쇠를 쥐었던 다섯 제후를 가리킨다. 여러 가지 설이 있는데, 제환공(齊桓公), 진문공(晉文公), 진목공(秦穆公), 초장왕(楚莊王), 오왕(吳王) 합려(闔閭)를 꼽는 경우도 있고, 여기서 오왕 합려를 빼고 송양공(宋襄公)을 넣는 경우도 있으며, 진목공을 빼고 월왕(越王) 구천(句踐)을 넣는 경우도 있다. 맹자는 진목공을 포함시키고 있다. 삼왕(三王)은 우(禹), 탕(湯), 문왕(文王) · 무왕(武王)으로, 하(夏) · 은(殷) · 주(周) 세 왕조를 건국한 왕들을 가리킨다. 경(慶)은 상(賞)과 같다. 부극(掊克)은 가혹하게 세금을 거두어들이고

재물을 빼앗는 일 또는 그렇게 하는 자를 뜻한다. 양(讓)은 꾸짖다는 뜻이다. 육사(六師)는 육군(六軍)과 같으며, 천자의 군대를 뜻한다. 토(討)에 대해 조기는 "윗사람이 아랫사람을 치는 것"이라 하였고, 주희는 "명을 내려서 그 죄를 꾸짖고, 제후에게 명하여 치게 하는 것"이라 하였다. 벌(伐)에 대해 조기는 "같은 제후의 나라들이 서로 정벌하는 것"이라 하였고, 주희는 "천자의 명을 받들어서 그 죄를 알리고 치는 것"이라 하였다. 루(摟)는 이끌다, 끌어모으다는 뜻이다. 규구(葵丘)는 춘추시대 때 송(宋)나라에 속해 있던 땅으로, 제환공이 맹주로서 제후들을 회합한 곳이다. 속생(束牲)은 희생을 죽이지 않고 묶어두기만 한 것을 뜻한다. 고대에 맹서할 때 희생을 죽이기도 하고 죽이지 않기도 했다. 재서(載書)는 고대에 맹약한 글을 뜻하는데, 희생 위에 올려두었다고 한다. 삽혈(歃血)은 맹서의 뜻으로 피를 마시는 것이다. 알(遏)은 막다는 뜻이다. 적(糴)은 쌀을 사들이다는 뜻이다. 장(長)은 늘이다, 기르다는 뜻으로, 조장하다는 말맛이 있다. 봉(逢)은 부추겨서 크게 하다는 뜻으로, 영합하다는 말맛이 있다.

蛇足 오패가 등장한 것은 봉건제가 무너질 조짐이었는데, 맹자는 이를 왕도에서 패도로 넘어간 것으로 보았다. 이 시대가 춘추시대다. 다시 제환공이 맹세하며 명한 다섯 가지를 제후들이 지키지 않게 되면서 전국시대가 시작되었다고 보았으며, 전국시대에는 대부들이 군주의 나쁜 점을 부추기고 있다고 했다. 군주의 나쁜 점은 어진 정치를 버리고 강성한 군대로 전쟁을 통해 패권을 차지하려는 야욕인데, 대부들은 이를 이용해서 개인적 영달을 추구했으므로 제후의 죄인이라고 한 것이다. 맹자가 활동한 시대에는 이미 봉건제는 무너졌고, 주 왕실은 유명무실해진 지 오래였으며, 제후와 대부들은 유세객들의 세 치 혀에 놀아나면서 끝없는 내분과 전쟁을 이어가고 있었다. 그러는 동안 백성들은 굶어 죽거나 전쟁에서 죽어가고 있었다. 그들 모두 하늘의 뜻을 저

버린 죄인이고, 그러므로 백성의 죄인이다. 맹자가 군주나 대신들을 향해 그토록 서슬이 시퍼런 말의 칼날을 휘두른 까닭은 그들이 스스로 죄인임을 인식하지 못하고 있어서였다. 왕도의 실행은 그들 군신들이 스스로 죄인임을 깨달을 때에 비로소 가능성이 생기기 때문이다.

12.8

魯欲使愼子爲將軍, 孟子曰: "不敎民而用之, 謂之殃民. 殃民者, 不容於堯舜之世. 一戰勝齊, 遂有南陽, 然且不可."
愼子勃然不悅曰: "此則滑釐所不識也."
曰: "吾明告子. 天子之地方千里. 不千里, 不足以待諸侯. 諸侯之地方百里. 不百里, 不足以守宗廟之典籍. 周公之封於魯, 爲方百里也. 地非不足, 而儉於百里. 太公之封於齊也, 亦爲方百里也. 地非不足也, 而儉於百里. 今魯方百里者五. 子以爲有王者作, 則魯在所損乎, 在所益乎? 徒取諸彼以與此, 然且仁者不爲, 況於殺人以求之乎? 君子之事君也, 務引其君以當道, 志於仁而已."

노나라에서 대부인 신자를 장군으로 삼으려 하자, 맹자가 말했다.
"백성을 가르치지 않은 채 전쟁에서 쓴다면, 이는 '백성에게 재앙을 내린다'고 하오. 백성에게 재앙을 내리는 일은 요와 순의 시대에는 용납되지 못했소. 한 번 싸워서 제나라를 이겨 마침내 남양 땅을 되찾는다 하더라도 그런 건 옳지 않소."
신자가 발끈하며 못마땅하게 말했다.
"그런 건 나 활리가 알지 못하는 것이오."
맹자가 말했다.

"내가 그대에게 분명하게 일러주겠소. 천자의 땅은 사방 천 리가 되니, 천 리가 되지 않으면 제후들을 대접할 수가 없소. 제후의 땅은 사방 백 리가 되니, 백 리가 되지 않으면 종묘의 전적(典籍)을 지킬 수가 없소. 주공이 노나라에 봉해졌을 때 땅은 사방 백 리였소. 땅이 모자랐던 것은 아니지만, 백 리로 묶어두었소. 태공이 제나라에 봉해졌을 때도 땅은 사방 백 리였소. 땅이 모자랐던 것은 아니지만, 백 리로 묶어두었소. 지금 노나라는 사방 백 리인 땅이 다섯이나 되오. 그대 생각에는 왕자가 나오면 노나라의 땅을 덜어낼 것 같소, 더해줄 것 같소? 그저 저기에서 가져다가 여기에 준다고 할지라도 어진 자는 그렇게 하지 않는데, 하물며 사람을 죽여가면서 땅을 구하려 한단 말이오? 군자가 군주를 섬길 때는 군주를 이끌어 도리에 알맞도록 하는 데 힘쓰고 어짊에 뜻을 둘 뿐이오."

注釋 신자(愼子)는 노나라의 신하로, 이름은 활리(滑釐)다. 남양(南陽)은 태산의 서남쪽, 문수(汶水)의 북쪽 땅이다. 춘추시대에 제나라와 노나라가 서로 빼앗으려고 다투던 땅인데, 본래 노나라에 속해 있었다. 불교민이용지위지앙민(不教民而用之, 謂之殃民)을 『논어』「자로(子路)」편에서는 "백성을 가르치지 않고서 싸움터에 내몬다면, 이는 백성을 버리는 짓이다"("以不教民戰, 是謂棄之)라고 하였는데, 뜻이 서로 같다. 전적(典籍)은 중요한 문서, 여기서는 조상 때부터 내려오던 문서를 가리킨다. 태공(太公)은 흔히 강태공이라 불리는 여상(呂尙)이다. 검(儉)은 적게 하다는 뜻인데, 여기서는 일정한 한도에 묶어둔다는 뜻으로 쓰였다.

蛇足 12.7에서 말한 바와 통한다. 아마도 신자는 얼른 전쟁을 해서 잃은 땅을 찾고 싶었던 모양이다. 그러나 당시 노나라는 제나라에 맞서기에는 역부족인 나라였고, 더구나 백성은 전쟁을 바라지 않았고 또 준비가 되어 있지 않았다. 이런 상황에서 백성을 전쟁터로 내모는 것은 그대로 백성에게 재앙을 내리는 짓임이 분명하다. 공자도 "백성을 가르치지 않고서 싸움터에 내몬다면, 이는 백성을 버리는 짓이다"(『논어』「자로」)라고 말했다. 군주가 전쟁을 하겠다고 나서더라도 말려야 하는 대부가 오히려 전쟁을 앞장서서 하려고 하니, 이것이 앞에서 "지금의 대부는 지금 제후의 죄인이다"라고 말한 이유다.

그리고 비록 땅을 빼앗겼다고는 하지만, 노나라는 이전보다 더 큰 사방 5백 리의 땅을 차지하고 있다. 이웃나라와 견줄 때는 비록 아주 작게 여겨질 수 있고 또 서로 힘을 겨루어야만 한다는 생각을 할 때는 턱없이 작게 여겨질 수도 있다. 그러나 어진 정치를 펴서 백성의 마음을 얻고 천하 사람들에게 왕도의 가능성을 믿게 하기에는 결코 작은 나라가 아니다. 그릇된 판단에 의해서 스스로 가진 것의 가치를 보지 못하고 어리석은 선택으로 패망의 길로 나아가려 하고 있으니, 맹자가 어찌 신자를 그대로 두고만 볼 수 있었겠는가.

12.9

孟子曰: "今之事君者皆曰, '我能爲君辟土地, 充府庫.' 今之所謂良臣, 古之所謂民賊也. 君不鄕道, 不志於仁, 而求富之, 是富桀也. '我能爲君約與國, 戰必克.' 今之所謂良臣, 古之所謂民賊也. 君不鄕道, 不志於仁, 而求爲之强戰, 是輔桀也. 由今之道, 無變今之俗, 雖與之天下, 不能一朝居也."

맹자가 말했다.

"지금 군주를 섬기는 자들은 모두 '나는 군주를 위해 토지를 개간하고 곳간을 채울 수 있다'고 말한다. 지금 시대에 말하는 '뛰어난 신하'는 옛날에는 이른바 '백성들의 도적'이다. 군주가 도를 향해 나아가지 않고 어짊에 뜻을 두지 않는데도 그를 가멸지게 해주려고 하니, 이는 폭군인 걸을 가멸지게 하는 짓이다. 또 '나는 군주를 위해 다른 나라와 맹약을 맺고 전쟁을 하면 반드시 이긴다'고 말한다. 지금 시대에 말하는 '뛰어난 신하'는 옛날에는 이른바 '백성들의 도적'이다. 군주가 도를 향해 나아가지 않고 어짊에 뜻을 두지 않는데도 그를 위해 억지로 전쟁을 벌이니, 이는 폭군인 걸을 돕는 짓이다. 지금 시대의 정책을 따르면서 지금의 풍속을 바꾸지 않는다면, 비록 천하를 준다고 한들 하루아침도 버티지 못할 것이다."

注釋 향(鄕)은 향(嚮)과 같으며, 향하다는 뜻이다. 강전(强戰)은 억지로 전쟁을 하다, 무리하게 전쟁을 일으키다는 뜻이다. 금지도(今之道)의 도(道)는 실행 방향이나 정책 노선을 뜻하는데, 구체적으로는 법가(法家)나 종횡가들의 주장을 가리킨다.

蛇足 군주를 위해 토지를 개간하고 곳간을 채우려 하는 자로는 상앙이 대표격이고, 군주를 위해 다른 나라와 맹약을 맺고 전쟁을 하려는 자로는 장의와 소진이 대표격이다. 그들 모두 전쟁을 필연적인 것으로 간주했다. 그러나 전쟁은 끊임없이 피를 뿌리고 재물을 허비하는 소모전일 뿐이다. 이로써 백성들의 삶이 윤택해질 수는 없다. 전쟁으로써 전쟁을 그치게 한다는 상앙의 계책이라는 것도 결코 최선책은 아니다. 최하책일 뿐이다. 최선책은 백성을 살리고 천하를 구하는 일이다. 해보지도 않고 지레짐작으로 불가능하다고 여긴 것이 당시의 선비라는 작자들이었다. 맹자는 바로 그런 선비들을 싸잡아서 '백성들의 도적'이라 했다.

맹자의 길은 공자의 길과 다르지 않았다. 『논어』「자로」편에 공자가 위나라에 가면서 수레를 몰던 염유와 주고받은 대화가 나온다. 먼저 공자는 인구가 많은 것에 감탄했다. 그러자 염유가 물었다.

"이미 많다면, 또 무엇을 더해야 합니까?"

"가멸지게 해야지."

"이미 가멸지다면, 또 무엇을 더해야 합니까?"

"가르쳐야지."

먹고살게 해준 다음에는 가르쳐야 한다는 것, 이것이 정치의 요체다. 다만, 유가에서는 제도적으로 어떻게 해야 하는지에 대해 말하지 않았다. 이것이 흠이라면 흠이다.

12.10

白圭曰: "吾欲二十而取一, 何如?"
孟子曰: "子之道, 貉道也. 萬室之國, 一人陶, 則可乎?"
曰: "不可. 器不足用也."
曰: "夫貉, 五穀不生, 惟黍生之. 無城郭·宮室·宗廟·祭祀之禮, 無諸侯幣帛饔飧, 無百官有司, 故二十取一而足也. 今居中國, 去人倫, 無君子, 如之何其可也? 陶以寡, 且不可以爲國, 況無君子乎? 欲輕之於堯舜之道者, 大貉小貉也; 欲重之於堯舜之道者, 大桀小桀也."

백규가 말했다.

"제가 세금을 20분의 1로 해서 거두려 하는데, 어떻습니까?"

맹자가 말했다.

"그대의 도는 오랑캐인 맥족의 방법이오. 1만 호를 가진 나라에서 한 사람이 질그릇을 굽는다면, 되겠소?"

"안 됩니다. 그릇이 쓰기에 모자랄 겁니다."

"저 맥족의 땅에서는 오곡이 나지 않고 오직 기장만 나오. 또

성곽과 궁실, 종묘 제사의 예법 따위가 없고, 다른 제후와 사귈 때 예물을 보내거나 음식으로 접대하는 일도 없으며, 온갖 벼슬과 직무도 갖추어져 있지 않으니, 그 때문에 20분의 1만 거두어도 넉넉하오. 그러나 중국에 살면서 인륜을 버리고 온갖 관리도 없앤다면, 어찌 그게 될 일이오? 질그릇이 적어도 나라를 다스릴 수 없는데, 하물며 관리가 없어서야 되겠소? 요나 순이 거둔 구실보다 가벼이 하려는 자는 큰 맥족이거나 작은 맥족이오. 요나 순 임금이 거둔 구실보다 무겁게 하려는 자는 큰 걸(桀)이거나 작은 걸이오."

注釋 백규(白圭)는 여러 문헌들에서 보이는데, 『한비자』와 『여씨춘추』에는 위(魏)나라 재상인 백규가 나오고, 『사기』 〈화식열전〉에는 주(周)나라 사람 백규가 나온다. 주희는 백규를 주나라 사람으로 보았으나, 위나라 재상인 백규가 연대로 볼 때 맹자가 만난 인물이었을 가능성이 높다. 이어 나오는 12.11을 보면 이름이 단(丹)이다. 맥(貉)은 맥(貊)으로도 쓰며, 중국 북방의 오랑캐 민족 또는 그 나라를 가리킨다. 옹손(饔飧)은 아침밥과 저녁밥을 뜻하는데, 여기서는 포괄적으로 먹을거리를 가리킨다. 군자(君子)는 관리를 가리킨다.

蛇足 맹자는 무조건 세금을 적게 거두어야 한다고 하지 않았다. 세금이란 나라의 살림을 꾸려가는 데 필요한 경비를 조달하기 위해서 거두는 것이니, 나라 살림의 규모가 어떠하냐에 따라 알맞게 거두어 들여야 하는 것이 마땅하다. 이 또한 예의와 통하는 점이다. 그래서 유가의 도덕은 그대로 정치학이 된다. 서양의 철학이 중세에 신학이 된 것과 대비되는 점이다.

맹자는 이미 5.4에서 두 부류의 사람이 있다고 하면서 '마음으로 애쓰는 자'와 '힘으로 애쓰는 자'를 구분했다. 마음으로 애쓰는 자는 남에게서 얻어먹고, 힘으로 애쓰는 자는 남을 먹인다고 했는데, 힘으로 애쓰는 자가 농업과 상업 등에 종사하는 백성들, 곧 세금을 내는 부류다. 이들의 세금으로 백성들이 살아가는 데에 어려움이 없도록 나라를 운영한다. 그러므로 살림의 규모에 맞게 거두는 것은 결코 착취나 억압이 될 수 없다. 더 거두어서도 안 되지만, 덜 거둔다고 해서 좋은 것도 아니라는 말이다.

12.11

白圭曰: "丹之治水也愈於禹."
孟子曰: "子過矣. 禹之治水, 水之道也. 是故禹以四海爲壑. 今吾子以隣國爲壑. 水逆行, 謂之洚水. 洚水者, 洪水也. 仁人之所惡也. 吾子過矣."

백규가 말했다.
"나 단의 치수가 우보다 낫습니다."
맹자가 말했다.
"그대는 지나치오. 우의 치수는 물길을 따른 것이오. 이런 까닭에 우는 사방의 바다를 골짜기로 삼아 물을 흘려보냈소. 그런데 지금 그대는 이웃나라를 골짜기로 삼아 물을 흘려보내고 있소. 물이 거꾸로 흐르는 것을 홍수라고 하오. 홍수란 갑자기 불어난 큰물이오. 이는 어진 사람이 미워하는 것이오. 그대의 말은 지나치오."

注釋 단(丹)은 백규(白圭)의 이름이다. 『한비자』「유로(喩老)」편에 "백규는 제방을 돌아보다 구멍을 메웠고, 장인은 불을 살피며 굴뚝 틈새를 막았다. 그리하여 백규는 수재를 만나지 않았고, 장인은 화재를

만나지 않았다"(白圭之行隄也, 塞其穴; 丈人之愼火也, 塗其隙. 是以白圭無水難, 丈人無火患)는 대목이 나온다. 이로써 백규가 치수(治水)로써 알려진 인물임을 알 수 있다. 학(壑)은 골짜기를 뜻한다.

蛇足 전국시대에는 천하를 하나로 생각하는 군주나 대신, 선비를 찾아보기가 어려웠다. 하기야 제후국들 사이에서뿐만 아니라 대신들이나 선비들 사이에서도 모략과 술수가 횡행하던 시대인데, 어찌 '대동(大同)'에 대한 인식이 있었으리오. 『예기』「예운(禮運)」편에는 공자가 '대동'에 대한 이야기를 한 것이 나온다. 이 '대동'은 청조(淸朝) 말기에 강유위(康有爲, 1858~1927)가 쓴 『대동서(大同書)』라는 저술의 토대가 된 개념인데, 청조 말기처럼 혼란이 심해지고 있었던 춘추시대에 공자도 옛 성군들의 치세를 통해 이 '대동'의 개념을 끌어와서 시대를 비판하였던 것이다. 공자는 "지금은 대도가 이미 숨어버리고 사람들은 천하를 사사로이 제 집으로 여긴다. 그래서 각기 제 부모만을 부모로 여기고, 제 자식만을 자식으로 여기며, 재화와 백성의 힘을 자기를 위해서만 쓴다"고 했다. 맹자가 1.7에서 "내 집의 늙은이를 높이는 그 마음이 남의 늙은이에게 이르고, 내 집의 아이를 아끼는 그 마음이 남의 아이에게 이른다면, 천하를 손바닥에 놓고 움직일 수 있습니다"라고 말한 것도 왕도로써 대동을 실현하자는 뜻이었다.

그런데 백규는 고작 자기 나라를 이롭게 하기 위해 이웃나라로 물길을 텄으면서 대동사회를 구현하기 위해 물길을 따라 치수를 한 우와 자기를 견주고 있으니, 이쯤이면 어리석다고 해야 할지 낯가죽이 두껍다고 해야 할지 알쏭달쏭하다. 그럼에도 그의 주위에 있던 관리들이나 선비들은 그가 대단한 공적을 세웠다고 추켜세우기 바빴을 것이 뻔하다. 그랬기에 자랑을 늘어놓듯이 맹자에게 "나의 치수가 우보다 낫소"라고 말했던 것이리라. 그러나 상대를 잘못 골라도 한참 잘못 골랐다. 맹자는 그의 면전에다 대고 "이는 어진 사람이 미워하는 것이오"라고 말했으니 말이다.

12.12

孟子曰: "君子不亮, 惡乎執?"

맹자가 말했다.
"군자가 미쁘지 않으면, 어찌 제대로 지키겠는가?"

注釋 량(亮)은 량(諒)과 같으며, 미쁘다는 뜻이다. 오(惡)는 무엇, 어찌 등을 뜻한다. 집(執)은 지키다는 뜻으로, 사람을 떳떳하게 만드는 덕목을 간직하거나 지키는 일을 가리킨다.

蛇足 미쁨은 참됨에서 저절로 나오는 것이다. 참되지 않으면 미쁘지 않다. 즉, 참된 마음이 오롯해지면 다른 사람들이 그를 저절로 믿게 된다. 내 속에 있을 때는 참됨이요, 밖으로 드러나면 미쁨이라는 말이다. 따라서 미쁘지 않다는 것은 곧 참되지 못하다는 뜻이다. 참되지 못하면 제게 본래부터 있는 크낙한 덕의 가능성을 일깨울 수 없고, 일깨우더라도 오롯하게 간직할 수 없다. 그래서 "어찌 제대로 지키겠는가?" 라고 말했던 것이다.

12.13

魯欲使樂正子爲政, 孟子曰: "吾聞之, 喜而不寐."
公孫丑曰: "樂正子强乎?"
曰: "否."
"有知慮乎?"

曰: "否."

"多聞識乎?"

曰: "否."

"然則奚爲喜而不寐?"

曰: "其爲人也好善."

"好善, 足乎?"

曰: "好善, 優於天下, 而況魯國乎? 夫苟好善, 則四海之內皆將輕千里而來, 告之以善; 夫苟不好善, 則人將曰, '訑訑, 予旣已知之矣.' 訑訑之聲音顔色, 距人於千里之外. 士止於千里之外, 則讒諂面諛之人至矣. 與讒諂面諛之人居, 國欲治, 可得乎?"

노나라에서 악정자에게 정치를 맡기려 하자, 맹자가 말했다.

"내 그 소식을 듣고 기뻐서 잠을 이루지 못했다."

공손추가 물었다.

"악정자가 굳센 사람입니까?"

"아니다."

"지혜와 분별력이 있습니까?"

"아니다."

"견문과 식견이 넓습니까?"

"아니다."

"그렇다면 어찌하여 기뻐서 잠을 이루지 못하셨습니까?"

"그 사람됨이 착한 말을 듣기 좋아한다."

"착한 말을 듣기 좋아하는 것으로도 충분합니까?"

"착한 말을 듣기 좋아하면 천하를 다스리기에도 넉넉한데, 하물며 노나라이겠느냐? 만일 착한 말을 듣기 좋아한다면, 사해 안의 백성들이 모두 천 리 길도 가볍게 여기고 와서는 착한 말로써 일러주려 할 것이다. 만약 착한 말을 듣기 좋아하지 않는다면, 남들에게 '됐어, 됐어! 나도 이미 알고 있어!'라고 말할 것이니, 이 '됐어, 됐어!'라는 말소리와 그 낯빛은 천 리 밖에서부터 사람들을 막아버린다. 선비가 천 리 밖에서 발걸음을 멈추면, 헐뜯거나 아첨하며 눈앞에서 알랑거리는 자들만 이른다. 헐뜯거나 아첨하며 눈앞에서 알랑거리는 자들과 함께하면, 나라를 다스리려고 한들 그렇게 될 수 있겠느냐?"

注释 악정자(樂正子)는 앞서 여러 차례 나왔는데, 맹자의 문인이다. 강(强)은 과단성이 있다는 뜻이다. 호선(好善)은 착한 말을 듣기 좋아하는 것이다. 경(輕)은 멀다고 여기지 않는 것을 뜻한다. 이이(訑訑)는 으쓱거리며 남의 말을 듣지 않는 모양이다. 거(距)를 막다는 뜻의 거(拒)로 풀이했는데, 본뜻인 떨어뜨려놓다는 뜻으로 풀이해도 크게 어긋나지 않는다. 참(讒)은 헐뜯다, 하리놀다는 뜻이고, 첨(諂)은 상대의 비위를 맞추어 알랑거리는 것을 뜻한다.

蛇足 악정자는 굳세다고 하기 어렵고 지혜와 분별력이 아직 갖추어지지 않았으며 견문과 식견이 넓지도 않은데, 어떻게 착한 말을 듣기 좋아하는 것으로도 정치를 할 수 있을까? 착한 말을 듣기 좋아한다는 것은 스스로 돌아볼 줄 안다는 뜻이다. 스스로 돌아볼 줄 아는 자에게는 착한 말을 해줄 사람들이 이르게 마련이니, 그들을 통해서 견문과 식견을 넓힐 수 있고 또 지혜와 분별력도 갖출 수 있다. 그렇게 되면 올바른 마음을 지니고 어진 정치를 펴는 데 거침이 없을 것이니, 어찌 굳세다고 하지 않을 수 있겠는가? 게다가 착한 말을 듣기 좋아하니, 그런 말을 해줄 수 있는 뛰어난 인재들을 저절로 모으게 되는 셈이다. 정치란 먼저 사람을 얻는 데서 시작된다는 점을 생각하면, 착한 말을 듣기 좋아하는 능력이 왜 정치가로서 중요한 자격이 될 수 있는지는 두말할 필요가 없다. 이와 비슷한 말을 3.8에서도 했다.

12.14

陳子曰: "古之君子何如則仕?"

孟子曰: "所就三, 所去三. 迎之致敬以有禮, 言, 將行其言也, 則就之. 禮貌未衰, 言弗行也, 則去之. 其次, 雖未行其言也, 迎之致敬以有禮, 則就之. 禮貌衰, 則去之. 其下, 朝不食, 夕不食, 飢餓不能出門戶, 君聞之, 曰, '吾大者不能行其道, 又不能從其言也, 使飢餓於我土地, 吾恥之.' 周之, 亦可受也. 免死而已矣."

진자가 물었다.

"옛날의 군자는 어떤 경우에 벼슬했습니까?"

맹자가 대답했다.

"나아갈 상황이 셋이요, 떠나갈 상황이 셋이었다. 군주가 맞이하면서 공경을 다하여 예의를 갖추고 또 이야기를 나눈 뒤에 자기 말을 실행할 것으로 여겨지면, 나아갔다. 그러나 예의를 차리는 모습은 괜찮으나 자기 말을 실행하지 않으면, 떠나갔다. 그 다음으로, 자기 말을 아직 실행하지는 않아도 맞이하면서 공경을 다하여 예의를 갖추면, 나아갔다. 그러나 예의를 차리는 모습이 시원찮으면, 떠나갔다. 마지막으로, 아침도 먹지 못하고 저녁도 먹지 못해 아주 굶주려서 문 밖으로 나갈 수조차 없을 때, 군주가 그 소식을 듣고서 '내가 크게는 도를 실행할 수 없고 또 그 말을 따르지는 못하지만, 내 땅에서 굶주리게 하는 것은 나의 부끄러움이다'라고 말하면서 물품을 내려 구해준다면, 역시 받을 수는 있다. 그러나 죽음을 면하는 것에서 그칠 뿐이다."

注釋 진자(陳子)는 맹자의 제자인 진진(陳臻)이다. 주(周)는 주(賙)

와 같으며, 물품을 주어 구해주다는 뜻이다.

蛇足 한낱 유세객에 지나지 않는 맹자가 호화로운 행렬을 이끌고 오만해 보일 정도로 당당하게 제후들을 찾아간 일은 당시의 대부들이나 선비들에게 때로 비난의 대상이 되기도 했을 터이다. 그런데 더욱 이해하기 어려운 것은 객경의 벼슬을 하면서 적지 않은 녹봉을 받던 그가 갑자기 그 나라를 떠나거나 할 때였다. 도대체 무슨 이유로 떠나는지, 때로 군주에게 알리지도 않고 떠나는 무례함은 또 무엇인지를 대부분의 사람들은 알 길이 없었다. 여기서 진자도 그런 의문을 가졌던 제자로 보인다. 제자임에도 의문을 가졌으니, 남들이야 오죽하겠는가. 그런 의문 따위는 안중에도 없다는 듯이 맹자는 나아가고 떠나는 상황들을 각기 셋으로 정리해서 대답해주었다. 거기에 맹자가 나아가고 떠나는 이유나 근거가 명확하게 드러나 있다. 한 가지 분명한 것은 어떤 상황에서든 그에게 절대적인 기준은 왕도의 실행 여부였다는 사실이다.

12.15

孟子曰: "舜發於畎畝之中, 傅說擧於版築之間, 膠鬲擧於魚鹽之中, 管夷吾擧於士, 孫叔敖擧於海, 百里奚擧於市. 故天將降大任於是人也, 必先苦其心志, 勞其筋骨, 餓其體膚, 空乏其身, 行拂亂其所爲, 所以動心忍性, 曾益其所不能. 人恒過, 然後能改. 困於心, 衡於慮, 而後作. 徵於色, 發於聲, 而後喩. 入則無法家拂士, 出則無敵國外患者, 國恒亡. 然後知生於憂患而死於安樂也."

맹자가 말했다.

"순은 밭일을 하다가 일어났고, 부열은 성벽 쌓는 일을 하다가 기용되었으며, 교격은 물고기와 생선 파는 일을 하다가 기용되었고, 관이오는 옥리로 있다가 기용되었으며, 손숙오는 바닷가에 있다가 기용되었고, 백리해는 저자거리에서 기용되었다. 그러므로 하늘이 이 사람에게 큰일을 맡기려 할 때는 반드시 먼저 그 마음과 뜻을 괴롭게 하고 그 힘줄과 뼈마디를 힘들게 하며 그 뱃속을 주리게 하고 그 몸을 괜스레 고달프게 하며 무얼 하려 하면 그가 하는 일마다 어지럽히니, 이는 그 마음을 흔들어 굳게 참아내는 성품을 기르게 해서 그가 할 수 없는 일을 해내도록 더욱 도와주려는 것이다. 사람은 늘 잘못을 저지른 뒤에야 고친다. 마음속으로 괴로워하고 이리저리 생각한 뒤에야 떨쳐 일어난다. 낯빛에 드러나고 목소리로 나온 뒤에야 깨닫는다. 나라 안에서는 법도 있는 가문과 보필하는 선비가 없고 나라 밖으로는 적국와 외환이 없다면, 그 나라는 언제든지 망한다. 그런 뒤에야 사람은 걱정과 근심으로 말미암아 살고 편안함과 즐거움으로 말미암아 죽는다는 것을 알게 된다."

注釋 견무지중(畎畝之中)은 순이 역산(歷山)에서 경작한 일을 가리킨다. 부열(傅說)은 상 왕조의 무정(武丁)이 꿈에서 본 현자로서, 공사장에서 그를 찾아 기용했다. 교격(膠鬲)은 문왕의 추천을 받아서 주(紂)의 신하가 되었다고 한다. 관이오(管夷吾)는 제환공을 섬긴 관중(管仲)이다. 손숙오(孫叔敖)는 초장왕(楚莊王)이 기용하여 영윤(令尹)으로 삼았다. 불란(拂亂)의 불(拂)은 거스르다, 어기다는 뜻이다. 증(曾)은 증(增)과 같다. 형(衡)은 횡(橫)과 같으며, 요모조모, 이리저리를 뜻한다. 유(喩)는 깨닫다, 깨우치다는 뜻이다. 필사(拂士)의 필(拂)은 필(弼)과 같다.

蛇足 마음과 뜻이 괴롭고 힘줄과 뼈마디가 힘들며 뱃속은 주리고

몸은 고달픈데 하는 일마다 꼬이면, 대부분의 사람들은 낙담하고 좌절한다. 스스로 능력이 부족하다고 여기거나 운이 따르지 않는다고 여기거나 간에 부정적으로 생각한다. 심지어는 왜 나에게 이런 일이 생기는가라고 하늘을 원망하기도 하다. 그러나 잘 생각해보면, 그 일은 내가 당장에 감당하기는 어려울지 몰라도 결국에는 해야 할 일이다. 아니, 언젠가는 해야 할 일을 내가 미처 생각하지 못하고 있거나 또는 안이하게 생각하고 있을 때, 설마 그런 일이 나에게 주어질까 하고 치지도외하고 있을 때, 그 일이 바로 나의 허점을 파고든 것이다. 내가 미리 마음을 추스르거나 대비하지 않았기 때문에 갑작스럽게 여겨질 뿐이고, 실제로는 제때에 그 일이 닥친 것에 지나지 않는다. 내가 감당하지 못했기 때문에 또는 감당하지 못할 것이라 여겼기 때문에 너무도 일찍 그런 일이 닥쳐서 나를 괴롭게 한다고 여기는 것뿐이다. 만약 그렇게 생각하는 데서 그치는 자라면, 애초부터 남들이 한결같이 비현실적이고 이상주의적인 발상이라고 치부해버리는 왕도를 품고 천하를 주유하지는 못할 것이다. 고작 앉아서 "그럴 줄 알았다!"면서 깐죽대기나 하지 않을까? 맹자가 그 힘들고 괴로운 일을 스스로 감당한 것은 처음부터 그게 쉽게 될 수 없다는 것을 누구보다 잘 알고 있었기 때문이고, 그 일의 결과보다는 과정 자체가 갖는 의의가 지극히 크다는 것 또한 잘 알고 있었기 때문이며, 그 과정에서 자신의 본성을 다할 수 있으리라는 확신 또한 분명했기 때문이리라. 맹자가 나이 마흔에 흔들리지 않을 수 있었던 것, 호연한 기상으로 권세가들을 대할 수 있었던 것, 그것은 모두 편안함과 즐거움에 머물러 있지 않으려고 한 데서 가능했던 것이다. 맹자는 천하에 대한 걱정과 근심으로 말미암아 자신에게 내재해 있던 본성을 다할 수 있었던 사람이다. 물론 위의 말은 그 자신이 어떤 군주로부터도 쓰이지 못하고 떠돌아다니는 데 대한 변론이기도 하다.

12.16

孟子曰: "教亦多術矣. 予不屑之教誨也者, 是亦教誨之而已矣."

맹자가 말했다.

"가르치는 데에도 여러 가지 방법이 있다. 내가 가르치거나 일깨우는 것을 탐탁지 않게 여기는 것, 이것도 가르치고 일깨우는 방법이다."

蛇足 맹자가 뛰어나다는 평판을 듣고 제후들은 그를 초빙했다. 그렇다면 제후가 아닌 자들이라도 맹자가 어디 있는지를 알면 찾아갔으리라 생각할 수 있다. 실제로 일국의 대신들로부터 이름 없는 선비에 이르기까지 맹자를 찾는 이들은 많았다. 그런데 그들 가운데는 마음 깊이 배우려는 뜻을 갖고 온 이들도 있겠으나, 맹자의 사상이나 행보에 감추어진 뜻을 잘 알지도 못하면서 그저 그를 시험해보려는 심사에서 온 이들도 있었을 것이고 그 유명세 덕을 한번 보려고 찾아온 이들도 있었을 것이다. 무엇보다도 유가의 학문을 익힐 뜻이 없으면서 찾아온 이들이다. 그런 자들에게는 가르치거나 일깨우는 일이 백해무익한 일이다. 그때 맹자는 아무런 말도 하지 않거나 때로는 깔보는 듯한 태도를 보였다.(4.11을 보라.) 그건 그가 가르치거나 일깨우는 것을 탐탁지 않게 여긴 것이다. 물론 이것도 가르치고 일깨우는 방법이다. 그러나 아무나 할 수 있는 건 아니다.

13장

진심 상(盡心上)

13.1

孟子曰: "盡其心者, 知其性也; 知其性, 則知天矣. 存其心, 養其性, 所以事天也. 殀壽不貳, 修身以俟之, 所以立命也."

맹자가 말했다.
"그 마음을 다한다면, 그 본성을 알게 된다. 그 본성을 알면, 하늘을 알게 된다. 그 마음을 잘 지니고 그 본성을 잘 기르는 것, 이것이 하늘을 섬기는 방법이다. 일찍 죽느냐 오래 사느냐에는 마음을 두지 않고 몸을 닦으면서 기다리는 것, 이것이 하늘의 뜻을 바로 세우는 바탕이다."

注釋 요(殀)는 목숨이 짧은 것이고, 수(壽)는 오래 사는 것이다. 불이(不貳)는 둘로 여기지 않다는 뜻이다. 즉, 일찍 죽는 것이나 오래 사는 것이나 다르지 않은 것으로 본다는 말이다. 사지(俟之)는 천명을 기다린다 또는 편안하게 죽음을 기다린다는 뜻이다.

蛇足 공자는 성(性)과 천도(天道)에 대해 말하지 않았는데, 맹자는 말했다. 그뿐만이 아니다. 공자는 심(心)이나 기(氣)에 대해서도 언급한 적이 없었는데, 맹자는 말했다. 이를 맹자가 공자의 사상으로부터 벗어났다는 근거로 삼아서는 곤란하다. 시대가 달라졌다. 맹자가 살았던 시대는 인간의 본성이란 과연 어떤 것인지, 또 세상이 이토록 혼란을 거듭하고 있다면 과연 천도란 있는 것인지, 있다면 어떤 것인지에 대한 회의가 깊어졌던 시대다. 이렇게 해서 사유는 더욱 정교해지고 인간의 내면에 대한 자각도 깊어졌다. 더불어서 언어 표현 또한 다양해지고 정밀해졌다. 제자백가의 다양한 텍스트가 한꺼번에 등장한 것에서 확인할 수 있다.

상황에 대한 인간의 주체적인 대응 능력을 부정적으로 본 법가에 대해 맹자는 나름대로 방어막을 펼칠 필요가 있었다. 강요와 억압, 포상과 형벌로 백성들을 부려야 한다는 데 대해서 덕정을 펼치고 교화로써 다스려야만 백성들이 편안하고 천하가 태평해진다는 유가의 주장을 확고하게 하기 위해서는 공자의 언설로는 부족했던 것이다. 그래서 마음과 본성의 문제도 다루지 않을 수 없었다.

맹자는 자신의 마음을 아는 것으로 하늘이 부여해준 본성을 알게 되고, 본성을 알게 되면 하늘을 알게 된다고 했다. 이는 신앙이라는 종교적인 방식을 따르지 않으면서 초월성을 획득하는 것인데, 바로 앎을 통해서다. 달리 말하면 자각을 통해서인데, 이 자각은 이미 본성에 내재해 있던 능력이므로 결국 내재성을 통해 초월성에 이르렀다고 할 수 있다. 물론 이것은 이성적 논리를 통해 추론한 것이라기보다는 통찰과 직관으로 꿰뚫어본 것이라 할 수 있다. 그래서 간결하고 소박하지만, 그럼에도 빈틈을 찾기가 어렵다.

마음과 본성과 하늘은 서로 일치하는 것은 아니지만, 상당 부분이 서로 겹친다고 할 수 있다. 마음과 본성과 하늘 셋이 하나의 교집합을 형성하고 있는 꼴이다. 둘 사이에 겹치는 부분이 있고 셋이 모두 겹치는 부분이 또 있다. 그러나 겹치지 않는 부분이 있기 때문에 또 겹치는 부분을 더 명확하게 인식하고, 삶 속에 용해시켜야 하기 때문에 마음을 잘 지니고 본성을 잘 길러야만 한다. 그래야만 비로소 하늘의 뜻을 바로 세우는 데까지 이를 수 있다는 것이다.

이러한 맹자의 사상은 초월적인 존재에 기댈 필요가 없이 인간 스스로 도덕적 삶을 영위할 수 있으며 또 현세에서 그 도덕이 완결될 수 있음을 표방한 것이나 다름이 없다. 또 군주들의 일방적인 통치를 부정하는 것이기도 하다. 비록 백성들은 스스로 배울 여가도 여유도 없으나, 적어도 선비라면 자각을 통해 덕을 쌓음으로써 군주와 버금가는 존재가 될 수 있음을 은근히 드러낸 것이기도 하다. 나중에 또 언급하겠지만, 어진 군주나 군자의 삶으로부터 백성들도 자연스럽게 영향을 받는다고 한 것도 백성에게도 본성이 있음을 확신한 것이다. 이러한 사유는 서구에서 비롯되어 근대에 전 세계로 퍼진 민주주의를 동아시아적 방식으로 변용할 수 있는 밑천이 될 수 있다. 시민 계급도 없었고 시민의식도 따로 형성된 바 없지만, 내 마음과 본성, 하늘을 아는 것이 별개의 일이 아니라는 자각은 주인의식 내지는 주체의식을 갖추게 하는 데에는 손색이 없기 때문이다.

13.2

孟子曰: "莫非命也, 順受其正. 是故知命者不立乎巖墻之下. 盡其道而死者, 正命也; 桎梏死者, 非正命也."

> 맹자가 말했다.
> "천명이 아닌 것이 없으나, 이치대로 하여 그 바른 것을 받아들여야 한다. 이런 까닭에 바른 명을 아는 자는 위태로운 담장 아래에 서지 않는다. 그 도리를 다하다가 죽는 것이 바른 명이고, 죄를 저지르다가 죽는 것은 바른 명이 아니다."

注釋 순(順)은 이치를 따르는 것이다. 기정(其正)은 천명 가운데서 바른 것, 즉 뒤이어 나오는 정명(正命)을 가리킨다. 암장(巖墻)은 높고 위험한 담을 뜻한다. 질곡(桎梏)은 형벌에 쓰는 도구인 차꼬와 수갑을 가리킨다. 그래서 죄를 짓는 것을 비유하는 말로 쓰인다.

蛇足 맹자도 알고 있었다, 본성을 거스른 자들이 더욱 명성을 얻고 권세를 누리고 있음을. 제 본성을 다한다고 해서 세속적인 명성과 이익을 얻지는 못한다는 것도 잘 알고 있었다. 그렇기 때문에 사람의 도덕적 의무는 다른 어떤 목적을 위한 것이 아님을 분명하게 하고자 했다.

도리를 다하다가 죽는 것, 그것이 도덕적 삶의 전부이며 바른 명이라는 것이다. 현실적으로 이치에서 벗어나고 어긋난 길로 가는 이들이 있는 것 또한 천명이지만 결코 바른 명은 아니라고 했다. 이로써 보면, 맹자가 말한 천명은 절대적인 선(善)과는 거리가 멀다는 것을 알 수가 있다. 이는 곧 인간 세상의 변화와 흐름에 입각해서 천명을 말한 것임을 의미한다. 초월적인 어떤 존재자에 의해서 계시되는 것으로서 천명이 아니라는 말이다.

13.3

孟子曰: "求則得之, 舍則失之, 是求有益於得也, 求在我者也. 求之有道, 得之有命, 是求無益於得也, 求在外者也."

맹자가 말했다.

"구하면 얻고 버려두면 잃는 경우가 있는데, 이럴 때 구하면 얻는 데에 보탬이 있음은 구하려는 게 내 안에 있기 때문이다. 구하는 데에 길이 있고 얻는 데에 명이 작용하는 경우가 있는데, 이럴 때 구하면 얻는 데에 보탬이 없음은 구하려는 게 밖에 있기 때문이다."

蛇足 안에서 구해야 할 것은 마음이고 본성이다. 밖에서 구해야 할 것은 길이고 명이다. 길과 명은 고정되어 있지 않다. 불변하는 어떤 것이 아니다. 끊임없이 유동하고 변화하는 과정 그 자체라고 할 수 있다.

그런데 내가 갈고 닦은 덕성을 세상에 펴려면, 시대의 흐름이나 변화의 추세를 읽어내는 것이 긴요하다. 내가 덕을 갈무리했으므로 무엇을 어떻게 하든지 통할 것이라는 생각은 착각이다. 심할 경우에는 제 목숨을 위태롭게 한다. 정치나 교화는 안에서 얻는 것이 아니라 밖에서 구하는 것이다. 따라서 구하기에 알맞은 길을 찾고 그에 따르는 명의 작용을 알아야만 좌절하지 않고 위태로워지지도 않을 수 있다. 결국 안과 밖이 서로 호응하고 상호작용하는 관계에 있다는 것을 깨달아야 한다는 말이다.

13.4

孟子曰: "萬物皆備於我矣. 反身而誠, 樂莫大焉. 强恕而行, 求仁莫近焉."

> 맹자가 말했다.
> "온갖 것이 모두 나에게 갖추어져 있다. 제 몸을 돌이켜보아서 성스러우면 이보다 더 큰 즐거움은 없다. 남이 자신과 같음을 알고 힘써 행한다면, 어짊을 구하는 일이 이보다 더 가까울 수 없다."

蛇足 "온갖 것이 모두 나에게 갖추어져 있다"는 말은 만물을 작동하는 원리가 나에게도 똑같이 작동하고 있다는 뜻을 내포하고 있다. 흔히 "열 길 물속은 알아도 한 길 사람 속은 모른다"고 말한다. 이는 남이 나와 다르다고 여기고 남을 대상화하기 때문이다. 아무리 겉모습이 다르다고 해도 마음까지 그렇게 다르지는 않다. 사람의 감정이나 마음은 상황에 따라 달리 일어날 뿐, 본래는 크게 다르지 않다. 이 이치를 안다면, 먼저 자신의 감정이나 마음을 돌아보아야 한다. 이제까지 맹자가 줄곧 강조한 것이 이것이다. 스스로 감정과 마음을 돌이켜볼 줄 안다면, 그 바탕이나 작동 원리에서 크게 다를 바 없는 다른 사람의 속내를 짐작하거나 이해하는 일도 그렇게 어렵지는 않다.

성(誠)스럽다는 것은 만물을 움직이는 원리가 자신에게서도 작동하고 있음을 알고 그대로 행동하는 것을 이른다. 7.12에서 "성스러움은 하늘의 길이요, 성스러움을 생각하는 것은 사람의 길이다"라고 한 말도 이런 뜻을 내포하고 있다. 성스러워짐으로써 느끼는 즐거움은 무어라 형용할 수 없다. 내가 천지의 흐름을 자연스럽게 타고 있음을 느끼기 때문이다. 물아일체(物我一體)요 혼연일체(渾然一體)다! 이렇게 내가 천지와 하나가 되고 온갖 것들과 이어져 있음을 한순간이라도 느끼게 된다면, 어찌 남이 나와 다르지 않다는 것을 모를 수 있겠는가. 남이 나와 다르지 않음을 알기 때문에 남을 두루 아끼고 사랑하는 어진 마음을 가지려 애쓰는 것도 자연스럽게 된다.

13.5

孟子曰: "行之而不著焉, 習矣而不察焉, 終身由之而不知其道者, 衆也."

맹자가 말했다.
"하면서도 환히 알지 못하고, 익히면서도 살피지 못하며, 죽을 때까지 따르면서도 그 도리를 알지 못하는 것, 뭇 사람들이 그러하다."

蛇足 환히 알지 못한다는 것은 총체적으로 파악하지 못했다는 뜻이고, 살피지 못한다는 것은 깊은 뜻을 알아채지 못했다는 뜻이며, 따르면서도 도리를 알지 못한다는 것은 깨닫지 못했다는 뜻이다. 이는 수박의 겉을 핥듯이 대충 하기 때문이고, 재바르게 하지 못하고 마지못해서 익히거나 따르기 때문이다. 한마디로 "어디서나 주인 노릇을 해야 하는데, 그렇게 하지 못하고 종노릇 하면서 살아가기" 때문이다. 예나 이제나 세상에는 그런 자들이 대부분이다. 그래서 "뭇 사람들이 그러하

다"고 말한 것이다.

13.6

孟子曰: "人不可以無恥. 無恥之恥, 無恥矣."

맹자가 말했다.
"사람이 부끄러워함이 없어서는 안 된다. 부끄러워함이 없음을 부끄러워한다면, 참으로 부끄러워할 일이 없으리라."

蛇足 요즘 사람들이 흔히 하는 말에 "쪽팔려 죽겠다!"고 하는 게 있다. '쪽'은 얼굴을 속되게 표현한 말이고 얼굴은 한자어로 면(面)이니, 점잖게 말하자면 "체면을 잃었다"는 것이다. 과연 참으로 부끄러워서 그렇게 말하는가? 너무 자주 쓰니, 오히려 부끄러워하지 않거나 부끄러워할 줄 모른다는 인상을 받게 된다. 정말로 부끄러워한다면, 다시는 같은 짓을 되풀이하지 말아야 한다. 만약 같은 짓을 되풀이하면서 "쪽팔려 죽겠다!"고 한다면, 더 이상은 '팔릴 쪽'조차 없는 꼴이 된다. 왜 '팔릴 쪽'조차 없게 되는 지경에 떨어지는가?

『중용』에 "부끄러워할 줄 알면, 용기에 가까워진다"(知恥, 近乎勇)는 말이 나온다. 부끄러워할 줄 아는 것이 어떻게 해서 용기에 가까워지는 일인가? 일이 잘못되거나 허물을 지으면, 대개 밖에서 그 빌미를 찾는다. 그 빌미가 자신에게 있음을 몰라서가 아니라, 인정하기 싫어서다. 인정하기 싫은 것, 그것이 부끄러워하는 것이다. 그러나 부끄러움이 있다고 해도 깊이 느끼고 인정하지 않는다면, 부끄러워할 줄 모르는 것이나 마찬가지다. 그것은 비겁한 짓이다. 그래서 부끄러워할 줄 알면 "용기에 가까워진다"고 했다.

그런데 왜 "용기다"라고 말하지 않고 "용기에 가까워진다"고 말했는가? 부끄러워하는 것은 자신을 돌이켜보는 일이다. 이른바 반성을 하기 때문에 부끄러워한다. 이 부끄러움은 다시는 이런 부끄러운 짓을 하지 않으려는 다짐에서 그친다. 그 부끄러운 짓을 되풀이하지 않는 행동으로 이어져야만, 즉 허물을 고쳐야만 용기는 완성된다. 그래서 '안다'고 하는 것만으로는 용기라고 말하지 않았다.

13.7

孟子曰: "恥之於人, 大矣. 爲機變之巧者, 無所用恥焉. 不恥不若人, 何若人有?"

맹자가 말했다.
"부끄러움이란 사람에게 있어 중대한 일이다. 기미를 보고 약삭빠르게 움직이는 자는 부끄러워하는 일이 없다. 부끄러워하지 않으면서 남보다 못하다면, 대체 남과 같은 게 무엇이 있겠는가?"

注釋 기(機)는 어떤 일을 알아챌 수 기미(機微), 낌새를 뜻한다. 변(變)은 상황에 따라 움직이는 것이다.

蛇足 뻔뻔해야 성공할 수 있다고 말한다. 뻔뻔해야 잘살 수 있다고 말한다. 과연 그럴까? 그가 어떤 지위를 얻었든 얼마나 벌어들였든 간에 올바름이 없이 뻔뻔함으로 그렇게 했다면, 그는 이미 실패한 자다. 떳떳한 방법으로는 바라는 것을 얻지도 이루지도 못하리라 여겼기 때문에 부끄러운 짓을 한 것이 아닌가. 부끄러워할 줄 모르고 발뺌이나 하다가 그렇게 뻔뻔해진 것이 아닌가. 부끄러워할 줄 모르는 자는 세상의 손가락질을 받게 마련이다. 물론 평생을 그렇게 한결같이 뻔뻔하게

살았다면, 남이 손가락질을 하는 것도 모르거나 아랑곳하지 않겠지만 말이다. 모르고 있거나 아랑곳하지 않는다고 해서 그의 삶이 떳떳해지는 건 아니다. 더욱더 추해질 뿐이다. 그런데 약삭빠르게 처신하며 부끄러워할 줄도 모르면서 남보다 나은 자리에 오르지도 못하고 남보다 더 잘 벌지도 못한 사람이 적지 않다. 이른바 제 깜냥으로 잔머리를 굴릴 수 있는 데까지 굴렸으나 바라는 것을 얻지 못한 자는 최악의 수를 둔 자다. 그런 자에게는 욕설을 듣는 것조차 사치요 낭비다.

13.8

孟子曰: "古之賢王好善而忘勢. 古之賢士何獨不然? 樂其道而忘人之勢, 故王公不致敬盡禮, 則不得亟見之. 見且由不得亟, 而況得而臣之乎?"

맹자가 말했다.

"옛날의 현명한 왕은 착함을 좋아하여 권세를 잊었다. 옛날의 현명한 선비라고 해서 어찌 홀로 그렇게 하지 않았겠는가? 자신의 도리를 즐기며 남의 권세를 잊었다. 그러했으므로 왕공들이라도 지극한 마음으로 예를 다하지 않으면, 그를 자주 만날 수 없었다. 만나는 것조차 자주할 수 없었는데, 하물며 그를 얻어 신하로 삼을 수 있었겠는가?"

注釋 기(亟)는 자주, 빈번히를 뜻한다. 유(由)는 유(猶)와 같다.

蛇足 맹자가 때로 일국의 군주를 한낱 촌사람처럼 대한 것은 그 자신이 현명한 선비임을 자처했기 때문이다. 현명한 선비는 아무리 왕공이라도 권세로 누를 수 없다. 현명한 선비를 누를 수 있는 것은 역시

군주의 현명함 또는 현명해지려는 그 마음이다. 그런 마음을 내어 예를 다할 때만 선비는 거기에 응한다. 맹자 스스로 이 원칙을 저버리지 않았으므로 신하 노릇을 할 기회가 없었던 것이기도 하다.

13.9

孟子謂宋句踐曰: "子好遊乎? 吾語子遊. 人知之, 亦囂囂; 人不知, 亦囂囂."
曰: "何如斯可以囂囂矣?"
曰: "尊德樂義, 則可以囂囂矣. 故士窮不失義, 達不離道. 窮不失義, 故士得己焉; 達不離道, 故民不失望焉. 古之人, 得志, 澤加於民; 不得志, 修身見於世. 窮則獨善其身, 達則兼善天下."

맹자가 송구천에게 말했다.
"그대는 유세하기를 좋아하는가? 내가 그대에게 유세에 대해 말해주겠소. 남들이 알아주어도 스스로 만족하고, 남들이 알아주지 않아도 스스로 만족하는 것이오."
"어떻게 하면 스스로 만족할 수 있습니까?"
"덕을 높이고 올바름을 즐긴다면, 스스로 만족할 수 있소. 그래서 선비는 앞길이 막혀도 올바름을 잃지 않고, 영달해도 도리에서 벗어나지 않는 것이오. 앞길이 막혀도 올바름을 잃지 않으므로 선비는 제 뜻을 얻고, 영달해도 도리에서 벗어나지 않으므로 백성들이 실망하지 않소. 옛 사람은 뜻을 얻으면 그 은택을 백성에게 베풀었고, 뜻을 얻지 못하면 제 몸을 닦아 세상에 드러냈소. 앞길이 막히면 홀로 제 몸을 착하게 하고, 영달하면 천하 사람들과 함께 착해졌소."

注釋 송구천(宋句踐)은 다른 데서도 언급된 바가 없어 누구인지 알 수가 없다. 유(遊)는 여러 곳을 다니며 자신의 뜻을 알리는 일, 곧 유세(遊說)를 뜻한다. 효효(囂囂)는 스스로 만족하며 흔들림이 없는 모양이다. 궁(窮)은 곤궁, 역경을 뜻한다.

蛇足 맹자 자신의 유세에 대해 말한 것으로, 덕을 갖추고 올바름을 즐기는 것 자체가 유세라는 뜻이다. 스스로 만족한다는 것은 도리에서 벗어나지 않았다는 뜻이다. 도리에 벗어난 방식으로 제후의 마음을 사로잡을 수도 있으나, 그건 일시적으로 거둔 효과일 뿐이며 결국에는 자승자박이 된다. 『전국책』에 등장하는 유세객들의 행보와 그 결말을 한번 보라.

13.10

孟子曰: "待文王而後興者, 凡民也. 若夫豪傑之士, 雖無文王猶興."

맹자가 말했다.
"문왕이 나타나길 기다린 뒤에야 떨쳐 일어나는 자는 평범한 백성이다. 만약 기개 있고 빼어난 선비라면 비록 문왕이 나타나지 않더라도 떨쳐 일어난다."

蛇足 군자는 선각자다. 평범한 사람들보다 먼저 시대의 추이를 꿰뚫어 보기 때문에 먼저 나선다. 현군이나 성군이 나타나길 기다리지 않는다. 그런 군주가 있으면 만나서 왕노릇할 수 있는 길을 함께 간다. 그런 군주가 아니라면 일깨워준다. 자신의 뜻을 받아주는 군주가 없다면, 물러나 제자를 기른다. 그런 군주가 나타날 때를 대비해서.

13.11

孟子曰: "附之以韓魏之家, 如其自視欿然, 則過人遠矣."

맹자가 말했다.
"저 한씨와 위씨 집안의 권세를 더해주더라도 스스로 대수롭지 않게 여긴다면, 남보다 훨씬 뛰어난 사람이다."

注釋 부(附)는 더하다, 보태다는 뜻으로, 여기서는 재물과 권세를 보태준다는 말맛이 있다. 한씨(韓氏)와 위씨(魏氏)는 춘추시대에 강성했던 진(晉)나라의 권문세가였다. 조씨(趙氏)와 함께 진나라를 셋으로 나누어 가지면서 전국시대가 시작되었다. 감연(欿然)은 마음에 차지 않는 모양을 뜻하는데, 여기서는 대수롭지 않게 여기다, 하찮게 여기다는 말맛을 담고 있다.

蛇足 권불십년(權不十年)이라 했다. 저 진시황의 부친인 자초(子楚)에게 과감하게 투자해서 그를 왕으로 즉위하게 하고 자신은 낙양 근처에 10만 호의 봉토와 문신후(文信侯)라는 칭호를 얻으면서 강성한 진나라에 막강한 영향력을 행사했던 여불위(呂不韋)를 보라. 고작 10년만에 권좌에서 내쫓기고 결국은 자살로 생을 마감하지 않았는가. 아무리 하늘을 찌르는 권세라도 10년을 기약하기 어렵다. 오로지 내 안에서 얻은 것으로 행세해야만 살아서도 떳떳하고 죽어서도 떳떳할 뿐 아니라, 죽은 뒤에는 반드시 살아서 누린 것보다 더 큰 명성을 누린다. 이렇게 살아야만 군자고, 참으로 남보다 뛰어난 사람이라 할 수 있다.

13.12

孟子曰: "以佚道使民, 雖勞不怨; 以生道殺民, 雖死不怨殺者."

맹자가 말했다.
"편안하게 해주는 도리로써 백성을 부리면, 비록 힘들어도 응등그러지지 않는다. 살리는 도리로써 백성을 죽이면, 비록 죽더라도 죽인 자를 탓하지 않는다."

注釋 일(佚)은 편안하다, 편안하게 하다는 뜻이다. 일도(佚道)는 도로나 제방, 교량 공사나 치수 등 공공의 이익과 관련된 것을 이른다. 생도(生道)에는 조금 미묘한 뜻이 담겨 있는데, 형벌을 쓰더라도 궁극적으로는 형벌을 쓰는 일이 없도록 하고 사람을 죽이더라도 더 이상 죽는 사람이 없도록 하는 방도를 가리킨다.

蛇足 내가 도리를 다했음에도 백성들이 알아주지 않는다고 서글퍼하지 말고 탓하지 말라는 말이다. 당장에는 몰라주더라도 언젠가는 알아준다. 백성들이 배우지 못해서 제 본성을 다하지 못한 탓에 당장에는 알아주지 못하지만, 결국 그들도 도리를 아는 본성이 있으므로 알아주게 된다. 그러니 벼슬살이를 하든 홀로 학문에 전념하든 한결같이 갈 길을 갈 뿐이다. 그게 선비의 일이다.

13.13

孟子曰: "覇者之民, 驩虞如也; 王者之民, 皞皞如也. 殺之而不怨, 利之而不庸, 民日遷善而不知爲之者. 夫君子所過者化, 所存者神, 上下與天地同流, 豈曰小補之哉?"

맹자가 말했다.

"패도로써 다스리는 나라의 백성은 기뻐하고 즐거워하며, 왕도로써 다스리는 나라의 백성은 마음이 넉넉하고 느긋하다. 그래서 죽이더라도 응등그러지지 않고, 이롭게 해주어도 잘했다고 여기지 않으니, 그 백성들은 날마다 착한 데로 나아가면서도 누가 그렇게 만드는지 알지 못한다. 저 군자가 지나가는 곳은 저절로 교화되고 그가 머무는 곳에는 신묘한 일이 일어나 위로는 하늘과 아래로는 땅과 더불어 함께 흘러가니, 그가 세상에 보탬이 되는 것이 어찌 작다고 하겠는가?"

注釋 환우(驩虞)는 환오(歡娛)와 같으며, 기뻐하고 즐거워한다는 뜻이다. 호호(皞皞)는 마음이 확 트여 있는 것이다. 용(庸)은 공적(功績)을 뜻한다. 군자(君子)는 앞에 나온 왕자(王者), 즉 성인으로서 군왕과 군왕이 아닌 성인을 아울러 가리키는 것으로 보인다. 신(神)은 소과자화(所過者化)와 대구를 이루므로 다스려진다는 치(治)의 뜻을 내포한 것으로 볼 수 있다.

蛇足 덕의 작용은 크고 무한하며 드러나지 않는다. 그래서 정치의 근본이 되고 교화의 바탕이 된다. 크고 무한하기 때문에 어디를 가든지 저절로 교화되고, 교화되지만 드러나지 않기 때문에 신묘하다고 했다. 그럴 수밖에 없는 것은 덕 자체가 하늘과 땅의 이치를 따를 때 갖추어지는 것이기 때문이다. 저 공자를 보고 맹자를 보라. 과연 그들이 세상에 보탬이 되는 것이 작다고 하겠는가?

13.14

孟子曰:“仁言不如仁聲之入人深也, 善政不如善教之得民也. 善政, 民畏之; 善教, 民愛之. 善政, 得民財; 善教, 得民心.”

맹자가 말했다.

“어진 말은 어진 음악이 사람 마음에 깊어 파고드는 것만 못하고, 좋은 정치는 좋은 교화로 백성들의 마음을 얻는 것만 못하다. 좋은 정치를 하면 백성들이 두려워하고, 좋은 교화를 펴면 백성들이 사랑한다. 좋은 정치는 백성들의 재물을 얻고, 좋은 교화는 백성들의 마음을 얻는다.”

注釋 성(聲)은 음악을 뜻한다. 선정(善政)은 제도나 법령을 통해 다스리는 것을 이르고, 선교(善教)는 도덕이나 예의로써 이끄는 것을 이른다.

蛇足 정치란 반드시 백성들의 삶을 윤택하게 해주는 데까지 이르러야 하고, 나아가 백성들의 마음을 편안하게 해주는 데까지 이르러야 한다. 그래야 백성들의 마음을 얻고, 백성들의 마음을 얻어야 하늘의 뜻을 현실에 실현한 것이 입증되기 때문이다.

오늘날 정치가들은 정치를 잘못하는 것은 제쳐두고 어진 말조차 하지 못한다. 입을 열었다 하면 국민들을 기만하는 말들을 늘어놓는다. 스스로 약속한 것조차 헌신짝 버리듯이 한다. 그러고서도 버림을 받지 않고 있으니, 이야말로 난세다. 그런데 국민들은 이런 난세를 넘어서기 위해서는 올바른 지도자가 나와야만 한다고 말들 하면서도 정작 그런 인물이 나와도 알아보지 못하고 뽑지도 않는다. 그러고는 인물이 없다고 탄식한다. 올바른 지도자는 국민들이 알아주고 뽑아주어야만 나온다. 국민들 스스로 올바른 지도자를 알아볼 줄 모른다면, 아무리 바라고 바란들 그런 사람은 나오지 않는다. 나오더라도 버림받는다. 올바른 지도자란 역사적 흐름을 알고 국민들의 마음을 읽을 줄 알며 그 자신도 국민의 한 사람임을 잊지 않으면서 어떤 경우에도 도리를 벗어나지 않는 자다.

13.15

孟子曰: "人之所不學而能者, 其良能也; 所不慮而知者, 其良知也. 孩提之童, 無不知愛其親也; 及其長也, 無不知敬其兄也. 親親, 仁也; 敬長, 義也. 無他, 達之天下也."

맹자가 말했다.
"사람이 배우지 않고도 잘하는 것은 '타고난 능력'이고, 생각하지 않아도 아는 것은 '타고난 지혜'다. 갓난아이 가운데 제 어버이를 사랑할 줄 모르는 아이가 없고, 자라서는 그 형을 공경할 줄 모르는 아이가 없다. 어버이를 가까이하는 것은 어짊이고, 어른을 공경하는 것은 올바름이다. 이는 다른 게 아니라 어짊과 올바름이 천하에 통용되고 있기 때문이다."

注釋 해제(孩提)는 웃을 줄 알고 손으로 끌고 다닐 수 있는 두세 살 난 아이를 가리킨다.

蛇足 타고난 능력은 모든 이들을 사랑할 수 있는 어짊의 싹이고, 타고난 지혜는 모든 이들에게 지극할 수 있는 올바름의 싹이다. 그런 싹을 누구나 본성에 갈무리하고 있으므로 어짊과 올바름을 천하에 두루 펼 수가 있다. 다만, 이 싹을 잘 기르고 확충하기 위해서는 배움과 생각이 필요하다. 배움과 생각을 거듭해서 배우지 않고도 저절로 잘할

수 있고 생각하지 않아도 저절로 알맞게 할 수 있는 경지에 이르러야 한다.

13.16

孟子曰: "舜之居深山之中, 與木石居, 與鹿豕遊, 其所以異於深山之野人者幾希. 及其聞一善言, 見一善行, 若決江河, 沛然莫之能禦也."

맹자가 말했다.
"순은 깊은 산속에서 살 때는 나무나 바위와 함께 살고 사슴이나 멧돼지와 함께 놀았으니, 깊은 산속의 야인과 다를 바가 거의 없었다. 그러나 한마디 좋은 말을 듣고 한 가지 좋은 행위를 보면 마치 장강이나 황하를 툭 터놓은 것처럼 거침없이 행하였으니, 그 왕성한 기세는 그 무엇으로도 막을 수 없을 정도였다."

注釋 시(豕)는 멧돼지를 뜻한다. 강하(江河)는 장강(長江)과 황하(黃河)를 가리킨다. 패연(沛然)은 비가 줄기차게 내리는 것과 같은 왕성한 기세를 뜻한다.

蛇足 순 또한 평범한 사람들과 다름이 없었고 타고난 바탕 역시 크게 차이가 나지 않았다. 그에게 다른 점이 있다면, 좋은 말을 들으면 곧바로 행동으로 옮기려 했다는 것이다. 대부분의 사람들은 좋은 말을 들으면 좋다는 것을 알면서도 곧장 행동하지 않고 머뭇거린다. 그 머뭇거림이 그 사람을 범부의 자리에서 맴돌게 한다. 순이 "장강이나 황하를 툭 터놓은 것처럼 거침없이 행한 것"과도 상반된다. 뜻이 모자랐던

것이다.

13.17

孟子曰: "無爲其所不爲, 無欲其所不欲, 如此而已矣."

맹자가 말했다.
"하지 말아야 할 것을 하지 않고, 바라지 말아야 할 것을 바라지 않으니, 그저 이렇게 할 뿐이다."

蛇足 "그저 이렇게 할 뿐이다"는 것은 이치를 따를 뿐이라는 말이다. 어짊과 올바름을 행하는 일은 삶의 과정이며, 그 과정의 지속이 곧 온전한 삶이라는 결과를 이룬다는 것이다. 유가의 도덕에서는 과정과 목적이 둘이 아니며, 과정이 곧 목적이고 목적이 곧 과정이다. 만약 둘을 분리한다면, 목적을 위해 과정을 무시하게 된다. 그러면 과정으로서 길인 '도(道)'에서 어긋날 수밖에 없다.

또 남과 견주지 않도록 해야 한다. 아무리 순수한 의도에서 시작한 일이라도 남과 견주게 되면, 경쟁심으로 말미암아 무리한 짓을 하게 된다. 그러면 제게 타고난 지혜와 능력을 오롯하게 발현하지 못한다. 무수히 많은 길이 있듯이 사람마다 가는 길이 다를 수 있고, 생김새가 다 다르듯이 본성의 결 또한 다르다. 어찌 함부로 견주어서 파탄을 일으키는가.

13.18

孟子曰: "人之有德慧術知者, 恒存乎疢疾. 獨孤臣孽子, 其操心也危, 其慮患也深, 故達."

맹자가 말했다.

"덕행과 지혜와 기술과 지식을 갖춘 자는 언제나 우환이나 재난 속에 있다. 오로지 외로운 신하나 고단한 자식만이 마음을 다잡아도 아슬아슬하고 환난을 걱정하는 것이 깊기 때문에 통달하는 것이다."

注釋 진질(疢疾)은 본래는 열병을 뜻하는데, 우환이나 재난을 비유하기도 한다. 고신(孤臣)은 고립된 신하, 즉 군주의 총애를 받지 못하는 신하를 뜻하고, 얼자(孼子)는 어버이의 사랑을 받지 못하는 자식을 뜻한다.

蛇足 뒷산에 오르는 사람과 히말라야의 험준한 산을 오르는 사람은 서로 걱정하는 것도 다르고 마주칠 재난도 다르다. 히말라야의 험준한 산을 오르는 사람은 외로운 신하나 고단한 자식과 같다. 아무리 마음을 다잡아도 그가 가는 길은 아슬아슬하다. 한순간에 생사를 가를 천 길 벼랑이라는 환난이 그 발 아래에 놓여 있다. 그가 뒷산을 오르는 사람과 달리 그런 환난을 걱정하는 것은 바로 그가 그 험준한 산을 오를 만한 능력과 오르겠다는 뜻을 지니고 있어서다. 그런 그가 산을 대하는 마음가짐이 어찌 느슨할 것이며, 산에 대해 아는 것이 어찌 얄팍하겠는가. 난세의 군자는 히말라야의 험준한 산을 오르는 자와 같다.

13.19

孟子曰: "有事君人者, 事是君則爲容悅者也; 有安社稷臣者, 以安社稷爲悅者也; 有天民者, 達可行於天下而後行之者也; 有大人者, 正己而物正者也."

맹자가 말했다.

"군주를 섬기는 자가 있으니, 군주를 섬기는 이 사람은 군주에게 받아들여지는 것을 기쁨으로 여긴다. 사직을 편안하게 하는 신하가 있으니, 그는 사직을 편안하게 하는 일을 제 기쁨으로 여긴다. 천하 백성을 위하는 자가 있으니, 벼슬을 얻어 천하에 제 도를 실행할 수 있게 된 뒤에야 제 도를 실행하는 자다. 대인이 있으니, 그는 제 몸을 바르게 하여 온갖 것들이 그를 따라 바르게 되도록 하는 자다."

注釋 용(容)은 군주의 뜻을 거스르지 않아서 받아들여지는 것을 뜻한다. 천민(天民)은 하늘이 낸 백성을 뜻하므로 유천민(有天民)은 그런 백성을 위하는 선비를 가리킨다.

蛇足 덕을 쌓고 도를 행하는 일은 그 자체가 보상이다. 그 밖의 것은 그 보상에 자연스럽게 따라오는 것이다. 벼슬이나 녹봉, 아름다운 여인이나 충실한 제자 등은 봉급 외에 받는 상여금과 같다. 그러나 대인이나 군주의 상여금은 그 자신만이 잘해서 얻는 것이기보다는 천하가 잘 다스려져서 얻는 것에 가깝다. 천하가 여전히 어지러우면, 대인이나 군주는 상여금은커녕 봉급을 받는 것조차 부끄러워한다. 천하가 어지러운데도 제 상여금을 꼭 챙기는 자라면 한낱 소인이다. 그와 같은 자가 오늘날에도 많다. 회사가 수익을 내지 못하고 운영조차 어려운데도 제 봉급을 인상하고 상여금을 챙기는 자, 한 번도 흑자를 내지 못하고 적자만 내면서 부채를 눈덩이처럼 불려놓고 책임을 지기는커녕 막대한 퇴직금을 챙기는 자, 정쟁만을 일삼고 법안 처리에 늑장 부리며 시도 때도 없이 외유를 나가는 국회의원. 그런 자들을 올바르다고 하는 사람들이 있을까? 그럼에도 그런 자들이 여전히 높은 자리를 차지

하고 국회에 진출하는 까닭은 무엇일까? 민주의 주체인 국민이 대인의 풍도를 갖추려 하지 않기 때문이리라. 스스로 그릇된 짓을 일삼지 않았다고 해서 책임이 없는 것은 아니다. 그런 자에게 표를 주어 권력을 행사하도록 용인한 것도 죄다. 이런 죄를 통감하지 않는 한, 그 대가는 반드시 본인이나 가족들이 치르게 된다. 그때가 되어서 하늘에 빌든 신을 찾든 모두 부질없는 몸부림에 지나지 않는다.

13.20

孟子曰: "君子有三樂, 而王天下不與存焉. 父母俱存, 兄弟無故, 一樂也; 仰不愧於天, 俯不怍於人, 二樂也; 得天下英才而教育之, 三樂也. 君子有三樂, 而王天下不與存焉."

맹자가 말했다.

"군자에게는 세 가지 즐거움이 있으니, 천하에 왕노릇하는 일은 여기에 끼지 않는다. 어버이가 모두 살아계시고 형제간에 아무런 탈이 없는 것이 첫 번째 즐거움이다. 위로 하늘에 부끄럽지 않고 아래로 사람들에게 부끄럽지 않은 것이 두 번째 즐거움이다. 천하의 빼어난 인재를 얻어서 가르치고 기르는 것이 세 번째 즐거움이다. 군자에게는 세 가지 즐거움이 있으니, 천하에 왕노릇하는 일은 여기에 끼지 않는다."

注釋 고(故)는 오늘날 흔히 말하는 사고(事故)나 변고(變故)를 뜻한다. 괴(愧)와 작(怍)은 모두 부끄러워하다는 뜻이다.

蛇足 진정 맹자는 천하에 왕노릇하는 일을 즐거움으로 여기지 않았을까? 왕노릇은 신분상으로 왕족이어야 가능하고, 왕족이라도 왕위

에 오른다는 보장을 받지 못한다. 더구나 당시에 선비가 왕위에 오르는 일은 오늘날 로또에 당첨될 확률보다 낮다. 맹자 스스로 부덕한 왕을 내쫓고 그 자리를 대신할 수 있는 자는 '군주와 인척인 경'이라고 하지 않았던가.(10.9를 보라.) 또 요에서 순으로, 순에서 우에게로 선양하는 전통이 이미 단절된 데다가 하 · 은 · 주 세 왕조가 차례로 교체될 때도 그 교체의 주인공이 모두 제후들이었다는 역사적 사실은 맹자로 하여금 왕족이 아닌 자가 왕위에 오를 수 있다는 생각을 꿈에서조차 하지 못하게 했을 터이고, 그렇다고 왕정 이외의 정치 체제를 생각해 본 적조차 없으니, 어찌 현자나 성자라 해서 왕위에 오를 수 있겠는가? 그러니 왕노릇하는 일은 애초부터 고려할 문제가 아니었다.

그런데 군자는 그 자신이 왕노릇은 하지 못하지만, 자신을 받아들이는 군주를 만나기만 하면 그 군주를 진정한 왕자(王者)로 만들 수가 있다. 그런 군주를 만나지 못한다고 해서 즐거움을 누리지 못할 까닭도 없다. 그런 군주를 만나서 잡도리하고 일깨워주는 일도 세 번째 즐거움에 속할 뿐이다. 스스로 벼슬과 녹봉이나 명성 따위에 연연해하지 않으므로 어버이와 형제들을 위험에 빠뜨리지 않을 뿐만 아니라 그 자신이 화목해지도록 앞설 수 있다. 또 잠시도 도리를 저버리는 짓을 하지 않으므로 누구에게도 부끄럽지 않고 떳떳하다. 그는 제 안에서 얻을 수 있는 것을 얻으려 애쓰면서 그것을 확장하여 남들과 함께 즐거워하려 한다. 이야말로 하늘과 땅과 천하 사람들과 나란히 가는 것이니, 천명을 받은 왕이 할 일을 군자로서 하는 셈이다. 그러니 어찌 즐겁지 아니하랴!

13.21

孟子曰: "廣土衆民, 君子欲之, 所樂不存焉; 中天下而立, 定四海之民, 君子樂之, 所性不存焉. 君子所性, 雖大行不加焉, 雖窮居不損焉, 分定故也. 君子所性, 仁義禮智根於心, 其生色也, 睟然見於面, 盎於背, 施於四體. 四體不言而喻."

맹자가 말했다.

"너른 땅과 많은 백성은 군자가 바라는 것이기는 하지만 그가 참으로 즐거워하는 것은 여기에 있지 않다. 천하의 한가운데에 서서 사해의 백성을 안정시키는 일은 군자가 즐거워하는 것이기는 하지만 그가 본성으로 여기는 것은 여기에 있지 않다. 군자가 본성으로 여기는 것은 비록 제 뜻이 크게 행해지더라도 더해지지 않고 앞길이 막힌 채 살더라도 줄어들지 않으니, 이는 본분이 정해져 있기 때문이다. 군자가 본성으로 여기는 것은 어짊과 올바름, 예의와 지혜가 마음에 뿌리를 두고 있는 것으로, 거기서 나오는 빛은 밝고 함치르르하여 얼굴에 드러나고 등에 가득하며 온 몸에 두루 퍼진다. 그래서 그의 온 몸은 말하지 않아도 남을 깨우친다."

注釋 수연(睟然)은 윤이 나서 함치르르한 모양이다. 현(見)은 현(現)과 같다. 앙(盎)은 가득히 차다는 뜻이다. 시(施)는 퍼지다는 뜻이다.

蛇足 맹자는 군자의 즐거움에는 왕노릇하는 것이 포함되지 않는다고 했는데, 그것은 군자의 영향력이 일개 군주를 넘어선다고 보았기 때문이다. 군자의 영향력을 하늘과 땅이 주는 이로움과 다르지 않은 것으로 본 것이다. "그의 온 몸은 말하지 않아도 남을 깨우친다"고 한 말에 그런 뜻이 담겨 있다. 군자는 결코 억지로 남을 가르치려 하지 않으며 다그치지도 않는다. 그저 제 본성을 다하면 가르침은 저절로 이루어지기 때문이다. 본성을 다하면 남의 본성을 절로 알게 되는데, 어찌 억

지로 하겠는가.

13.22

孟子曰: "伯夷辟紂, 居北海之濱, 聞文王作, 興曰, '盍歸乎來! 吾聞西伯善養老者.' 太公辟紂, 居東海之濱, 聞文王作, 興曰, '盍歸乎來! 吾聞西伯善養老者.' 天下有善養老, 則仁人以爲己歸矣. 五畝之宅, 樹墻下以桑, 匹婦蠶之, 則老者足以衣帛矣. 五母鷄, 二母彘, 無失其時, 老者足以無失肉矣. 百畝之田, 匹夫耕之, 八口之家可以無飢矣. 所謂西伯善養老者, 制其田里, 教之樹畜, 導其妻子使養其老. 五十非帛不煖, 七十非肉不飽. 不煖不飽, 謂之凍餒. 文王之民, 無凍餒之老者, 此之謂也."

맹자가 말했다.
"백이가 포악한 주를 피해 북해의 물가에서 살다가 문왕이 들고일어났다는 소식을 듣고 떨쳐 일어나며 '어찌 돌아가지 않으리오! 서백은 늙은이를 잘 봉양한다고 들었다'고 말하였고, 태공은 주를 피해 동해의 물가에서 살다가 문왕이 들고일어났다는 소식을 듣고 떨쳐 일어나며 '어찌 돌아가지 않으리오! 서백은 늙은이를 잘 봉양한다고 들었다'고 말했으니, 천하에 노인을 잘 봉양하는 이가 있으면 어진 이가 제 돌아갈 곳으로 여긴다. 5무의 집에서 그 담 아래에 뽕나무를 심어 아녀자가 누에를 치면, 노인이 비단옷을 충분히 입을 수 있다. 다섯 마리의 암탉과 두 마리의 암돼지를 때를 놓치지 않고 기르면, 노인이 고기를 먹지 못하는 일이 없다. 1백 무의 밭을 지아비가 갈면, 여덟 식구가 있는 집안이 굶주리지 않을 수 있다. 이른바 서백이 늙은이를 잘 봉양한다는 것은 마을의 논밭과 집을 잘 마름

질해주고, 심고 기르는 일을 가르치고, 각기 처자식을 데리고 늙은이들을 잘 봉양하도록 한 것이다. 나이 쉰에는 비단옷이 아니면 따뜻하지 않고, 일흔에는 고기가 아니면 배부르지 않다. 따뜻하지 않고 배부르지 않는 것을 일러 '떨며 굶주린다'고 한다. 문왕의 백성들 가운데는 떨며 굶주린 늙은이가 없었다고 한 것은 이를 두고 한 말이다."

注釋 빈(濱)은 물가를 뜻한다. 서백(西伯)은 서방 제후들의 우두머리라는 뜻으로, 문왕(文王)을 가리킨다. 합귀(盍歸)의 합(盍)은 어찌 ~하지 않으랴라는 뜻이다. 태공(太公)은 강태공(姜太公)으로 불리는 여상(呂尙)이다. 장(墻)은 장(牆)과 같으며, 담을 뜻한다. 전리(田里)의 전(田)은 1백무의 밭을, 리(里)는 5무의 집을 가리킨다. 동(凍)은 얼다는 뜻이다. 뇌(餒)는 굶주리다는 뜻이다.

蛇足 서백은 주가 폭압 정치를 하는 동안에 비록 사방 백 리의 작은 땅에서지만 어진 정치를 펴서 제후들과 백성들의 마음을 얻었다. 그의 어진 정치는 무슨 거창한 정책을 편 것이 아니라 추위에 떨거나 굶주리는 백성들이 없도록 세심하게 배려한 데서 이루어졌다. 맹자가 말한 왕도의 시작부터 차근차근 해나갔던 것이다. 그가 서백이라 일컬어진 이유도 거기에 있으니, 서백이라는 칭호를 얻는 데서 그치지 않았다. 이윽고 아들인 무왕이 주를 치고 천하를 차지할 수 있는 기반이 되었다. 오늘날 선거가 있을 때만 지역구를 찾아서 읍소하며 표를 구걸하다가 당선만 되면 표연히 지역구를 떠나 여의도 국회의사당에서 빈둥대는 국회의원들이 깊이 헤아려야 할 정치다.

13.23

孟子曰: "易其田疇, 薄其稅斂, 民可使富也. 食之以時, 用之以禮, 財不可勝用也. 民非水火不生活, 昏暮叩人之門戶, 求水火, 無弗與者, 至足矣. 聖人治天下, 使有菽粟如水火. 菽粟如水火, 而民焉有不仁者乎?"

맹자가 말했다.
"논밭을 잘 다스리고 거두는 세금을 가벼이 하면, 백성들을 가멸지게 할 수 있다. 때맞게 먹고 예법에 맞게 쓰면, 재물은 이루 다 쓰지 못할 것이다. 백성들은 물과 불이 없으면 살 수가 없는데, 어둑한 저녁에 남의 집 문을 두드리며 물이나 불을 구할 때 주지 않는 자가 없는 것은 그것이 아주 넉넉하기 때문이다. 성인은 천하를 다스리면 콩과 조 같은 곡식이 물이나 불처럼 넉넉해지도록 한다. 콩과 조 같은 곡식이 물이나 불처럼 넉넉해진다면, 어찌 백성들 가운데서 어질지 못한 자가 생기겠는가?"

注釋 이(易)는 다스리다는 뜻이다. 전주(田疇)는 곡식을 심는 논밭과 삼을 심는 밭을 뜻하는데, 아울러서 농지(農地) 또는 경작지라 일컫는다. 숙(菽)은 콩 종류를 총칭한다.

蛇足 우리 속담에 "곳간에서 인심 난다"는 말이 있다. 이는 먹을거리가 넉넉하면 타고난 본성대로 남을 아끼고 베풀 줄 알게 된다는 뜻이다. 오늘날 모든 정치에서 경제 문제의 해결을 급선무로 여기는 것도 같은 맥락이다. 거대한 중국이 사회주의 국가로서 자본주의적 경제 체제를 거부했다가 결국 자본주의적 방식을 수용할 수밖에 없었던 것도 인민들의 굶주림을 해결하기 위해서였다. 인민들이 굶주림에 허덕이는

한, 사회주의는 도리어 억압적 이념으로 지탄받을 뿐이었기 때문이다. 사회주의뿐만이 아니다. 어떠한 이념을 내세우더라도 삶의 기본적인 욕구를 충족시켜주지 못한다면, 그것은 헛된 구호에 지나지 않는다. 실질적인 문제부터 해결해야 함을 강조할 뿐만 아니라 도덕에서도 실질적인 효과를 중시하고 있다는 점에서 보면, 맹자의 왕도를 이상주의로 보기는 어렵다. 선입견이나 편견이 없는 한은 말이다.

13.24

孟子曰: "孔子登東山而小魯, 登太山而小天下, 故觀於海者難爲水, 遊於聖人之門者難爲言. 觀水有術, 必觀其瀾. 日月有明, 容光必照焉. 流水之爲物也, 不盈科不行; 君子之志於道也, 不成章不達."

맹자가 말했다.
"공자는 동산에 오르자 노나라를 작게 여겼고, 태산에 오르자 천하를 작게 여겼다. 그래서 바다를 구경한 사람에게는 다른 물을 말하기 어렵고, 성인의 문하에서 노닌 사람에게는 다른 말을 하기가 어렵다. 물을 구경하는 데에는 방법이 있으니, 반드시 그 큰 물결을 보아야 한다. 해와 달은 빛이 있으니, 빛을 받아들일 만한 틈만 있으면 반드시 비춘다. 흐르는 물조차 물건이 되니, 웅덩이를 채우지 않고는 앞으로 나아가지 않는다. 군자가 도에 뜻을 두는 것도 그와 같아서 하나를 이루지 않고는 통달하지 못한다."

注釋 동산(東山)은 곧 몽산(蒙山)이니, 지금의 산동 몽음현(蒙陰縣) 남쪽에 있다. 란(瀾)은 큰 물결을 뜻한다. 용광(容光)은 빛을 받아들일

만한 창문이나 틈을 뜻한다. 과(科)는 웅덩이를 뜻한다. 성장(成章)은 저절로 드러날 정도로 성취하는 것을 뜻한다.

蛇足 명실상부한 법가 사상의 집대성자로 일컬어지는 한비는 한때 순자(荀子)의 제자였다. 왜 그는 유가에 등을 돌리고 법가적 방식만이 난세에 유용하다고 여겼을까? 맹자의 말로써 헤아려보면, 한비는 유가 학문의 태산에 오르지 못했던 것이다. 그는 난세의 형세를 파악하고 권모술수에 능한 자들의 심리에는 달통했음에도 누구에게나 어짊과 올바름으로 나아갈 수 있는 본성이 있음은 알지 못했다. 순자가 비록 성악(性惡)을 말했어도 철저하지 못했던 반면에, 한비는 철저하게 성악을 바탕으로 한 통치술을 논했다. 그가 모함으로 말미암아 자살한 것은 아이러니하게도 자신이 주장한 바를 스스로 어긴 것인데, 그 이유는 성선에 있었다. 그도 사람을 믿는 것이 자연스러웠던 것이다. 그가 모함으로 죽은 사실만을 부각해서 성악이 옳다고 한다면, 그것은 부분만 보고 전체는 두루 보지 못한 것이며 겉만 보고 속은 꿰뚫어 보지 못한 것이다.

13.25

孟子曰: "鷄鳴而起, 孳孳爲善者, 舜之徒也; 鷄鳴而起, 孳孳爲利者, 蹠之徒也. 欲知舜與蹠之分, 無他, 利與善之間也."

맹자가 말했다.
"닭이 울면 일어나서 부지런히 착해지려 애쓰는 자는 순의 무리고, 닭이 울면 일어나서 부지런히 이끗을 붙좇는 자는 도척의 무리다. 순과 도척의 무리를 가리는 방법을 알고 싶다면 다른 게 없으니, 이끗이냐 착함이냐 하는 차이일 뿐이다."

注釋 자자(孶孶)는 부지런히 힘쓰는 모양이다. 척(蹠)은 전설상의 도적인 도척(盜蹠)으로, 도척(盜跖)으로도 쓴다. 간(間)은 차이를 뜻한다.

蛇足 사람은 바라는 것이 있으면 새벽부터 일어나서 부지런히 힘쓴다. 착해지려 하느냐 이끗을 좇느냐가 다를 뿐이다. 그런데 그 둘 사이에서 이끗을 좇는 이유는 다른 게 아니다. 뜻이 거기에 있기 때문이다. 누가 강요하거나 타고난 성정이 그러해서가 아니다. 물론 환경으로 말미암아 그렇게 되었을 수도 있으나, 그렇다고 해서 착해지려는 마음이 아주 사라지는 건 아니다. 뜻을 두기만 하면 그 마음은 다시 되살아난다. 길은 얼마든지 있다. 뜻을 세우지 않을 뿐이다. 이끗을 좇으면서 변명을 하거나 정당화할 정도면 얼마든지 뜻을 세울 수 있다.

13.26

孟子曰: "楊子取爲我, 拔一毛而利天下, 不爲也. 墨子兼愛, 摩頂放踵利天下, 爲之. 子莫執中. 執中爲近之. 執中無權, 猶執一也. 所惡執一者, 爲其賊道也, 擧一而廢百也."

맹자가 말했다.

"양자는 자신만을 위하는 것을 주장했는데, 한 터럭을 뽑아서 천하를 이롭게 할 수 있다고 해도 그렇게 하지 않았다. 묵자는 차별 없는 사랑을 주장했는데, 정수리가 닳고 발꿈치가 없어지더라도 천하를 이롭게 할 수 있다면 그렇게 했다. 자막은 이 둘의 가운데를 잡았다. 이 둘의 가운데를 잡는 것이 도에 가깝기는 하다. 그러나 이 둘의 가운데를 잡는 것에는 권도가 없으므로 한쪽 끝을 잡는 것과 같다. 한쪽 끝을 잡는 것을 나쁘게 여기는 것은 그것이 도를 해치기 때문이니, 이는 하나만 들고 백 가지를 없애는 것과 같다."

注釋 양자(楊子)는 이름이 주(朱)이며, 전국시대의 사상가다. 그의 언행은 『장자』, 『한비자』, 『열자(列子)』 등에 보인다. 취(取)는 주장하다는 말맛이 있다. 마(摩)는 갈다는 뜻이다. 방(放)은 뜻이 명확하지 않은데, 문맥에 따라 풀이했다. 묵자(墨子)는 이름이 적(翟)이며, 묵가(墨家) 학파의 개창자다. 자막(子莫)은 노나라의 현자라고 한다. 집중(執中)은 양자와 묵자의 중간을 주장한다는 뜻으로, 중용(中庸)이나 중도(中道)와는 다르다. 권(權)은 저울질하다는 뜻으로, 상황에 따라 잘 헤아려서 대처하는 임기응변(臨機應變)을 이른다.

蛇足 양자의 사상은 포괄적으로 엿볼 수 있는 자료가 없으므로 단적으로 무어라 말하기 어려운데, 맹자는 그를 극단적인 이기주의자로 간주한 듯하다. 반면에 묵자는 극단적인 이타주의자로 간주하고 있다. 양자와 묵자가 범부보다 못한 자가 아니라면 이렇게 극단적인 사유를 하지는 않았으리라 여겨진다. 아마도 비판의 대상이기 때문에 그들의 단점을 극대화한 것이 아닌가 생각된다. 그런데 흥미로운 것은 양자와 묵자보다는 그 둘 사이에서 이른바 가운데를 잡았다고 하는 자막에 대해 비판의 날을 세웠다는 사실이다. 자막은 유가에 속하는 인물쯤으로 볼 수 있을 듯한데, 그가 이해한 '가운데'가 분명하게 무엇인지를 알기 어려워서 단정을 짓기는 어렵다. 다만 맹자의 말로써 짐작하건대, 그는 상황의 변화나 변수에 대한 이해 없이 산술적인 가운데를 고집한 게 아닌가 여겨진다. 가령, 주인은 삯꾼에게 스무 냥의 삯을 주겠다고 하고 삯꾼은 서른 냥의 삯을 요구할 때, 스물 다섯 냥이 가운데라고 하는 것처럼 말이다. 그것은 전혀 주인과 삯꾼 사이에 놓인 미묘한 상황을 전

혀 고려하지 않은 것이어서 참된 중도라고 볼 수 없다. 그런 식의 가운데를 고집하는 것은 결국 다양한 스펙트럼 가운데서 단 하나를 고집하는 것과 같아서 맹자가 말했듯이 "하나만 들고 백 가지를 없애는 것"과 다르지 않다. 일종의 '중도의 사이비'라 할 수 있다. 이에 견주면, 양자나 묵자는 결코 사이비가 아니다. 그래서 자막 같은 자를 특히 비판한 것이다.

13.27

孟子曰: "飢者甘食, 渴者甘飮, 是未得飮食之正也, 饑渴害之也. 豈惟口腹有飢渴之害? 人心亦皆有害. 人能無以飢渴之害爲心害, 則不及人不爲憂矣."

맹자가 말했다.
"굶주리는 자는 무엇이든 맛있게 먹고 목마른 자는 무엇이든 달게 마신다. 이렇게 되면 음식의 바른 맛을 알지 못하는데, 이는 굶주림과 목마름이 입과 배의 감각을 해쳤기 때문이다. 어찌 입과 배에만 굶주림과 목마름의 해로움이 있겠는가? 사람의 마음에도 또한 해로움이 있다. 사람들이 굶주림과 목마름의 해로움으로 마음을 해치는 일이 없게 할 수 있다면, 남에게 미치지 못하는 것을 걱정하지 않을 것이다."

注釋 불급인(不及人)은 부귀가 남에게 미치지 못하는 것을 뜻한다.

蛇足 배고플 때는 무엇이든 먹기만 하면 좋겠다고 하고, 목이 마를 때는 무엇이나 마시기만 하면 좋겠다고 여긴다. 당연하지만, 그럴 때는 도리 따위를 돌볼 겨를이 없다. 그러나 그게 어진 마음이나 올바른 마

음을 해칠 꼬투리가 되어서 나중에 먹고 마시는 일이 해결된 뒤에는 욕심이 들어설 틈을 만들게 된다. 한때 가난하기 그지없었던 우리나라의 현재를 보라. 지금은 경제적으로 선진국에 다가갔다고 할 만큼 윤택해졌다. 그런데 빈부의 차이는 더욱 심해졌다. 상위 1%에 해당되는 가진 자들이 더 가지려 애쓰기만 하고 베풀려고 하지는 않기 때문이다. 그들뿐만이 아니니다. 상위 30%에 해당되는 자들도 상위 1%를 목표로 더욱 탐욕을 부린다. 그런 탐욕이 자리한 마음에는 베풀려는 마음이 들어설 여지가 없다. 충분히 갖지 못한 자들은 그들에게 미치지 못하는 처지를 비관하면서 웅등그러진다. 그리하여 서로 다투며 배척하고 소외시킨다. 경제적 불균형과 모순이 더 심해지고 부정부패와 차별이 날로 늘어가는 것도 그 때문이다. 브레이크가 고장난 고속전철처럼 마구 내달리고 있는 형국이다. 이 모두 경제적인 문제가 해결되면 모든 것이 해결될 것처럼 여긴 데서 비롯되었다. 그럼에도 여전히 정치권이나 교육계에서는 경제적 성공만을 외치고 있고, 지식인이라는 자들도 권모술수나 다름이 없는 처세술을 강조하고 있다. 이제부터라도 시민들 스스로 자신을 돌아보며 바른 길로 가려는 뜻을 지녀야 한다. 그것만이 소수의 탐욕스런 자들에게 휘둘리지 않는, 참으로 살 만한 공동체를 이루어가는 첩경이다.

13.28

孟子曰: "柳下惠, 不以三公易其介."

맹자가 말했다.
"유하혜는 삼공의 자리를 얻으려고 제 뜻을 바꾸지 않았다."

注釋 유하혜(柳下惠)는 노나라의 현명한 대부인 전금(展禽)이다.

삼공(三公)은 천자를 보좌하는 최고의 자리로, 주나라 때는 태사(太師) · 태부(太傅) · 태보(太保)를 가리켜 일컬었다. 개(介)는 절개(節介) 또는 지조(志操)를 뜻한다.

蛇足 참으로 현명한 자는 사람이 주는 벼슬을 얻으려고 하늘이 준 벼슬을 버리지 않는다.

13.29

孟子曰: "有爲者辟若掘井, 掘井九軔而不及泉, 猶爲棄井也."

맹자가 말했다.
"실천하는 것은 우물을 파는 것과 같은데, 우물을 아홉 길이나 팠더라도 물이 솟는 곳까지 이르지 못하면 우물을 내버린 것이나 마찬가지다."

注釋 비(辟)는 비유하다는 뜻의 비(譬)와 같다. 굴(掘)은 파다, 파내다는 뜻이다. 인(軔)은 인(仞)과 같으며, 길이의 단위로 8척(尺)에 해당한다.

蛇足 학문의 길은 결코 관념적인 지식을 쌓는 과정이 아니다. 그것은 군자가 되고 현자가 되고 성인이 되기 위한 과정이다. 아무리 많이 배웠더라도 현자나 성인은커녕 군자조차 못 되었다면, 학문을 했다고 할 수 없다. 오늘날에는 더욱 그러하다. 단순히 지식을 쌓은 것으로 지식인 행세를 하려다가는 손바닥만 한 스마트폰에 지식인이라는 칭호를 넘겨주어야 하지 않겠는가?

13.30

孟子曰: "堯舜, 性之也; 湯武, 身之也; 五覇, 假之也. 久假而不歸, 惡知其非有也."

맹자가 말했다.
"요와 순은 본성대로 어짊과 올바름을 실행했고, 탕과 무왕은 몸을 닦아 그것을 실행했으며, 다섯 패자는 겉으로만 그것을 내세웠다. 오래도록 내세우기만 하고 어짊과 올바름으로 돌아가지 않았으니, 어찌 자신에게 어짊과 올바름이 없다는 것을 알았겠는가?"

注釋 지(之)는 맹자가 중시하고 강조하는 인의(仁義)를 가리킨다.

蛇足 다섯 패자가 겉으로만 어짊과 올바름을 내세웠다는 것은 어떻게 입증할 수 있는가? 제환공을 보라. 관중을 기용한 덕분에 패자가 되었으나, 관중이 죽은 뒤에는 간사한 자들을 곁에 둔 덕분에 굶어서 죽었으며 죽어서는 썩어서 악취를 풍길 때까지 버려져 있었다. 다른 패자들도 모두 한결같이 한때 '패자'라는 명성을 얻었을 뿐이다. 왜 그 명성이 지속되지 않았는가? 힘으로 제후들을 눌렀기 때문이다. 그럼에도 스스로 어짊과 올바름으로 제후들을 복종시켰다고 믿었다. 착각이 가져다주는 후과는 이토록 크다.

13.31

公孫丑曰: "伊尹曰, '予不狎于不順,' 放太甲于桐, 民大悅. 太甲賢, 又反之, 民大悅. 賢者之爲人臣也, 其君不賢, 則固可放與?"
孟子曰: "有伊尹之志, 則可; 無伊尹之志, 則簒也."

공손추가 물었다.

"이윤은 '나는 도를 따르지 않는 사람에게 익숙하지 않다'고 말하고서 군주인 태갑을 동(桐) 땅으로 내쳤는데, 백성들이 아주 기뻐했습니다. 태갑이 뉘우치고 현명해지자 다시 돌아오게 했는데, 백성들이 아주 기뻐했습니다. 현자가 남의 신하가 되어서 그 군주가 현명하지 못하면 참으로 내칠 수 있는 겁니까?"

맹자가 대답했다.

"이윤과 같은 뜻을 지녔다면 된다. 그러나 이윤과 같은 뜻이 없다면 빼앗는 것이다."

注釋 이윤(伊尹)은 상(商)을 일으킨 탕(湯)의 재상이며, 그가 한 일에 대해서는 9.6에서도 언급되고 있다. 압(狎)은 익숙하다는 뜻이다. 태갑(太甲)은 탕의 손자로서, 탕을 이어 제위에 올랐다. 찬(簒)은 가져서는 안 될 것을 빼앗는 것이다.

蛇足 공손추는 많은 이들이 저지를 수 있는 오류에 대해 물음을 던졌다. 옛 현자나 성인이 어떻게 했다는 것을 금과옥조처럼 여기며 무조건 그대로 따라야 한다고 여기는 자들이 있다. 그런 자들은 이윤처럼 군주가 현명하지 못하면 그냥 내쫓는다. 그 자신이 이윤에 미치지 못한다는 것, 이윤과 같은 뜻을 지니지 못했다는 것은 생각조차 하지 않고서 말이다. 역사적 사실을 그대로 따라도 된다면, 굳이 군자나 현자가 될 필요가 없다.

13.32

公孫丑曰: "詩曰, '不素餐兮.' 君子之不耕而食, 何也?"
孟子曰: "君子居是國也, 其君用之, 則安富尊榮; 其子弟從之, 則孝弟忠信. '不素餐兮,' 孰大於是?"

공손추가 물었다.

"『시경』「위풍」〈벌단(伐檀)〉에서는, '하는 일 없이 먹지 않네' 라고 하였는데, 군자가 밭을 갈지도 않고서 먹는 것은 어떻습니까?"

맹자가 대답했다.

"군자가 한 나라에 머문다고 하자. 그 군주가 그를 쓰면, 그 나라는 편안하고 가멸지며 그 군주는 높아지고 영예로워진다. 그 자제들이 그를 따르면, 효도하고 깍듯하며 참되고 미쁘게 된다. '하는 일 없이 먹지 않네'로 말하자면, 그 무엇이 이보다 더 낫겠는가?"

注釋 소(素)는 공(空)과 같으며, 헛되이, 하는 일이 없이를 뜻하고, 찬(餐)은 먹다는 뜻이다. 따라서 소찬(素餐)은 무위도식(無爲徒食)과 같다. 군자는 암암리에 맹자를 가리킨다.

蛇足 선가에서 내려오는 말에 '일일부작, 일일불식(一日不作, 一日不食)'이 있다. "하루 일하지 않으면 하루 먹지 않는다"는 뜻이다. 수행자가 신도들의 보시만 받아먹으려 해서는 안 되고, 스스로 노동을 해서 먹으며 수행에 정진해야 한다는 것이다. 이는 당나라 이전부터 흥성했던 불교가 마침내 당 황실과 귀족들, 백성들로부터 어마어마한 시주를 받으며 재물을 긁어모아 거대한 토지를 소유하고 고리대금업까지 하는 등 부패하고 타락한 데 대해 새로운 기풍을 진작하고자 해서 내놓

은 백장회해(百丈懷海, 720~814) 선사의 일침이었다. 선가의 말을 떠올리면 공손추의 물음이 얼핏 정당하게 느껴진다. 그러나 유자들은 종교 수행자가 아니다. 그들은 현실 정치에 참여함으로써 직접적이고 실질적인 은택을 백성들에게 베풀고자 한다. 설령 정치에 참여하지 못하더라도 학문을 통해 후학을 기르고 또 백성들에게 본보기가 되고자 힘쓰므로 교화라는 유가의 주요한 정치적 행위를 지속하는 셈이다. 이는 제 한 몸을 건사하고자 하는 일이 아니라 천하를 이롭게 하는 큰일인데, 어찌 일을 하지 않는다고 할 수 있겠는가?

13.33

王子墊問曰: “士何事?”
孟子曰: “尙志.”
曰: “何謂尙志?”
曰: “仁義而已矣. 殺一無罪, 非仁也; 非其有而取之, 非義也. 居惡在? 仁是也. 路惡在? 義是也. 居仁由義, 大人之事備矣.”

왕자 점이 물었다.
“선비는 무얼 합니까?”
맹자가 대답했다.
“뜻을 높입니다.”
“뜻을 높인다는 것은 무엇입니까?”
“어짊과 올바름일 뿐입니다. 한 사람이라도 죄없는 이를 죽이면 어짊이 아니고, 제 것이 아닌데도 가지는 것은 올바름이 아닙니다. 어디에 머물어야 하겠습니까? 바로 어짊입니다. 어떤 길로 가야 하겠습니까? 바로 올바름입니다. 어짊에 머물고 올바름으로 간다면, 대인의 자격은 갖추어집니다.”

注釋 점(墊)은 제나라의 왕자라고 한다.

蛇足 여기서 거론되는 사(士)는 주 왕조의 봉건제 속에서 나뉘는 공경(公卿)·대부(大夫)·사(士)의 신분 속에서 사(士)가 아니다. 공자로부터 시작된 새로운 사 계층으로, 전국시대는 그러한 사 계층이 천하 질서를 재편하는 데 앞장섰다. 흔히 말하는 제자백가의 학자들이 이에 속한다. 특히 제나라는 직하(稷下)에 천하의 사들이 모여들었던 곳이므로 왕자 점으로서는 이들 새로운 계층에 대해 궁금증이 일지 않을 수 없었을 것이다. 그래서 맹자에게 그러한 존재에 대해 물었다고 여겨진다. 맹자가 '뜻'으로써 대답한 것은, 당시의 선비들이 저마다 학문에 힘써서 나름의 능력을 갖추어 벼슬길에 나섰음에도 천하가 여전히 어지럽고 갈수록 더 혼탁해지는 까닭이 높고 바른 뜻을 품지 않아서라고 여겼던 데에 있다.

13.34

孟子曰: "仲子, 不義與之齊國而弗受, 人皆信之, 是舍簞食豆羹之義也. 人莫大焉亡親戚君臣上下. 以其小者信其大者, 奚可哉?"

맹자가 말했다.
"중자는 올바르지 않으면 제나라를 주더라도 받지 않을 것이니, 사람들은 모두 그가 그렇게 하리라 믿고 있다. 그러나 이는 한 그릇의 밥과 한 사발의 국을 거절하는 올바름일 뿐이다. 사람에게 어버이와 겨레, 임금과 신하, 위아래와 같은 인륜을 무시하는 것보다 더 올바르지 않은 것은 없다. 그의 하찮은 행위를 가지고 그가 커다란 도리를 실천할 것으로 믿는다면, 어찌 이게 될 일이겠는가?"

注釋 중자(仲子)는 제나라의 대부인 진중자(陳仲子)다. 단사(簞食)는 대그릇에 담은 밥이고, 두갱(豆羹)은 나무 그릇에 담은 국이다. 언(焉)은 어(於)와 같고, 망(亡)은 무(無)와 같다.

蛇足 중자, 곧 진중자의 인품과 행실을 알게 해주는 일화가 6.10에 이미 나왔다. 거기에서도 맹자는 그를 비판했는데, 그것은 중자가 마치 절개를 지키는 듯한 행실을 보이지만 실제로는 결벽증에 가까운 성품을 지녔을 뿐이라고 보았기 때문이다. 말하자면, 두루 통용되는 올바름을 행하는 자가 아니라 고작 그렇게 보일 만한 행실을 드러내는 자라는 것이다. 14.37에서 언급하는 '향원(鄕原)'과 같은 인물이었던 듯하다. 예나 이제나 사람들은 중자와 같은 자를 군자로 잘못 아는 경우가 흔한데, 소인보다 더욱 경계해야 할 사람이다.

13.35

桃應問曰: "舜爲天子, 皐陶爲士, 瞽瞍殺人, 則如之何?"
孟子曰: "執之而已矣."
"然則舜不禁與?"
曰: "夫舜惡得而禁之? 夫有所受之也."
"然則舜如之何?"
曰: "舜視棄天下猶棄敝蹝也. 竊負而逃, 遵海濱而處, 終身訢然, 樂而忘天下."

도응이 물었다.

"순이 천자가 되었을 때 고요가 법관이 되었는데, 순의 아버지인 고수가 사람을 죽였다면 고요는 어찌 했겠습니까?"

맹자가 대답했다.

"그를 잡아들일 뿐이다."

"그렇다면 순은 막지 않았겠습니까?"

"저 순이 어떻게 막을 수 있겠는가? 고요는 그렇게 하라고 명을 받았다."

"그렇다면 순은 어떻게 했겠습니까?"

"순은 천하를 버리는 것을 마치 헌신짝을 버리듯이 하는 사람이다. 몰래 아버지를 업고 달아나서 바닷가에 살면서 죽을 때까지 기꺼이 즐기면서 천하를 잊었을 것이다."

注釋 도응(桃應)은 맹자의 제자다. 고요(皐陶)는 순이 재위하고 있을 때의 현명한 신하다. 사(士)는 법을 집행하는 관리, 곧 재판관을 가리킨다. 부유(夫有)의 부(夫)는 고요를 가리킨다. 폐(敝)는 해지다, 깨지다는 뜻이다. 사(蹝)는 사(屣)와 같으며, 짚신을 뜻한다. 흔연(訢然)은 흔연(欣然)과 같으며, 기꺼워하거나 기뻐하는 모양이다.

蛇足 법과 도덕 사이에서 어떤 선택을 할 것이냐 하는 문제와 관련되어 있다. 유가의 정치도 법을 중시하지만, 그 법은 도덕과의 조화 위에서 의의를 갖는다. 그렇기 때문에 유가에서는 도덕을 법보다 우위에 둔다고 할 수 있다. 순 역시 법과 도덕 사이에서 최종적으로 선택한 것은 도덕이었다. 이는 순이 천자로서 지위보다는 자식이라는 사실을 더 중요하게 여겼음을 의미한다. 물론 이는 순전히 가정이지만, 맹자는 적어도 도덕이 법보다 더 중요함을 강조하고자 했다. 이는 당시의 정치 현실에서 도덕이 거의 무시되고 있었던 데서 비롯된 인식이 아닐까 생각한다.

13.36

孟子自范之齊, 望見齊王之子, 喟然嘆曰: "居移氣, 養移體, 大哉居乎! 夫非盡人之子與!"

孟子曰: "王子宮室 · 車馬 · 衣服多與人同, 而王子若彼者, 其居使之然也. 況居天下之廣居者乎? 魯君之宋, 呼於垤澤之門, 守者曰, '此非吾君也, 何其聲之似我君也?' 此無他, 居相似也."

맹자가 범(范) 땅에서 제나라 도성으로 갔을 때, 멀리서 제나라 왕의 아들을 보고서는 한숨을 내쉬며 탄식했다.

"머무는 곳이 사람의 기운을 바꾸고 먹여 기르는 게 몸을 바꾼다고 하더니, 사는 곳은 참으로 중요하구나! 그도 똑같이 사람의 자식이 아닌가!"

또 말했다.

"왕자의 궁실과 거마, 의복 따위는 대개 남들과 같으나, 왕자가 저와 같이 남다른 것은 그가 사는 곳이 그렇게 만든 것이다. 하물며 천하의 드넓은 집에서 사는 자는 어떠하겠는가? 노나라 군주가 송나라로 갔을 때 질택(垤澤)의 문 앞에서 크게 외치자, 성문지기가 '이 사람은 우리 군주가 아닌데, 어찌하여 목소리가 우리 군주와 비슷한가?'라고 말했다. 이는 다른 게 아니라 사는 곳이 서로 비슷하기 때문이다."

注釋 범(范)은 제나라의 읍이다. 제(齊)는 제나라 도성을 가리킨다. 이(移)는 바꾸다, 변화시키다는 뜻이다. 부(夫)는 그, 그것을 뜻한다. 천하지광거(天下之廣居)는 인(仁), 즉 어짊을 가리킨다. 질택(垤澤)은 송(宋)나라의 성문 이름이다.

蛇足 맹자가 환경의 영향을 말할 때, 그것은 단순히 사람이 수동적으로 영향을 받는다는 점을 말하고자 한 것이 아니다. 사람에게 아무리 좋은 본성이 있어도 후천적으로 어떻게 살아가느냐가 중요하다는 점을 말하려 한 것이다. 맹자는 본성이 착하다고 했다. 그러나 그 착함은 저절로 발현되는 것이 아니기 때문에 무엇을 배우고 어떻게 사느냐가 중요하다. 궁실에서 진수성찬을 먹으며 화려한 의복을 갖추어 입고 외출할 때는 호화로운 거마를 타는 군주의 목소리가 평민과 다르듯이, 어짊과 올바름이라는 천하의 드넓은 집에서 사는 사람도 그 말씨와 몸씨, 마음씨에서 군자나 현자의 풍모가 저절로 배어 나와 남들과는 달라질 것이다. 군자나 현자가 군주 앞에서도 당당한 것은 세속의 어떤 권세나 재물에 기대지 않고 천하의 드넓은 집에 살기 때문이다.

13.37

孟子曰: "食而弗愛, 豕交之也; 愛而不敬, 獸畜之也. 恭敬者, 幣之未將者也. 恭敬而無實, 君子不可虛拘."

> 맹자가 말했다.
> "먹이면서도 아껴주지 않으면 돼지로 대하며 사귀는 것이고, 아끼면서도 공경하지 않으면 짐승으로 기르는 것이다. 공경은 폐백을 예물로 보내기 전에 먼저 지녀야 한다. 폐백으로 공경을 표시하지만 참된 마음이 없다면, 군자는 헛되이 머물러서는 안 된다."

注釋 장(將)은 보내다는 뜻이다. 실(實)은 공경의 실질 즉 진심을 뜻한다. 구(拘)는 머물다는 말맛이 있다.

蛇足 제자 자유가 '효'에 대해 여쭈자, 공자는 이렇게 대답했다.

"요즘에는 효라는 걸 그저 잘 기르는 거라고 말들 한다. 개나 말도 모두 잘 기른다. 그러니 지극하게 받들지 않는다면, 무엇으로 구별하겠느냐?"(『논어』「위정」)

무릇 사람을 대할 때는 겉으로 표현하는 것도 중요하지만, 거기에는 반드시 그에 상응하는 마음이 담겨 있어야 한다. 마음을 담지 않는다면, 은연중에 상대를 무시하는 짓이 된다. 그렇게 마음을 담지도 않은 예의를 표하는 자는 소인이고, 그런 소인의 형식적인 예의를 아무렇지도 않게 받아들이는 자 또한 재물에 마음을 둔 소인일 뿐이다.

13.38

孟子曰: "形色, 天性也. 惟聖人然後可以踐形."

맹자가 말했다.

"사람의 꼴과 모습은 하늘이 준 본성이다. 오로지 성인이 된 뒤에야 하늘이 준 꼴대로 살 수 있다."

注釋 천(踐)은 밟다, 실천하다는 뜻으로, 여기서는 타고난 능력을 오롯하게 다 쓰며 산다는 말맛을 담고 있다.

蛇足 사람으로 태어난 것만으로 사람다운 삶을 사는 것은 아니다. 그건 사람다운 삶을 살 바탕만 지니고 있다는 뜻일 뿐이다. 도리를 알고 도리에 맞게 사는 것만이 타고난 바를 다하는 것이고, 그때에야 비로소 온전한 사람의 꼴을 했다고 말할 수 있다. 사람으로 태어난 것, 사람의 꼴을 하고 있는 것, 그것은 사람으로서 살 만하다는 자격증을 얻은 것에 지나지 않는다. 요리사 자격증이 있다고 일류 요리사, 최고의

요리사인 것은 아니지 않은가.

13.39

齊宣王欲短喪. 公孫丑曰: "爲朞之喪, 猶愈於已乎?"
孟子曰: "是猶或紾其兄之臂, 子謂之姑徐徐云爾. 亦教之孝弟而已矣."
王子有其母死者, 其傅爲之請數月之喪. 公孫丑曰: "若此者, 何如也?"
曰: "是欲終之而不可得也, 雖加一日愈於已. 謂夫莫之禁而弗爲者也."

제나라 선왕이 삼년상의 기한을 줄이려 했다. 공손추가 맹자에게 물었다.
"일년상을 하는 것이 그만두는 것보다는 낫지 않습니까?"
맹자가 대답했다.
"이는 어떤 사람이 자기 형의 팔을 비틀자 그대가 그에게 '좀 천천히 하라'고 말하는 것과 같다. 오로지 효도와 공경을 가르칠 뿐이다."
왕자들 가운데 그 어머니가 죽은 자가 있는데, 그 스승이 그를 위해 왕에게 몇 달만이라도 상례를 행할 수 있도록 해달라고 청했다. 이에 대해 공손추가 맹자에게 물었다.
"이런 경우는 어떻습니까?"
맹자가 대답했다.
"이는 삼년상을 마치려고 해도 그렇게 할 수 없는 경우이니, 비록 단 하루를 더 하더라도 하지 않는 것보다는 낫다. 앞서의 경우에는 아무도 말리지 않았는데도 삼년상을 하지 않으려 해서 그렇게 말한 것이다."

注釋 단상(短喪)은 3년인 부모의 상을 1년으로 줄이는 것을 뜻한다. 기(朞)는 1년을 뜻한다. 진(紾)은 비틀다는 뜻이다. 고(姑)는 잠시, 잠깐을 뜻한다. 서서(徐徐)는 천천히 하는 모양이다. 역(亦)은 다만, 오직을 뜻한다. 제(弟)는 제(悌)와 같다.

蛇足 두 가지 문제가 제기되었지만, 하나로 귀착된다. 우선, 삼년상을 일년상으로 줄이는 문제를 보자. 공손추는 그만두는 것보다는 일년상이라도 하는 것이 낫지 않겠느냐고 물었는데, 맹자의 대답은 다소 엉뚱한 듯하지만 핵심을 찌른 것이다. 삼년상이 무조건 고집해야 할 어떤 고정불변의 원칙은 아니다. 얼마든지 줄일 수 있다. 다만, 상주가 효도와 공경을 저버리고 제 편안함 때문에 줄이려 하는 것이냐, 아니면 줄일 수밖에 없는 상황적 요소가 작용한 것이냐를 깊이 헤아려야 한다는 뜻이다.

다음으로 어머니를 여읜 왕자가 몇 달만이라도 상례를 행할 수 있도록 요청한 문제다. 이 역시 상황적 요소를 고려해야 하는 문제다. 왕자들 가운데 서자는 그 모친이 왕의 첩이므로 적모(嫡母)에 의해 압박을 받기 때문에 삼년상을 할 수가 없다. 만약 자식의 도리랍시고 억지로 삼년상을 치르려 하거나 적어도 몇 달 더 상례를 행하려 하다가는 분란이 일어날 수 있다. 그렇게 된다면 도리어 상례의 본질을 훼손하는 꼴이 될 수 있어 효도와 공경을 다한다고도 할 수 없다. 이러한 경우에는 어떠한 문제도 발생하지 않을 수 있는 한도에서 왕자의 요청이 받아들여져야 한다. 그것이 진정한 예의이기 때문이다.

13.40

孟子曰: "君子之所以教者五. 有如時雨化之者, 有成德者, 有達財者, 有答問者, 有私淑艾者. 此五者, 君子之所以教也."

맹자가 말했다.
"군자가 가르치는 방식은 다섯 가지다. 단비처럼 때맞게 교화하는 것, 덕성을 이루게 해주는 것, 재능을 통달하게 해주는 것, 물음에 대답해주는 것, 홀로 본받으며 잡도리하는 것이 그것이다. 이 다섯 가지는 군자가 가르치는 방식이다."

注釋 재(財)는 재(材)와 같다. 사숙애(私淑艾)에 대해 주희는 "사(私)는 절(竊)이고, 숙(淑)은 선(善)이며, 애(艾)는 치(治)다"라고 하였다. 사(私)는 홀로, 마음속으로를 뜻하고, 숙(淑)은 그리워하다, 따르다는 뜻이며, 애(艾)는 다스리다, 잡도리하다는 뜻이다. 사숙애는 직접 가르침을 받지 못하고 그의 도를 들어서 알고 있을 때 스스로 학습하는 방식이다.

蛇足 가르치는 방식이 꼭 다섯 가지로 제한되는 것은 아니다. 대략적으로 말하면 그렇다는 뜻인데, 각각은 상황에 따른 가르침이라는 점에서 의의를 갖는다.

'단비처럼 때맞게 교화하는 것'은 무엇이든 아무 때나 가르쳐서는 효과가 덜하며 억지로 가르치려 해서는 안 된다는 뜻이다. 모자란 교사는 시도때도 없이 가르치려 드는데, 군자는 때를 보아서 그때에 알맞은 것을 가르친다. 그래야 자연스럽게 상대의 마음에 배어들기 때문이다.

'덕성을 이루게 해주는 것'은 사람으로서 구실을 하고 사람으로서 대접받는 일이 덕성에 있음을 말한 것이다. 덕성이 재주나 재물보다 못하면, 떳떳하게 살기가 어렵다.

'재능을 통달하게 해주는 것'은 덕성을 이루는 것과 짝이 된다. 아니, 정확하게 말하면 둘은 별개의 일이 아니다. 재능을 통달하는 것과 덕성을 이루는 것은 모두 자신을 정확하게 아는 데서 시작되기 때문이다. 덕성을 이루었음에도 재능에서는 통달하지 못했다면, 그건 그저 사람이 좋은 것에 지나지 않는다. 재능은 통달했는데 덕성을 이루지 못했다면, 그건 교활한 재주를 지닌 것에 지나지 않는다.

'물음에 대답해주는 것'은 가장 효과적인 가르침의 방식이다. 묻기 전에 가르치는 것보다 물음을 듣고 대답해주는 것이 더 어렵지만, 이 방식이 배우는 자에게는 가장 깊고 큰 일깨움을 줄 수 있다.

'홀로 본받으며 잡도리하는 것'은 가르치는 이가 스스로 마음과 말과 행동을 도리에 따르도록 애쓰는 것 자체가 가르침이 된다는 뜻이다. 가르치는 이의 그런 모습을 보면서 배우는 이도 일상에서 늘 본받으며 잡도리하려고 애쓴다. 이는 가장 자연스러운 가르침이다. 보고 배운다는 것이 이것이다.

13.41

公孫丑曰: "道則高矣美矣, 宜若登天然, 似不可及也. 何不使彼爲可幾及而日孳孳也?"
孟子曰: "大匠不爲拙工改廢繩墨, 羿不爲拙射變其彀率. 君子引而不發, 躍如也. 中道而立, 能者從之."

공손추가 물었다.

"도란 참으로 높고도 아름다우나, 거의 하늘에 오르는 것과도 같아서 미칠 수 없을 것만 같습니다. 어찌하여 저들에게 미칠 수 있다고 여기게 해서 날마다 부지런히 힘쓰게 하지 않으십니까?"

맹자가 대답했다.

"대목은 서툰 목수를 위해서 먹줄을 고치거나 없애지 않으며, 활쏘기 명수인 예(羿)는 서툰 궁수를 위해서 활을 당기는 법을 바꾸지 않는다. 군자는 가르칠 때 마치 시위를 당긴 채 쏘지는 않으나 그 기운이 흘러넘칠 듯이 한다. 그가 중도를 지키고 서 있기만 하면, 능력 있는 자는 그대로 따라서 한다."

注釋 의(宜)는 태(殆)와 같으며, 거의라는 뜻이다. 기급(幾及)의 기(幾)는 가깝다는 뜻이다. 승묵(繩墨)은 먹줄을 뜻하며, 법도나 준칙을 비유한다. 구율(彀率)의 구(彀)는 활을 당기다, 활을 쏘다는 뜻이고, 율(率)은 율(律)과 같아서 법을 뜻한다. 약여(躍如)는 생기가 넘쳐 힘찬 모양이다.

蛇足 여기서 맹자가 한 말은 위에서 말한 '홀로 본받으며 잡도리하는 것'에 관한 것을 부연해서 설명한 것이다. 억지로 가르칠 수도 있으나, 그 효과는 미미하며 또 일시적이다. 또 가르치는 이가 스스로 중도를 지키는 모습을 보여주지 않으면서 가르치려 하면, 오히려 역효과가 날 수 있다. 중도를 지키고 서 있는 것, 그것은 가르치는 자가 잠시도 버려두어서는 안 되는 일이다. 능력이 있는 자는 자연스럽게 따라서 할 것이니 문제가 없고, 능력이 모자란 자라면 때에 맞게 가르침을 더해주면 된다.

13.42

孟子曰: "天下有道, 以道殉身; 天下無道, 以身殉道. 未聞以道殉乎人者也."

맹자가 말했다.

"천하에 도가 행해지면 도가 내 몸을 따르게 하고, 천하에 도가 행해지지 않으면 내 몸이 도를 따르게 한다. 나는 아직 도를 굽혀서 남을 따랐다는 말은 듣지 못했다."

注釋 순(殉)은 따라 죽다, 따르다는 뜻이다.

蛇足 천하에 도가 행해지면 세상에 넘쳐 흐르는 것이 도이므로 내가 애쓰지 않아도 도가 내 몸을 따르게 만든다. 말하자면, 나는 도의 흐름을 타기만 하면 된다. 이를 "도가 내 몸을 따르게 한다"고 표현한 것이다. 만약에 천하에 도가 행해지지 않으면, 세상에서 도의 흔적을 찾기도 어려운데 어찌 도가 저절로 내 몸에 배어들겠는가. 이때는 내가 애써서 도를 구하고 체득해야 한다. 이를 "내 몸이 도를 따르게 한다"고 표현한 것이다. 그리하여 천하에 도가 행해지면 도의 흐름을 타면 되고, 천하에 도가 행해지지 않으면 스스로 도의 흐름을 만들어야 한다. 이게 군자의 길이다.

13.43

公都子曰: "滕更之在門也, 若在所禮, 而不答, 何也?"
孟子曰: "挾貴而問, 挾賢而問, 挾長而問, 挾有勳勞而問, 挾故而問, 皆所不答也. 滕更有二焉."

공도자가 물었다.

"등경이 문하에 들어왔으니 예의로서 대해주어야 할 듯한데, 그의 물음에 대답조차 하지 않으시는 건 무슨 까닭입니까?"

맹자가 대답했다.

"귀한 신분을 내세워 묻는 것, 현명함을 내세워 묻는 것, 어른임을 내세워 묻는 것, 세운 공로를 내세워 묻는 것, 오래된 사이임을 내세워 묻는 것에는 모두 대답하지 않는다. 등경은 이 가운데 두 가지를 갖고 있었다."

注釋 등경(滕更)은 등(滕)나라 군주의 아우다. 협(挾)은 믿고 뽐내다는 뜻이다. 훈로(勳勞)는 세운 공로를 뜻한다. 고(故)는 오래 사귄 벗 또는 그런 사이를 뜻한다.

蛇足 몰라서 묻는 것이 물음이고, 일깨워주는 것이 대답이다. 몰라서 묻는 데에는 예의를 따지지 않는다. 묻는 것 자체가 예의이기 때문이다. 그러나 다른 이유나 속셈이 있어서 던지는 물음은 예의가 아닐 뿐더러 알려고 하는 뜻이 애초부터 없으므로 대답해줄 필요가 없다. 대답해주더라도 그 대답을 듣고 새겨들을 자가 아니다.

13.44

孟子曰: "於不可已而已者, 無所不已. 於所厚者薄, 無所不薄也. 其進銳者, 其退速."

맹자가 말했다.
"그만두어서는 안 되는데도 그만두는 자는 하다가 그만두지 않는 일이 없다. 두터이 해야 하는데도 얄팍하게 하는 자는 무엇에든 얄팍하게 하지 않는 일이 없다. 서둘러 나아가는 자는 물러나는 것도 빠르다."

蛇足 그만두어서는 안 되는데도 그만두는 것, 두터이 해야 하는데

도 얄팍하게 하는 것, 그것은 모두 결과를 빨리 얻으려는 성급함에서 저지르는 허물이다. 성급하게 굴면 물러나는 것도 빠르지만, 아무리 기다려봐야 바라는 결과가 나올 일도 없다.

13.45

孟子曰: "君子之於物也, 愛之而弗仁; 於民也, 仁之而弗親. 親親而仁民, 仁民而愛物."

맹자가 말했다.
"군자는 만물에 대해 아끼기는 하지만 어짊으로 대하지는 않으며, 백성들에 대해서는 어짊으로 대하지만 가까이하지는 않는다. 그래서 겨레붙이를 가까이하고 백성들은 어질게 대하며, 백성들을 어질게 대하고 만물은 아낀다."

蛇足 백성들에 대해서는 어짊으로 대하지만 가까이하지 않는다는 데 대해서 의아하게 여길 이들이 많을 것이다. 어짊은 사람을 사랑하는 마음이지만, 묵자의 겸애처럼 차별이 없는 사랑은 아니다. 여기서 차별은 오늘날 문제가 되는 인종 차별과 같은 그런 차별이 아니다. 상대와의 관계에서 생기는 자연스런 차이를 가리킨다. 그런 차이를 무시하고 똑같이 사람을 대하는 것은 어짊이 아니라는 말이다. 맹자가 내 아이를 사랑하는 마음을 미루어서 남의 아이를 사랑하라고 했으나, 내 아이와 남의 아이가 같이 있을 때는 마땅히 내 아이에게 마음이 기운다. 그런 자연스런 감정을 맹자는 부정하지 않았다. 묵자의 겸애설이 참으로 이상적이기는 하지만, 인간의 실제적인 감정을 고려하지 않은 문제가 있다. 맹자의 도덕론을 추상적이고 관념적이라고 말할 수 없는 이유도 여기에 있다.

13.46

孟子曰: "知者無不知也, 當務之爲急; 仁者無不愛也, 急親賢之爲務. 堯舜之知而不徧物, 急先務也; 堯舜之仁不徧愛人, 急親賢也. 不能三年之喪, 而緦小功之察, 放飯流歠, 而問無齒決, 是之謂不知務."

맹자가 말했다.
"지혜로운 자는 알지 못하는 일이 없으나, 먼저 해야 할 일을 서둘러서 한다. 어진 자는 아끼지 않는 사람이 없으나, 현자를 가까이하는 일에 서두르며 힘쓴다. 요와 순의 지혜로도 온갖 일을 두루 하지 않은 것은 먼저 해야 할 일을 서둘러 했기 때문이다. 요와 순의 어짊으로도 사람들을 두루 아끼지 못한 것은 현자를 가까이하는 일을 서둘러 했기 때문이다. 삼년상은 제대로 하지 않으면서 삼월상과 오월상은 꼼꼼히 살피고, 게걸스레 밥을 먹고 후루룩대며 국을 마시면서 마른 고기를 이빨로 끊어 먹지는 않는지 묻는데, 이를 일러 '먼저 해야 할 일을 모른다'고 한다."

注釋 당무(當務)는 마땅히 먼저 해야 할 중요한 일을 뜻하며, 선무(先務)와 같다. 시(緦)는 가는 베로 지은 상복인 시마(緦麻)를 가리키는데, 석 달 동안 입는다. 소공(小功)은 다섯 달 동안 상복을 입는 상(喪)이다. 방반(放飯)은 게걸스레 밥을 먹는 것이고, 유철(流歠)은 후루룩거리며 국을 마시는 것이다. 결(決)은 단(斷)과 같으며, 끊다는 뜻이다.

蛇足 바로 앞에서 한 말과 이어진다. 지혜든 어짊이든 모든 일에서나 모든 사람들에게 한결같이 지극함을 다하는 마음이지만, 현실적으로 쓸 때는 상황에 따라 먼저 할 일과 나중에 할 일, 먼저 가까이할 사

람과 천천히 가까이해도 되는 사람 등을 가려서 써야만 한다. 맹자나 공자의 도덕은 현실적인 상황을 벗어나서 규정된 것이 결코 아니다. 오히려 끊임없이 변화하는 상황 속에서 선후와 경중을 따져서 적절하게 판단하고 선택해서 행동할 것을 요구한다. 지혜를 말한 것도 그 때문이다.

14장

진심 하 (盡心下)

14.1

孟子曰: “不仁哉梁惠王也! 仁者以其所愛及其所不愛, 不仁者以其所不愛及其所愛.”
公孫丑曰: “何謂也?”
“梁惠王以土地之故, 糜爛其民而戰之, 大敗. 將復之, 恐不能勝, 故驅其所愛子弟以殉之, 是之謂以其所不愛及其所愛也.”

맹자가 말했다.
“어질지 못하구나, 양혜왕이여! 어진 이는 자기가 사랑하는 것을 사랑하지 않는 것에도 미치게 하고, 어질지 못한 자는 자기가 사랑하지 않는 것을 사랑하는 것에도 미치게 한다.”
공손추가 물었다.
“무슨 말입니까?”
“양혜왕은 토지 때문에 자기 백성들을 부서지고 깨지게 할 전쟁으로 내몰아서 크게 패했다. 그러고도 다시 전쟁을 일으키면서 이기지 못할까 두려워하여 자기가 사랑하는 자식까지 내몰아 죽게 만들었으니, 이를 두고 ‘자기가 사랑하지 않는 것을 사랑하는 것에 미치게 한다’고 말한 것이다.”

注釋 미란(糜爛)은 썩어 문드러지게 하다는 뜻으로, 여기서는 부서지고 깨지게 하다는 말맛이 있다. 부지(復之)는 다시 전쟁을 일으키다는 뜻이다.

蛇足 화근(禍根)이라는 말이 있다. 재앙의 뿌리라는 뜻이다. 알다시피 뿌리는 땅속에 묻혀 있다. 자세히 보지 않으면, 알아보지 못한다. 살아가면서 맞닥뜨리는 대부분의 걱정거리나 불행도 알고 보면, 그때 막 생겨난 것이 아니라 이미 오래전에 내가 그 뿌리를 내리게 만든 것

이었다. 자신이 뿌리를 내리게 한 줄을 몰랐기 때문에 그 뿌리에서 몸통이 자라도록 내버려두었고, 뿌리를 내리게 만든 허물을 고치지 않았으므로 그 허물은 몸통이 우쩍 자라도록 자양분 구실을 했다. 그렇게 자란 허물의 나무는 사방으로 가지를 뻗쳐서 결국 수많은 사람들에게까지 재앙을 가져다준다. 윗자리에 있는 자가 어질지 못하면 화근(禍根)을 내릴 뿐만 아니라 거대한 화목(禍木)으로 키우기까지 한다. 이러한 이치를 아는 것이 리더십의 첫 번째 덕목이다.

14.2

孟子曰: "春秋無義戰. 彼善於此, 則有之矣. 征者, 上伐下也. 敵國不相征也."

맹자가 말했다.
"『춘추』에는 정의를 위한 전쟁이 없다. 저 나라가 이 나라보다 나은 경우는 있다. 정벌은 천자가 제후를 치는 것이다. 대등한 나라들은 서로 정벌하지 못한다."

注釋 『춘추』는 공자가 지었다고 하는 노(魯)나라의 역사서로, 은공(隱公) 원년(기원전 722년)에서 애공(哀公) 14년(기원전 481년)까지 12대 242년간의 일을 간략하게 서술하였다. 피(彼)와 차(此)는 제후국을 가리킨다. 상(上)은 천자를, 하(下)는 제후를 가리킨다. 적국(敵國)의 적(敵)은 필(匹)과 같으며, 엇비슷하다, 대등하다는 뜻이다.

蛇足 겨 묻은 개가 똥 묻은 개를 나무라는 수준의 전쟁이 끊이지 않았던 시대가 춘추시대였다. 공자가 『춘추』를 저술하게 된 것도 그런 수준의 전쟁을 일으키면서 마치 정의로운 전쟁을 하는 것처럼 구는 행

태를 비판하기 위해서였고 다시는 그런 일들이 되풀이되지 않도록 하기 위해서였다. 그러나 그런 바람이나 의도와는 달리 '전국시대'가 도래했다.

14.3

孟子曰: "盡信書, 則不如無書. 吾於武成, 取二三策而已矣. 仁人無敵於天下, 以至仁伐至不仁, 而何其血之流杵也?"

맹자가 말했다.
"『상서』를 곧이곧대로 믿는다면, 『상서』가 없느니만 못하다. 나는 〈무성〉에서 두세 쪽만 취할 뿐이다. 어진 사람에게는 천하에 맞설 자가 없으니, 지극히 어진 이가 어질지 못한 자를 쳤는데 어찌 그 피가 절굿공이를 떠내려가게 할 만큼 흘렀겠는가?"

注釋 서(書)는 『상서(尙書)』를 가리킨다. 무성(武成)은 『상서』의 편명으로, 주(周)의 무왕(武王)이 은(殷) 왕조의 주(紂)를 정벌한 뒤에 한 일들이 기록되어 있다. 책(策)은 고대에 사용된 죽간(竹簡)을 뜻한다. 혈지류저(血之流杵)는 죽은 병사들의 피에 절굿공이가 떠내려갈 정도라는 뜻으로, 전쟁의 참혹함을 비유한 말이다.

蛇足 역사 기록이라고 해서 무조건 믿어서는 안 된다. 거기에는 사관의 관점과 필력이 작용했으므로 객관적이라고만 단정할 수 없다. 제반 사항을 고려해서 헤아려야만 실제 사실에 다가갈 수 있다. 그래서 "곧이곧대로 믿는다면, 없느니만 못하다"고 말한 것이다. 이는 역사 기록만이 아니다. 세상에 떠도는 소문에 대해서, 누군가가 전하는 말에

대해서도 마찬가지다. 엄정해야 할 사관의 기록조차 곧이곧대로 믿을 수 없는데, 하물며 그러한 공정성을 장담할 수 없는 가담항어(街談巷語)임에랴!

여기서 또 한 가지 눈여겨볼 것은, 맹자가 어진 이가 어질지 못한 자를 쳤던 일에 대한 인식이다. 『상서』 〈무성〉에 "무오일에 군대가 맹진 나루를 건넌 뒤에 계해일에는 상나라 교외에 진을 치고 천명을 기다렸다. 갑자일 새벽에 상나라 왕인 수(受, 폭군 주의 이름)가 숲을 이룬 듯한 군대를 이끌고 와서 목야에서 싸웠으나, 우리 무왕의 군사를 대적하지 못했다. 앞선 무리들이 창을 거꾸로 들고서 달아나며 뒤따르는 자기 편을 치니, 피가 절굿공이가 떠다닐 정도로 흘렀다"는 대목이 나온다. 어진 이가 이렇게까지 하면서 포악한 자를 쳤을 리가 없다는 것이 맹자의 판단이다. 그러나 이는 맹자가 무왕을 이상적인 성군으로 높이려다가 실제 일어났을 일을 부정한 것으로 여겨진다. 전쟁은 전쟁이다. 전투가 벌어지면 피를 흘리는 것은 당연하다. 비록 상나라의 군대가 달아났다고는 하지만, 무왕의 군대보다 열 배가 넘는 수였다. 어찌 쉽사리 제압할 수가 있었겠는가? 무왕의 시호가 '무(武)'인 까닭도 거기에 있다. 역사적 사실에 대한 해석에서는 선입견이나 편견도 경계해야 하지만 신념 또한 경계해야 한다.

14.4

孟子曰: "有人曰, '我善爲陳, 我善爲戰,' 大罪也. 國君好仁, 天下無敵焉. 南面而征, 北狄怨; 東面而征, 西夷怨, 曰, '奚爲後我?' 武王之伐殷也, 革車三百兩, 虎賁三千人. 王曰, '無畏! 寧爾也, 非敵百姓也.' 若崩厥角稽首. 征之爲言正也. 各欲正己也, 焉用戰?"

맹자가 말했다.

"어떤 사람이 '나는 진을 잘 치고 전쟁을 잘 한다'고 말한다면, 이는 큰 죄다. 한 나라의 군주가 어짊을 좋아하면 천하에 맞설 자가 없다. 탕왕이 남쪽으로 가서 치면 북쪽의 오랑캐가 원망했고, 동쪽으로 가서 치면 서쪽의 오랑캐가 원망하며 '어찌하여 우리를 뒤로 제쳐두시는가?'라고 말했다. 무왕이 은나라를 칠 때 고작 병거가 3백 량이고 용맹한 병사들이 3천 명이었다. 무왕은 '두려워하지 말라! 너희를 편안하게 해주려는 것이지, 너희 백성들을 적으로 삼으려는 것이 아니다'라고 말했다. 이에 은나라 백성들은 일제히 짐승이 땅에 뿔을 대듯이 머리를 조아렸다. 친다는 뜻의 정(征)은 '바로잡는다'는 말이다. 사람들은 각자 자기를 바로잡아주기를 바랐을 뿐이니, 어찌 전쟁을 할 필요가 있었겠는가?"

注釋 진(陳)은 진(陣)과 같으며, 군대의 늘어선 줄 즉 대오(隊伍)나 항오(行伍)를 뜻한다. 호분(虎賁)은 날래다는 뜻으로, 용맹한 병사를 뜻한다. 이(爾)는 여(汝)와 같으며, 이어 나오는 백성을 가리킨다. 약붕(若崩)은 일제히 무너지는 것과 같다는 뜻을 담고 있다. 궐각(厥角)의 궐(厥)은 궐(蹶)과 같으며, 짐승이 뿔을 땅에 대는 것을 뜻하므로 돈수(頓首)와 같은 의미다.

蛇足 위의 사족에서도 언급했지만, 여기서도 맹자는 어진 군주의 정벌을 이상화하려는 오류를 저지르고 있다. 어진 군주도 패악한 자를 칠 때는 전쟁을 했다. 다만, 전쟁으로 말미암은 희생을 최소화하려고 했으며, 무고한 자가 죽지 않도록 애썼을 따름이다.

14.5

孟子曰: "梓匠輪輿能與人規矩, 不能使人巧."

맹자가 말했다.
"목수와 수레 만드는 장인이 다른 사람에게 그림쇠와 곱자 쓰는 법은 가르칠 수 있으나, 그의 재주가 정교해지도록 해줄 수는 없다."

注釋 재장윤여(梓匠輪輿)는 재인(梓人)과 장인(匠人), 윤인(輪人)과 여인(輿人)을 가리키는데, 재인과 장인은 목공(木工)이고 윤인과 여인은 수레 만드는 장인이다.

蛇足 '그림쇠와 곱자 쓰는 법'은 일종의 매뉴얼이다. 기초적이고 도구적인 지식이다. 이건 가르칠 수 있다. 그러나 이를 잘 써서 자신의 재주를 정교하게 하는 것은 배우는 자가 스스로 터득해야만 한다. 말하자면, 기본이 되는 지식은 배울 수 있으나, 남다른 안목이나 식견을 갖추는 일은 스스로 터득하지 않으면 안 된다. 그럼에도 좋은 스승을 만나면 저절로 안목이나 식견을 갖출 수 있는 것처럼 여기는 이들이 많다. 심각한 오해요 착각이다. 최고의 맛을 내는 비법은 전수해줄 수 없다. 그것은 아무리 오랫동안 곁에 있었던 며느리도 모른다. 왜냐하면, 스스로 터득해야만 하는 것이기 때문이다.

14.6

孟子曰: "舜之飯糗茹草也, 若將終身焉. 及其爲天子也, 被袗衣, 鼓琴, 二女果, 若固有之."

맹자가 말했다.

"순은 마른 밥을 먹고 채소를 먹을 때, 마치 죽을 때까지 그렇게 먹을 것처럼 했다. 그러나 천자가 된 뒤에는 수놓은 옷을 입고 거문고를 타며 두 여인의 시중을 받았는데, 마치 본디부터 그러했던 것처럼 했다."

注釋 반(飯)는 먹다는 뜻이고, 구(糗)는 마른 밥을 뜻한다. 여(茹)는 먹다는 뜻이며, 초(草)는 채소를 뜻한다. 피(被)는 입다는 뜻이다. 진의(袗衣)는 수놓은 옷이다. 이녀(二女)는 순에게 시집온 요의 두 딸, 아황(娥皇)과 여영(女英)을 가리킨다. 과(果)는 과(婐)와 같으며, 모시다는 뜻이다. 고(固)는 늘, 본디부터를 뜻한다.

蛇足 지혜로운 자와 어리석은 자의 차이는 '지금 앞'에 있는 것에 온 마음을 다 쏟느냐 쏟지 못하느냐에 있을 뿐이다. 지혜로운 자는 지나간 일에 마음을 쓰지 않고 아직 오지 않은 일에 마음을 두지 않는다. 바로 지금 여기서 할 수 있는 것을 다하고, 지금 여기서 누릴 수 있는 것을 즐거이 누린다. 어리석은 자는 지혜로운 자가 누리는 것이 별다르고 특별한 것이리라 여기는데, 천만의 말씀이다. 지혜로운 자가 누리는 것도 평범하다. 다만, 그 숨겨진 맛, 참맛을 알 뿐이다. 『중용』에서도 "마시거나 먹지 않는 사람은 없건만, 참맛을 아는 자가 드물구나!"라고 했다. 지혜로운 자는 그 참맛을 알 뿐, 신들의 음료인 넥타를 마시는 것도 3천년에 한 번 열리는 선경(仙境)의 복숭아 반도(蟠桃)를 먹는 것도 아니다.

14.7

孟子曰: "吾今而後知殺人親之重也. 殺人之父, 人亦殺其父; 殺人之兄, 人亦殺其兄. 然則非自殺之也, 一間耳."

맹자가 말했다.
"내가 이제야 남의 어버이를 죽이는 일이 중대한 일임을 알았다. 남의 아버지를 죽이면 남 또한 나의 아버지를 죽이고, 남의 형을 죽이면 남 또한 나의 형을 죽일 것이다. 그렇다면 내가 직접 죽인 것은 아니더라도 내가 죽인 것이나 다를 바가 없다."

注釋 일간(一間)은 가운데에 한 사람이 끼여 있는 정도의 거리로, 약간의 차이를 뜻한다.

蛇足 사람 마음은 다 똑같다. 그래서 공자는 '서(恕)'를 말했는데, 바로 그 때문에 "내가 하고 싶지 않은 것을 남에게 시키지 마라"(己所不欲, 勿施於人)고도 말했다. 내가 저지른 잘못은 반드시 내게 돌아오기 때문이다. 상대가 군자나 현자가 아닌 한은 말이다. 아니, 내게만 돌아오면 그래도 다행이다. 만약 내 가족에게로 돌아오면 어떻게 할 것인가? 상대를 탓할 것인가? 아니다. 탓해도 늦었지만, 탓할 대상도 잘못 잡았다. 탓할 대상은 바로 '나'다. 내가 원인제공자이기 때문이다. 내가 저지른 일을 왜 내 가족에게 돌리는가 하고 반문할 수 있을 테지만, 앙갚음이란 반드시 받은 대로만 돌려주는 것이 아니다. 그건 이성적인 행위가 아니라 감정적인 행위이기 때문이다. 그러니 최선(最善)은 내가 먼저 남을 아끼는 일이다. 최선이 안 된다면, 차선(次善)이나마 해야 한다. 남을 해치지 않도록 하라.

14.8

孟子曰: "古之爲關也, 將以禦暴; 今之爲關也, 將以爲暴."

맹자가 말했다.

"옛날에 관문을 설치한 것은 포악한 짓을 막으려던 것이고, 지금 관문을 설치한 것은 포악한 짓을 하려는 것이다."

注釋 포(暴)는 관문을 출입할 때 구실을 거두는 것을 이른다.

蛇足 구실(口實)만 있으면 구실(세금)을 거두려던 시대였다. 그것으로 부국을 이루고 강국이 되려고 했다면 모르겠거니와, 기실은 군신들의 호사와 낭비를 위한 경비 조달일 뿐이었다. 설령 부국과 강병을 위해 썼다고 하더라도 고작 외형만 그럴 듯하게 갖추는 데서 그쳤을 뿐, 실상은 백성의 민음을 잃음으로써 안으로 썩어가고 토대가 무너지는 빌미가 되었다. 어쨌거나 백성에게 포악하게 구는 짓에 지나지 않았다.

14.9

孟子曰: "身不行道, 不行於妻子; 使人不以道, 不能行於妻子."

맹자가 말했다.

"자신이 도를 행하지 않으면 처자에게도 도가 행해지지 않고, 남을 도로써 부리지 않으면 처자조차도 부릴 수 없다."

蛇足 우리말에 '쪽박신세'라는 게 있다. 쪽박은 바가지 가운데서도 작은 것이다. 고작 그걸 들고 구걸하러 나서야 하는 딱하고 어려운 처

지를 쪽박신세라 한다. 도를 행하지 않는자는 깨진 쪽박이요 새는 쪽박이다. 안에서 새는 쪽박은 밖에서도 새고, 밖에서 새는 쪽박은 안에서도 샌다. 기묘한 술수를 부리더라도 새는 쪽박은 샌다. 새지 않는 것처럼 보이는 것은 눈속임일 뿐이다. 더구나 여기서 도는 술수를 부리는 것이 아니니, 도를 행하지 않아서 새는 것이라면 어디에선들 새지 않겠는가.

14.10

孟子曰: "周于利者, 凶年不能殺; 周于德者, 邪世不能亂."

맹자가 말했다.
"재물을 두루 갖춘 자는 흉년이라도 죽일 수 없고, 덕을 두루 갖춘 자는 사악한 세상도 어지럽힐 수 없다."

注釋 주(周)는 빈틈없다, 두루 갖추다는 뜻이다.

蛇足 흉년이 들면 가난한 자들만 고통을 겪거나 굶어 죽는다. 마찬가지로 난세가 되고 삿된 세상이 되면 덕을 갖춘 자라야 살아남는다. 헛된 욕심이 없어 죽을 짓을 하지 않아서고, 지혜로워서 위태로운 곳은 가지 않기 때문이다.

14.11

孟子曰:“好名之人, 能讓千乘之國, 苟非其人, 簞食豆羹見於色.”

맹자가 말했다.

“명예를 좋아하는 사람은 명예를 얻기 위해 전차 천 대의 나라도 양보할 수 있으나, 참으로 그렇게 할 수 있는 사람이 아니라면 한 그릇의 밥과 한 사발의 국을 양보하는 일에서도 아쉬워하는 속내가 그 낯빛에 드러난다.”

注釋 기인(其人)은 맹자가 말한 사양지심(辭讓之心)을 깊이 제대로 지닌 사람을 뜻한다.

蛇足 ‘빅맨(Bigman)’이라는 말이 있는데,『맹자』에도 나오는 ‘대인(大人)’에 해당된다고 할 수 있다. 본래는 문화인류학의 용어다. 멜라네시아의 뉴기니에서 열리는 경쟁적인 축제의 주최자를 이르는 말이었다. 이 빅맨들은 일생 동안 여러 차례 축제를 여는데, 축제를 열기 전에 우선 축제에 필요한 재산을 축적하려고 몇 년 동안 혼신의 힘을 기울인다. 이 축제에서는 얼마나 많은 재산을 축적하느냐가 관건이다. 평범한 사람으로서는 상상하기 어려운 재산을 축적해서는 그것을 다 소비할 때까지 축제를 여는 것이다. 어떤 젊은 빅맨이 축제를 위해 모은 것을 들면, 건어물 250파운드, 코코넛을 섞은 과자 3,000개, 푸딩이 큰 냄비로 11냄비, 여덟 마리의 돼지 등. 여기에 축제에 참석하는 손님들이 가져온 선물을 보태자, 건어물 300파운드, 케이크 5,000개, 푸딩 19냄비, 돼지 73마리가 되었다. 이를 참석한 모든 이들에게 고루 나누어주고, 이 모든 것들이 소비될 때까지 축제를 계속한다. 마침내 모든 것이 소비되면, 빅맨에게 남는 것은 ‘위신’이라는 보상뿐이고, 그는 다시 빈

털터리가 된다. 우리가 흔히 말하는 '명예'를 얻기 위해 그렇게 한다. 그런 빅맨이라면 전차 천 대의 나라도 거뜬히 양보하지 않을까? 이렇게 위신을 세우고 높은 평판을 얻기 위해 경쟁적으로 사람들에게 나누어주는 것을 문화인류학에서는 '포틀래치'라고 한다. 이 포틀래치는 일종의 분배 행위이기도 하다. 가진 자와 가지지 못한 자가 다시 평등해지는 축제다. 비록 위신과 평판을 얻기 위해서이기는 하지만 이렇게 '미개한 사회'라고 불리는 곳에서도 그렇게 아낌없이 나누어주는데, 기부에 인색한 우리 사회는 과연 어떤 사회라고 불러야 할까?

14.12

孟子曰: "不信仁賢, 則國空虛; 無禮義, 則上下亂; 無政事, 則財用不足."

맹자가 말했다.
"어진 이와 현명한 자를 믿고 쓰지 않으면 나라가 텅 비고, 예의와 올바름이 없으면 위아래가 어지러워지며, 정치적 조치가 없으면 쓸 재물이 부족해진다."

注釋 공허(空虛)는 인재가 없음을 뜻하는 것으로 볼 수 있다. 정사(政事)는 단순히 정치를 의미하지 않고, 갖가지 문제가 발생할 때마다 그 문제를 해결할 수 있는 적절한 대책이나 조치 등을 뜻한다고 볼 수 있다.

蛇足 유유상종(類類相從)이라 했다. 어진 이는 어진 사람을 부르고, 현명한 자는 현명한 사람을 사귄다. 그러니 어진 이나 현명한 자를 쓰면 저절로 인재가 넘쳐난다. 그런 이를 쓰지 않고서 인재가 없다고 하

는 것은 모를 심지도 않고 마냥 기다리다가 흉년이라 투덜대는 꼴이다. 예의와 올바름이 없으면 신분과 직분의 구분이 없어져서 위고 아래고 할 것 없이 나랏일을 제쳐두고 사사로운 이익을 챙기는 데 바쁘고, 욕심이 채워지지 않으면 다투고 빼앗는다. 이렇게 되면 정치라고 할 것도 없으니, 나라의 곳간이 충실해지겠는가.

14.13

孟子曰: "不仁而得國者, 有之矣; 不仁而得天下, 未之有也."

맹자가 말했다.
"어질지 못하면서도 나라를 얻은 자는 있으나, 어질지 못하면서 천하를 얻은 자는 아직 없었다."

注釋 득국자(得國者)는 제후를, 득천하(得天下)는 천자를 가리킨다.

蛇足 흥미로운 발언이다. 아마도 나라를 얻는 일은 힘으로도 가능하지만 천하를 얻는 일은 오로지 어짊이라야 가능하다고 본 듯하다. 이는 역사적 사실을 통해서 끌어낸 결론인 듯 싶다. 탕왕이나 무왕이 천하를 얻은 반면에 춘추시대에 패자로 일컬어진 제후들이 하나같이 천하를 얻지 못한 것, 그 이유는 바로 어짊과 어질지 못함의 차이에 따른 것으로 보았음이 분명하다.

14.14

孟子曰: "民爲貴, 社稷次之, 君爲輕. 是故得乎丘民而爲天子, 得乎天子爲諸侯, 得乎諸侯爲大夫. 諸侯危社稷, 則變置. 犧牲旣成, 粢盛旣潔, 祭祀以時, 然而旱乾水溢, 則變置社稷."

맹자가 말했다.

"백성이 가장 귀하고, 사직은 그 다음이며, 군주는 가볍다. 이런 까닭에 백성의 마음을 얻으면 천자가 되고, 천자의 마음을 얻으면 제후가 되며, 제후의 마음을 얻으면 대부가 된다. 제후가 사직을 위태롭게 하면, 다른 이로 바꾼다. 희생에 쓸 소나 양이 이미 살지고 곡식도 깨끗하여 제때에 제사를 지냈는데도 가뭄이 들고 홍수가 나면, 사직을 바꾼다."

注釋 사직(社稷)의 사(社)는 토지신이고, 직(稷)은 곡물신이다. 사직은 토지신과 곡물신에게 제사를 지내는 제단으로, 나라를 세우면 함께 서고 나라가 망하면 따라서 사라진다. 그래서 나라와 운명을 같이 하기 때문에 사직은 곧 나라를 비유한다. 구(丘)는 모이다는 뜻으로, 구민(丘民)은 곧 백성을 가리킨다. 자성(粢盛)은 제사에 쓰는 곡식이다.

蛇足 맹자의 정치 사상을 압축해서 드러냈다고 할 만하다. 좋은 정치와 나쁜 정치를 가르는 기준은 백성의 마음을 얻느냐 얻지 못하느냐다. 백성의 마음이 곧 하늘의 마음이기 때문이다. 그래서 "희생에 쓸 소나 양이 이미 살지고 곡식도 깨끗하여 제때에 제사를 지냈는데도 가뭄이 들고 홍수가 나면 사직을 바꾼다"고 한 것이다. 제사를 잘 지냈는데도 천재지변이 계속되는 것은 하늘이 그 제사를 받아들이지 않았음을 의미하는데, 하늘이 제사를 받아들이지 않은 것은 백성의 마음이 그 사직에 있지 않기 때문이다. 백성의 마음을 잃으면 정말로 하늘도 제사

를 받아들이지 않는지 또 반드시 천재지변이 일어나는지는 입증할 수도 없지만 또한 증명해야 할 문제도 아니다. 하늘에 제사 지내는 일은 곧 사직의 정당성이나 합법성과 깊은 관련이 있다는 당시의 일반적인 믿음이 중요하다. 그렇기 때문에 백성과 하늘, 민심과 천심을 하나라고 함으로써 정치란 오로지 백성을 편안하게 해주는 일임을 분명하게 할 수 있었다.

14.15

孟子曰: "聖人, 百世之師也, 伯夷·柳下惠是也. 故聞伯夷之風者, 頑夫廉, 懦夫有立志; 聞柳下惠之風者, 薄夫敦, 鄙夫寬. 奮乎百世之上, 百世之下, 聞者莫不與起也. 非聖人而能若是乎? 而況於親炙之者乎!"

맹자가 말했다.

"성인은 백 세대 동안의 스승이니, 백이와 유하혜가 그런 사람이다. 그러므로 백이의 풍도에 대해 들으면 탐욕스런 자라도 청렴해지고 나약한 자도 뜻을 세웠으며, 유하혜의 풍도에 대해 들으면 얄팍한 자도 도타와지고 비루한 자도 너그러워졌다. 백 세대 이내에 분발한 자가 있다면, 백 세대 이후에 그 풍도를 듣고서 떨쳐 일어나지 않을 사람이 없다. 성인이 아니라면 어찌 이와 같이할 수 있겠는가? 하물며 곁에서 가르침을 받은 사람임에랴!"

注釋 완(頑)은 탐하다, 욕심이 많다는 뜻이다. 렴(廉)은 욕심이 없다, 곧다는 뜻이다. 나(懦)는 약하고 무기력하다는 뜻이다. 돈(敦)은 도탑다, 도탑게 하다는 뜻이다. 친자(親炙)는 가까이하다는 뜻으로, 여기

서는 직접 가르침을 받다는 말맛을 담고 있다.

蛇足 힘이나 간계로써 남을 이긴 영웅과 수양을 통해 자신을 이긴 영웅은 다르다. 그리스 신화 속의 영웅들은 대개 남을 이긴 자들이다. 헤라클레스나 오디세우스가 대표적이다. 우리 역사에서는 주몽을 꼽을 수 있겠다. 남을 이긴 자는 살아서 영웅 대접을 받고 죽어서도 떠받들어지기는 하지만, 살아 있을 때보다 더 높이 숭앙되지도 않을 뿐 아니라 스승 노릇도 하지 못한다. 그러나 자신을 이긴 영웅은 비록 살아서 인정을 받지 못하고 천하를 떠도는 처지였더라도 죽은 뒤에는 반드시 그 진면목을 알아주는 이들이 생기면서 사표(師表)로서 존경을 받으며, 세월이 흐를수록 더욱 높아진다. 자신을 이긴 영웅을 유가에서는 현자나 성인이라 부르고, 불교에서는 고승이라 부른다. 중세에는 이런 영웅이 신분을 뛰어넘어서 모든 이들에게 하나의 표상이 되었던 시대다. 공자와 맹자는 중세 시대의 표상이 될 인간형에 대해 일종의 밑그림을 그린 인물들이면서 그들 자신이 그런 영웅의 길을 가기도 했다. "성인은 백 세대 동안의 스승이다"는 말은 참으로 놀라운 예언자적 발언이다. 어디 백 세대뿐이랴! 공간조차 훌쩍 뛰어넘어 전혀 다른 문화권 사람들에게까지 존경을 받기도 하지 않는가. 공자와 노자, 붓다, 예수를 보라!

14.16

孟子曰: "仁也者, 人也. 合而言之, 道也."

맹자가 말했다.
"어짊이란 사람이다. 아울러서 말하면, 길이다."

注釋 합이언지(合而言之)에 대해 주희는 "어짊은 이치고 사람은 물

건이다"라고 하면서 "어짊의 이치를 가지고 사람의 몸에 합쳐서 말하면 바로 도다"라고 하였는데, 명쾌하지 못하다. 지(之)는 앞의 인(仁)과 인(人)을 가리키므로 결국 "어진 사람이 곧 길이다"라는 말이다.

蛇足 인(仁)이란 글자는 사람과 둘의 결합으로 이루어져 있다. 이는 매우 상징적인 의미를 갖는다. 어짊이란 홀로 살 때는 필요도 없으며 아무런 의미가 없고, 둘 이상의 사람이 어울려 살 때 반드시 있어야 하는 덕목이라는 뜻이다. 그 어짊의 싹은 이미 사람으로 태어나면서 간직하고 있으니, 스스로 짐승이 되고자 하지 않는 한은 없앨 수가 없다. 그런데 누구나 어짊의 싹을 지니고 태어나지만, 어떻게 해야 그 싹을 틔우고 잘 기를 수 있는지를 아는 이는 매우 드물다. 그래서 공자와 맹자는 요나 순과 같은 성인을 본보기로서 거듭 이야기했다. 그들이 보여준 삶이 하나의 이정표 구실을 하기 때문이다. 본문의 말로써 하자면, "어진 사람이 곧 길이다."

14.17

孟子曰: "孔子之去魯, 曰, '遲遲吾行也,' 去父母國之道也. 去齊, 接淅而行, 去他國之道也."

맹자가 말했다.
"공자가 노나라를 떠날 때, '더디구나, 내 걸음이여!'라고 말했으니, 이것이 어버이의 나라를 떠나는 도리다. 그러나 제나라를 떠날 때는 밥을 지으려고 씻던 쌀을 건져서 떠났으니, 이것은 남의 나라를 떠나는 도리다."

注釋 석(淅)은 쌀을 일다, 인 쌀을 뜻한다.

蛇足 유가의 어짊을 차별적인 사랑이라고 하는데, 이는 관계 속에서 자연스럽게 생기는 감정을 중시했기 때문이다. 사람이 어버이나 자식, 형제와 같은 피붙이를 더 사랑하는 것은 자연스러운 일이다. 묵자의 겸애나 붓다의 자비에 견주면, 유가의 어짊은 참으로 현실에 기반한 인간적인 도리라고 할 수 있다. 오래도록 동아시아에서 정치사상의 구실을 해온 까닭도 여기에 있다고 할 수 있다.

14.18

孟子曰: "君子之戹於陳蔡之間, 無上下之交也."

맹자가 말했다.
"군자가 진과 채 사이에서 곤경에 처했는데, 그것은 두 나라의 군신들과 교유가 없었기 때문이다."

注釋 여기서 군자는 공자를 가리킨다. 『논어』「선진(先進)」편과 「위령공(衛靈公)」편에 관련 내용이 간략하게 언급되어 있다. 액(戹)은 액(厄)과 같으며, 재앙, 재난, 곤경을 뜻한다. 상하(上下)는 진(陳)과 채(蔡) 두 나라의 군주와 신하들을 가리킨다.

蛇足 『논어』「위령공」편에서는 공자가 진나라에 있을 때 양식은 떨어지고 따르던 자들은 병이 들어 일어날 수 없는 지경에 이르렀다고 나온다. 공자의 일행이 왜 이런 지경에 이르게 되었는지에 대해서는 『논어』만으로는 더 자세히 알 수가 없다. 『사기』〈공자세가(孔子世家)〉와 『공자가어(孔子家語)』의 「재액(在厄)」편을 보면, 공자가 초나라의 초빙을 받아서 초나라로 가는 도중에 진과 채 두 나라의 대부들이 모의

를 하여 공자의 일행을 막은 것으로 나온다. 이는 현자인 공자가 초나라에서 쓰이면 두 나라가 위태로워질 것이라는 점 때문이었다. 그런데 두 기록은 믿기 어렵다. 공자 사후에 전승되면서 내용이 보태진 것이 아닌가 여겨진다. 이를 입증하는 일도 쉽지 않지만, 여기서 굳이 그런 문제를 다룰 필요는 없다. 다만, 맹자가 왜 공자가 그런 곤액을 겪은 것이 두 나라 군신들과 교유가 없었기 때문이라고 했느냐는 점이다. 맹자가 이렇게 본 데에는 그 자신의 경험이 작용했으리라고 본다.

맹자는 제후들로부터 상당한 예우를 받으면서 천하를 주유한 편에 속한다. 6.4를 보면, 맹자에게는 뒤따르는 수레 수십 대와 따르는 자 수백 명이 있었다고 할 정도다. 게다가 4.3에도 나오듯이 그가 떠날 때는 제후들이 전별금을 넉넉하게 주었다. 이것으로 그는 병장기를 마련하여 일행을 보호할 수도 있었다. 그 모두 제후와 그 신하들과 교유한 결과였다. 공자보다 못한 자신도 군신들과 교유함으로써 안전하게 다녔는데, 성인인 공자가 그런 곤액을 치른 것은 그러한 교유가 없었기 때문이라는 게 맹자의 판단이었을 것이다. 이 또한 일리 있는 추론이기는 하지만, 추론은 추론이다. 공자가 성인의 대접을 받은 것은 제자들의 활동으로 말미암은 것이라는 점, 또 공자가 각 나라의 군신들과 다양한 교유를 하기에는 시기가 일렀다는 점, 즉 공자가 활동할 당시에는 아직 제후들 사이에서 인재를 널리 구하는 풍조가 없었다는 점 등도 감안해야 한다.

14.19

貉稽曰: "稽大不理於口."
孟子曰: "無傷也. 士憎玆多口. 詩云, '憂心悄悄, 慍于群小,' 孔子也. '肆不殄厥慍, 亦不隕厥問,' 文王也."

맥계가 말했다.
"저 계는 뭇 사람의 입에 마음을 쓰지 않습니다."
맹자가 말했다.
"해로울 게 없소. 선비에게는 구설이 더 많소. 『시경』「패풍(邶風)」의 〈백주(柏舟)〉에서 '걱정하는 마음이 깊으니, 뭇 소인들이 원망하네'라고 하였는데, 공자를 두고 말한 것이오. 「대아」의 〈면(緜)〉에서는 '그들의 노여움은 끊지 못했으나, 그 명성 또한 떨어지지 않았네'라고 하였으니, 문왕을 두고 말한 것이오."

注釋 맥계(貉稽)의 맥(貉)은 성이고 계(稽)는 이름인데, 자세한 것은 알 수 없다. 리(理)는 기대다, 힘입다는 뜻의 뢰(賴)와 같은데, 여기서는 마음에 두거나 신경을 쓰다는 말맛이 있다. 증(憎)은 늘다는 뜻의 증(增)과 같다. 초초(悄悄)는 걱정에 잠긴 모습이다. 온(慍)은 성내다, 원망하다는 뜻이다. 사(肆)는 고(故)와 같다. 진(殄)은 끊다는 뜻이다. 운(隕)은 떨어지다는 뜻이다. 문(問)은 문(聞)과 같으며, 명성을 뜻한다.

蛇足 평범한 사람들은 군자나 현자, 성인을 우러러보지만, 그들이 우러러보는 사람이 참으로 군자인지, 현자인지, 성인인지에 대해서는 거의 알지 못한다. 남들이 그렇다고 하니까 그런 줄로 알 뿐이다. 그래서 군자나 현자가 아닌 자를 군자나 현자로 알고 받들기도 하고, 사이비 교주를 성인인 줄로 알고 하늘처럼 숭앙하기도 한다. 이는 그들에게

지혜가 모자라 사람을 보는 안목도 낮은 탓이다. 그런 그들이기에 유언비어에도 잘 휩쓸려서 아무런 근거도 없이 군자나 현자, 성인에 대해 이러쿵저러쿵 찧고 까분다. 범부나 소인들이라면 당연히 그럴 수 있고, 그 또한 인간세상의 변하지 않는 풍경이다. 불교에서 말하는 '중생세간'이 아닌가. 그래서 공자도 "남이 나를 알아주지 않는 걸 걱정하지 말고, 내가 남을 알지 못하는 걸 걱정하라"(『논어』「학이」)고 말했던 것이다. 구설이 없을 수 없는 세상에서 구설에 마음을 쓰다가는 갈 길을 제대로 가지 못한다.

14.20

孟子曰: "賢者以其昭昭, 使人昭昭; 今以其昏昏, 使人昭昭."

맹자가 말했다.

"현자는 자신의 밝음으로 남을 밝게 하는데, 지금 사람들은 자신의 어두움으로 남을 밝게 하려고 한다."

注釋 소(昭)는 밝다, 밝히다는 뜻이며, 소소(昭昭)는 밝거나 환한 모양이다. 혼(昏)은 어둡다, 어지럽다는 뜻이며, 혼혼(昏昏)은 정신이 흐리멍덩한 모양이다.

蛇足 7.23에서 "사람들의 병통은 남의 스승이 되기를 좋아하는 데 있다"고 말한 바와 통한다.

14.21

孟子謂高子曰: "山徑之蹊間, 介然用之而成路; 爲間不用, 則茅塞之矣. 今茅塞子之心矣."

맹자가 고자에게 말했다.
"산비탈의 좁은 길도 사람들이 한결같이 쓰면 큰길을 이루고, 잠깐이라도 쓰지 않으면 띠풀이 자라 길을 막는다. 이제 띠풀이 자라 그대 마음을 막고 있구나."

注釋 고자(高子)는 제나라 사람으로, 맹자의 제자다. 산경(山徑)은 산비탈을 뜻한다. 혜간(蹊間)은 지름길 사이 또는 좁은 길 사이를 뜻한다. 개연(介然)은 굳게 지켜 변함이 없는 모양을 뜻한다. 잠깐 또는 순식간에 등의 뜻으로 푸는 경우가 있으나, 뜻이 통하지 않는다. 모(茅)는 띠풀, 잡초를 뜻한다. 색(塞)은 막다, 막히다는 뜻이다.

蛇足 일을 이루기는 어려우나, 망치기는 쉽다. 수십, 수백 미터의 건축물을 쌓아올리는 데에는 몇 달이나 몇 년이 걸리지만, 무너뜨리는 데에는 5분이면 된다. 아마도 고자(高子)가 학문을 한다면서 야무지게 또 오롯하게 하지 못하고 허수룩하게 하는 모습을 곧잘 보였기 때문에 이런 말을 하지 않았나 여겨진다. 대충해서는 "십년 공부 도로 아미타불"이 된다.

아무리 학자가 많아도 학문은 외로운 일이다. 자신과 거듭거듭 싸우며 나아가야 하는 길이기 때문이다. 외롭다고, 알아주는 이 없다고 마음을 약하게 먹어서는 그만두기 십상이다. 함께 가는 자가 없더라도 한결같이 굳은 마음으로 나아가야 한다. 그러면 언젠가는 참된 길벗을 얻게 된다. 좁게만 느껴지던 그 길도 어느새 수많은 길벗들이 오가는 큰길이 되어 있다. 역사 속 위대한 현자들, 성인들의 삶을 보라. 그들 또한 그러했다. 그들만큼 힘쓰지 않고서 그들보다 많은 것을 더 빨리 얻으려는 것만큼 어리석고 탐욕스런 일도 없다.

14.22

高子曰: "禹之聲尙文王之聲."
孟子曰: "何以言之?"
曰: "以追蠡."
曰: "是奚足哉? 城門之軌, 兩馬之力與?"

고자가 말했다.
"우의 음악이 문왕의 음악보다 낫습니다."
맹자가 물었다.
"무얼 근거로 그렇게 말하는가?"
"종의 끈이 닳았기 때문입니다."
"이것으로 어찌 충분한 근거가 되겠는가? 성문 아래에 난 바퀴자국이 두 마리 말의 힘으로 난 것이겠는가?"

注釋 퇴려(追蠡)의 퇴(追)는 종을 매다는 끈이고, 려(蠡)는 좀이 쓸다는 뜻이다. 음악을 많이 사용함으로써 종을 매단 끈이 닳아서 끊어질 듯하게 되었다는 말이다. 궤(軌)는 바퀴자국을 뜻한다. 양마(兩馬)는 한 대의 수레를 끄는 두 마리 말을 가리킨다.

蛇足 고자를 아둔하다고 해야 할까, 단순하다고 해야 할까? 어떻게 보든지 지혜롭지 못한 건 분명하다. 고자만 그렇지는 않으리라. 대부분의 사람들은 설핏 눈에 띄는 것으로 그 전체를 또 그 깊은 속내를 다 판단하려고 덤벼든다. 그러고도 그 판단에 확신을 가진다. 이쯤 되

면 웬만해서는 일깨우기 어렵다.

우와 문왕 사이에는 수백 년의 세월이 흘렀다. 지금 우의 음악에서 쓰는 악기가 우가 살아 있을 때 썼던 그 악기인지 어떻게 알 것이며, 설령 그 악기라고 하더라도 오래 세월 동안 때가 묻고 낡아서 본래의 꼴을 유지하기 어려웠을 것이다. 그런데도 그것을 문왕의 음악에서 쓴 악기와 견주어서 그 상태를 보고 더 많이 연주되었으므로 더 낫다고 여기는 것은 참으로 심각한 판단의 오류를 저지른 것이다. 맹자가 "성문 아래에 난 바퀴자국이 두 마리 말의 힘으로 난 것이겠는가?"라고 한 것도 이를 지적한 것이다. 성문 아래는 수많은 수레가 드나든다. 그 수레들을 끄는 말들에 의해서 바퀴자국이 패인 것처럼 우의 음악에서 쓴 악기도 그런 오랜 세월의 흔적일 뿐이라는 말이다.

14.23

齊饑. 陳臻曰: "國人皆以夫子將復爲發棠, 殆不可復."
孟子曰: "是爲馮婦也. 晉人有馮婦者, 善搏虎, 卒爲善士. 則之野, 有衆逐虎. 虎負嵎, 莫之敢攖. 望見馮婦, 趨而迎之. 馮婦攘臂下車. 衆皆悅之, 其爲士者笑之."

제나라에 기근이 들었다. 진진이 말했다.

"도성 사람들은 모두 스승께서 다시 당(棠) 땅의 곳간을 열어달라고 말할 것이라 여기고 있습니다만, 아마도 다시 그렇게 할 수는 없을 듯합니다."

맹자가 말했다.

"그건 풍부(馮婦)나 할 짓이다. 진(晉)나라에 풍부란 자가 있었는데, 범을 잘 때려잡아서 갑자기 '좋은 선비'가 되었다. 어느 날 그가 들판에 나갔더니, 사람들이 범을 쫓고 있었다. 범이 산모퉁이를 등지고 서자

사람들이 감히 다가서지 못했다. 그때 멀리 있던 풍부를 보고서는 달려가서 맞이했다. 풍부는 팔을 걷어붙이면서 수레에서 내렸다. 사람들은 모두 기뻐하였으나, 선비들은 그런 그를 비웃었다."

注釋 당(棠)은 땅 이름으로, 지금의 산동 즉묵현(卽墨縣) 남쪽 80리 즈음의 감당사(甘棠社)가 이에 해당한다. 태(殆)는 아마, 거의를 뜻한다. 우(嵎)는 산모퉁이를 뜻한다. 영(攖)은 다가서다는 뜻이다. 양비(攘臂)는 옷소매를 말아올리는 것을 뜻한다.

蛇足 기근이 심해지자 맹자가 제나라 왕에게 청하여 당 땅의 곳간을 열어서 백성을 구제하게 했던 모양이다. 그러나 그 일은 상황에 따라 어쩔 수 없이 한 일이고, 실제로는 맹자가 나설 일이 아니었다. 공자가 "그 자리에 있지 않으면, 그 일을 꾀하지 않는다"(『논어』「태백」)고 말했듯이 담당 관리가 할 일이었다. 또 맹자의 요청을 제나라 왕이 썩 좋게 받아들였을 것 같지도 않다. 왕의 권위를 떨어뜨린 셈이기 때문이다. 도성 사람들이 맹자에게 기대하고는 있지만 다시 그렇게 할 수는 없을 듯하다고 한 진진의 말에서 그 점이 드러나 있다. 그러니 다시 요청하는 것은 맹자의 처지에서도 적절하지 않지만, 처음과는 상황이 달라졌으므로 자칫 잘못했다가는 왕의 심기를 거스를 공산이 크다. 풍부를 예로 든 것도 그 때문이다. 풍부가 비록 범을 잘 때려잡아서 갑자기 선비가 되었을지라도 선비는 선비다. 그런데도 그 버릇을 버리지 못하고 사람들이 달려오자 팔을 걷어붙이면서 나섰다. 이렇게 되면 선비 노릇은 물 건너간 격이다. 때가 달라지면 행동이 달라져야 하고, 처지가 달라져도 역시 행동이 달라져야 한다.

14.24

孟子曰: "口之於味也, 目之於色也, 耳之於聲也, 鼻之於臭也, 四肢於安佚也, 性也. 有命焉, 君子不謂性也. 仁之於父子也, 義之於君臣也, 禮之於賓主也, 智之於賢者也, 聖人之於天道也, 命也. 有性焉, 君子不謂命也."

맹자가 말했다.

"입이 맛있는 음식을 좋아하고 눈이 아름다운 색을 좋아하고 귀가 아름다운 소리를 좋아하고 코가 향기로운 냄새를 좋아하고 온몸이 편안함을 구하는 것은, 본성이다. 그러나 그런 것들을 얻는 데에는 천명이 작용하므로 군자는 이를 본성이라 하지 않는다. 어짊이 아비와 자식 사이에 있는 것, 올바름이 임금과 신하 사이에 있는 것, 예의가 손님과 주인 사이에 있는 것, 지혜가 현명한 자에게 있는 것, 성인이 천도를 따르는 것은, 천명이다. 그러나 그런 것들을 이루는 바탕은 본성에 있으므로 군자는 그것을 천명이라 하지 않는다."

注釋 취(臭)는 대개 나쁜 냄새를 뜻하지만, 여기서는 향기로운 냄새를 가리킨다.

蛇足 본성은 내가 잘 기를 수 있다. 맛과 색, 소리, 냄새를 예리하게 구별하고 미묘한 것까지 감각할 수 있도록 본성을 기를 수는 있다. 그러나 맛있는 음식이나 향기로운 냄새를 얻는 일 따위는 내 본성대로 되지 않는다. 내 뜻대로도 되지 않을 수 있다. 복잡한 인간관계를 비롯해서 천재지변이나 갖가지 예측할 수 없는 일들이 일어나서 내가 바라는 바대로 되지 않을 수 있다. 이렇게 내 뜻대로 할 수 없는 것을 여기서는 천명이라 했다. 그렇게 보면, 아비와 자식 사이에 있는 어짊도, 성인이

천도를 따르는 것도 사람이 마음대로 없앨 수도 거스를 수도 없는 것이라는 점에서 천명이라고 했음을 알 수 있다. 그러나 그 천명을 바꾸거나 없앨 수는 없으나, 이룰 수는 있다. 내게 본성이 있기 때문에. 결국 맹자는 할 수 있는 것과 할 수 없는 것을 잘 가려서 할 수 있는 것에 지극함을 다하라고 말한 셈이다.

14.25

浩生不害問曰: "樂正子, 何人也?"
孟子曰: "善人也, 信人也."
"何謂善, 何謂信?"
曰: "可欲之謂善, 有諸己之謂信, 充實之謂美, 充實而有光輝之謂大, 大而化之之謂聖, 聖而不可知之之謂神. 樂正子, 二之中, 四之下也."

호생불해가 물었다.
"악정자는 어떤 사람입니까?"
맹자가 말했다.
"착한 사람이고 미쁜 사람이오."
"무엇을 착하다고 하고, 무엇을 미쁘다고 합니까?"
"바랄 만한 것을 착하다고 하고, 자신에게 있는 것을 미쁘다고 하며, 가득 찬 것을 아름답다고 하고, 가득 차서 환히 빛나는 것을 크낙하다고 하며, 크낙해서 잘 바꾸어 주는 것을 거룩하다고 하고, 거룩하여 잘 알 수 없는 것을 신묘하다고 하오. 악정자는 앞의 둘 사이에 있고, 뒤의 넷보다는 아래에 있소."

注釋 호생불해(浩生不害)는 제나라 사람으로, 호생이 성이고 불해

가 이름이다. 이(二)는 선(善)과 신(信)이고, 사(四)는 미(美)와 대(大)와 성(聖)과 신(神)을 가리킨다.

蛇足 착함과 미쁨, 아름다움과 크낙함, 거룩함과 신묘함, 이 여섯 가지는 수양의 단계이면서 그 효과를 나타내는 것이다. 제 본성에 있는 것을 기르려고 하기 때문에 착하다. 이는 본성이 착함을 스스로 믿는 것이면서 배움의 길에 들어선 첫걸음을 의미하기도 한다. 첫 번째의 착함을 잘 길러서 내면에 쌓아가게 되면, 남들에게는 미쁘게 보인다. 그래서 두 번째가 미쁨이다. 남들이 미쁘게 보는 것은 내가 한결같이 이 길을 갈 듯한 모습을 보았기 때문이다. 그러나 여전히 미흡하다. 내 안의 착함을 잘 길러서 그 착함으로 나를 꽉 채우는 데까지 이르러야 한다. 가득 채우면 세 번째인 아름다움을 갖추게 되는 것이다. 이 아름다움이 밖으로 저절로 드러나면, 그게 네 번째의 크낙함이다. 이쯤 되면, 불가에서 말하는 상구보리(上求菩提)에 가깝다고 할 만하다. 그러나 그것으로는 충분하지 않다. 다른 사람들에게도 영향을 줄 수 있어야만 한다. 그것이 진정한 효과이며, 체득한 바가 있음을 입증하는 것이기도 하다. 남을 잘 바꾸어주면, 즉 남이 그에게서 느끼고 배우면서 스스로 고치게 되면, 이것이 다섯 번째의 거룩함이다. 어리석은 자를 지혜롭게 해주고 어질지 못한 자를 어질게 만드는데 어찌 거룩하지 않으리오. 그러나 거룩함은 그가 아직 천지의 모든 존재들과 하나가 된 것이 아니다. 말하자면, 거룩함과 비속함이 구분되어 있다는 말이다. 거룩함과 비속함이 구분되지 않는 경지에 이르러야 한다. 노자가 말한 '화광동진(和光同塵)'의 경지가 되어야 하는데, 이것이 여섯 번째의 신묘함이다.

나는 첫째와 둘째를 군자의 단계, 셋째와 넷째를 현자의 단계, 다섯째와 여섯째를 성인의 단계라고 말하겠다. 물론 학문이나 수행이 꼭 이런 순서대로 진전되는 것은 아니다. 한꺼번에 두셋이 동시에 이루어지기도 하고 훌쩍 뛰어넘기도 한다. 무엇보다도 이렇게 구분할 명확한 근거도 없고 경계를 짓기도 어렵다는 점에서 무조건 수용하기는 힘들다. 오로지 학인 스스로 깨달으면서 느낄 수 있을 뿐이다.

14.26

孟子曰: "逃墨必歸於楊, 逃楊必歸於儒. 歸, 斯受之而已矣. 今之與楊墨辯者, 如追放豚, 旣入其苙, 又從而招之."

맹자가 말했다.
"묵가에서 나오면 반드시 양주에게 돌아가고, 양주에서 나오면 반드시 유가로 돌아온다. 돌아오면 그저 받아들일 뿐이다. 지금 양주 및 묵가와 논쟁을 벌이는 것은 마치 우리에서 달아난 돼지를 쫓다가 돼지가 우리에 들어간 뒤에도 계속 따라가 돼지를 묶으려 하는 것과 같다."

注釋 묵(墨)은 겸애(兼愛)를 주장하는 묵자(墨子)의 학문을 이르고, 양(楊)은 극단적인 위아(爲我)를 내세우는 양주(楊朱)의 학문을 이른다. 유(儒)는 공자의 가르침을 이은 유가(儒家)를 가리킨다. 입(入)은 납(納)과 같다. 립(苙)은 짐승을 가두어두는 우리를 뜻한다. 초(招)는 묶다는 뜻으로, 여기서는 돼지의 발을 묶는 것을 가리킨다.

蛇足 다른 학파와의 논쟁이 부질없음을 말하고 있다. 이치나 도리의 문제에서는 사실 논쟁이 별 쓸모가 없다. 더구나 서양 철학처럼 이성적 사유에 의한 논리로써 증명하기보다는 몸과 마음을 잡도리하는 경험을 통해서 체득해야 함을 중시하는 사상임에랴.

그런데 맹자는 왜 양주 및 묵가와 논쟁을 벌이는 일이 우리에서 달아난 돼지를 쫓다가 돼지가 우리에 들어간 뒤에도 계속 따라가 돼지를 묶으려는 행위와 같다고 했는가? 묵가가 겸애라는 이상적인 이타주의를 내세운다면, 양주는 오로지 자신을 위하는 이기주의를 내세운다. 유가의 입장에서 볼 때, 이 둘은 어느 한쪽으로 치우쳐 있다. 둘 가운데서도 훨씬 이상주의적인 경향이 강한 묵가에서 사람들이 먼저 빠져나올 것이고, 겸애에 대한 반발로 양주의 이기주의로 돌아설 가능성이 높다. 그러나 그 또한 지극히 편협한 사유임을 알게 되면, 결국에는 중도적인 입장에 서 있는 유가로 돌아오리라는 것이 맹자의 판단이다. 따라서 당장에는 우리에서 뛰쳐나간 돼지와 같아서 뒤쫓아야 할 것으로 여겨지겠지만, 결국에는 우리 안으로 제 발로 걸어올 것이므로 그냥 내버려두어도 된다는 것이다. 이를 간과하고 논쟁을 벌이다가는 도리어 우리로 다시 돌아오지 않게 만들 수도 있다는 뜻이기도 하다.

14.27

孟子曰: "有布縷之征, 粟米之征, 力役之征. 君子用其一, 緩其二. 用其二而民有殍, 用其三而父子離."

> 맹자가 말했다.
> "직물로 거두는 구실, 곡물로 거두는 구실, 부역을 맡기는 구실 등이 있다. 군자는 이 가운데 한 가지만 쓰고, 나머지 두 가지는 느슨하게 한다. 두 가지를 쓰면 백성들이 굶어 죽는 일이 생기고, 세 가지를 쓰면 부모와 자식이 헤어져 흩어진다."

注釋 포루(布縷)는 면과 명주를 뜻하는데, 여기서는 직물을 총칭한다. 정(征)은 구실, 구실을 거두다는 뜻이다. 표(殍)는 굶어 죽다, 주려 죽은 주검을 뜻한다.

蛇足 직물은 아녀자의 노동에서 나온 것이고, 곡물은 사내의 노동에서 나온 것이다. 이 둘에 대해 구실을 거두는 일이 당시에는 예사였다. 이뿐이 아니다. 전국시대에는 전쟁이 거듭되었으므로 군사를 일으키면 장정들이 끌려가고 성곽을 쌓으면 남녀노소 할 것 없이 동원되어야 했다. 이것이 부역이다. 최소한 두 가지 이상을 구실로 거두었던 것이 당시의 실상이다. 그래서 길과 들에는 굶어 죽은 주검들이 널려 있었고, 부모와 자식은 서로 헤어져 온전한 가족을 찾기가 힘들 지경이었다. 사후니 내세니 하는 관념 따위는 없는 유가이므로 어진 정치란 백성들이 이 삶에 충실할 수 있도록 해주는 것이어야 했다. 혹시 지금 백성들이 힘들고 고달파도 그게 후손들을 위한 길일 수 있으므로 어느 정도 희생은 감수해야 한다고 주장하는 이도 있을 것이다. 물론 어느 정도의 희생은 필요할 수 있으나, 억압과 착취는 희생을 요구하는 것이 아니며 그것으로 후손들의 복을 기대하는 것도 어불성설이다. 그리고 희생은 자발적이어야지 강제되고 강요되어서는 안 되는 것이다.

14.28

孟子曰: "諸侯之寶三, 土地, 人民, 政事. 寶珠玉者, 殃必及身."

맹자가 말했다.

"제후의 보배는 세 가지인데, 토지와 인민과 정치다. 구슬과 옥을 보배로 여기는 자는 반드시 재앙이 그 몸에 미칠 것이다."

注釋 보(寶)는 보배로 여기다, 즉 소중히 여기다는 뜻이다. 인민(人民)에서 인은 사(士) 이상의 지배 계층 사람들을, 민은 백성들을 가리킨다.

蛇足 제후는 나라의 주인이다. 주인이 주인 노릇을 하려면 땅이 있어야 하고 그 땅에서 사는 사람들이 있어야 한다. 이는 필요조건이다. 그리고 그들이 그 땅에서 잘 살 수 있도록 해주어야 하는데, 그게 정치다. 이 셋이면 그 나라는 충분히 풍요로워질 수 있고, 그 나라가 풍요로우면 제후 또한 풍요로워지는 것이다. 그럼에도 이 셋을 제쳐두고 구슬이나 옥 따위를 보배로 여긴다면, 그는 제후의 자격이 없다. 스포츠카를 좋아하는 부잣집 도련님에 지나지 않는다. 그런 자가 제후로 있으면, 그 자신은 재앙을 받고 그 백성은 긴 가뭄에 비 기다리듯 다른 제후를 기다린다.

14.29

盆成括仕於齊, 孟子曰: "死矣, 盆成括!"
盆成括見殺, 門人問曰: "夫子何以知其將見殺?"
曰: "其爲人也小有才, 未聞君子之大道也. 則足以殺其軀而已矣."

분성괄이 제나라에서 벼슬하자 맹자가 탄식했다.
"죽겠구나, 분성괄이!"
분성괄이 죽임을 당하자 문인들이 물었다.
"스승께서는 어떻게 해서 그가 죽임을 당하게 될 것을 아셨습니까?"
"그 사람됨이 재주는 조금 있으나, 군자가 가야 할 큰 도에 대해서는 듣지 못했다. 그렇다면 제 몸을 죽게 할 뿐이다."

注釋 분성괄(盆成括)은 분성이 성이고, 괄이 이름이다.

蛇足 분성괄은 아마도 자신의 재주를 믿었나 보다. 벼슬을 해도 된다고 믿을 만큼 말이다. 그러나 난세에는 재주를 믿어서는 안 된다. 그 재주로 말미암아 도리어 위태로운 지경에 빠질 수 있기 때문이다. 재주로는 고작 맡은 일을 해낼 수 있을 뿐, 나아가야 할 때와 물러나야 할 때를 알게 해주지는 못한다. 전국시대에는 수많은 사(士)들이 자신의 재주를 믿고 나섰다가 곤액을 치렀다. 남들보다 빼어난 재주를 가지고서도 비참한 지경에 떨어진 이들이 한둘이 아니다. 새삼 공자가 한 말이 떠오른다. "3년 동안 배우고도 녹봉을 구하려 하지 않는 사람을 얻기는 쉽지 않다."(『논어』「태백」) 분성괄의 죽음은 벼슬을 하고 싶은 마음이 자신의 재주를 앞질렀던 데에서 비롯되었다. 한마디로 '자승자박(自繩自縛)'이었다.

14.30

孟子之滕, 館於上宮. 有業屨於牖上, 館人求之弗得. 或問之曰: "若是乎? 從者之廋也!"
曰: "子以是爲竊屨來與?"
曰: "殆非也. 夫子之設科也, 往者不追, 來者不拒. 苟以是心至, 斯受之而已矣."

맹자가 등나라에 가서 상궁(上宮)에서 묵었을 때다. 마침 들창 위에 만들다 만 신발이 있었는데, 관인(館人)이 찾다가 찾지 못했다. 어떤 이가 맹자에게 따졌다.

"이럴 수가 있습니까? 종자들이 물건을 숨기다니요!"

맹자가 되물었다.

"그대는 우리가 신발을 훔치러 왔다고 여기는가?"

"그게 아닙니다. 선생께서는 가르침을 베풀면서 가는 자는 붙잡지 않고 오는 자는 막지 않으십니다. 참으로 배우려는 마음으로 오면 그저 받아들이기만 할 뿐이기에 그렇게 말한 것입니다."

注釋 상궁(上宮)은 객관(客館)으로 쓰인 별궁으로 여겨진다. 업구(業屨)는 엮다가 만 신발을 뜻한다. 관인(館人)은 객사를 지키고 빈객을 접대하는 일을 맡은 사람이다. 수(廋)는 찾다는 뜻이다. 설과(設科)는 교과 과정을 개설하다는 뜻으로, 강의를 하거나 가르침을 베푸는 일을 가리킨다. 부자지설과야(夫子之設科也) 이하를 맹자가 한 말로 보는 견해도 있으나, 받아들이기 어렵다.

蛇足 관인의 마지막 말은 맹자가 배우겠다는 사람이면 아무나 다 받아들이기 때문에 그 가운데에는 반드시 도둑과 같은 놈이 있으리라는 뜻을 담고 있다. 관인의 추측이 꼭 틀렸다고만은 할 수 없으며, 그의 행사를 나무랄 수도 없다. 그런데 관인의 말로써 보건대, 맹자도 "말린 고기 한 묶음 이상을 들고 스스로 찾아온 자라면, 내 가르치지 않은 적이 없다"(『논어』「술이」)고 한 공자의 말을 실천하고 있었음을 알 수 있다.

예나 이제나 배우려고 찾아온 이를 내치는 스승은 없다. 그가 과거에 어떠한 사람이었든지 간에 말이다. 허물이 있었던 자라면 더욱더 내칠 수 없는 것이 또한 스승의 처지다. 옛 이야기 하나를 들려드리겠다.

일본에 반케이(盤珪, 1622~1693)라는 유명한 선승이 있었다. 그의 밑에는 일본 전역에서 온 학인들이 제자로 있었다. 그런데 그 가운데 한 명이 물건을 훔치다 잡혔다. 다른 제자들이 이 문제로 그를 내쫓자고 했으나, 반케이는 무시했다.

나중에 그 제자는 똑같은 짓으로 또 잡혔는데, 이번에도 반케이는 그 일을 무시했다. 그러자 제자들이 화가 나서 그 도둑을 내쫓아달라고 간청하면서 그렇게 하지 않으면 자신들이 모두 사원을 떠나겠다고 말했다. 반케이는 제자들을 모두 불러 모아서는 이렇게 말했다.

"너희는 똑똑한 수행자들이다. 옳고 그름을 알기 때문에 말이다. 너희는 어디를 가서도 수행을 잘할 수 있다. 그러나 이 불쌍한 제자는 옳고 그름을 분간하지 못하고 있다. 내가 아니면 누가 이 제자를 가르치겠느냐? 너희 모두가 이곳을 떠날지라도, 나는 이 제자를 붙들어둘 것이다."

이 말에 도둑질을 한 제자의 얼굴에서는 하염없이 눈물이 흘러내렸다. 도둑질하려는 마음이 말끔히 사라졌다.

이 이야기에서처럼 해피엔딩으로 끝나는 일이 흔하지는 않을 것이다. 그러나 스스로 떠나려 하지 않는 한, 막돼먹은 자라 할지라도 내쫓을 수 없는 이가, 아니 더욱더 거두어야 할 이가 바로 스승이다.

14.31

孟子曰: "人皆有所不忍, 達之於其所忍, 仁也; 人皆有所不爲, 達之於其所爲, 義也. 人能充無欲害人之心, 而仁不可勝用也; 人能充無穿踰之心, 而義不可勝用也; 人能充無受爾汝之實, 無所往而不爲義也. 士未可以言而言, 是以言餂之也; 可以言而不言, 是以不言餂之也. 是皆穿踰之類也."

맹자가 말했다.

"사람에게는 모두 차마 하지 못하는 것이 있는데, 이를 미루어 참고 견딜 수 있는 데까지 이르게 하는 것이 어짊이다. 사람에게는 해서는 안 되는 것이 있는데, 이를 미루어 해야 하는 일에까지 이르게 하는 것이 올바름이다. 사람이 남을 해치지 않으려는 마음을 넓혀서 채운다면 어짊을 이루 다 쓸 수가 없고,

사람이 구멍을 뚫거나 담을 넘지 않으려는 마음을 넓혀서 채운다면 올바름을 이루 다 쓸 수가 없으며, 사람이 남에게서 업신여겨지지 않으려는 마음을 넓혀서 채운다면 가는 곳마다 올바르게 되지 않을 일이 없다. 선비가 말을 해서는 안 되는데 말을 하면 이는 말로써 이익을 꾀하는 짓이고, 말을 해야 하는데 말을 하지 않으면 이는 말하지 않음으로써 이익을 꾀하는 짓이니, 이 모두 구멍을 뚫고 담을 넘으려는 짓과 같다."

注釋 소불인(所不忍)은 남이 잘못되는 것을 두고 보지 못하는 것이고, 소인(所忍)은 힘들지만 할 수 있는 데까지 하는 것을 이른다. 충(充)은 확장해서 가득 채운다는 뜻이다. 천유(穿踰)는 도둑질하려고 구멍을 뚫거나 담을 뛰어넘는 짓을 뜻한다. 이여(爾汝)는 상대를 낮추어 일컫는 말이다. 첨(餂)은 혀로 핥다는 뜻으로, 남의 비위를 맞추어 자기 이익을 꾀하는 것을 비유한다.

蛇足 어짊과 올바름의 싹을 어디까지 키워야 하는지에 대해 말하고 있다. 스스로 키우지 못하면, 타고난 싹은 말라버린다. 그렇다고 누가 시켜서 할 수 있는 것도 아니기 때문에 쉽지 않다. 자발적으로 해야만 한다. 이러한 유가적 인식이 유가의 정치를 도덕정치로 만들었다. 반면에 강제적으로 백성을 통제하려는 법가의 정치는 도덕정치와 멀어질 수밖에 없었다.

여기서 맹자는 '말'의 문제를 덧붙이고 있다. 이는 당시에 맹활약하고 있던 유세객들을 염두에 두고서 말한 듯하다. 맹자는 저 유세객들이 두 가지의 방식으로 제후들로부터 이익을 꾀한다고 본 것이 분명하다. 해서는 안 되는 말을 하는 것과 말을 해야 할 때 말하지 않는 것. 해서는 안 되는 말은 제후가 듣고 싶어하는 말, 즉 부국과 강병을 위한 계책이나 다른 나라를 쳐서 이기는 계책 따위가 될 것이다. 말을 해야 할 때 말하지 않는 것은 제후가 그릇된 판단을 하거나 잘못된 행동을 할 때 그것을 바로잡도록 간언해야 함에도 자신에게 해가 될까 봐 침묵을 지키는 것이다. 둘 다 "구멍을 뚫고 담을 넘으려는 짓"처럼 간사하고도 교묘한 처신이다. 그 꼬투리는 그들이 어짊과 올바름의 싹을 키우려 하지 않은 데에 있었다.

14.32

孟子曰: "言近而指遠者, 善言也; 守約而施博者, 善道也. 君子之言也, 不下帶而道存焉; 君子之守, 修其身而天下平. 人病舍其田而芸人之田, 所求於人者重, 而所以自任者輕."

맹자가 말했다.
"말은 얕고 가까우나 뜻은 깊고 먼 것이 좋은 말이고, 잡도리는 간결하면서도 두루 베풀어지는 것이 좋은 도다. 군자의 말이란 허리띠 아래로 내려가지 않지만 도를 담고 있으며, 군자의 잡도리는 제 몸을 닦아서 천하를 태평하게 하는 것이다. 사람들의 병통은 자기 밭을 버려두고 남의 밭을 김매는 데 있으니, 이 때문에 남에게 요구하는 것은 무겁고 자기가 맡은 일은 가벼이 한다."

注釋 지(指)는 지(旨)와 같다. 수(守)는 몸가짐을 가지런히 하는 것, 즉 잡도리하는 일을 뜻한다. 시(施)는 자신을 잡도리하는 일에서 나온 효용이 남에게까지 널리 미치는 일을 뜻한다. 불하대(不下帶)는 시선이 허리띠 아래로 내려가지 않는다는 뜻으로, 바로 눈앞의 가까운 일을 가리킨다. 운(芸)은 김매다는 뜻이다.

蛇足 좀 배웠다고 으스대는 자는 어려운 말을 쓰는 것이 자신을 높이는 줄로 잘못 알고 있는데, 정작 그 말에 담긴 뜻은 얄팍하기 그지없을 뿐만 아니라 심지어는 그 자신도 뜻을 제대로 알지 못하고 있다. 이는 자신을 돌아보는 실마리로 삼으려고 배움에 뜻을 두지 않고 남에게 과시하려고 배웠기 때문이다. 또 그런 사람은 무얼 해도 복잡하게 한다. 복잡하게 하려고 해서가 아니라 핵심을 파악하지 못했으면서 하려고 하기 때문이다. 이 모두 무언가 고상하고 별다른 것이라야 배울 만하다고 여긴 탓이다. 말하자면, 일상 속에서 보고 듣고 경험하는 모든 것이 배움의 대상이고 배움의 꼬투리라는 것을 모른 것이다. 그러니 배운 것을 일상에서 다시 실천해야만 비로소 제 것이 된다는 이치를 어찌 알겠는가. 흥미로운 것은 이렇게 설핏 배우고 얄팍하게 알면서 자신을 잡도리할 줄 모르는 자가 자신과 비슷한 허물을 가진 자들을 만나면 그토록 매섭게 꾸짖거나 가르치려 든다. 한마디로 '저한테 할 말을 남에게 하는 것'이다.

군자의 말은 지극히 소박하고 단순하지만, 그 뜻은 깊고 높다. 그것은 그가 두루 배우면서도 일상에서 무르익히기 전에는 결코 안 것이 아님을 잊지 않았기 때문이다. 무르익혀야만 비로소 그 요체를 터득할 수 있다. 요체를 터득하면 그 사유와 행동은 간결할 수밖에 없다. 간결해도 널리 베푸는 데에 아무런 장애가 없다. 아니, 간결하기에 널리 베풀 수 있다. 보편적일수록 간결하기 때문이다.

맹자의 말은 공자가 "군자가 널리 문화를 배우고 예의로써 잡도리하면, 이치에서 벗어나지 않을 수 있으리라!"(『논어』「옹야」)고 한 말을 떠오르게 한다.

14.33

孟子曰: "堯舜, 性者也; 湯武, 反之也. 動容周旋中禮者, 盛德之至也. 哭死而哀, 非爲生者也. 經德不回, 非以干祿也. 言語必信, 非以正行也. 君子行法, 以俟命而已矣."

맹자가 말했다.

"요와 순은 본성을 좇았고, 탕왕과 무왕은 자신을 돌이켜 보았다. 갖가지 행동과 하는 일들이 예의에 맞음은 훌륭한 덕이 지극해서다. 죽은 이를 위해 곡을 하고 슬퍼하는 것은 산 자들에게 보여주기 위해서가 아니다. 덕을 붙좇으며 어긋나지 않는 것은 녹봉을 구하기 위해서가 아니다. 말을 하면 반드시 미쁜 것은 남에게 내 행동이 바른 것을 보여주기 위해서가 아니다. 군자는 도리를 행하면서 천명을 기다릴 뿐이다."

注釋 주선(周旋)은 여러 가지 하는 일 또는 사람들과 사귀는 일을 뜻한다. 경덕(經德)은 덕을 좇다, 한결같이 덕을 지니다는 뜻이다. 회(回)는 어기다, 어긋나다는 뜻이다. 간(干)은 구하다는 뜻이다. 법(法)은 법도, 도리를 뜻한다. 사(俟)는 기다리다는 뜻이고, 명(命)은 일이 되어 가는 추이 또는 때가 되면 나타날 결과로서 천명을 뜻한다. 사명(俟命)은 진인사대천명(盡人事待天命)의 '대천명'과 비슷하다.

蛇足 공자도 "남이 알아주지 않아도 성나지 않으니, 이야말로 군자가 아니겠느냐!"(『논어』「학이」)라고 말했다. 이는 배움이란 남이 알아주기를 바라서 하는 것이 아님을, 또 제대로 배우고 익혀서 군자가 되더라도 모든 이들이 다 알아보지는 못한다는 것을 일깨워준 것이다. 특히 내가 군자의 길을 가서 군자의 면모를 갖추었다면, 나와 같은 길로 가보지 않은 자는 알아보기 어렵다. 참으로 군자의 길로 간 이라면, 이러

한 이치를 그 과정에서 당연히 알아챘다. 그러니 군자라면서 남이 알아주기를 바라는 자가 있다면, 그런 자는 군자의 길로 가지 않았으며 저 혼자 그렇게 여기고 있는 것뿐이다. 그게 아니라면, 사이비 군자다. 진정한 군자는 그저 가야 할 길을 알고 묵묵히 그 길을 갈 뿐이다. 그 결과가 어찌되든 그것은 자신의 소관이 아니라고 여긴다. 그래서 어떠한 보상도 바라지 않으며, 그 누구도 탓하지 않는다.

14.34

孟子曰: "說大人, 則藐之, 勿視其巍巍然. 堂高數仞, 榱題數尺, 我得志, 弗爲也. 食前方丈, 侍妾數百人, 我得志, 弗爲也. 般樂飮酒, 驅騁田獵, 後車千乘, 我得志, 弗爲也. 在彼者, 皆我所不爲也; 在我者, 皆古之制也. 吾何畏彼哉?"

맹자가 말했다.
"대인에게 유세할 때는 업신여기는 듯한 모습으로 해야지, 그를 높고 크게 보아서는 안 된다. 그는 집의 높이가 몇 길이나 되고 서까래 끝머리가 몇 자나 되지만, 나는 뜻을 얻더라도 그리하지 않는다. 그는 커다란 상 위에 음식을 가득 차리고 시중드는 여인들이 수백 명이나 되지만, 나는 뜻을 얻더라도 그리하지 않는다. 그는 즐거이 놀면서 술을 마시고 말을 몰아 내달리며 사냥하고 뒤따르는 수레가 천 대나 되지만, 나는 뜻을 얻더라도 그리하지 않는다. 그에게 있는 것은 모두 내가 하지 않는 것이지만, 나에게 있는 것은 모두 옛부터 전하던 법도다. 내가 어찌 그를 두려워하리오?"

注釋 대인(大人)은 군주를 가리킨다. 묘(藐)는 업신여기다는 뜻이

다. 외외연(巍巍然)은 산이 높고 큰 모양으로, 여기서는 군주의 높고 큰 권세를 비유한다. 최제(榱題)는 처마에 닿는 서까래의 끝을 뜻한다. 방장(方丈)은 가로세로가 한 길, 즉 열 자가 되는 것이다. 반낙(般樂)은 즐기며 놀다는 뜻이다. 구빙(驅騁)은 말을 몰아 달리는 것이다. 피(彼)는 앞의 대인을 가리킨다. 고지제(古之制)는 옛 성왕(聖王)들이 정한 법도를 뜻한다.

蛇足 참으로 이치에 밝고 이치대로 사는 자, 뜻을 올곧게 지니고 어진 마음을 잘 갈무리한 자는 옛날을 얻었고 지금을 얻으며 미래를 얻을 자요, 천하를 얻는 자다. 그가 누구를 두려워하며 누구를 부러워하겠는가.

저 진시황을 보고 칭기스 칸을 보라. 그들은 위대한 업적을 이루었다고 하는데, 지금 그 업적은 어디에 있는가? 누가 그들을 본받으려 애쓰는가? 저 나폴레옹을 보라. 그가 위인이라고 여기는 이들도 있지만, 프랑스인들은 어떻게 생각할까? 파리의 세느 강 왼쪽에는 프랑스의 위대한 인물들이 잠들어 있는 묘지, 팡테옹이 있다. 거기 한가운데에 누워 있는 이가 누구인지 아는가? 전쟁 영웅이 아니다. 종교적 광신주의에 맞서 평생을 투쟁했던, 관용의 사상가인 볼테르(Voltaire, 1694~1778)다. 그러고 보니, 그 삶의 궤적이나 사상적 경향에서 볼테르는 기이하게도 맹자와 닮은 데가 많다.

14.35

孟子曰: "養心莫善於寡欲. 其爲人也寡欲, 雖有不存焉者, 寡矣; 其爲人也多欲, 雖有存焉者, 寡矣."

맹자가 말했다.

“마음을 기르는 것으로는 욕심을 적게 갖는 것보다 좋은 게 없다. 그 사람됨이 욕심이 적다면, 비록 마음을 제대로 간직하지 못하는 일이 있더라도 그런 일은 적을 것이다. 그 사람됨이 욕심이 많다면, 비록 마음을 제대로 간직하는 일이 있더라도 그런 일은 적을 것이다.”

注釋 존(存)은 지니다, 간직하다는 뜻이다.

蛇足 욕심이 모든 분란의 원천이다. 욕심이란 지금 얻을 수 없는 것, 내 것이 아닌 것을 바라는 마음이다. 지금 얻을 수 없는 것인데도 바라는 것은 서둘러 결과를 얻으려는 마음에서 비롯된다. 내 것이 아닌 것을 바라는 마음은 만족할 줄 모르는 데서 나온다. 그런데 지금 얻을 수 없는 것을 꼭 지금 얻으려 하거나 제 것이 아닌 것을 반드시 가지려 하다보면, 지금 하는 일을 망치거나 다른 사람을 해치게 된다. 그러고서도 욕심이 채워진다는 보장은 없다. 거기서 자연스럽게 분란이 일어난다.

욕심을 적게 갖는 것으로는 바로 지금 즐거워하려 애쓰는 것, 무슨 일을 하든지 그 과정에서 즐거움을 누리려는 것보다 더 좋은 방법이 없는데, 이는 내가 이미 천하를 얻을 수 있는 바탕을 타고났기 때문에 얼마든지 가능하다.

14.36

曾晳嗜羊棗, 而曾子不忍食羊棗. 公孫丑問曰: “膾炙與羊棗孰美?”

孟子曰: “膾炙哉!”

公孫丑曰: “然則曾子何爲食膾炙而不食羊棗?”

曰: "膾炙所同也, 羊棗所獨也. 諱名不諱姓, 姓所同也, 名所獨也."

증석이 고욤을 좋아하자 아들 증자가 차마 고욤을 먹지 못했다. 공손추가 물었다.

"육회나 불고기와 고욤 가운데 어느 게 더 맛있습니까?"

맹자가 대답했다.

"육회나 불고기지!"

"그렇다면 증자는 어찌하여 육회나 불고기는 먹으면서 고욤은 먹지 않았습니까?"

"육회나 불고기는 사람들이 다 똑같이 좋아하는 것이지만, 고욤은 부친만 좋아하던 것이었다. 이름은 꺼리어 피하지만 성은 꺼리어 피하지 않는데, 그것은 성은 같이 쓰지만 이름은 홀로 쓰기 때문이다."

注釋 양조(羊棗)는 고욤나무의 열매다. 감보다 작고 맛이 달면서 좀 떫다. 회(膾)는 잘게 저민 날고기다. 휘(諱)는 고대에 부모나 군주의 이름을 부르지도 않고 쓰지도 않는 것이다.

蛇足 맹자는 참 흥미로운 말을 했다. '이름은 꺼리어 피하지만 성은 꺼리어 피하지 않는 것'으로써 증자가 고욤을 먹지 않은 이유를 설명했다. 성과 이름 가운데 성은 같이 쓰지만, 이름은 다 다르게 쓴다. 특히 아버지의 이름을 자식이 써서는 안 된다. 그처럼 육회나 불고기는 모든 이들이 좋아하는 것이어서 같이 쓰는 성과 같고, 고욤은 증석만 홀로 좋아하는 것이어서 달리 쓰는 이름과 같다. 따라서 부친의 이름을 자식이 쓰지 않는 것처럼 부친이 좋아하는 것을 아들이 좋아해서도 안 된다는 뜻이다. 그런데 이런 비유가 아주 틀린 것은 아니지만, 그다지

적절하지는 않다. 어차피 달면서도 떫은 고욤을 즐기는 자는 많지 않고, 증자도 본래 좋아하지 않는 것일 수도 있지 않은가. 아버지가 좋아하는 것이어서 '차마 먹지 못한 것'은 결코 아니었을 수도 있다는 말이다. 증자 사후에 증자를 받든 자들이 증자를 높이려고 그런 하찮은 것까지 이용한 혐의가 짙다. 여기에 굳이 설명을 덧붙인 맹자도 공범 노릇을 한 셈이다.

14.37

萬章問曰: "孔子在陳曰, '盍歸乎來! 吾黨之士狂簡, 進取, 不忘其初.' 孔子在陳, 何思魯之狂士?"

孟子曰: "孔子, '不得中道而與之, 必也狂獧乎! 狂者進取, 獧者有所不爲也,' 孔子豈不欲中道哉? 不可必得, 故思其次也."

"敢問何如斯可謂狂矣?"

曰: "如琴張 · 曾晳 · 牧皮者, 孔子之所謂狂矣."

"何以謂之狂也?"

曰: "其志嘐嘐然, 曰, '古之人, 古之人.' 夷考其行, 而不掩焉者也. 狂者又不可得, 欲得不屑不潔之士而與之, 是獧也, 是又其次也."

"孔子曰, '過我門而不入我室, 我不憾焉者, 其惟鄕原乎! 鄕原, 德之賊也.' 曰何如斯可謂之鄕原矣?"

曰: "'何以是嘐嘐也? 言不顧行, 行不顧言, 則曰, 古之人, 古之人. 行何爲踽踽凉凉? 生斯世也, 爲斯世也, 善斯可矣.' 閹然媚於世也者, 是鄕原也."

萬章曰: "一鄕皆稱原人焉, 無所往而不爲原人, 孔子以爲德之賊, 何哉?"

曰: "非之無擧也, 刺之無刺也, 同乎流俗, 合乎汙世, 居之似忠信, 行之似廉潔, 衆皆悅之, 自以爲是, 而不可與入堯舜之道, 故曰'德之賊也.' 孔子曰, '惡似而非者. 惡莠, 恐其亂苗也; 惡佞, 恐其亂義也; 惡利口, 恐其亂信也; 惡鄭聲, 恐其亂樂也; 惡紫, 恐其亂朱也; 惡鄕原, 恐其亂德也.' 君子反經而已矣. 經正, 則庶民興; 庶民興, 斯無邪慝矣."

만장이 물었다.

"공자가 진(陳)나라에 있을 때, '어찌 돌아가지 않으리오! 우리 나라 선비들은 뜻은 높으나 너무 거칠고, 힘껏 나아가며 처음에 품은 뜻을 잊지 않는구나'라고 말했습니다. 공자는 진나라에 있으면서 왜 노나라의 '뜻은 높으나 거친 선비'를 생각한 것입니까?"

맹자가 대답했다.

"공자는 '중도를 행하는 이를 얻지 못해서 함께 하지 못한다면 반드시 뜻이 높은 자나 고집 센 자와 함께하리라! 뜻이 높은 자는 힘껏 나아가고, 고집 센 자는 하지 않는 게 없다'고 말했다. 공자가 어찌 중도를 행하는 이를 바라지 않았겠는가? 다만 꼭 얻을 수는 없었기 때문에 그 다음을 생각했던 것이다."

"감히 여쭙건대, 어떻게 해야 '뜻이 높은 선비'라 할 수 있습니까?"

"금장과 증석, 목피 같은 이라야 공자가 말한 '뜻이 높은 선비'다."

"무엇으로써 이들을 '뜻이 높은 선비'라 합니까?"

"그들은 뜻이 너무 커서 말만 하면 '옛사람은, 옛사람은' 하고 운운하였다. 그러나 그들의 행동을 찬찬히 살펴보면 말을 따르지 못했다. '뜻이 높은 선비'조차 얻지 못할 바에는 떳떳하지 못한 자를 탐탁지 않게 여기는 선비라도 얻어서 함께하려고 했으니, 그가 '고집 센 자'로서 또 그 다음이다."

만장이 또 물었다.

"공자가 '내 집 문 앞을 지나면서 내 집에 들어오지 않아도 내가 섭섭하게 여기지 않는 자는 바로 향원이다! 향원은 덕을 해치는 자다'라고 말했습니다. 어떠한 자를 향원이라 할 수 있습니까?"

맹자가 대답했다.

"그런 자는 '어찌하여 이처럼 뜻이 높은가? 말은 행동을 돌아보지 않고 행동은 말을 돌아보지 않으면서, 말만 하면 옛사람은, 옛사람은 하고 운운하니. 또 저 고집 센 자들은 어찌하여 홀로 가면서 쓸쓸해하는가? 이 세상에 태어났으면 이 세상에 맞게 살 일이고, 남들이 좋다고 하면 그것으로 된다'라고 말한다. 이런 자는 속내를 숨긴 채 세상에 아첨하니, 그래서 향원이다."

"한 고을 사람들이 모두 '삼가는 사람'이라 일컫는다면 어디를 가든지 '삼가는 사람'이 되지 않을 수가 없을 터인데, 공자가 '덕을 해치는 자'라 여긴 까닭은 무엇입니까?"

"추어올리려 해도 추어올릴 게 없고 깎아내리려 해도 깎아내릴 게 없으며, 세상 사람들과 똑같이 하고 더러운 세상과 잘 맞으며, 머물 때는 참되고 미쁨 있는 것처럼 하고 행동할 때는 곧고 깨끗한 것처럼 하며, 뭇사람이 기쁘게 따르면 스스로 옳다고 여기지만, 요나 순의 길에는 함께 들어갈 수 없다. 그래서 '덕을 해치는 자'라 한 것이다. 공자는 '비슷하면서 아닌 자를 미워한다. 가라지를 미워하는 것은 싹을 어지럽힐까 해서고, 말재간을 미워하는 것은 올바름을 어지럽힐까 해서고, 번지르르한 말을 미워하는 것은 미쁨을 어지럽힐까 해서고, 정나라 음악을 미워하는 것은 올바른 음악을 어지럽힐까 해서고, 쪽빛을 미워하는 것은 붉은색을 어지럽힐까 해서고, 향원을 미워하는 것은 덕을 어지럽힐까 해서다'라고 했다. 군자는 떳떳한 길을 되찾을 뿐이다. 떳떳한 길이 바르면 온 백성들이 떨쳐 일어나고, 온 백성들이 떨쳐 일어나면 삿되고 못된 일이 사라질 것이다."

注釋 합(盍)은 어찌 ~하지 않겠는가라는 뜻이다. 오당(吾黨)은 공자의 고향 또는 나라, 즉 노나라를 가리킨다. 광(狂)은 열정이 대단하고 뜻이 큰 것이고, 간(簡)은 거칠고 성근 것이다. 견(獧)은 지조가 있으나 고집이 센 것을 뜻하는데, 『논어』에서는 견(狷)으로 되어 있으며 뜻은 같다. 목피(牧皮)는 누구를 말하는지 알 수 없다. 효효연(嘐嘐然)은 뜻이 큰 모양이다. 이(夷)는 찬찬히, 가만히 등의 말맛을 담고 있다. 불엄(不掩)은 가리지 못하다, 덮지 못하다는 뜻으로, 여기서는 그 행동이 말을 다 덮지 못한다 즉 실천이 말을 따르지 못한다는 뜻으로 쓰였다. 불설(不屑)은 탐탁지 않게 여기다는 뜻이다. 불결(不潔)은 떳떳하지 못한 것을 뜻한다. 우우(踽踽)는 외로이 홀로 가는 모양이고, 양량(凉凉)은 서늘한 모양 또는 슬퍼하는 모양이다. 엄연(閹然)은 속내를 숨기는 것이다. 미(媚)는 아첨하다, 아양부리다는 뜻이다. 원인(原人)은 삼가는 사람, 조심스런 사람을 뜻한다. 녕(佞)은 곧지 못한 마음으로 말재간을 부리며 아첨하는 것을 뜻한다. 리구(利口)는 말을 그럴듯하게 잘하는 것을 뜻한다. 반경(反經)의 반(反)은 되돌리다, 되찾다는 뜻이고, 경(經)은 한결같은 이치, 떳떳한 도리를 뜻한다. 사특(邪慝)은 바르지 않고 못된 짓을 뜻한다.

蛇足 무슨 일이든 꾀하는 자는 반드시 먼저 인재를 얻으려 하는데, 바라는 인재를 꼭 얻는다는 보장은 없다. 더구나 중도를 행하는 자는 늘 얻기 어렵다. 난세라면 더더욱 얻기 어려울뿐더러 찾는 일조차 어렵

다. 그렇다면, 그 다음에 해당되는 인재를 찾아서 쓰거나 얻어서 기르는 수밖에 없다. 공자가 '뜻이 높은 자'와 '고집 센 자'를 얻으려 한 까닭이 여기에 있다. 이들은 적어도 군자의 길에 한 번 마음을 두면 그 마음을 접을 일이 적은 사람들이기 때문이다. 이런 인재를 얻는 한편에서는 반드시 경계해야 할 인간형이 있다. 바로 향원이다. 예나 이제나, 난세에나 치세에나 선비요 지식인이라 자처하는 자들 가운데는 반드시 이런 향원이 있어 혹세무민하면서 제 이끗을 챙긴다. 워낙 교활하게 처신을 잘해서 향원인 줄을 알아채는 이들이 드물 정도다. 그런데 이런 향원을 경계하지 않으면, 아무리 애를 써도 정치가 원활하게 이루어지지 않고 풍속이 아름다워지기 어렵다.

위나라 문후 때 일이다. 서문표(西門豹)가 업(鄴) 땅의 수령으로 임명되었다. 그가 문후에게 하직 인사를 올리자, 문후가 이렇게 당부했다.

"가서 반드시 큰 공을 세워서 그대의 이름을 떨치도록 하시오."

그러자 서문표가 말했다.

"공을 세우고 이름을 떨치는 데에도 방법이 있습니까?"

문후가 대답했다.

"있소. 먼저 마을의 어르신들 가운데서 먼저 자리를 권유받는 선비를 그대가 직접 찾아가서 현량한 선비가 누구인지 묻고 그를 스승으로 섬기도록 하시오. 그리고 다른 사람의 장점을 덮어 가리기 좋아하고 남의 결점을 드러내기 좋아하는 자를 찾아서 찬찬히 점검하시오. 무릇 사물에는 비슷하면서도 아닌 것이 많소. 저 강아지풀의 어린 것은 벼와 비슷하고, 누런 색과 검은 색이 뒤섞인 얼룩소는 호랑이를 닮았소. 백골은 상아로 여겨지고, 무부라는 돌은 구슬과 비슷하오. 이는 모두 비슷하면서 아닌, 사이비일 뿐이오."

향원은 사이비 선비요 사이비 지식인이다.

14.38

孟子曰:“由堯舜至於湯, 五百有餘歲, 若禹 · 皐陶, 則見而知之; 若湯, 則聞而知之. 由湯至於文王, 五百有餘歲, 若伊尹 · 萊朱, 則見而知之; 若文王, 則聞而知之. 由文王至於孔子, 五百有餘歲, 若太公望 · 散宜生, 則見而知之; 若孔子, 則聞而知之. 由孔子而來至於今, 百有餘歲, 去聖人之世, 若此其未遠也; 近聖人之居, 若此其甚也. 然而無有乎爾, 則亦無有乎爾!”

맹자가 말했다.

“요와 순으로부터 탕에 이르기까지 5백여 년인데, 우와 고요는 요와 순의 도를 직접 보아서 알았고 탕은 들어서 알았다. 탕으로부터 문왕까지가 5백여 년인데, 이윤과 내주는 탕의 도를 직접 보아서 알았고 문왕은 들어서 알았다. 문왕으로부터 공자까지가 5백여 년인데, 태공망과 산의생은 문왕의 도를 직접 보아서 알았고 공자는 들어서 알았다. 공자로부터 지금에 이르기까지 백여 년이니, 성인의 시대로부터 떨어진 기간이 이처럼 멀지 않고 성인이 살았던 곳도 이렇게 아주 가깝다. 그럼에도 그 도를 잇는 자가 없으니, 끝내 이을 자가 없단 말인가!”

注釋 고요(皐陶)는 순의 신하로, 형벌을 담당했다. 내주(萊朱)는 탕의 현명한 신하로, 중훼(仲虺)로 보기도 한다. 산의생(散宜生)은 문왕을 보좌한 신하다.

蛇足 『맹자』의 마지막을 장식하는 부분답게 왕도를 잇는 자가 없는 시대를 탄식하고 있다. 이에 대해서는 공자가 제자들에게 해준 말로써 대신하는 것이 적절하리라 생각한다.

“덕이 있는 사람은 외롭지 않으니, 반드시 함께하는 이가 있다.”(『논어』「리인」)

참으로 덕을 갖춘 자라면 시간과 공간을 뛰어넘어 알아보는 이를 만나게 될 것이니, 언제 어느 곳에서든 함께하는 이가 반드시 있다. 지금 맹자에게는 내가 있다!

후기

문득 처음 『맹자』를 집어 들었던 때가 생각난다. 1991년 겨울, 대학 2학년 때였다. 고전문학을 하기 위해서는 한문을 익혀야만 했기 때문에, 어렵사리 혼자 도전을 했다. 사서(四書) 가운데서 가장 길면서 짜임새 있고 또 재미있는 내용으로 채워져 있다는 판단에서 『맹자』를 골랐다. 그리고 하루 네댓 시간씩 해서 거의 두어달 만에 독파했다. 그냥 독파였다. 무얼 알고 깨치는 건 내 깜냥으로는 하늘의 별 따기였다. 그럼에도 분명한 것은 『맹자』가 그 이후에 하게 될 내 한학 공부의 반이었다는 사실이다.

우연이 거듭되다가 인연을 만나고 그 인연을 필연으로 만들면서 어느새 나는 문학 연구자보다는 고전학자에 가까워졌다. 고전을 가까이 하다가 저절로 문학이라는 틀에서 벗어난 셈이다. 그래서 『논어, 그 일상의 정치』(2009)를 내놓게 되었는데, 한참 만에 『중용, 어울림의 길』(2013)을 썼고, 그로부터 1년이 채 지나지 않아서 이제 『맹자, 시대를 찌르다』를 썼다. 이 모두 내 강의를 지속적으로 들어주는 이들 덕분이다. 그들이 아니었으면, 아마 아직도 미적거리고 있었을 것이다. 이 자리를 빌려 고마움을 표한다.

그런데 고전을 번역하는 과정에서 나는 '전공'이라는 것이 참 부질없다는 생각을 절로 하게 되었다. 문학이니 사학이나 철학이니 미학이니 심리학이니 하면서 원래 없던 경계를 긋고는 그 비좁은 틀 안에서 학문이란 걸 하고 있는데, 마치 감방에 갇혀 있는 자가 그게 온 세상인 것처럼 여기는 꼴이다. 그러면서 새삼 '통섭'을 떠들어대는데, 그게 또 제 틀을 깨고 나오려는 몸부림이 아니라 바로 옆에 같이 갇혀 있는 감방 동료와 손잡는 수준이다.

통섭을 하려면 혼자 두루 섭렵하고 꿰뚫어야 한다. 그게 통섭의 진면목이다. 그런데 통섭이라는 말보다 나는 그저 '학문'이라는 말을 쓰련다. 고전을 통해 내가 알았던 전부는 이것이다. 그냥 학문이 있을 뿐이다. 배우고 묻고, 묻고 배우는 일, 그게 학문의 시작이다. 이치를 깨치고, 깨친 대로 사는 것, 그게 학문의 여정이다. 그렇다면 학문의 끝은 내 죽음이리라.

아직은 모자라고 서툰 게 많다. 그게 이 책에서도 고스란히 드러날 것이다. 그럼에도 나는 말한다. "나는 학자다!"

정천구

1967년생. 부산대학교 국어국문학과를 졸업하고 서울대학교 대학원에서 석사와 박사 학위를 받았다. 삼국유사를 연구의 축으로 삼아 동아시아 여러 나라의 문학과 사상 등을 비교 연구하고 있으며, 현재는 대학 밖에서 '바까데미아(바깥+아카데미아)'라는 이름으로 인문학 강좌를 열고 있다.

저서로 『논어, 그 일상의 정치』『맹자독설』『삼국유사, 바다를 만나다』『중용, 어울림의 길』『맹자, 시대를 찌르다』『한비자』『한비자, 제국을 말하다』『대학, 정치를 배우다』 등이 있고, 역서로 『차의 책』『동양의 이상』『밝은 마음을 비추는 보배로운 거울』『원형석서』『일본영이기』『삼교지귀』 등이 있다.

맹자, 시대를 찌르다 고전오디세이 05

1판 1쇄 발행 2014년 4월 1일
1판 3쇄 발행 2018년 12월 24일

지은이 정천구
펴낸이 강수걸
펴낸곳 산지니
편집장 권경옥
편집 윤은미 이은주 강나래
디자인 권문경 조은비
등록 2005년 2월 7일 제333-3370000251002005000001호
주소 부산시 해운대구 수영강변대로 140 BCC 613호
전화 051-504-7070 | 팩스 051-507-7543
홈페이지 www.sanzinibook.com
전자우편 sanzini@sanzinibook.com
블로그 http://sanzinibook.tistory.com

ISBN 978-89-6545-244-7 04150
978-89-6545-169-3(세트)

*책값은 뒤표지에 있습니다.
*이 도서의 국립중앙도서관 출판시도서목록(CIP)은 e-CIP 홈페이지
(http://www.nl.go.kr/ecip)에서 이용하실 수 있습니다.
(CIP 제어번호: CIP 2014008533)